www.nanumant.com

NCS 국가직무능력표준
National Competency Standards
(회계2, 3수준)

수험용 프로그램 다운로드

한국공인회계사회 자격시험 홈페이지
https://at.kicpa.or.kr/
기초데이터는 LG U+ 웹하드에서 제공
www.webhard.co.kr [ID:ant6545 / PW:1234]

2024
한국공인회계사회 국가공인 AT 자격시험
나눔TAT 세무실무 2급
기출문제 완벽분석 오답노트 제공

서승희 · 이하진 · 김익동

머리말

컴퓨터를 포함한 전자기기가 발달하면서 기업들도 빠르게 전산화가 이루어지고 있습니다. 수기로 장부를 기장하던 방법은 역사속으로 사라지고 이제는 컴퓨터 프로그램을 통해서 관리를 하고 있습니다. 특히 회계와 관련한 부분은 나날이 발전되고 있습니다. 모든 기업은 회계를 필요로 하고 있고, 이를 관련 프로그램으로 얼마나 잘 활용할 수 있는지에 대한 판단으로 다양한 자격증을 요구하고 있습니다.

AT는 한국공인회계사회가 주관하고 ㈜더존비즈온의 SmartA실무교육프로그램을 통해 기업의 경영자원들을 시스템을 통해 제대로 수행해 낼 수 있는지를 평가합니다. 특히 2023년 부터 비대면 평가를 시행하므로써 시험평가 환경조차도 변화시키고 있습니다.

변화의 중심에 있는 경리회계인들이 자격증을 취득하고 현업에서 능력을 발휘할 수 있도록 하기 위하여 TAT(세무실무) 수험서를 제작하게 되었습니다.

본 서의 특징

PART 01. 실무이론

TAT(세무실무)2급 범위에 해당하는 재무회계와 부가가치세 실무이론 부분에 대하여 1회부터 2022년도까지 총 50회의 기출문제를 키워드별로 정리하여 출제경향을 파악할 수 있도록 하였으며, 중요한 기본문제를 '핵심문제'로 수록하였습니다.

PART 02. 실무수행

TAT(세무실무)2급에서는 제조업을 영위하는 법인기업을 대상으로 평가가 이루어지므로, NCS회계실무 능력단위 기준에 맞추어 전표관리, 자금관리, 결산처리, 원가계산 회계정보시스템운용으로 구성하고, 업종별/상황별 부가가치세 신고부속서류작성과 근로소득의 원천징수를 사례를 따라해 실습해보면서 학습할 수 있도록 하였으며, 1회부터 2022년도까지 총 50회의 기출문제를 키워드별로 정리하여 출제 경향을 파악할 수 있도록 하였습니다.

PART 03. 합격전략

Chapter 1. 오답노트로 정리하는 기출문제

가장 최근 기출문제 2회에 대하여 시험에 대한 가이드를 제시하고, 틀리기 쉬운 내용을 정리하여 오답유형을 제시하였으며, 멘토Tip에서 외워야 할 공식등 시험대비 전략을 제시하였습니다.

Chapter 2. 혼자서 풀어보는 기출문제

최근 5회분의 기출문제를 혼자서 풀어보면서 시험문제 경향을 이해할 수 있도록 하였으며, 이전년도의 데이터를 2024년도의 데이터로 변환하여 제공하므로써 업그레이드 된 문제로 풀어보고 시험을 대비할 수 있도록 하였습니다.

Chapter 3. 실전모의고사

2023년도부터 시행하는 비대면 시험을 대비한 문제형태로 구성하여 비대면시험에도 완벽하게 준비할 수 있도록 하였습니다.

NCS회계실무 능력단위별로 단원을 구성하여 능력단위별로 수업을 진행하고 평가할 수 있도록 하였으며, 이를 통하여 TAT(세무실무)2급 자격 비대면시험을 완벽하게 대비할 수 있도록 하였습니다.

끝으로 이 책을 통하여 자격증 취득의 결실이 맺어지기를 진심으로 바라며 향후 미흡한 부분은 지속하여 개선해 나갈 것을 약속드립니다

2024년 3월
저자 드림

AT(Accounting Technicians) 자격시험 안내

AT 자격시험은 한국공인회계사회에서 유능한 회계실무자(AT "Accounting Technicians")를 양성하여 투명경제의 기반을 확립하고자 도입한 자격시험입니다.

AT 자격시험은 이론에 치우치지 않는 실무중심의 인력을 양성하며, 전산·정보화된 회계 및 세무 실무에 즉시 투입 가능한 인력을 양성하고, 더 나아가 회계와 경영분석, 세무 컨설팅 등 다양한 분야에서 기업이 필요로 하는 인재를 양성하는데 기여할 것입니다.

1. 2024년 시험일정

시험방식	횟차	원서접수	시험일	합격자발표일
비대면	69회	2.1 ~ 2.7	2.17(토)	2.23(금)
	70회	2.29 ~ 3.6	3.16(토)	3.22(금)
	71회	4.4 ~ 4.11	4.20(토)	4.26(금)
	72회	5.2 ~ 5.8	5.18(토)	5.24(금)
	73회	5.30 ~ 6.5	6.15(토)	6.21(금)
	74회	7.4 ~ 7.10	7.20(토)	7.26(금)
	75회	8.1 ~ 8.7	8.17(토)	8.23(금)
	76회	10.3 ~ 10.10	10.19(토)	10.25(금)
	77회	10.31 ~ 11.6	11.16(토)	11.22(금)
	78회	12.5 ~ 12.11	12.21(토)	12.27(금)

2. 시험안내

- **검정방법**
  - 검정방법 : 이론 30%, 실기 70% 동시진행
  - 실무수행프로그램(회계·세무 S/W프로그램 : 더존 SmartA(iPLUS) 실무교육프로그램
  - 합격기준 : 100점 만점으로 70점 이상 취득시 합격

- **응시자격 및 응시료**
  - 응시자격 : 제한없음
  - 응시료 : 39,000원

- **자격의 형태**
  - 자격의 형태 : 국가공인 민간자격
  - 자격발급기관 : 한국공인회계사회

- **시험합격자에 대한 혜택**
  - 회계·세무 관리자 구직활동지원 (경찰공무원 지원요건 포함, 군기술행정별지원시 가산점부여, 교육부NEIS 등록, 한국철도공사등 공공기관 직원채용시 우대)
  - 국가평생교육진흥원 학점은행제 자격학점 인정자격
    (FAT1급 4학점, TAT2급 10학점, TAT1급 16학점)

● 종목 및 등급별 검정기준

등 급	검 정 기 준
FAT(회계실무) 2급	회계기본 순환과정을 이해하고 증빙관리 상거래활동에서 발생하는 회계정보의 활용능력을 평가
FAT(회계실무) 1급	재무회계의 이해하고 전자세금계산서관리 및 부가가치세신고를 수행 할 수 있으며, 상기업에서 발생하는 재고관리 및 매출원가 정보관리능력을 평가
TAT(세무실무) 2급	재무회계와 업종별 부가가치세 신고 등의 수행능력과 근로소득 원천징수의 전자신고를 통한 세무정보 분석능력을 평가
TAT(세무실무) 1급	제조업과 건설업, 도소매업 등 업종별 세무정보관리의 수행능력을 종합적으로 평가 (부가가치세신고, 소득세신고, 법인세신고)

● 출제범위 및 시험시간

등급	검정방법		시험과목		시험기간
TAT 2급	실무이론 (30%)	재무회계	계정과목별 결산 회계처리, 매출원가계산		90분
		세무회계	부가가치세법, 소득세법(근로소득)		
	실무수행 (70%)	회계정보관리	• 제조기업의 특수 상황별 회계처리, 결산 • 적격증빙관리 및 관련서류작성 • 어음관리		
		부가가치세관리	• 전자세금계산서 관리 및 부가가치세신고 • 업종별 부가가치세신고 부속서류작성		
		원천징수관리	• 근로소득의 원천징수 프로세스		

● 세부평가범위(TAT2급)

구분	과목	시험과목	세부 평가범위		
			주요항목	세부항목	
실무이론	재무회계	재무회계	재무회계	• 재무제표의 작성과표시 • 재무상태표 계정과목별회계처리 • 손익계산서 계정과목별회계처리	• 매출원가 계산 • 특수한 상황별 회계처리 • 적격증빙관리 • 결산
	세무회계	부가가치세	부가가치세	• 부가가치세 기본개념 • 영세율과 면세	• 과세거래 • 과세표준과 세액
		소득세	소득세원천징수	• 소득세 총설	• 종합소득공제
실무수행	회계정보관리	거래자료입력	적격증빙의 이해	• 3만원초과 거래자료에 대한 영수증수취명세서, 경비등송금명세서작성	
			어음관리	• 약속어음 수취거래 • 약속어음 발행거래(자금관리) • 약속어음의 만기결재,할인,배서양도	• 약속어음의 수령등록 • 발행어음의 만기결재

구분	과목	시험과목	세부 평가범위	
			주요항목	세부항목
실무수행			유형자산 관련	• 유/무형자산의 구입 • 신규매입자산의 고정자산등록 • 유/무형자산의 매각
			기타 일반거래	• 단기매매증권구입 및 매각 • 대손의 발생과 설정 • 출장비 정산, 급여 및 퇴직금지급, 임차료지급, 운반비지급, 계약금지급, 계약금입금, 퇴직연금, 리스회계, 잉여금처분 및 중간배당금지급, 사회보험지급, 자본거래등
		결산	수동결산	• 손익의 예상과 이연 • 유가증권 및 외화평가 • 가계정 및 유동성대체 • 재고자산감모 및 평가손실등
			자동결산	• 결산자료입력에 의한 자동결산 상품매출원가, 감가상각비, 대손상각비, 퇴직금추계액, 법인세등
	부가가치세관리	부가가치세	전자세금계산서의 발행	• 과세매출자료 입력 • 과세매출자료의 전자세금계산서발행 • 수정사유별 수정전자세금계산서 발행
			부속서류작성 및 회계처리	• 부동산임대사업자의 부가가치세신고서 작성 : 　전표입력→부동산임대공급가액명세서→간주임대료회계처리→부가가치세신고서 반영 • 의제매입세액공제신고사업자의 부가가치세신고서작성 : 　전표입력→의제매입세액공제신고서작성→의제매입세액회계처리→부가가치세신고서 반영 • 신용카드매출전표발행집계표 작성자의 부가가치세신고서 작성 : 　전표입력→신용카드매출전표발행집계표작성→부가가치세신고서 반영 • 수출실적명세서 작성자의 부가가치세신고서 작성 : 　전표입력→수출실적명세서→부가가치세신고서 반영 • 매입세액불공제내역 작성자의 부가가치세신고서 작성 : 　전표입력→매입세액불공제내역작성→부가가치세신고서 반영 • 대손세액공제신고서 작성자의 부가가치세신고서 작성 : 　대손세액공제신고서 작성→대손금의 회계처리→부가가치세신고서 반영 • 건물등감가상각자산취득명세서 작성자의 부가가치세신고서 작성 : 　전표입력→건물등감가상각자산취득명세서→부가가치세신고서 반영
	근로소득관리	근로소득원천징수	사원등록	• 주민등록등본, 가족관계증명원, 고용계약서등에 의한 사원등록
			급여자료입력	• 급여명세에 의한 급여자료→수당공제등록→급여자료입력 　→원천징수이행상황신고서 반영
			원천징수이행상황신고서작성	• 신입사원의 원천징수→사원등록 : 입사일자등록 및 기본정보등록 　→급여자료입력→원천징수이행상황신고서 반영 • 중도퇴사자의 원천징수→사원등록 : 퇴직일자입력→급여자료입력 　→연말정산자료입력→원천징수이행상황신고서 반영 • 전월미환급세액의 원천징수이행상황신고서 반영
		근로소득연말정산	연말정산자료입력	• 국세청연말정산간소화 및 이외의 자료를 기준으로 연말정산 　→사원등록 수정→소득명세작성→정산명세 항목별 작성 　→의료비명세서 또는 기부금명세서 작성

NCS 훈련이수체계와 능력단위요소

1. NCS훈련이수체계와 TAT2급범위

수준	유형	회계·감사	세무	TAT2급 범위
6수준	전문가	사업결합회계	절세방안 수립 조세불복 청구 세무조사 대응	
5수준	책임자	회계감사	법인세 신고 기타세무 신고	
4수준	중간관리자	비영리회계	종합소득세 신고	
3수준	실무자	원가관리 재무제표작성 재무비율분석	세무정보 시스템 운용 원천징수 부가가치세 신고 법인세 신고준비 지방세 신고	재무제표작성 원천징수 부가가치세 신고
2수준	초급실무자	전표관리 자금관리 원가계산 결산처리 회계정보 시스템 운용	전표처리 결산관리	전표관리 자금관리 원가계산 결산처리 회계정보 시스템 운용 전표처리 결산관리
-		직업기초능력		

※ 해당직종(음영)의 훈련과정을 편성하는 경우 훈련과정별 목표에 부합한 수준으로 해당 직종에서 제시한 능력단위를 기준으로 과정/과목을 편성하고, 이외 직종의 능력단위를 훈련과정에 추가 편성하려는 경우 유사 직종의 동일 수준의 능력단위를 추가할 수 있음

2. 능력단위요소와 TAT2급

직무	직능수준	능력단위	분류번호	능력단위요소	TAT2급
회계·감사	2	전표관리	0203020101_20v4	01.회계상거래인식하기	적용
				02.전표작성하기	
				03.증빙서류 관리하기	
	2	자금관리	0203020102_20v4	01.현금시재관리하기	적용
				02.예금관리하기	
				03.법인카드관리하기	
				04.어음·수표관리하기	
	2	원가계산	0203020103_20v4	01.원가요소 분류하기	비적용
				02.원가배부하기	
				03.원가계산하기	
	2	결산처리	0203020104_20v4	01.결산준비하기	적용
				02.결산분개하기	
				03.장부마감하기	
	2	회계정보시스템운용	0203020105_20v4	01.회계관련 DB마스터 관리하기	적용
				02.회계프로그램 운용하기	
				03.회계정보 활용하기	
	3	재무제표작성	0203020111_20V2	01.재무상태표 작성하기	적용
				02.손익계산서 작성하기	
				03.자본변동표 작성하기	
				04.현금흐름표 작성하기	
				05.주석 작성하기	
세무	3	부가가치세신고	0203020205_20V5	01.세금계산서 발급·수취하기	적용
				02.부가가치세 부속서류 작성하기	
				03.부가가치세 신고하기	
	2	전표처리	0203020201_20V5	01.회계상 거래 인식하기	적용
				02.전표 작성하기	
				03.증빙서류 관리하기	
	2	결산관리	0203020202_20V5	01.손익계정 마감하기	적용
				02.자산부채계정 마감하기	
				03.재무제표 작성하기	
	3	원천징수	0203020204_20V5	01.근로소득 원천징수하기	적용
				02.근로소득 연말정산하기	

CONTENTS

PART 01 실무이론

Chapter 01. 재무회계 ··· 13
- 제1절 재무회계 ·· 13
- 제2절 재무상태표 ··· 24
- 제3절 손익계산서 ··· 67
- 제4절 회계변경 및 오류수정 ······························ 75
- 제5절 내부회계관리제도 ···································· 80

Chapter 02. 부가가치세 ···································· 88
- 제1절 부가가치세의 기본개념 ···························· 88
- 제2절 과세거래 ·· 97
- 제3절 영세율과 면세 ······································ 104
- 제4절 과세표준과 세액 ··································· 109

Chapter 03. 소득세 ·· 124
- 제1절 소득세 ··· 124
- 제2절 종합소득 ·· 147

PART 02 실무수행

Chapter 01. 회계정보시스템운용 ···················· 167
- 제1절 프로그램 설치와 데이터 관리 ················ 167
- 제2절 기준정보등록 ······································· 173
- 제3절 회계프로그램운용하기 ·························· 177

Chapter 02. 원가계산 ···································· 181
- 제1절 원가요소 분류하기 ······························· 181
- 제2절 원가계산하기 ······································· 184

Chapter 03. 전표처리 ···································· 185
- 제1절 적격증빙별 거래인식하기 ······················ 185
- 제2절 전표처리하기 ······································· 198

Chapter 04. 자금관리 ···································· 231
- 제1절 예금 관리하기 ····································· 231
- 제2절 어음·수표 관리하기 ······························ 234

Chapter 05. 부가가치세신고 242
제1절 세금계산서 발급·수취하기 242
제2절 부가가치세 부속서류작성하기 267
제3절 부가가치세 신고하기 301

Chapter 06. 결산관리 307
제1절 손익계정 마감하기 307
제2절 자산부채계정 마감하기 308
제3절 수동결산과 자동결산 309
제4절 재무제표 작성하기 325

Chapter 07. 원천세 신고 329
제1절 근로소득 원천징수하기 329
제2절 근로소득 연말정산하기 348

PART 03 합격전략

Chapter 01. 오답노트로 정리하는 기출문제 371
1. 오답노트로 정리하는 TAT2급 50회 특강 371
2. 오답노트로 정리하는 TAT2급 49회 특강 405

Chapter 02. 혼자서 풀어보는 기출문제 441
1. 제68회 기출문제 441
2. 제67회 기출문제 460
3. 제66회 기출문제 480
4. 제65회 기출문제 499
5. 제64회 기출문제 517

Chapter 03. 실전모의고사 538
1. 제1회 실전모의고사 538
2. 제2회 실전모의고사 555
3. 제3회 실전모의고사 575
4. 제4회 실전모의고사 595

해답 및 풀이 613

PART 01
실무이론

Chapter 01. 재무회계
Chapter 02. 부가가치세
Chapter 03. 소득세

실무이론

실무수행

합격전략

정답 및 풀이

Part 01에서는 실무수행을 위한
기본 소양으로서의 실무이론을 정리한다.

제조업 법인의 재무회계와 부가가치세신고, 소득세신고를 위한 실무이론을 이해하고, 계정과목별 회계처리와 부가가치세 및 소득세 기본개념에 대한 문제를 해결할 수 있도록 [핵심문제]를 수록하였다.

단원별로 회계처리와 부가가치세, 소득세법을 정리한 다음 상황전개에 따른 [핵심문제]를 통해 객관식 평가문제를 해결한다.

원재료를 구매하여 제조 및 판매하는 업종으로 매출원가는 제품매출원가가 해당하며, TAT 2급에서는 재무회계에 전자세금계산서 수정발급과 상황별 부가가치세 부속서류작성, 근로소득원천징수가 범위에 추가됩니다.

Chapter 01 재무회계

제1절 재무회계

1. 회계의 정의 및 목적

구 분	내 용
회계란	기업의 경제적 활동에 대한 정보를 인식, 측정, 기록하여 회계정보의 이용자가 합리적인 판단과 의사결정을 할 수 있도록 기업의 경영활동성과와 재정상태의 변동 상황을 화폐단위로 파악하여 그 결과를 기업의 이해관계자에게 전달하는 과정을 말한다.
회계의 목적	다양한 이해관계자의 의사결정에 유용한 회계정보를 제공하는 것 • 투자자 및 외부 정보이용자에게 유용한 정보를 제공한다. • 미래 현금흐름을 예측하는데 유용한 정보를 제공한다. • 재무상태, 경영성과, 현금흐름 및 자본변동에 관한 정보를 제공한다. • 경영자의 수탁책임평가에 유용한 정보를 제공한다.
회계정보이용자 (회사의 이해관계자)	• 주주 : 자신들이 가진 한정된 자원의 효율적 관리를 위해 투자의사 결정 • 채권자 : 자금대여 의사결정의 기초자료로 이용 • 정부기관 : 기업의 이익에 대한 세금부과 의사결정 • 경영자 : 경영활동과 성과평가에 대한 의사결정시 이용
회계의 분류		재 무 회 계	관 리 회 계
	이 해 관 계 자	불특정 다수	최고경영자·관리자
	목 적	외부보고 목적 ① 재무보고 ② 수탁책임보고	내부보고 목적 ① 의사결정 ② 성과평가
	보 고 시 기	정기적 보고(1년, 반기, 분기)	수시로 보고(월별, 1년)
	보 고 서	재무제표(재무상태표, 손익계산서, 현금흐름표, 자본변동표, 주석)	일정한 형식 없음
	보 고 기 준	회계원칙	일정한 기준 없음
	정 보 성 격	과거 지향적	과거/미래 지향적
재무제표의 종류	재무상태표, 손익계산서, 현금흐름표, 자본변동표, 주석

핵심문제 기출문제 ▶ 1회~50회 중 **3회** 출제

01. 다음 중 일반기업회계기준상 재무보고의 목적으로 옳지 <u>않은</u> 것은?
① 투자 및 신용의사결정에 유용한 정보의 제공
② 미래 현금흐름 예측에 유용한 정보의 제공
③ 재무상태, 경영성과 및 변동원가 정보의 제공
④ 경영자의 수탁책임 평가에 유용한 정보의 제공

정답 ③
재무보고의 목적은 재무상태, 경영성과, 현금흐름 및 자본변동에 관한 정보의 제공 등이다. 변동원가 정보의 제공은 재무보고의 목적이 아니다.

02. 다음 중 회계의 정의와 목적에 대한 설명으로 옳지 <u>않은</u> 것은?
① 회계는 이해관계자들이 경제적 의사결정을 수행하는 데 필요로 하는 유용한 모든 정보를 제공한다.
② 재무제표는 위탁받은 자원에 대한 경영자의 수탁책임 또는 회계책임의 결과를 보여준다.
③ 재무제표는 기업의 수많은 거래를 화폐단위로 요약하여 표준화된 방식으로 기록·보고하는 회계보고서이다.
④ 회계정보의 이해관계자에는 주주, 채권자, 정부 등이 있다.

정답 ①
회계는 이해관계자들에게 의사결정에 필요한 유용한 '모든' 정보를 제공하지는 않는다.

2 재무회계의 개념체계

재무회계 개념체계란 기업실체의 재무보고 목적을 명확히 하고 이를 달성하는데 유용한 재무회계의 기초개념을 제공하는 것을 목적으로 한다. 개념체계란 회계에 관한 일련의 현상에 기본이 되고 있거나 그 현상들을 지배하고 있는 규칙 또는 원칙을 체계화한 것을 말한다.

1) 기본가정(회계공준)

구 분	내 용
기업실체(회계실체)의 가정	기업의 구성원 특히 기업주와는 별도로 기업 그 자체가 독립적으로 존재한다는 사회적인 가정을 말한다. 즉, 기업이 인적요소인 소유주와 별개의 독립된 조직이며 타기업과도 별개의 회계단위라는 입장에서 회계가 처리된다는 가정을 의미한다.

구 분	내 용
계속기업의 가정	기업은 반증이 없는 한 경영활동을 영구적으로 수행한다고 하는 전제하에서 운영되고 있다. 즉, 기업이 영속적으로 존재하며 또한 그 기업의 경영활동도 영구히 계속될 것이라 가정하는 공준이다.
회계기간의 가정 (기간별보고의 가정)	기업실체의 존속기간을 일정기간의 인위적 단위로 분할하여 각 기간에 대해 경제적 의사결정에 유용한 정보를 보고하는 것을 말한다.

2) 재무회계의 개념체계

회계목적	회계의 목적은 기업의 다양한 이해관계자들의 경제적 의사결정에 유용한 정보를 제공하는 것을 목적으로 한다.	

회계공준	기업실체의 공준 (business entity)	기업은 소유주와 분리 독립된 주체로 경제활동의 주체이다.
	계속기업의 공준 (going concern)	기업은 영속적으로 존재하고 계속하여 그 사업을 영위한다.
	회계기간의 공준	기업의 이해관계자에게 유용한 회계정보를 제공하기 위하여 인위적으로 기간을 정하여 기업의 재무상태와 경영성과를 보고서로 작성한다.

회계의 질적특성	이해가능성	측정된 회계정보는 정보이용자들이 이해 가능하도록 적절한 방법으로 공시하여야 한다.
	목적적합성 (관련성)	정보가 유용하기 위해서는 이용자의 의사결정에 목적적합해야 한다. 회계정보가 목적적합하려면 예측가치·피드백가치·적시성을 가져야 한다.
	신뢰성	객관적이고 검증가능하며 정보이용자가 신뢰할 만한 회계정보가 되기 위해서는 표현의 충실성·중립성·검증가능성을 갖추어야 한다.
	비교가능성	회계정보는 기간별·기업간 비교가 가능하여야 한다.
	중요성	중요성이 큰 정보에 대해서는 공인된 회계원칙(회계기준)의 적용을 엄격히 받아야 하며 중요하지 않은 정보에 대해서는 기업 임의로 통합처리가 가능하다.
	비용과 효익의 균형	회계처리 방법과 보고방법을 선택함에 있어서는 그 효익과 비용을 가능한 비교·평가하여 효익이 비용보다 큰 방법을 선택하여야 한다.

재무제표요소	자산 부채 자본 수익 비용

핵심문제

기출문제 ▶ 1회~50회 중 **4회** 출제

01. 다음 중 재무제표의 기본가정에 대한 설명으로 옳지 <u>않은</u> 것은?
① 재무제표의 기본가정으로는 기업실체, 계속기업 및 기간별 보고가 있다.
② 기업실체의 가정이란 기업을 소유주와는 독립적으로 존재하는 회계단위로 간주하고 이 회계단위의 관점에서 그 경제활동에 대한 재무정보를 측정, 보고하는 것을 말한다.
③ 계속기업의 가정이란 기업실체의 중요한 경영활동이 축소되거나 기업실체를 청산시킬 의도나 상황이 존재한다는 가정을 말한다.
④ 기간별 보고의 가정이란 기업실체의 존속기간을 일정한 기간 단위로 분할하여 각 기간별로 재무제표를 작성하는 것을 말한다.

정답 ③
계속기업의 가정이란 기업실체는 그 목적과 의무를 이행하기에 충분할 정도로 장기간 존속한다고 가정하는 것을 말한다.

02. 다음과 관련이 있는 재무제표의 기본가정은 무엇인가?

> 지배·종속관계에 있는 회사들의 경우 지배회사와 종속회사는 단일의 법적 실체가 아니지만 단일의 경제적 실체를 형성하여 하나의 회계단위로서 연결재무제표의 작성대상이 된다.

① 계속기업의 가정   ② 기업실체의 가정
③ 기간별보고의 가정   ④ 발생주의 회계

정답 ②
지배회사와 종속회사가 법적실체가 다름에도 단일의 경제적 실체를 형성하여 하나의 회계단위로서 연결재무제표를 작성하는 것은 기업실체의 가정과 관련이 있다.

3 재무회계의 질적특성

질적 특성이란 회계정보를 측정·평가하는 기준이 되는 속성, 회계정보가 유용하기 위해 지녀야 할 속성, 회계정보가 갖추어야 할 질적 속성이다. 질적 특성에는 목적적합성(관련성)과 신뢰성이 있다. 목적적합성과 신뢰성 중 어느 하나가 완전히 상실된 경우 그 정보는 유용한 정보가 될 수 없다.

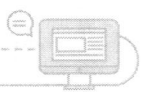

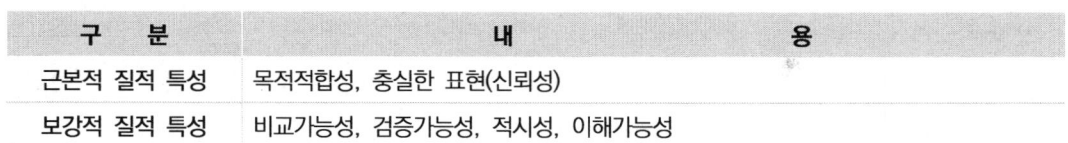

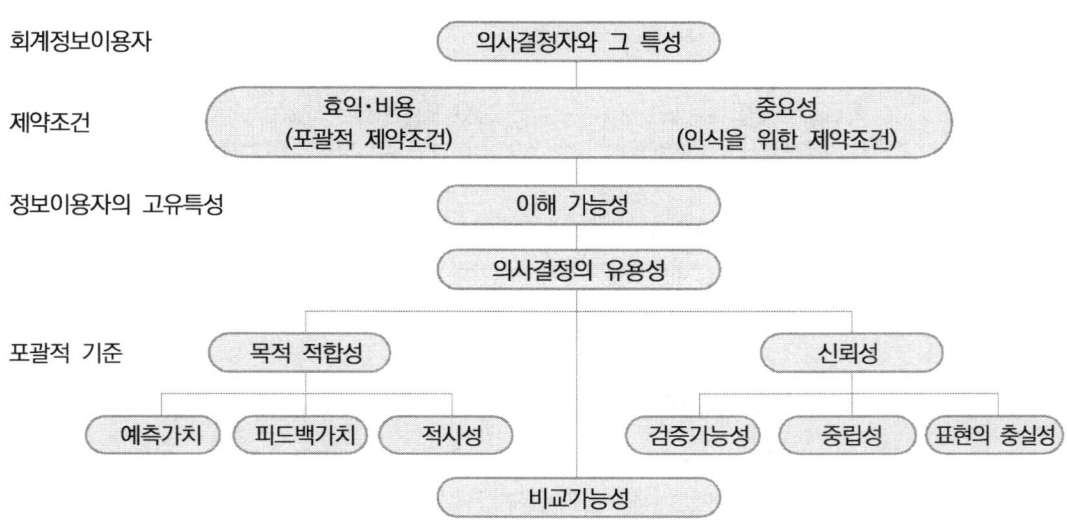

1) 주요 질적 특성

회계정보의 주요 질적 특성은 목적적합성과 신뢰성이 있다. 일반적으로 이들을 기본적 특성 또는 1차적 특성이라고도 하는데, 이 두 가지 특성을 갖춘 정보는 유용성이 있는 것으로 본다.

① 목적적합성

목적적합성이란 회계정보가 정보이용자의 의사결정 목적과 관련이 있어야 하며 당해 회계정보를 이용하여 의사결정을 하였을 경우 회계정보를 이용하지 아니하고 의사결정을 하였을 경우와 차이를 발생시킬 수 있는 속성을 말한다. 목적적합한 정보가 되기 위해서는 예측가치, 피드백가치, 적시성을 갖추어야 한다.

구분	내 용
예측가치	정보이용자가 미래의 재무상태, 경영성과, 순현금흐름 등을 예측하는 데에 그 정보가 활용될 수 있는 능력을 말한다.
피드백가치	과거의 기대치 또는 예측치를 확인 또는 수정함으로 정보이용자의 의사결정에 영향을 미칠 수 있는 정보의 능력을 말한다.
적시성	회계정보가 정보로서의 가치가 상실되기 전에 정보이용자에게 제공되어야 한다는 정보의 특성을 말한다.

② 신뢰성

신뢰성이란 회계정보에 대한 오류나 미리 의도된 편견 없이 객관적이고 검증 가능하며, 나타내고자 하는 바를 충실하게 표현해야 한다는 정보의 특성을 말한다. 회계정보가 신뢰성을 갖기 위해서는 표현의 충실성, 중립성, 검증가능성을 갖추고 있어야 한다.

구분	내 용
검증가능성	다수의 서로 다른 측정자들이 동일한 경제적 사건이나 거래를 동일한 측정방법으로 측정할 경우 유사한 결론에 도달할 수 있어야 한다는 정보의 특성을 말한다.
중립성	미리 의도된 결과나 성과를 유도할 목적으로 재무제표상의 특정정보를 표시함으로 정보이용자의 의사결정이나 판단에 영향을 미치지 않아야 하는 정보적 특성을 말한다.
표현의 충실성	회계정보의 측정치는 표현하고자 하는 거래와 경제적 사건을 그대로 왜곡됨 없이 충실하게 표현해야 한다는 정보의 특성을 말한다.

2) 부수적 질적 특성으로서의 비교가능성

비교가능성이란 회계정보의 목적적합성과 신뢰성을 동시에 충족시켜주는 질적 특성으로 두개의 서로 다른 경제적 현상에 대해 정보이용자가 유사점과 차이점을 식별할 수 있는 정보의 특성을 말한다. 비교가능성은 기간별 비교가능성과 기업 간 비교가능성을 포괄하는 개념이다.

3) 질적특성의 제약요인

구 분	내 용
비용과 효익간의 균형	특정정보에서 기대되는 효익은 그 정보를 제공하기 위하여 소요되는 비용보다 커야 한다.
중요성	회계정보가 정보이용자의 의사결정에 영향을 미치는 정도를 말한다. 중요성은 일반적으로 당해 항목과의 성격과 금액의 크기에 의해 결정되지만, 어떤 경우에는 금액의 크기나 관계 없이 정보의 성격 자체만으로도 중요한 정보가 될 수 있다. 예를 들어 소모품비와 같은 소액의 비용을 자산으로 처리하지 않고 발생 즉시 비용으로 처리 하는 것은 중요성 때문이다.
질적특성간의 균형(상충관계)	회계정보의 질적특성은 서로 상충될 수 있다. 예를 들어, 유형자산을 역사적원가로 평가하면 일반적으로 검증가능성이 높으므로 측정의 신뢰성은 제고되나 목적적합성은 저하될 수 있으며, 또한, 정보를 적시에 제공하기 위해 거래나 사건의 모든 내용이 확정되기 전에 보고하는 경우, 목적적합성은 향상되나 신뢰성은 저하될 수 있다.

4) 보수주의 회계처리

보수주의란 어떤 거래나 경제적 사건에 대하여 두 가지 이상의 대체적인 회계처리 방법이 있는 경우, 재무적 기초를 견고히 하는 관점에서 이익을 낮게 보고하는 방법을 선택하는 것을 말한다.

5) 발생주의 회계처리

모든 수익과 비용은 그것이 발생한 기간에 정당하게 배분되도록 처리하여야 한다. 수익과 비용을 그 현금유출입이 있는 기간이 아니라 당해 거래 또는 사건이 발생한 기간에 인식하는 것을 말한다. 발생주의 회계는 발생과 이연의 개념을 포함한다. 재무제표는 발생기준에 따라 작성된다. 다만 현금흐름표는 발생기준에 따라 작성되지 않는다(현금주의에 따라 작성된다).

핵심문제

기출문제 ▶ 1회~50회 중 **17회** 출제

01. 다음의 (가) , (나) 에 들어갈 회계정보의 질적특성을 올바르게 표시한 것은?

> 시장성 없는 유가증권에 대해 역사적원가를 적용하면 자산가액 측정치의 (가) 은 높으나 유가증권의 실제 가치를 나타내지 못하여 (나) 이 저하될 수 있다.

	(가)	(나)		(가)	(나)
①	검증가능성	신뢰성	③	검증가능성	목적적합성
②	비교가능성	신뢰성	④	목적적합성	검증가능성

정답 ③

시장성 없는 유가증권에 대해 역사적원가를 적용하면 자산가액 측정치의 검증가능성은 높으나 유가증권의 실제 가치를 나타내지 못하여 목적적합성이 저하될 수 있다.

02. 정보이용자의 의사결정에 유용한 정보를 제공하기 위해 회계정보가 갖추어야 할 질적특성에 관한 설명으로 옳지 않은 것은?

① 회계정보가 갖추어야 할 가장 중요한 질적특성은 목적적합성과 신뢰성이다.
② 일반적으로 인정되는 회계원칙에 따라 재무제표를 작성하면 회계정보의 기업실체 간 비교가능성이 높아진다.
③ 회계정보의 질적특성은 비용과 효익, 그리고 회계항목의 성격 및 크기의 중요성 등 제약요인이 고려되어야 한다.
④ 회계정보의 목적적합성과 신뢰성을 높일 수 있는 대체적방법이 있더라도 비교가능성을 저하시킨다면 그러한 회계정책은 선택되어서는 안된다.

정답 ④

회계정보의 목적적합성과 신뢰성을 높일 수 있는 대체적방법이 있음에도 불구하고 비교가능성의 저하를 이유로 회계기준의 개정이나 회계정책의 변경이 이루어지지 않는 것은 적절하지 않다.

4 재무제표 작성과 표시

1) 재무제표

재무제표란 기업의 다양한 이해관계자들에게 회계정보를 전달하는 중요한 수단으로써, 기업회계기준으로 정하는 재무제표에는 재무상태표, 손익계산서(포괄손익계산서), 현금흐름표, 자본변동표, 주석이 있다.

2) 재무제표 작성과 표시의 일반원칙

재무제표 작성과 표시의 일반원칙은 다음과 같다.

원 칙	내 용
신 뢰 성	• 회계처리 및 보고 : 객관적 자료와 증거로 공정하게 처리 • 신뢰성에 필요한 정보의 질적특성 : 검증가능성, 표현의 충실성, 중립성
명 료 성	• 재무제표의 양식 및 과목을 이해하기 쉽도록 간단명료하게 표시 • 정보의 완전 공개
충 분 성	• 중요한 회계방침, 회계처리 기준·과목·금액을 재무제표 상에 충분히 표시
계 속 성	• 회계처리기준 및 절차를 매기 계속 적용 → 기간별 비교 용이 : 정당한 사유가 있는 경우에 변경 → 기업간 비교 용이 : 기업간 동일한 회계처리 기준 및 절차를 사용
중 요 성	• 과목과 금액을 중요성에 따라 실용적으로 결정 • 예외적인 회계원칙 : 원가·효익을 이유로 중요하지 않은 계정의 통합
안 정 성	• 대체적인 회계처리방법 중 재무적 기초를 건실하게 하는 방법 선택 • 예외적인 회계원칙 : 보수주의, 자산·수익은 작게, 부채·비용은 크게 계상
실 질 우 선	• 회계처리는 거래의 실질과 경제적 사실은 반영

3) 재무제표 요소의 측정기준

측정이란 재무제표의 기본요소에 대해 화폐금액을 결정하는 것을 말한다. 측정을 위해서는 측정대상이 되는 일정한 속성을 선택하여야 한다.

측정속성	내 용
취득원가 (역사적원가)	자산의 취득원가는 자산을 취득하였을 때 그 대가로 지급한 현금, 현금성자산 또는 기타 지급수단의 공정가치를 말한다.
공정가액 (현행원가, 현행유출가치)	자산을 현재의 시점에서 취득 또는 매각되는 경우, 유출·유입되어지는 현금이나 현금성자산을 말한다.
기업특유가치 (사용가치)	자산의 특유가치는 기업실체가 자산을 사용함에 따라 당해 기업실체의 입장에서 인식되는 현재의 가치를 말하며, 사용가치라고도 한다.
실현가능가치	자산의 순실현가능가치는 정상적 기업활동과정에서 미래에 당해 자산이 현금 또는

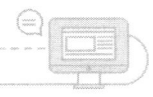

측정속성	내 용
(이행가액)	현금성자산액으로 전환될 때 수취할 것으로 예상되는 금액에서 그러한 전환에 직접 소요될 비용을 차감한 가액으로 정의되며 유출가치의 개념이다.

4) 재무제표의 인식

인식이란 거래나 사건의 경제적 효과를 자산, 부채, 수익, 비용 등으로 재무제표에 표시하는 것을 말한다. 특정항목이 인식되면 그 명칭과 화폐적 측정치가 재무제표에 나타나게 된다.

기본원칙	내 용
역사적원가의 원칙	역사적 원가의 원칙이란 모든 자산·부채는 그것의 취득 또는 발생시점의 취득원가로 평가한다는 원칙을 말하는 것으로 이는 취득 후에 그 가치가 변동하더라도 취득 당시의 교환가치를 그대로 유지한다는 것을 의미한다.
수익인식요건	수익은 경제적 효익이 유입됨으로써 자산이 증가하거나 부채가 감소하고 그 금액을 신뢰성 있게 측정할 수 있을 때 인식한다.
수익·비용대응의 원칙	일정기간 동안 인식된 수익과 수익을 획득하기 위하여 발생한 비용을 결정하여 이를 서로 대응시킴으로써 당기순이익을 산출하여 보고한다는 원칙으로서 이를 비용인식의 원칙이라고도 한다.
완전공시의 원칙	정보이용자의 의사결정에 영향을 미칠 수 있는 중요한 경제적 정보는 모두 공시되어야 한다는 원칙이다.

5) 재무상태표(S/F, Statement of Financial position)

재무상태표란 일정시점 기업이 보유하고 있는 자산(경제적 자원)과 부채(경제적 의무), 그리고 자본을 나타내는 정태적보고서이다.

작성기준	내 용
구 분 표 시	자산 : 유동자산, 비유동자산 부채 : 유동부채, 비유동부채 자본 : 자본금, 자본잉여금, 자본조정, 기타포괄손익누계액, 이익잉여금
총 액 표 시	자산, 부채 및 자본은 총액에 의하여 기재함을 원칙으로 하고, 자산항목, 부채항목, 자본항목을 상계함으로서 그 전부 또는 일부를 재무상태표에서 제외하면 안된다.
1 년 기 준	자산, 부채는 결산일 현재 1년 또는 영업주기를 기준으로 구분 표시한다.
유 동 성 배 열 법	자산과 부채는 유동성이 큰 항목부터 순서로 배열한다
잉 여 금 의 구 분	자본거래에서 발생된 잉여금과 손익거래에서 발생된 잉여금을 구분하여 표시하여야 한다.
미결산 항목 및 과목 비망계정의 표시금지	현금과부족, 가지급금, 가수금, 미결산계정은 적절한 계정으로 표시하여야 한다.

6) 손익계산서(I/S, Income Statement)

일정기간동안 기업의 경영성과에 대한 정보를 나타내는 동태적보고서이다.

작성기준	내 용
발 생 주 의	수익과 비용은 그것이 발생한 기간에 정당하게 배분되도록 처리한다.
실 현 주 의	수익은 실현시기를 기준으로 계상한다.
수익·비용대응의 원칙	비용은 관련 수익이 인식된 기간에 인식한다.
총 액 주 의	비용과 수익은 총액으로 기재한다. 수익에 따른 비용 일부 또는 전부를 제외해서는 안된다.
구 분 계 산 의 원 칙	손익은 매출총손익, 영업손익, 법인세비용차감전손익, 당기순손익, 주당순손익으로 구분하여 표시한다.

7) 현금흐름표(Statement of cash flow)

현금흐름표란 일정기간 동안 기업의 영업활동 및 투자와 재무활동으로 인한 현금 및 현금성자산의 변동내용을 나타내는 동태적보고서를 말한다.

현금흐름표는 기업실체의 현금지급능력, 수익성 및 위험 등을 평가하는 데 유용하며, 여러 기업의 실체의 미래현금흐름의 현재가치를 비교하여 기업가치를 평가하는 데 필요한 기초자료를 제공한다.

8) 자본변동표(Statement of changes in equity)

자본변동표란 한 회계기간 동안 발생한 소유주지분의 변동을 표시하는 재무보고서를 말한다. 자본변동표는 자본을 구성하고 있는 자본금, 자본잉여금, 자본조정, 기타포괄손익누계액, 이익잉여금을 각 항목별로 기초잔액, 변동사항 및 기말잔액을 표시한다.

자본변동표를 작성하는 목적은 회계기간동안 발생한 자본금, 자본잉여금, 자본조정, 기타포괄손익누계액, 이익잉여금의 변동에 관한 정보를 포괄적으로 제공함으로서 재무정보의 유용성을 높이기 위한 것이다.

9) 주석

한 기간의 모든 거래들의 결과를 요약 정리한 재무제표는 기업의 성과와 재무상태를 완전하게 보고하는 데에 한계가 있다. 이러한 재무제표의 보고상의 한계를 보완하기 위하여 사용되는 방법에 주기, 주석, 부속명세서가 있다. 여기서 주석만이 재무제표이며, 주석은 다음 사항을 포함한다.

① 재무제표 작성기준 및 중요한 거래와 회계사건의 회계처리에 적용한 회계정책

② 일반기업회계기준에서 주석공시를 요구하는 사항
③ 재무상태표, 손익계산서, 현금흐름표 및 자본변동표의 본문에 표시되지 않는 사항으로서 재무제표를 이해하는 데 필요한 추가 정보

핵심문제

기출문제 ▶ 1회~50회 중 **10회** 출제

01. 다음 중 재무제표의 작성과 표시의 일반원칙에 관한 설명으로 옳지 <u>않은</u> 것은?

① 재무제표의 작성과 표시에 대한 책임은 경영진에게 있다.
② 재무제표의 본문이나 주석에 구분 표시하도록 정한 항목은 그 성격이나 금액이 중요하지 아니한 것이라도 유사한 항목으로 통합하여 표시할 수 없다.
③ 재무제표를 작성할 때 계속기업으로서의 존속가능성을 평가해야 한다.
④ 재무제표의 기간별 비교가능성을 제고하기 위하여 당기 재무제표를 전기와 비교하는 형식으로 표시한다.

정답 ②
일반기업회계기준에서 재무제표의 본문이나 주석에 구분 표시하도록 정한 항목이라 할지라도 그 성격이나 금액이 중요하지 아니한 것은 유사한 항목으로 통합하여 표시할 수 있다.

02. 다음 중 재무보고에 관한 설명 중 옳지 <u>않은</u> 것은?

① 재무보고는 기업실체 외부의 다양한 이해관계자의 경제적 의사결정을 위해 경영자가 기업실체의 경제적 자원과 의무, 경영성과, 현금흐름, 자본변동 등에 관한 재무정보를 제공하는 것을 말한다.
② 재무보고는 기업실체의 회계시스템에 근거한 재무제표에 의해 주로 이루어지나, 그 외의 수단에 의해서도 제공될 수 있다.
③ 재무제표는 재무상태표, 손익계산서, 자본변동표, 현금흐름표로 구성되며, 주석을 포함한다.
④ 발생주의에 따라 측정된 회계이익에 대한 정보는 미래 순현금흐름을 예측하는 데는 유용하지 않다.

정답 ④
발생주의에 따라 측정된 회계이익에 대한 정보는 순현금흐름보다 기업실체의 미래 순현금흐름의 예측에 더 유용한 것으로 인식된다.다.

제2절 재무상태표

1. 재무상태표의 계정과목

재무상태표(Statement of Financial Position : SFP)란 일정시점에 현재 기업이 보유하고 있는 경제적 자원인 자산과 경제적 의무인 부채, 그리고 자본에 대한 정보 즉, 기업의 재무상태를 보고하는 정태적 보고서를 말한다.

1) 자산

기업이 소유하고 있는 유·무형의 경제적 자원을 의미하며, 회계상 자산으로 기록되기 위해서는 다음 조건을 충족해야 한다. 또한, 자산은 기업이 배타적 소유권이 있어야 하며, 미래 경제적 효익을 가져다 줄 수 있어야 한다. 자산은 재무상태표일로부터 1년이내에 현금화 할 수 있는지에 따라 유동자산과 비유동자산으로 분류한다.

구 분		계 정 과 목
유 동 자 산	당 좌 자 산	현금및현금성자산(현금, 보통예금, 당좌예금), 매출채권(외상매출금, 받을어음), 단기금융상품, 단기매매증권, 단기대여금, 미수금, 미수수익, 선급금, 선급비용등
	재 고 자 산	상품, 원재료, 재공품, 제품, 반제품, 저장품
비유동자산	투 자 자 산	투자부동산, 장기금융상품, 장기투자증권, 장기대여금
	유 형 자 산	토지, 건물, 차량운반구, 비품, 건설중인자산
	무 형 자 산	영업권, 산업재산권
	기타비유동자산	보증금(임차보증금, 전세권, 영업보증금), 기타

2) 부채

부채란 기업이 과거의 거래나 사건의 결과로 인해, 미래에 다른 기업에게 지급해야 할 의무를 말하며 1년을 기준으로 유동부채와 비유동부채로 구분한다.

구 분	계 정 과 목
유 동 부 채	매입채무(외상매입금, 지급어음), 단기차입금, 미지급금, 선수금, 예수금, 유동성장기부채
비 유 동 부 채	장기매입채무, 장기차입금, 사채, 퇴직급여충당부채

3) 자본

자본이란 자산에서 부채를 차감한 잔여지분을 말한다. 순자산 또는 소유주 지분, 기업이 조달한 자금이라 하여 자기자본이라고도 한다.

분류	내용
자 본 금	보통주 자본금, 우선주자본금
자 본 잉 여 금	주식발행초과금, 자기주식처분이익, 감자차익 등
자 본 조 정	자기주식, 주식할인발행차금, 주식매수선택권, 출자전환채무, 감자차손, 자기주식처분손실 등
기 타 포 괄 손 익 누 계 액	매도가능증권평가손익, 해외사업환산손익, 현금흐름위험회피 파생상품평가손익 등
이 익 잉 여 금 (결 손 금)	이월이익잉여금(이월결손금)

핵심문제

기출문제 ▶ 1회~50회 중 **12회** 출제

01. 다음은 재무상태표상 자산의 일부 내역이다. 유동자산과 비유동자산으로 계상되는 금액은 각각 얼마인가?

• 현금및현금성자산	100,000원	• 매출채권	650,000원
• 단기투자자산	120,000원	• 선급금	80,000원
• 상품	270,000원	• 장기대여금	500,000원
• 개발비	150,000원	• 차량운반구	330,000원

	유동자산	비유동자산
①	640,000원	1,560,000원
②	1,140,000원	1,060,000원
③	1,220,000원	980,000원
④	1,100,000원	1,100,000원

정답 ③

유동자산 항목 : 현금및현금성자산, 매출채권, 단기투자자산, 선급금, 상품 → 1,220,000원
비유동자산 항목 : 장기대여금, 개발비, 차량운반구 → 980,000원

02. 자산 또는 부채와 관련된 설명으로 옳지 않은 것은?

① 자산은 과거의 거래나 사건의 결과로서 현재 기업실체에 의해 지배되고 미래에 경제적 효익을 창출할 것으로 기대되는 자원이다.
② 물리적 형태가 없는 자원이라도 기업실체에 의하여 지배되고 그 실체에게 미래의 경제적 효익을 창출할 것으로 기대되는 경우 당해 항목은 자산의 정의를 충족할 수 있다.
③ 기업이 미래에 자산을 사용하거나 용역을 제공하는 등 경제적 자원의 희생이 예상될 경우에도 현재시점에서 지출될 금액이 확정된 것이 아니면 부채로 인식하지 않는다.
④ 부채는 과거의 거래나 사건의 결과로 현재 기업실체가 부담하고 있고 미래에 자원의 유출 또는 사용이 예상되는 의무이다.

정답 ③

기업이 미래에 자산을 사용하거나 용역을 제공하는 등 경제적 자원의 희생이 예상될 경우에는 현재시점에서 지출될 금액이 확정되지 않았어도 부채로 인식할 수 있다.

2 현금 및 현금성자산, 단기금융상품

1) 현금 및 현금성자산

구 분	내 용
현 금	통화와 타인발행 당좌수표, 자기앞수표, 송금환, 우편환, 배당금지급표, 만기도래한 공사채 만기이자표, 만기도래한 어음, 일람출급어음 등과 같이 일반 지급수단으로 쓰이는 통화대용증권을 말한다.
요구불예금	요구불예금이란 기업의 요구가 있을 경우에는 언제든지 인출이 가능한 예금을 말하며 당좌예금이나 보통예금 등을 말한다.
당좌예금	기업이 자금결제수단으로써 수표를 사용하기 위하여 거래은행과의 약정에 의하여 예금을 예입하고 수표용지를 교부받아 수표를 발행하여 결제하는 방식으로 이용하는 예금이다. 당좌예금 구좌를 계약할 때에는 당좌개설보증금을 예치하여야 하는데 예치할 경우 동 금액은 장기금융상품(특정현금과예금)계정에 포함하여 공시한다.
현금성자산	큰 거래비용 없이 현금으로 전환이 용이하고 이자율변동에 따른 가치변동의 위험이 중대하지 않은 유가증권 및 *정형화된 금융상품으로서 취득 당시 만기(또는 상환일)가 3개월 이내에 도래하는 것을 말한다. • 취득 당시의 만기가 3개월 이내에 도래하는 채권 • 취득 당시의 상환일까지의 기간이 3개월 이내인 상환우선주 • 환매채(3개월 이내의 환매조건) * 정형화된 금융상품이란 양도성예금증서(CD), 금전신탁, 신종기업어음, 중개어음, 표지어음 등을 의미한다.

2) 단기금융상품

단기금융상품은 금융기관에서 취급하는 단기 보유 목적의 만기가 3개월 이상 1년 이내에 만기가 도래하는 정기예금, 정기적금, 사용이 제한된 예금 및 기타 정형화된 상품(양도성예금증서, 기업어음, 표지어음, 어음관리구좌, 환매체, MMF)을 말한다.

핵심문제

기출문제 ▶ 1회~50회 중 **7회** 출제

01. 다음은 (주)한공의 결산조정 전 자료이다. 재무제표에 현금및현금성자산으로 보고해야 할 금액은 얼마인가?

- 외국 지폐   330,000원 (300달러, 결산일 현재 환율: 1,100원/달러)
- 자기앞수표   50,000원
- 정기예금   100,000원 (취득시 만기가 1년인 예금으로 만기까지 30일 남음)
- 당좌예금   15,000원

① 365,000원　　　　② 390,000원
③ 395,000원　　　　④ 495,000원

정답 ③

- 외국 지폐 : 300달러 × 1,100원/달러 = 330,000원
- 자기앞수표는 현금및현금성자산에 포함한다.
- 취득당시 만기일이 1년인 정기예금은 단기금융상품으로 분류한다.
- 당좌예금은 현금및현금성자산에 포함한다.
- 현금및현금성자산 합계액 = 330,000원 + 50,000원 + 15,000원 = 395,000원

02. 다음 중 현금및현금성자산에 대한 설명으로 옳은 것은?

① 9월 1일에 취득(가입)한 6개월 만기 정기예금은 결산일 현재 만기가 2개월 남았으므로 현금성자산에 해당된다.
② A은행 당좌예금 잔액이 3,000원이고 B은행 당좌예금 잔액이 (-)2,000원이면 현금성자산은 1,000원으로 기록한다.
③ 은행이 발행한 자기앞수표는 단기금융상품으로 분류한다.
④ 현금성자산으로 분류하기 위한 금융상품은 이자율 변동에 따른 가치변동의 위험이 거의 없어야 한다.

정답 ④

① 정기예금은 취득(가입) 당시 만기일이 3개월 이내인 경우에만 현금성자산으로 분류한다.
② 당좌예금이 부(-)의 금액이면 단기차입금으로 분류한다.
③ 자기앞수표는 현금및현금성자산으로 분류한다.

3 매출채권과 대손충당금

1) 매출채권(외상매출금)의 회계처리

구 분	사 유	회 계 처 리			
외상매출금	발 생	(차) 외상매출금	×× ×	(대) 상품매출	×× ×
	회 수	(차) 현 금	×× ×	(대) 외상매출금	×× ×
		(차) 받을어음	×× ×	(대) 외상매출금	×× ×
		(차) 보통예금	×× ×	(대) 외상매출금	×× ×

2) 매출채권(받을어음)의 회계처리

어음이란 어음 소지인에게 일정한 금액을 일정한 장소에서 일정한 사람에게 무조건 지급할 것을 약속한 증서로 거래당사자가 2인(발행인과 수취인) 경우 약속어음, 거래당사자가 3인(발행인, 지명인, 수취인) 경우 환어음이라 한다.

구 분	사 유	회 계 처 리			
받을어음	발 생	(차) 받을어음	×× ×	(대) 상품매출	×× ×
		(차) 받을어음	×× ×	(대) 외상매출금	×× ×
	회 수 (만기결제)	(차) 당좌예금	×× ×	(대) 받을어음	×× ×
매출채권의 양도	배서양도	어음소지인이 어음만기일전에 상품대금이나 외상매입금을 지급하기 위해 타인에게 어음의 뒷면에 배서하여 양도하는 것 (차) 외상매입금 ××× (대) 받을어음 ×××			
	할 인 (매각거래)	은행이 어음소지인의 의뢰에 의해 액면금액에서 만기일까지의 이자를 공제하고 매입하는 것으로 할인료는 매출채권처분손실로 처리한다. (차) 보통예금 ××× (대) 받을어음 ××× *매출채권처분손실 ××× * 매출채권처분손실(할인료) = 받을어음×할인율×할인월수/12			

3) 매출채권의 대손처리

대손이란 매출채권의 회수가 불가능하다고 판단될 때 비용으로 계상하는 것을 말하며, 대손충당금잔액이 있는 때에는 우선적으로 대손충당금잔액에서 상계하고, 대손충당금잔액이 부족할 때에는 대손상각비로 처리한다. 대손충당금은 자산의 차감계정이며 매출채권에서 대손충당금을 차감한 잔액을 순실현가능가액(장부가액)이라 한다.

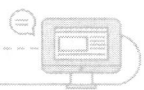

구 분	회계처리
대손충당금계정의 잔액이 충분한 경우	외상매출금 20,000원에 대해서 대손이 발생하였는데, 대손발생 시점에서의 대손충당금계정 잔액이 30,000원이었다면 다음과 같이 회계처리한다. (차) 대손충당금　　20,000원　　(대) 외상매출금　　20,000원
대손충당금계정의 잔액이 부족한 경우	외상매출금 15,000원에 대해서 대손이 발생하였는데, 대손발생 시점에서의 대손충당금계정 잔액이 10,000원이었다면 다음과 같이 회계처리한다. (차) 대손충당금　　10,000원　　(대) 외상매출금　　15,000원 　　대손상각비　　5,000원
대손충당금계정의 잔액이 없는 경우	외상매출금 20,000원에 대해서 대손이 발생하였는데, 대손발생 시점에서의 대손충당금계정 잔액이 없다면 다음과 같이 회계처리한다 (차) 대손상각비　　20,000원　　(대) 외상매출금　　20,000원
대손의 회수	대손처리 하였던 외상매출금 20,000원을 현금으로 회수하다. (차) 현금　　20,000원　　(대) 대손충당금　　20,000원

4) 기말결산시 대손예상액의 계상

기업회계에서는 장래에 발생할 것으로 보이는 대손예상액을 추산하여 당기비용으로 인식함과 더불어 채권의 평가계정인 대손충당금을 설정한다.

구 분	회계처리
대손충당금 잔액이 없는 경우	(차) 대손상각비　　×××　　(대) 대손충당금　　×××
대손예상액보다 장부상 대손충당금 잔액이 적은 경우(차액만 추가설정)	(차) 대손상각비　　×××　　(대) 대손충당금　　×××
대손예상액보다 장부상 대손충당금 잔액이 많은 경우(초과되는 대손충당금 잔액만큼 환입)	(차) 대손충당금　　×××　　(대) *대손충당금환입　　××× * 대손충당금환입은 영업외수익이 아니라 판매비와관리비에서 부(−)의 금액으로 표시하여야 한다.

5) 대손예상액 계산시 비율적용방법

구 분		내 용
개별채권 분석		채권을 거래처별로 분석하여 회수가능성을 판단하는 방법
과거경험률 분석	매출액기준법	매출액의 일정비율을 대손상각비로 계상하는 방법 → 대손예상액=매출액×대손설정율
	채권잔액비례법	채권에 대하여 일률적으로 과거 대손경험률로 설정하는 방법 → 대손예상액=채권잔액×대손설정율
	연령분석법	기말채권잔액을 경과일수에 따라 몇 개의 집단으로 분류하고, 각 집단마다 상이한 대손경험률을 적용하는 방법 → 대손예상액=기간별 기말매출채권×기간별 대손설정율

핵심문제 　　　　　　　　　　　　　　　　　　　　기출문제 ▶ 1회~50회 중 **30회** 출제

01. 다음은 (주)한공의 대손 관련 자료이다. 2024년 결산 시 손익계정에 계상할 대손상각비 금액은 얼마인가?

- 기초 매출채권 4,000,000원, 기초 대손충당금 40,000원
- 회수불능 매출채권의 대손처리금액 30,000원
- 기말 매출채권 6,800,000원, 대손추정율 1%(보충법 적용)

① 30,000원　　　　　　　　　　② 40,000원
③ 58,000원　　　　　　　　　　④ 68,000원

정답 ③

- 결산분개전 대손충당금 = 기초대손충당금 − 대손처리금액
　　　　　　　　　　　　= 40,000원 − 30,000원 = 10,000원
- 기말대손충당금 = 기말매출채권 × 대손추정율 = 6,800,000원 × 1% = 68,000원
- 대손상각비 = 기말대손충당금 − 결산분개전 대손충당금 = 68,000원 − 10,000원 = 58,000원

02. 다음은 (주)한공의 2024년 대손 관련 자료이다. 2024년 손익계산서에 계상될 대손상각비는 얼마인가?

1월 1일	매출채권에 대한 대손충당금 기초잔액은 400,000원이다.
4월 22일	매출채권 300,000원이 회수불능으로 판명되어 대손처리하였다.
10월 28일	2023년도에 대손처리했던 매출채권 중 100,000원을 현금으로 회수하였다.
12월 31일	기말 매출채권 잔액 100,000,000원 중 1%를 회수불확실한 금액으로 추정한다.

① 800,000원　　　　　　　　　　② 900,000원
③ 1,000,000원　　　　　　　　　　④ 1,300,000원

정답 ①

- 4월 22일 : (차) 대손충당금　300,000원　　(대) 매출채권　　300,000원
  10월 28일 : (차) 현금　　　　100,000원　　(대) 대손충당금　100,000원
  12월 31일 : (차) 대손상각비　800,000원　　(대) 대손충당금　800,000원
- 대손상각비 : 100,000,000 × 1% − 200,000 = 800,000원

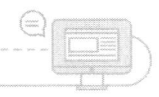

4. 유가증권의 회계처리(단기매매증권, 매도가능증권, 만기보유증권)

1) 유가증권의 분류

유가증권은 취득한 후에 만기보유증권, 단기매매증권, 그리고 매도가능증권 중의 하나로 분류하며, 분류의 적정성은 재무상태표일마다 재검토한다.

구 분			계정과목	매입의도	계정분류
지분증권	시장성 有	단기간 시세차익 등	단기매매증권	매매차익목적	유동자산 (단기투자자산)
	시장성 無	기타	매도가능증권	1년 이내 처분예정	유동자산
				기타	투자자산
채무증권	중도매각	단기간 시세차익 등	단기매매증권	매매차익목적	유동자산
		기타	매도가능증권	1년 이내 처분·만기예정	유동자산
				기타	투자자산
	만기보유	만기보유의도와 능력	만기보유증권	1년 이내 만기예정	유동자산
				1년 이후 만기예정	투자자산

분류	표시	내용
단기매매증권	유동자산	단기간내의 매매차익 목적, 매수와 매도가 빈번하게 발생하는 경우(시장성 있음)
만기보유증권	투자자산	상환금액 확정가능 채무증권, 만기까지 보유의도와 능력이 있는 경우
매도가능증권	투자자산	단기매매증권, 만기보유증권으로 분류되지 않는 주식, 채권
지분법적용주식	투자자산	다른 회사에 중대한 영향력을 행사할 수 있는 지분증권(주식)을 20% 이상을 투자한 경우

2) 단기매매증권

단기매매증권은 주로 "단기간 내의 매매차익을 목적"으로 취득한 유가증권으로서 "매수와 매도가 적극적이고 빈번하게 이루어지는 것"을 말한다. 단기적인 이익을 획득할 목적으로 운용되는 것이 분명한 증권포트폴리오를 구성하는 유가증권은 단기매매증권으로 분류한다.

취득원가	단기매매증권의 취득원가는 매입가액을 의미하며, 종목별로 총평균법이나 이동평균법을 적용하고, 채권은 개별법을 적용할 수 있다. 취득시 발생하는 부대비용(증권거래세 등)은 별도의 비용(수수료비용 – 영업외비용)으로 회계처리한다. 또한 공정가액은 합리적인 판단력과 거래의사가 있는 독립된 당사자간에 거래될 수 있는 교환가격을 말한다.
	(차) 단기매매증권 ×××　　(대) 현　금　　××× 　　　수수료비용(영업외비용) ×××

평가	• 평가기준 : 공정가액으로 평가 • 공정가액의 변동액(평가손익) : *단기매매증권평가손익(영업외손익)으로 처리 　* 단기매매증권평가이익과 평가손실은 상계하지 않고 총액으로 표시하는 것이 원칙이지만, 그 금액이 　　중요하지 않는 경우에는 상계하여 표시할 수 있다. • 장부가액＜공정가액 　(차) 단기매매증권　　　　　×××　　(대) 단기매매증권평가이익　××× • 장부가액＞공정가액 　(차) 단기매매증권평가손실　×××　　(대) 단기매매증권　　　　×××
양도	단기매매증권을 처분하거나 양도하는 경우 처분가액과 장부가액을 비교하여 그 차액을 단기매매증권처분손익으로 처리하며 처분시 매각수수료는 처분이익에서 차감하거나 처분손실에 가산한다. • 장부가액＜처분가액 　(차) 현　　금　　　　　　×××　　(대) 단기매매증권　　　　××× 　　　　　　　　　　　　　　　　　　　　단기매매증권처분이익　××× • 장부가액＞처분가액 　(차) 현　　금　　　　　　×××　　(대) 단기매매증권　　　　××× 　　　 단기매매증권처분손실　×××

3) 매도가능증권

단기매매증권이나 만기보유증권 및 지분법적용투자주식으로 분류되지 아니하거나 시장성이 없는 국·공·사채 및 주식을 말한다.

취 득	매도가능증권은 최초인식시 공정가치로 측정하며 취득시 부대비용은 취득원가에 가산한다.
기말평가	기말에는 공정가액으로 평가한 금액으로 장부금액을 수정한다. 장부가액과 공정가액간의 차액은 재무상태표의 자본에 속하는 기타포괄손익누계액인 매도가능증권평가손익으로 인식한다. [공정가액＞장부가액] → 매도가능증권평가손익의 증가(대변) (차) 매도가능증권　　　　×××　　(대) 매도가능증권평가이익　××× [공정가액＜장부가액] → 매도가능증권평가손익의 감소(차변) (차) 매도가능증권평가손실　×××　　(대) 매도가능증권　　　　×××
배 당 금	영업외수익의 항목인 배당금수익을 계상한다. (차) 현　　금　　　　　　×××　　(대) 배당금수익　　　　　×××
처 분	매도가능증권을 처분하면 그 장부금액과 처분가액과의 차액에 기타포괄손익누계액에 포함되어 있는 매도가능증권평가손익을 반영하여 영업외수익과 영업외비용인 매도가능증권처분이익과 매도가능증권처분손실로 인식한다. 매도가능증권평가손익이 양(+)인 경우(대변 잔액) (차) 현　　금　　　　　　×××　　(대) 매도가능증권　　　　××× 　　　 매도가능증권평가손익　×××　　　　　 매도가능증권처분이익　××× 매도가능증권평가손익이 음(-)인 경우(차변 잔액) (차) 현　　금　　　　　　×××　　(대) 매도가능증권　　　　××× 　　　　　　　　　　　　　　　　　　　　매도가능증권평가손익　××× 　　　　　　　　　　　　　　　　　　　　매도가능증권처분이익　×××

4) 만기보유증권

만기가 확정된 채무증권으로 상환금액이 확정되었거나 확정이 가능한 채무증권을 만기까지 보유할 적극적인 의도와 능력이 있는 경우의 유가증권을 말한다.

취 득	이론적인 채권의 취득원가는 미래현금흐름을 취득 당시의 시장이자율로 할인한 현재가치로 결정된다. 만기보유증권인 사채의 취득원가는 매입가액(사채의 공정가치)에 취득부대비용을 가산하고 기간 경과분 발생이자가 있는 경우에는 동 금액을 차감하여 결정한다. (차) 만기보유증권　　　　×××　　(대) 현　　금　　　　×××
이자수익의 인식	만기보유증권은 보유목적이 장기이므로 이자수익은 유효이자율법을 적용하여 인식한다. 사채의 이자수익은 기초장부가액에 유효이자율을 곱한 금액이다. 이 경우 이자수익인 유효이자와 액면이자와의 차액은 만기보유증권에 직접 조정한다. 사채의 할인취득을 가정하여 회계처리를 보이면 다음과 같다. (차) 만기보유증권　　　　×××　　(대) 이자수익　　　　×××
평가	만기보유증권은 기말에 상각후 취득원가로 평가한다.

5) 지분법적용투자주식

주식 중 다른 회사에 중대한(유의적인)영향력을 행사할 수 있는 주식으로 투자회사가 피투자회사의 의결권이 있는 주식을 20% 이상 보유하고 지분법으로 평가하는 것을 말한다.

6) 유가증권의 손상차손 인식

투자유가증권은 발행한 회사의 파산 등의 이유로 주식 등 회수가능가액이 장부상 금액보다 하락하여 회복이 불가능한 경우 그 차액을 손상차손으로 인식하여야 한다. 손상차손은 당기손익(영업외비용)에 반영한다. 또한 투자유가증권의 손상차손을 인식한 차기 이후에 회수가능가액이 상승한 경우에는 장기투자증권손상차손환입(영업외수익)으로 계상한다. 단, 단기매매증권은 손상차손을 인식하지 않는다.

핵심문제 기출문제 ▶ 1회~50회 중 **10회 출제**

01. 도·소매업을 영위하는 (주)한공이 보유하고 있는 유가증권 회계처리로 옳은 것은?

① 단기매매증권평가손익은 영업외손익에 해당한다.
② 매도가능증권평가손익은 당기 손익에 영향을 미친다.
③ 매도가능증권처분손익은 기타포괄손익누계액에 반영한다.
④ 단기매매증권의 취득과 관련된 매입수수료는 취득원가에 가산한다.

(정답) ①
② 매도가능증권평가손익은 기타포괄손익누계액에 영향을 미친다.
③ 매도가능증권처분손익은 영업외손익으로 인식된다.
④ 단기매매증권의 취득과 관련된 매입수수료는 비용으로 처리한다.

02. 다음은 (주)한공이 2024년 중 취득하여 보유중인 유가증권 내역이다. 2024년말 결산시 유가증권의 평가 결과로 옳은 것은?

구분	종류	액면단가	취득단가	단위당 공정가치
단기매매증권	A주식 1,000주	5,000원	6,000원	7,000원
단기매매증권	B주식 3,000주	5,000원	8,000원	5,000원
매도가능증권	C주식 2,000주	5,000원	7,000원	9,000원

① 당기순이익이 1,000,000원 증가한다.
② 당기순이익이 4,000,000원 감소한다.
③ 당기순이익이 8,000,000원 감소한다.
④ 당기순이익이 14,000,000원 감소한다.

(정답) ③
• A주식의 평가 : 1,000주×(7,000원 − 6,000원)=단기매매증권평가이익 1,000,000원
  B주식의 평가 : 3,000주×(5,000원 − 8,000원)=단기매매증권평가손실 9,000,000원
                                          당기순이익   8,000,000원 감소
• C주식은 매도가능증권으로 매도가능증권평가손익은 기타포괄손익누계액(자본)에 반영한다.

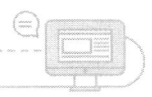

5. 재고자산 취득원가

재고자산이란 기업의 정상적인 영업활동과정에서 판매를 위하여 보유하고 있는 자산과 제품을 생산하는데 사용하는 자산을 말한다.

| 재고자산의 종류 |

상 품	기업이 판매를 목적으로 구입한 물품을 말하며, 부동산 매매업을 영유함에 있어 판매를 목적으로 하는 토지, 건물, 기타 이와 유사한 부동산도 상품에 포함한다.
원 재 료	제품을 제조·가공할 목적으로 외부에서 구입한 물품을 말한다.
재 공 품	제품의 제조를 위하여 제조과정에 있는 물품을 말한다.
반 제 품	제조기업이 직접 자가제조한 중간제품과 부분품을 말한다.
제 품	제조기업에서 판매를 목적으로 제조한 생산물품을 말한다.
저 장 품	소모품, 수선용 부분품 및 기타 저장품 등을 말한다.

1) 재고자산의 취득원가(매입원가)

재고자산의 매입원가는 물품의 매입대금과 매입과정에서 정상적으로 소요되는 매입운반비, 매입수수료, 보관료, 수입관세 등이 포함되며, 매입과 관련된 매입할인, 매입에누리, 매입환출이 있는 경우 이를 매입원가에서 차감한다.

> 취득원가(매입원가) = (매입가격 + 매입제비용) − (매입에누리 + 매입환출 + 매입할인)
>
> - 매입에누리 : 상품을 구입 후 상품에 하자가 있는 경우 매입대금의 일정액을 할인해주는 것
> - 매입환출 : 상품을 구입 후 상품에 하자로 인하여 상품을 반품하는 것
> - 매입할인 : 외상대금을 약정기일보다 먼저 결제하는 경우 조기상환에 대한 기일간의 이자를 차감해 주는 것

2) 재고자산에 포함될 항목

미착품	미착품이란 매입거래는 성립하였으나 운송 중에 있어서 재고자산의 실사에서 누락된 경우를 말한다. • 선적지 인도기준 : 매입자의 재고자산에 포함 • 도착지 인도기준 : 판매자의 재고자산에 포함
위탁상품 (적송품)	위탁상품이란 위탁판매를 위하여 수탁자에게 적송하고 수탁자가 팔지 못하고 재고자산으로 가지고 있는 경우를 말한다. 수탁자가 판매하기 전까지는 위탁자의 재고자산에 포함한다.
시송품	시송품이란 시용매출을 위하여 고객에게 인도 후 구매자가 구입의사를 표명하기 전 재고자산을 말한다. 구매의사를 표명함으로써 매출거래가 성립되기에 고객이 구입의사를 표시하기 전까지는 판매자의 재고자산에 포함한다.
할부판매상품	재고자산을 고객에게 인도하고 대금은 미래에 분할하여 회수하기로 하는 조건으로 판매하는 경우에는 판매시점에 매출액을 인식하므로 상품의 판매시점에 구매자의 재고자산에 포함시켜야 한다

핵심문제

기출문제 ▶ 1회~50회 중 **14회** 출제

01. 다음은 (주)한공의 2024년 6월 중 상품 취득 관련 자료이다. 6월말 현재 상품의 취득원가는 얼마인가?

일자	구분	비고
6월 1일	외상매입	1,000개(단가 1,300원)
	매입 운반비	12,000원
6월 9일	매입에누리	10,000원
6월 10일	매입할인	20,000원
	매입환출	5,000원

① 1,277,000원 ② 1,282,000원
③ 1,302,000원 ④ 1,312,000원

정답 ①

• 재고자산의 취득원가 = 매입가격 + 매입부대비용 − 매입에누리 − 매입할인 − 매입환출
 = 1,300,000원 + 12,000원 − 10,000원 − 20,000원 − 5,000원 = 1,277,000원

02. 다음은 (주)한공의 2024년 1월 1일부터 12월 31일까지의 재고자산 관련 자료를 요약한 것이다. (주)한공의 기말재고자산금액은 얼마인가?

• 기말재고 실사액 500,000원(미착품, 위탁 및 시용판매분 제외)
• 매입처에 주문하여 도착지 인도 기준으로 운송중인 상품 300,000원
• 위탁판매 의뢰한 적송품 100,000원 중 수탁자가 판매한 금액 20,000원
• 시용판매중인 시송품 1,000,000원 중 구매 의사표시가 확정된 금액 300,000원

① 500,000원 ② 580,000원
③ 1,200,000원 ④ 1,280,000원

정답 ④

• 기말재고자산 = 기말재고자산 실사액 + 운송중인상품 + 미판매 위탁상품 + 미판매 시송품
 = 500,000원 + 0원* + (100,000원 − 20,000원) + (1,000,000원 − 300,000원)
 = 500,000원 + 80,000원 + 700,000원 = 1,280,000원
 * 도착지인도기준으로 운송중이므로 기말재고자산에 포함하지 않는다.

6. 재고자산 단가결정

구 분		내 용
수량 결정방법	계속기록법	기초재고수량 + 당기매입수량 − 당기판매수량 = 기말재고수량
	실지재고조사법	기초재고수량 + 당기매입수량 − 기말재고수량 = 당기판매수량
단가 결정하는 방법	개별법	각 재고자산별로 매입원가 또는 제조원가를 결정하는 방법 • 이론적으로 가장 이상적인 재고조사 방법이다. • 장점은 일반적으로 물량흐름과 일치하지만, 단점으로는 이익조작이 가능하다. • 수익·비용대응의 원칙에 충실한 방법이다.
	선입선출법 (FIFO)	먼저 매입 또는 생산한 재고항목이 먼저 판매 또는 사용된다고 원가흐름을 가정하는 방법. 따라서 기말에 재고로 남아있는 항목은 가장 최근에 매입 또는 생산한 항목이라고 본다. • 물가상승(인플레이션)시 : 기말재고액 과대계상, 매출원가 과소계상, 매출총이익 과대계상. • 장점은 일반적으로 물량흐름과 일치하지만, 단점으로는 수익과 비용의 대응이 되지 않는다. • 재무상태표에 충실한 방법이다.
	후입선출법 (LIFO)	가장 최근에 매입 또는 생산한 재고항목이 가장 먼저 판매된다고 원가흐름을 가정하는 방법. 따라서 기말에 남아있는 항목은 가장 먼저 매입 또는 생산한 항목이라고 본다. • 물가상승(인플레이션)시 : 기말재고액 과소계상, 매출원가 과대계상, 매출총이익 과소계상. • 장점은 수익과 비용이 대응이 되며, 단점으로는 일반적으로 물량흐름과 일치하지 않는다. • 손익계산서에 충실한 방법이다.
	총평균법	당기에 판매된 재고자산은 모두 동일한 단가라는 가정하에 매출원가와 기말재고액을 결정하는 방법이다. 총평균법은 일정기간동안 모든 입고가 완료된 다음 단가를 계산할 수 있다. $$\text{평균단가} = \frac{\text{기초재고금액} + \text{당기매입금액}}{\text{기초재고수량} + \text{당기매입수량}}$$
	이동평균법	상품을 새로 매입할 때마다 평균단가를 구하여 그 단가를 기준으로 매출단가와 기말재고 단가를 결정하는 방법이다. $$\text{평균단가} = \frac{\text{매입직전의 상품재고금액} + \text{새로 매입한 상품의 매입금액}}{\text{매입직전의 상품재고수량} + \text{새로 매입한 상품의 매입수량}}$$

알아두기!

❖ **물가상승(인플레이션)시 기말재고액, 매출원가, 매출총이익의 크기 비교**
- 기말재고액의 크기 : 선입선출법 > 이동평균법 > 총평균법 > 후입선출법
- 매출원가의 크기　: 선입선출법 < 이동평균법 < 총평균법 < 후입선출법
- 매출총이익의 크기 : 선입선출법 > 이동평균법 > 총평균법 > 후입선출법

핵심문제

기출문제 ▶ 1회~50회 중 **18회** 출제

01. 다음은 (주)한공의 재고자산 관련 자료이다. 회사는 물가가 지속적으로 상승할 경우 당기순이익이 가장 크게 계상되는 재고자산 평가방법을 채택하고 있다. 기말 재고자산의 단가는 얼마인가?

1 / 1	전기이월	100개	단가 1,000원
3 / 15	매 입	400개	단가 1,200원
6 / 30	매 출	300개	단가 2,000원
8 / 5	매 입	100개	단가 1,500원
12 / 10	매 출	200개	단가 2,500원

① 1,000원 ② 1,200원
③ 1,500원 ④ 2,000원

정답 ③

- 물가가 지속적으로 상승할 경우 당기순이익이 가장 크게 나타나는 재고자산 평가방법은 선입선출법이다. 따라서, 기말재고 수량 100개(판매가능수량 600개 - 매출 수량 500개)에 대한 단가는 가장 최근에 매입한 8월 5일의 1,500원이 된다.

02. 다음은 (주)한공의 12월 중 상품 매매 자료이다. 재고자산의 평가방법으로 이동평균법과 총평균법을 적용할 때 12월말 상품재고액으로 옳은 것은?

일자	구분	수량	단가
12월 1일	월초재고	1,000개	100원
12월 8일	외상매입	1,000개	110원
12월 12일	상품매출	1,500개	500원
12월 16일	외상매입	1,000개	120원

	이동평균법	총평균법
①	157,500원	165,000원
②	170,000원	175,000원
③	172,500원	165,000원
④	175,000원	172,500원

정답 ③

- 이동평균법
  - 단위당 매출원가 = (1,000개 × 100원 + 1,000개 × 110원) ÷ 2,000개 = 105원
  - 기말상품재고액 = (2,000개 - 1,500개) × 105원 + 1,000개 × 120원 = 172,500원
- 총평균법
  - 단위당 매출원가 = 330,000원 ÷ 3,000개 = 110원
  - 기말상품재고액 = 1,500개 × 110원 = 165,000원

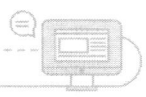

7 재고자산 평가

1) 재고자산감모손실

재고자산감모손실이란 재고자산이 도난, 분실, 파손 등에 의하여 장부상수량과 실제수량과의 차이가 발생할 경우 부족수량에 대한 손실액을 말한다.

> **재고자산감모손실 = (장부상수량 – 실제수량) × 단위당원가**
> * 실제수량이 장부상 수량에 미달하는 경우 부족수량에 해당하는 금액

거래상황	회계처리			
원가성이 있는 경우 (정상적인원인에 의하여 감모손실이 발생한 경우)	(차) 매출원가 (재고자산감모손실)	×××	(대) 재고자산	×××
원가성이 없는 경우 (비정상적인 원인에 의하여 감모손실에 발생한 경우)	(차) 재고자산감모손실 (영업외비용)	×××	(대) 재고자산	×××

2) 재고자산평가손실

재고자산평가손실이란 결산시 재고자산의 수량에는 문제가 없으나 재고자산을 저가법(순실현가능가치)으로 평가할 때 시가인 순실현가능가치가 장부가액(취득원가)보다 하락한 경우에 발생하는 차액(손실액)을 말하며, 재고자산평가손실은 매출원가에 가산하고 재고자산평가충당금은 재고자산에서 차감하는 형식으로 표시한다.

> **재고자산평가손실 = 취득원가 – 순실현가능가치**
> * 순실현가능가치가 취득원가보다 큰 경우에는 취득원가로 측정, 순실현가능가치가 취득원가보다 작은 경우에는 순실현가능가치로 측정하는 것을 말한다.
> * 제품, 상품, 재공품인 경우에는 순실현가능가치로 평가하지만 원재료의 경우 현행대체원가로 평가한다.

거래상황	회계처리			
하락한 경우 (매출원가에 가산)	(차) 재고자산평가손실 (매출원가 가산계정)	×××	(대) 재고자산평가충당금 (재고자산 차감계정)	×××
회복한 경우 (매출원가에서 차감)	(차) 재고자산평가충당금 (재고자산 차감계정)	×××	(대) 재고자산평가충당금환입 (매출원가 차감계정)	×××

3) 재고자산 평가시 저가법 적용

재고자산의 시가가 취득원가보다 하락한 경우 취득원가와 시가를 비교하여 낮은 금액으로 표시하는 방법을 '저가법'이라 한다.

구 분	내 용
저가법의 발생사유	① 손상을 입은 경우 ② 보고기간 말로부터 1년 또는 정상영업주기 내에 판매되지 않았거나 생산에 투입할 수 없어 장기 체화된 경우 ③ 진부화하여 정상적인 판매시장이 사라지거나 기술 및 시장 여건 등의 변화에 의해서 판매가치가 하락한 경우 ④ 완성하거나 판매하는 데 필요한 원가가 상승한 경우

핵심문제

기출문제 ▶ 1회~50회 중 **12회** 출제

01. 다음은 (주)한공의 기말 재고자산 관련 자료이다. 이를 토대로 재고자산평가손실과 재고자산감모손실을 계산하면 얼마인가?(재고자산은 저가법으로 평가하며 수량차이는 모두 비정상감모이다)

- 상품의 장부상 재고수량 : 1,000개
- 창고에 보관 중인 상품의 실제 재고수량 : 980개
- 상품의 단위당 취득원가 : 1,000원
- 상품의 단위당 시가 : 950원

	재고자산평가손실	재고자산감모손실
①	45,000원	15,000원
②	49,000원	20,000원
③	50,000원	22,000원
④	52,000원	25,000원

정답 ②

- 재고자산평가손실 : {취득원가(1,000원) − 시가(950원)} × 기말실제재고수량(980개)
  = 49,000원
- 재고자산감모손실 : {장부상 재고수량(1,000개) − 기말실제재고수량(980개)}
  × 취득원가(1,000원) = 20,000원

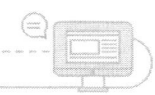

02. 다음은 (주)한공의 상품 관련 자료이다. 이를 통해 2024년도 매출원가를 계산하면?
(재고자산 평가손실은 정상적인 것이다.)

자료 1. 2023년도

기초상품재고액	당기매입액	기말상품재고액
1,000,000원	6,000,000원	취 득 원 가 : 2,000,000원 순실현가능가치 : 1,500,000원

자료 2. 2024년도

기초상품재고액	당기매입액	기말상품재고액
×××	7,000,000원	취 득 원 가 : 3,000,000원 순실현가능가치 : 2,000,000원

① 5,500,000원　　　　　　　② 6,000,000원
③ 6,500,000원　　　　　　　④ 7,000,000원

정답 ③

- 2023년도 기말상품재고액(저가법에 의한 순실현가능가치)가 2024년도 기초상품재고액으로 이월된다.
- 2024년도 매출원가 = 기초상품재고액 + 당기매입액 – 기말상품재고액(저가법 적용)
　　　　　　　　　 = 1,500,000원 + 7,000,000원 – 2,000,000원
　　　　　　　　　 = 6,500,000원

8 유형자산의 취득과 매각

1) 유형자산

유형자산이란 물리적 형태가 있는 자산으로 재화의 생산, 용역의 제공, 타인에 대한 임대 또는 자체적으로 사용할 목적으로 보유하고 1년을 초과하여 사용할 것이 예상되는 자산으로, 유형자산은 기업의 영업활동과정에서 사용을 통하여 매출수익 창출에 기여하는 자산을 말한다.

2) 유형자산의 취득원가

유형자산의 취득원가는 유형자산의 구입가격과 취득시 소요된 모든 부대비용을 포함한다.

구분	내용
취득시 발생하는 비용 (취득원가에 포함)	① 설치장소 준비를 위한 지출 ② 외부 운송 및 취급비 ③ 설치비 ④ 설계와 관련하여 전문가에게 지급하는 수수료 ⑤ 유형자산의 취득과 관련하여 국·공채 등을 불가피하게 매입하는 경우 당해 채권의 매입가액과 공정가치(시가)와의 차액은 유형자산구입과 관련하여 불가피하게 발생한 부대비용으로 보아 취득원가에 가산하여야 한다) ⑥ 자본화대상인 차입원가 ⑦ 취득세 등 유형자산의 취득과 직접 관련된 제세공과금 ⑧ 해당 유형자산의 경제적 사용이 종료된 후에 원상회복을 위하여 그 자산을 제거, 해체하거나 또는 부지를 복원하는 데 소요될 것으로 추정되는 원가가 충당부채의 인식요건을 충족하는 경우 그 지출의 현재가치(이하 '복구원가'라 한다) ⑨ 유형자산이 정상적으로 작동되는지 여부를 시험하는 과정에서 발생하는 원가. 단, 시험과정에서 생산된 재화(예: 장비의 시험과정에서 생산된 시제품)의 순매각금액은 당해 원가에서 차감한다. 유형자산이 경영진이 의도하는 방식으로 가동될 수 있는 장소와 상태에 이른 후에는 원가를 더 이상 인식하지 않는다. ⑩ 자산의 취득과 관련하여 매입한 국·공채 등의 매입가액과 현재가치의 차액을 취득원가에 가산한다.
자가건설	① 건설에 소요된 원가 및 완공시까지 발생하는 모든 비용(신축을 위한 구 건물 철거비 등은 토지취득원가에 포함한다.) 단, 유형자산을 보유하면서 발생하는 자동차세, 재산세 등은 비용(세금과공과금)으로 처리한다. ② 자가건설에 따른 내부이익과 자가건설 과정에서 원재료, 인력 및 기타 자원의 낭비로 인한 비정상적인 원가는 취득원가에 포함하지 않는다.

3) 유형자산의 취득유형

구 분	내 용
교환, 증여, 현물출자, 기타 무상으로 취득한 자산	공정가액을 취득원가로 한다.
기존건물을 사용할 목적으로 토지를 취득한 경우	일괄 취득한 경우 총구입원가(매입가액과 공통부대 비용 등)를 토지와 건물의 공정가액비율로 취득원가를 산정한다.
건물 신축목적으로 기존건물이 있는 토지를 취득한 경우	건물과 토지 취득가격 모두를 토지의 취득원가로 한다. 또한, 건물을 철거하는 경우에 기존 건물의 철거 관련 비용에서 철거된 건물의 부산물을 판매하여 수취한 금액을 차감한 금액을 토지의 취득원가에 가산한다.
토지 취득 후 비용(진입로 개설, 배수시설, 도로포장, 조경공사 등)	㉠ 내용연수와 유지·보수책임이 국가 등에게 있는 경우 토지 취득원가에 가산한다. ㉡ 내용연수 한정 및 유지·보수책임이 회사측에 있는 경우 구축물로 계상하고 감가상각한다.

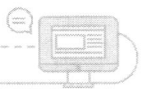

구 분	내 용
이종(다른)자산의 교환	다른 종류의 자산과 교환하여 새로운 유형자산을 취득하는 경우 유형자산의 취득원가는 교환을 위하여 제공한 자산의 공정가치로 하고, 이때 교환손익(장부가액과 공정가치의 차액)은 유형자산처분손익으로 인식한다. ■ 유형자산처분손익 = 제공한 자산의 공정가액 – (제공한 자산의 장부가액 + 현금지급액)
동종(같은)자산의 교환	• 동일한 업종 내에서 유사한 용도로 사용되는 자산간의 교환으로 받은 자산의 취득원가는 교환시 제공한 자산의 장부가액으로 봄으로 교환손익(유형자산처분손익)이 발생하지 않는다. • 동종자산의 구분기준은 물리적, 기능적, 유사성과 금액의 유사성을 동시에 충족해야한다. 다만, 물리적으로 유사한 자산이라도 공정가치의 차이(현금으로 수수)가 유의적(중요)인 경우에는 이종자산과의 교환으로 본다. ■ 동종자산간의 교환시 취득원가 = 제공한 자산의 장부가액

4) 유형자산의 처분

사용중인 유형자산을 처분하면 대변(자산의 감소)에 유형자산의 취득원가를 기입하고, 차변에 자산의 차감계정인 감가상각누계액을 기입하며, 차액은 유형자산 처분손익(영업외손익)으로 기입한다.

구 분	회 계 처 리			
장부금액 < 처분금액 (유형자산처분이익 발생)	(차) 현 금 감가상각누계액	××× ×××	(대) 유형자산 유형자산처분이익	××× ×××
장부금액 > 처분금액 (유형자산처분손실 발생)	(차) 현 금 감가상각누계액 유형자산처분손실	××× ××× ×××	(대) 유형자산	×××

핵심문제　　　　　　　　　　　　　　　　　　　　　기출문제 ▶ 1회~50회 중 **9회** 출제

01. (주)한공은 사용하던 기계장치를 다음과 같이 거래처의 동종자산으로 교환하여 취득하였다. 새로운 기계장치의 취득원가로 옳은 것은?

> • (주)한공이 제공한 기계장치 관련 금액
>   취득원가 3,000,000원 감가상각누계액 2,400,000원 공정가치 500,000원
> • 거래처로부터 제공받은 기계장치 관련 금액
>   취득원가 2,000,000원 감가상각누계액 1,500,000원 공정가치 300,000원

① 300,000원　　　　　　　　　　② 400,000원
③ 500,000원　　　　　　　　　　④ 600,000원

정답 ④
- 동종자산의 교환으로 취득한 유형자산의 취득원가는 교환을 위하여 제공한 자산의 장부금액으로 한다. (주)한공이 제공한 자산의 장부금액은 600,000원이므로 취득한 기계장치의 취득원가는 600,000원이 된다. 따라서 (주)한공의 회계처리는 다음과 같다.
  (차) 감가상각누계액　2,400,000원　　(대) 기계장치　3,000,000원
  　　기계장치　　　　　600,000원

02. (주)한공은 2023년 12월 31일 현재 장부금액이 2,560,000원인 기계장치를 2024년 7월 1일에 2,000,000원에 처분하면서 200,000원의 처분손실이 발생하였다. 이 기계장치와 관련하여 (주)한공이 2024년도에 계상한 감가상각비는 얼마인가?

① 160,000원　　　　　　　　　　② 360,000원
③ 720,000원　　　　　　　　　　④ 800,000원

정답 ②
- (차) 현금　　　　　　　2,000,000원　　(대) 기계장치(장부금액)　2,200,000원
  　　유형자산처분손실　 200,000원
- 2024년 1월 1일~2023년 7월 1일까지의 감가상각비 : 2,560,000원 - 2,200,000원
  　　　　　　　　　　　　　　　　　　　　　　　　　 = 360,000원

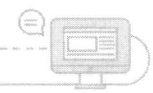

9 자본적지출, 수익적지출, 감가상각비

1) 자본적지출

구분	내용
자본적지출	유형자산에 대한 지출의 효익이 당해 기간에 한정되지 않고 미래 일정기간에 걸쳐 지속되는 지출로 해당자산계정으로 기입한다.
사례	• 자산의 가치를 증대시키는 지출(엘리베이터설치, 냉·난방설치 등) • 자산의 내용연수를 연장시키는 지출(증축, 개축, 확장 등) • 자산의 능률을 향상 시키는 지출(성능개선 등) → 자본적 지출을 수익적 지출로 처리한 경우(자산을 비용으로 처리) : 자산과소, 자본과소, 비용과대, 이익과소
회계처리	(차) 유형자산　　　×××　　(대) 현　금　　×××

2) 수익적지출

구분	내용
수익적지출	유형자산에 대한 지출의 효익이 당해 연도에 한정되어 발생연도의 기간비용으로 처리한다.
사례	• 자산의 원상복귀를 위한 지출(파손된 유리교체 등) • 자산의 현상유지를 위한 지출(건물의 도색, 자동차 부품교체 등) → 수익적 지출을 자본적 지출로 처리한 경우(비용을 자산으로 처리) : 자산과대, 자본과대, 이익과대, 비용과소
회계처리	(차) 수선비　　　×××　　(대) 현　금　　×××

┃회계처리를 잘못했을 경우의 효과

자본적지출을 수익적지출로 회계처리한 경우 (자산을 비용으로 처리)	자산과소, 자본과소, 비용과대, 이익과소
수익적지출을 자본적지출로 회계처리한 경우 (비용을 자산으로 처리)	자산과대, 자본과대, 비용과소, 이익과대

3) 유형자산의 감가상각

　감가상각이란 유형자산의 원가를 내용연수에 걸쳐 체계적이고 합리적인 방법으로 배분하여야 하는데 이러한 절차를 말한다.

① 감가상각 계산의 구성요소

감가상각 기초가액	감가상각시 기준이 되는 금액. 취득원가에서 잔존가액을 차감한 금액을 의미한다.
잔존가액	내용연수 경과후의 처분가치에서 처분비용을 차감한 금액
내용연수	자산의 예상사용기간 또는 그 자산으로부터 획득할 수 있는 생산량이나 이와 유사한 단위를 말한다.
감가상각방법	감가상각대상금액을 내용연수에 걸쳐 합리적이고 체계적으로 배분하는 방법

② 감가상각 방법

감가상각방법		계 산 방 법
직 선 법	정 액 법	$\dfrac{취득원가 - 잔존가액}{내용년수}$
가속상각법	정 률 법	(취득원가 − 감가상각누계액) × 상각률(정률)
	연 수 합 계 법	(취득원가 − 잔존가액) × $\dfrac{잔여내용년수}{내용연수의 합}$
비 례 법	생산량 비례법	(취득원가 − 잔존가액) × $\dfrac{당기 생산량}{예정 총생산량}$
	작업시간비례법	(취득원가 − 잔존가액) × $\dfrac{당기 작업시간}{예정 총작업시간}$

③ 감가상각비의 회계처리

간 접 법	당기 감가상각액만큼 평가계정인 감가상각누계액을 설정하여 처리하는 방법
	(차) 감가상각비　×××　(대) 감가상각누계액　×××
직 접 법	당기 감가상각액을 해당 유형자산의 장부가액에서 직접 차감하는 방법
	(차) 감가상각비　×××　(대) 유형자산　×××

핵심문제 　　　　　　　　　　　　　　　기출문제 ▶ 1회~50회 중 **15회** 출제

01. 다음은 (주)한공의 기계장치 관련 자료이다. 2024년 결산 시 계상할 감가상각비는 얼마인가?

> • 2023. 1. 1. : 기계장치 100,000,000원에 취득(내용연수 4년, 잔존가치 없음, 정액법 월할상각)
> • 2024. 1. 1. : 성능과 내구성 강화를 위해 10,000,000원 지출(내용연수 2년 연장)
> • 2024. 7. 1. : 성능유지를 위한 부품 교체로 800,000원 지출

① 17,000,000원　　　　　　　　② 17,160,000원
③ 18,333,333원　　　　　　　　④ 25,000,000원

정답 ①

• 2023년 감가상각비 : (100,000,000원−0원)/4년=25,000,000원
2024년 감가상각비 : (100,000,000원+10,000,000원−25,000,000원)×1/5년=17,000,000원
성능유지를 위한 부품 교체는 수익적지출로, 성능과 내구성이 강화되어 내용연수가 연장되는 정비는 자본적지출로 처리한다.

02. 도매업을 영위하는 (주)한공은 사업확장에 따라 본사건물 2개층을 증축하고 증축에 소요된 비용은 수선비로 회계처리하였다. 본사건물 증축으로 인해 내용연수가 3년 연장되었다. 이 회계처리가 2024년 재무제표에 미치는 영향으로 옳지 <u>않은</u> 것은?(단, 증축전 잔존내용연수는 10년이다)

① 본사건물 감가상각비와 감가상각누계액이 과소계상된다.
② 유형자산이 과소계상된다.
③ 당기순이익이 과대계상된다.
④ 매출원가에 미치는 영향은 없다.

정답 ③

• 본사건물 증축에 지출된 금액이 자본적지출이므로 수선비로 처리한 것은 잘못된 회계처리이다.
• 이로 인하여 비용(판매비와관리비)은 과대계상(수선비가 감가상각비 증가액보다 큼)되고 당기순이익은 과소계상되었으며, 본사건물 취득금액과 감가상각누계액이 과소계상되었다. 그러나 매출원가에 미치는 영향은 없다.

10 유형자산의 재평가

인식시점 이후에는 원가모형이나 재평가모형 중 하나를 회계정책으로 선택하여 유형자산 분류별로 동일하게 적용하며, 최초 인식 후에 공정가치를 신뢰성 있게 측정할 수 있는 유형자산은 재평가일의 공정가치에서 이후의 감가상각누계액과 손상차손누계액을 차감한 재평가금액을 장부금액으로 한다. 재평가는 보고기간말에 자산의 장부금액이 공정가치와 중요하게 차이가 나지 않도록 주기적으로 수행한다.

구 분	내 용
원가모형	• 장부금액 = 취득원가 – 감가상각누계액 – 손상차손누계액
재평가모형	• 장부금액 = 재평가일의 공정가치 – 감가상각누계액 – 손상차손누계액
재평가이익	2024년초에 토지를 30,000,000원에 취득되었으며, 2024년도말 35,000,000원으로 재평가되었다. (차) 토 지　　5,000,000　　(대) 재평가잉여금　　5,000,000 　　　　　　　　　　　　　　　　(기타포괄손익누계액)
재평가손실	위 토지가 2023년도말 20,000,000원으로 재평가하였다. (차) 재평가잉여금　　5,000,000　　(대) 토 지　　15,000,000 　　 재평가손실(비용)　10,000,000 * 이전에 기타포괄손익으로 인식한 재평가잉여금이 있는 경우 재평가잉여금을 먼저 정리하고 차감잔액을 재평가손실(비용)으로 처리한다.

핵심문제

기출문제 ▶ 1회~50회 중 **7회** 출제

01. 다음 중 유형자산 재평가에 대한 설명으로 옳지 않은 것은?

① 재평가의 빈도는 재평가되는 유형자산의 공정가치 변동에 따라 달라진다.
② 재평가모형을 적용시 공정가치가 증가된 경우 및 감소된 경우를 모두 장부에 반영하여야 한다.
③ 공정가치는 합리적인 판단력과 거래의사가 있는 독립된 당사자 간에 거래될 수 있는 교환가격을 뜻한다.
④ 유형자산 재평가로 발생하는 재평가이익과 손실은 모두 기타포괄손익으로 처리한다.

정답 ④

- 유형자산의 장부금액이 재평가로 인하여 증가된 경우에 그 증가액은 기타포괄손익으로 인식한다. 그러나 동일한 유형자산에 대하여 이전에 당기손익으로 인식한 재평가감소액이 있다면 그 금액을 한도로 재평가증가액만큼 당기손익으로 인식한다.
- 유형자산의 장부금액이 재평가로 인하여 감소된 경우에 그 감소액은 당기손익으로 인식한다. 그러나 그 유형자산의 재평가로 인해 인식한 기타포괄손익의 잔액이 있다면 그 금액을 한도로 재평가감소액을 기타포괄손익에서 차감한다.

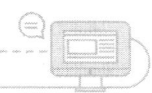

02. 다음 자료에 의해 (주)한공이 2024년 손익계산서에 계상할 토지 재평가손익은 얼마인가?

- (주)한공은 2023년에 공장을 건설할 목적으로 토지를 2,000,000원에 취득하였으며, 매 보고기간마다 재평가모형을 적용하기로 하였다.
- 2023년말과 2024년말 토지의 공정가치는 각각 2,200,000원과 1,800,000원이다.

① 재평가손실 200,000원 ② 재평가손실 400,000원
③ 재평가이익 200,000원 ④ 재평가이익 400,000원

정답 ①
- 2023년 말
  (차) 토지   200,000원   (대) 재평가이익(기타포괄손익) 200,000원
- 2024년 말
  (차) 재평가이익(기타포괄손익) 200,000원   (대) 토지   400,000원
      재평가손실(당기손익)   200,000원

11 유형자산의 손상차손

유형자산은 시가변동과 관계없이 역사적원가(취득원가)로 평가하는 것이 원칙이다. 그러나 유형자산의 중대한 손상으로 인하여 본질가치가 하락한 경우에는 장부금액을 감액하고 이를 유형자산손상차손으로 즉시 인식해야 한다.

구 분	내 용
손상차손을 인식하는 경우	유형자산손상차손 = 유형자산장부금액 – Max[①순매각액, ② 사용가치] (차) 유형자산 손상차손* ××× (대) 손상차손누계액 ××× * 장부금액 – 회수가능가액
손상차손을 환입하는 경우	손상차손환입액 = Min[①손상차손을 인식하지 않았을 경우의 장부금액 ② 회수가능가치] – 장부금액 (차) 손 상 차 손 누 계 액 ××× (대) 유형자산손상차손환입 ×××
처분	유형자산처분손익 = 처분가액 – 장부금액 = 처분가액 – (취득가액 – 감가상각누계액 – 손상차손누계액)

핵심문제

기출문제 ▶ 1회~50회 중 **10회** 출제

01. (주)한공은 2023년 12월 31일 토지의 손상징후가 있다고 판단하여 손상차손을 계상하였다. 토지 관련 자료가 다음과 같을 때 2024년 말 회계처리로 옳은 것은?
(단, 토지에 대하여 원가모형을 적용한다)

취득원가 (2017년 취득)	2023년말		2024년말	
	순공정가치	사용가치	순공정가치	사용가치
1,000,000원	400,000원	500,000원	1,200,000원	500,000원

① (차) 손상차손누계액 500,000원   (대) 손상차손환입 500,000원
② (차) 손상차손누계액 600,000원   (대) 손상차손환입 600,000원
③ (차) 손상차손누계액 700,000원   (대) 손상차손환입 700,000원
④ (차) 손상차손누계액 800,000원   (대) 손상차손환입 800,000원

정답 ①

연도	회수가능가액 = Max(순공정가치, 사용가치)	손상차손(환입액)
2023년말	Max(400,000원, 500,000원) = 500,000원	손상차손 = 1,000,000원 − 500,000원 = 500,000원
2024년말	Max(1,200,000원, 500,000원) = 1,200,000원	손상차손환입액 = 1,000,000원* − 500,000원 = 500,000원

* 손상차손환입으로 증가된 장부금액은 과거에 손상차손을 인식하기 전 장부금액을 초과할 수 없다.
Min(1,200,000원, 1,000,000원) = 1,000,000원

02. 토지를 전기 초 80,000,000원에 취득하였으며, 전기에 손상징후가 있고 전기말 순공정가치와 사용가치는 각각 55,000,000원과 60,000,000원이었다. 당기말 현재 토지의 회수가능액이 85,000,000원인 경우 손상차손환입액으로 인식할 금액은 얼마인가?

① 15,000,000원   ② 18,000,000원
③ 20,000,000원   ④ 22,000,000원

정답 ③

- 전기말 회수가능액 = Max(55,000,000원, 60,000,000원) = 60,000,000원
  전기말 손상차손 = 80,000,000원 − 60,000,000원 = 20,000,000원
  당기말 손상차손환입 = Min(85,000,000원, 80,000,000원) − 60,000,000원
  = 20,000,000원

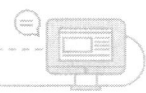

12 무형자산의 회계처리

1) 무형자산

무형자산은 일반적으로 물리적 실체가 없는 자산으로 재화의 생산, 용역의 제공, 타인에 대한 임대 또는 관리에 사용할 목적으로 기업이 보유하고 있으며, 무형자산이 되기 위한 요건으로는 식별이 가능해야 하며, 기업이 통제하고 있어야 하고, 미래 경제적 효익이 있는 비화폐성으로, 영업활동에 사용할 목적으로 보유하는 자산을 말한다.

2) 무형자산의 특징

① 물리적 실체가 존재하지 않는다.
② 영업활동에 사용할 목적으로 보유하는 자산이다.
③ 미래경제적 효익에 고도의 불확실성이 존재한다.
④ 효익제공기간이 장기이다.

3) 무형자산의 종류

계정과목	내 용
영업권	우수한 경영진, 뛰어난 판매조직, 양호한 신용, 원만한 노사관계, 기업의 좋은 이미지 등 동종의 다른 기업(또는 사업)에 비하여 특별히 유리한 사항들을 집합한 무형의 자원을 말하며, 사업결합으로 취득한 영업권만을 인정한다. 영업권 = 합병등의 대가로 지급한 금액 - 취득한 순자산공정가치
개발비	특정 신제품 또는 신기술개발과 관련한 비용으로 미래의 경제적효익을 기대할 수 있는 것에 한한다. **무형자산으로 계상하기 위한 요건** ① 무형자산을 완성시킬 수 있는 기술적 실현가능성을 제시할 수 있다. ② 무형자산을 완성하여 사용 또는 판매할 의도가 있다. ③ 완성된 무형자산을 사용 또는 판매할 수 있는 능력을 제시할 수 있다. ④ 무형자산이 어떻게 미래 경제적효익을 창출할 것인가를 보여줄 수 있다. ⑤ 무형자산의 개발을 완료하고 그것을 사용 또는 판매하는 데 필요한 금전적, 기술적 자원을 충분히 확보하고 있다는 사실을 제시할 수 있다. ⑥ 개발단계에서 발생한 무형자산 관련 지출을 신뢰성 있게 구분하여 측정할 수 있다.

구 분		내 용
연구단계		'연구비'의 과목으로 하여 발생한 기간의 비용으로 인식한다.
개발단계	요건을 충족시키는 경우	'개발비'의 과목으로 하여 무형자산으로 인식하고 당해 자산이 사용가능한 시점부터 내용연수에 걸쳐 상각한다.
	요건을 충족시키지 못하는 경우	'경상개발비'의 과목으로 하여 발생한 기간의 비용으로 인식한다.

계정과목	내 용
어업권	일정수면에서 어업을 경영할 수 있는 권리
산업재산권	특허권·실용신안권·의장권·상표권 등의 법률적 권리
소프트웨어	• 소프트웨어를 외부에서 구입 : 무형자산(소프트웨어 계정) • 소프트웨어를 자체개발 : 무형자산(개발비 계정)
광업권	일정한 광구에서 등록을 한 광물과 동 광구중에 부존하는 다른 광물을 채굴하여 취득할 수 있는 권리
어업권	수산업법에 의하여 등록된 수면에서 독점적·배타적으로 어업을 영위할 수 있는 권리
프랜차이즈	자산의 제품이나 서비스의 판매권, 상표나 상호명의 사용권 또는 특정기능을 수행할 수 있는 독점적 권리를 프랜차이저에게 부여하는 계약
라이센스	특정 권리자가 자신의 권리를 사용하기를 희망하는 자와 계약에 의하여 타인에게 사용을 허가하는 권리의 허락을 말한다.
저작권	문학, 학술, 예술의 범위에 속하는 창작물에 대하여 저작자나 권리승계인이 행사하는 저작물에 대한 배타적·독점적인 권리

4) 무형자산의 취득

무형자산을 개별적으로 취득할 경우에는 매입가격에 매입 부대비용을 가산한 금액을 취득원가로 한다.

5) 무형자산의 상각

무형자산의 상각기간은 독점적·배타적인 권리를 부여 하고 있는 관계 법령이나 계약이 정해진 경우를 제외하고는 20년을 초과할 수 없다.

무형자산의 상각액 계산방법은 정액법, 정률법, 생산량비례법, 연수합계법 등이 있으며 기업이 합리적으로 선택할 수 있으며, 합리적인 방법을 찾지 못한 경우 정액법을 사용하도록 되어 있다.

| 분개 | (차) 무형자산상각비 | ××× | (대) 무형자산과목 | ××× |

6) 무형자산의 손상차손

자산의 진부화 및 시장가치의 급격한 하락 등으로 인하여 무형자산의 회수가능성이 장부에 미달하고 그 차액이 중요한 경우 손상차손을 설정한다. 단, 회복시 장부가액을 초과할 수 없다.

| 분개 | (차) 무형자산손상차손 | ××× | (대) 무형자산과목 | ××× |

핵심문제

기출문제 ▶ 1회~50회 중 **16회** 출제

01. 다음 중 무형자산에 대한 설명으로 옳지 <u>않은</u> 것은?

① 내부적으로 창출한 영업권은 원가를 신뢰성 있게 측정할 수 있고, 미래경제적효익을 창출할 수 있다면 자산으로 인식할 수 있다.
② 무형자산의 상각기간은 독점적·배타적인 권리를 부여하고 있는 관계 법령이나 계약에 정해진 경우를 제외하고는 20년을 초과할 수 없다.
③ 다른 종류의 무형자산이나 다른 자산과의 교환으로 무형자산을 취득하는 경우에는 무형자산의 원가를 교환으로 제공한 자산의 공정가치로 측정한다.
④ 무형자산을 창출하기 위한 내부 프로젝트를 연구단계와 개발단계로 구분할 수 없는 경우에는 그 프로젝트에서 발생한 지출은 모두 연구단계에서 발생한 것으로 본다.

> 정답 ①
> • 내부적으로 창출한 영업권은 원가를 신뢰성 있게 측정할 수 없을 뿐만 아니라 기업이 통제하고 있는 식별가능한 자원도 아니기 때문에 자산으로 인식하지 않는다.

02. 다음 연구 및 개발활동과 관련된 지출내역 중 무형자산인 개발비로 계상할 수 있는 금액은 얼마인가?

• 새로운 지식을 얻고자 하는 활동	100,000원
• 연구결과 또는 기타 지식을 탐색, 평가, 최종선택 및 응용하는 활동	200,000원
• 생산 전의 시작품과 모형을 설계, 제작 및 시험하는 활동	300,000원
• 새로운 기술과 관련된 공구, 금형, 주형 등을 설계하는 활동	400,000원

① 200,000원 ② 500,000원
③ 700,000원 ④ 1,000,000원

> 정답 ③
> • 300,000원 + 400,000원 = 700,000원
> • 생산 전 또는 사용 전의 시작품과 모형의 설계, 제작 및 시험활동과 새로운 기술과 관련된 공구, 금형, 주형 등을 설계하는 활동은 개발단계에 속하는 활동으로서 무형자산의 개발비로 계상할 수 있다.

13 정부보조금의 회계처리

정부보조금이란 국가 또는 지방자치단체가 산업정책적 목적에 따라 시설자금이나 운영자금의 일부를 무상으로 교부하는 것이다.

1) 정부보조금의 구분

구 분		처 리 방 법
상환의무가 없는 경우	자산취득에 사용	자산을 취득하는 시점에서 관련 자산의 차감계정으로 처리 (관련 자산을 취득하기 전까지 받은 자산 또는 받은 자산을 일시적으로 운용하기 위하여 취득하는 다른 자산의 차감계정으로 처리)
	기타	대응되는 비용이 없는 경우에는 영업외수익으로 처리하고 특정비용을 보전할 목적으로 받는 경우에는 특정 비용과 상계처리 (조건을 충족해야 하는 경우 그 조건을 충족하기 전에는 선수수익으로 처리)
상환의무가 있는 경우		상환할 금액(확정되지 않은 경우 추정액)을 부채로 계상

2) 상환의무가 없는 경우

① 자산취득 목적의 정부보조금

정부보조금수령	보통예금으로 정부보조금을 수령한 경우			
	(차) 보통예금	×××	(대) 정부보조금(자산차감)	×××
유형자산 취득	예) 기계장치 취득			
	(차) 기계장치 　　정부보조금(자산차감)	××× ×××	(대) 보통예금 　　정부보조금(기계장치차감)	××× ×××
결산시	감가상각비계상 분개			
	(차) 감가상각비	×××	(대) 감가상각누계액	×××
	감가상각비와의 상계분개			
	(차) 정부보조금*	×××	(대) 감가상각비	×××
	* 상계할 정부보조금 = 감가상각비 × $\dfrac{\text{정부보조금}}{\text{감가상각대상액(취득원가 - 잔존가액)}}$			
처분시	유형자산 취득에 사용된 정부보조금은 유형자산 처분시 미환입된 정부보조금잔액을 유형자산처분손익에서 가감하여 정리한다.			
	(차) 감가상각누계액 　　정부보조금 　　현　　금 　　(유형자산처분손실)	××× ××× ××× ×××	(대) 유형자산 　　(유형자산처분이익)	××× ×××

② 수익관련보조금

정부보조금수령	특정조건을 충족하지 않아도 되는 경우			
	(차) 보통예금	×××	(대) 정부보조금(수익)	×××
처분시	특정조건을 충족해야 하는 경우			
	(차) 현 금	×××	(대) 선수수익*	×××

* 선수수익은 특정조건이 충족되면 수익으로 인식한다.

핵심문제

기출문제 ▶ 1회~50회 중 **11회** 출제

01. 다음 (주)한공의 거래에 대한 회계 처리로 옳은 것은?

> 2024년 1월 1일 기계장치 취득을 위해 상환의무가 없는 정부보조금 1,000,000원을 현금으로 수령하다.

① (차) 현 금　　　1,000,000원　　(대) 정부보조금　　1,000,000원
　　　　　　　　　　　　　　　　　　　　(현금차감)

② (차) 정부보조금　1,000,000원　　(대) 현 금　　　　1,000,000원
　　　(현금차감)

③ (차) 기계장치　　1,000,000원　　(대) 현 금　　　　1,000,000원
　　　정부보조금　1,000,000원　　　　정부보조금　　1,000,000원
　　　(현금차감)　　　　　　　　　　　(기계장치차감)

④ (차) 기계장치　　1,000,000원　　(대) 현 금　　　　1,000,000원
　　　정부보조금　1,000,000원　　　　정부보조금　　1,000,000원
　　　(기계장치차감)　　　　　　　　(현금차감)

정답 ①
- 정부보조금 수령 시 분개
  (차) 현금　1,000,000원　　(대) 정부보조금　1,000,000원
　　　　　　　　　　　　　　　　(현금차감)

02. (주)한공은 정부보조금을 수령하여 다음의 기계장치를 취득하였다. 2024년 손익계산서에 계상될 감가상각비는 얼마인가?

- 취득원가 100,000원
- 정부보조금 40,000원
- 취득일자 2024년 7월 1일
- 정액법 상각, 내용연수 5년, 잔존가치는 없다.

① 6,000원 ② 10,000원
③ 12,000원 ④ 20,000원

정답 ①

- ① 2024년 감가상각비 = (100,000원 − 40,000원) × $\frac{1년}{5년}$ × $\frac{6개월}{12개월}$ = 6,000원
- 정부보조금은 유형자산의 취득원가에서 차감하는 형식으로 표시하고 그 자산의 내용연수에 걸쳐 감가상각비와 상계한다.

14 사채

사채란 주식회사가 장기간 자금을 조달하기 위하여 회사가 계약에 따라 일정기간동안 일정한 이자를 지급하고, 일정한 시기에 원금을 상환할 것을 약속하고 자금을 차입한 채무로서, 일반적으로 사채의 권면에는 사채의 액면가액, 표시이자율, 이자지급일, 상환일, 상환방법 등이 기재되어 있으며, 사채를 발행한 회사는 사채를 보유한 사채권자에게 조건에 따른 이자 및 원금을 지급한다.

1) 사채의 발행

사채의 발행가격은 사채의 액면이자율(표시이자율)과 시장이자율에 따라 다음과 같이 발행된다.

발행방법	발행 내용	회계처리			
액면발행 (평가발행)	액면금액 = 발행가액 액면이자율 = 시장이자율	(차) 당좌예금	10,000	(대) 사 채	10,000

발행방법	발행 내용	회계처리
할인발행	액면금액 > 발행가액 액면이자율 < 시장이자율	(차) 당좌예금 9,000 (대) 사 채 10,000 사채할인발행차금 1,000
할증발행	액면금액 < 발행가액 액면이자율 > 시장이자율	(차) 당좌예금 12,000 (대) 사 채 10,000 사채할증발행차금 2,000

- 사채의 발행총액은 재무상태표에 의하여 회사에 현존하는 순자산의 4배를 초과하여 발행할 수 없으며, 사채 1좌의 액면금액은 10,000원 이상이어야 한다.
- 사채의 발행가액 = 만기일에 지급할 원금의 현재가치 + 미래이자 지급액의 현재가치

2) 이자율의 종류

① 액면이자율 : 사채 권면에 표시된 이자율(= 표시이자율)
② 시장이자율 : 사채 발행시점에 시장에서 형성되어 있는 은행이자율
③ 유효이자율 : 사채 발행가액과 사채의 미래현금흐름의 현재가치를 일치시키는 내부수익율

3) 사채이자

사채이자의 지급은 유효이자율법에 의해 사채할인발행차금상각액을 가산하여 이자비용차변에 기입하고 사채할증발행차금환입액은 차감하여 처리한다.

구분	내용
사채이자지급시	(차) 이자비용 ××× (대) 미지급이자 ××× 사채할인발행차금 ××× * 유효이자율법 ① 액면금액 × 액면이자율 = 미지급이자 ② 순사채(사채 - 사채할인발행차금) × 유효이자율 = 이자비용

4) 사채발행비의 회계처리

사채발행비란 사채를 발행하기 위하여 직접 발생한 제비용(사채권인쇄비, 광고비, 사채발행수수료 등)을 말하며, 사채발행비는 사채발행으로 인해 조달된 자금을 감소시키는 효과가 있으므로 사채할인발행차금에 가산하거나 사채할증발행차금에서 차감하여야 한다.

사채발행을 위하여 직접 발생한 사채발행비용은 사채발행가액에서 직접 차감하도록 규정하고 있다.

액면발행	사채할인발행차금에 가산
할인발행	사채할인발행차금에 가산
할증발행	사채할증발행차금에 차감

5) 사채의 상환

발행한 사채에 대하여 대금을 지급하고, 사채권을 회수하는 것을 사채의 상환이라 한다. 사채의 상환방법에는 만기 전 상환과 만기상환이 있다.

사채를 상환할 때에는 사채와 관련된 계정인 사채할인발행차금 또는 사채할증발행차금계정도 함께 정리하여야 한다. 이때 사채의 장부금액과 상환가액의 차이를 사채상환이익 또는 사채상환손실계정으로 처리한다.

구 분	회 계 처 리			
사채매입상환 (조기상환)	(차) 사 채	×××	(대) 당좌예금 사채할인발행차금 사채상환이익	××× ××× ×××
사채만기상환	(차) 사 채	×××	(대) 당좌예금	×××

6) 사채발행 관련 회계처리

① 할증발행의 경우

구 분	회 계 처 리
거래내용	액면 총액 1,000,000원(상환기간 5년, 액면이자율 연 12%, 유효이자율 연 10%)의 사채를 1,075,800원에 발행하고 납입금은 당좌예금하다.
회계처리	(차) 당좌예금 1,075,800 (대) 사 채 1,000,000 사채할증발행차금 75,800
거래내용	위의 사채에 대한 이자를 현금으로 지급하다.
회계처리	(차) 이자비용 107,580 (대) 현금 120,000 사채할증발행차금 12,420 • 액면이자율에 의한 이자 : 1,000,000×0.12 = 120,000 • 유효이자율에 의한 이자 : 1,075,800×0.1 = 107,580 • 사채할증발행차금환입액 : 120,000 − 107,580 = 12,420

② 사채발행비 지급의 경우

구 분	회 계 처 리
거래내용	액면 1,000,000원의 사채를 1,000,000원에 평가발행하고 납입금은 당좌예금하다. 그리고 사채발행비 50,000원은 현금으로 지급하다.
회계처리	(차) 당좌예금 1,000,000 (대) 사 채 1,000,000 사채할인발행차금 50,000 현 금 50,000
거래내용	액면 1,000,000원의 사채를 920,000원에 할인발행하고, 납입금은 당좌예금하다. 그리고 사채발행비 50,000원은 현금으로 지급하다.

구분	회계처리
회계처리	(차) 당좌예금 920,000 (대) 사 채 1,000,000 　　 사채할인발행차금 130,000 　　 현 금 50,000
거래내용	액면 1,000,000원의 사채를 1,080,000원에 할증발행하고, 납입금은 당좌예금하다. 그리고 사채발행비 50,000원은 현금으로 지급하다.
회계처리	(차) 당좌예금 1,080,000 (대) 사 채 1,000,000 　　　　　　　　　　　　　　　　 사채할증발행차금 30,000 　　　　　　　　　　　　　　　　 현 금 50,000

③ 사채이자 계산

구분	회계처리
거래내용	20×1년 1월 1일 사채 90,394원(액면 100,000원, 표시이자율 연 8%, 이자는 매년 말 지급, 만기 3년)을 발행하고 발행대금은 현금으로 받다. 시장이자율 12%이고, 결산일은 매년 12월31일이다(단, 유효이자율법에 의하며, 원미만 버림).
회계처리	(차) 현금 90,394 (대) 사 채 100,000 　　 사채할인발행차금 9,606
거래내용	20×1년 말 사채이자를 당좌수표를 발행하여 지급하다.
회계처리	(차) 이자비용 10,847 (대) 현 금 8,000 　　　　　　　　　　　　　　 사채할인발행차금 2,847 • 100,000×0.08 = 8,000(액면이자율) • 90,394×0.12 = 10,847(유효이자율) • 10,847−8,000 = 2,847(사채할인발행차금상각액)
거래내용	20×2년 말 사채이자를 당좌수표를 발행하여 지급하다.
회계처리	(차) 이자비용 11,188 (대) 현 금 8,000 　　　　　　　　　　　　　　 사채할인발행차금 3,188 • 100,000×0.08 = 8,000(액면이자율) • (90,394+2,847)×0.12 = 11,188(유효이자율) • 11,188−8,000 = 3,188(사채할인발행차금상각액)

핵심문제 기출문제 ▶ 1회~50회 중 **13회** 출제

01. (주)한공은 2024년 1월 1일에 3년 만기 사채를 발행하고 다음과 같이 회계처리 하였다. 이를 통해 알 수 있는 내용으로 옳지 않은 것은?

1월 1일	(차) 현금	95,196원	(대) 사채	100,000원
	사채할인발행차금	4,804원		
12월 31일	(차) 이자비용	11,424원	(대) 현금	10,000원
			사채할인발행차금	1,424원

① 사채는 할인발행되었다.
② 사채의 발행금액은 95,196원이다.
③ 사채발행시 유효이자율이 액면이자율보다 작다.
④ 2025년 이자비용은 2024년 이자비용보다 크다.

정답 ③
- 사채가 할인발행된 경우로 유효이자율이 액면이자율보다 크다.

02. (주)한공은 2024년 1월 1일에 액면가액 1,000,000원인 3년 만기 사채를 995,843원에 발행하였다. 사채 발행시 액면이자율 10%, 유효이자율은 15%이고 이자는 매년 말 1회 지급한다. 2024년 (주)한공이 인식하여야 할 이자비용은 얼마인가?

① 99,584원 ② 100,000원
③ 149,376원 ④ 150,000원

정답 ③
- 이자비용 = 기초장부가액 × 유효이자율 = 995,843원 × 15% = 149,376원

15 퇴직급여충당부채

1) 충당부채

충당부채란 과거사건이나 거래 결과에 의한 현재 발생한 의무로서, 지출의 시기 또는 금액이 불확실한 현재의무와 우발부채 중 이용가능한 모든 증거를 고려할 때 재무상태표일 현재 존재할 가능성이 높고 금액을 신뢰성있게 추정할 수 있는 현재의 의무를 말한다.

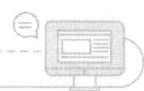

구 분	회 계 처 리	
충당부채의 인식요건	충당부채는 다음의 요건을 모두 충족하는 경우에 인식한다. • 과거사건이나 거래의 결과로 현재의무가 존재한다. • 당해 의무를 이행하기 위하여 자원이 유출될 가능성이 매우 높다. • 그 의무의 이행에 소요되는 금액을 신뢰성 있게 추정할 수 있다.	
충당부채의 종류	퇴직급여충당부채	장래에 종업원이 퇴직할 때 지급하여야 할 퇴직금대비하여 설정한 부채
	제품보증충당부채	상품을 판매하고 일정기간 동안 발생하는 하자에 대하여 무상 수리조건인 경우 미래 발생할 보증수리비용을 충당부채로 인식

2) 퇴직급여충당부채

① 퇴직급여충당부채의 회계처리

퇴직급여충당부채 설정	결산 시 퇴직급여충당부채를 설정하다. (차) 퇴 직 급 여　　×××　(대) 퇴직급여충당부채　　×××
퇴직금지급	종업원이 퇴직하여 퇴직급여 지급 시(퇴직급여 < 퇴직급여충당부채) (차) 퇴직급여충당부채　×××　(대) 현　　　　　금　××× 　　　　　　　　　　　　　　　　　예　　수　　금　×××
퇴직금지급	종업원이 퇴직하여 퇴직급여 지급 시(퇴직급여 > 퇴직급여충당부채) (차) 퇴직급여충당부채　×××　(대) 현　　　　　금　××× 　　 퇴 직 급 여　　×××　　　　예　　수　　금　×××

② 퇴직금과 퇴직연금

퇴직금제도란 근로자가 퇴직하는 경우 계속근로기간 1년에 대하여 30일분의 평균임금을 지급하는 제도를 말한다.

> 퇴직급여 = 퇴직급여추계액 – [퇴직급여충당부채 기초잔액 – 당기퇴직금지급액]

퇴직연금제도는 퇴직등을 퇴직급여의 지급사유로 하고 종업원을 수급자로 하는 연금으로 법인이 퇴직연금사업자(보험회사)에게 납부하는 것을 말한다. 퇴직연금에는 확정기여제도와 확정급여제도가 있다.

확정기여(DC형)제도	기업이 납부해야 할 부담금(기여금)을 퇴직급여(비용)로 인식하고, 퇴직연금운용자산, 퇴직급여충당부채 및 퇴직연금미지급금은 인식하지 아니한다.
확정급여(DB형)제도	퇴직급여충당부채를 설정해야 하며, 납부시 퇴직연금운용자산으로 처리한다.

구 분		확정급여형(DB)	확정기여형(DC)
운용책임		회 사	종업원
회계처리	납부시	(차) 퇴직연금운용자산 ××× (대) 현 금 ×××	(차) 퇴직급여 ××× (대) 현 금 ×××
	운용수익발생시	(차) 퇴직연금운용자산 ××× (대) 이자수익 ×××	분개없음
	결산시	(차) 퇴직급여 ××× (대) 퇴직급여충당부채 ×××	분개없음

핵심문제

기출문제 ▶ 1회~50회 중 **12회 출제**

01. 다음 중 퇴직급여충당부채에 대한 설명으로 옳지 <u>않은</u> 것은?

① 퇴직급여충당부채는 미래의 예상 임금수준을 사용하여 측정하여야 한다.
② 급여규정의 개정과 급여의 인상으로 퇴직금 소요액이 증가되었을 경우에는 당기분과 전기 이전분을 일괄하여 당기비용으로 인식한다.
③ 확정급여형퇴직연금제도에서 퇴직급여와 관련된 자산과 부채를 재무상태표에 표시할 때에는 퇴직급여충당부채에서 퇴직연금운용자산을 차감하는 형식으로 표시한다.
④ 퇴직연금운용자산이 퇴직급여충당부채와 퇴직연금미지급금의 합계액을 초과하는 경우에는 그 초과액을 투자자산의 과목으로 표시한다.

(정답) ①
• 퇴직급여충당부채는 보고기간말 현재 전종업원이 일시에 퇴직할 경우 지급하여야 할 퇴직금에 상당하는 금액으로 한다.

02. 다음은 관리부 김회계씨가 퇴사하여 퇴직급여를 보통예금 계좌에서 이체하여 지급한 퇴직급여지급명세서이다. 이에 대한 회계처리로 옳은 것은? 단, 김회계씨의 퇴사일 현재 회사의 퇴직급여충당부채 잔액은 10,000,000원이며, 퇴직보험 및 퇴직연금에 가입한 내역은 없다.

퇴직급여지급명세서
(단위 : 원)

성명	지급항목		공제항목			차인지급액
	퇴직급여	총액	소득세	지방소득세	공제계	
김회계	14,000,000	14,000,000	400,000	40,000	440,000	13,560,000

①	(차) 퇴직급여	13,560,000원	(대) 보통예금	13,560,000원	
②	(차) 퇴직급여	13,560,000원	(대) 보통예금	13,560,000원	
	퇴직급여충당부채	440,000원	예수금	440,000원	
③	(차) 퇴직급여충당부채	4,000,000원	(대) 보통예금	13,560,000원	
	퇴직급여	10,000,000원	예수금	440,000원	
④	(차) 퇴직급여충당부채	10,000,000원	(대) 보통예금	13,560,000원	
	퇴직급여	4,000,000원	예수금	440,000원	

정답 ④

• (차) 퇴직급여충당부채   10,000,000원   (대) 보통예금   13,560,000원
　　　퇴직급여　　　　　　4,000,000원　　　 예수금　　　　　440,000원

16 외화채권과 외화채무의 평가

화폐성 외화자산과 부채에 대해서는 기말현재 시점의 기준환율 혹은 재정환율을 적용하여 외화환산에 대한 평가를 한다(서울외국환중개(http://www.smbs.biz) 홈페이지에서 환율 조회 가능).

구 분		회 계 처 리			
외화자산	환율상승	(차) 외화자산	×××	(대) 외화환산이익	×××
	환율하락	(차) 외화환산손실	×××	(대) 외화자산	×××
외화부채	환율상승	(차) 외화환산손실	×××	(대) 외화부채	×××
	환율하락	(차) 외화부채	×××	(대) 외화환산이익	×××

17 자본금과 잉여금

자본이란 자산에서 부채를 차감한 잔여지분을 말하며, 순자산 또는 소유주지분이라고도 한다. 또한 자본은 기업이 조달한 자금이라 하여 자기자본이라고도 한다.

1) 자본의 분류

자본은 크게 주주 불입자본과 이익유보액으로 분류 할 수 있다. 불입자본이란 주주로부터 납입받은 주식대금을 말하며, 이익유보액은 당기순이익 중에 기업내 유보된 잉여금을 말한다.

자 본 금	(법정자본금) : 발행주식수×1주당 액면금액 → 보통주자본금, 우선주자본금
자본잉여금	자본거래에서 발생한 잉여금 → 주식발행초과금, 감자차익, 기타자본잉여금(자기주식처분이익)등
자본조정	자본에 차감하거나 가산하여야 하는 임시적계정 → 주식할인발행차금, 자기주식, 자기주식처분손실, 감자차손, 배당건설이자, 미교부주식배당금, 주식매수선택권
기타포괄 손익누계액	당기손익에 포함되지 않고 자본항목에 포함되는 평가손익 → 매도가능증권평가손익, 해외사업환산손익 등
이익잉여금	손익거래에서 발생한 잉여금 → 법정적립금(이익준비금, 기타법정적립금) → 임의적립금(사업확장적립금, 감채적립금, 배당평균적립금, 결손보전적립금) → 차기이월이익잉여금(차기이월결손금)

2) 자본금

자본금이란 주식의 액면가액으로서, 상법에서는 채권자를 보호하기 위하여 주식회사가 보유해야 할 최소한도의 법정자본금으로 규정하고 있다.

자본금 = 발행주식수 × 1주 액면가액

| 주식의 발행방법 |

액면발행 액면가액 = 발행가액	하나주식회사는 2024년 초 액면가액 @5,000원의 주식 10,000주를 액면가액으로 발행하고 대금은 전액 당좌예금하다.			
	(차) 당좌예금	50,000,000원	(대) 자본금	50,000,000원
할인발행 액면가액 > 발행가액 (주식할인발행차금)	하나주식회사는 2024년 초 액면가액 @5,000원의 주식 10,000주를 주당 @4,500원으로 발행하고 대금은 전액 당좌예금하다.			
	(차) 당좌예금 　　주식할인발행차금	45,000,000원 5,000,000원	(대) 자본금	50,000,000원
할증발행 액면가액 < 발행가액 (주식발행초과금)	하나주식회사는 2024년 초 액면가액 @5,000원의 주식 10,000주를 주당 @6,000원으로 발행하고 대금은 전액 당좌예금하다.			
	(차) 당좌예금	60,000,000원	(대) 자본금 　　주식발행초과금	50,000,000원 10,000,000원

3) 자본잉여금

액면가액을 초과하는 금액 또는 주주와의 거래에서 발생하여 자본을 증가시키는 잉여금으로 주식발행초과금, 감자차익, 자기주식처분이익 등이 있다.

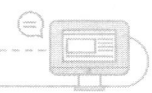

주식발행초과금	주식발행초과금이란 액면금액을 초과하여 주식을 발행한 경우 액면가액을 초과하는 금액(발행가액 – 액면가액)을 말한다.
감자차익	감자차익이란 기업이 사업규모를 축소하기 위하여 기업이 발행한 주식을 매입·소각하거나, 결손금을 보전하기 위하여 자본을 감소하는 것을 감자라 하며, 감자시 감소한 자본금이 주금의 환급액 또는 결손금 보전액을 초과할 때 초과액을 말한다.

4) 자본조정

자본이란 원칙적으로 당해 항목의 성격으로 보아 자본거래에 속하는 항목이나 자본금, 자본잉여금, 이익잉여금으로 분류하기 곤란한 항목으로 주식할인발행차금, 자기주식, 감자차손, 자기주식처분손실 등이 있다.

주식할인발행차금	주식할인발행차금이란 주식을 액면가액 보다 할인하여 발행한 경우 액면가액과 발행가액과의 차액을 말한다.

5) 이익잉여금

이익잉여금이란 영업활동의 결과로 획득한 순이익의 일부가 사외에 유출되지 않고 사내에 유보축적되어 발생된 잉여금을 말한다. 이익잉여금은 기처분이익잉여금(법정적립금, 임의적립금)과 미처분이익잉여금(또는 미처리결손금)으로 구분한다.

이익준비금	이익준비금이란 법정적립금으로 상법규정에 의하여 자본금의 1/2에 달할 때까지 매 결산기에 금전배당액의 1/10 이상의 금액을 적립하도록 한 적립금으로 결손보전과 자본전입의 용도외에는 사용할 수 없다.
기타법정적립금	상법 이외의 법령에 의하여 의무적으로 적립하는 법정적립금
임의적립금	임의적립금이란 이익잉여금 중에서 법률이 아닌 회사가 임의적으로 일정한 목적을 위하여 정관등의 규정에 따라 적립한 것으로 법정적립금을 제외한 모든 적립금으로 적극적 적립금(사업확장적립금, 감채적립금)과 소극적 적립금(배당평균적립금, 결손보전적립금) 등이 있다.
미처분이익잉여금	미처분이익잉여금이란 기업의 이익중 배당금이나 다른 이익잉여금으로 처분되지 않고 남아있는 이익잉여금을 말한다.

6) 배당금

배당금이란 기업이 일정기간 영업활동 결과에 따라 발생한 이익을 주주총회 또는 이사회의 결의에 따라 주주에게 자본출자에 대한 대가로 배분하는 것을 말한다. 즉, 기업이 영업활동을 통하여 획득한 이익을 주주에게 분배하는 것을 말한다.

구분	내용
배당기준일	배당을 받을 권리가 있는 주주를 확정하는 시간적 기준(결산일을 기준으로 한다)
배당선언일	배당의무가 발생하는 시간적 기준(실질적인 채무를 부담하게 되는 날)
배당금지급일	배당의무의 이행일(배당금을 지급하거나 주식을 교부하여야 하는 날)

■ 배당회계처리

구 분	현금배당	주식배당
배당기준일	분개없음	분개없음
배당선언일	(차) 이월이익잉여금 ××× 　　(대) 미지급배당금 ×××	(차) 이월이익잉여금 ××× 　　(대) 미교부주식배당금 ×××
배당지급일	(차) 미지급배당금 ××× 　　(대) 현　금 ×××	(차) 미교부주식배당금 ××× 　　(대) 자본금 ×××

※ 더존 SmartA프로그램에서는 미처분이익잉여금이 아닌 이월이익잉여금으로 처리한다.

핵심문제

기출문제 ▶ 1회~50회 중 **23회** 출제

01. (주)한공은 자본증자를 위해 보통주 1,000주를 주당 12,000원(액면금액 주당 10,000원)에 발행하고, 주금은 현금으로 납입받았다. 다음 주식발행에 대한 회계처리 중 옳은 것은? (자본증자일 현재 주식할인발행차금의 장부금액은 400,000원이다.)

① (차) 현　금　　　　　　10,000,000원　(대) 자본금　　　　　　12,000,000원
　　　주식할인발행차금　　 400,000원
　　　주식발행초과금　　 1,600,000원

② (차) 현　금　　　　　　12,000,000원　(대) 자본금　　　　　　10,000,000원
　　　　　　　　　　　　　　　　　　　　　　주식발행초과금　　 2,000,000원

③ (차) 현　금　　　　　　12,000,000원　(대) 자본금　　　　　　10,000,000원
　　　　　　　　　　　　　　　　　　　　　　주식할인발행차금　 2,000,000원

④ (차) 현　금　　　　　　12,000,000원　(대) 자본금　　　　　　10,000,000원
　　　　　　　　　　　　　　　　　　　　　　주식할인발행차금　　 400,000원
　　　　　　　　　　　　　　　　　　　　　　주식발행초과금　　 1,600,000원

정답 ④

- 주식을 발행하는 경우에 주식의 발행금액이 액면금액보다 크다면 그 차액을 주식발행초과금으로 하여 자본잉여금으로 회계처리한다. 다만, 상각되지 않은 주식할인발행차금은 향후 발생하는 주식발행초과금과 우선적으로 상계한다.

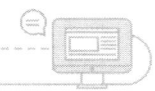

02. 다음은 (주)한공의 2024년 12월 31일 수정후 잔액시산표 중 재무상태표 관련 계정과목을 나타낸 것이다. 2024년 12월 31일 현재 재무상태표상 이익잉여금은 얼마인가?

자료. 잔액시산표(수정후) / 2024년 12월 31일
(주)한공 (단위 : 원)

차 변	계 정 과 목	대 변
	외 상 매 입 금	30,000,000
	퇴 직 급 여 충 당 부 채	20,000,000
	장 기 차 입 금	40,000,000
	보 통 주 자 본 금	100,000,000
	주 식 발 행 초 과 금	20,000,000
50,000,000	매 도 가 능 증 권 평 가 손 실	
	이 익 준 비 금	10,000,000
	임 의 적 립 금	15,000,000
	미 처 분 이 익 잉 여 금	40,000,000
	⋮	

① 50,000,000원   ② 65,000,000원
③ 135,000,000원   ④ 225,000,000원

 ②
- 이익잉여금 = 이익준비금 + 임의적립금 + 미처분이익잉여금
  = 10,000,000원 + 15,000,000원 + 40,000,000원 = 65,000,000원

제3절 손익계산서

1 손익계산서의 계정과목

손익계산서(Income Statement : I/S)란 기업의 경영성과를 명확하게 보고하기 위하여 일정기간 동안에 일어난 거래나 사건을 통해 발생한 수익과 비용을 나타내는 동태적보고서이다. 동태적보고서란 일정한 기간의 비용과 손익을 표시하는 것을 말한다.

1) 수익

분 류	계 정 과 목
매출액	상품매출
영업외수익	이자수익, 배당금수익, 수수료수익, 수입임대료, 단기매매증권처분이익, 단기매매증권평가이익, 유형자산처분이익, 잡이익

2) 비용

분 류	계 정 과 목
매출원가	상품매출원가, 제품매출원가 • 상품매출원가 = 기초상품재고액 + 순매입액 – 기말상품재고액 ↓ 총매입액(매입가격 + 매입제비용) – (매입에누리 + 매입환출 + 매입할인) • 제품매출원가 = 기초제품재고액 + 당기제품제조원가 – 기말제품재고액
판매비와관리비	급여, 복리후생비, 여비교통비, 접대비, 통신비, 수도광열비, 세금과공과금, 감가상각비, 임차료, 수선비, 보험료, 차량유지비, 운반비, 교육훈련비, 소모품비, 수수료비용, 광고선전비, 대손상각비, 감가상각비, 잡비
영업외비용	이자비용, 기부금, 매출채권처분손실, 단기매매증권처분손실, 단기매매증권평가손실, 유형자산처분손실, 잡손실, 재해손실
법인세비용	법인세비용, 소득세등

3) 손익계산서의 이익계산

```
   매    출    액 : 순매출액 = 총매출액 – 매출할인 – 매출환입에누리
 – 매  출  원  가 : 기초상품재고액 + 순매입액* – 기말상품재고액
                      * 순매입액 = 총매입액 – 매입할인 – 매입환출.에누리

 = 매 출 총 이 익
 – 판 매 비 와 관 리 비 : 급여, 복리후생비, 접대비, 여비교통비, 임차료 등
 = 영    업    이    익
 + 영  업  외  수  익 : 이자수익, 배당금수익, 임대료 등
 – 영  업  외  비  용 : 이자비용, 기부금 등
 = 법 인 세 차 감 전 이 익
 – 법인세비용(소득세등)
 = 당  기  순  이  익
```

핵심문제

기출문제 ▶ 1회~50회 중 **7회** 출제

01. 다음은 (주)한공의 손익계산서의 주요항목이다. 이 자료로 매출원가를 계산하면 얼마인가?

- 판매비와 관리비　　　4,500,000원
- 영업외수익　　　　　　600,000원
- 법인세비용 차감전 순이익 900,000원
- 영업외비용　　　　　　700,000원
- 매출액　　　　　　15,500,000원

① 11,100,000원　　　　　② 10,100,000원
③ 10,000,000원　　　　　④ 9,800,000원

<u>정답</u> ③

- 손익계산서의 구조를 쓰고 자료의 금액을 기재하여 영업이익, 매출총이익, 매출원가의 순서로 계산한다.

과　목	금　액(원)	계산내역
매　출　액	15,500,000	
매　출　원　가	?	15,500,000 − 5,500,000 = 10,000,000
매　출　총　이　익	?	1,000,000 − 4,500,000 = 5,500,000
판　매　비　와　관　리　비	4,500,000	
영　업　이　익	?	900,000 + 700,000 − 600,000 = 1,000,000
영　업　외　수　익	600,000	
영　업　외　비　용	700,000	
법인세비용 차감전 순이익	900,000	

02. 다음은 (주)한공의 2024년 12월 31일 수정후 잔액시산표 중 손익계산서 관련 계정 내역을 나타낸 것이다. 2024년 손익계산서상 영업이익 금액은 얼마인가?

자료. 잔액시산표(수정후) / 2024년 12월 31일

(주)한공　　　　　　　　　　　　　　　　　　　　　　　(단위 : 원)

차　변	계　정　과　목	대　변
	⋮	
	매　　　　　　　출	112,000,000
48,000,000	매　　출　　원　　가	
12,090,000	급　　　　　　　여	
27,000,000	대　　손　　상　　각　　비	
	이　　자　　수　　익	5,000,000
17,000,000	이　　자　　비　　용	
5,000,000	법　　인　　세　　비　　용	

① 7,910,000원　　　　　② 12,910,000원
③ 24,910,000원　　　　　④ 39,090,000원

<u>정답</u> ③

- 매출총이익 : 매출 112,000,000 − 매출원가 48,000,000 = 64,000,000
- 판관비 : 급여 12,090,000 + 대손상각비 27,000,000 = 39,090,000
- 영업이익 : 매출총이익 64,000,000 − 판관비 39,090,000 = <u>24,910,000</u>
- 법인세비용차감전순이익 : 24,910,000 + 5,000,000 − 17,000,000 = 12,910,000
- 당기순이익 : 12,910,000 − 5,000,000 = 7,910,000

2 수익과 비용의 인식

1) 수익의 인식

구 분	수익인식방법
상품 및 제품판매	판매기준
위탁판매	수탁자가 제3자에게 판매한 시점
할부판매	재화가 인도된 시점(단, 현재가치와 명목가액이 중요한 차이가 나는 경우에는 현재가치로 평가한다)
시용판매	고객이 구입의사를 표시한 날
상품권판매	상품 등이 고객에 제공된 날(상품권 회수시점)
용역매출및예약매출	진행기준에 따라 매출인식
재화판매의 수익인식조건	• 재화의 소유에 따른 위험과 효익의 대부분이 구매자에게 이전 • 판매자는 판매한 재화에 대하여 소유권이 있을 때 통상적으로 행사하는 정도의 관리나 효과적인 통제를 할수 없음(통제권이전) • 수익금액을 신뢰성있게 측정할 수 있음 • 경제적효익의 유입가능성이 매우 높음 • 발생했거나 발생할 거래원가와 관련 비용을 신뢰성있게 측정

용역제공의
수익인식
	• 용역제공거래의 성과를 신뢰성있게 측정할 수 있을 때 진행기준에 따라 인식
	• 충족조건
	  - 거래전체의 수익금액을 신뢰성있게 측정가능
	  - 경제적효익의 유입가능성이 매우 높음
	  - 진행률을 신뢰성있게 측정가능
	  - 발생한 원가 및 투입하여야 할 원가를 신뢰성있게 측정가능
	• 진행률
	  - 총예상작업량(또는 작업시간)대비 실제작업량(또는 작업시간)의 비율
	  - 총예상용역량 대비 현재까지 제공한 누적용역량의 비율
	  - 총추정원가 대비 현재까지 발생한 누적원가의 비율. 현재까지 발생한 누적원가는 현재까지 수행한 용역에 대한 원가만을 포함하며, 총추정원가는 현재까지의 누적원가와 향후 수행해야 할 용역의 원가를 합계한 금액으로 한다.

이자·배당금
로열티등 수익인식조건
	• 충족조건
	  - 수익금액을 신뢰성있게 측정할 수 있음
	  - 경제적효익의 유입가능성이 매우높음
	• 측정의 신뢰성과 경제적효익의 유입가능성에 대하여는 재화의 판매와 동일하게 적용
	• 이자수익 : 유효이자율을 적용하여 발생기준에 따라 인식
	• 배당금수익 : 배당금을 받을 권리와 금액이 확정되는 시점에 인식
	• 로열티수익 : 관련된 계약의 경제적 실질을 반영하여 발생기준에 따라 인식

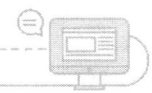

구 분	수익인식방법
기타수익 인식조건	• 재화의 판매, 용역의 제공, 이자,배당금,로열티로 분류할 수 없는 기타의 인식은 다음 조건을 모두 충족할 때 발생기준에 따라 합리적인 방법으로 인식 - 수익가득과정이 완료되었거나 실질적으로 거의 완료되었음 - 수익금액을 신뢰성있게 측정할 수 있음 - 경제적효익의 유입가능성이 매우 높음

2) 비용의 인식

① 비용의 측정

비용의 측정이란 손익계산서에 계상할 비용의 금액을 화폐액으로 측정하는 것을 말한다. 주로 역사적 원가에 의하여 측정된다.

② 비용의 인식시기

비용의 발생시점, 인식시점, 보고시점에 관한 것으로 비용이 귀속되는 회계기간을 결정하는 것을 비용의 인식이라 하며, 비용의 보고 또는 기간귀속이라고도 한다. 비용은 경제적 효익이 수익획득활동에 소비되었을 때, 또는 미래의 경제적 효익이 감소되거나 소멸되었을 때를 비용의 인식시점으로 본다.

핵심문제

기출문제 ▶ 1회~50회 중 **5회** 출제

01. 중소기업이 아닌 법인의 수익인식에 대한 설명으로 옳지 않은 것은?

① 장기할부조건으로 판매한 제품은 대금회수시점에 수익을 인식한다.
② 용역의 제공으로 인한 수익은 진행기준에 따라 인식한다.
③ 적송품은 수탁자가 고객에게 판매한 시점에 수익을 인식한다.
④ 상품권은 고객에게 판매한 때 선수금으로 회계처리하고, 고객이 물건과 교환했을 때 수익으로 인식한다.

정답 ①
• 재화의 판매로 인한 수익은 통상적으로 위험과 보상이 이전되는 재화의 인도시점에 인식한다.

02. 도·소매업을 영위하고 있는 (주)한공은 2024년 결산 마감 전 다음의 사항이 미반영되었음을 알게 되었다. 미반영사항을 반영하기 전 매출액이 10,000,000원일 때, 미반영사항을 반영한 후 올바른 매출액은 얼마인가?

> • 2024년 12월 10일 도착지 인도조건으로 판매한 운송중인 상품 400,000원이 매출에 계상되지 않았다.
> • 2024년 말 수탁자에게 인도한 상품 500,000원 중 300,000원이 판매되었음을 확인하였다.
> • 2024년에 판매한 상품권 1,000,000원 중 800,000원이 상품 판매로 인해 회수되었음을 확인하였다(단, 상기 금액은 모두 매가이다).

① 10,000,000원 ② 10,300,000원
③ 11,100,000원 ④ 11,500,000원

(정답) ③

• 미반영사항 반영 전 매출액	10,000,000원
도착지 인도조건 매출[1]	-
수탁자가 판매한 매출[2]	300,000원
상품권 매출[3]	800,000원
미반영사항 반영 후 매출액	11,100,000원

[1] 도착지 인도조건은 매출에 포함되지 않는다.
[2] 수탁자가 상품을 판매한 때에 매출을 인식한다.
[3] 물품을 판매하고 상품권을 회수한 때에 매출을 인식한다.

3 결산정리사항

구 분	내 용				
상품매출원가 계산	상품매출원가 = 기초상품재고액 + 당기상품매입액 − 기말상품재고액				
	(차) 상품매출원가 ××× (대) 상품 ×××				
현금정리	구 분	장부잔액＜현금시재액		장부잔액＞현금시재액	
	과부족발생시	(차) 현금	(대) 현금과부족	(차) 현금과부족	(대) 현금
	원인확인	(차) 현금과부족	(대) 확인된계정	(차) 확인된계정	(대) 현금과부족
	결산시 미확인분의 정리	(차) 현금과부족	(대) 잡이익	(차) 잡손실	(대) 현금과부족
	결산시 과부족의 발생	(차) 현금	(대) 잡이익	(차) 잡손실	(대) 현금

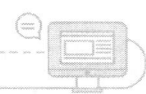

구 분	내 용
보통예금 (당좌예금)	보통예금통장별로 잔액확인 및 거래내역을 조회하여 보통예금계정의 거래내역과 일치하는지를 비교하여 누락되는 일이 없도록 한다. 보통예금의 (-)잔액이나 당좌차월의 경우 기중에는 (-)잔액으로 표시하였다가 결산시 "단기차입금"으로 대체한다.
가지급금과 가수금의 정리	가지급금, 가수금계정은 출처가 확인될 때까지 사용하는 임시계정으로 결산시 반드시 정리해야 한다. 가지급금 : (차) 해당계정과목　×××　(대) 가지급금　××× 가 수 금 : (차) 가수금　×××　(대) 해당계정과목　×××
선급금과 선수금의 정리	선급금은 상품 등을 구입시 계약금조로 지급된 금액이고, 선수금은 매출관련 계약금조로 입금된 금액을 의미한다. 이는 결산시 계약의 이행상태에 따라 해당 계정으로 정리분개가 되었는지 확인한다. 선 급 금 : (차) 상품　×××　(대) 선급금　××× 선 수 금 : (차) 선수금　×××　(대) 상품매출　×××
유가증권평가 (단기매매증권, 매도가능증권)	결산시 유가증권은 시가로 평가하며, 이때 시가는 재무상태표일 현재의 종가에 의한다. 다만, 재무상태표일 현재의 종가가 없는 경우에는 직전거래일의 종가에 의한다. 종 류 | 장부가액>시가 | 장부가액<시가 단기매매증권 | (차) 단기매매증권평가손실 ××× (대) 단기매매증권 ××× | (차) 단기매매증권 ××× (대) 단기매매증권평가이익 ××× 매도가능증권 | (차) 매도가능증권평가손실 ××× (대) 매도가능증권 ××× | (차) 매도가능증권 ××× (대) 매도가능증권평가이익 ×××
소모품 계정정리	결산시에 소모품(자산) 또는 소모품비(비용)계정에 대한 재고조사결과 미사용분이 있으면 이를 자산인 소모품계정에 남도록 대체한다. 구 분 | 분 개 소모품구입시 자산처리한 경우 | 구입시 : (차) 소모품 ××× (대) 현금 ××× 결산시 : (차) 소모품비 ××× (대) 소모품 ××× * 분개대상금액 : 소모품사용액 소모품구입시 비용처리한 경우 | 구입시 : (차) 소모품비 ××× (대) 현금 ××× 결산시 : (차) 소모품 ××× (대) 소모품비 ××× * 분개대상금액 : 소모품미사용액
유형자산의 감가상각	당기 상각범위액을 계산하여 결산에 반영한다. (간접법) (차) 감가상각비　×××　(대) 감가상각누계액　×××
무형자산의 상각	당기 상각범위액을 계산하여 결산에 반영한다. (직접법) (차) 무형자산상각비　×××　(대) 무형자산　×××
매출채권의 대손상각	결산시 매출채권의 내용을 검토하여 전혀 회수가능성이 없는 채권이나, 전액 회수가 어려운 채권은 소정의 절차를 밟고 장부가액을 대손처리하든가 (대손상각비) 또는 필요한 범위내에서 대손충당금을 설정하여야 한다. 이 경우에 일반적인 상거래에서 발생한 매출채권에 대한 대손상각은 판매비와 관리비 (대손상각비계정)로 기재하고, 기타채권에 대한 대손상각은 영업외비용(기타의 대손상각비계정)으로 기재한다. **대손충당금설정액 : 매출채권 등×대손추정율 - 대손충당금잔액 = 추가설정액**

구 분	내 용				
	구 분		분 개		
	대손충당금 잔액이 없을 경우	(차) 대손상각비	×××	(대) 대손충당금	×××
	대손예상액 > 대손충당금 잔액	(차) 대손상각비	×××	(대) 대손충당금	×××
	대손예상액 = 대손충당금 잔액	분개없음			
	대손예상액 < 대손충당금 잔액	(차) 대손충당금	×××	(대) 대손충당금환입	×××
비유동부채의 유동성대체	사채, 장기차입금 중에서 1년 이내에 상환되어야 할 부분은 유동성장기부채로 대체되어야 한다.				
	(차) 장기차입금 ××× (대) 유동성장기부채 ×××				
부가세대급금과 부가세예수금 정리	거래자료 입력시 매출부가가치세는 부가세예수금계정으로 회계처리하고, 매입부가가치세는 부가세대급금계정으로 회계처리 하였다가 예정신고 또는 확정신고시 상호 대체하여 정리한다. 이때 부가세예수금이 많은 경우 차액을 현금으로 납부하고, 부가세대급금이 많은 경우에는 환급받을 때까지 "미수금" 계정으로 처리한다.				
	구 분		분 개		
	부가세예수금 > 부가세대급금	분기별 정리시 (분기의 마지막일자)	(차) 부가세예수금	×××	(대) 부가세대급금 ××× 미지급세금 ×××
		부가가치세 납부일	(차) 미지급세금	×××	(대) 현금 ×××
	부가세예수금 < 부가세대급금	분기별 정리시 (분기의 마지막일자)	(차) 부가세예수금 ××× 미수금 ×××		(대) 부가세대급금 ×××
		부가가치세 환급일	(차) 보통예금	×××	(대) 미수금 ×××
선납세금의 정리	법인세 중간예납액이나 법인세 원천징수액이 발생하면 "선납세금"으로 처리하였다가 결산시 "법인세등"으로 대체정리한다.				
	(차) 법인세등 ××× (대) 선납세금 ×××				
법인세계상	법인세비용은 법인세비용차감전순손익에 법인세법 등의 법령에 의하여 과세할 세율을 적용하여 계산한 금액으로 하며 법인세에 부가하는 세액을 포함한다. 중소기업은 일반기업회계기준의 중소기업특례규정에 의해 법인세비용이 아닌 "법인세등" 과목으로 회계처리한다. 기말결산시 법인세추산액이 선납세금보다 큰 경우에는 선납세금계정을 법인세계정으로 대체하고 나머지는 미지급세금계정으로 처리한다.				
	(차) 법인세등 ××× (대) 미지급세금 ×××				

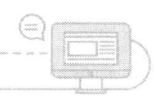

핵심문제

기출문제 ▶ 1회~50회 중 **24회** 출제

01. 제조업을 영위하는 (주)한공의 수정 전 영업이익은 600,000원이다. 다음의 결산정리사항을 반영한 후 영업이익은 얼마인가?

- 미지급임차료 50,000원에 대한 회계처리를 누락하였다.
- 보험료선급분 10,000원을 전액 당기비용으로 처리하였다.
- 이자미수분   20,000원에 대한 회계처리를 누락하였다.

① 540,000원 ② 550,000원
③ 560,000원 ④ 580,000원

정답 ③

- 영업이익 계산에 영향을 미치는 항목은 미지급임차료, 보험료선급분이다.
  영업이익 = 600,000원 − 50,000원(미지급임차료) + 10,000원(보험료선급분) = 560,000원
- 이자수익은 영업외수익이다.

02. (주)한공은 2024년 4월1일에 만기가 1년인 정기예금 10,000,000원(이자율 5%, 이자 및 원금은 만기일시수령)을 예치하였다. 2024년말 재무상태표에 계상될 미수수익은 얼마인가?(미수수익은 월할계산하기로 한다.)

① 375,000원 ② 400,000원
③ 450,000원 ④ 500,000원

정답 ①

- 미수수익 = 10,000,000원 × 5% × 9개월/12개월 = 375,000원

제4절 회계변경 및 오류수정

1 회계변경

1) 회계변경

회계변경이란 기업이 처한 경제적, 사회적 환경의 변화 또는 새로운 정보의 입수에 따라

과거에 적용해오던 회계처리방법이 목적적합하고 신뢰성 있는 유용한 정보를 제공하지 못한다고 보아 새로운 회계처리방법으로 변경하는 것을 말한다. 그러나 단순히 세법의 규정을 따르기 위한 회계변경은 정당한 회계변경으로 보지 아니한다.

정당한 사유	① 합병, 사업부 신설, 대규모 투자, 사업의 양수도 등 기업환경의 중대한 변화에 의하여 총자산이나 매출액, 제품의 구성 등이 현저히 변동됨으로써 종전의 회계정책을 적용할 경우 재무제표가 왜곡되는 경우 ② 동종산업에 속한 대부분의 기업이 채택한 회계정책 또는 추정방법으로 변경함에 있어서 새로운 회계정책 또는 추정방법이 종전보다 더 합리적이라고 판단되는 경우 ③ 일반기업회계기준의 제정, 개정 또는 기존의 일반기업회계기준에 대한 새로운 해석에 따라 회계변경을 하는 경우

2) 회계정책의 변경(소급법적용)

회계정책의 변경이란 재무제표의 작성과 보고에 적용하던 회계정책을 다른 회계정책으로 바꾸는 것을 말한다.

① 일반기업회계기준 또는 관련법규의 개정이 있거나, 새로운 회계정책을 적용함으로써 회계정보의 유용성을 향상시킬 수 있는 경우에 한하여 허용한다.
② 회계정책의 변경을 반영한 재무제표가 거래, 기타 사건 또는 상황이 재무상태, 재무성과 또는 현금 흐름의 영향에 대하여 신뢰성 있고 더 목적 적합한 정보를 제공하는 경우
③ 단순히 세법의 규정을 따르기 위한 회계변경은 정당한 회계변경으로 보지 아니한다. 그 이유는 세무보고의 목적과 재무보고의 목적이 서로 달라 세법에 따른 회계변경이 반드시 재무회계정보의 유용성을 향상시키는 것은 아니기 때문이다. 또한, 이익조정을 주된 목적으로 한 회계변경은 정당한 회계변경으로 보지 아니한다.
④ 다음의 경우는 회계변경으로 보지 아니한다.
　㉠ 중요성의 판단에 따라 일반기업회계기준과 다르게 회계처리하던 항목들의 중요성이 커지게 되어 일반기업회계기준을 적용하는 경우. 예를들면, 품질보증비용을 지출 연도의 비용으로 처리하다가 중요성이 증대됨에 따라 충당부채 설정법을 적용하는 경우
　㉡ 과거에는 발생한 경우가 없는 새로운 사건이나 거래에 대하여 회계정책을 선택하거나 회계추정을 하는 경우

회계정책의 변경	① 재고자산 평가방법(예 : 선입선출법에서 후입선출법으로 변경) ② 유가증권의 취득단가 산정방법(예 : 총평균법에서 이동평균법으로 변경) 등

3) 회계추정의 변경(전진법적용)

회계추정의 변경은 기업환경의 변화, 새로운 정보의 입수 등에 따라 과거의 회계적 추정치를 새롭게 변경하는 것을 말한다.

회계추정의 변경은 전진적으로 처리하여 그 효과를 당기와 당기이후의 기간에 반영한다.

회계추정의 변경	① 수취채권의 대손추정 ② 재고자산의 진부화 여부에 대한 판단과 평가 ③ 우발부채의 추정 ④ 감가상각자산의 내용연수 또는 감가상각자산에 내재된 미래 경제적효익의 기대소비 형태의 변경(감가상각방법의 변경) 및 잔존가액의 추정 등

4) 회계변경의 회계처리방법

소급법	회계변경으로 인한 누적효과를 전기이월잉여금에서 수정하고 반영하여 재작성하는 방법이다. 재무제표에 충분히 표시되므로 비교가능성은 유지된다는 장점은 있으나, 새로운 회계처리방법에 따라 수정하므로 신뢰성은 저하된다는 단점이 있다.
당기일괄처리법	회계변경으로 인한 누적효과를 회계변경 수정 손익으로 손익계산서에 계상, 과거를 수정하지 않는 방법이다. 과거를 수정하지 않음으로써 재무제표의 신뢰성이 제고된다는 장점은 있으나, 당기손익에 반영하므로 비교가능성은 저해된다는 단점이 있다.(포괄주의에 충실)
전진법	과거의 재무제표에 대해서는 수정하지 않고 변경된 새로운 처리방법을 당기와 미래에 안분하는 방법이다. 이익조작가능성이 방지되며, 과거의 재무제표를 수정하지 않으므로 신뢰성은 제고되는 장점이 있으나 변경효과를 파악하기 어렵고 재무제표의 비교가능성이 저해된다는 단점이 있다.

5) 일반기업회계기준 적용방법

구분	소급법	당기일괄처리법	전진법
성격	일관성 강조	신뢰성, 포괄주의 강조	당기업적주의 강조
회계처리	회계변경누적효과를 이익잉여금에 반영	회계변경효과를 당기 손익에 반영	회계변경효과 없음 (당기이후기간으로 이연)
과거재무제표의 수정여부	수정함	수정하지 않음	수정하지 않음
장점	비교가능성유지	신뢰성 유지	신뢰성유지
단점	신뢰성저하	비교가능성저하 이익조작가능성	비교가능성저하 변경효과파악곤란
일반기업회계기준	회계정책의 변경		회계추정의 변경

핵심문제 기출문제 ▶ 1회~50회 중 **13회** 출제

01. 다음 중 회계변경과 오류수정에 대한 설명으로 옳은 것은?

① 회계추정의 변경은 소급법으로 처리하고 회계정책의 변경은 전진법으로 처리한다.
② 감가상각 대상자산의 내용연수 변경은 회계정책의 변경이다.
③ 현금주의로 회계처리 한 것을 발생주의로 변경하는 것은 회계추정의 변경이다.
④ 회계정책의 변경효과와 회계추정의 변경효과를 구분하기 불가능한 경우에는 회계추정의 변경으로 본다.

(정답) ④
① 회계추정의 변경은 전진법으로 처리하고, 회계정책의 변경은 소급법으로 처리한다.
② 내용연수의 변경은 회계추정의 변경이다.
③ 현금주의로 한 것을 발생주의로 변경하는 것은 오류수정이다.

02. 다음 중 회계추정의 변경에 해당하지 <u>않는</u> 것은?

① 차량운반구의 내용연수를 5년에서 7년으로 변경하였다.
② 비품의 감가상각방법을 정률법에서 정액법으로 변경하였다.
③ 기계장치의 잔존가치를 100,000원에서 200,000원으로 변경하였다.
④ 재고자산 원가흐름의 가정을 후입선출법에서 선입선출법으로 변경하였다.

(정답) ④
• 재고자산 원가흐름의 가정을 후입선출법에서 선입선출법으로 변경한 것은 회계정책의 변경에 해당한다.

2 오류수정

오류란 계산상의 실수, 일반기업회계기준의 잘못된 적용, 사실판단의 잘못등 전기 또는 그 이전의 재무제표에 포함된 회계적 오류를 당기에 발견하여 이를 수정하는 것을 말한다. 중대한 오류는 재무제표의 신뢰성을 심각하게 손상할 수 있는 매우 중요한 오류를 말한다.

1) 전기오류수정손익으로 보고

회계기준 적용상의 오류	일반기업회계기준에 위배되는 회계처리방법 적용
회계측정의 오류	회계상 측정이 고의 또는 실수로 잘못되는 경우
사실의 오용이나 누락	고의 또는 실수로 회계사건의 누락 또는 잘못된 회계처리

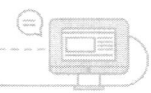

2) 순이익에 영향을 미치는 오류

오류유형	• 매출누락 : 매출을 누락하게 되면 자산과 수익이 과소계상되어 순이익이 과소계상된다. • 비용의 누락 : 비용은 과소계상되고 자산은 과대계상되므로 순이익이 과대계상된다.

회계처리	발견된 오류가 중대한 경우
	예) 전기에 감가상각비를 결산에 반영하지 못한 경우
	    (차) 전기오류수정손실 ××× (대) 감가상각누계액 ×××
	        (이익잉여금)
	발견된 오류가 중대하지 않은 경우
	예) 전기에 감가상각비를 결산에 반영하지 못한 경우
	    (차) 전기오류수정손실 ××× (대) 감가상각누계액 ×××
	        (영업외비용)

자동조정적 오류	오류의 효과가 두 회계기간을 통해 저절로 상쇄되는 오류
	예) 선급비용, 선수수익, 미지급비용, 미수수익 등
	    (차) 보험료 ××× (대) 전기오류수정이익 ×××
	                                 (영업외수익)

비자동조정적 오류	두 회계기간에 걸쳐 자동조정되지 않는 오류 예) 투자자산오류, 유형자산오류, 사채오류 등

3) 순이익에 영향을 미치지 않는 오류

계정분류오류나 재무제표 공시오류등 순이익에 영향을 미치지 않는 오류는 당기 재무제표는 일부 왜곡되지만 차기 이후의 재무제표에 전혀 영향을 미치지 않으므로 당기 재무제표를 마감하기 전에 발견한 경우 적절히 수정하고, 장부를 마감한 후에는 별도의 수정을 할 필요가 없다.

핵심문제 기출문제 ▶ 1회~50회 중 **18회** 출제

01. (주)한공의 오류 수정 전 당기순이익은 10,000,000원이다. 다음 회계처리 오류사항을 수정한 후의 당기순이익은 얼마인가?

> • 지급 당시 전액 비용처리한 보험료 기간 미경과분 300,000원을 계상 누락하다.
> • 차입금에 대한 발생이자 미지급분 200,000원을 계상 누락하다.

① 9,900,000원   ② 10,100,000원
③ 10,200,000원   ④ 10,300,000원

정답 ②
• 수정후 당기순이익 = 수정전 당기순이익(10,000,000원) + 보험료 선급분(300,000원)
         - 이자 미지급분(200,000원) = 10,100,000원

02. **다음과 같은 오류가 손익계산서에 미치는 영향으로 옳은 것은?**

> • 김부장은 거래처 직원과 식사를 하고 현금으로 결제 후 영수증을 수취하였다.
> • 해당 영수증을 재무팀에 제출하지 않아 관련 회계처리가 누락되었다.

① 영업외비용 과소계상, 영업이익 과소계상
② 영업외비용 과대계상, 영업이익 과소계상
③ 판매관리비 과소계상, 영업이익 과대계상
④ 매출총이익 과소계상, 영업이익 과대계상

정답 ③

• 거래처 직원과의 식사비용은 접대비로서 판매비와관리비 항목이다. 따라서 접대비 과소계상은 판매관리비 과소계상, 영업이익 과대계상을 초래하나, 영업외비용과 매출총이익에 미치는 영향은 없다.

제5절 내부회계관리제도

1 모범규준의 목적 및 적용

1) 목적

주식회사의 외부감사에 관한 법률(이하 '외감법'이라 함) 제2조의2 및 제2조의3의 규정의 적용을 받는 회사가 내부회계관리제도를 설계·운영·평가·보고(이하 '운영 및 평가'라 함)하는데 필요한 기본원칙을 제시함으로써 회사가 합리적이고 효과적인 내부회계관리제도를 구축하도록 지원하고 이를 통해 회사가 공시하는 재무제표의 신뢰성을 제고하는 것을 그 목적으로 한다.

2) 적용

본 모범규준은 내부회계관리제도의 이론 및 원칙을 제시한 것으로서, 회사는 내부회계관리제도를 운영 및 평가함에 있어 일반적으로 인정된 다른 기준을 적용할 수 있다.

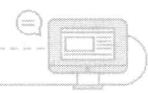

2 내부통제제도와 내부회계관리제도

1) 내부통제제도의 정의

① 내부통제제도 목적

구 분	내 용
운영목적	기업운영의 효율성 및 효과성 확보 • 회사가 업무를 수행함에 있어 자원을 효과적이고 효율적으로 사용하고 있다.
재무보고목적	재무정보의 신뢰성 확보 • 회사가 정확하고 신뢰할 수 있는 재무정보의 작성 및 보고체계를 유지하고 있다.
법규준수목적	관련 법규 및 정책의 준수 • 회사의 모든 활동은 관련법규, 감독규정, 내부정책 및 절차를 준수하고 있다.

② 내부통제제도의 구성요소

구성요소	내 용
통제환경	내부통제제도 전체의 기초를 이루는 개념으로서 조직체계·구조, 내부통제를 유인하는 상벌체계, 인력운용 정책, 교육정책, 경영자의 철학, 윤리, 리더십 등을 포함한다.
위험평가	회사의 목적달성과 영업성과에 영향을 미칠 수 있는 내·외부의 위험을 식별하고 평가·분석하는 활동을 의미하며, 전사적 수준 및 업무프로세스 수준의 위험식별, 위험의 분석·대응방안 수립, 위험의 지속적 관리 등이 포함된다.
통제활동	조직 구성원이 이사회와 경영진이 제시한 경영방침이나 지침에 따라 업무를 수행할 수 있도록 마련된 정책 및 절차와 이러한 정책 및 절차가 준수되도록하기 위한 제반 활동을 의미하며, 업무의 분장, 문서화, 승인·결재체계, 감독체계, 자산의 보호체계 등을 포함한다.
정보및의사소통	조직 구성원이 책임을 적절하게 수행할 수 있도록 시의적절한정보를 확인·수집할 수 있도록 지원하는 절차와 체계를 의미하며, 정보의 생성·집계·보고체계, 의사소통의 체계 및 방법 등이 포함된다.
모니터링	내부통제의 효과성을 지속적으로 평가하는 과정을 의미하며, 일반적으로 상시적인 모니터링과 독립적인 평가 또는 이 두 가지의 결합에 의해서 수행된다.

2) 내부통제제도의 효과와 한계

구 분	내 용
효 과	① 경영진이 업무성과를 측정하고, 경영의사결정을 수행하며, 업무프로세스를 평가하고, 위험을 관리하는데 기여함으로써 회사의 목표를 효율적으로 달성하고 위험을 회피 또는 관리할 수 있도록 한다. ② 직원의 위법 및 부당행위(횡령, 배임 등) 또는 내부정책 및 절차의 고의적인 위반행위뿐만 아니라 개인적인 부주의, 태만, 판단상의 착오 또는 불분명한 지시에 의해 야기된 문제점들을 신속하게 포착함으로써 회사가 시의적절한 대응조치를 취할 수 있게 해 준다.
한 계	아무리 잘 설계된 내부통제제도라고 할지라도 제도를 운영하는 과정에서 발생하는 집행위험은 피할 수 없다. 즉, 최상의 자질과 경험을 지닌 사람도 부주의, 피로, 판단착오 등에 노출될 수 있으며, 내부통제제도 이러한 사람들에 의해 운영되므로 내부통제제도가 모든 위험을 완벽하게 통제할 수는 없다.

3) 내부회계관리제도

① 내부회계관리제도의 정의

회사의 재무제표가 일반적으로 인정되는 회계처리기준에 따라 작성·공시되었는지에 대한 합리적 확신을 제공하기 위해 설계·운영되는 내부통제제도의 일부분으로서 회사의 이사회와 경영진을 포함한 모든 구성원들에의해 지속적으로 실행되는 과정을 의미한다.

② 내부회계관리제도의 범위

구 분	내 용
자산보호와 관련된 통제	재무제표에 중요한 영향을 미칠 수 있는 승인되지않은 자산의 취득·사용·처분을 예방하고 적시에 적발할 수 있는 체계를 의미한다.
부정방지 프로그램	재무제표의 신뢰성을 훼손할 수 있는 부정을 예방·적발하는한편, 확인된 특정 부정위험을 감소시킬 수 있도록 고안된 체제 및 통제로서 이는회사 내 효과적인 통제문화를 조성함에 있어서 필수적인 요소이다. 예) 경영진의 권한남용 및 통제회피위험 등에 대한 적절한 부정방지 프로그램이 존재하지 않는 경우 이는 통제상 중요한 취약점으로 분류될 수 있다.

3 내부회계관리제도의 설계 및 운영

1) 통제환경

구 분	내 용
이사회의 책임	① 경영진이 설계.운영하는 내부회계관리제도 전반에 대한 감독책임 ② 경영진에 대한 지도·감독업무 • 내부회계관리 규정 및 중요 정책의 승인 • 내부회계관리제도와 관련된 조직구조의 승인 • 회사 내 재무보고 및 자산보호와 관련된 제반 위험에 대한 이해 • 재무제표 신뢰성 관련 위험을 평가·통제하기 위해 경영진이 취한 조치에 대한 확인 • 내부회계관리제도의 효과성에 대한 경영진의 모니터링 및 평가활동에 대한 확인 등
감사(위원회)의 책임	경영진과 독립적인 입장에서 내부회계관리제도의 운영실태를 평가하고 그 결과를 이사회에 보고하여 미비점이나 취약점을 시정하게 함으로써 내부회계관리제도가 원활하게 운영되도록 하는 역할을 수행 • 내부회계관리제도에 대한 전반적 평가결과의 이사회 보고 • 내부회계관리제도의 개선을 위한 권고안 제시 • 내부회계관리제도 상의 미비점이나 취약점 및 개선방안에 대한 이행여부 확인 등
경영진의 책임	• 이사회가 승인한 내부회계관리규정의 시행 • 내부회계관리제도의 설계 및 운영 • 내부회계관리제도의 효과성에 대한 평가 • 내부회계관리제도에 대한 책임·권한·보고관계의 명확화 등

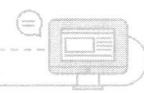

구 분	내 용
통제문화	① 이사회와 경영진은 내부회계관리제도의 중요성을 강조하는 직업윤리 및 청렴도의 기준을 윤리강령 등을 통해 제시하고 솔선수범한다. ② 회사의 모든 구성원들이 내부회계관리제도에 있어서 자신의 역할을 이해하고 그 절차를 충실히 따르도록 하는 통제문화를 조성한다. • 회사 자산의 횡령 또는 재무제표 왜곡표시를 가능케 하는 내부통제의 부재 또는 부적절한 업무분장 • 하부조직에서 행해지는 부당행위를 최고경영진이 인지하지 못하여 적시에 시정조치를 취하지 못할 정도의 과도한 분권화 • 부당한 행위를 예방·적발·보고할 수 없을 정도로 취약한 내부감사기능 • 최고경영진에 대한 객관적인 감독을 수행할 수 없을 정도로 비효과적인 이사회기능 • 부당행위에 대한 방지책으로서의 역할을 수행하지 못할 정도의 부적절한 징계 또는 징계사실의 은폐행위 ③ 경영진은 회사의 윤리강령, 부정방지 프로그램 등에 재무제표 관련 부정행위를 사전에 방지하고 적시에 적발·시정할 수 있는 절차를 포함하는 한편, 모든 구성원들이 직무 수행 중 내부회계 관리제도 운영상의 문제점이나 윤리강령·정책의 위반사례, 위법·부정행위를 발견한 경우 담당 책임자에게 이를 보고할 수 있도록 하는 공식적인 체계를 마련한다.

2) 위험평가

구 분	내 용
재무제표 작성 및 공시	• 실재성 : 자산이나 부채는 보고기간 종료일 등 주어진 특정일자 현재에 존재한다. • 권리와 의무 : 보고기간 종료일 등 주어진 특정일자 현재 자산이나 부채는 회사에 귀속된다. • 발생사실 : 거래나 사건은 회계기간 동안 회사에 실제로 발생하였다. • 완전성 : 재무제표에 기록되지 않은 자산, 부채, 거래나 사건 혹은 공시되지 않은 항목은 없다. • 평가 : 자산이나 부채는 적절한 가치로 계상되었다. • 측정 : 거래나 사건은 적절한 금액으로 기록되었으며 수익이나 비용은 적절한 기간에 배분되었다. • 재무제표 표시와 공시 : 재무제표의 구성항목은 일반적으로 인정된 회계처리기준에 따라 공시, 분류 및 기술되어 있다.
재무제표의 위험	• 재무제표 상 중요 정보의 누락 및 미공시 • 자산, 부채, 손익, 거래의 왜곡된 평가·측정·표시 • 현금 또는 재산의 횡령, 이의 은폐를 위한 재무 기록의 변조 • 승인받지 아니한 자산의 취득, 사용 및 처분 • 허위 매출 및 가공 자산 계상 • 부실한 회계정보 및 재무보고로 인한 의사결정오류 등
경영진	• 새로 발생하거나 지금까지 통제되지 않았던 위험을 적절히 식별·관리할 수 있도록 내부회계관리제도를 설계·운영한다.

3) 통제활동

구 분		내 용
경영진의 통제활동		• 통제활동을 통해 얻고자 하는 확신 또는 목표 • 통제활동의 수행자 및 이에 대한 승인·검토자 • 통제활동의 수행과 관련한 기록 또는 보고서 • 통제활동을 지원하는 시스템 • 통제활동의 수행주기 • 통제활동의 수행장소(지역, 부서 등) • 통제활동의 수행 후 오류 또는 예외적인 상황이 발견되었을 경우의 사후관리 절차 등
기본적인 통제활동	경영진의 검토	① 최고경영진은 다양한 업무활동에 대한 정책 및 절차를 수립할 뿐만 아니라 회사의 모든 분야에서 이들 정책과 절차가 준수되도록 하고 기존정책과 절차가 적정한지 주기적으로 평가한다. ② 성과보고서(예산대비 실적보고서 등)를 통해 경영 목표의 달성 정도를 점검하는 과정에서 관리자와의 질의·응답을 통해 통제의 취약점이나 재무제표 왜곡표시의 가능성을 파악한다.
	중간관리자의 검토	① 각 기능별 또는 활동별 중간관리자는 정기적으로 각 기능별·활동별 성과보고서를 검토한다. ② 이러한 검토는 경영진의 검토보다 상세한 수준에서 더 짧은 주기로 수행한다.
	정보처리과정 의 통제	① 정보의 정확성, 완전성, 적절한 승인 여부를 확인하기 위해 다양한 통제를 활용한다. ② 정확한 자료의 입력여부 및 입력된 자료와 처리된 자료의 일치여부를 확인할 수 있는 사후검증절차가 수립되어야 하며, 예외사항 발견시 상위 관리자에게 즉시 보고되어 적절한 후속조치가 이루어지도록 한다.
	물리적통제	유형자산, 재고자산, 유가증권, 현금 등 회사의 자산을 물리적으로 보호하며, 주기적인 실물확인 절차를 통하여 장부상 보고되는 금액과의 일치여부를 확인된다. 이러한 통제활동은 경영진의 부정방지 프로그램과도 연관된다.
	성과지표의 분석	경영진은 재무제표의 중요한 왜곡표시를 방지·적발하기 위해 성과지표(반품비율 등과 같이 회사의 목표달성을 위해 계속적·주기적으로 수집되는 계량적 측정 지표를 말함) 상 예기치 못한 결과나 비정상적인 추세를 분석함으로써 재무제표의 왜곡이 발생할 위험이 있는 분야를 식별하고 필요한 경우 개선할 수 있다.
	업무의 분장	① 구성원들이 업무를 수행함에 있어 잠재적인 이해상충이나 실수 또는 부적절한 행위가 발생할 위험을 감소시키고 적시에 발견하기 위해 업무는 적절히 분장되어야 하며, 그러한 위험이 높은 업무분야를 파악하여 지속적으로 모니터링한다. ② 외상매출거래의 경우 거래자체의 승인과 거래의 기록, 관련 자산의 취급에 대한 권한과 책임을 구분하여, 거래를 승인하는 관리자에게는 매출채권 계정의 관리나 현금회수활동과 관련된 권한과 책임을 부여하지 않는다.

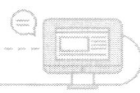

4) 정보 및 의사소통

구 분	내 용
정보	① 경영진은 재무제표의 신뢰성을 확보하기 위하여 재무정보뿐만 아니라 재무제표에 영향을 미칠 수 있는 비재무정보(운영활동정보, 법규준수활동정보, 외부환경정보 등)도 적절하게 수집·유지·관리한다. 　예) 일상적인 매입·매출 거래뿐만 아니라 경쟁자의 신제품출시나 여타 경제상황변동 등과 같은 정보는 재고자산이나 매출채권의 평가에도 영향을 미칠 수 있다. ② 내·외부로부터 획득한 비재무적 정보도 재무제표의 신뢰성 확보목적과 연관될 수 있다 ③ 경영진은 내부회계관리제도의 효과적 운영과 이와 관련된 효율적 의사결정을 위해 신뢰할 수 있는 회계정보를 제공할 수 있는 정보시스템을 구축한다. ④ 정보시스템은 매입·매출과 관련된 거래정보 등 내부정보뿐만 아니라 경제여건의 변동 등 재무제표에 영향을 미칠 수 있는 외부사건 관련 정보도 취급한다. ⑤ 효과적인 내부회계관리제도를 지원하기위한 정보시스템의 정보 　• 정보가 관련 의사결정목적에 부합하여야 한다(목적적합성). 　• 정보가 적시에 사용가능하여야 한다(적시성). 　• 정보가 최신의 것이어야 한다(최신성). 　• 정보가 정확하여야 한다(정확성). 　• 관련 정보에 대한 접근이 용이하여야 한다(접근가능성).
의사소통	① 경영진은 회사의 구성원들이 내부회계관리제도 상 책임 또는 임무와 관련된 정책 및 절차를 충분히 이해하고 준수할 수 있도록 하고, 관련된 정보가 해당 구성원에게 효과적으로 전달될 수 있는 의사소통 경로를 마련한다. ② 경영진은 하향의 의사소통경로 뿐만 아니라 중요한 정보에 대한 상향의 의사소통경로도 마련하여야 한다. 특히, 재무제표에 영향을 미치는 관련 법규나 윤리강령의 위반행위 등에 대한 내부 고발자를 보호하고, 아울러 검증되지 않은 주장에 근거한 악의적인 내부고발을 방지하기 위한 적절한 장치도 균형있게 마련한다. ③ 경영진과 이사회 간의 원활한 의사소통을 위해 경영진은 재무제표에 영향을 미칠 수 있는 중요한 사업의 내용 및 위험, 경영성과 등에 관한 최신 정보를 이사회에 충분히 제공하며, 이사회는 필요한 정보를 경영진에게 요구하고 제공받은 정보에 대한 검토결과를 경영진에게 제공한다. ④ 경영진은 내부 의사소통 이외에도 외부 이해관계자(외부감사인, 감독당국, 거래처, 고객 등)로부터 회사의 재무제표에 중요한 영향을 미치는 정보를 효과적으로 획득할 수 있는 경로와 절차를 마련하고, 이러한 과정을 통해 획득한 중요한 정보를 조직 전체에 전달한다.

5) 모니터링

구 분	내 용
경영진의 감사보고	경영진은 내부회계관리제도의 운영에 대한 상시적인 모니터링과 독립적인 평가를 수행함과 동시에 내부회계관리제도의 전반적 효과성에 대한 평가결과를 이사회 및 감사(위원회)에 보고한다. ① 상시적인 모니터링은 구성원에 의한 평가와 경영진에 의한 일상적인 모니터링으로 구분된다. 　• 구성원에 의한 평가 : 해당 통제를 직접 운영하는 자에 의한 평가등 　• 경영진에 의한 일상적인 모니터링 : 문서결재, 내부 구성원 및 외부 이해관계자와의 의사소통, 정기적인 실사, 구성원의 윤리강령 이행여부 확인절차 등

구 분	내 용
	② 독립적인 평가 : 평가대상이 되는 통제에 대해 독립적인 지위에 있는 자에 의해 정기적으로 실시되는 평가로서 전문성과 독립성을 갖춘 내부감사기능 또는 기타 외부의 전문기관 등에 의해 수행되는 평가 등이 있다. ③ 내부회계관리제도의 전반적 효과성에 대한 평가결과를 보고함에 있어 경영진은 평가결과 뿐만 아니라 평가절차, 발견된 예외사항 또는 미비점을 비롯한 주요 특이사항 및 이에 대한 조치내용 등 평가결과를 뒷받침할 수 있는 충분한 근거자료를 마련 한다.
감사(위원회) 의 이사회보고	감사(위원회)는 경영진이 실시한 평가절차와 운영실태 평가결과의 적정성을 감독자의 관점에서 독립적으로 평가하여 이사회에 보고한다. ① 감사(위원회)는 내부회계관리제도를 독자적으로 평가하거나 회사의 내부감사기능을 활용하여 평가할 수 있으며, 평가절차 및 그 결과를 문서화하여 충분한 근거자료를 마련한다. ② 감사(위원회)는 내부회계관리제도에 대한 평가를 광의의 내부통제제도에 대한 정기적인 평가에 포함하여 실시할 수 있다. ③ 감사(위원회)는 내부회계관리제도 평가시 필요에 따라 경영진의 평가와 관련된 자료를 근거로 평가절차를 수행할 수 있다.
경영진의 시정체계 마련	경영진은 자체평가 또는 감사(위원회)의 평가결과 나타난 통제상의 미비점이 적시에 시정될 수 있도록 하는 체계를 마련한다. ① 경영진은 자체평가 결과에 따른 통제상의 미비점과 감사(위원회)의 권고사항 및 평가결과에 따른 필요한 조치를 결정한다. ② 경영진은 시정 또는 개선을 요하는 사항들에 대해 계획된 기간 내에 필요한 조치가 완료될 수 있도록 하며 사후 이행여부를 확인한다.

핵심문제

기출문제 ▶ 1회~50회 중 **19회** 출제

01. 다음 중 내부회계관리제도에 대한 설명으로 옳지 않은 것은?

① 기업은 내부고발자를 보호하는 프로그램을 갖추어야 한다.
② 외부에 공시되는 재무제표의 신뢰성 확보를 주된 목적으로 한다.
③ 회계감사를 수행하는 외부감사인이 따라야 할 감사절차를 규정하고 있다.
④ 재고자산이 보관된 창고에 대한 물리적 접근을 통제하는 것도 내부회계관리제도 범위에 포함된다.

정답 ③
- 내부회계관리제도는 외부감사인이 따라야 하는 절차가 아니라, 기업 내부의 구성원들에 의하여 운영되는 제도이다.

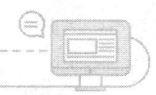

02. 다음은 내부회계관리제도 운영 책임에 대한 설명이다. (가)와 (나)에 들어갈 내용으로 옳은 것은?

> (가) 는(은) 경영진이 설계·운영하는 내부회계관리제도 전반에 대한 감독책임을 지며, (나) 는(은) 경영진과 독립적으로 내부회계관리제도에 대한 평가기능을 수행함으로써 내부회계관리제도의 적정한 운영 및 개선을 지원한다.

	(가)	(나)
①	이사회	고객
②	이사회	감사(위원회)
③	고객	이사회
④	고객	감사(위원회)

정답 ②

이사회는 경영진이 설계·운영하는 내부회계관리제도 전반에 대한 감독책임을 지며, **감사(위원회)**는 경영진과 독립적으로 내부회계관리제도에 대한 평가기능을 수행함으로써 내부회계관리제도의 적정한 운영 및 개선을 지원한다.

CHAPTER 02 부가가치세

제1절 부가가치세의 기본개념

1 부가가치세의 의의 및 특징

1) 우리나라 부가가치세의 특징

특 징	내 용
국세	부가가치세는 국가가 부과하는 조세이다(지방세 아님)
간접세	• 납세의무자 : 부가가치세법상 사업자 • 담세자 : 최종소비자
일반소비세	소비대상이 되는 모든 재화·용역(면세대상제외)의 거래단계에서 발생하는 부가가치에 대해 과세(개별소비세 아님)
물세	납세의무자의 부양가족 수나 교육비·의료비 등 인적 사정이 전혀 고려되지 않는 세금(인세 아님)
다단계거래세	재화·용역이 최종소비자에게 도달될 때까지의 모든 거래단계마다 부가가치세 과세
소비형부가가치세	투자지출에 해당하는 부가가치에 대해서는 과세하지 아니하고, 소비지출에 해당 하는 부가가치만을 과세하는 방법
전단계세액공제법	매출세액 - 매입세액 = 납부세액 일반 소비자가 아닌 사업자의 경우에 물건을 팔 때 상대방으로부터 받은 부가가치세에서 물건을 사면서 낸 부가가치세를 공제한 잔액을 세금으로 국가에 납부하는 방법
면세제도	부가가치세의 역진성 완화 목적으로 부가가치세는 모두에게 동일세율이 적용되기 때문에 가난한 사람들은 부유한 사람들보다 소득대비 더 많은 세금을 부담하게 되므로 면세제도를 두어 역진성을 완화하고 있다.
납세지	사업장 소재지
소비지국과세원칙	외국으로 수출하는 경우에는 영세율('0'의 세율)을 적용하여 수출국(생산지국)에서는 부가가치세를 과세하지 않고, 외국에서 수입하는 경우에는 내국산과 동일 하게 세관장이 과세하도록 하여 수입국(소비지국)에서 과세

2) 납세의무자

납세의무자는 영리목적의 유무에 불구하고 사업상 독립적으로 재화 또는 용역을 공급하는 자를 말하며 '사업자'라고 한다. 국가, 지방자치단체, 지방자치단체, 조합도 부가가치세 납부의무자이다.

부가가치세법상 사업자는 영리목적의 여부와 관계없이, 사업성이 있어야 하며, 독립성을 갖추고 과세대상인 재화 또는 용역을 공급하는 자 또는 과세대상이 되는 재화를 수입하는 자 이어야 한다.

① 사업자의 분류

구 분		비 고
과세사업자	일반과세자	개인, 법인
	간이과세자	개인	직전 1역년의 공급대가의 합계액이 8,000만원에 미달하는 사업자
면세사업자	부가가치세법상 납세의무자가 아님	

② 일반과세자와 간이과세자

구 분	일반과세자	간이과세자
사업자의 형태	간이과세자가 아닌 개인사업자, 법인사업자	직전 1년의 공급대가가 8,000만원* 미만인 개인사업자
세금계산서 발급 여부	세금계산서발급이 원칙	영수증 발급
납부세액	매출세액 - 매입세액	공급대가×업종별부가가치율×10%

* 공급대가 = 공급가액 + VAT = (매출액)
* 간이과세자에 대해서는 세금계산서를 이용한 매입세액에 업종별 부가가치율을 곱한 금액을 매입세액으로 공제해 준다.
* 간이과세자의 기준이 되는 직년1년의 공급대가가 8,000만원에서 2024.7.1.이후 1억 400만원으로 변경되었음.

4) 과세기간과 신고.납부기한

과세기간이란 세법에 의하여 과세표준과 세액의 계산시 기초가 되는 기간을 말한다.
부가가치세 과세기간은 6개월을 1과세기간으로 하며, 과세기간 종료 후 25일이내에 각 사업장 관할세무서장에게 납부한다.

구 분		과세기간	예정기간	확정기간
일반사업자		제1기 : 1.1 ~ 6.30	1.1 ~ 3.31	4.1 ~ 6.30
		제2기 : 7.1 ~ 12.31	7.1 ~ 9.30	10.1 ~ 12.31
간이과세자		1.1 ~ 12.31		
신규사업자		제1기 : 사업개시일 ~ 6.30	사업개시일 ~ 3.31	사업개시일 ~ 6.30
		제2기 : 사업개시일 ~ 12.31	사업개시일 ~ 9.30	사업개시일 ~ 12.31
폐 업 자		사업개시일 ~ 폐업일		

※ 과세표준이란 세법에 의하여 직접적으로 세액산출의 기초가 되는 과세대상, 즉 과세물건의 수량 또는 가액을 의미한다.

4) 사업장

납세지는 납세의무자가 납세의무를 이행하고 세무관청이 과세권을 행사하는 기준이 되는 장소를 말한다.

① 업종별 사업장

구 분	사 업 장
광업	광업사무소의 소재지
제조업	최종제품을 완성하는 장소
건설업·운수업과 부동산매매업	• 법인 : 해당 법인의 등기부상 소재지 • 개인 : 업무를 총괄하는 장소
부동산임대업	해당 부동산의 등기부상의 소재지
수자원개발사업	그 사업에 관한 업무를 총괄하는 장소
무인자동판매기를 통하여 재화·용역을 공급하는 사업	그 사업에 관한 업무를 총괄하는 장소
비거주자, 외국법인	국내사업장
기타	사업장 외의 장소도 사업자의 신청에 의하여 사업장으로 등록할 수 있다.

※ 부동산임대 건물이 중국에 있는 경우 사업장은 그 부동산의 등기부상 소재지가 국외이므로 우리나라에서 부가가치세가 과세되지 않는다.

② 직매장과 하치장

구 분	내 용	사업장 해당 여부
직 매 장	사업자가 자기의 사업과 관련하여 생산 또는 취득한 재화를 직접 판매하기 위하여 특별히 판매시설을 갖춘 장소	사업장으로 봄
하 치 장	사업자가 재화의 보관·관리시설만을 갖추고 판매행위가 이루어지지 않는 장소	사업장으로 보지 않음
임시사업장	기존 사업장 외에 설치하는 경기대회, 박람회, 국제회의 등의 행사가 개최되는 장소이며, 기존사업장에 포함되는 것으로 본다.	사업장으로 보지 않음

③ 신고납부방법

구 분	사 업 장
사업장별 신고 (원칙)	주사업장 총괄납부 신청·승인시 주사업장에서 총괄하여 납부(또는 환급)할 수 있다. 그러나 신고는 각 사업장에서 해야 한다.
주사업장 총괄납부	부가가치세는 사업장마다 신고·납부(사업장단위과세원칙)하도록 하고 있기 때문에 각 사업장 소재지가 신고·납세지가 된다. 둘 이상의 사업장이 있는 경우에 주된 사업장 관할세무서장에게 신청하여, 신고는 각 사업장별로 하고, 납부만 주된 사업장에서 총괄해서 납부할 수 있도록 하는 제도를 "주사업장 총괄납부"라 한다.
사업자단위과세	둘 이상의 사업장이 있는 사업자가 본점 또는 주사무소("사업자단위 과세 적용사업장"이라 함)의 관할세무서장에게 신청하여 승인을 얻은 때에는 당해 사업자의 본점 또는 주사무소에서 총괄하여 신고·납부할 수 있으며, 이를 "사업자단위 과세제도"라 한다.

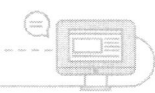

5) 사업자등록

사업자등록이란 부가가치세 업무를 효율적으로 처리하고 납세의무자의 사업에 관련된 사항을 파악하기 위하여 사업장 관할세무서 공부에 등재하는 것을 말하며, 이로 인하여 과세관청은 납세의무자를 파악할 수 있고 사업자는 고유의 등록번호를 부여받아 거래시 이를 활용한다.

신규로 사업을 개시하는 자는 사업장마다 사업개시일로부터 20일 이내에 '사업자등록신청서'를 작성하여 사업장 관할세무서장에게 등록하며 신청일로부터 3일이내 신청자에게 발급하여야 한다. 신규로 사업을 개시하고자 하는 자는 사업개시일 전이라도 등록할 수 있으며, 사업자가 정정사유가 발생하면 지체 없이 사업자등록 정정신고를 해야 한다.

> 사업개시일은 다음의 날을 말한다.
> - 제조업 : 제조장별로 재화의 제조를 개시한 날
> - 광　업 : 사업장별로 광물을 채취·채광을 개시한 날
> - 기　타 : 재화 또는 용역의 공급을 개시한날

6) 거래장소

거래장소란 재화 또는 용역이 공급되는 장소를 말하며, 공급장소라고도 한다.

구 분		공 급 장 소
재화의 공급장소	재화의 이동이 필요한 경우	재화의 이동이 시작되는 장소
	재화의 이동이 필요하지 않은 경우	재화가 공급되는 시기에 재화가 있는 장소
용역의 공급장소	일반적인 경우	역무가 제공되거나 재화·시설물 또는 권리가 사용되는 장소
	국내외에 걸쳐 용역이 제공되는 국제운송의 경우 사업자가 비거주자 또는 외국법인 때	여객이 탑승하거나 화물이 적재되는 장소

핵심문제

기출문제 ▶ 1회~50회 중 **16회** 출제

01. 다음 중 우리나라 부가가치세의 특징에 대한 설명으로 옳은 것은?

① 생산지국 과세원칙을 적용한다.
② 전단계거래액공제법을 따르고 있다.
③ 담세자와 납세자가 동일한 직접세에 해당한다.
④ 재화 또는 용역의 소비에 대하여 과세하는 소비세이다.

> 정답 ④
> ① 소비지국 과세원칙을 적용한다.
> ② 전단계세액공제법을 따르고 있다.
> ③ 담세자와 납세자가 다른 간접세에 해당한다.

02. 다음 중 부가가치세 신고·납부 및 환급에 대한 설명으로 옳은 것은?

① 폐업하는 경우 폐업일이 속한 과세기간이 끝난 후 25일 이내에 신고·납부하여야 한다.
② 총괄납부사업자의 경우 주된 사업장에서 종된 사업장의 부가가치세를 합산하여 신고·납부하여야 한다.
③ 일반환급의 경우 각 과세기간별로 확정신고기한 후 25일 이내에 환급하여야 한다.
④ 예정신고를 한 사업자는 이미 예정신고한 과세표준을 확정신고 시 포함하지 아니한다.

(정답) ④
① 폐업하는 경우 폐업일이 속한 달의 다음 달 25일 이내에 신고·납부하여야 한다.
② 총괄납부사업자의 경우 신고는 각 사업장별로 하되, 주된 사업장에서 종된 사업장분을 합산하여 납부한다.
③ 일반환급의 경우 각 과세기간별로 확정신고기한 후 30일 이내에 환급한다.

2 세금계산서와 전자세금계산서

세금계산서란 사업자가 재화 또는 용역을 공급하는 때에는 과세표준에 세율을 적용하여 계산한 부가가치세를 그 재화 또는 용역을 공급받는 자로부터 징수하고 그 징수사실을 증명하기 위하여 발급하는 증서를 말한다.

1) 세금계산서

사업자가 재화 및 용역을 공급할 때 거래징수한 부가가치세에 대한 증빙서류를 말하는 것이며 세금계산서는 2매를 발행하여 그 중 1매를 공급받는 자에게 발급한다. 공급자는 매출처별 세금계산서합계표를 정부에 제출하고, 공급받는자는 매입처별 세금계산서합계표를 정부에 제출한다.

① 세금계산서의 구분

구 분		내 용
세금계산서	세금계산서	사업자가 공급받는 자에게 발급
	수입세금계산서	세관장이 수입자에게 발급
영수증	일반적인 영수증	영세사업자 등이 발급
	현금영수증	주로 소비자를 대상으로 하는 사업자가 발급
	신용카드매출전표	

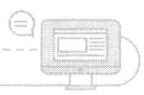

② 세금계산서의 종류

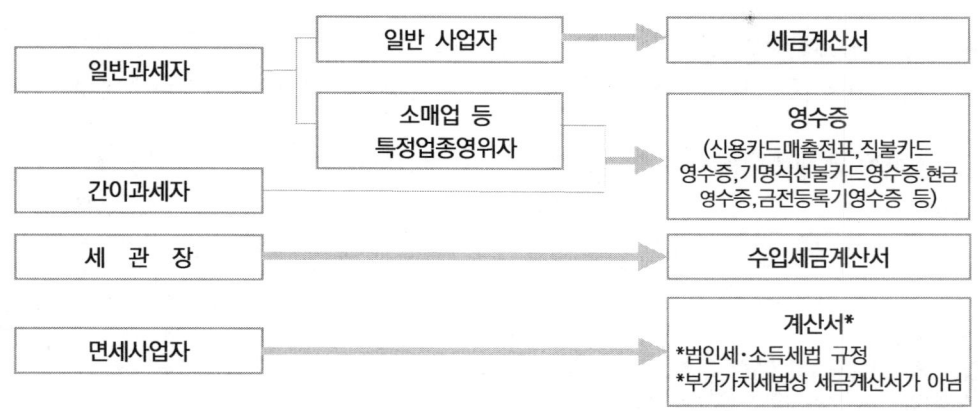

③ 세금계산서의 필요적기재사항과 임의적기재사항

필요적기재사항	임의적기재사항
• 공급하는 사업자의 등록번호와 성명 또는 명칭 • 공급받는자의 사업자등록번호 • 공급가액과 부가가치세액 • 작성연월일(공급연월일은 임의적 기재사항임)	• 공급하는자의 주소 • 공급받는자의 상호·성명·주소 • 단가와 수량 • 공급연월일 등

④ 세금계산서의 발급

세금계산서의 발급의무자는 납세의무자로 등록한 과세사업자이며, 면세사업자는 납세의무가 없으므로 세금계산서를 발급할 수 없다(간이과세자는 세금계산서를 발급할 수 없다).

구 분	내 용
발급대상	과세대상인 재화 또는 용역의 공급 및 재화의 수입에 대하여는 원칙적으로 모두 세금계산서를 발급하여야 한다.
발급시기	세금계산서는 원칙적으로 재화 또는 용역의 공급시기에 발급하여야 한다. 다만, 공급시기가 도래하기 전에 대가의 전부 또는 일부를 받고, 그 받은 대가에 대하여 세금계산서 또는 영수증을 발급한 경우에는 그 발급하는 때를 공급시기로 본다.
발급시기의 특례	공급이 빈번한 고정 거래처와의 거래에 대한 사업자의 편의를 위하여 재화 또는 용역의 공급일이 속하는 달의 다음달 10일까지 세금계산서 발급가능 ① 거래처별로 달의 1일부터 말일까지의 공급가액을 합계하여 당해 월의 말일자를 작성일자로 하여 그 다음달 10일까지(공휴일 또는 토요일인 때에는 그 다음 날) 세금계산서를 발급하는 경우 ② 거래처별로 1일부터 말일까지 이내에서 사업자가 임의로 정한 기간의 공급가액을 합계하여 그 기간의 종료일자를 작성일자로 하여 그 다음 달 10일까지 세금계산서를 발급하는 경우 ③ 관계증빙서류 등에 의하여 실제거래사실이 확인되는 경우로서 당해 거래일자를 작성일자로 하여 그 다음날 10일까지 세금계산서를 발급하는 경우

2) 영수증

영수증은 세금계산서의 필요적 기재사항 중 '공급받는자와 부가가치세액'을 따로 기재하지 않은 세금계산서를 말한다. 신용카드매출전표·현금영수증·간이영수증 등이 해당된다.

영수증 발급대상자	세금계산서 및 영수증 발급의무 면제
㉠ 소매업 ㉡ 음식점업(다과점업을 포함) ㉢ 숙박업 ㉣ 미용·욕탕 및 유사서비스업 ㉤ 여객운송업 ㉥ 입장권을 발행하여 영위하는 사업 ㉦ 변호사업, 공인회계사업, 세무사업 등 기타 이와 유사한 사업서비스업(사업자에게 공급하는 것은 제외) ㉧ 우정사업조직이 소포우편물을 방문접수 하여 배달하는 용역을 공급하는 사업 ㉨ 주로 사업자가 아닌 소비자에게 재화또는 용역을 공급하는 사업으로서 세금계산서발급이 불가능하거나 현저히 곤란한 사업 등	㉠ 택시운송 사업자, 노점 또는 행상을 하는 사업자 ㉡ 무인 자동판매기를 이용하여 재화 또는 용역을 공급하는 자 ㉢ 소매업 또는 미용·욕탕 및 유사서비스업을 영위하는 자가 공급하는 재화 또는 용역(다만, 소매업의 경우에는 공급받는 자가 세금계산서의 발급을 요구하지 아니하는 경우에 한함) ㉣ 자가공급(판매목적 타사업장 반출의 경우는 제외), 개인적공급, 사업상증여, 폐업시 잔존재화로서 공급의제 되는 재화 ㉤ 영세율 적용대상이 되는 일정한 재화·용역 • 수출하는 재화 • 항공기의 외국항행용역 • 국외제공 용역 • 기타 외화획득 재화 또는 용역 중 일정한 것 ㉥ 부동산임대용역 중 간주임대료에 해당하는 부분 ※ 세금계산서 발급이 불가능하거나 현저히 곤란한 사업에는 양복점, 양장점, 양화점, 주거용 건물공급업, 운수업, 주차장 운영업, 부동산중개업 등이 해당된다.

3) 전자세금계산서

전자세금계산서란 인증시스템을 거쳐 인터넷에 의하여 세금계산서의 기재사항을 전송하고 이를 전자적 형태로 보관하는 것을 말한다.

① 전자세금계산서 발급

구 분	내 용
발급대상	• 법인 • 직전년도 사업장별 공급가액 합계액이 1억원 이상인 개인사업자(2023년7월1일이후)
발급기한	• 거래시기가 속하는 달의 다음달 10일까지 발급
전송기한	• 발급일(전자서명일)의 다음날까지 국세청에 전송
세액공제	• 공제대상: 전자세금계산서 발급내역을 다음달 11일까지 국세청에 전송한 사업자 • 공급건당 200원(연간한도 100만원, 법인사업자 제외)-2022.7.1.이후부터 적용

② 전자세금계산서관련 가산세

구 분	내 용	가산세
미발급	• 발급기한 이후 발급 • 부가가치세 확정신고기한 내 발급하지 않은 경우	공급가액의 2% (수취자 매입세액 불공제)
지연발급	• 발급기한 이후 발급 • 부가가치세 확정신고기한 이후 발급한 경우	공급가액의 1% (수취자 0.5% 가산세)
미전송	• 발급기한 이후 발급 • 부가가치세 확정신고기한까지 미전송한 경우	공급가액의 0.5% (수취자 해당없음)
지연전송	• 발급기한 이후 발급 • 부가가치세 확정신고기한까지 전송한 경우	공급가액의 0.3% (수취자 해당사항없음)

4) 수정세금계산서

교부사유	절 차
환입	재화가 환입된 날을 작성일자로 기재하고 비고란에 당초 세금계산서 작성일자를 부기한 후 붉은색 글씨로 쓰거나 부(-)의 표시를 하여 발급한다.
계약의 해제	계약이 해제된 때에 그 작성일자는 당초 세금계산서 작성일자를 기재하고 비고란에 계약해제일을 부기한 후 붉은 색 글씨로 쓰거나 부(-)의 표시를 하여 발급한다.
공급가액의 증감	증감사유가 발생한 날을 작성일로 기재하고 추가되는 금액은 검은색 글씨로 쓰고, 차감되는 금액은 붉은색 글씨로 쓰거나 부(-)의 표시를 하여 발급한다.
내국신용장 또는 구매확인서 개설.발급된 경우	내국신용장등이 개설된 때에 그 작성일자는 당초 세금계산서 작성일자를 기재하고 비고란에 내국신용장 개설일 등을 부기하여 영세율 적용분은 검은색 글씨로 세금계산서를 작성하여 발급하고, 추가하여 당초에 발급한 세금계산서의 내용대로 세금계산서를 붉은색 글씨로 또는 부의 표시를 하여 작성하고 발급한다.
착오 또는 정정사유	세무서장이 경정하여 통지하기 전까지 세금계산서를 작성하되, 당초에 발급한 세금계산서의 내용대로 세금계산서를 붉은색 글씨로 작성하여 발급하고, 수정하여 발급하는 세금계산서는 검은색 글씨로 작성하여 발급한다.
이중발급	당초에 발급한 세금계산서의 내용대로 부(-)의 표시를 하여 발급한다.
면세거래를 과세거래로 잘못 적용한 경우	당초 세금계산서 작성일자를 수정세금계산서의 작성일자로 기재하고, 비고란에 사유발생일을 부기한 후 추가되는 금액은 검은색 글씨로 쓰고 차감되는 금액은 붉은색 글씨로 쓰거나 부(-)의 표시를 하여 수정세금계산서를 발급할 수 있다.

핵심문제　　　　　　　　　　　　　　　　　　　기출문제 ▶ 1회~50회 중 **12회** 출제

01. 세금계산서(또는 전자세금계산서)에 대한 설명으로 옳지 <u>않은</u> 것은?

① 계약의 해제로 재화 또는 용역이 공급되지 아니한 경우 수정전자세금계산서의 작성일은 계약의 해제일로 한다.
② 택시운송 사업자는 세금계산서 발급의무가 면제되지 아니한다.
③ 공급받는 자의 등록번호는 세금계산서의 필요적 기재사항이다.
④ 필요적 기재사항 등이 착오 외의 사유로 잘못 적힌 경우는 재화나 용역의 공급일이 속하는 과세기간에 대한 확정신고기간까지 수정세금계산서를 발급할 수 있다.

정답 ②
- 택시운송 사업자가 공급하는 재화 또는 용역에 대해서는 세금계산서의 발급의무가 면제된다.

02. 다음 중 세금계산서(또는 전자세금계산서)에 대한 설명으로 옳지 <u>않은</u> 것은?

① 법인사업자는 의무적으로 전자세금계산서를 발급해야 한다.
② 전자세금계산서를 지연발급하면 발급자에게만 가산세가 부과된다.
③ 발급일의 다음날까지 세금계산서 발급명세를 국세청장에게 전송해야 한다.
④ 공급받는자의 등록번호는 필요적 기재사항이다.

정답 ②
- 전자세금계산서를 지연발급하면 발급자와 수취자 모두에게 가산세가 부과된다.

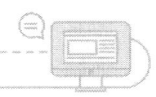

제2절 과세거래

1. 과세거래(재화의 공급)

부가가치세가 과세되는 거래는 다음과 같다.

구 분	과 세 대 상
재화의 공급	공급하는자가 사업자인 경우에만 과세하며, 공급받는자가 사업자인지 여부와 관계
용역의 공급	없음
재화의 수입	수입하는자가 사업자인지 여부와 관계없이 과세

1) 재화의 공급

재화란 재산적 가치가 있는 모든 유체물과 무체물을 말하며, 사업자가 계약상 또는 법률상의 모든 원인에 의하여 재화를 인도 또는 양도하는 것을 재화의 공급이라 한다.

구 분	내 용
유체물	상품·제품·원료·기계·건물과 그 밖의 모든 유형적 물건
무체물	동력·열, 그 밖에 관리할 수 있는 자연력 및 권리등 재산가치가 있는 유체물 외의 모든것

① 공급의 범위

실지공급	• 매매계약 • 교환계약	• 가공계약 • 기타
간주공급	• 자가공급 • 사업상증여	• 개인적공급 • 폐업시 잔존재화

② 재화의 실지공급(대가를 받고 재화를 인도한 거래)

구 분	내 용
매매계약에 의한 공급	현금판매, 외상판매, 할부판매, 장기할부판매, 조건부 및 기한부판매, 위탁 판매, 기타매매계약에 의하여 재화를 인도 또는 양도하는 것
가공계약에 의한 공급	자기가 주요자재의 전부 또는 일부를 부담하고 상대방으로부터 인도 받은 재화에 공작을 가하여 새로운 재화를 만드는 가공계약에 의하여 재화를 인도하는 것
교환계약에 의한 공급	재화의 인도 대가로서 다른 재화를 인도받거나 용역을 제공받는 교환계약에 의하여 재화를 인도 또는 양도하는 것

구 분	내 용
기타 계약상·법률상 원인에 의한 공급	현물출자, 사인에 의한 경매, 수용 등에 의하여 재화를 인도 또는 양도하는 것

③ 재화의 간주공급(대가를 받지 않고 재화를 인도했거나 재화의 인도 자체가 없는 거래)

구 분		내 용
자가공급	면세사업에의 전용	자기의 사업과 관련하여 생산·취득한 재화를 부가가치세가 면세되는 재화 또는 용역을 공급하는 사업을 위하여 사용·소비하는 경우
	개별소비세가 과세되는 자동차(영업용제외) 또는 그 유지에의 비용	• 자기의 사업과 관련하여 생산·취득한 재화를 개별소비세가 과세되는 자동차(영업용 제외)로 사용하거나 또는 유지에 사용·소비하는 것은 재화의 공급으로 본다. • 운수업, 자동차판매업, 자동차임대업, 운전학원업, 무인경비업 등 대통령령으로 정하는 업종의 사업을 경영하는 사업자가 자기의 사업과 관련하여 생산·취득한 재화를 [개별소비세법]에 따른 자동차와 그 자동차의 유지를 위한 재화를 해당 업종에 직접 영업으로 사용하지 아니하고 다른 용도로 사용하는 것은 재화의 공급으로 본다.
	판매목적타사업장 반출	둘 이상의 사업장이 있는 사업자가 자기 사업과 관련하여 생산·취득한 재화를 타인에게 직접 판매할 목적으로 자기의 다른 사업장으로 반출하는 것은 재화의 공급으로 본다.
개인적공급		사업자가 자기의 사업과 관련하여 생산·취득한 재화(매입세액공제를 받은 재화)를 사업과 직접 관계없이 자기나 그 사용인의 개인적인 목적 또는 기타의 목적으로 사용·소비하는 것 중 그 대가를 받지 않거나 시가보다 낮은 대가를 받은 경우 [사례] •사용인의 생일선물을 사업자가 구입하여 무상으로 준 경우 •근로자의 날 또는 회사창립일등에 임직원에게 기념품으로 무상으로 준 경우 •건축자재 판매업자가 자신의 주택건설 및 수리에 자재를 사용하는 경우 [재화의 개인적공급으로 보지 않는 것의 사례] • 사업장내에서 사용인의 실비변상적·복지후생적인 목적으로 무상으로 사용.소비하는 경우 재화의 공급으로 보지 않는다. - 작업복.작업모.작업화 - 직장체육비,직장연예비와 관련된 재화 • 1인당 년간 10만원 이하의 경조사와 관련된 재화의 공급
사업상증여		사업자가 자기의 사업과 관련하여 생산·취득한 재화를 자기의 고객이나 불특정다수인에게 증여하는 경우에는 재화의 공급으로 본다. [사업상 증여로 보지 않는 것의 사례] • 사업을 위하여 대가를 받지 아니하고 다른 사업자에게 인도하거나 양도하는 견본품 • 재난 및 안전관리기본법의 적용을 받 특별재난지역에 공급하는 물품
폐업시잔존재화		사업자가 사업을 폐지하는 때에 잔존하는 재화는 자기에게 공급하는 것으로 본다.

※ 재화의 간주공급사례
• 고속버스로 구입하여 시내버스로 사용
• 판매제품을 거래처에 무상으로 제공
• 판매제품을 종업원에게 무상으로 제공
• 사업자가 사업을 폐업하는 경우의 잔존재화

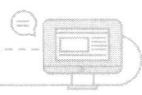

④ 재화의 공급으로 보지 않는 경우

구 분	내 용
담보의 제공	질권·저당권 또는 양도담보의 목적으로 동산·부동산 및 부동산상의 권리를 제공하는 경우는 재화의 공급으로 보지 않는다. → 담보의 제공은 채무의 종결과 함께 다시 회수되므로 재화의 공급으로 보지 아니한다. 사업의 포괄적인 양도는 양도인은 부가가치세를 신고와 함께 즉시 납부하나 양수인은 부가가치세의 환급이 발생하지만 환급이 확정신고(7/25, 1/25) 후 30일이내 환급되므로 자금압박이 발생할 수 있다. 이를 완화하기 위하여 사업의 포괄적인 양도는 재화의 공급으로 보지 아니한다.
사업의 양도	사업장별로 그 사업에 관한 모든 권리와 의무를 포괄적으로 승계시키는 것은 재화의 공급으로 보지 않는다.
조세의 물납	사업용 자산을 상속세 및 증여세법·지방세법 및 종합부동산세법 규정에 의하여 물납하는 것은 재화의 공급으로 보지 않는다.
공매·경매	국세징수법의 규정에 따른 공매 및 민사집행법의 규정에 따른 경매에 따라 재화를 인도·양도하는 것은 재화의 공급으로 보지 않는다.
수용	도시 및 주거환경정비법·공익사업을 위한 토지 등의 취득 및 보상에 관한 법률 등에 따라 수용절차에 있어서 수용대상인 재화의 소유자가 해당 재화를 철거하는 조건으로 그 재화에 대한 대가를 받는 경우에는 재화의 공급으로 보지 않는다.
기타	사업자가 위탁가공을 위하여 원자재를 국외의 수탁가공 사업자에게 대가없이 반출하는 것

2) 재화의 공급시기

구 분	거래형태	공 급 시 기
재화의 일반적 공급시기	재화의 이동이 필요한 경우	재화가 인도되는 때
	재화의 이동이 필요하지 않는 경우	재화가 이용가능하게 되는 때
	기타	재화의 공급이 확정되는 때
	※ 공급시기는 세금계산서를 발급해야 하는 시기이며 추후 발급시 가산세가 부과된다.	
거래형태별 공급시기	현금판매·외상판매·할부판매	재화가 인도되거나 이용가능하게 되는 때
	장기할부판매	대가의 각 부분을 받기로 한 때
	반환조건부·동의조건부·기타조건부 및 기한부 판매	조건이 성취되거나 기한이 경과되어 판매가 확정되는 때
	재화의 공급으로 보는 가공	가공된 재화를 인도하는 때
	자가공급·개인적공급·사업상증여	재화가 사용 또는 소비되는 때
	폐업시 잔존재화	폐업하는 때
	무인판매기에 의한 재화공급	무인판매기에서 현금을 인취하는 때
	기타의 경우	재화가 인도되거나 인도가능한 때
	내국물품을 외국으로 반출하거나 대외무역에 의한 중계무역방식으로 수출하는 경우	수출재화의 선(기)적일

3) 재화의 공급장소

구 분	내 용
재화의 이동이 필요한 경우	재화의 이동이 개시되는 장소
재화의 이동이 불필요한 경우	재화가 공급되는 시기에 재화가 소재하는 장소

핵심문제 기출문제 ▶ 1회~50회 중 **18회** 출제

01. 다음 중 부가가치세법상 과세대상 재화의 공급에 해당하는 것은?(단, 관련 재화취득과 관련된 매입세액은 모두 공제받았다.)

① 사업자가 재화를 자기의 다른 사업장에서 원자재로 사용하기 위해 반출하는 경우
② 사업자가 재화를 고객에게 접대 목적으로 증여하는 경우
③ 사업자가 다른 사업자에게 견본품을 무상으로 제공하는 경우
④ 사업자가 상품진열을 목적으로 자기의 다른 사업장으로 재화를 반출하는 경우

정답 ②
• 접대를 목적으로 증여하는 경우 사업상 증여로 보아 부가가치세를 과세한다.

02. 사업자가 매입세액공제를 받은 재화를 다음과 같은 용도로 사용하는 경우 부가가치세 과세거래에 해당하는 것은?

① 견본품을 무상으로 제공하는 경우
② 면세사업을 위하여 사용하는 경우
③ 작업복·작업모·작업화로 사용하는 경우
④ 자기사업상의 기술개발을 위하여 시험용으로 사용하는 경우

정답 ②
• ②는 재화의 공급으로 보나, 그 밖의 것은 재화의 공급으로 보지 아니한다.

2 과세거래(용역의 공급)

1) 용역의 공급

용역의 공급이란 사업자가 계약상 또는 법률상의 모든 원인에 의하여 역무를 제공하거나 재화·시설물 또는 권리를 사용하게 하는 것을 말한다.

① 용역의 실질공급

용역의 실질공급이란 계약상 또는 법률상의 모든 원인에 역무를 제공하거나 재화시설물 또는 권리를 사용하게 하는 것을 말한다.

② 용역의 간주공급

구 분	내 용
자가공급	사업자가 자기의 사업을 위하여 직접 용역을 무상공급하여 다른 동업자와 과세 형평이 침해되는 경우에는 재정경제부령이 정하는 바에 따라 공급으로 보나, 현재 재정경제부령이 별도로 규정한 사항은 없으므로 용역의 자가공급은 현실적으로 과세되지 않는다.
무상공급	대가를 받지 아니하고 상대방에게 무상으로 용역을 공급하는 것은 용역의 공급으로 보지 않는다.

2) 용역의 공급시기

구 분	공 급 시 기	
일반적 공급시기	용역의 공급시기는 역무가 제공되거나 재화·시설물 또는 권리가 사용되는 때로 한다.	
거래형태별 공급시기	**거래형태**	**공급시기**
	통상적인 공급(할부판매포함)	역무의 제공이 완료되는 때
	완성도기준지급·중간지급·장기할부 또는 기타조건부로 공급하거나 그 공급단위를 구획할 수 없는 용역(예 : 임대료)	그 대가의 각 부분을 받기로 한 때
	간주임대료*	예정신고기간 종료일 또는 과세기간 종료일
	2과세기간 이상에 거쳐 부동산임대용역을 공급하고 그 대가를 선불 또는 후불로 받는 경우에 월수로 안분한 임대료	예정신고기간 종료일 또는 과세기간 종료일
	폐업 전에 공급한 용역의 공급시기가 폐업일이후에 도래하는 경우	폐업일
	위 이외의 경우	역무의 제공이 완료되거나 그 공급가액이 확정 되는 때

* 간주임대료란 부가가치세법상 사업자가 부동산임대용역을 공급하고 전세금(임대보증금)을 받는 경우에는 이 전세금(임대보증금)에 대한 이자상당액을 임대료로 간주하여 부가세로 납부하는 제도를 말한다.

3) 용역의 공급장소

구 분	내 용
일반적인 경우	역무제공 또는 재화 등이 사용되는 장소
국제운송(사업자가 비거주자 외국법인인 경우)	여객이 탑승하거나 화물이 적재되는 장소

4) 부수되는 재화 또는 용역

부수되는 재화 또는 용역이란 주된 재화 또는 주된 용역의 공급에 필수적으로 부수되는 재화 또는 용역을 말한다.

구 분	범 위	사 례
주된 거래와 관련된 부수 재화 또는 용역	대가관계 : 해당 대가가 주된 거래인 재화 또는 용역의 공급대가에 통상적으로 포함되어 공급되는 재화 또는 용역	• 재화의 공급시 배달 • 운반용역 • 보증수리용역
	공급관계 : 거래의 관행으로 보아 통상적으로 주된 거래인 재화 또는 용역의 공급에 부수하여 공급되는 것으로 인정되는 재화 또는 용역	
주된 사업과 관련된 부수 재화 또는 용역	우발적·일시적 공급 : 주된 사업과 관련하여 우발적·일시적으로 공급되는 재화 또는 용역	• 사업용 고정자산의 매각
	부산물 : 주된 사업과 관련하여 주된 재화의 생산에 필수적으로 부수하여 생산되는 재화(용역은 포함되지 않음)	• 부산물의 매각

핵심문제

기출문제 ▶ 1회~50회 중 **4회** 출제

01. 다음 중 부가가치세법상 용역의 공급에 해당하지 않는 것은?

① 건설업의 경우 건설업자가 건설자재의 전부 또는 일부를 부담하는 것
② 자기가 주요자재를 전혀 부담하지 아니하고 상대방으로부터 인도받은 재화를 단순히 가공만 해 주는 것
③ 산업상·상업상 또는 과학상의 지식·경험 또는 숙련에 관한 정보를 제공하는 것
④ 자기가 주요자재의 전부 또는 일부를 부담하고 상대방으로부터 인도받은 재화를 가공하여 새로운 재화를 만드는 가공계약에 따라 재화를 인도하는 것

정답 ④

자기가 주요자재의 전부 또는 일부를 부담하고 상대방으로부터 인도받은 재화를 가공하여 새로운 재화를 만드는 가공계약에 따라 재화를 인도하는 것은 재화의 공급에 해당한다.

02. 다음 중 부가가치세법상 사업자가 무상으로 용역을 공급하는 경우 과세거래에 해당하는 것은?

① 종업원에게 음식용역을 무상제공하는 경우
② 직계존속에게 미용용역을 무상제공하는 경우
③ 직계존속에게 사업용 부동산을 무상임대하는 경우
④ 직계비속에게 숙박용역을 무상제공하는 경우

정답 ③

• 사업자가 타인에게 무상으로 용역을 공급하는 경우 과세거래로 보지 아니하나, 특수관계인에게 사업용 부동산을 무상임대하는 경우에는 과세거래로 본다.

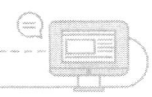

3 과세거래(재화의 수입)

재화의 수입이란 다음 중 어느 하나에 해당하는 물품을 우리나라에 인취(재화를 인도받아 반입하는 행위)하는 것으로 한다.
① 외국으로부터 우리나라에 도착된 물품(외국선박이 공해에서 체포한 수산물포함)으로 수입신고가 수리되기 전의 것
② 수출신고가 수리된 물품(수출신고가 수리된 물품으로 선적(기적포함)되지 않은 물품을 보세구역에서 반입하는 경우는 제외)
③ 부가가치세가 과세되는 재화를 수입하는 경우 세관장이 수입세금계산서를 발급한다.

핵심문제

기출문제 ▶ 1회~50회 중 **5회** 출제

01. 부가가치세법상 재화의 수입에 대한 설명으로 옳지 <u>않은</u> 것은?
① 재화의 수입시기는 관세법에 따른 수입신고가 수리된 때로 한다.
② 수출신고가 수리된 물품으로서 선적되지 아니한 물품을 보세구역에서 반입하는 경우는 재화의 수입에 해당하지 아니한다.
③ 외국에서 보세구역으로 재화를 반입하는 것은 재화의 수입에 해당한다.
④ 부가가치세가 과세되는 재화를 수입하는 경우에는 세관장이 수입세금계산서를 발급한다.

정답 ③
- 보세구역에서 국내로 재화를 반입하는 것을 재화의 수입으로 본다.

02. 다음 중 부가가치세법상 재화의 수입에 대한 설명으로 옳은 것은?
① 재화의 수입시기는 관세법에 따른 수입신고가 수리된 때로 한다.
② 수출신고가 수리된 물품으로서 선적되지 아니한 물품을 보세구역에서 반입하는 경우도 재화의 수입에 해당한다.
③ 재화를 수입하는 자에 대한 부가가치세는 납세지를 관할하는 세무서장이 과세한다.
④ 사업자가 보세구역 안에서 보세구역 밖의 국내에 재화를 공급하는 경우가 재화의 수입에 해당할 때에는 해당 재화를 인도하는 때를 재화의 공급시기로 본다.

정답 ①
② 수출신고가 수리된 물품으로서 선적되지 아니한 물품을 보세구역에서 반입하는 경우는 재화의 수입에 해당하지 않는다.
③ 납세의무자가 재화의 수입에 대하여 관세법에 따라 관세를 세관장에게 신고하고 납부하는 경우에는 재화의 수입에 대한 부가가치세를 함께 신고하고 납부하여야 한다.
④ 사업자가 보세구역 안에서 보세구역 밖의 국내에 재화를 공급하는 경우가 재화의 수입에 해당할 때에는 수입신고 수리일을 재화의 공급시기로 본다.

제3절 영세율과 면세

1. 영세율

1) 영세율제도

일정한 재화 또는 용역의 공급에 대하여 "0"의 세율을 적용함으로써 납부세액 계산시 매출세액은 "0"이 되고 여기에서 부담한 매입세액을 공제하면 납부세액이 (-)가 되므로 결국 매입세액을 전액 환급받게 되어 부가가치세 부담이 전혀 없게 한 제도로 완전면세제도이다.

| 영세율 적용대상 |

구 분	내 용
수출하는재화	• 내국신용장 또는 구매확인서에 의해 공급하는 재화 • 한국국제협력단, 한국국제보건의료재단, 대한적십자사에 공급하는 재화포함
국외제공용역	해외건설 공사와 같이 용역제공의 장소가 국외인 경우를 말 함
선박·항공기의 외국항행용역	선박이나 항공기에 의하여 여객이나 화물을 국내에서 국외로, 국외에서 국내로 또는 국외에서 국외로 수송하는 용역 및 그 부수재화 또는 용역
기타 외화획득 재화 또는 용역	• 국내에서 비거주자 또는 외국법인에게 공급하는 일정한 재화·용역 • 수출재화의 임가공 용역
조세특례제한법상 영세율 적용대상 재화·용역	조세정책의 목적으로 규정

※ 신용장(L/C, Letter of Credit) : 무역 거래에서 대금의 결제를 원활히 하기 위하여 수입업자가 거래하는 은행이 수출대금의 지급을 약속하는 증서

2) 직수출

수출하는 재화란 국내물품을 외국으로 반출하는 것으로 유상·무상 관계없이 외국으로 반출하는 재화는 모두 영세율을 적용한다(소포수출 및 휴대반출 포함).

직수출이란 수출업자가 자신이 생산하거나 취득한 내국물품을 자기명의로 자기책임 하에 외국으로 반출하는 것을 말한다. 이 경우 내국물품에는 우리나라 선박에 의하여 채집·포획한 수산물이 포함되며, 내국물품을 외국으로 반출하는 경우에는 대가의 유상 또는 무상여부에 관계없이 영세율이 적용된다. 다만, 자기의 사업을 위하여 대가를 받지 아니하고 외국의 사업자에게 견본품을 반출하는 경우에는 재화의 공급으로 보지 아니한다.

따라서 사업자가 자기의 사업과 관련하여 생산·취득한 재화를 해외 거래처 또는 친척에 무상으로 증여하는 경우 당해 재화의 시가를 영세율 과세표준으로 하여 신고하여야 하며 이를 신고하지 않을 경우에는 영세율과세표준신고불성실가산세가 적용된다.

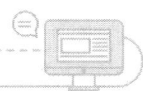

구 분	내 용
적용대상	국내물품을 외국으로 반출하는 것으로, 유·무상에 관계없이 외국으로 반출하는 재화는 모두 영세율을 적용한다.
공급시기	• 수출재화 : 선적일 • 소포수출 : 소포수령증발급일 • 원양어업 : 수출재화의 공급가액 확정일
과세표준	수출품을 선적(공급시기)하기 전에 수출대금을 원화로 환가한 경우에는 그 환가한 금액으로 하며, 수출품을 공급시기까지 수출대금을 원화로 환가하지 아니하였거나 선적일 이후에 지급받은 경우에는 공급시기의 외국환거래법에 의한 기준환율 또는 재정환율로 환산한 금액 → 이 경우에 공급시기 이후에 원화로 환가하여 환율변동에 따른 증감되는 금액이 있더라도 과세표준에는 영향을 주지 아니한다. → 공급시기가 토요일인 경우에는 토요일에 고시한 기준환율 또는 재정환율에 의하여 계산한 금액을 과세표준으로 하며, 그 시기가 공휴일인 경우에는 그 전날의 기준환율 또는 재정환율 에 의하여 계산한 금액을 과세표준으로 함 | 구 분 | 외화 환산액 | |---|---| | 공급시기가 되기 전에 원화로 환가한 경우 | 그 환가한 금액 | | 공급시기가 되기 전에 외화로 사용한 경우 | 그 사용한 날의 기준환율 또는 재정환율에 의하여 계산한 금액 | | 공급시기 이후에 외국통화나 그 밖의 외국환 상태로 보유하거나 지급받는 경우 | 공급시기의 외국환거래법에 따른 기준환율 또는 재정환율에 따라 계산한 금액 | ※ 기준환율·재정환율 조회 : 서울외국환중개주식회사(www.smbs.biz) * 기준환율 : 미화($)의 매매기준율을 말하며, 매일 영업개시 30분전까지 금융결제원 산하 서울외국환중개(주)에서 기획재정부, 한국은행, 각 외환은행장에게 통보함 * 재정환율 : 미화($) 이외의 모든 통화에 적용되는 환율로서 기준환율을 통해서 간접적으로 계산된 원화와 기타 통화사이의 환율
세금계산서 발급	세금계산서 발급 의무 없음
영세율첨부서류	• 수출실적명세서 • 소포우편수출의 경우 우체국장의 소포수령증 • 휴대반품시 간이수출신고필증

3) 대행수출

대행수출이란 무역업 등록이 없는자가 수출을 하려고 할 때 무역업자인 수출업자(수출대행자)와 수출대행계약에 의해 무역업자의 명의로 수출하는 것을 의미하며, 무역업자가 수출대행계약에 따라 위탁자의 내국물품을 자기(무역업자) 명의로 외국으로 반출하는 것으로 일반적으로 수출지역·품목별로 수출한도가 있어 자기(위탁자)명의로 수출을 할 수 없는 경우에 나타난다. 직수출의 경우 수출품생산업자와 수출업자가 동일하지만, 대행수출의 경우 수출품생산업자는 대행수출위탁자이고, 수출업자는 대행수출위탁자 즉, 수출대행업자를 의미한다.

구 분	내 용
수출품생산업자	영세율 적용(수출재화의 공급가액이 과세표준임)
수출대행자	영세율 적용되지 아니함(수출대행수수료가 과세표준임)

핵심문제 기출문제 ▶ 1회~50회 중 **9회** 출제

01. 다음 중 부가가치세법상 영세율에 대한 설명으로 옳은 것은?

① 영세율 적용대상자는 부가가치세법상 제반 의무를 이행하지 않는다.
② 과세표준에는 영(0)의 세율이 적용되지만 관련된 매입세액은 공제받을 수 있다.
③ 면세사업자는 면세를 포기하지 않아도 영세율을 적용받을 수 있다.
④ 영세율은 부가가치세의 역진성을 완화하기 위한 제도이다.

정답 ②
① 영세율 적용대상자는 부가가치세법상 사업자로서 제반 의무를 이행한다.
③ 면세사업자는 면세포기를 하여야만 영세율을 적용받을 수 있다.
④ 부가가치세의 역진성을 완화하기 위한 제도는 면세이다.

02. 다음 중 부가가치세법상 영세율 적용대상이 아닌 것은?

① 사업자가 내국신용장 또는 구매확인서에 의하여 공급하는 재화
② 수출업자와의 직접 도급계약에 의한 수출재화임가공용역
③ 국외에서 공급하는 용역
④ 수출업자가 대행위탁수출을 하고 받은 수출대행수수료

정답 ④
• 수출대행수수료는 국내사업자 간의 용역거래이므로 영세율이 적용되지 않는다.

2 면세

면세란 국민들의 복리후생적 등을 위하여 일정한 재화·용역의 공급과 재화의 수입에 대하여 부가가치세를 면제하는 제도를 말한다.

면세제도는 면세대상거래의 매출세액만을 면제하고, 전단계에서 발생한 매입세액은 공제 또는 환급하지 않는 부분면세방법을 택하고 있다. 면세제도를 두는 이유는 면세재화 또는 용역을 공급받는 소비자의 세부담을 경감하기 위한조치이다.

※ 면세사업자는 면세를 포기하지 않는 한 영세율을 적용받을 수 없다.

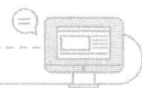

1) 부가가치세법에 의한 면세적용

구 분	면 세 대 상

기초생활필수품	① 미가공 식료품 등(식용에 공하는 농산물·축산물·수산물·임산물 포함) → 국적불문
	② 국내에서 생산된 식용에 공하지 아니하는 미가공 농·축·수·임산물
	③ 수돗물(생수는 과세)
	④ 연탄과 무연탄(유연탄·갈탄·착화탄은 과세)
	⑤ 여성용 생리처리 위생용품과 영유아용 기저귀와 분유
	⑥ 여객운송용역
	  • 시내버스, 시외버스, 지하철, 마을버스, 우등(29인승 이상) 고속버스 : 면세
	  • 우등(29인승 이하)고속버스, 전세버스, 택시, 고속철도 : 과세
	⑦ 우표·인지·증지·복권·공중전화(수집용 우표는 과세)
	⑧ 판매가격이 200원 이하인 담배(일반 담배는 과세)
	⑨ 주택과 이에 부수되는 토지의 임대용역(도시계획안 5배, 외 10배)
	  • 건물의 임대, 공급 → 과세
	  • 주택의 임대, 공급 → 면세

국민후생용역	① 의료보건용역과 혈액(의약품의 단순판매는 과세) (미용목적 성형수술(쌍꺼풀수술, 코성형수술, 유방확대·축소술, 주름살제거술, 지방흡입술), 수의사 및 동물병원이 제공하는 애완동물 진료용역은 과세) ② 교육용역(무허가·무인가 성인대상 무도학원, 자동차운전학원의 교육용역은 과세)
문화관련재화용역	① 도서(도서대여용역포함)·신문·잡지·관보·뉴스통신(방송과 광고는 과세) ② 예술창작품·예술행사·문화행사·비직업운동경기 ③ 도서관·과학관·박물관·미술관·동물원·식물원에서의 입장
부가가치구성요소	① 금융·보험용역 ② 토지의 공급(토지의 임대는 과세) ③ 인적용역(변호사업·공인회계사업·세무사업·관세사업·기술사업·건축사업등의 인적용역은 과세)
기타의 재화용역	① 종교·학술·지선·구호·기타 공익을 목적으로 하는 단체가 공급하는 재화·용역 ② 국가·지방자치단체·지방자치단체조합이 공급하는 재화·용역 ③ 국가·지방자치단체·지방자치단체조합 또는 공익단체에 무상 공급하는 재화·용역(유상공급은 과세) ④ 국민주택 및 당해 주택의 건설용역(국민주택초과분양 : 과세) ⑤ 국민주택 리모델링 용역 ⑥ 중소기업창업투자회사 및 기업구조조정전문회사가 제공하는 자산관리·운용용역

2) 면세포기

구 분	내 용
면세포기의 대상	① 영세율 적용대상인 재화와 용역 ② 공익단체중 학술연구단체와 기술연구단체가 공급하는 재화 또는 용역
면세포기 절차	신고만으로 가능하며 승인절차는 불필요하다. 면세포기 신고 후에는 지체 없이 사업자등록을 하여야 한다.
면세포기의 효력	① 면세포기를 하면 과세사업자로 전환된다. ② 면세포기를 한 사업자는 신고한 날로부터 3년간은 부가가치세의 면제를 받지 못한다. (∵ 안정성 확보)

3) 영세율제도와 면세제도의 비교

구분	영세율(zero tax rate)제도	면세제도
목적	① 소비지국과세원칙의 실현 ② 국제적 이중과세방지 및 수출의 촉진	부가가치세 부담의 역진성 완화
성격	완전면세제도(매입세액을 환급해준다)	부분면세제도(매입세액을 환급해주지 않는다)
대상	수출하는 재화 등 외화획득 재화 또는 용역에 적용	기초생활필수품 등에 적용

핵심문제

기출문제 ▶ 1회~50회 중 **10회** 출제

01. 다음 중 부가가치세법상 면세와 관련한 설명으로 옳지 <u>않은</u> 것은?

① 면세사업자는 부가가치세법상 사업자가 아니다.
② 면세는 수출산업을 지원하기 위한 목적으로 도입되었다.
③ 면세사업자는 면세포기를 하여야만 영세율을 적용받을 수 있다.
④ 국가에 무상으로 공급하는 재화 또는 용역에 대해서는 면세가 적용된다.

정답 ②
- 면세는 부가가치세의 역진성을 완화하기 위한 목적으로 도입되었다.

02. 다음 중 부가가치세 면세에 해당하는 금액을 산출하면 얼마인가?

| 가. 중국산 콩 | 100,000원 | 나. 고속철도 운송용역 | 130,000원 |
| 다. 수집용 우표 | 50,000원 | 라. 도서대여용역 | 70,000원 |

① 100,000원　　　　② 150,000원
③ 170,000원　　　　④ 230,000원

정답 ③
- 100,000원 + 70,000원 = 170,000원
- 중국산 콩과 도서대여용역은 면세이나, 고속철도 운송용역과 수집용 우표는 과세이다.

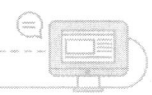

제4절 과세표준과 세액

1. 과세표준

재화의 과세표준이란 부가가치세가 포함되지 않은 순수한 매출액을 말하는데, 일반과세자의 경우 부가가치세의 과세표준이 된다. **공급가액**은 부가가치세가 포함되지 않은 금액을 의미하며, 공급가액에 부가가치세액을 포함하여 **공급대가**라고 한다(공급가액 + 세액 = 공급대가).

1) 유형별 과세표준

구 분	과세표준
금전으로 대가를 받은경우	그 금전가액
금전이외의 물건 등으로 받은 경우	자신이 공급한 재화 등의 시가
부당하게 낮은 대가를 받은 경우	자신이 공급한 재화 등의 시가
자가공급(판매목적 타사업장 반출은 제외) 개인적공급, 사업상 증여 및 폐업시 잔존재화의 경우	당해 재화의 시가
판매목적 타사업장의 반출의 경우	당해 재화의 취득가액(다만, 취득가액에 일정액을 가산하여 공급하는 경우에는 그 공급가액)
용역의 공급에 대하여 부당하게 낮은 대가를 받은 경우	자기가 공급한 용역의 시가
대가를 외국통화 기타 외국환으로 받은 경우	• 공급시기 도래 전에 원화로 한 경우 : 그 환가한 금액 • 공급시기 이후에 외국통화 기타 외국환 상태로 보유하거나 지급받은 경우 : 공급시기의 기준환율 또는 재정환율에 의하여 계산한 금액
재화의 수입에 대한 과세표준	관세의 과세가격과 관세, 개별소비세, 주세, 교통·에너지·환경세 및 교육세·농어촌특별세의 합계액
재화의 저가양도	사업자와 특수관계있는 자로부터 시가보다 부당하게 낮은 대가를 받거나 대가를 받지 않은 경우(무상양도) 시가
용역의 저가양도	• 사업자와 특수관계있는 자로부터 시가보다 부당하게 낮은 대가를 받은 경우 시가 • 대가를 받지 않은 경우(무상양도) : 부가가치세 과세대상이 아니다.

2) 과세표준에 포함하는 항목

① 할부판매·장기할부판매의 경우 이자 상당액
② 대가의 일부로 받는 운송비, 포장비, 하역비, 운송보험료, 산재보험료 등
③ 개별소비세, 주세, 교통·에너지·환경세, 교육세 및 농어촌특별세 상당액
④ 사업자가 고객에게 매출액의 일정비율에 해당하는 마일리지를 적립해주고 그 대가의 일부 또는 전부를 적립된 마일리지로 결제하는 경우 해당 마일리지 상당액

3) 부가가치세 과세표준에 포함되지 않는 항목과 공제하지 않는 항목

과세표준에 포함되지 않는 것	과세표준에 포함되는 것 (즉, 과표에서 공제하지 않는 것)
① 부가가치세 ② 매출에누리액, 매출환입액, 매출할인 ③ 계약등으로 인하여 확정된 대가의 지급지연으로 인하여 지급받는 연체이자(소비대차 불문) → 이자(면세용역임)로 본다 ④ 정부보조금과 공공보조금 ⑤ 공급받는 자에게 도달하기 전에 파손·훼손·또는 멸실된 재화의 가액	① 하자보증금 ② 대손금* ③ 판매장려금 지급액* * 별도의 비용으로 처리

▌판매장려금 지급액

구분	소득세	부가가치세
판매장려금	지급액 : 필요경비 수입액 : 총수입금액	지급액 : 과세표준에서 차감 안함 수입액 : 과세표준에 포함 안함
판매장려금품	–	지급시 : 간주공급(사업상 증여)

4) 간주공급의 과세표준

① 감가상각 이외의 자산 : 시가
② 판매목적 타사업장 반출의 경우 취득가액을 과세표준으로 한다.
③ 감가상각자산

구 분	시 가
건물·구축물	취득가액×(1 - 10%×경과된 과세기간의 수)
기타의 감가상각자산	취득가액×(1 - 25%×경과된 과세기간의 수)

→ 건물과 구축물은 내용연수를 5년(10과세기간)으로 보고, 기타의 자산은 내용연수를 2년(4 과세기간)으로 보는 것이다.

5) 과세표준계산의 특례 : 안분계산

① 공통사용재화의 공급

원칙 : 공통사용재화 공급가액의 안분계산

② 토지와 건물의 일괄양도

> ① 안분계산 ┌ 토지의 공급 : 면세
> └ 건물 ┌ 면세사업 : 면세
> └ 과세사업 : 과세 → 부가세 과세 ┘ ② 안분계산(직전과세기간 기준)

③ "안분계산"시 시가가 불분명 할 때

> 감정평가가액 → 기준시가 → 장부가액 → 취득가액

6) 부동산임대용역의 공급

부동산 임대용역을 공급하고 전세금 또는 임대보증금을 받은 경우에는 금전 이외의 대가를 받은 것으로 보아, 다음 산식에 의해 계산한 금액을 부가가치세 과세표준으로 하며, 이를 통상 간주임대료라 칭한다.

$$간주임대료 = 임대보증금(전세금) \times \frac{대상기간의\ 일수}{365(윤년의\ 경우\ 366)} \times \left\{ \begin{array}{l} 과세기간\ 종료일\ 현재 \\ 계약기간\ 1년\ 만기 \\ 정기예금\ 이자율\ 3.5\% \end{array} \right\}$$

※ 계약기간 1년 만기 정기예금 이자율은 서울시내에 본점을 둔 시중은행의 이자율을 감안하여 국세청장이 정한 율(수시로 변동될 수 있다)을 말한다.

7) 세 율

우리나라 부가가치세의 세율구조는 단일세율(10%)이며, 일정한 재화 또는 용역에 대하여 '0'의 세율을 적용한다.

핵심문제 기출문제 ▶ 1회~50회 중 **18회** 출제

01. 다음 중 부가가치세법상 과세표준에 포함되는 것은?

① 공급에 대한 대가의 지급이 지체되었음을 이유로 받는 연체이자
② 재화 또는 용역의 공급과 직접 관련되지 아니하는 국고보조금과 공공보조금
③ 공급에 대한 대가를 약정기일 전에 받았다는 이유로 사업자가 당초의 공급가액에서 할인해 준 금액
④ 재화를 공급하고 대가의 일부로 받는 운송비와 포장비

정답 ④
- 대가의 일부로 받는 운송비와 포장비는 과세표준에 포함된다.

02. 제조업을 영위하는 일반과세사업자인 (주)한공의 2024년 제1기 예정신고기간의 부가가치세 과세표준을 계산하면 얼마인가? 단, 제시된 재화·용역과 관련된 매입세액은 적법하게 공제하였고, 아래의 금액에는 부가가치세가 포함되지 아니하였다.

공급 내역(2024년 1월~3월)	판매금액	시가
특수관계인에게 판매한 제품	100,000원	200,000원
특수관계인에게 무상공급한 음식용역	-	120,000원
거래처(특수관계인 아님)에 증정한 회사의 제품(원가 100,000원)	-	130,000원

① 270,000원   ② 330,000원
③ 400,000원   ④ 450,000원

정답 ②
- 200,000원 + 130,000원 = 330,000원
특수관계인에게 시가보다 저가로 판매한 경우에는 부당행위계산의 부인에 따라 시가를 공급가액으로 한다.

2 매출세액

매출세액은 일정기간의 재화 또는 용역의 공급에 대한 가액의 합계액 즉, 그 기간의 과세표준에 세율을 적용하여 계산한다.

1) 부가가치세 계산구조

```
      과세표준       재화용역의 공급가액
  (×) 세   율      10% (영세율 : 0%)
  ─────────────
    = 매출세액      ± 대손세액가감
  (−) 매입세액      세금계산서상의 매입세액+그밖의공제매입세액−공제받지못할매입세액
  ─────────────
    = 납부세액
  (−) 공제세액      신용카드매출전표발행세액공제+예정신고미환급세액+예정신고기간고지세액
  (+) 가 산 세
  ─────────────
    = 차감납부세액   (△)환급세액
```

2) 매출세액

> 매출세액 = (과세표준 × 세율) ± 대손세액가감

3) 대손세액공제

사업자가 부가가치세가 과세되는 재화 또는 용역을 공급하는 경우 공급을 받는 자의 파산·강제집행 등의 사유로 인하여 당해 재화 또는 용역의 공급에 대한 외상매출금 기타 매출채권(부가가치세 포함)의 전부 또는 일부가 대손되어 회수할 수 없는 경우에는 대손세액을 그 대손의 확정이 된 날이 속하는 과세기간의 매출세액에서 차감할 수 있다.

다만, 당해 사업자가 대손금액의 전부 또는 일부를 회수한 경우에는 회수한 대손금액에 관련된 대손세액을 회수한 날이 속하는 과세기간의 매출세액에 가산한다.

구 분	내 용
대손세액	대손세액 = 대손금액 × $\dfrac{10}{110}$

대손세액 공제사유	① 법률적으로 청구권이 소멸하여 회수할 수 없게 된 채권
	   - 상법상, 어음법상, 수표법상, 민법상 소멸시효가 완성된 것
	   - 파산한 자에 대한 채권
	② 채무자가 사망·실종·행방불명, 형의집행중 등의 사유에 해당하는 채권
	③ 부도발생일로부터 6월경과된 부도수표·어음상의 채권
	④ 국세결손처분 받은 채무자에 대한 채권
	⑤ 경매가 취소된 압류채권, 회사정리계획인가 등
	⑥ 6월이상 경과한 채권 중 30만원 이하의 소액채권

구 분	내 용		
신고기한	당초 공급일로부터 5년이 경과된 날이 속하는 과세기간의 확정신고기한		
대손세액의 처리		공급자	공급 받는자
	대손확정시	매출세액에서 차감 (대손세액 가산)	매입세액에서 차감 (대손처분세액)
	회수 또는 변제시	매출세액에 가산 (대손세액 차감)	매입세액에 가산 (변제대손세액)

핵심문제

기출문제 ▶ 1회~50회 중 **17회** 출제

01. 다음은 신발제조업을 영위하는 (주)한공의 2024년 1기 예정신고기간(2024.1.1. ~ 2024.3.31.)의 거래내역이다. 부가가치세법상 매출세액은 얼마인가?(단, 주어진 자료의 금액에는 부가가치세가 포함되어 있지 않다.)

- 국내 매출액   7,000,000원
- 하치장 반출액   1,000,000원
- 국외(수출) 매출액   5,000,000원
- 거래처에 무상으로 제공한 견본품의 시가   3,000,000원

① 700,000원   ② 1,000,000원   ③ 1,200,000원   ④ 1,500,000원

정답 ①

국외매출액은 영세율 과세 대상이므로 매출세액이 없으며, 하치장반출액과 무상으로 제공한 견본품은 과세표준에 해당하지 아니한다.
7,000,000원 × 10% = 700,000원

02. 일반과세자인 (주)한공의 2024년 제1기 부가가치세 확정신고와 관련된 다음 자료로 대손세액공제를 가감한 후의 매출세액을 구하면 얼마인가?

가. 국내매출액   66,000,000원(부가가치세 포함)
나. 수 출 액   40,000,000원
다. 전기 부가가치세 신고서에 포함된 국내매출 관련 채권 3,300,000원(부가가치세 포함)이 거래처의 파산으로 당기에 대손확정되었다.

① 5,700,000원   ② 4,700,000원   ③ 6,300,000원   ④ 5,300,000원

정답 ①

(66,000,000원 × 10/110) + (40,000,000원 × 0%) − (3,300,000원 × 10/110)
= 6,000,000원 + 0원 − 300,000원 = 5,700,000원

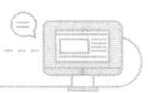

3. 매입세액

> 공제받을 수 있는 매입세액 = 총매입세액 - 불공제 매입세액

1) 공제대상 매입세액

공제대상 매입세액은 자기의 사업을 위하여 사용하였거나 사용할 목적으로 재화·용역의 공급 또는 재화의 수입에 대한 부가가치세액을 말한다.

구 분	내 용
세금계산서에 의한 매입세액	사업과 관련있는 재화.용역을 구입하고 발급받은 매입세금계산서
신용카드매출전표등에 의한 매입세액	사업과 관련있는 재화.용역을 구입하고 발급받은 공제대상 신용카드매출전표와 현금영수증(공제요건을 충족해야 함)
의제매입세액	부가가치세법상의 과세사업자가 면세로 공급받은 농·축·수·임산물을 원재료로 하여 제조 또는 가공한 재화 및 창출한 용역의 공급이 과세되는 경우에는 부담한 매입세액이 없는 경우에도 매입세액으로 공제한다. → 면세 농·축·수·임산물에 대해서 세금계산서가 없이도 매입세액공제를 해주는 제도 ① 공제세액 $$\text{면세농수산물 등의} \times \text{매입가격} \; \frac{2}{102} \left\{ \text{음식업} \frac{8}{108} \text{(개인)} \cdot \text{음식업} \frac{6}{106} \text{(법인)} \cdot \text{과세유흥장사업자} \frac{2}{102} \right\}$$ • 제조업 : 중소기업 및 개인사업자 4/104 • 음식점업 개인사업자 과세표준 2억원 이하 : 9/109 • 개인사업자 중 과자점업, 도정업, 제분업, 떡방앗간, 간이과세자 : 6/106 ② 공제한도 <table><tr><td colspan="2">구 분</td><td colspan="2">공제한도</td></tr><tr><td rowspan="3">개인사업자</td><td>1억원 이하</td><td rowspan="2">과세표준의 65%</td><td rowspan="3">음식점업</td><td>과세표준의 75%</td></tr><tr><td>1억원 초과 2억원 이하</td><td>과세표준의 70%</td></tr><tr><td>2억원 초과</td><td>과세표준의 55%</td><td>과세표준의 60%</td></tr><tr><td colspan="2">법인사업자</td><td colspan="3">해당 과세기간의 과세표준×50%</td></tr><tr><td colspan="2">간이과세자</td><td colspan="3">한도없음</td></tr></table>* 국내 면세농산물 등의 가액 : 운임·보험료 등의 매입부대비용을 제외한 순수한 매입가액 * 수입한 농산물 : 관세의 과세가액 - 취득가액 속에 2%(또는 8%)의 부가가치세가 포함되어 있다고 가정하는 것이다. ■ 의제매입세액의 재계산(환수) ① 원재료를 그대로 양도하는 때 ② 면세사업을 위하여 사용·소비하는 때 ③ 기타 목적(개인적 공급, 사업상 증여 등)을 위하여 사용·소비하는 때

구 분	내 용

재활용폐자원등 매입세액	재활용폐자원 및 중고자동차를 수집하는 사업자가 국가 등과 부가가치세 과세사업을 영위하지 않는 자 또는 간이과세자로부터 재활용폐자원 등을 취득하여 제조·가공하거나 이를 공급하는 경우에는 다음의 금액을 매입세액으로 공제한다.
	
	| 구 분 | 공제세액 |
	|---|---|
	| 중고자동차 | 공제대상금액×10/110 |
	| 재활용폐자원 | 공제대상금액×3/103 |
	
	* 공제대상금액 = MIN[①, ②]
	  ① 재활용폐자원 취득가액
	  ② 재활용폐자원 공급가액×80% - 세금계산서수령 재활용폐자원 매입가액

과세사업전환 매입세액	과세·면세사업을 겸영하는 사업자가 과세사업과 면세사업에 공통으로 사용할 감가상각자산을 매입하였을 경우 공통매입세액의 안분계산방법에 의하여 매입세액공제를 받는다.
재고매입세액	재계산의 방법 가산(또는 공제)되는 매입세액 = 해당 재화의 매입세액 × {1-체감률×경과된 과세기간수} × 증가(또는 감소)된 면세 비율 • 체감률 : 건물 및 구축물 5%, 기타의 감가상각자산 25% • 경과된 과세기간 수 : 과세기간 개시일 후에 취득한 경우에는 그 과세기간의 개시일에 취득한 것으로 봄 • 면세공급가액 비율=면세공급가액/총공급가액

2) 불공제매입세액

구 분	내 용
매입처별세금계산서합계표 관련	매입처별 세금계산서합계표의 미제출 및 부실, 허위기재한 경우의 매입세액
세금계산서관련	세금계산서의 미수취 및 부실, 허위기재한 경우의 매입세액
업무와 관련없는 지출에 대한 매입세액	업무와 관련 없는 자산을 취득, 관리함으로써 발생되는 유지, 수선비 등의 매입세금계산서

비영업용 소형승용차	• 비영업용은 운수업,자동차판매업, 자동차임대업 및 자동차운전학원에서와 같이 승용차를 직접 영업에 사용하는 것 이외의 목적으로 사용하는 것을 말한다. 따라서 일반적인 회사의 업무에 사용하는 업무용 차량은 비영업용에 해당한다.
	• 소형승용차란 개별소비세 과세대상이 되는 승용차로 주로 사람의 수송을 목적으로 제작된 정원 8인이하의 승용자동차(배기량 1,000cc이하 제외), 2륜자동차, 캠핑용자동차
	• 개별소비세가 부과되는 승용차의 구입·임차·유지에 대한 매입세액
	  * 공제대상차량 : 경차(1,000cc미만), 화물차, 8인승초과, 밴 등
	  * 불공제대상 차량 : 승용차, 8인승이하 등

면세관련 매입세액	면세사업에 사용되는 재화, 용역을 공급 받은 경우, 토지취득과 관련된 매입세금계산서
접대비관련 매입세액	접대비와 관련된 매입세금계산서
공통매입세액 면세사업분	과세표준을 참고하며, 공급가액이 없는 경우 면적 또는 관련 비율을 기준할 수 있다. ① 공급가액이 있는 경우 안분계산

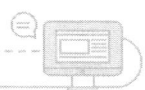

구 분	내 용
	면세사업 관련 매입세액 = 공통매입세액 × (면세공급가액(당해과세기간) / 총공급가액(당해과세기간)) ② 공급가액이 없는 경우 안분계산 <table><tr><th>구분</th><th>공통매입세액 안분계산의 순서</th></tr><tr><td>건물</td><td>예정사용면적비율 → 매입가액비율 → 예정공급가액비율</td></tr><tr><td>건물 이외의 자산</td><td>매입가액비율 → 예정공급가액비율 → 예정사용면적비율</td></tr></table>
사업자 등록전 매입세액	사업자등록 전 수취한 매입세금계산서(단, 공급시기가 속하는 과세기간이 끝난 후 20일 이내에 등록 신청한 경우는 매입세액 공제가능)
대손처분받은 세액	매입세액공제를 받은 후 대손처분받은 경우의 세액
납부세액의 재계산	과세기간 간 면세비율의 차이가 5% 이상 차이가 나는 경우에만 재계산을 한다. <table><tr><th>구 분</th><th>재계산세액</th></tr><tr><td>건물 또는 구축물</td><td>매입세액 × (1 − 5% × 경과된 과세기간의 수) × 증가되거나 감소된 면세공급가액의 비율</td></tr><tr><td>기타의 감가상각자산</td><td>매입세액 × (1 − 25% × 경과된 과세기간의 수) × 증가되거나 감소된 면세공급가액의 비율</td></tr></table> * 이유 : 원래부터 면세비율이 컸으면 매입세액을 덜 공제받았을 것임.

핵심문제

기출문제 ▶ 1회~50회 중 **22회 출제**

01. 다음은 일반과세자인 (주)한공(전자제품 제조업)의 2024년 제1기 부가가치세 예정신고 기간의 내역이다. 이 중 부가가치세 매출세액에서 공제 가능한 부가가치세 매입세액은 얼마인가?(단, 세금계산서는 적법하게 수취하였고, 매입세액을 공제받기 위한 절차를 모두 이행하였다.)

가. 세관장으로부터 발급받은 수입세금계산서상 원재료 매입세액	3,500,000원
나. 거래처 접대용품 구입 관련 매입세액	1,000,000원
다. 대표이사 업무용 승용차(3,500cc) 구입 관련 매입세액	3,000,000원
라. 제품 제조용 기계장치 유지보수 관련 매입세액	2,200,000원

① 4,000,000원 ② 4,500,000원
③ 5,700,000원 ④ 6,500,000원

정답 ③

- 3,500,000원(수입세금계산서) + 2,200,000원(기계장치 유지보수) = 5,700,000원
- 거래처 접대용품 구입 관련 매입세액과 대표이사 업무용 승용차(3,500cc) 구입 관련 매입세액은 불공제 대상이다.

02. 다음 중 매출세액에서 공제받을 수 있는 매입세액은 어느 것인가?

① 건축물이 있는 토지를 취득하여 그 건축물을 철거하고 토지만 사용하는 경우 철거한 건축물의 취득 및 철거 비용과 관련된 매입세액
② 토지의 취득 및 형질변경, 공장부지 및 택지의 조성 등에 관련된 매입세액
③ 과세사업에 사용하여 오던 자기 소유의 노후 건물을 철거하고 새로운 건물을 신축하는 경우 해당 철거비용과 관련된 매입세액
④ 토지의 가치를 현실적으로 증가시켜 토지의 취득원가를 구성하는 비용에 관련된 매입세액

정답 ③

- ①, ②, ④는 토지 관련 매입세액이므로 매출세액에서 공제하지 아니하나, ③은 손실 관련 매입세액이므로 매출세액에서 공제한다(부법 39조, 부령 80조).

4 납부세액

1) 부가가치세 납부세액

과세표준	재화·용역의 공급가액
(×) 세 율	10%(영세율 : 0%)
매출세액	± 대손세액가감
(−) 매입세액	세금계산서상의 매입세액 + 그밖의공제매입세액 − 공제받지못할매입세액
납부세액	
(−) 공제세액	신용카드매출전표발행세액공제 + 예정신고미환급세액 + 예정신고기간고지세액
(+) 가 산 세	
차감납부세액	(△)환급세액

2) 부가가치세 세액공제

구 분	내 용
신용카드매출전표등 발행세액공제	일반과세자 중 영수증 발급의무자(직전년도 공급가액 10억이하 개인사업자만 해당됨)가 신용카드매출전표(직불카드영수증·기명식 선불카드영수증·현금영수증 포함)를 발행하거나 전자화폐로 대금결제를 받는 경우에는 신용카드매출전표 발행세액공제를 적용받을 수 있다.(법인사업자 제외) 세액공제액 = 발행금액 또는 결제금액 × 1.3%(연간 1,000만원 한도)
전자신고에 대한 세액공제	납세자가 직접 전자신고방법에 의하여 부가가치세 확정신고를 하는 경우에는 해당 납부세액에서 1만원을 공제하거나 환급세액에 가산한다.

3) 가산세

① 가산세요약

구 분		내 용	가산세
세금계산서합계표	미제출 가산세	매출처별세금계산서합계표를 예정신고 또는 확정신고시에 제출하지 아니한 때	해당기간 공급가액의 0.5%
	지연제출 가산세	매출처별세금계산서합계표에 예정신고시에 제출하지 않고 확정신고시 제출한 때	해당 공급가액의 0.3%
	매출처별세금계산서 합계표 불성실 가산세	매출처별세금계산서합계표와 기재사항이 기재되지 아니하거나 사실과 다르게 기재된 때(다만, 거래사실이 확인되는 때에는 제외)	해당 공급가액의 0.5%
	매입처별세금계산서 합계표 불성실 가산세	• 매입세금계산서 지연 수취한 때 • 매입처별세금계산서합계표의 기재사항 중 공급가액이 사실과 다르거나 과다기재된 때(허위기재), • 합계표의 미제출·부실기재로 경정시 세금계산서에 의하여 매입세액을 공제받는 경우	해당 공급가액의 0.5%
신고불성실 가산세		신고를 하지 않거나, 신고한 납부세액이 신고할 납부세액에 미달한 경우 또는 신고한 환급세액이 신고할 환급세액에 초과하는 경우	신고하지 아니한 납부세액이나 초과 신고한 환급세액의 40%(부당무신고, 부당과소신고), 20%(일반무신고), 10%(일반과소신고)에 상당하는 금액
납부지연가산세		납부하지 아니하거나, 납부할 세액에 미달하게 납부한 경우	미달납부(초과환급)× (2.2/10,000)×일수* * 일수 : 납부기한의 다음날부터 자진납부일 또는 고지일까지
영세율 과세표준 신고불성실가산세		영세율이 적용되는 사업자가 과세표준금액을 신고하지 않거나 적게 신고한 경우	해당 과세표준의 0.5%
현금매출명세서 및 부동산임대공급가액명세서 제출 불성실 가산세		• 현금매출명세서 미제출 시 • 부동산임대공급가액명세서 미제출시	미제출 또는 부실기재 수입금액×1%

② 가산세 중복적용배제 요약

가산세	중복적용배제 가산세
미등록가산세 적용시	① 세금계산서 지연발급 및 기재불성실가산세 ② 전자세금계산서발급명세 미전송·지연전송가산세 ③ 신용카드매출전표등의 경정시 지연제출가산세 ④ 매출처별세금계산서합계표관련가산세

가산세	중복적용배제 가산세
세금계산서 지연발급 및 기재불성실가산세 적용시	전자세금계산서발급명세미전송·지연전송가산세
세금계산서 미발급 및 위장·가공발급 · 수취가산세 적용시	① 미등록가산세 ② 매출처별세금계산서합계표관련가산세 ③ 매입처별세금계산서합계표관련가산세
매출처별세금계산서합계표 관련가산세 적용시	① 세금계산서 지연발급 및 기재불성실가산세 ② 전자세금계산서발급명세미전송·지연전송가산세 ③ 신용카드매출전표등의 경정시 지연제출가산세
전자세금계산서 발급명세 지연전송.미전송가산세	① 매출처별세금계산서합계표 불성실가산세(미제출.부실기재) ② 매출처별세금계산서합계표 불성실가산세(지연제출)

③ 수정신고시 가산세 감면

과세표준신고서를 법정신고기한까지 제출한 자가 법정신고기한이 지난 후 수정신고한 경우 가산세 감면율은 다음과 같다. (영세율신고불성실가산세도 차등 감면됨)
• 무납부한 경우에는 감면되지 않는다.
• 납부불성실 가산세는 감면 해택이 없다.

법정신고기한 지난 후 수정신고	과소신고 가산세 감면율
1개월 이내	90%
1개월 초과 ~ 3개월 이내	75%
3개월 초과 ~ 6개월 이내	50%
6개월 초과 ~ 12개월 이내	30%
12개월 초과 ~ 18개월 이내	20%
18개월 초과 ~ 24개월 이내	10%

핵심문제 기출문제 ▶ 1회~50회 중 **1회** 출제

01. 다음은 컴퓨터 제조업을 영위하는 (주)한공의 2024년 1기 부가가치세 확정신고기간(2024.4.1.~2024.6.30.)의 자료이다. 이를 토대로 부가가치세 납부세액을 계산하면 얼마인가?(단, 모든 거래금액은 부가가치세가 포함되어 있지 않고 필요한 세금계산서는 적법하게 수취하였다.)

- 국내 매출액 : 30,000,000원
- 직수출액 : 12,000,000원
- 컴퓨터 부품 매입액 : 11,000,000원
- 배달용 1톤 트럭 구입액 : 15,000,000원
- 거래처 증정용 선물구입액 : 3,000,000원

① 100,000원 ② 400,000원
③ 1,600,000원 ④ 1,900,000원

정답 ②
- 매출세액 : 30,000,000×10% + 12,000,000×0% = 3,000,000원
- 매입세액 : 11,000,000×10% + 15,000,000×10% = 2,600,000원
- 납부세액 : 3,000,000 - 2,600,000 = 400,000원

5 간이과세자

간이과세제도는 주로 최종소비자와 거래한 영세한 개인사업자에 대하여 납세의무를 간편하게 이행할 수 있도록 하는 납세편의 제도이다. 간이과세자는 1.5%~4%의 낮은 세율이 적용되지만, 매입액(공급대가)의 0.5%만 공제받을 수 있으며, 신규사업자 또는 직전연도 매출액이 4천8백만원 미만인 사업자는 세금계산서를 발급할 수 없다.

주로 소비자를 상대하는 업종으로서 연간 매출액이 8천만원(과세유흥장소 및 부동산임대업 사업자는 4천8백만원)에 미달할 것으로 예상되는 소규모사업자의 경우에는 간이과세자로 등록하는 것이 유리하다.

구 분	내 용
적용대상	직전 1역년의 공급대가가 8,000만원 미만인 개인사업자
세액계산	납부세액 = (매출액 × 업종별 부가가치율 × 10%) – 공제세액 * 공제세액 = 세금계산서에 기재된 매입세액 × 해당업종의 부가가치율 * 간이과세자의 업종별 부가가치율 | 업 종	부가가치율
전기·가스·증기 및 수도사업	5%
소매업, 음식점업, 재생용 재료수집 및 판매업	10%
제조업, 농·임·어업, 숙박업 운수 및 통신업	20%
건설업, 부동산임대업, 기타 서비스업	30%	
세금계산서	영수증 발급만 가능(2022.7.1.이후 공급대가 4,800만원~8,000만원 해당 간이과세자는 세금계산서를 발급해야 한다.)
예정신고납부	예정부과 원칙(징수할 금액이 30만원 미만인 경우 예정부과를 생략)
대손세액공제	적용안 됨
의제매입세액	농산물 등의 매입가액×(6/106, 8/108) 제조업과 음식점업에 한함
신용카드매출전표 발행세액공제	신용카드매출전표등 발행금액×1.3%(음식점업 및 숙박업은 2.6%)
납부의무면제	해당 과세기간 공급대가가 4,800만원 미만인 경우
가산세	① 미등록 및 허위등록 가산세 : 공급대가 ×0.5% ② 초과환급세액에 대한 과소신고·초과환급신고가산세와 납부불성실·환급불성실가산세 적용불가 ③ 세금계산서 관련 가산세 없음
환급	없음

핵심문제 기출문제 ▶ 1회~50회 중 **13회** 출제

01. 다음 중 부가가치세법상 간이과세자에 대한 설명으로 옳은 것은?

① 직전연도 공급대가가 8,000만원 미만인 개인사업자와 법인사업자가 적용대상이다.
② 간이과세자는 영수증 또는 세금계산서를 선택하여 발급할 수 있다.
③ 둘 이상의 사업장이 있는 사업자가 경영하는 사업으로서 그 둘 이상의 사업장 공급대가 합계액이 8,000만원 이상인 경우 간이과세 적용을 배제한다.
④ 일반과세자와 달리 음식점업을 운영하는 간이과세자의 경우 의제매입세액공제를 적용받을 수 없다.

정답 ③

① 직전연도 공급대가가 8,000만원 미만인 개인사업자가 적용대상이다.
② 간이과세자는 세금계산서를 발급할 수 없으며, 영수증을 발급하여야 한다.
  (2022.7.1.이후 공급대가 4,800만원~8,000만원 해당 간이과세자는 세금계산서를 발급해야 한다.)
④ 음식점업과 제조업을 운영하는 간이과세자는 의제매입세액공제를 적용받을 수 있다.

02. 부가가치세법의 일반과세자와 간이과세자에 대한 비교 설명으로 옳지 <u>않은</u> 것은?

① 의제매입세액공제를 적용하는 경우 일반과세자는 업종의 제한이 없으나 간이과세자는 음식점업과 제조업만 적용대상이다.
② 일반과세자의 과세기간은 1월 1일부터 6월 30일을 제1기 과세기간, 7월 1일부터 12월 31일을 제2기 과세기간으로 하나, 간이과세자는 1월 1일부터 12월 31일까지를 과세기간으로 한다.
③ 거래상대방이 세금계산서의 발급을 요구하는 경우 일반과세자는 세금계산서를 발급하는 것이 원칙이나, 간이과세자는 세금계산서를 발급할 수 없다.
④ 일반과세자는 부가가치세를 포함한 공급대가를 과세표준으로 하나, 간이과세자는 부가가치세를 포함하지 않은 공급가액을 과세표준으로 한다.

정답 ④

일반과세자는 부가가치세를 포함하지 않은 공급가액을 과세표준으로 하나, 간이과세자는 부가가치세를 포함한 공급대가를 과세표준으로 한다.
③ (2022.7.1.이후 공급대가 4,800만원~8,000만원 해당 간이과세자는 세금계산서를 발급해야 한다.)

소득세

제1절 소득세

1 소득세 총설

개인의 소득을 과세대상으로 하여 부과하는 국세이며, 소득금액을 과세표준으로 하는 조세로서, 납세자와 담세자가 일치하므로 직접세에 해당한다.

1) 소득세의 특징

① 열거주의 과세방법(단, 이자, 배당소득은 유형별 포괄주의)

소득이란 특정 경제주체가 일정기간에 얻은 경제적 이익을 말하며, 소득세법상 소득이란 소득세법상 열거된 소득을 의미한다. 즉, 소득세법은 열거주의에 의해 과세 대상소득을 규정하고 있으므로 열거되지 아니한 소득은 비록 담세력이 있더라도 과세되지 않는다. 다만, 예외적으로 이자소득, 배당소득은 열거되지 않은 소득이라도 유사한 소득을 포함하는 유형별 포괄주의를 채택하고 있다.

② 개인단위과세제도

소득세법은 개인별 소득을 기준으로 과세하는 개인단위과세제도를 원칙으로 하되, 예외적으로 가족이 공동으로 사업을 경영하는데 있어 지분 또는 손익분배비율을 허위로 정하는 등 법 소정 사유가 있는 경우에 한하여 합산과세를 하고 있다.

③ 종합과세방법과 분류과세방법의 병행

소득세의 모든 소득은 종합과세, 분리과세 또는 분류과세 중 어느 한 방법으로 과세된다.

구 분	내 용
종합과세	이자, 배당, 사업, 근로, 연금, 기타소득의 6가지 소득을 합산하여 과세
분리과세	종합소득으로 합산과세되는 소득 중 기준금액 이하인 금융소득, 일용근로소득, 소액연금, 복권당첨소득 등에 대하여 원천징수
분류과세	장기간 발생되는 소득인 퇴직소득 또는 양도소득의 결집효과를 완화하기 위하여 종류별로 종합소득과 구분하여 과세

④ 인적공제·누진과세

　소득세법은 개인에게 과세되는 것이므로 개인의 인적사항이 다르면 부담능력도 다르다는 것을 고려하여 부담능력에 따른 과세를 채택하고 있다. 또한 개인의 세금부담능력(담세력)은 소득의 증가에 비례하여 누진적으로 증가하므로 소득세법은 누진과세를 채택하고 있다.

⑤ 신고납세제도

　소득세는 신고납세제도를 채택하고 있으므로 납세의무자의 확정신고로 과세표준과 세액이 확정된다. 즉, 납세의무자는 과세기간의 다음연도 5월 1일~5월31일까지 과세표준확정신고를 함으로써 소득세가 확정되며 정부의 결정은 원칙적으로 필요하지 않다.

2) 소득세의 구분

① 거주자의 소득세

구 분		소득내용
종합소득	금융소득	이자소득(분리과세이자소득은 제외), 배당소득(분리과세배당소득은 제외)
	사업성있는 소득	사업소득 (부동산임대소득은 2010년분부터 사업소득에 포함)
	그 외 종합소득	근로소득(일용근로소득은 제외), 연금소득(분리과세연금소득은 제외), 기타소득(분리과세기타소득은 제외)
분류과세소득		퇴직소득 양도소득

② 비거주자의 소득세

구 분	내 용
종합과세	국내사업장이 있는 비거주자와 국내에 부동산소득(양도소득 제외)이 있는 비거주자에 대하여는 국내원천소득을 종합하여 과세한다.
분리과세	국내사업장이 없는 비거주자에 대하여는 국내원천소득(퇴직소득, 양도소득을 제외)을 소득별로 분리하여 과세한다.

3) 납세의무자

　소득세의 납세의무자는 자연인인 개인에 한정된다. 다만, 법인격이 없는 사단·재단 기타 단체중 국세기본법의 규정에 의하여 법인으로 보는 단체외의 사단·재단 기타 단체는 그 단체를 개인(거주자)으로 보아 소득세 납세의무자가 된다.

4) 거주자와 비거주자의 구분

구 분	내 용
거주자	국내에 주소를 두거나 183일이상 거소를 둔 개인을 거주자라 하며, 국내외 (무제한납세의무자) 원천소득에 대하여 소득세를 과세한다.
비거주자	거주자가 아닌 자를 비거주자라 하며 비거주자에 대하여는 국내원천소득에 (제한납세의무자) 대해서만 소득세를 과세한다.

5) 원천징수

원천징수(tax withholding)란 소득을 지급하는 사람(지급자)이 소득 또는 수입금액을 지급할 때 그 지급을 받는 사람(소득자)이 내야 할 세금을 미리 징수하여 정부에 납부하는 제도이다. 소득을 지급하는 사람을 "원천징수의무자"라 하고, 소득을 지급받는 사람을 "납세의무자"라고 한다.

원천징수대상소득이 발생하면 원천징수의무자가 소득을 지급할 때 세금을 미리 징수하고 잔액만을 납세의무자에게 지급하며, 이는 일정한 기간내에 원천징수의무자가 국가에 납부하여야 한다.

| 유형별 원천징수의 비교 |

구 분	완납적원천징수	예납적원천징수
내용	원천징수로 납세의무 종결	원천징수로 종결되지 않음
확정신고의무	신고의무 없음	확정신고(또는 연말정산)의무 있음
조세부담	원천징수세액	기본세율로 확정신고시 정산
대상소득	분리과세소득	분리과세소득 이외의 소득

핵심문제 기출문제 ▶ 1회~50회 중 **14회** 출제

01. 다음 중 소득세법상 납세의무자에 대한 설명으로 옳지 <u>않은</u> 것은?

① 소득세법상 거주자는 국내에 주소를 두거나 183일 이상의 거소를 둔 개인을 말한다.
② 거소는 주소지 외의 장소 중 상당기간에 걸쳐 거주하는 장소로서 주소와 같이 밀접한 일반적 생활관계가 형성되지 아니한 장소를 말한다.
③ 국내에 거소를 둔 기간이 1과세기간 동안 183일 이상인 경우에는 거주자로 본다.
④ 국내에 거소를 둔 기간은 입국한 날부터 출국한 날까지로 한다.

(정답) ④
국내에 거소를 둔 기간은 입국한 날의 다음 날부터 출국한 날까지로 한다.

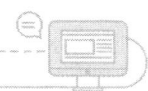

02. 다음 중 우리나라 소득세에 대한 설명으로 옳지 않은 것은?

① 납세의무자의 신고에 의해 과세표준과 세액이 확정되는 것을 원칙으로 한다.
② 종합소득에 대한 소득세는 누진세율을 적용하여 계산한다.
③ 부부의 소득은 원칙적으로 합산하여 과세한다.
④ 일용근로소득은 원천징수로 납세의무가 종결된다.

정답 ③
부부라고 하더라도 개인별 소득을 기준으로 과세하는 것이 원칙이다.

2 소득세 신고와 납부

1) 과세기간과 확정신고기한

개인의 과세대상소득과 세금을 계산할 때 언제부터 언제까지 벌어들인 소득에 대해 세금을 부과할 것인지를 정해야 한다. 이렇게 과세대상소득과 세금을 계산하는 기초가 되는 한 단위의 기간을 과세기간이라 한다.

구 분	과세기간	확정신고기한
원 칙	1월 1일~12월 31일	다음연도 5월 31일
사망시	1월 1일~사망일	상속개시일이 속하는 달의 말일부터 6개월이 되는 날
출국시	1월 1일~출국한 날	출국일 전일

2) 납세지

납세지는 납세의무자가 세법에 의한 의무를 이행하고 권리를 행사하는 기준이 되는 장소로서 관할세무서를 정하는 기준이 되는 장소를 말한다.

구 분	내 용
거주자	거주자의 납세지는 사업장소재지가 아닌 주소지이다. 주소지가 없는 경우에는 거소지 다만, 부동산임대소득 또는 사업소득이 있는 거주자가 사업장소재지를 납세지로 신청한 때에는 "그 사업장소재지"를 납세지로 지정할 수 있다.
비거주자	비거주자의 납세지는 주된 국내사업장의 소재지로 하며, 국내사업장이 없는 경우에는 국내원천소득이 발생하는 장소로 한다. 국내사업장이 2이상이 있는 경우에는 주된 국내사업장의 소재지로 하되, 주된 사업장을 판단할 수 없는 때에는 국세청장 또는 관할지방국세청장이 납세지를 지정한다.

핵심문제　　　　　　　　　　　　　　　　기출문제 ▶ 1회~50회 중 **9회** 출제

01. 다음 중 소득세 신고 및 납부에 대한 설명으로 옳지 <u>않은</u> 것은?

① 사업소득이 있는 거주자의 중간예납기간은 1월 1일부터 6월 30일까지이다.
② 퇴직소득과 양도소득에 대해서는 중간예납을 하지 않는다.
③ 납부할 세액이 500만원을 초과하는 경우 분납을 할 수 있다.
④ 연말정산한 근로소득만 있는 자는 과세표준확정신고를 하지 않아도 된다.

(정답) ③
납부할 세액이 1,000만원을 초과하는 경우 분납을 할 수 있다.

02. 다음 중 소득세와 관련된 설명으로 옳지 <u>않은</u> 것은?

① 확정신고기간은 다음연도 5월 1일부터 5월 31일(성실신고확인대상사업자는 6월 30일)까지 이다.
② 거주자가 사망한 경우의 소득세 과세기간은 1월 1일부터 사망한 날까지로 한다.
③ 원천징수에는 예납적 원천징수와 완납적 원천징수가 있다.
④ 비거주자는 국내외 모든 소득에 대해 소득세 납세의무가 있다.

(정답) ④
비거주자는 국내원천소득에 대해 소득세 납세의무가 있다.

3 금융소득

금전을 대여하고 받는 대가로서 예금이자와 할인액 등이 해당된다. 원천징수의무자는 그 수입시기(소득지급시)에 원천징수세율을 적용하여 미리 원천징수세액을 신고납부하고, 소득자는 분리과세 금융소득을 제외한 금융소득의 합계가 2천만원을 초과할 경우 종합소득에 합산하여 과세표준신고를 하여야 한다.

1) 이자소득

① 이자소득의 범위

구 분	내 용
채권 또는 증권의 이자와 할인액	① 국가 또는 지방자치단체가 발행한 채권 또는 이자와 할인액 ② 내국법인이 발행한 채권 또는 증권의 이자와 할인액

구 분	내 용
	③ 외국법인의 국내지점 또는 국내영업소에서 발행한 채권 또는 증권의 이자와 할인액 ④ 외국법인이 발행한 채권 또는 증권의 이자와 할인액
예금의 이자와 할인액	① 국내에서 지급받는 예금의 이자와 할인액 ② 국외에서 지급받는 예금의 이자 ③ 상호저축은행법에 의한 상호신용계 또는 신용부금으로 인한 이익
기타 이자	① 채권 또는 증권의 환매조건부매매차익 ② 보험계약기간이 10년 미만인 저축성 보험의 보험차익(2001.1.1. ~ 2003.12.31. 사이에 보험계약이 체결된 분은 7년미만) ③ 직장공제회 초과반환금 ④ 비영업대금의 이익 : 금전의 대여를 사업 목적으로 하지 않는 자가 일시적·우발적으로 금전을 대여함에 따라 지급받는 이자, 수수료 등 ⑤ 위와 유사한 소득으로서 자금대여의 대가성이 있는 것(이자소득에 대해 부분적 포괄주의가 적용된다.)
비과세 이자소득	① 공익신탁의 이익 ② 근로자우대저축의 이자 ③ 비과세종합저축의 이자소득 : 노인·장애인·기초생활수급자 등의 저축 ④ 농어가목돈마련저축의 이자소득 ⑤ 재형저축의 이자소득

② 이자소득의 과세방법

구 분	원천징수세율	종합(분리)과세
비실명이자	35%(기타) 90%(금융기관이지급)	분리과세
법원보관금등의 이자	14%	분리과세
직장공제회 초과반환금	기본세율	분리과세
세금우대저축	9%	분리과세
장기저축.채권등의 이자	30%	선택적분리과세
기타의 이자	14%	조건부종합과세
비영업대금의 이익	25%	조건부종합과세

③ 이자소득의 수입시기

이자 구분	원천징수 시기
원칙	약정에 의한 지급일
무기명 채권의 이자·할인액	지급받은 날
기명 채권의 이자·할인액	약정에 의한 지급일
보통예금·정기예·적금 또는 부금의 이자	• 원칙 : 실제로 이자를 지급받는 날 • 원본에 전입하는 뜻의 특약이 있는 이자는 그 특약에 의하여 원본에 전입하는 날 • 해약으로 인하여 지급되는 이자는 그 해약일 • 계약기간을 연장하는 경우에는 그 연장하는 날
통지예금의 이자	인출일

이자 구분	원천징수 시기
저축성 보험의 보험차익	• 보험금 또는 환급금의 지급일 • 기일 전에 해지하는 경우에는 그 해지일
채권·어음·기타증권의 이자와 할인액	채권 등의 매도일 또는 이자 지급일
채권·증권의 환매조건부 매매차익	환매수도 약정일과 실제 환매수도일 중 빠른 날
직장공제회 초과 반환금	반환금 지급약정일
비영업대금의 이익	약정에 의한 지급일과 실제 지급일 중 빠른 날
채권 등의 보유 기간 상당액 이자	매도일 또는 이자 지급일
이자소득 발생하는 재산의 상속·증여	상속 개시일·증여일
유사이자	상환약정일과 실제 상환일 중 빠른 날
소기업·소상공인공제부금의 이자	실제로 지급받는 날

2) 배당소득

① 배당소득의 범위

구 분	내 용
이익배당 또는 건설이자의 배당	① 내국법인으로부터 받는 이익이나 잉여금의 배당 또는 분배금과 상법에 의한 건설이자의 배당 ② 법인으로 보는 단체로부터 받는 배당 또는 분배금 ③ 외국법인으로부터 받는 이익이나 잉여금의 배당 또는 분배금과 건설이자의 배당 및 이와 유사한 성질의 배당
기타	① 국내 또는 국외에서 받는 투자신탁의 이익 ② 의제배당 ③ 법인세법에 의하여 배당으로 소득처분된 금액 ④ 「국제조세조정에 관한 법률」의 규정에 따라 배당받은 것으로 간주된 금액 ⑤ 공동사업에서 발생한 소득금액 중 출자공동사업자에 대한 손익분배비율에 상당하는 금액 ⑥ 위와 유사한 소득으로서 수익분배의 성격이 있는 것 – 배당소득에 대해 부분적포괄주의가 적용된다.
비과세 배당소득	① 비과세종합저축의 배당소득 : 노인·장애인·기초생활수급자 등 ② 재형저축의 배당소득 ③ 장기보유 우리사주의 배당소득 ④ 농협·수협 등의 조합에 대한 출자금의 배당소득 ⑤ 개인종합자산관리계좌의 이자소득과 배당소득

② 배당소득의 과세방법

구 분	대 상	원천징수세율
무조건분리과세	비실명대상	35%(기타), 90%(금융기관지급)
	• 장기보유주식의 배당소득	5%
	• 세금우대종합저축	9%
	• 선박투자회사 배당	14%

구 분	대 상	원천징수세율
	금융소득(이자소득·배당소득합계 중 분리과세소득과 가산 배당제외)이 2천만원 이하인 경우	14%
종합과세	금융소득이 2천만원 초과하는 경우	14%
	① 국외원천소득을 비롯하여 원천징수규정이 적용되지 않는 배당소득	25%
	② 당연종합과세 배당소득 • 출자공동사업자의 배당소득 • 지급배당금 소득공제를 적용받은 인적회사로 부터 받는 배당소득	30%

③ 배당소득의 수입시기(원천징수 시기)

구 분	원천징수 시기
일반배당	• 무기명주식의 이익·배당의 경우 – 지급 받은 날 • 잉여금 처분에 의한 배당 – 잉여금 처분 결의일
건설이자의 배당	• 건설이자 배당 결의일
주식소각·자본감소·잉여금의 자본전입에 의한 의제배당	• 주식소각·자본감소·잉여금의 자본전입을 결정한 날이나 퇴사 또는 탈퇴한 날
법인의 해산·합병·분할하거나 분할 합병으로 인한 의제배당	• 잔여재산가액 확정일(해산 시), 합병등기일(합병 시), 분할등기 또는 분할합병등기일
법인세법의 배당처분에 의한 인정배당	• 당해 법인의 결산확정일
증권투자신탁(공·사채증권투자 신탁 제외)의 수익분배금	• 투자신탁의 이익을 지급받는 날, 투자신탁의 해약일 또는 환매일 • 원본전입 특약이 있으면 원본전입일 • 신탁계약기간 연장 시에는 연장하는 날

핵심문제

기출문제 ▶ 1회~50회 중 **18회** 출제

01. 다음 중 소득세법상 금융소득에 대한 설명으로 옳지 **않은** 것은?

① 직장공제회 초과반환금은 무조건 분리과세 대상이다.
② 이자소득과 배당소득은 필요경비가 인정되지 않는다.
③ 외국법인으로부터 받은 원천징수 대상이 아닌 현금배당은 조건부 종합과세 대상이다.
④ 은행 정기적금 이자 수령액이 연간 2천만원을 초과하는 경우 종합과세 대상이다.

(정답) ③
외국법인으로부터 받은 원천징수 대상이 아닌 현금배당은 무조건 종합과세 대상이다.

02. 다음은 국내 거주자 한공회 씨의 2024년 귀속 이자소득과 배당소득 내역이다. 한공회 씨의 종합과세대상 이자소득과 배당소득은 얼마인가? (단, 외국법인으로부터 받은 현금배당금을 제외하고는 모두 소득세법에 따라 적법하게 원천징수 되었다.)

가. 내국법인으로부터 받은 현금배당금	4,000,000원
나. 직장공제회 초과반환금	9,000,000원
다. 외국법인으로부터 받은 현금배당금	3,000,000원
라. 비영업대금의 이익	12,000,000원

① 3,000,000원
② 13,000,000원
③ 16,000,000원
④ 19,000,000원

정답 ①

직장공제회 초과반환금은 무조건 분리과세대상이며, 이를 제외한 이자·배당소득의 합계액이 1,900만원으로 2,000만원을 초과하지 아니하므로 종합과세되지 아니한다. 그러므로 무조건 종합과세 대상인 외국법인으로부터 받은 현금배당금에 대해서만 종합과세한다.

4 사업소득

사업소득이란 개인이 영리를 목적으로 독립적·계속적으로 영위하는 사회활동에서 발생한 소득을 말한다.

1) 사업소득의 범위
- 농업·임업 및 어업에서 발생하는 소득
- 광업에서 발생하는 소득
- 제조업에서 발생하는 소득
- 전기, 가스, 증기 및 수도사업에서 발생하는 소득
- 하수·폐기물처리, 원료재생 및 환경복원업에서 발생하는 소득
- 건설업에서 발생하는 소득
- 도매 및 소매업에서 발생하는 소득
- 운수업 및 통신업에서 발생하는 소득
- 숙박 및 음식점업에서 발생하는 소득
- 출판, 영상, 방송통신 및 정보서비스업에서 발생하는 소득

- 금융 및 보험업에서 발생하는 소득
- 부동산업 및 임대업에서 발생하는 소득
- 전문, 과학 및 기술서비스업(연구개발업은 제외)에서 발생하는 소득
- 사업시설관리 및 사업지원서비스업에서 발생하는 소득
- 교육서비스업에서 발생하는 소득
- 보건업 및 사회복지서비스업에서 발생하는 소득
- 예술, 스포츠 및 여가 관련 서비스업에서 발생하는 소득
- 협회 및 단체, 수리 및 기타 개인서비스업에서 발생하는 소득
- 가구 내 고용활동에서 발생하는 소득
- 위 외의 소득과 유사한 소득으로 영리를 목적으로 자기의 계산과 책임하에 계속적·반복적으로 행하는 활동을 통하여 얻는 소득

2) 비과세소득

구 분	내 용
논·밭의 임대소득에 대한 비과세	논·밭을 작물생산에 이용하게 함으로써 발생하는 소득
주택임대소득에 대한 비과세	1개의 주택을 소유하는 자의 주택임대소득
양식업 소득	• 농어가부업소득 (비과세한도 3,000만원) • 어로어업 또는 양식어업소득 (비과세한도 5,000만원)
전통주의 제조에서 발생하는 소득	연 1,200만원이하의 전통주 제조에서 발생하는 소득

3) 사업소득금액의 계산

총수입금액 − 필요경비 = 사업소득금액

4) 사업소득의 과세방법

구 분	내 용
원천징수	사업소득에 대하여는 원천징수의무가 있다. 보험모집수당이나 방문판매수당, 음료외판원등 사업소득세의 연말정산대상소득에 대하여는 해당 소득만 있는 경우에 한하여 과세표준확정신고를 하지 않을 수 있다. {{TBL}}
종합과세	사업소득은 모두 종합소득과세표준에 합산된다. 사업소득 중 분리과세되는 소득은 없으며 보험모집수당, 방문판매수당 및 음료외판원 등 연말정산대상 사업소득인 경우에도 종합소득에 합산된다.

{{TBL}}:

구 분	원천징수세율
원천징수대상 사업소득 (의료보건용역 및 인적용역)	3%
봉사료수입금액 (봉사료 금액이 20%를 초과시)	5%

핵심문제 기출문제 ▶ 1회~50회 중 **5회** 출제

01. 다음 중 소득세법상 사업소득에 대한 설명으로 옳지 않은 것은?

① 논·밭을 작물생산에 이용하게 함으로써 발생하는 소득은 비과세 사업소득이다.
② 사업소득 중 연말정산대상 사업소득은 분리과세 대상이다.
③ 부동산임대업은 사업소득에 해당하나 지역권 또는 지상권을 설정·대여함으로써 발생하는 소득은 기타소득에 해당한다.
④ 사업소득 중 원천징수대상인 의료보건용역의 소득세 원천징수세율은 수입금액의 3%이다.

정답 ②

보험모집수당 등 연말정산대상 사업소득도 종합소득에 합산되므로 분리과세대상이라는 설명은 옳지 않다.

02. 다음은 복식부기의무자인 개인사업자 김한공 씨의 2024년 수익과 비용 내역이다. 2024년 사업소득금액은 얼마인가?

가. 매출액	100,000,000원
나. 매출원가	50,000,000원
다. 거래처에 지급한 판매장려금	30,000,000원
라. 김한공 씨의 주택자금 대출이자	10,000,000원

① 10,000,000원   ② 20,000,000원
③ 40,000,000원   ④ 50,000,000원

정답 ②

사업소득금액 : 100,000,000원 − 50,000,000원 − 30,000,000원 = 20,000,000원

5 근로소득

1) 근로소득의 분류

근로소득을 지급하는 자에게 원천징수의무를 부담시키고 있는지의 여부에 따라 국내근로소득과 국외근로소득으로 구분하고, 동일한 고용주에게 고용된 기간, 고용형태, 급여의 계산방법에 따라 일반근로소득과 일용근로소득으로 구분한다.

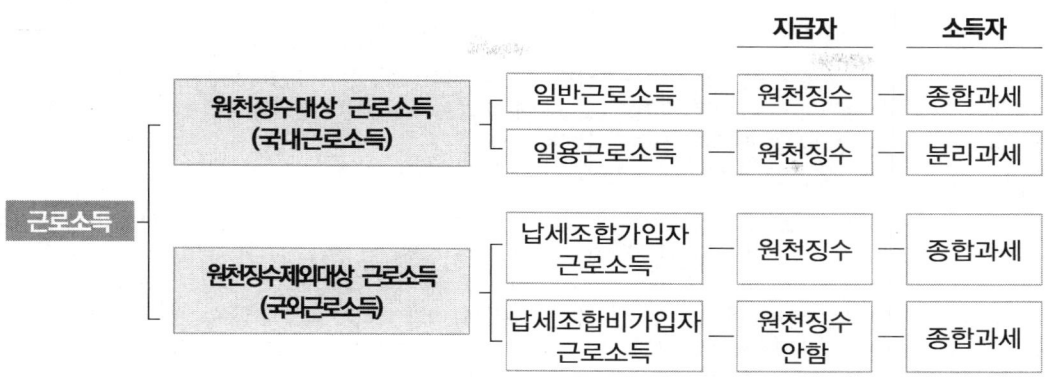

2) 근로소득의 의의

근로소득이란 고용관계, 그밖에 이와 유사한 계약에 의하여 근로를 제공하고 받는 모든 대가로서 봉급·급료·수당 등 그 명칭과 관계가 없으며, 해당 과세기간에 발생한 다음의 소득으로 한다(소법 §20 ①).

① 근로를 제공함으로써 받는 봉급·급료·보수·세비·임금·상여·수당과 이와 유사한 성질의 급여
② 법인의 주주총회·사원총회 또는 이에 준하는 의결기관의 결의에 따라 상여로 받는 소득(잉여금처분에 의한 상여)
③ 법인세법에 따라 상여로 처분된 금액(인정상여)
④ 퇴직함으로써 받는 소득으로서 퇴직소득에 속하지 아니하는 소득

또한 모든 근로소득이 과세되는 것은 아니며 세법상 근로소득으로 보지 아니하는 소득과 근로소득 중 비과세되는 소득은 근로소득과세대상에서 제외된다.

총급여액 = 근로대가(급여 + 상여금) - 비과세소득

3) 근로소득의 범위

근로소득은 고용관계 또는 이와 유사한 계약에 의하여 근로자가 근로를 제공하고 받는 모든 대가로 다음에 해당하는 소득을 말한다.

구 분	내 용
근로의 제공으로 인하여 받는 봉급 등	① 근로를 제공함으로써 받는 봉급·급료·보수·세비·임금·상여·수당과 이와 유사한 성질의 급여 ② 법인의 주주총회·사원총회 또는 이에 준하는 의결기관의 결의에 따라 상여로 받는 소득 ③ 「법인세법」에 따라 상여로 처분된 금액 ④ 퇴직함으로써 받는 소득으로서 퇴직소득에 속하지 아니하는 소득
각종수당	① 근로수당·가족수당·전시수당·물가수당·출납수당·직무수당 기타 이와 유사한 성질의 급여 (근속수당·명절휴가비·연월차수당·승무수당·공무원의 연가보상비·정근수당·휴업수당 등) ② 급식수당·주택수당·피복수당 기타 이와 유사한 성질의 급여 ③ 기술수당·보건수당 및 연구수당, 그 밖에 이와 유사한 성질의 급여 ④ 시간외근무수당·통근수당·개근수당·특별공로금 기타 이와 유사한 성질의 급여(출퇴근, 교통비 및 체력단련비 명목으로 지급하는 금액 등) ⑤ 벽지수당·해외근무수당 기타 이와 유사한 성질의 급여
급여성대가	① 기밀비(판공비 포함)·교제비 기타 이와 유사한 명목으로 받는 것으로서 업무를 위하여 사용된 것이 분명하지 아니한 급여 ② 종업원이 받는 공로금·위로금·개업축하금·학자금·장학금(종업원의 수학 중인 자녀가 사용자로부터 받는 학자금·장학금 포함) 기타 이와 유사한 성질의 급여 ③ 여비의 명목으로 받는 연액 또는 월액의 급여 ④ 퇴직으로 인하여 받는 소득으로서 퇴직소득에 속하지 아니하는 퇴직위로금·퇴직공로금 기타 이와 유사한 성질의 급여 ⑤ 휴가비 기타 이와 유사한 성질의 급여
기타 경제적 이익	① 주택을 제공받음으로써 얻는 이익(근로소득으로 보지 아니하는 사택제공이익 제외) ② 종업원이 주택(주택에 부수된 토지 포함)의 구입·임차에 소요되는 자금을 저리 또는 무상으로 대여 받음으로써 얻는 이익 ③ 종업원이 계약자이거나 종업원 또는 그 배우자 기타의 가족을 수익자로 하는 보험·신탁 또는 공제와 관련하여 사용자가 부담하는 보험료·신탁부금 또는 공제부금(근로소득으로 보지 아니하는 단체순수보장성보험 등의 보험료 등은 제외) ④ 법인의 임원 또는 종업원이 해당 법인 또는 해당 법인과 「법인세법 시행령」 제87조의 규정에 의한 특수관계에 있는 법인으로부터 부여받은 주식매수선택권을 해당 법인 등에서 근무하는 기간 중 행사함으로써 얻은 이익(주식매수선택권 행사당시의 시가와 실제 매수가액과의 차액을 말하며, 주식에는 신주인수권을 포함)

4) 근로소득으로 보지 않는 소득

근로소득으로 보지 아니하므로 당초 근로소득에도 포함되지 않는 항목이다. 근로소득으로 보지 않는 소득에는 우리사주취득이익, 단체순수보장성보험료 중 70만원 이하의 금액, 종업원 사택제공이익, 경조사비, 교육훈련비, 차량제공이익 등이 있다.

구 분	내 용
우리사주조합원의 우리사주 취득이익	내국법인의 종업원으로서 소액주주기준에 해당하는 우리사주조합원이 조합을 통하여 취득한 주식의 취득가액과 시가와의 차액
단체순수보장성보험 등	단체순수 보장성보험과 단체환급부 보장성보험의 보험료 중 연 70만원 이하의 금액
종업원 등의 사택제공이익	주주 또는 출자자가 아닌 임원(주권상장법인의 주주 중 「소득세법 시행령」 제38조 제3항에 따른 소액주주인 임원 포함)과 임원이 아닌 종업원(비영리법인 또는 개인의 종업원 포함) 및 국가·지방자치단체로부터 근로소득을 지급받는 사람이 사택을 제공받음으로써 얻는 이익
기타사항	사업자가 종업원에게 지급하는 경조금 중 사회통념상 타당하다고 인정되는 금액 사용자가 근로자의 업무능력향상 등을 위하여 연수기관 등에 위탁하여 연수를 받게 하는 경우에 근로자가 지급받는 교육훈련비 종업원이 출·퇴근을 위하여 차량을 제공받는 경우의 운임

5) 비과세 근로소득

근로소득에는 해당하나 여러 가지 정책적인 목적상 비과세하는 근로소득을 비과세근로소득이라 하고, 실비변상적인 급여, 비과세되는 식대, 생산직근로자의 연장근로수당, 국외근로소득, 외국인근로자의 근로소득특례항목과 기타 비과세소득이 있다.

구 분	내 용
실비변상적인 급여	① 일직, 숙직료 또는 여비로서 실비변상정도의 금액 ② 자가운전보조금(월 20만원 이내) 　종업원 소유차량을 종업원이 직접 운전하여 사용자의 업무수행에 이용하고 시내 출장 등에 소요된 실제여비를 지급받는 대신에 그 소요경비를 해당 사업체의 규칙 등에 의하여 정한 지급기준에 따라 받는 금액 ③ 선원이 받는 승선수당, 경찰공무원이 받는 함정근무수당, 항공수당, 소방공무원이 받는 화재진화수당(월 20만원 이내) ④ 초·중등교육법에 의한 교육기관의 교원이 받는 연구보조비(월 20만원 이내) ⑤ 방송통신·신문사 등의 기자가 받는 취재수당(월 20만원 이내) 등
국외근로소득 중 비과세	① 일반근로자 : 국외 등에서 근로를 제공하고 받는 보수 중 월 100만원(국외등항행선원, 원양어업선원 및 해외건설 근로자는 300만원) 이내의 금액 ② 공무원 등 : 국외 등에서 근무하고 받는 수당 중 당해 근로자가 국내에서 근무할 경우에 지급받을 금액 상당액을 초과하여 받는 금액
생산직근로자가 받는 야간근로수당 등	생산직 근로자의 월정액급여가 210만원 이하이고 직전과세기간의 총급여액이 3,000만원 이하인 경우 다음의 생산직근로자가 받는 초과근로수당은 연간 240만원을 한도로 비과세된다. 단, 광산근로자 및 일용근로자의 연장근로수당 등은 한도없이 그 금액을 전액 비과세한다. • 공장 또는 광산에서 근로를 제공하는 생산 및 생산관련종사자 • 어업을 영위하는 자에게 고용되어 근로를 제공하는 자 • 한국표준직업분류에 의한 운전원 및 관련종사자와 배달 및 수화물 운반종사자

구 분	내 용
식사대 등	① 근로자가 사내급식 또는 이와 유사한 방법으로 제공받는 식사, 기타 음식물 ② 식사 또는 기타 음식물을 제공받지 않는 근로자가 받는 월 20만원 이하의 식사대

그 밖의 비과세 소득	① 근로의 제공으로 인한 부상, 질병, 사망과 관련하여 근로자나 그 유가족이 받는 연금과 위자료의 성질이 있는 급여
	② 국민연금법에 의한 노령연금, 장해연금, 유족연금과 반환일시금
	③ 고용보험법에 따라 받는 실업급여, 육아휴직급여, 육아기 근로시간 단축급여, 출산전후휴가급여
	④ 공무원연금법 등에 의한 퇴직자, 사망자의 유족이 받는 급여
	⑤ 학교와 직업훈련시설의 입학금, 수업료, 수강료, 기타 공납금 등으로 다음의 요건을 갖춘 학자금
	  • 종업원의 업무와 관련있는 교육, 훈련에 대한 학자금일 것
	  • 사업체의 규칙 등에 의해 정해진 지급기준에 따라 지급된 금액일 것
	  • 교육, 훈련기간이 6월 이상인 경우 교육, 훈련 후 당해 교육기간을 초과하여 근무하지 않는 경우 반환하는 조건일 것
	⑥ 국민건강보험법, 고용보험법, 국민연금법, 공무원연금법 등에 의하여 국가, 지방자치단체 또는 사용자가 부담하는 부담금
	⑦ 근로자 또는 배우자의 출산이나 6세이하 자녀의 보육과 관련하여 사용자로부터 받는 급여로 월20만원이내의 금액
	⑧ 발명진흥법에 따른 직무발명으로 받은 연700만원 이하의 금액

6) 근로소득의 수입시기

① 급여 : 근로를 제공한 날
② 인정상여 : 근로를 제공한 날
③ 잉여금처분에 의한 상여 : 해당 법인의 잉여금처분결의일
④ 임원퇴직소득 한도초과액 : 지급받거나 지급받기로 한 날

7) 근로소득금액의 계산

근로소득금액 = 총급여액 − 근로소득공제

구 분	내 용	
총급여액	총급여액은 해당과세기간에 발생한 근로소득의 합계액에서 비과세소득을 차감한 금액을 말한다.	
근로소득공제	구 분	공제한도(2,000만원 까지)
	500만원 이하	총급여액×70%
	500만원 초과 1,500만원 이하	350만원+(총급여액−500만원)×40%
	1,500만원 초과 4,500만원 이하	750만원+(총급여액−1,500만원)×15%
	4,500만원 초과 1억원 이하	1,200만원+(총급여액−4,500만원)×5%
	1억원 초과	1,475만원+(총급여액−1억원)×2%

핵심문제

기출문제 ▶ 1회~50회 중 **26회** 출제

01. 다음 중 소득세법상 근로소득의 범위에 포함되지 <u>않는</u> 것은?

① 종업원의 자녀가 사용자로부터 받는 학자금
② 법인세법에 따라 상여로 처분된 금액
③ 종업원이 주택의 구입·임차에 소요되는 자금을 저리 또는 무상으로 대여 받음으로써 얻는 이익
④ 사업자가 그 종업원에게 지급한 경조금 중 사회통념상 타당하다고 인정되는 범위 내의 금액

정답 ④

사업자가 그 종업원에게 지급한 경조금 중 사회통념상 타당하다고 인정되는 범위 내의 금액은 이를 지급받은 자의 근로소득으로 보지 아니한다.

02. 다음은 거주자 김한공 씨(영업부장)가 (주)한공으로부터 수령한 소득자료이다. 이를 이용하여 2024년 김한공 씨의 총급여액을 계산하면 얼마인가?

> 가. 기본급 : 36,000,000원(월 3,000,000원)
> 나. 상여금 : 3,000,000원
> 다. 식 대 : 3,600,000원(월 300,000원, 식사는 제공받지 않음.)
> 라. 업무수행에 이용하고 회사의 지급기준에 따라 받는 자가운전보조금
>   : 3,600,000원(월 300,000원)

① 39,000,000원　　　　　　　② 40,200,000원
③ 41,400,000원　　　　　　　④ 42,600,000원

정답 ③

36,000,000원 + 3,000,000원 + (300,000원 − 200,000원) × 12 + (300,000원 − 200,000원) × 12
= 41,400,000원

6 일용근로소득

1) 분리과세대상 일용근로소득

일용근로소득자는 일급여액에 대하여 원천징수하고 지급시 원천징수로서 납세의무가 종결되는 분리과세를 적용하여 신고한다. 근로자가 근로계약에 따라 일정한 고용주에게 3월 이상 계속하여 고용되어 있지 아니하고, 근로단체를 통하여 여러 고용주의 사용인으로 취업하는 경우 이를 "일용근로자"로 본다.

일용근로자에게 지급하는 급여는 지급시 산식에 따라 계산된 세액을 원천징수하는 것으로 납세의무가 종결되므로 연말정산 및 종합소득세 신고대상에 해당하지 아니한다.

2) 일용근로자의 세액계산

```
        일용급여액
  (−) 근로소득공제       1일 15만원
  ─────────────
        과세표준
  (×) 세    율           6%
  ─────────────
        산출세액
  (−) 근로소득세액공제   산출세액의 55%
  ─────────────
     원천징수할 세액     (△)환급세액
```

핵심문제

기출문제 ▶ 1회~50회 중 **11회 출제**

01. 다음 중 소득세법상 일용근로소득에 대한 설명으로 옳은 것은?

① 일용근로소득은 다른 소득과 합산하여 종합과세된다.
② 일용근로소득에 대해서는 근로소득세액공제를 적용하지 않는다.
③ 일용근로소득금액은 1일 급여액에서 근로소득공제(일 15만원)를 차감하여 계산한다.
④ 일용근로소득에 대한 원천징수세율은 10%를 적용한다.

정답 ③
① 일용근로소득은 분리과세 소득으로 종합소득 과세표준에 합산하지 아니한다.
② 일용근로소득에 대해서도 근로소득세액공제(산출세액의 55%)를 적용한다.
④ 일용근로소득에 대한 원천징수세율은 6%를 적용한다.

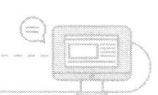

02. 다음은 (주)한공(건설업)이 2024년 5월 21일 일용근로자에게 지급한 일당의 내역이다. 원천징수해야 할 소득세액은 얼마인가?

성명	지급금액
이성실	200,000원
강경희	130,000원
박동남	250,000원

① 3,000원 ② 4,050원
③ 4,950원 ④ 5,400원

정답 ②
- 산출세액 : (200,000원 − 150,000원)×6% + (250,000원 − 150,000원)×6% = 9,000원
  강경희는 130,000원 이하이므로 비과세임
- 근로소득세액공제 : 9,000원×55% = 4,950원
- 원천징수세액 : 9,000원 − 4,950원 = 4,050원

7 기타소득

기타소득이란 이자·배당·부동산임대·사업·근로·연금소득·퇴직소득·양도소득 외의 소득으로 소득세법에 과세대상 소득을 말한다.

그러나 기타소득은 대체로 일시적·우발적으로 발생하는 소득들로 이루어져 있는 바, 기타소득에 해당되는 소득이라 하더라도 사업적인 조직을 갖추고 행하는 경우와 그 소득이 계속적·반복적으로 발생되는 경우는 사업소득으로 보아야 한다.

1) 기타소득금액의 계산

기타소득금액 = 기타소득 총수입금액 − 필요경비

기타소득 총수입금액 = 기타소득 − 비과세소득 − 분리과세소득

※ 필요경비 : 기타소득의 필요경비는 당해연도의 총수입금액에 대응하는 실제발생비용의 합계액으로 하며 특정한 기타소득의 경우에는 총수입금액의 80%를 필요경비로 인정한다.

2) 기타소득의 범위

기타소득	필요경비
① 공익법인이 주무관청의 승인을 받아 시상하는 상금 및 부상 ② 계약의 위약 또는 해약으로 인하여 받는 위약금과 배상금 중 주택입주지체상금 ③ 서화·골동품의 양도로 발생하는 소득(양도가액이 6천만원 이상인 것)	MAX [①수입금액의 80%, ②실제소요경비]

① 인적용역을 일시적으로 제공하고 지급받는 대가
  • 고용관계 없이 다수인에게 강연을 하고 강연료 등의 대가를 받는 용역
  • 라디오·텔레비전방송 등을 통하여 해설·계몽 또는 연기의 심사 등을 받는 보수 또는 이와 유사한 성질의 대가를 받는 용역
  • 변호사·공인회계사·세무사·건축사·측량사·변리사, 기타 전문적 지식 또는 특별한 기능을 가진 자가 당해 지식 또는 기능을 활용하여 보수 또는 기타 대가를 받고 제공하는 용역
  • 그 외의 용역으로서 고용관계 없이 수당 또는 이와 유사한 성질의 대가를 받고 제공하는 용역
② 일시적 문예창작소득(문예·학술·미술·음악, 사진에 속하는 창작품)
  • 원고료
  • 저작권사용료인 인세
  • 미술·음악 또는 사진에 속하는 창작품에 대하여 받는 대가
③ 광업권, 어업권, 산업재산권, 산업정보, 산업상 비밀, 상표권, 영업권(점포임차권포함), 토사석 채취허가에 따른 권리, 지하수의 개발·이용권 기타 이와 유사한 자산이나 권리를 양도하거나 대여하고 그 대가로 받는 금품
④ 공익사업과 관련된 지상권, 지역권의 설정 및 대여하고 대가를 받는 금품
⑤ 통신판매중개를 통하여 물품 또는 장소를 대여하고 대가(연 500만원 이하)를 받는 금품
	MAX
	[①수입금액의 60%,
	②실제소요경비]

① 상금·현상금·포상금·보로금 기타 이에 준하는 금품 ② 저작자 또는 실연자·음반제작자·방송사업자 외의 자가 저작권 또는 저작인접권의 양도 또는 사용의 대가로 받는 금품(저작자 등에게 귀속되면 사업소득임) ③ 영화 필름·라디오·텔레비전 방송용 테이프 또는 필름 기타 이와 유사한 자산이나 권리의 양도·대여 또는 사용의 대가로 받는 금품 ④ 계약의 위약 또는 해약으로 인하여 받는 위약금과 배상금, 부당이득 반환시 지급받는 이자 ⑤ 물품(유가증권 포함) 또는 장소를 일시적으로 대여하고 사용료로서 받는 금품 ⑥ 유실물의 습득 또는 매장물의 발견으로 인하여 보상금을 받거나 새로 소유권을 취득하는 경우 그 보상금 또는 자산 ⑦ 무주물의 점유로 소유권을 취득하는 자산 ⑧ 거주자·비거주자 또는 법인과 특수관계에 있는 자가 그 특수관계로 인하여 당해 거주자 등으로부터 받는 경제적 이익으로서 급여·배당 또는 증여로 보지 아니하는 금품 ⑨ 재산권에 관한 알선수수료·사례금 ⑩ 법인세법에 의하여 처분된 기타소득 ⑪ 뇌물 및 알선수재, 배임수재에 의하여 받는 금품 ⑫ 복권·경품권, 기타 추첨권에 의하여 받는 당첨금품 ⑬ 사행행위 등 규제 및 처벌특례법에 규정하는 행위에 참가하여 얻은 재산상의 이익	실제소요경비
⑭ 경마투표권, 승차투표권, 소싸움경기투표권 및 체육진흥투표권의 환급금	단위투표금액 합계액
⑮ 슬롯머신(비디오게임 포함) 및 투전기, 기타 이와 유사한 기구를 이용하는 행위에 참가하여 받는 당첨금품 등(카지노에서 획득한 소득은 과세제외)	당첨당시 슬롯머신등에 투입한 금액
⑯ 종교인소득근로소득신고시인정	의제필요경비

3) 비과세 기타소득

기타소득 중 다음의 항목에 대해서는 소득세를 과세하지 않는다.

① 국가유공자등예우 및 지원에 관한 법률에 의하여 받는 보상금·학자금 및 귀순북한동포보호법에 의하여 받는 정착금·보로금 및 기타 금품
② 국가보안법에 의하여 받는 상금과 보로금
③ 상훈법에 의한 훈장과 관련하여 받는 부상과 기타 법률에 의하거나 국가 또는 지방자치단체로부터 받는 상금과 부상
④ 종업원의 직무와 관련된 우수발명으로서 발명진흥법에 의한 직무발명에 대하여 사용자로부터 받는 보상금
⑤ 「국군포로의 송환 및 대우 등에 관한 법률」에 따라 국군포로가 지급받는 정착금 그 밖의 금품
⑥ 대학의 교직원이 소속 대학에 설치된 「산업교육진흥 및 산학협력촉진에 관한 법률」에 따른 산학협력단으로부터 지급받는 보상금

4) 기타소득의 과세방법

구 분	내 용	원천징수세율
무조건 분리과세	① 각종 복권당첨금 ② 승마투표권, 경륜·경정의 승자투표권, 소싸움경기투표권 및 체육진흥투표권의 구매자가 받는 환급금 ③ 슬롯머신 등을 이용하는 행위에 참가하여 받는 당첨금품 등 ④ 신용카드 등의 사용자에 대한 보상금 ⑤ 기타 국세청장이 인정하는 소득금액	20%
	연금계좌에서 연금외 수령한 자기불입분 및 운용수익	15%
선택적 분리과세	연 300만원 이하의 기타소득금액은 거주자의 선택에 의하여 분리과세하거나 종합과세한다.	20%
종합과세	① 계약의 위약 또는 해약으로 받은 위약금 배상금(계약금이 위약금과 배상으로 대체되는 경우에 한한다) ② 뇌물·알선수재 및 배임수재에 의하여 받은 금품 위 사항의 기타소득은 종합소득에 합산하여 과세된다.	-
과세최저한	① 승마투표권 또는 승자투표권의 환급금으로서 매 건마다 당해 권면에 표시된 금액의 합계액이 10만원 이하이고 단위투표금액 당 환급금이 단위투표금액의 100배 이하인 때 ② 슬롯머신 등의 당첨금품 등이 매 건마다 200만원 미만인 때 ③ 기타소득금액이 매 건마다 5만원 이하인 때	-

핵심문제

기출문제 ▶ 1회~50회 중 **14회** 출제

01. 다음 중 소득세법상 기타소득에 대한 설명으로 옳은 것은?

① 복권 당첨소득 중 3억원 초과분은 20%의 세율로 원천징수한다.
② 연금계좌에서 연금 외 수령한 기타소득은 무조건 종합과세 대상 기타소득에 해당한다.
③ 법인세법에 의하여 처분된 기타소득의 수입시기는 그 법인의 해당 사업연도 결산 확정일이다.
④ 뇌물, 알선수재 및 배임수재에 따라 받은 금품의 기타소득금액의 합계액이 300만원 이하인 경우 분리과세를 선택할 수 있다.

정답 ③

① 복권 당첨 소득 중 3억원 초과분은 30%의 세율로 원천징수한다.
② 연금계좌에서 연금 외 수령한 기타소득은 무조건 분리과세 대상 기타소득에 해당한다.
④ 뇌물, 알선수재 및 배임수재에 따라 받은 금품은 무조건 종합과세 대상 기타소득에 해당한다.

02. 다음은 김한공 씨의 수입 내역이다. 원천징수대상 기타소득금액은 얼마인가?
(단, 실제 소요된 필요경비는 없는 것으로 가정한다.)

가. 위약금으로 대체된 계약금	10,000,000원
나. 상표권 대여소득	20,000,000원
다. 정신적 피해로 인한 손해배상금	15,000,000원

① 4,000,000원
② 6,000,000원
③ 10,000,000원
④ 20,000,000원

정답 ①

- 상표권 대여소득은 원천징수대상 기타소득이나, 위약금으로 대체된 계약금은 기타소득이지만 원천징수대상이 아니며, 정신적 피해로 인한 손해배상금은 소득세 과세대상이 아니다. 상표권 대여소득은 실제필요경비와 법정필요경비(총수입금액의 80%) 중 큰 금액을 필요경비로 한다.
- 원천징수대상 기타소득금액 = 20,000,000원 − (20,000,000원 × 80%) = 4,000,000원

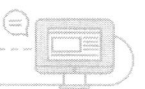

8 연금소득

연금소득은 2002년부터 소득세 과세대상으로 포함되었으며, 과세되는 연금소득은 연금형태로 지급받는 것이어야 한다.

1) 연금소득의 범위

구 분	범 위
공적연금소득 (종합과세)	① 국민연금소득 : 국민연금법에 따라 받는 각종 연금 ② 직역연금소득 : 공무원연금법·군인연금법·사립학교교직원연금법 또는 별정우체국법에 따라 받는 각종연금 ③ 국민연금과 직역연금의 연계에 관한 법률에 따라 받는 연계노령연금.연계퇴직연금
사적연금소득 (1,500만원 이하인 경우 선택적 분리과세)	① 퇴직보험연금소득 ② 개인연금소득 ③ 퇴직연금 ④ 위 연금소득과 유사하고 연금형태로 지급받는 것으로 대통령령이 정하는 것
비과세 연금소득	① 국민연금법에 따라 지급받는 유족연금 및 장애연금 ② 공무원연금법·군인연금법·사립학교교직원연금법 또는 별정우체국법에 따라 받는 유족연금·장해연금 또는 상이연금 ③ 산업재해보상보험법에 따라 받는 각종 연금 ④ 국군포로의 송환 및 대우 등에 관한 법률에 따른 국군포로가 받는 연금 ⑤ 국민연금과 직역연금의 연계에 관한 법률에 따라 받는 연계노령유족연금 및 연계퇴직유족연금

2) 연금소득금액의 계산

연금소득금액 = 총연금액 – 연금소득공제액

3) 연금소득공제액

총연금액	공제액
350만원 이하	총연금액
350만원 초과 700만원 이하	350만원 + (총연금액 – 350만원) × 40%
700만원 초과 1,400만원 이하	490만원 + (총연금액 – 700만원) × 20%
1,400만원 초과	630만원 + (총연금액 – 1,400만원) × 10%

4) 연금소득의 수입시기

구 분	수입시기
공적연금	연금을 지급받기로 한 날
사적연금	연금을 수령한 날

핵심문제 기출문제 ▶ 1회~50회 중 **8회** 출제

01. 다음 중 소득세법상 연금소득에 대한 설명으로 옳지 <u>않은</u> 것은?

① 공적연금소득만 있는 자가 다른 종합소득이 없는 경우에는 과세표준확정신고를 하지 않아도 된다.
② 공적연금소득은 공적연금 관련법에 따라 연금을 지급받기로 한 날을 수입시기로 한다.
③ 연금소득공제액이 900만원을 초과하는 경우에는 900만원을 공제한다.
④ 공적연금 관련법에 따라 받는 일시금은 연금소득으로 과세된다.

정답 ④
공적연금 관련법에 따라 받는 일시금은 퇴직소득에 해당한다.

02. 다음 중 비과세 연금소득인 것은?

① 이연퇴직소득을 연금수령하는 경우의 연금소득
② 의료목적으로 인출하는 경우의 연금소득
③ 공적연금 관련법에 따라 받는 유족연금
④ 천재지변이나 그 밖의 부득이한 사유로 인출하는 경우의 연금소득

정답 ③
공적연금 관련법에 따라 받는 유족연금은 비과세되나, 그 밖의 연금소득은 비과세대상이 아니다.

제2절 종합소득

1. 종합소득

과세제외소득, 비과세소득 및 분리과세소득을 제외한 종합소득에 대한 소득세액의 구조는 다음과 같다.

| 종합소득 세액의 계산구조 |

```
이자소득      배당소득      사업소득      근로소득      연금소득      기타소득
총수입금액    총수입금액    총수입금액    총수입금액    총수입금액    총수입금액
              +             -             -             -             -
            배당가산액     필요경비      근로소득      연금소득      필요경비
                                          공 제         공 제
    -          -             -             -             -             -
                      사업소득의 결손금 · 이월결손금
    =          =             =             =             =             =
  이자소득    배당소득      사업소득      근로소득       연 금       기 타
   금 액      금 액         금 액         금 액       소득금액     소득금액
    +          +             +             +             +             +
```

- = 종합소득금액
- − 종합소득공제
- = 종합소득과세표준
- × 종합소득세율
- = 종합소득산출세액
- − 세액공제
- = 종합소득결정세액
- + 가산세
- = 종합소득총결정세액
- − 기납부세액
- = 차감 납부할 세액

핵심문제　　　　　　　　　　　　　　　　　　기출문제 ▶ 1회~50회 중 **20회** 출제

01. 다음 중 소득세법상 종합소득에 대한 설명으로 옳은 것은?

① 사업소득은 원천징수 여부에 관계없이 종합과세한다.
② 2,000만원 이하의 출자공동사업자 배당소득은 원천징수로 과세가 종결된다.
③ 일용근로소득은 종합과세 대상 소득이다.
④ 기타소득 중 복권당첨소득은 종합과세 대상 소득이다.

(정답) ①

② 2,000만원 이하의 출자공동사업자 배당소득은 무조건 종합과세 대상 소득이다.
③ 일용근로소득은 원천징수로 과세가 종결된다.
④ 기타소득 중 복권당첨소득은 원천징수로 과세가 종결된다.

02. 다음 자료를 토대로 거주자 김한공 씨의 2024년도 귀속 종합소득금액을 계산하면 얼마인가?(단, 모든 소득은 국내에서 발생한 것으로 세법에서 규정된 원천징수는 적법하게 이루어졌으며 필요경비는 확인되지 않는다.)

가. 은행예금이자	3,000,000원
나. 종업원으로 근무하던 직장을 퇴직함으로써 지급받은 소득	5,000,000원
다. 산업재산권을 양도하고 받은 금품	10,000,000원

① 0원　　　　　　　　　　　② 4,000,000원
③ 13,000,000원　　　　　　　④ 15,000,000원

(정답) ②

가. 금융소득이 2,000만원 이하이므로 분리과세한다.
나. 퇴직소득으로 과세한다.
다. 실제 필요경비가 확인되지 아니하므로 60%의 법정 필요경비를 공제하여 기타소득금액은 4,000,000원이다. 이는 3,000,000원을 초과하므로 종합과세한다.

2 종합소득과세표준

1) 종합소득 과세표준

> 종합소득과세표준 = 종합소득금액 – 종합소득공제

2) 종합소득공제

구 분	내 용
소득세법	① 인적공제 　- 기본공제 　- 추가공제 : 경로우대공제, 장애인공제, 부녀자공제, 한부모공제 ② 연금보험료공제 ③ 주택담보노후연금이자비용에 대한 소득공제 ④ 특별소득공제 : 사회보험료공제, 주택자금공제
조세특례제한법 (그 밖의 소득공제)	① 중소기업창업투자조합출자등에 대한 소득공제 ② 소기업·소상공인 공제부금에 대한 소득공제 ③ 우리사주조합 출연금에 대한 소득공제 ④ 장기집합투자증권저축에 대한 소득공제 ⑤ 신용카드 등 사용금액에 대한 소득공제

3) 인적공제

> 인적공제 = 기본공제 + 추가공제

① 기본공제

종합소득이 있는 거주자(자연인에 한함)에 대하여 공제대상 가족수에 1인당 연 150만원을 곱하여 계산한 금액을 공제한다.(인원수 제한 없음)

| 기본공제대상자 공제요건 |

	구 분	공제요건				비 고
		나이요건*	소득요건 (100만원이하)	동거요건		
				주민등록 동거	일시퇴거 허용	
기 본 공 제	본　　　　인	×	×	×		
	배　우　자	×	○	×		
	직 계 존 속	60세 이상	○	△ (주거형편상 별거허용)		
	직계비속, 입양자 (의붓자녀포함)	20세 이하	○	×		
	장애인 직계비속의 장애인 배우자	×	○	×		
	형 제 자 매	60세 이상 20세 이하	○	○	○	
	국민기초생활보장법에 따른 수급자	×	○	○	○	
	위 탁 아 동	18세 미만	○			

② 추가공제

구 분	공제요건	공제금액
장 애 인	기본공제대상자 중 장애인	200만원
경 로 우 대	기본공제대상자 중 70세 이상인 자	100만원
부 녀 자	배우자가 없는 여성근로자로서 기본공제대상 부양가족이 있는 세대주 또는 배우자가 있는 여성근로자(소득금액이 3천만원 이하 조건)	50만원
한 부 모	배우자가 없는 자로서 부양자녀(20세 이하)가 있는 자	100만원

※ 부녀자공제와 한부모공제는 중복적용 배제

4) 연금보험료 공제

종합소득이 있는 거주자가 공제대상 연금에 해당하는 보험료 등을 납부한 경우에는 해당 과세기간의 종합소득금액에서 해당 과세기간에 납부한 연금보험료 등을 공제한다.

소득공제	공제항목
연금보험료	공적연금관련법(국민연금법, 공무원연금법, 군인연금법, 사립학교교직원연금법, 별정우체국법, 국민연금과 직역연금의 연계에 관한 법률)에 따른 기여금 또는 개인부담금

5) 주택담보노후연금 이자비용에 대한 소득공제

연금소득이 있는 거주자가 주택담보노후연금을 받은 경우에는 그 받은 연금에 대하여 해당연도에 발생한 이자상당액을 해당연도 연금소득금액에서 공제한다.

$$\text{소득공제액} = \text{Min}[\text{①해당연도에 발생한 이자상당액, ② 200만원}]$$

6) 특별소득공제

근로소득이 있는 거주자가 특별공제금액이 있는 경우 근로소득금액에서 공제한다. 과세기간 중 중도취직, 중도퇴사한 자는 근로제공기간동안 지출한 비용에 한하여 특별공제할 수 있다.

| 특별소득공제 요약 |

특별소득공제		공제항목	공제한도액
보험료 소득공제	건강보험, 고용보험, 장기요양보험	본인부담 보험료	전 액

특별소득공제		공제항목	공제한도액	
주택자금 소득공제	주택마련저축 (조특법)	장기주택마련저축('09년이전가입, 총급여 88백만원이하), 청약저축, 주택청약종합저축 등 납입액 40% 공제	① 기본공제한도* : 연300만원 ② 추가공제한도 : ①의 한도초과액과 월세액공제액(200만원한도) 중 작은 금액	차입시기에 따라 연 600만원~ 2,000만원
	주택임차차입금	무주택세대주, 국민주택규모 임차차입금 원리금상환액의 40% 공제		
	월세액	총급여 5천만원 이하 무주택세대주의 월세액 60% 공제		
	장기주택저당 차입금	취득당시 무주택 세대주로서 기준시가 6억원 이하인 주택 장기저당차입금 이자상환액 공제	차입시기에 따라 연600만원~2,000만원	

* 2024.1.1.이후 주택임차차입금원리금상환액소득공제: 기본공제한도 연400만원적용

핵심문제

기출문제 ▶ 1회~50회 중 **25회** 출제

01. 다음 자료를 이용하여 거주자 김한공 씨(57세)의 2024년도 종합소득과세표준 계산 시 공제되는 인적공제액을 계산하면 얼마인가?

구 분	나 이	비 고
아 내	52세	소득 없음
부 친	79세	2024.3.27.사망, 소득 없음
장 남	25세	장애인, 사업소득금액 5,000,000원 있음
장 녀	17세	소득 없음

① 6,000,000원 ② 7,000,000원
③ 8,500,000원 ④ 9,500,000원

정답 ②

구 분	본인	배우자	부친	장남	장녀	합 계
기본공제	1,500,000원	1,500,000원	1,500,000원	×	1,500,000원	6,000,000원
추가공제			1,000,000원			1,000,000원
합 계						7,000,000원

02. 종합소득공제에 대한 설명으로 옳은 것은?

① 기본공제대상자가 부녀자공제와 한부모공제에 모두 해당되는 경우 둘 다 적용한다.
② 계부·계모는 직계존속이 아니므로 실제 부양하는 경우에도 기본공제대상이 아니다.
③ 장애인은 나이와 소득에 관계없이 기본공제대상이다.
④ 해당 과세기간에 사망한 자도 기본공제대상이 될 수 있다.

정답 ④

① 기본공제대상자가 부녀자공제와 한부모공제에 모두 해당되는 경우 한부모공제를 적용한다.
② 계부·계모는 직계존속과 동일하게 보아 기본공제대상인지 판정한다.
③ 장애인은 나이의 제한이 없으나, 소득금액의 제한은 있다.
④ 해당 과세기간에 사망한 자는 사망일 전 날의 상황에 따라 기본공제여부를 판단하므로 기본공제대상이 될 수 있다.

3 그밖의 소득공제

1) 그 밖의 소득공제

소득공제	공제금액	공제한도액	
주택마련저축납입액소득공제	청약저축, 주택청약종합저축 납입액 근로자주택마련저축 납입액	연120만원 월15만원 이하	
소기업.소상공인 공제부금 소득공제	공제부금납부액	사업소득금액/근로소득금액	공제한도
		4천만원 이하	500만원
		4천만원 ~ 1억원	300만원
		1억원 초과	200만원
우리사주조합 출자에 대한 소득공제	조합원이 자사주 취득목적으로 출자한 금액	연 400만원	
신용카드등 사용금액에 대한 소득공제	(신용카드등 사용금액-총급여액의 25%)×15%(30%)	① Min[총급여액의 20%, 300만원] ② [①+전통시장 사용분 100만원+대중교통사용분 100만원+도서공연 사용분 100만원] (최대 600만원 공제)	
고용유지중소기업소득공제	근로자의 임금삭감액의 50%	1천만원	

2) 신용카드등사용금액 소득공제

① 신용카드등 사용금액과 공제금액

구 분	내 용
신용카드 등 사용금액	해당 과세 기간의 근로 제공 기간에 사용한 금액의 합계액 ① 여신전문금융업법 제2조의 규정에 의한 신용카드를 사용하여 그 대가로 지급하는 금액 ② 현금영수증에 기재된 금액(현금거래사실을 확인받은 것을 포함) ③ 여신전문금융업법 제2조의 규정에 의한 직불카드 또는 기명식선불카드를 직불전자지급수단, 기명식선불전자지급수단, 기명식전자화폐를 사용하여 그 대가로 지급하는 금액

구분	사용액 구분	지출액(A)	최소지출액(B)	공제대상액(C)		공제율(D)	공제액(E)=(C×D)	소비증가분 공제
공제금액	신용카드	×××		① 순위	×××	15%	×××	2024년소비금액 중 2023년대비 5%를 증가한 금액: 10%
	현금영수증.체크카드	×××		② 순위	×××	30%	×××	
	도서.공연.미술관등	×××		③ 순위	×××	30%	×××	
	전통시장	×××		④ 순위	×××	40%	×××	
	대중교통	×××		⑤ 순위	×××	40%	×××	
	계	지출계(A)	총 급여 25%(B)	(A) − (B)를 순위별로			×××	

공제한도	① 기본한도=(E)금액 합계액과 연 300만원 중 적은 금액(총급여 7천만원이하 : 300만원, 7천만원 초과 : 250만원) ② 추가한도(기본한도 초과액이 있고, 전통시장이나 대중교통 사용액등이 있는 경우) = 기본한도 초과액과 [전통시장 공제액 + 대중교통 공제액 + 소비증가분 공제액 + 도서공연등 공제액의 합계액에 대하여 연간 300만원(총급여 7천만원초과 : 전통시장과 대중교통공제액에 대하여 200만원] 중 적은 금액

② 신용카드 등 사용금액에 포함하는 금액

근로소득이 있는 거주자의 배우자 또는 직계존비속(배우자의 직계존속 포함)으로서 다음에 해당하는 자의 신용카드 등 사용금액은 당해 거주자의 신용카드 등 소득공제금액에 이를 포함할 수 있음.

㉠ 거주자의 배우자로서 연간 소득금액의 합계액이 100만원 이하인 자
㉡ 거주자와 생계를 같이하는 직계존비속으로서 연간 소득금액의 합계액이 100만원 이하인 자. 직계존비속에는 배우자의 직계존속과 동거입양자를 포함하되, 다른 거주자의 기본공제를 적용받는 자는 제외
  ※ 다만, 기본공제 대상자인 형제자매의 신용카드 등 사용금액은 공제 대상 사용금액에 포함되지 아니한다.
㉢ 신용카드 등 사용금액에서 제외되는 금액

구 분	내 용
사업 관련 비용	사업소득과 관련된 비용 또는 법인의 비용

구 분	내 용
비정상적사용액	물품의 판매 또는 용역의 제공을 가장하는 등 신용카드·직불카드·직불전자 지급수단·기명식선불카드·기명식선불전자지급수단·기명식전자화폐 또는 현금영수증의 비정상적인 사용행위에 해당하는 경우
자동차구입비용	신규로 출고되는 자동차를 2002년 12월 1일 이후 신용카드·직불카드·직불전자지급 수단·기명식선불카드·기명식선불전자지급수단·기명식전자화폐 또는 현금영수증으로 구입하는 경우
보험료 및 공제료	「국민건강보험법」 또는 「노인장기요양보험법」, 「고용보험법」에 따라 부담하는 보험료, 「국민연금법」에 의한 연금보험료 및 각종 보험계약(생명보험, 손해보험, 우체국보험, 군인공제회 등)의 보험료 또는 공제료
교육비	「유아교육법」, 「초·중등교육법」, 「고등교육법」 또는 특별법에 의한 학교(대학원 포함) 및 「영유아보육법」에 의한 보육시설에 납부하는 수업료·입학금·보육비용 기타 공납금
공과금	정부·지방자치단체에 납부하는 국세·지방세, 전기료·수도료·가스료·전화료(정보사용료, 인터넷 이용료 등을 포함)·아파트관리비·텔레비전시청료(종합유선방송법에 의한 종합유선방송의 이용료 포함) 및 고속도로통행료
유가증권구입	상품권 등 유가증권 구입비
자동차 리스료	「여객자동차운수사업법」에 의한 자동차대여사업의 자동차대여료를 포함한 리스료
자산의 구입비용	「지방세법」에 의하여 취득세 또는 등록세가 부과되는 재산의 구입비용(주택, 자동차 등)
국가·지자체에 지급하는 수수료 등	「부가가치세법시행령」 제38조 제1호 및 제3호에 해당하는 업종 외의 업무를 수행하는 국가·지방자치단체 또는 지방자치단체조합(「의료법」에 따른 의료기관 및 「지역보건법」에 따른 보건소는 제외한다.)에 지급하는 사용료·수수료 등의 대가
금융용역 관련 수수료	차입금 이자상환액, 증권거래수수료 등 금융·보험용역과 관련한 지급액, 수수료, 보증료 및 이와 비슷한 대가
정치자금 기부금	「정치자금법」에 따라 정당(후원회 및 각급 선거관리위원회 포함)에 신용카드, 직불카드, 기명식선불카드, 직불전자지급수단, 기명식선불전자지급수단 또는 기명식전자화폐로 결제하여 기부하는 정치자금(조세특례제한법 제76조에 따라 세액공제 및 소득공제를 적용받은 경우에 한함.)
법정·지정기부금	기부금단체에 신용카드로 기부하는 경우
월세 세액공제액	「소득세법」 제52조 제4항 제2호에 따라 세액공제를 적용받은 월세액

③ 신용카드 등으로 사용한 특별공제 비용 중 이중공제 가능 여부

구 분	특별공제항목	신용카드공제
① 신용카드로 결제한 의료비	의료비 세액공제 가능	신용카드공제 가능
② 신용카드로 결제한 보장성 보험료	보험료 세액공제 가능	신용카드공제 불가능
③ 신용카드로 결제한 사설학원비(아래 ④ 취학 전 아동 제외)	교육비 세액공제 불가	신용카드공제 가능
④ 신용카드로 납부한 취학 전 아동의 학원비 및 체육시설	교육비 세액공제 가능	

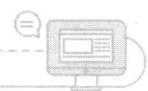

구 분	특별공제항목	신용카드공제
수강료(1주 1회 이상 월 단위로 실시하는 교습과정에 한함.		
⑤ 신용카드로 결제한 교복구입비	교육비 세액공제 가능	신용카드공제 가능
⑥ 신용카드로 결제한 기부금	기부금 세액공제 가능	신용카드공제 불가

〈잘못 공제한 사례〉
- 현금 인출분을 신용카드 사용금액으로 공제
- 사업 관련 경비로 처리된 종업원 명의의 신용카드사용금액을 공제
- 신용카드 사용액에서 제외되는 보험료 납입 등에 사용한 신용카드금액을 부당하게 공제
- 위장가맹점과의 거래분을 신용카드사용금액으로 부당하게 공제
- 부양가족공제 대상인 형제·자매가 사용한 신용카드사용금액 공제
- 기본공제는 부가 받고, 그 기본공제 대상자가 사용한 신용카드금액을 모가 공제한 경우

핵심문제

기출문제 ▶ 1회~50회 중 **10회** 출제

01. 다음 중 종합소득공제 적용 시 소득공제가 적용되는 신용카드 등 사용금액에 해당하는 것은?

① 해외여행에서의 사용액　　② 월세 세액공제를 적용받은 월세액
③ 신차 구입금액　　　　　　④ 고등학생 자녀의 교복구입비용

(정답) ④

교육비 중 교복구입비 신용카드 결제액은 교육비 세액공제와 신용카드 등 사용액 소득공제가 중복적용 된다.

02. 다음은 (주)한공에 근무하는 김한공씨의 신용카드 사용내역이다. 신용카드 등 소득공제 대상 사용금액은 얼마인가?

• 아파트 관리비	2,500,000원
• 중학생인 자녀 영어학원비	4,000,000원
• 맹장 수술비용	2,000,000원
• 해외에서 사용한 신용카드 사용액	1,300,000원
• KTX 승차권 구입비용	600,000원

① 6,600,000원　　　　② 9,100,000원
③ 9,700,000원　　　　④ 10,400,000원

(정답) ①

아파트관리비와 해외에서 사용한 신용카드 사용액은 공제대상에서 제외된다.

4 종합소득세액계산

1) 종합소득 세액계산 구조

```
  종 합 소 득 과 세 표 준
(×) 기     본     세     율         6%~45%
  종 합 소 득 과 세 표 준
(×) 기     본     세     율
  산     출     세     액
(−) 세     액     감     면       • 소득세법, 조세특례제한법상 세액감면
(−) 세     액     공     제       • 소득세법, 조세특례제한법상 세액공제
  결     정     세     액
(+) 가     산     세
  총     부     담     세     액
(−) 기     납     부     세     액   • 중간예납세액, 원천징수세액, 수시부과세액, 예정신고납부세액
  자     진     납     부     세     액
```

2) 산출세액

종합소득과세표준에 세율을 적용하여 계산한 금액을 종합소득산출세액으로 계산한다.

과세표준		세 율
	1,400만원 이하	6%
1,400만원 초과	5,000만원 이하	15%
5,000만원 초과	8,800만원 이하	24%
8,800만원 초과	1억5천만원 이하	35%
1억5천만원 초과	3억원 이하	38%
3억원 초과	5억원 이하	40%
5억원 초과	10억원 이하	42%
10억원 초과		45%

3) 세액공제

구 분	내 용		
근로소득세액공제	근로소득이 있는 거주자에 대해서는 그 근로소득에 대한 종합소득 산출세액에서 근로소득 세액공제금액을 차감한다.		
	산출세액	세액공제금액	
	산출세액 130만원 이하	산출세액의 55%	
	산출세액 130만원 초과	71만5천 원+130만원 초과금액의 100분의 30 (50만원 한도)	
	※ 근로소득세액공제는 근로자의 신청 없이 원천징수 의무자가 연말정산 시에 공제세액을 계산한다. 따라서 소득공제신고서의 세액공제란에 별도 기재하지 않는다.		
자녀세액공제	① 기본세액공제액		
	자녀수	자녀세액공제액	
	1명	연 15만원	
	2명	연 35만원	
	3명 이상	연 35만원+2명을 초과하는 1명당 연30만원	
	② 출산·입양 세액공제 : 첫째 30만원, 둘째 50만원, 셋째이상 70만원(손자녀 포함)		
연금계좌세액공제	종합소득이 있는 거주자가 연금계좌에 납입한 금액의 12%를 곱한 금액을 세액공제한다. 다만, 종합소득금액이 4,000만원 이하인 경우와 총 급여액 5,500만원 이하의 근로소득만 있는 경우 세액공제율은 15%를 적용한다.		
	구분	내 용	공제액
	퇴직연금	근로자퇴직급여보장법에 따른 DC형 퇴직연금·개인형퇴직연금(IRP) 근로자 납입액	연금계좌 납입액 × 12% (연 400만원 한도 단, 퇴직연금계좌 포함 연 700만원 한도)
	과학기술인공제	과학기술인공제회법에 따른 퇴직연금 근로자 납입액	
	연금저축	연금저축계좌 근로자 납입액	
특별세액공제 (표준세액공제 : 13만원)	구분	내 용	
	보험료세액공제	① 기본공제대상자를 피보험자로 하는 보장성 보험료(연 100만원 한도) ② 기본공제대상자 중 장애인 전용 보장성 보험료(연 100만원 한도) ③ 세액공제 : (①+②)×12%	
	의료비세액공제	① 본인, 65세 이상, 장애인 의료비 ② (그 외 기본공제대상자 의료비 - 총급여액의 3%)와 700만원 중 작은 금액 ③ 세액공제 : (①+②)×15%	
	교육비세액공제	① 본인 전액, 장애인교육비 전액 (직계존속교육비 제외) ② 대학생 연 900만원, 초·중·고, 취학전아동 연 300만원 ③ 세액공제 : (①+②)×15%	
	기부금세액공제	① 법정기부금 : 근로소득금액 한도 ② 우리사주조합 기부금 : (근로소득금액 - ①)×30% ③ 지정기부금 : (근로소득금액-①-②)×10% + Min[(근로소득금액-①-②)×300%, 종교외 지정기부금] ④ 세액공제액 : (①+②+③)×15% (1천만원 초과분 30%)	

구 분	내 용
월세액 세액공제	1. 총급여 8,000만원(종합소득금액 7,000만원)이하 무주택 근로자, 성실사업자, 성실신고 확인대상 자 2. 총급여 5,500만원(종합소득금액 4,500만원)이하: 월세액의 17% 총급여 8,000만원(종합소득금액 7,000만원)이하: 월세액의 15% 3. 공제한도: 1,000만원

핵심문제

기출문제 ▶ 1회~50회 중 **9회** 출제

01. 다음 중 종합소득 산출세액에서 세액공제를 받을 수 없는 경우는?

① 종합소득에 근로소득이 포함된 경우
② 간편장부대상자가 간편장부로 기장한 경우
③ 종합소득금액에 배당가산액이 포함된 경우
④ 사업자가 재해로 자산총액의 20% 이상을 상실하여 납세가 곤란한 경우

정답 ②

①은 근로소득세액공제, ③은 배당세액공제, ④는 재해손실세액공제를 받을 수 있다. 기장세액공제는 간편장부대상자가 복식부기장부로 기장한 경우에 적용하므로 간편장부대상자가 간편장부로 기장한 경우에는 기장세액공제를 받을 수 없다.

02. 다음의 자료를 토대로 거주자 김한공 씨의 2024년 종합소득산출세액을 계산하면 얼마인가?(다른 소득은 없으며, 종합소득과세표준이 1,200만원 이하인 경우 세율은 6%이다.)

가. 근로소득금액(일용근로소득이 아님) : 9,000,000원
나. 사업소득금액 : 6,000,000원
다. 국내은행 정기예금 이자 : 2,000,000원
라. 종합소득공제 : 5,000,000원

① 300,000원   ② 360,000원
③ 600,000원   ④ 720,000원

정답 ③

- 종합소득세 과세표준 = 9,000,000원(근로소득금액) + 6,000,000원(사업소득금액)
  − 5,000,000원(종합소득공제) = 10,000,000원
- 산출세액 = 10,000,000원 × 6% = 600,000원

5 특별세액공제

1) 보험료 세액공제

구 분	공제금액	공제율	제출서류
기본공제 대상자를 피보험자로 하는 보험 중 만기에 환급되는 금액이 납입보험료를 초과하지 아니하는 보험(보장성 보험)의 보험료	납입액 (100만원 한도)	12%	근로자가 보험료납입영수증을 제출
기본공제 대상자 중 장애인을 피보험자로 하는 보험 중 만기에 환급되는 금액이 납입보험료를 초과하지 아니하는 보험(장애인 전용 보장성 보험)의 보험료	납입액 (100만원 한도)	15%	

2) 의료비 세액공제

구 분	내 용
의료비 세액공제액의 계산	세액공제액 = (① + ②) × 15% ① 본인, 65세 이상인 자, 장애인, 6세이하 부양가족, 난임시술비를 위하여 지출한 의료비 ② 그 외 의료비 - (총 급여액 × 3%) * 그 외 의료비가 총 급여액의 3%보다 적어서 ② 금액이 음수인 경우, ① 금액에서 차감한다.
공제대상 의료비	① 진찰·치료·질병예방을 위하여 의료법 제3조에 따른 의료기관에 지급하는 비용(미용·성형수술을 위한 비용 제외) ② 치료·요양을 위하여 약사법 제2조의 규정에 의한 의약품(한약 포함)을 구입하고 지급하는 비용(건강증진을 위한 의약품 구입 비용 제외) ③ 장애인보장구 및 의사·치과의사·한의사 등의 처방에 따라 의료 기기를 직접 구입 또는 임차하기 위하여 지출한 비용 * 장애인보장구는 조세특례제한법 시행령 제105조의 규정에 의한 보장구를 의미하며, 의료 기기는 의료기기법 제2조 제1항의 규정에 의한 의료 기기를 말함. ④ 시력보정용 안경 또는 콘택트렌즈 구입을 위하여 지출한 비용(1인당 연 50만원 이내의 금액) ⑤ 보청기 구입을 위하여 지출한 비용 ⑥ 노인장기요양보험법 제40조 제1항에 따라 실제 지출한 본인 일부 부담금 ⑦ 난임부부가 임신을 위해 지출하는 난임시술[건강보험법 시행규칙에 따른 보조생식술(체내·체외인공수정 포함)] 시 소요된 비용 ⑧ 산후조리원비용(200만원 한도)
공제되지 않는 의료비 예시	① 미용·성형수술을 위한 비용 ② 언어재활을 위한 사설학원 비용 ③ 외국에 소재한 병원에 지출한 의료비 ④ 간병인에게 지급한 간병비 ⑤ 건강기능식품 구입비용, 건강증진을 위한 의약품 구입 비용 ⑥ 근로자가 가입한 상해보험 등에 의하여 보험회사로부터 수령한 보험금으로 지급한 의료비 ⑦ 사내근로복지기금에서 보조받은 의료비

3) 교육비 세액공제

교육 대상자	교육비	대상액 한도	비고
기본공제 대상자인 배우자·직계비속·형제자매·입양자	• 유아교육법, 초·중등교육법, 고등교육법 및 특별법에 따른 학교(대학원 제외)에 지급한 교육비 • 평생교육법에 따른 원격대학, 학점인정 등에 관한 법률 및 독학에 의한 학위취득에 관한 법률에 따른 교육과정 중 학위취득과정을 위하여 지급한 교육비 • 국외에 소재하는 교육기관으로서 우리나라의 유아교육법에 의한 유치원, 초·중등교육법 또는 고등교육법에 의한 학교에 지급한 교육비 • 초등학교 취학 전 아동을 위하여 영유아보육법에 따른 보육시설, 학원 또는 체육시설에 월 단위로 1주 1회 이상 실시하는 교습과정에 교습을 받고 지급한 수강료	1인당공제한도 • 초등학교 취학 전 아동, 초·중·고: 300만원 • 대학생: 900만원	포함되는 것 • 초·중·고: 교과서대, 학교급식비, 방과후 학교수업료(교재 구입비 포함) • 중·고: 교복 구입비 50만원 이내
근로자본인	• 부양가족에 인정되는 공제 대상 교육비(다만, 보육시설·학원에 지급한 교육비 제외) • 대학(원격대학 및 학위취득과정 포함) 또는 대학원의 1학기 이상에 해당하는 교육과정과 고등교육법 제36조에 따른 시간제 과정에 등록하여 지급하는 교육비 • 근로자직업능력개발법 제2조에 따른 직업능력개발훈련시설을 위하여 지급한 수강료	한도 없음.	* 고용보험법 시행령 제43조에 따른 근로자 수강지원금 제외

기본공제 대상자인 장애인	• 장애인의 재활교육을 위하여 다음의 시설 등에 지급하는 비용
	  - 사회복지사업법에 따른 사회복지시설
	  - 민법에 따라 설립된 비영리법인으로 보건복지부장관이 장애인재활교육을 실시하는 기관으로 인정한 법인
	  - 위의 시설 또는 법인과 유사한 것으로 외국에 있는 시설 또는 법인
		한도 없음.	- 직계존속 포함
			- 연간 소득금액 합계액 100만원을 초과한 경우에도 공제 가능

4) 기부금 세액공제

① 공제 대상 기부금

구 분	내 용
기부자	본인, 기본공제 대상자(배우자, 직계존비속, 형제자매, 보호대상자, 위탁아동) 단, 우리사주조합기부금, 정치자금은 본인이 지출한 것만 인정
기부처	법령에서 정하고 있는 기부금 단체

② 기부금 세액공제액의 계산

유형	지출액(A)	한도액(B)	공제 대상액 Min(A,B)	한도초과액
법정기부금	×××	근로소득금액	×××	이월공제
우리사주조합기부금	×××	(근로소득금액 − 선순위 공제 대상액)×30%	×××	−
지정기부금(일반)	×××	(근로소득금액 − 선순위 공제 대상액)×10% + Min[(근로소득금액 − 선순위 공제 대상액) ×20%, 종교 외 지정기부금]	×××	이월공제
지정기부금(종교)	×××			
합계			×××	
공제 대상액의 합계 × 15% (공제 대상 기부금 1천만원 초과분은 30%, 3천만원초과 40%)				

핵심문제

기출문제 ▶ 1회~50회 중 **11회** 출제

01. 다음 중 소득세법상 특별세액공제에 대한 설명으로 옳은 것은?

① 의료기관에 지출한 미용을 위한 성형수술비용은 공제대상 의료비에 해당한다.
② 근로소득이 없는 거주자도 기부금 세액공제는 받을 수 있다.
③ 초·중·고 및 대학생의 교육비는 1명당 연 300만원을 한도로 공제한다.
④ 생계를 같이 하는 부양가족 중 기본공제대상자가 아닌 자에게 지출한 보장성보험료도 공제대상이다.

(정답) ②
① 공제대상 의료비에는 미용목적 성형수술비용은 포함하지 아니한다.
③ 대학생의 교육비는 1명당 연 900만원을 한도로 공제한다.
④ 근로자가 기본공제대상자를 위해 지출한 보장성보험료만 공제대상이다.

02. 다음 자료를 이용하여 (주)한공의 근로자인 이민기 씨(총급여액 50,000,000원)의 2024년 종합소득세 특별세액공제액을 계산하면 얼마인가?

> 가. 이민기 씨는 소득이 없는 자녀 대학교등록금으로 5,000,000원을 지출하였다.
> 나. 본인 소유의 승용차에 대한 자동차보험료 1,200,000원을 지출하였다.
> 다. 소득이 없는 배우자(장애인)에 대한 의료비로 600,000원을 지출하였다.

① 750,000원 ② 870,000원
③ 894,000원 ④ 966,000원

(정답) ②
• 5,000,000원×15% + 1,000,000원×12% = 870,000원
• 보장성보험료는 100만원을 한도로 하며, 의료비는 총급여액의 3%에 미달하므로 세액공제액은 없다.

6 연말정산

　근로소득의 연말정산은 원천징수의무자가 근로자에게 지급한 1년간(1.1~12.31까지)의 총급여액에 대한 근로소득세액을 종합과세의 방법으로 세액을 정확하게 계산하여 확정한 후, 매월 급여 지급시 간이세액표에 의하여 이미 원천징수납부한 세액과 비교하여 과부족을 정산하는 절차이다.

1) 연말정산 세액계산 흐름

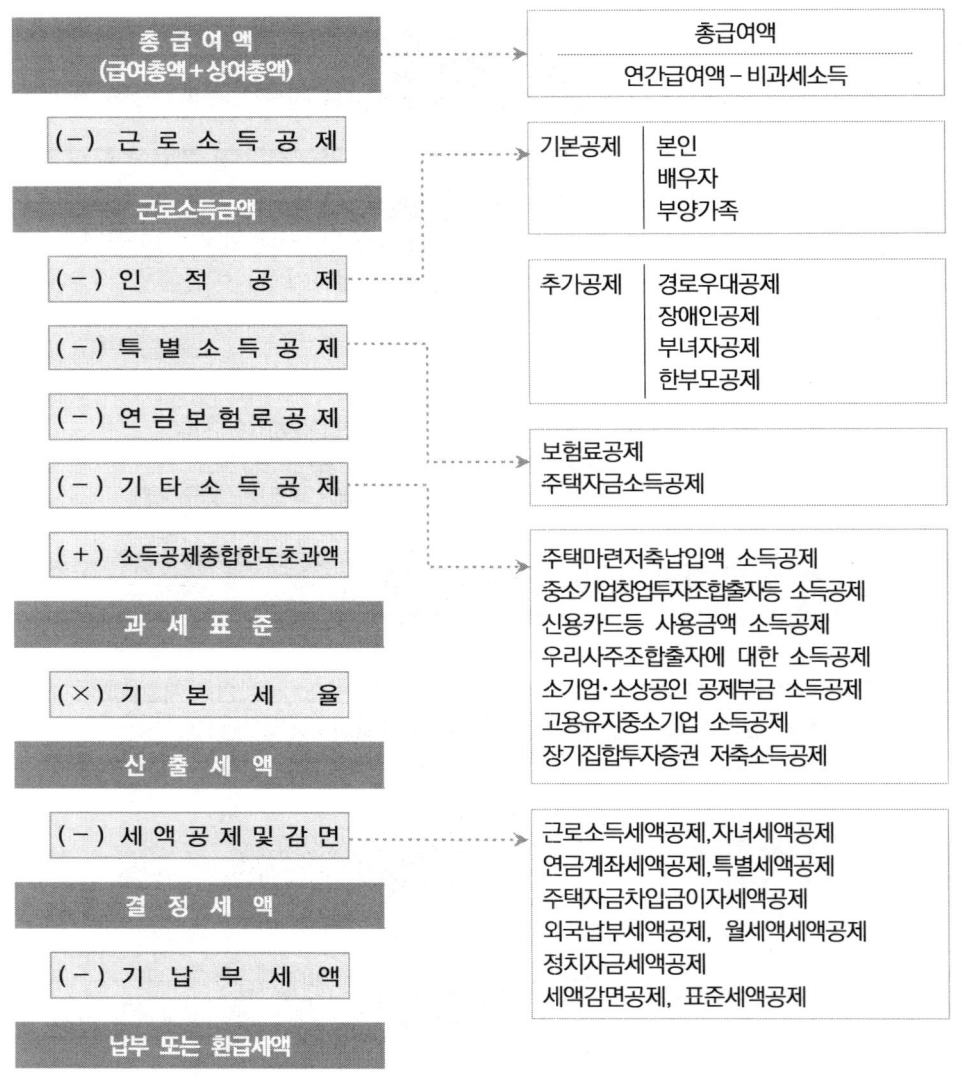

핵심문제

기출문제 ▶ 1회~50회 중 **5회** 출제

01. 다음 중 소득세법상 연말정산에 대한 설명으로 옳은 것은?

① 인적공제를 적용할 때 직계비속은 항상 생계를 같이 하는 부양가족으로 본다.
② 부녀자공제와 한부모공제는 중복하여 적용받을 수 있다.
③ 근로소득에 대한 연말정산은 해당 과세기간의 다음 연도 1월분의 근로소득을 지급할 때 수행하여야 한다.
④ 기본공제대상자인 직계비속을 위하여 지출한 대학원 등록금은 교육비 세액공제를 적용받을 수 있다.

정답 ①

② 부녀자공제와 한부모공제는 중복하여 적용받을 수 없다.
③ 근로소득에 대한 연말정산은 해당 과세기간의 다음 연도 2월분의 근로소득을 지급할 때 수행한다.
④ 대학원 등록금은 본인을 위하여 지출한 것에 한하여 교육비 세액공제를 적용받을 수 있다.

02. 다음은 (주)한공에 근무하는 거주자 김한공 씨의 2024년도 연말정산과 관련된 자료이다. 연말정산에 의한 소득세 환급세액은 얼마인가? 단, 주어진 자료 외에는 고려하지 않는다.

| 가. 근로소득금액 | 36,000,000원 |
| 나. 종합소득공제 | 24,000,000원 |

다. 세 율

종합소득과세표준	기본세율
1,200만원 이하	과세표준의 6%
1,200만원 초과 4,600만원 이하	72만원 + 1,200만원 초과금액의 15%

라. 김한공 씨의 세액공제 합계액은 520,000원으로 가정한다.
마. 2024년의 근로소득 원천징수세액은 500,000원이다.

① 100,000원
② 200,000원
③ 300,000원
④ 500,000원

정답 ③

과세표준 : 36,000,000원 - 24,000,000원 = 12,000,000원
산출세액 : 12,000,000원 × 6% = 720,000원
결정세액 : 720,000원 - 520,000원(세액공제) = 200,000원
환급세액 : 200,000원 - 500,000원(기납부세액) = (-)300,000원

2024 TAT 2급 세무실무

PART 02
실무수행

Chapter 01. 회계정보시스템운용
Chapter 02. 원가계산
Chapter 03. 전표처리
Chapter 04. 자금관리
Chapter 05. 부가가치세신고
Chapter 06. 결산관리
Chapter 07. 원천세신고

실무이론

실무수행

합격전략

정답 및 풀이

Part 02에서는 Smart A 실무교육 프로그램을 활용하여 입력하며, 실무상황을 거래증빙에 의해 이해하고 문제를 해결하여 관련보고서를 작성한다.

TAT 세무실무 2급에서는 제조업을 영위하는 법인기업을 대상으로 부가가치세가 적용되지 않는 일반적인 거래와 부가가치세가 적용되는 매입매출 거래로 구분하여 입력하며 부가가치세 신고 부속서류와 관련 신고서를 작성하고, 이를 통한 [결산]을 수행하고 재무제표를 작성하도록 하였다.

또한 계속근로자와 중도퇴사자 및 신규입사자의 근로소득 원천징수와 연말정산을 통해 원천세신고에 대한 시뮬레이션을 수행할 수 있도록 하였다.

특히 NCS 세무실무에 기반을 두고 각 수준별로 회계정보시스템을 운용할 수 있도록 Smart A 실무교육 프로그램을 활용하였으며, 경리회계 업무의 기본이 되는 증빙서류에 의한 일반거래와 전자세금계산서 등 관리를 통하여 실무자로 한걸음 더 나아가도록 합시다.

CHAPTER 01 회계정보시스템운용

제1절 프로그램 설치와 데이터 관리

1 프로그램 설치와 시작

1) 실무교육 프로그램 다운 로드 방법

① 한국공인회계사회(www.at.kicpa.or.kr)의 [AT 자격시험]코너에서 다운로드 가능
② SmartA_CPA_2024.exe파일을 다운받아 프로그램을 설치한다.

2) 프로그램의 설치

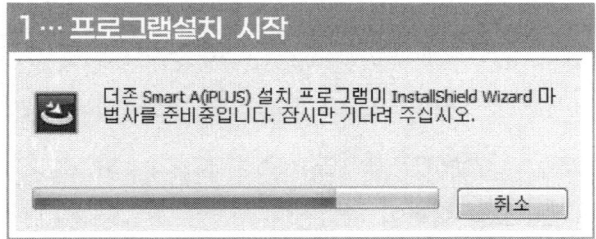

바탕화면에 다운 받은 설치파일 SmartA_CPA_2024.exe를 더블 클릭하여 설치한다.

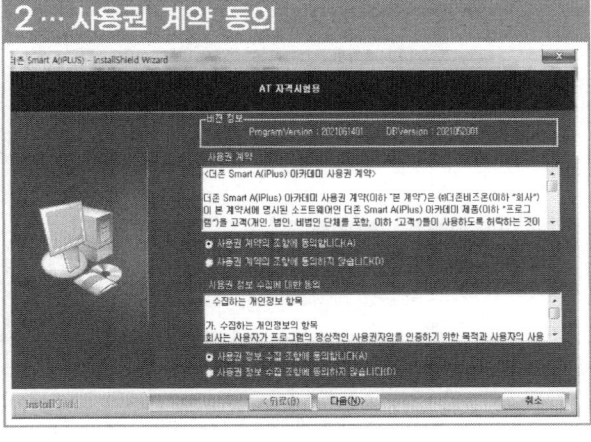

사용권 계약 및 사용권 계약 정보 수집 동의에 체크한 후 프로그램의 설치를 한다.

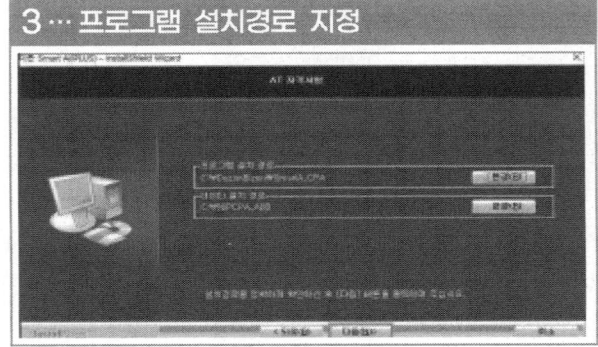

프로그램과 데이터 설치경로를 확인하고 [다음]을 클릭한다.

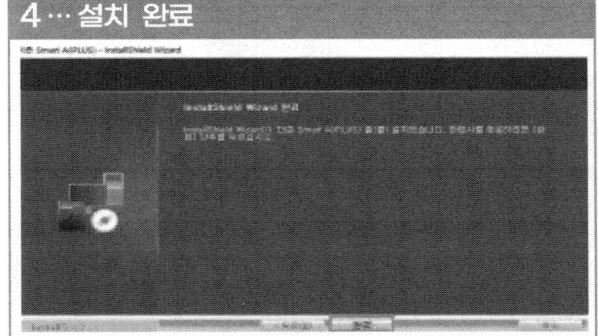

[완료]를 클릭하여 설치를 완료한다

3) 프로그램의 시작

바탕 화면에 설치되어 있는 AT 자격시험 프로그램인 ' ' 아이콘을 더블 클릭하여 실행시키면 '더존 Smart A(iPLUS) 실무교육 프로그램' 화면이 나타난다.

'더존 Smart A(iPLUS) 실무교육 프로그램을 설치한 후 처음으로 로그인하는 경우는 회사등록 을 클릭하여 회사를 먼저 등록한 후 🔍 을 클릭하여 등록한 회사를 선택한다.

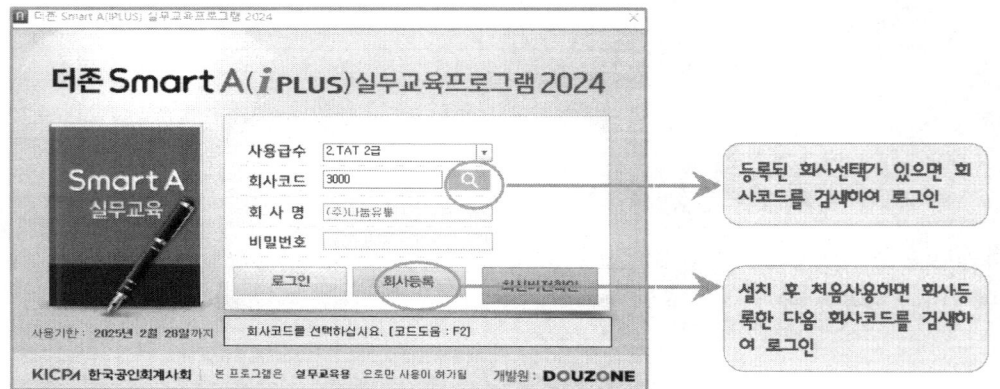

4) TAT 2급 프로그램 구성

재무회계 메인화면은 TAT 2급에 해당하는 프로그램으로 구성되어 있다.

| 재무회계 |

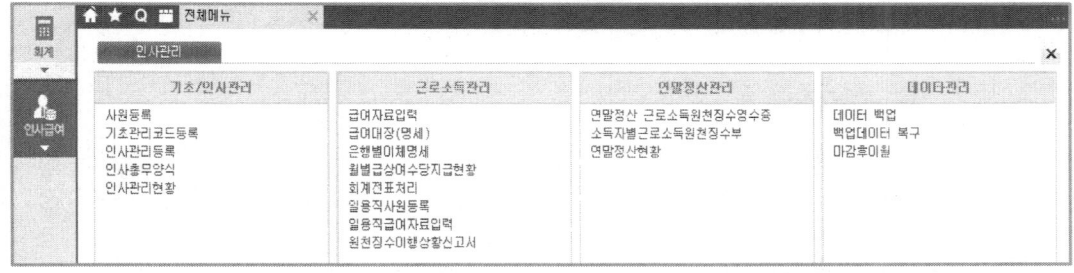

| 인사급여 |

5) TAT(세무실무) 2급 프로세스

TAT(세무실무) 2급을 구성하는 프로그램의 전체프로세스는 다음과 같다.

| 재무회계 |

- **기초정보관리**
  - **기초정보**: 회사등록, 환경설정, 업무용승용차등록, 거래처등록, 계정과목 및 적요등록
  - **전기이월**: 전기분 재무상태표, 전기분 이익잉여금처분계산서, 전기분 손익계산서, 거래처별 초기이월, 전기분 원가명세서
- **거래의 발생**
  - **부가세신고대상거래**: 매입매출전표입력 → 전자세금계산서발행 및 내역관리
  - **부가세 이외의 거래**: 일반전표입력
  - **부가가치세정보**: 부가가치세신고서, 세금계산서합계표, 매입매출장, 부가가치세신고 부속서류
  - **회계정보**: 일/월계표, 전표출력, 합계잔액시산표, 분개장, 계정별원장, 총계정원장, 거래처원장, 현금출납장
  - **자금정보**: 일일자금명세(경리일보), 받을어음현황, 지급어음현황, 어음집계표, 예적금현황, 통장거래내역
- **결 산**
  - **결산정리사항**: 감가상각, 일반전표입력(수동결산), 결산자료입력(자동결산)
  - **재무제표**: 합계잔액시산표(결산후), 재무상태표, 손익계산서, 제조원가명세서, 이익잉여금처분계산서
- **차기이월**
  - **마감후 이월**: 기수변경 : 전기이월로 이월됨

| 원천징수 |

- **상용직** — 사원등록, 기초관리코드등록 → 급여자료입력 → 연말정산 자료입력 → 근로소득 원천징수영수증
- **일용직** — 일용직사원등록 — 일용직급여자료입력
- (급여자료입력, 연말정산 자료입력, 일용직급여자료입력) ↓ 원천징수이행상황신고서

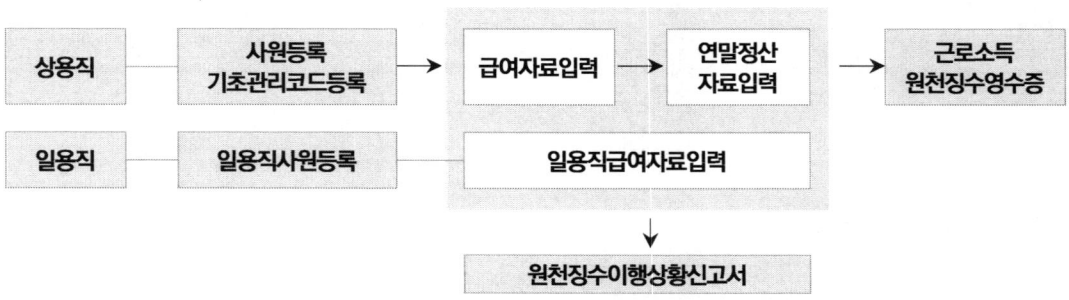

2. 데이터백업

재무회계 > 데이터관리 > 데이터백업

입력된 데이터를 별도의 저장장소에 저장하는 작업을 말한다.

1… 백업할 회사선택

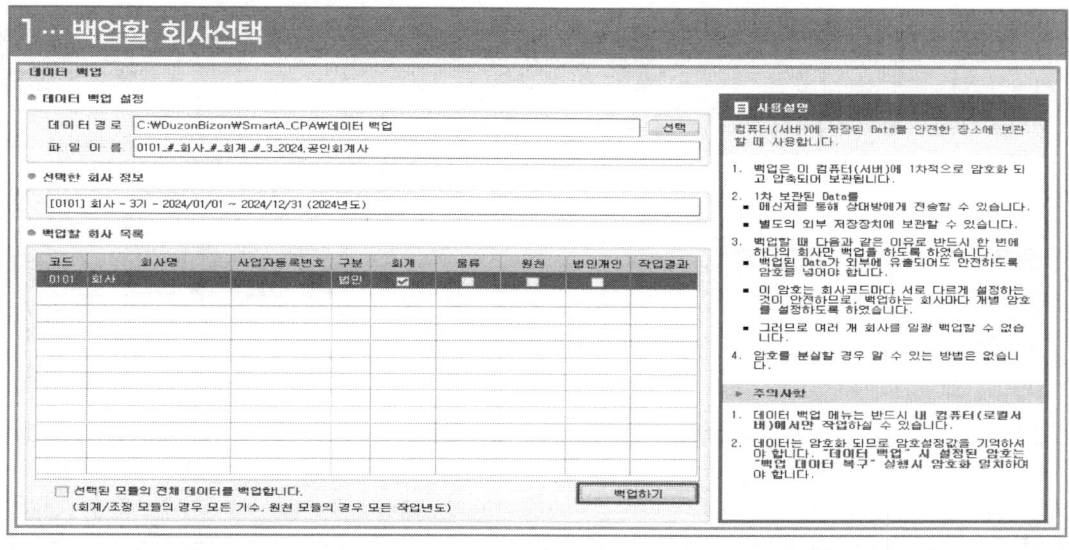

2… 데이터 백업
3… 저장할 폴더지정

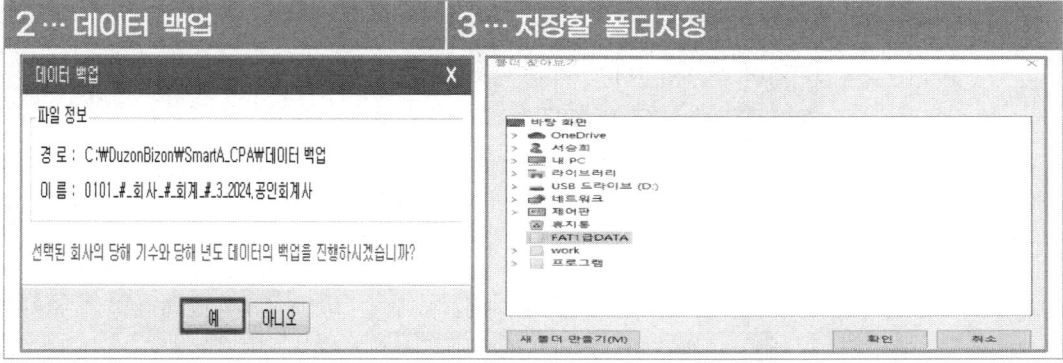

4… 백업 폴더확인
5… 백업성공확인

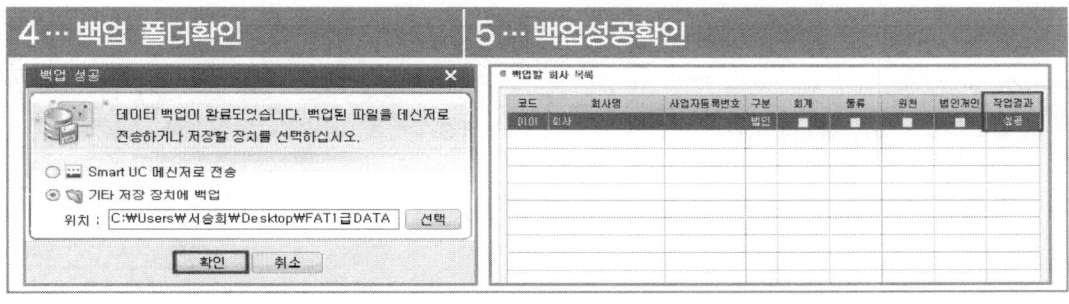

3 백업데이터복구

재무회계 > 데이터관리 > 데이터백업복구

다른 저장장소에 저장되어 있는 데이터를 하드드라이브로 복구하는 작업을 말한다.

1 … 복구할 회사선택

백업할 회사를 선택하여 복구할 수 있다.

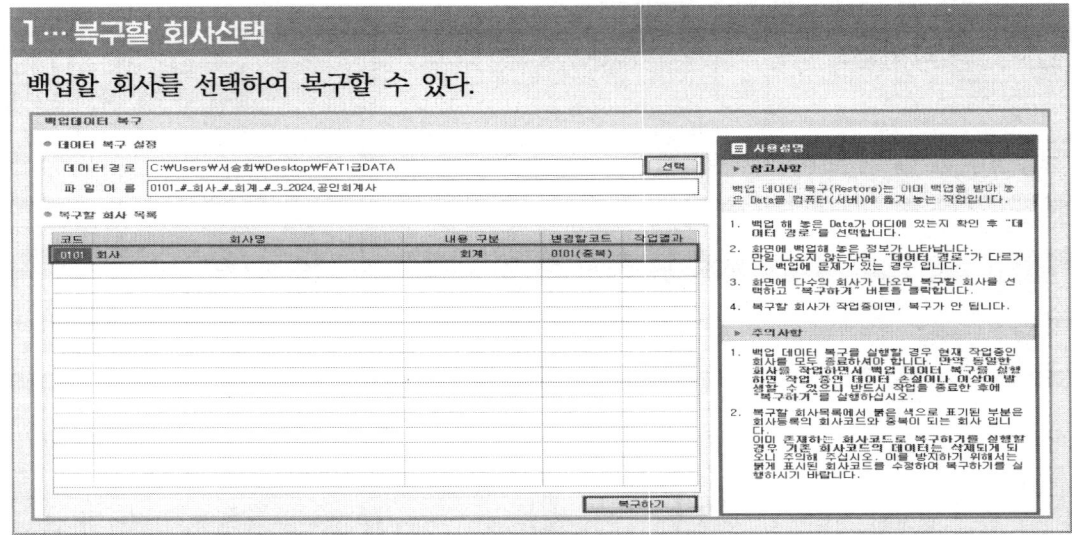

2 … 데이터 복구할 회사선택

새로운 회사코드를 지정하여 복구하거나 선택한 기존회사코드로 복구할 수 있다.

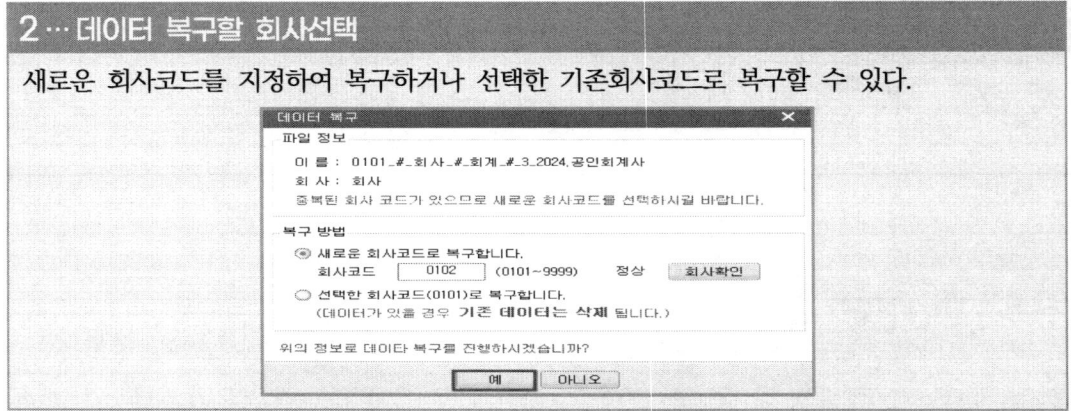

3 … 복구성공 확인

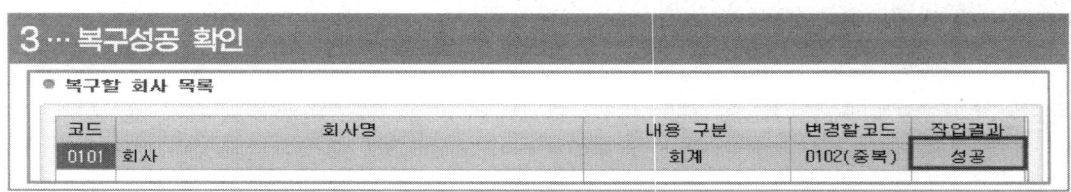

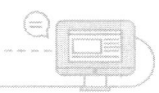

제2절 기준정보등록

NCS
- **능력단위** 회계정보시스템운용(0203020105_20V4)
- **능력단위요소** 회계 관련 DB마스터 관리하기(0203020105_20V4.1)
- **수행준거** 1.1 DB마스터 매뉴얼에 따라 계정과목 및 거래처를 관리할 수 있다.
  1.2 DB마스터 매뉴얼에 따라 비유동자산의 변경 내용을 관리할 수 있다.
  1.3 DB마스터 매뉴얼에 따라 개정된 회계 관련 규정을 적용하여 관리할 수 있다.

1 데이터 업로드

① LG U+ 웹하드 사이트(www.webhard.co.kr)로 접속한다.
② 나눔출판사 ID : ant6545, PW : 1234 를 입력하여 로그인한다.
③ [GUEST 폴더] → [2024년 데이터 및 자료] → [TAT 세무실무 2급]에서 'TAT 세무실무 2급 데이터.exe'화일을 바탕화면에 다운로드 받아 더블클릭하면 자동으로 데이터가 복구된다.
④ 프로그램에서 회사코드 '2000.(주)나눔전자'로 다시 로그인하여 작업하도록 한다.

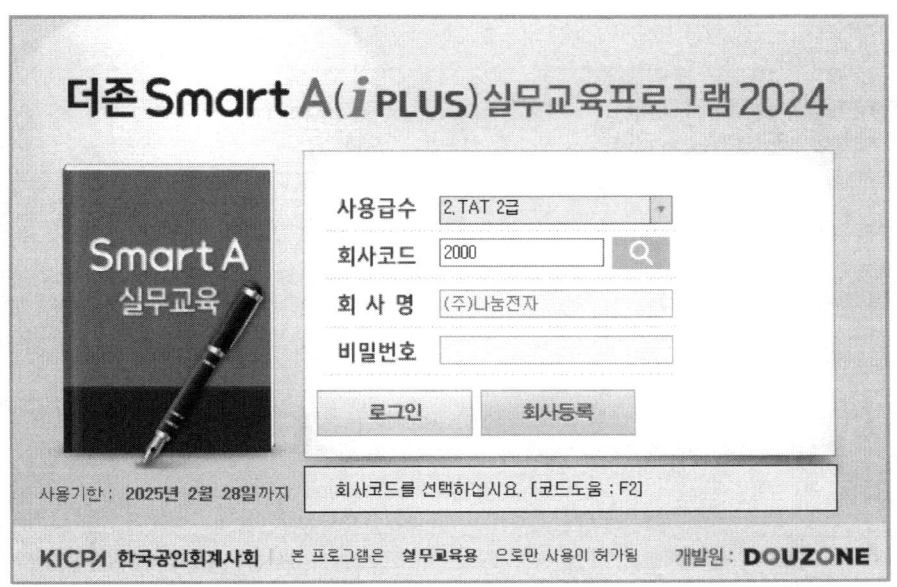

2 기준정보 검토

1) 회사등록

실무교육프로그램을 운용하여 작업할 기본회사를 등록하는 메뉴로 프로그램운영상 가장 먼저 등록되어야 한다. 【회사등록】에 등록된 사항은 프로그램 운용전반에 영향을 미치므로 정확히 입력되어야 한다.

2) 환경설정

실무교육 프로그램을 운용하여 작업할 기본회사의 시스템환경을 설정하기 위한 메뉴로 회사등록 후 바로 설정한다. 환경설정 수정시 다른 메뉴들을 종료하고 수정해야 한다.

3) 거래처등록

거래처등록은 등록된 거래처코드별로 거래처원장관리를 하거나 매출시 세금계산서발급 등을 위해 매출처의 사업자등록증을 받아 등록하며, 매입시는 세금계산서나 일반 간이영수증에 표시된 거래상대방의 인적사항을 보고 입력할 수 있다.

☑ **자격시험에서 전표입력시 반드시 거래처코드를 입력해야하는 계정과목**
1. 예금관련계정 : 보통예금, 당좌예금 등
2. 채권관련계정 : 외상매출금, 받을어음, 미수금, 선급금, 가지급금, 단기대여금, 장기대여금 등 채권
3. 채무관련계정 : 외상매입금, 지급어음, 미지급금, 선수금, 단기차입금, 장기차입금, 유동성장기부채 등 채무

☑ **거래처명 수정하기**
기중에 거래처명이 바뀌어 수정을 하거나 등록되어 있는 거래처의 이름 등이 잘못 입력되어 있을 때는 거래처명을 수정한다. 만약 이전의 전표까지 거래처명을 수정하고자 한다면 해당 거래처명을 수정한 다음, 화면상단 툴바의 전표변경 버튼을 클릭해주면 이전까지 입력한 전표까지 수정된다. 거래처를 수정하고 전표변경 버튼을 클릭하지 않으면 이전 전표에는 수정되지 않은 거래처명이 남게 된다.

4) 계정과목 및 적요등록

계정과목은 시스템 전반에 영향을 미치므로 프로그램을 처음 사용하는 시점에서 정확하게 설정하여야 한다. 일반회계기준에 따라 가장 일반적인 계정과목은 이미 등록되어 있는 상태이므로 회사의 특성에 따라 계정과목을 계정과목코드체계에 따라 수정하거나 추가하여 사용할 수 있다.

5) 고정자산등록

유형·무형고정자산에 대한 감가상각을 위한 정보를 등록하는 메뉴이며, 감가상각을 위한 기본 정보만 입력하여도 감가상각 계산이 자동으로 이루어진다. 전기에 이월된 기초정보가 등록되어 있다.

6) 업무용승용차등록

법인세법상 업무용으로 사용하는 승용차(부가세법상 매입세액불공제되는 비영업용소형승용차에 해당)와 관련된 비용을 별도로 관리하기 위해서 해당 승용차를 등록하는 메뉴이다.

업무용승용차 관련 계정과목의 관리항목을 설정하고 [고정자산등록] 및 [업무용승용차등록] 메뉴에 등록한 다음 전표입력시 입력한 관리항목의 자료를 집계하여 [차량비용현황(업무용승용차)]을 작성한다.

7) 전기분재무상태표

전기분 재무상태표는 비교식 재무상태표의 전기 자료를 제공하고 거래처별 초기이월의 기초금액을 표시하기도 한다.

8) 전기분손익계산서

전년도 손익계산서를 입력하는 곳으로 비교식 손익계산서에 대한 자료를 제공하며, 당기순이익이 계산되는 메뉴이다. 계정과목코드와 금액을 입력하면 화면우측에 집계항목인 매출액, 매출원가, 판매비와관리비 등이 자동으로 집계된다.

9) 전기분 원가명세서

TAT2급은 제조업을 대상으로 데이터가 구성되며, 제조기업은 개인기업, 법인기업 모두 제조업영위에 따른 원가구성요소로서의 원가명세서를 작성하는데 이는 원가명세서에서 작성된 당기제품제조원가가 결국 손익계산서의 매출원가를 구성하기 때문이다.

10) 전기분 이익잉여금처분계산서

법인기업은 당기순이익과 전년도에서 이월된 이익 등을 주주총회를 통해 배당하거나 적립금 용도로 처분하여야 하며, 전기분 이익잉여금처분계산서는 전년도 결산분에 대하여 처분하였던 잉여금에 대한 내역들을 비교식으로 작성하기 위해 입력하는 메뉴이다. 개인기업은 해당없으며, 회사등록메뉴에서 [법인]으로 선택한 경우에만 작성할 수 있다.

11) 거래처별초기이월

상품 등의 매매거래에 대하여 또는 특정한 계정과목에 대하여 거래처별 장부를 만들고자 할 때 사용하는 메뉴이며, 계정과목별로 관리대상 거래처와 전기말 잔액을 입력한다. 코드도움(F2)으로 거래처별 잔액관리를 원하는 계정만을 조회하거나 [기능모음(F11)] "불러오기" 키를 클릭하여 전기분 재무상태표에 입력된 모든 계정과목과 금액을 자동으로 반영할 수 있다.

12) 기장데이터 검토

일반전표입력과 매입매출전표입력메뉴에 기초자료가 입력되어 있다.

제3절 회계프로그램운용하기

 능력단위 회계정보시스템운용(0203020105_20V4)
능력단위요소 회계프로그램 운용하기(0203020105_20V4.2)
수행준거 2.1 회계프로그램 매뉴얼에 따라 프로그램 운용에 필요한 기초 정보를 처리할 수 있다.
2.2 회계프로그램 매뉴얼에 따라 정보산출에 필요한 자료를 처리할 수 있다.
2.3 회계프로그램 매뉴얼에 따라 기간별·시점별로 작성한 각종 장부를 검색할 수 있다.
2.4 회계프로그램 매뉴얼에 따라 결산 작업 후 재무제표를 검색할 수 있다.

1 일반전표입력

재무회계 > 전표입력/장부 > 일반전표입력

[일반전표입력]메뉴는 부가가치세신고와 관련된 거래, 즉, [매입매출전표입력]대상자료를 제외한 모든 거래자료를 입력하는 곳이다.

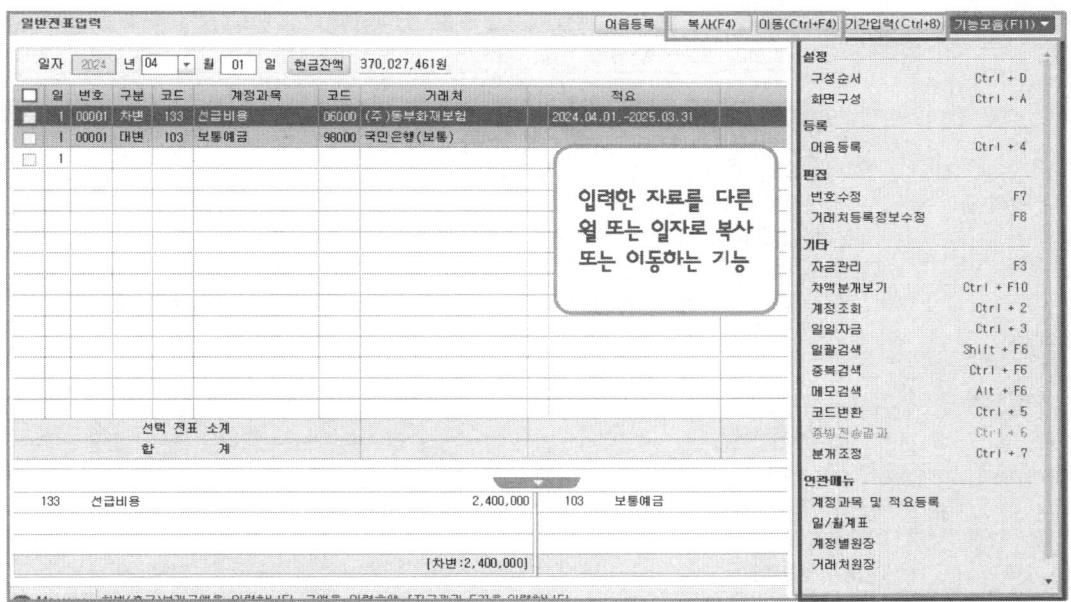

주요항목별 입력내용 및 방법

항 목	입력내용 및 방법
일	① 일자를 직접 입력하여 일일거래를 입력한다. ② 해당 월만 입력 후 일자별 거래를 연속적으로 입력한다. * 일자를 입력하지 않고 Enter↵를 치면 된다.

거래처코드	① 거래처코드를 모를 경우 입력방법
	   ㉠ 코드란에 커서 위치시 F2 도움 받아 원하는 거래처를 부분 검색하여 Enter↵로 입력(사업자등록번호로도 검색이 가능함)
	   ㉡ 코드란에 커서 위치시 '+'키를 치고 원하는 거래처를 입력하여 Enter↵
	② 신규거래처일 경우 입력방법
	   코드란에 커서 위치시 '+'키를 치고 거래처명을 입력하여 Enter↵ → 세부항목을 눌러 기본사항을 입력 → 확인 → 등록
	   * 입력된 자료는 각종 원장에 반영된다.

구 분	전표의 유형을 입력하는 란이다. [1 : 출금, 2 : 입금, 3 : 차변, 4 : 대변, 5 : 결산차변, 6 : 결산대변] ① 현금전표 - 출금전표 : 1, 입금전표 : 2 ② 대체전표 - 차변 : 3, 대변 : 4 ③ 결산전표 - 결산차변 : 5, 결산대변 : 6 (결산대체분개시만 사용함)

코드와 계정과목	① 계정코드를 모를 경우 입력방법
	   ㉠ 코드란에 커서 위치시 F2 도움 받아 원하는 계정을 부분 검색하여 Enter↵로 입력
	   ㉡ 코드란에 커서 위치시 계정과목명 앞 두글자를 입력하여 Enter↵로 입력
	② 계정코드를 아는 경우 직접 계정코드를 입력하는 방법
	   * 입력된 자료는 각종 원장 및 재무제표에 자동 반영된다.

적 요	적요는 숫자 0, 1~8, F3 중 해당 번호를 선택, 입력한다. ① 0 : 임의의 적요를 직접 입력하고자 할 때 선택한다. ② 1~8 : 화면 하단에 보여지는 내장적요로, 해당번호를 선택 입력한다. 기 내장적요 외에 빈번하게 사용하는 적요의 경우에는 적요 코드도움 창에서 편집(F3)키를 눌러 기 등록된 적요를 수정 또는 추가할 수 있다. ③ F3 : 받을어음, 지급어음, 차입금 등의 자금관리를 하고자 할 경우 선택하며, 받을어음현황, 지급어음현황, 차입금현황, 당좌수표현황 등에 반영되어 자금관리 자료로 활용된다.

▌실무수행 유의사항

1. 부가가치세관련 거래는 [매입매출전표입력]메뉴에 입력하고, 부가가치세관련 없는 거래는 [일반전표입력]메뉴에 입력한다.
2. 타계정대체액과 관련된 적요는 반드시 코드를 입력하여야 한다.
3. *채권·채무, 예금거래 등 관리대상 거래자료에 대하여는 거래처코드를 반드시 등록한다.
   * 채권·채무계정 : 외상매출금, 받을어음, 미수금, 대여금, 선급금, 외상매입금, 지급어음, 미지급금, 선수금, 단기차입금, 장기차입금, 가지급금 등
4. 자금관리 등 추가작업이 필요한 경우 지문에 따라 추가 작업하여야 한다.
5. 제조원가와 관련된 경비는 500번대, 판매비와관리비는 800번대 계정코드를 사용한다.

2 매입매출전표입력

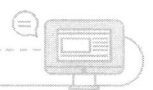

재무회계 > 전표입력/장부 > 매입매출전표입력

[매입매출전표입력]메뉴에서는 부가가치세와 관련있는 거래자료를 입력하며, 이를 통해 부가가치세신고서와 관련 부속명세서를 작성한다. 또한 회계정보는 재무제표와 제장부에 자동으로 반영된다.

[매입매출전표입력]메뉴는 상단부와 하단부로 나뉘는데, 상단부에는 부가가치세와 관련된 정보를 입력하며, 하단부에는 재무회계와 관련된 정보를 입력한다. 상단부에서 유형은 부가가치세의 유형을 의미하며 과세여부와 증빙을 판단하여 선택하여야 하며, 이를 통해 부가가치세 부속서류와 부가가치세신고서의 해당란에 자동반영될 수 있다.

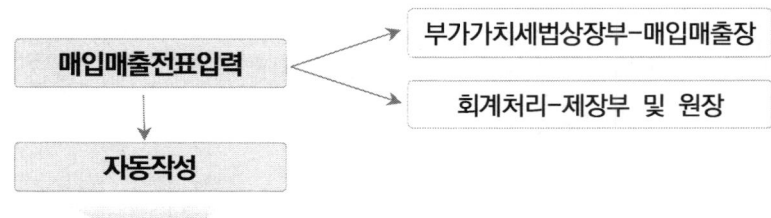

- 부가가치세신고서
- 계산서합계표
- 신용카드매출전표등수령금액합계표
- 의제매입세액공제신고서
- 건물등 감가상각자산취득명세서
- 세금계산서합계표
- 신용카드매출전표발행집계표
- 매입세액불공제내역
- 재활용폐자원세액공제신고서

| 유형별 입력자료와 특성 |

코드	유형	입력자료	자동작성되는 자료
11	과세매출	부가가치세가 10%인 매출세금계산서	매출처별세금계산서합계표, 매입매출장, 부가가치세신고서
12	영세매출	부가가치세가 "0"인 영세율세금계산서 (간접수출)	매출처별세금계산서합계표, 매입매출장, 부가가치세신고서
13	면세매출	면세분 매출계산서	매출처별계산서합계표, 매입매출장, 부가가치세신고서의 과세표준의 면세수입금액란과 계산서발급금액란
14	건별매출	• 세금계산서가 발급되지 않는 과세매출 (영수증) • 간주공급의 입력시 사용	매입매출장, 부가가치세신고서 과세매출의 기타란과 과세표준명세서
15	종합매출	간이과세자의 매출분	부가가치세신고서
16	수출매출	직수출	매입매출장, 부가가치세신고서
17	카과매출	과세대상거래의 신용카드매출전표발급분	매입매출장, 신용카드매출전표발행집계표, 부가가치세신고서 과세 신용카드·현금영수증란
18	카면매출	면세대상거래의 신용카드매출전표발급분	매입매출장, 신용카드매출전표발행집계표, 부가가치세신고서 과세표준의 면세수입금액란
19	카영매출	영세율대상거래의 신용카드매출전표발급분	매입매출장, 신용카드매출전표발행집계표, 부가가치세신고서 영세 기타란
20	면건매출	계산서가 발급되지 않은 면세매출분	매입매출장, 부가가치세신고서 과세표준의 면세수입금액란
21	전자매출	전자결제수단으로서 과세매출분	매입매출장, 전자화폐결제명세서, 부가가치세신고서 과세 신용카드·현금영수증란
22	현과매출	현금영수증에 의한 과세매출분	매입매출장, 신용카드매출전표발행집계표, 부가가치세신고서 과세 신용카드·현금영수증란
23	현면매출	현금영수증에 의한 면세매출분	매입매출장, 신용카드매출전표발행집계표, 부가가치세신고서 과세표준의 면세수입금액란
24	현영매출	현금영수증에 의한 영세매출분	매입매출장, 신용카드매출전표발행집계표, 부가가치세신고서 영세 기타란
51	과세매입	부가가치세가 10%인 매입세금계산서	매입처별세금계산서합계표, 매입매출장, 부가가치신고서
52	영세매입	부가가치세가 0%인 영세율세금계산서	매입처별세금계산서합계표, 매입매출장, 부가가치신고서
53	면세매입	면세분 매입계산서	매입처별계산서합계표, 매입매출장, 부가가치신고서
54	불공매입	부가가치세가 10%인 매입세금계산서중 매입세액불공제분	매입처별세금계산서합계표, 매입매출장, 부가가치신고서
55	수입매입	세관장이 발행한 수입세금계산서	매입처별세금계산서합계표, 매입매출장, 부가가치신고서
57	카과매입	매입세액공제가 가능한 신용카드매출발행전표(구분기재분) 과세매입분	매입매출장, 신용카드매출전표등수령금액합계표(갑), 부가가치세신고서 그밖의 공제매입세액란
58	카면매입	신용카드에 의한 면세매입분	매입매출장
59	카영매입	신용카드에 의한 영세매입분	매입매출장
60	면건매입	계산서가 발급되지 않은 면세적용 매입분	매입매출장
61	현과매입	현금영수증에 의한 과세 매입분	매입매출장, 신용카드매출전표등수령금액합계표(갑), 부가가치세신고서 그밖의 공제매입세액란
62	현면매입	현금영수증에 의한 면세 매입분	매입매출장

원가계산

 **원가요소 분류하기**

> **NCS**
> **능력단위** 원가계산(0203020103_20V4)
> **능력단위요소** 원가요소 분류하기(0203020103_20V4.1)
> **수행준거** 1.1 회계관련규정에 따라 원가와 비용을 구분할 수 있다.
> 　　　　　　1.2 회계관련규정에 따라 제조원가의 계정흐름에 대해 분개할 수 있다.
> 　　　　　　1.3 회계관련규정에 따라 원가를 다양한 관점으로 분류할 수 있다.

1 원가의 계정흐름

1) 제조원가의 구성

제조업은 원재료, 노무비, 제조경비를 투입하여 제품을 만들어서 판매하는 영업활동을 말한다. 결산시 당기 중 제품을 제조하는데 투입된 원가를 계산하여 매출원가를 계산하고 판매가격과 이익을 계산한다.

| 원가 구성도 |

2) 제조원가의 계정흐름

제조기업에서 원가의 3요소인 재료비, 노무비, 제조경비 등을 투입하여 재공품에 기록하고, 재공품계정의 완성제품액은 제품계정으로 대체 처리된다. 제품별로 적절히 배부하여 제품의 원가를 산출하는 전 과정을 원가의 흐름이라 한다.
제조원가가 되어가는 과정을 살펴보면 다음과 같다.

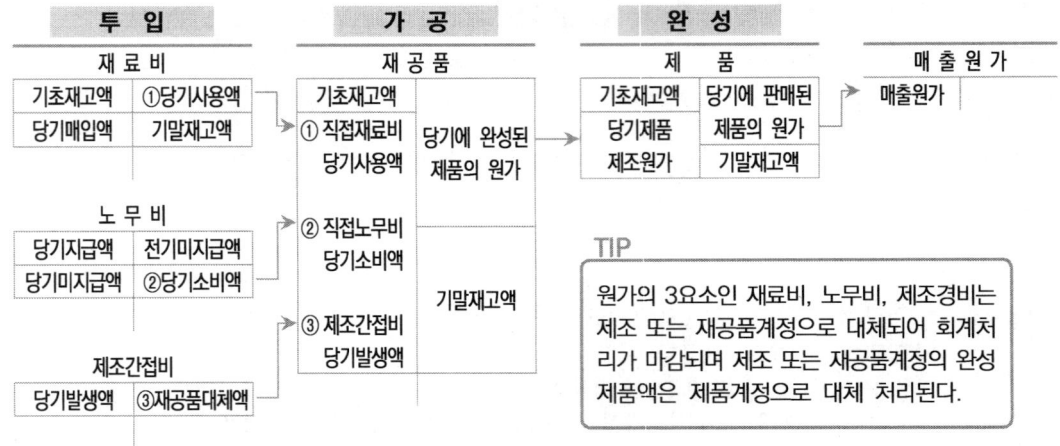

2 제조원가관련 계정과목

구 분	회 계 처 리
원재료	매입시 153.원재료 계정(재고자산)으로 회계처리하고 결산시 원재료소비액을 501.원재료비 계정으로 계정대체한다.
노무비(500번대)	제조업의 노무비에 해당하는 계정과목으로 구성되어 있다.
제조경비(500번대)	제조업의 제조경비에 해당하는 계정과목으로 구성되어 있다.
500번대 경비	제조업의 제조원가를 구성하는 계정과목코드로 구성되어 있다. <u>TAT2급은 제조업을 기준으로 하고 있으므로 비용은 제조원가 : 500번대경비, 판매관리비 : 800번대경비를 반드시 구분하여 입력하여야 한다.</u>
600번대 경비	도급건설 또는 용역업의 원가를 구성하는 계정과목코드로 구성되어 있다. 교육용 및 수험용데이타는 제조업을 기준으로하고 있어 실무에서 사용된다.
700번대 경비	분양건설의 원가를 구성하는 계정과목코드로 구성되어 있다. 교육용 및 수험용데이타는 제조업을 기준으로하고 있어 실무에서 사용된다.
800번대 경비	판매비와 관리비를 구성하는 계정과목코드로 구성되어 있다.

| 계정과목 코드체계 |

재무상태표 계정과목	손익계산서 계정과목	참 고
당 좌 자 산 : 10100 - 14599	매 출 : 40100 - 42099	500번대 경비
재 고 자 산 : 14600 - 17599	매 출 원 가 : 45100 - 47099	제조원가명세서를 구성하는 코드
투 자 자 산 : 17600 - 20099	제 조 원 가 : 50100 - 60099	
유 형 자 산 : 20100 - 23099	도 급 원 가 : 60100 - 70099	600번대 경비
무 형 자 산 : 23100 - 25099	분 양 원 가 : 70100 - 80099	건설업의 도급원가명세서를
기타비유동자산 : 96100 - 98099	판매 / 관리비 : 80100 - 90099	구성하는 코드
유 동 부 채 : 25100 - 29099	영 업 외 수 익 : 90100 - 93099	
비 유 동 부 채 : 29100 - 33099	영 업 외 비 용 : 93100 - 96099	700번대 경비
자 본 금 : 33100 - 34099	중 단 사 업 손 익 : 99100 - 99799	건설업의 분양원가명세서를
자 본 잉 여 금 : 34100 - 35099	법 인 (개 인) : 99800 - 99999	구성하는 코드
이 익 잉 여 금 : 35100 - 38099		
자 본 조 정 : 38100 - 40099		800번대 경비
기 타 포 괄 손 익 : 98100 - 99099		판매비와관리비를 구성하는 코드

제2절 원가계산하기

> **NCS**
> - **능력단위** 원가계산(0203020103_20V4)
> - **능력단위요소** 원가요소 분류하기(0203020103_20V4.3)
> - **수행준거** 3.1 원가계산시스템의 종류에 따라 원가계산방법을 선택할 수 있다.
>   3.2 업종특성에 따라 개별원가계산을 할 수 있다.
>   3.3 업종특성에 따라 종합원가계산을 할 수 있다.

1 개별원가계산과 종합원가계산

구 분	개별원가계산	종합원가계산
생산형태	개별 제품의 주문생산	동종 제품의 연속 대량 생산
적용대상산업	건설업, 조선업, 항공업, 기계공업, 주민인쇄업, 주문가구제조업등	정유업, 제분업, 철강업, 식품가공업, 제지업, 제화업, 화학공업, 양조업등
생산수량	주문에 의한 소량 생산	생산계획에 따른 연속 대량 생산
제조지시서종류	특정제조지시서	계속제조지시서
원가의 분류	직접비와 간접비의 구분이 중요	직접재료비와 가공비의 구분이 중요
기말재공품의 평가	미완성된 작업의 작업원가표에 집계된 원가로 자동계산	완성품과 기말재공품에 배분하는 절차가 필요(기말재공품 완성품환산량×단위당원가)
단위당 원가계산	완성된 작업의 작업원가표에 집계된 원가를 완성수량으로 나누어 계산	일정기간의 완성품제조원가를 완성수량으로 나누어 계산
원가계산의 정확성	제품별 정확한 원가계산이 가능	상대적으로 정확성이 떨어짐
원가계산의 비용	상세한 기록이 필요하며 원가계산비용이 많이 소요됨	원가계산비용이 적게 소요됨

2 원가계산에 따른 제조원가명세서 작성

SmartA실무프로그램(교육용)에서는 상세기록이 필요한 개별원가계산은 실질적으로 어려우며, 종합원가계산을 적용하여 제조업의 회계보고 부속서류인 제조원가명세서 작성과 관련된 회계처리만을 수행한다.

CHAPTER 03 전표처리

제1절 적격증빙별 거래인식하기

 **능력단위** 전표처리(0203020211_20V6)
능력단위요소 적격증빙별 거래인식하기(0203020211_20V6.1)
수행준거 1.1 거래별로 세금계산서 발급대상 거래와 영수증대상 거래를 구별하고 관리할 수 있다.
1.2 적격증빙별 거래를 구분하여 인식하고 지출증명서류합계표를 작성하여 관리할 수 있다.
1.3 적격증빙별 거래를 구분하여 인식하고 적격증빙이 아닌 경우 영수증수취명세서를 작성하여 관리할 수 있다.
1.4 업무용승용차관련 거래를 인식하고 차량별로 운행일지를 관리할 수 있다.

1 ▶ 3만원 초과 거래자료입력

증빙이란 거래상황에 대하여 객관적으로 입증이 가능한 증거서류를 말한다. 법인이 재화나 용역을 공급하거나 공급받는 경우에는 반드시 적격증빙(세금계산서, 계산서(부가가치세 면제분), 신용카드 매출전표 또는 현금영수증)을 주고받아야 한다.

1) 지출증빙수취

① 3만원초과거래에 대하여 적격증빙을 갖추지 못하였을 경우 영수증수취명세서(법인사업자 제외)를 작성하여 제출하며 제출자료에 대하여 2%의 가산세가 부과된다.
② 1회 접대금액이 3만원(경조사비의 경우 20만원)을 초과하는 경우 반드시 법인명의의 신용카드나 세금계산서·계산서 또는 현금영수증을 수수하여야만 비용으로 인정된다.
③ 3만원초과 거래중 제외대상거래가 있으므로 검토하여 함께 제출한다.

2) 지출증빙으로 인정되는 정규영수증

① 여신전문금융업법에 의한 신용카드 매출전표
② 현금영수증
③ 부가가치세법 제16조의 규정에 의한 세금계산서
④ 법인세법 제121조 및 소득세법 제163조의 규정에 의한 계산서

3) 정규영수증으로 보지 아니하는 지출증빙서류

① 실제 거래처와 다른 사업자 명의로 교부된 세금계산서·계산서, 신용카드 매출전표
② 부가가치세법상 미등록사업자로부터 재화 또는 용역을 공급받고 교부받은 세금계산서 또는 계산서
③ 부가가치세법상 간이과세자로부터 재화 또는 용역을 공급받고 교부받은 세금계산서

4) 정규영수증 수취의무 면제거래

① 사업자가 아닌 자와의 거래
사업자가 아닌 자와의 거래는 거래 상대방이 세금계산서 또는 신용카드 매출전표를 교부할 수 없는 거래
② 재화 또는 용역의 공급으로 보지 아니하는 거래
  • 조합 또는 협회에 지출하는 경상회비
  • 판매장려금 또는 포상금 등 지급
  • 종업원에게 지급하는 경조사비 등(법인46012-296, 1999.1.23.)

실무수행문제

기출문제 ▶ 1회~50회 중 **1회** 출제

다음 거래자료를 입력하시오.

❶ 1월 2일 매출거래처 직원을 접대하고 수취한 현금영수증이다.

```
           ** 현금(지출증빙) 승인 **
              (RECEIPT)              회원용

   사업자등록번호    : 117-90-12858 김미진
   사업자명         : 탐라수산
   단말기ID         : 38036925(tel : 02-2633-7414)
   가맹점주소       : 서울 영등포구 당산동6가 237-34

   현금영수증 회원번호 법인
   120 - 81 - 32144
   승인번호         : 095037819    (PK)
   거래일시         : 2024년1월 2일 13시18분18초
   ----------------------------------------
   거래금액                             330,000원
   총합계                               330,000원
   ----------------------------------------
   휴대전화, 카드번호 등록
   http://현금영수증.kr
   국세청문의(126)
   38036925-GCA10106-3870-U490
           <<<<<<이용해 주셔서 감사합니다.>>>>>>
```

실무수행입력

재무회계 > 전표입력/장부 > 일반전표입력

❶ 1월 2일 (차) 접대비(기업업무추진비) 330,000원 (대) 현금 330,000원

구분	코드	계정과목	코드	거래처		적요	차변	대변
1(출금)	833	접대비(기업업무추진비)		탐라수산	01	접대비(기업업무추진비)/신용카드(법인)	330,000	현금

* 접대비(기업업무추진비)의 적요 중 적요코드01.접대비(기업업무추진비)/신용카드(법인)을 선택하여야 법인세무조정의 접대비(기업업무추진비)조정시 신용카드등 사용금액으로 집계할 수 있다.

2 3만원 초과 가산세 제외대상거래의 영수증수취명세서작성

1) 3만원초과 가산세 제외대상거래

원천징수사업대상사업소득, 세금, 보험료 등은 지출증빙특례규정에 의해 일반영수증, 입금표 등의 증빙을 수취하여도 가산세가 부과되지 않는다.

2) 재화 또는 용역의 공급대가로서 정규영수증 수취의무 면제거래

① 법인세법시행령 §158②에서 규정하는 거래
  • 공급받은 재화 또는 용역의 건당 거래금액(부가가치세 포함)이 3만원 이하인 경우
  • 농·어민(한국표준산업분류에 의한 농업 중 작물생산업·축산업·복합농업, 임업 또는 어업에 종사하는 자를 말하며, 법인을 제외함)으로부터 재화 또는 용역을 직접 공급받는 경우
  • 소득세법 §127①3호에 규정된 원천징수대상 사업소득자로부터 용역을 공급받은 경우(원천징수한 것에 한함)
  • 항만공사법에 의한 항만공사가 공급하는 화물료 징수용역을 공급받는 경우

② 법인세법시행규칙 §79에서 규정하는 거래
  • 부가가치세법§6의 규정에 의하여 재화의 공급으로 보지 아니하는 사업의 양도에 의하여 재화를 공급받은 경우
  • 부가가치세법 §12①7호의 규정에 의한 방송용역을 제공받은 경우

- 전기통신사업법에 의한 전기통신사업자로부터 전기통신 용역을 공급받은 경우(통신판매업자가 부가통신사업자로부터 부가통신역무를 제공받는 경우를 제외함)
- 국외에서 재화 또는 용역을 공급받은 경우(세관장이 세금계산서 또는 계산서를 교부한 경우 제외)
- 공매·경매 또는 수용에 의하여 재화를 공급받은 경우
- 토지 또는 주택을 구입하거나 주택의 임대업을 영위하는 자(법인은 제외함)로부터 주택임대용역을 공급받은 경우
- 택시운송용역을 제공받은 경우
- 건물(토지를 함께 공급받은 경우에는 당해 토지를 포함하며, 주택을 제외함)을 구입하는 경우로서 거래내용이 확인되는 매매계약서 사본을 법인세 과세표준신고서에 첨부하여 납세지 관할세무서장에게 제출하는 경우
- 소득세법시행령§208의2 ① 3호의 규정에 의한 금융·보험용역을 제공받은 경우
- 국세청장이 정하여 고시한 전산발매통합관리시스템에 가입한 사업자로부터 입장권·승차권·승선권 등을 구입하여 용역을 제공받은 경우
- 항공기의 항행용역을 제공받은 경우
- 부동산 임대용역을 제공받은 경우로서 부가가치세법시행령 §49의2 ①의 규정을 적용받는 전세금 또는 임차보증금에 대한 부가가치세액을 임차인이 부담하는 경우
- 재화공급계약·용역공급계약 등에 의하여 확정된 대가의 지급지연으로 인하여 연체이자를 지급하는 경우
- 철도공사로부터 철도의 여객운송용역을 공급받는 경우
- 유료도로를 이용하고 통행료를 지급하는 경우

③ 재화 또는 용역의 거래금액을 금융실명거래 및 비밀보장에 관한 법률에 의한 금융기관을 통하여 지급한 경우로서 법인세과세표준신고서에 송금사실을 기재한 「경비 등의 송금명세서」를 첨부하여 납세지 관할세무서장에게 제출하는 거래

실무수행문제

기출문제 ▶ 1회~50회 중 **10회** 출제

다음 거래자료를 입력하고 영수증수취명세서를 작성하시오.

❶ 1월 3일 본사건물에 대한 교통유발부담금을 납부기한일에 현금으로 납부하였다.

부과내역		
- 관리번호 : 32400550038000000700		
- 부과기간 : 2024/01/01~2024/12/31		
- 부과면적 : 305.23m²		
- 단위부담금(원) : 1000		
도시교통정비촉진법		
교통유발부담금 납부 전용계좌		
우리은행	766-416931-65-993	
신한은행	562-049-59416939	
하나은행	134-849358-63037	

서울특별시 **교통유발부담금[납입고지서]** 납세자 보관용 영수증

- 납세자: (주)나눔전자 101111-1567119
- 주소: 서울특별시 강남구 강남대로 238-4
- 과세대상: 서울특별시 강남구 강남대로 238-4

▼ 인터넷 납부시 입력번호

| 납세번호 | 기관번호 | 740003 | 세목 | 32227214 | 납세년월기 | 202401 | 과세번호 | 0013283 |

금액	납기내금액	
	305,230	납부기한 305,230 원
가산금	0	2024-1-3까지
연부이자	0	원
합계세액	305,230	까지

주무관 권근 위의 금액을 영수합니다.
2024년 1월 3일
교통행정과 강남구청

수납인
2024.01.03
우리은행

❷ 1월 4일 생산부 차량(트럭)에 대하여 (주)삼성화재 차량손해보험에 가입하고 1년분 보험료를 국민은행 보통예금 계좌에서 이체하여 납부하였다.

자동차보험증권

증권번호	202103011683	계약일	2024년 1월 4일
보험기간	2024년 1월 5일 00:00부터		2025년 1월 4일 24:00까지
보험계약자	(주)나눔전자	주민(사업자)번호	120-81-32144
피보험자	(주)나눔전자	주민(사업자)번호	120-81-32144

보험료 납입사항

| 총보험료 | 156 만원 | 납입보험료 | 156 만원 | 미납입 보험료 | 0 원 |

실무수행입력

재무회계 > 전표입력/장부 > 일반전표입력

❶ 1월 3일 (차) 세금과공과금 305,230원 (대) 현금 305,230원

구분	코드	계정과목	코드	거래처	적요	차변	대변
1(출금)	817	세금과공과금			교통유발부담금	305,230	현금

❷ 1월 4일 (차) 보험료 1,560,000원 (대) 보통예금 1,560,000원

구분	코드	계정과목	코드	거래처	적요	차변	대변
차변	521	보 험 료		(주)삼성화재	차량손해보험	1,560,000	
대변	103	보 통 예 금	98000	국민은행(보통)	차량손해보험		1,560,000

❸ 영수증수취명세서(2)

거래일자	상 호	성 명	사업장	사업자등록번호	거래금액	구분	계정코드	계정과목	적요
2024-01-03	강남구청				305,230	19	817	세금과공과금	
2024-01-04	(주)삼성화재				1,560,000	16	521	보험료	

❹ 영수증수취명세서(1)

1. 세금계산서, 계산서, 신용카드 등 미사용내역

9. 구분	3만원 초과 거래분		
	10. 총계	11. 명세서제출 제외대상	12. 명세서제출 대상(10-11)
13. 건수	2	2	
14. 금액	1,865,230	1,865,230	

2. 3만원 초과 거래분 명세서제출 제외대상 내역

구분	건수	금액	구분	건수	금액
15. 읍, 면 지역 소재			26. 부동산 구입		
16. 금융, 보험 용역	1	1,560,000	27. 주택임대용역		
17. 비거주자와의 거래			28. 택시운송용역		
18. 농어민과의 거래			29. 전산발매통합관리시스템가입자와의		
19. 국가 등과의 거래	1	305,230	30. 항공기항행용역		
20. 비영리법인과의 거래			31. 간주임대료		
21. 원천징수 대상사업소			32. 연체이자지급분		
22. 사업의 양도			33. 송금명세서제출분		
23. 전기통신, 방송용역			34. 접대비필요경비부인분		
24. 국외에서의 공급			35. 유료도로 통행료		
25. 공매, 경매, 수용			36. 합계	2	1,865,230

3 경비등송금명세서 작성

간이과세자로부터 부동산임대용역을 제공받았거나 부동산중개수수료 지급등의 거래는 송금사실을 기재한 [경비등의 송금명세서]를 제출하면 정규지출증빙 미수취에 대한 가산세를 부과하지 않는다.

1) 「경비 등의 송금명세서」를 첨부하여 납세지 관할세무서장에게 제출하는 거래

재화 또는 용역의 거래금액을 금융실명거래 및 비밀보장에 관한 법률에 의한 금융기관을 통하여 지급한 경우로서 법인세과세표준신고서에 송금사실을 기재한 「경비 등의 송금명세서」를 첨부하여 납세지 관할세무서장에게 제출하는 거래

- 부가가치세법§25의 규정을 적용받는 사업자로부터 부동산 임대용역을 제공받은 경우
- 임가공용역을 제공받은 경우(법인과의 거래를 제외함)
- 운수업을 영위하는 자(부가가치세법§25의 규정을 적용받는 사업자에 한함)가 제공하는 택시운송용역 외의 운송용역을 제공받은 경우
- 부가가치세법§25의 규정을 적용받는 사업자로부터 조세특례제한법시행령§110 ④ 각호의 규정에 의한 재활용폐자원 등이나 「자원의 절약과 재활용촉진에 관한 법률」§2,1호의 규정에 의한 재활용가능자원(동법시행규칙 별표1, 제1호 내지 제9호에 열거된 것에 한함)을 공급받은 경우
- 항공법에 의한 상업서류송달용역을 제공받는 경우
- 부동산중개업법에 의한 중개업자에게 수수료를 지급하는 경우
- 복권 및 복권기금법에 의한 복권사업자가 복권을 판매하는 자에게 수수료를 지급하는 경우
- 국세청장이 정하여 고시한 다음의 경우(제2023-2호, 2023.2.1)
  - 인터넷, PC통신 및 TV홈쇼핑을 통하여 재화 또는 용역을 공급받은 경우
  - 우편송달에 의한 주문판매를 통하여 재화를 공급받은 경우

실무수행문제 기출문제 ▶ 1회~50회 중 **10회** 출제

다음 거래자료를 입력하고 경비등송금명세서를 작성하시오.

❶ 1월 5일 원재료 야적을 위해 삼성개발에서 임차한 임야에 대해 1월분 임차료 400,000원을 국민은행 보통예금에서 이체하였다(삼성개발은 세금계산서 발급이 불가능한 간이과세자임).

공급자 정보

- 상　　　　호 : 삼성개발
- 사업자등록번호 : 119-15-50400
- 대　표　자 : 박성연
- 주　　　　소 : 경기도 수원시 팔달구 매산로 10-7 (매산로1가)
- 은　행　정　보 : 신한은행 011202-04-012368
- 예　금　주 : 박성연(삼성개발)

❷ 1월 6일 본사 관리부 직원의 숙소를 제공하기 위하여 간이과세자인 강남부동산에 건물 임차를 의뢰하고, 중개수수료 800,000원을 국민은행 보통예금 계좌에서 송금하였다.

영 수 증 (공급받는자용)

(주)나눔전자 귀하

공급자	사업자등록번호	124-60-33155		
	상 호	강남부동산	성명	김강남
	사업장소재지	서울시 강남구 강남대로 246		
	업 태	부동산업	종목	부동산중개업

작성일자	공급대가총액	비고
2024. 1. 6.	₩ 800,000	

공 급 내 역

월/일	품명	수량	단가	금액
1/6	중개수수료			800,000
합　　계			₩ 800,000	

입금계좌 : 신한은행 211-0213-1006 (김강남)

실무수행입력

재무회계 ▶ 전표입력/장부 ▶ 일반전표입력

❶ 1월 5일 (차) 임차료　400,000원　(대) 보통예금　400,000원

구분	코드	계정과목	코드	거래처	적요	차변	대변
차변	519	임 차 료		삼성개발	임야임차	400,000	
대변	103	보 통 예 금	98000	국민은행(보통)	임야임차		400,000

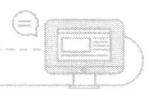

❷ 1월 6일 (차) 수수료비용   800,000원   (대) 보통예금   800,000원

구분	코드	계정과목	코드	거래처	적요	차변	대변
차변	831	수수료비용		강남부동산	중개수수료	800,000	
대변	103	보 통 예 금	98000	국민은행(보통)	중개수수료		800,000

❸ 경비등송금명세서

번호	⑥거래일자	⑦법인명(상호)	⑧성명	⑨사업자(주민)등록번호	⑩거래내역	⑪거래금액	⑫송금일자	CD	⑬은행명	⑭계좌번호	계정코드
1	2024-01-05	삼성개발	박성연	119-15-50400	임야임차료	400,000	2024-01-05	088	신한은행	011202-04-012368	
2	2024-01-06	강남부동산	김강남	124-60-33155	중개수수료	800,000	2024-01-06	088	신한은행	211-0213-1006	
3											

4 업무용승용차 관련거래

세금혜택이 있는 업무용 승용차의 사적 사용을 막기 위해 업무용 승용차에 대해 임직원 전용 자동차 보험 가입을 의무화하고 운행기록을 작성하도록 하고 있으며, 세법상 업무용 승용차의 관련 비용 한도를 초과하는 경우 손금불산입(필요경비불산입)하고 있다.

| 업무용승용차 관련비용 |

구 분	내 용
적용대상	법인사업자와 복식부기대상인 개인사업자

업무용 승용차의 범위	• 업무용 승용차란 법인이 소유 및 임차한 자동차로서 개별소비세 과세대상 승용자동차를 의미하며, 트럭, 경차, 장례서비스업자의 운구용 승용차는 제외된다.
	• 개별소비세과세대상인 승용차
	  - 배기량이 2,000cc를 초과하는 승용자동차와 캠핑용 자동차
	  - 배기량이 2,000cc이하인 승용자동차와 전기용승용자동차(정원 8인 이하의 자동차에 한하며, 배기량 1,000cc이하인 것으로 길이 3.6m, 폭1.6m이하인 것을 제외)
	  - 이륜자동차

업무용 승용차 관련비용	• 감가상각비, 임차료, 유류비, 수선비, 보험료, 자동차세, 금융리스부채에 대한 이자비용 등 업무용승용차를 취득하고 유지함으로써 발생하는 비용으로 거래처 방문, 판촉활동, 회의참석, 출퇴근등에서 발생하는 비용으로 한다.
운행기록부 작성	• 업무용승용차 관련비용은 업무전용자동차보험을 가입하고 운행기록부상 확인되는 업무사용비율만큼 손금인정되며, 운행기록등을 작성하지 않은 경우 대당 1천5백만원(부동산임대업 500만원) 한도내에서 업무용승용차 관련비용이 손금 인정된다.

TAT 2급 세무실무

실무수행문제

기출문제 ▶ 1회~50회 중 **0회** 출제

다음 거래를 입력하고 업무용승용차와 관련된 내역을 반영하여 차량비용현황을 작성하시오.
(단, 채권·채무 및 금융 거래는 거래처 코드를 입력하고 각 문항별 한 개의 전표번호로 입력한다.)

❶ 계정과목 및 적요등록메뉴에서 업무용승용차관련비용을 일괄 등록하시오.

❷ 1월 26일 ㈜대륙자동차에서 관리부용 승용차를 구입하고 받은 세금계산서이다.

전자세금계산서 (공급받는자 보관용) (청 색) 승인번호

공급자	등록번호	220-86-11110			공급받는자	등록번호	120-81-32144		
	상호	(주)대륙자동차	성명(대표자)	이성현		상호	(주)나눔전자	성명(대표자)	공나눔
	사업장주소	서울 강남구 테헤란로114				사업장주소	서울 강남구 강남대로 238-4		
	업태	소매업	종사업장번호			업태	제조업외	종사업장번호	
	종목	자동차				종목	정수기외		
	E-Mail	car@bill36524.com				E-Mail	nanum@bill36524.com		

작성일자	2024.01.26	공급가액	30,000,000	세액	3,000,000

월	일	품목명	규격	수량	단가	공급가액	세액	비고
1	26	그렌저(3,000cc)				30,000,000	3,000,000	

합계금액	현금	수표	어음	외상미수금	이 금액을	○ 영수 함
33,000,000				33,000,000		● 청구

❸ 고정자산등록에 자산을 등록하시오.

계정과목	자산(코드)	자산(명)	취득수량	내용연수	상각방법	차량번호
차량운반구	2002	그렌저	1대	5년	정액법	321가1234

❹ 업무용승용차를 1001로 등록하시오.

❺ 1월 26일 업무용승용차(그렌저)의 업무전용자동차보험을 현대화재보험(주)에서 가입(2024.1.26.~2025.1.25)하고 보험료 1,200,000원은 국민은행 보통예금 계좌에서 이체하여 지급하였다.

❻ 1월 26일 업무용승용차(그렌저)의 주유대금 70,000원을 법인 삼성카드로 결제하였다.

❼ 차량비용현황을 조회하시오.

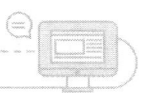

실무수행입력

❶ 계정과목 및 적요등록

계정과목에서 [기능모음(F11)] → [업무승용차 관리 일괄등록]에서 관련된 비용을 모두 일괄 등록한 다음 관리항목란에서 더블클릭하여 확인한다.

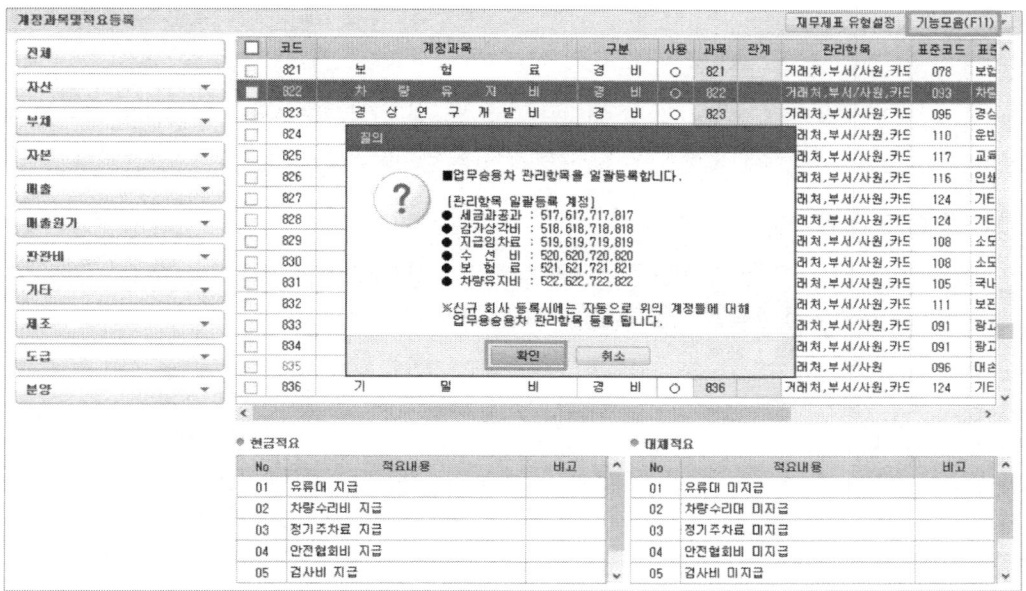

❷ [매입매출전표입력]1월 26일

업무용승용차는 부가가치세가 불공제되는 승용차에 대하여 관리한다. 비영업용소형승용차를 구입시 전자세금계산서를 발급받았으므로 [매입매출전표입력]에서 54.불공매입으로 선택하여 입력해야 한다.

유형	품명	수량	단가	공급가액	부가세	거래처	전자세금
54.불공	그랜저			30,000,000	3,000,000	00170	(주)대륙자동차	전자입력
불공제 사유	3. 비영업용 소형승용차 구입 및 유지						

분개	구분	코드	계정과목	차 변	대 변	코드	거래처
3.혼합	차변	208	차량운반구	33,000,000		00170	(주)대륙자동차
	대변	253	미지급금		33,000,000	00170	(주)대륙자동차

❸ 고정자산등록

고정자산의 기본사항을 등록한 다음 업무용 승용차인 경우 26. 업무용승용차여부를 '1.여'를 선택한 경우 상각방법은 정액법, 내용연수는 5년으로 자동 반영된다.

❹ 업무용승용차등록

차량번호와 차종, 명의구분, 사용을 선택한 다음 2. 고정자산코드란에서 또는 코드도움(F2)을 이용하여 고정자산에서 등록된 내용을 반영하여 등록한다.

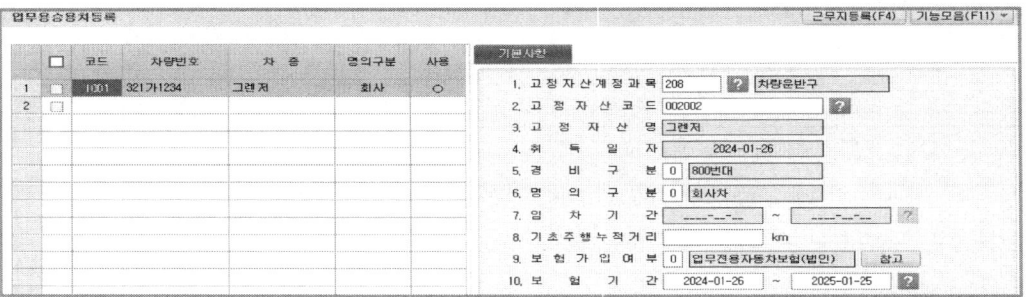

❺ [일반전표입력] 1월 26일

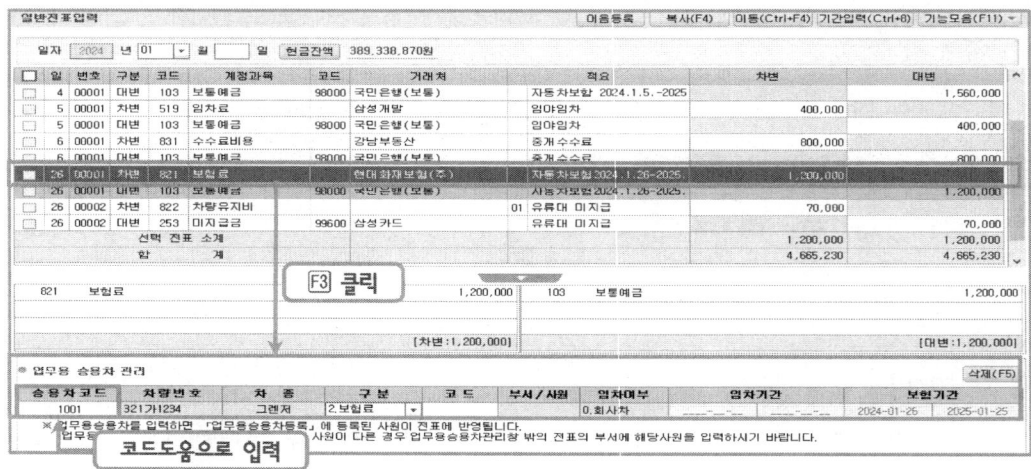

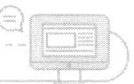

❻ [일반전표입력] 1월 26일

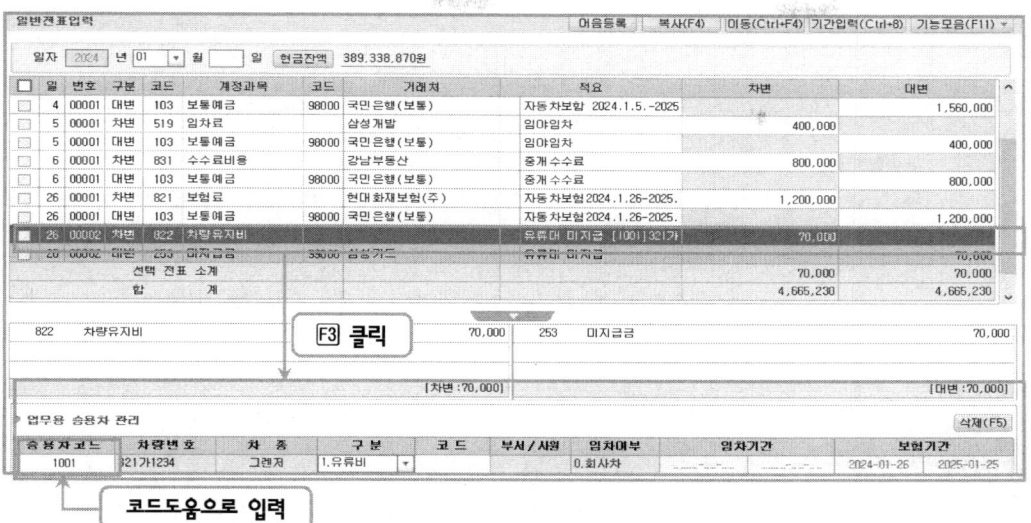

❼ 차량비용현황(업무용승용차)

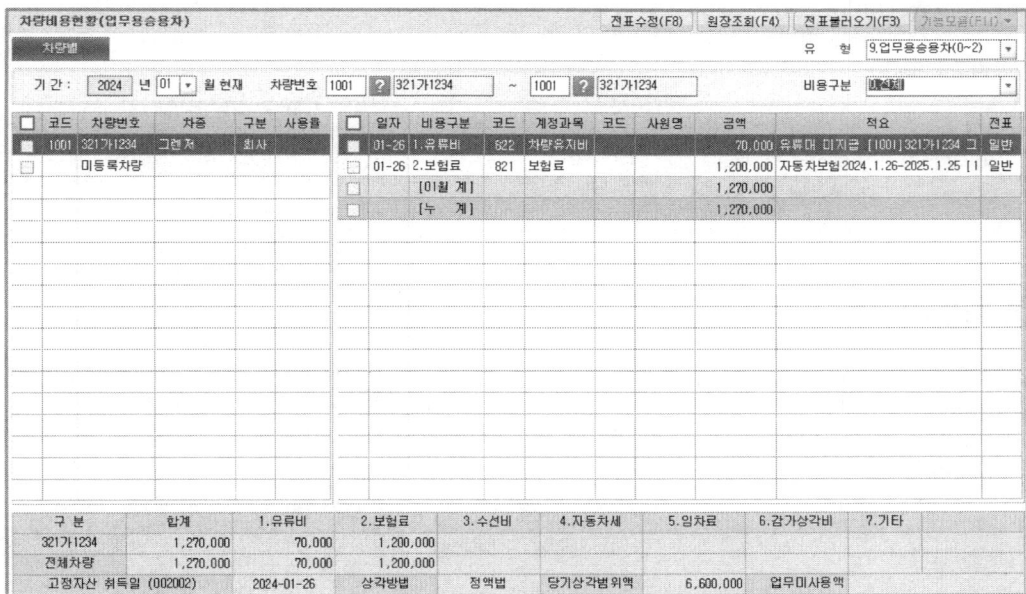

 TAT 2급 세무실무

제2절 전표처리하기

NCS
- **능력단위** 전표처리(0203020211_20V6)
- **능력단위요소** 전표처리하기(0203020211_20V6.2)
- **수행준거** 2.1 회계상 거래를 부가가치세신고 여부에 따라 일반전표와 매입매출전표로 구분할 수 있다.
  2.2 부가가치세신고와 관련이 없는 회계상 거래를 일반전표에 처리할 수 있다.
  2.3 부가가치세신고와 관련이 있는 회계상 거래를 매입매출전표에 처리할 수 있다.

1 유가증권 구입 및 매각

1) 단기매매증권

거래상황		분 개	
단기매매증권 매입시 (매입부대비용은 "영업외비용"처리)		(차) 단 기 매 매 증 권 ××× 　　 수수료비용(영업외비용) ×××	(대) 현　　　　　금　　등 ×××
매각시	장부가액 > 시가	(차) 현　　　　　금　　등 ××× 　　 단기매매증권처분손실 ×××	(대) 단 기 매 매 증 권 ×××
	장부가액 < 시가	(차) 현　　　　　금　　등 ×××	(대) 단 기 매 매 증 권 ××× 　　 단기매매증권처분이익 ×××

2) 매도가능증권

거래상황		분 개	
매도가능증권 매입시 (매입부대비용은 원가에 포함)		(차) 매 도 가 능 증 권 ×××	(대) 현　　　　　금　　등 ×××
매각시	장부가액 > 시가	(차) 현　　　　　금　　등 ××× 　　 매도가능증권처분손실 ×××	(대) 매 도 가 능 증 권 ×××
	장부가액 < 시가	(차) 현　　　　　금　　등 ×××	(대) 매 도 가 능 증 권 ××× 　　 매도가능증권처분이익 ×××

* 매도가능증권 처분시 처분이전에 매도가능증권평가손익이 있는 경우 먼저 상계정리한다.

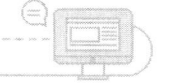

실무수행문제

기출문제 ▶ 1회~50회 중 **14회** 출제

다음 거래자료를 입력하시오.

❶ 2월 1일 당사가 보유중인 매도가능증권을 다음과 같은 조건으로 처분하였다. 직전년도 기말 평가는 기업회계기준에 따라 적절하게 처리하였다.

2023년 7월 31일	2023년 12월 31일	2024년 2월 1일	비 고
취득금액	기말공정가치	처분금액	
42,000,000원	52,000,000원	40,000,000원	

❷ 2월 1일 공장에서 업무용 차량을 구입하면서 법령에 의한 공채를 액면금액(공정가치 400,000원)으로 구입하고 국민은행 보통예금계좌에서 이체하였다.
공채 만기는 2026년 3월 1일이며 <u>만기까지 보유할 예정</u>이다.

```
                                              NO.  2
            서울특별시 지역개발채권 매입필증
                    (증빙서류 첨부용)
```

채권매입금액	금오십만원정 (500,000원)		
성명/업체명	(주)나눔전자	주민등록번호 (사업자 번호)	120-81-32144
주　　　소	서울시 강남구 강남대로 238-4		
대리인(성명)	****	주민등록번호	710628-******
청 구 기 관	******		

※ 용도
1. 자동차 신규등록　2. 자동차 이전등록　3. 각종 허가 및 신고　4. 각종 계약체결

실무수행입력

재무회계 > 전표입력/장부 > 일반전표입력

❶ 2월 1일　(차) 보통예금　　　　　40,000,000원　(대) 매도가능증권　52,000,000원
　　　　　　　　매도가능증권평가익　10,000,000원
　　　　　　　　매도가능증권처분손　 2,000,000원

구분	코드	계정과목	코드	거래처	적요	차변	대변
차변	103	보 통 예 금	98000	국민은행(보통)	주식매각	40,000,000	
차변	981	매도가능증권평가익			주식매각	10,000,000	
차변	946	매도가능증권처분손			주식매각	2,000,000	
대변	178	매 도 가 능 증 권			주식매각		52,000,000

* 매도가능증권 처분시 처분이전의 매도가능증권평가익(또는 매도가능증권평가손)이 있는 경우 우선정리하고 잔액에 대하여 매도가능증권처분익(또는 매도가능증권처분손)으로 처리한다.

❷ 2월 1일   (차) 만기보유증권   400,000원   (대) 보통예금   500,000원
              차량운반구   100,000원

구분	코드	계정과목	코드	거래처	적요	차변	대변
차변	181	만기보유증권			차량구입시공채매입	400,000	
차변	208	차량운반구			차량구입시공채매입	100,000	
대변	103	보통예금	98000	국민은행(보통)	차량구입시공채매입		500,000

* 유형자산취득과 관련하여 국·공채등을 매입하는 경우 채권매입액과 공정가치의 차액은 유형자산의 취득원가에 포함한다.

2 대손의 발생과 설정

대손이란 매출채권이 회수 불가능한 상태를 말한다. 대손이 발생한 경우에는 '대손충당금' 계정잔액이 있으면 우선 상계처리하고, 부족한 경우 또는 '대손충당금' 계정 잔액이 없는 경우 '대손상각비' 계정으로 회계처리 한다.

1) 대손의 발생시 회계처리

거래상황	회계처리			
대손충당금계정의 잔액이 없는 경우	(차) 대손상각비	×××	(대) 외상매출금	×××
대손충당금계정의 잔액이 부족한 경우	(차) 대손충당금 대손상각비	××× ×××	(대) 외상매출금	×××
대손충당금계정의 잔액이 충분한 경우	(차) 대손충당금	×××	(대) 외상매출금	×××
매출채권이외의 채권 대손시*	(차) 기타의대손상각비	×××	(대) 단기대여금등	×××

* 매출채권이외의 채권 대손시 설정된 대손충당금이 있는 경우 우선 처리한다.

2) 대손의 회수시 회계처리

거래상황	회계처리			
대손세액공제액이 있는 채권	(차) 현금등	×××	(대) 부가세예수금 대손충당금	××× ×××
대손세액공제액이 없는 채권	(차) 현금등	×××	(대) 대손충당금	×××

실무수행문제

기출문제 ▶ 1회~50회 중 **8회** 출제

다음 거래자료를 입력하시오.

❶ 2월 2일   제품을 (주)오투전자에 납품하고 발급한 전자세금계산서이다. 금일 (주)오투전자의 파산 확정으로 매출채권 전액이 회수불가능하게 되어 대손처리 하였다. (대손세액공제는 해당 없다)

전자세금계산서				(공급자 보관용)			승인번호		
공급자	등록번호	120-81-32144			공급받는자	등록번호	110-91-33150		
	상호	(주)나눔전자	성명(대표자)	공나눔		상호	(주)오투전자	성명(대표자)	박경호
	사업장주소	서울특별시 강남구 강남대로 238-4				사업장주소	서울시 종로구 필운대로 51		
	업태	제조업	종사업장번호			업태	도소매업	종사업장번호	
	종목	정수기외				종목	가전제품		
	E-Mail	nanum@bill36524.com				E-Mail	otoo@bill36524.com		
작성일자	2023.2.2.		공급가액	2,100,000			세 액	210,000	
비고									

월	일	품목명	규격	수량	단가	공급가액	세액	비고
2	2	정수기		7	300,000	2,100,000	210,000	

합계금액	현금	수표	어음	외상미수금	이 금액을	○ 영수 ● 청구	함
2,310,000				2,310,000			

❷ 2월 2일   (주)한라물산의 파산으로 미수금 1,000,000원을 회수할 수 없게 되어 전액 대손 처리하였다.

실무수행입력

> 재무회계 > 전표입력/장부 > 일반전표입력

❶ 2월 2일   (차) 대손충당금   2,000,000원   (대) 외상매출금   2,310,000원
              대손상각비   310,000원

구분	코드	계정과목	코드	거래처	적요	차변	대변
차변	109	대손충당금			파산	2,000,000	
차변	835	대손상각비			파산	310,000	
대변	108	외상매출금	03009	(주)오투전자	파산		2,310,000

❷ 2월 2일   (차) 대손충당금   100,000원   (대) 미수금   1,000,000원
             기타의대손상각비   900,000원

구분	코드	계정과목	코드	거래처	적요	차변	대변
차변	121	대 손 충 당 금			파산	100,000	
차변	934	기타의대손상각비			파산	900,000	
대변	120	미 수 금	00121	(주)한라물산	파산		1,000,000

3 유·무형자산의 취득과 고정자산등록

| 유·무형자산 관련 거래요약 |

거래상황	분 개			
자산취득시	(차) 건물등	×××	(대) 현금등	×××

* 유·무형자산의 취득시 [고정자산등록]에 신규자산을 등록하여야 한다.

실무수행문제

기출문제 ▶ 1회~50회 중 **6회** 출제

다음 거래자료를 입력하고, [고정자산등록]에 신규취득자산을 등록하시오.

❶ 2월 3일 생산부에서 사용할 운반용 트럭을 구입하고 수취한 전자세금계산서이다.

전자세금계산서 (공급받는자 보관용)   승인번호

공급자
- 등록번호: 125-81-21512
- 상호: (주)해성자동차 성명(대표자): 유재영
- 사업장주소: 서울시 서대문구 가재울로12길 37
- 업태: 도소매업 종사업장번호:
- 종목: 자동차판매
- E-Mail: hyunkicar@naver.com

공급받는자
- 등록번호: 120-81-32144
- 상호: (주)나눔전자 성명(대표자): 공나눔
- 사업장주소: 서울시 강남구 강남대로238-4
- 업태: 제조업외 종사업장번호:
- 종목: 정수기외
- E-Mail: nanum@bill36524.com

작성일자: 2024.2.3.   공급가액: 13,000,000   세액: 1,300,000
비고

월	일	품목명	규격	수량	단가	공급가액	세액	비고
2	3	트럭				13,000,000	1,300,000	

합계금액	현금	수표	어음	외상미수금	이 금액을	○ 영수 / ● 청구	함
14,300,000				14,300,000			

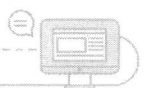

계정과목	코드	자산명	상각방법	내용연수
차량운반구	5011	트럭	정률법	5년

❷ 2월 3일
영업부 사무실에서 사용할 스탠드형 냉난방기를 구입하고 신용카드로 결제하였다.

코드	자산명	취득수량	상각방법	내용연수
1007	스탠드형 냉난방기	1대	정률법	5년

매출전표

카드종류	삼성카드	거래일자 2024.2.3. 11:21:10
카드번호(CARD NO)	9410-3256-****-23**	
승인번호	20240203005467	금액 AMOUNT 1,800,000
일반 일시불	할부	부가세 V.AT 180,000
거래유형	가전제품	봉사료 CASHBACK
		합계 TOTAL 1,980,000
가맹점명	㈜하이마트	
대표자명 윤태진		사업자번호 229-81-30953
전화번호 02-765-0787		가맹점번호 845612456
주소 서울 강남구 강남대로471		

상기의 거래 내역을 확인합니다. 서명 (주)나눔전자

실무수행입력

재무회계 > 전표입력/장부 > 매입매출전표

❶-1 [매입매출전표입력] 2월 3일

유형	품명	수량	단가	공급가액	부가세	거래처	전자세금
51.과세	트럭			13,000,000	1,300,000	01450 (주)해성자동차	전자입력

분개	구분	코드	계정과목	차변	대변	코드	거래처
3.혼합	차변	208	차량운반구	13,000,000		01450	(주)해성자동차
	차변	135	부가세대급금	1,300,000		01450	(주)해성자동차
	대변	253	미지급금		14,300,000	01450	(주)해성자동차

❶-2 [고정자산등록]

- 신규취득자산이므로 [4.신규 취득 및 증가]란에 취득원가를 입력한다.

❷-1 [매입매출전표입력]

유형	품명	수량	단가	공급가액	부가세	거래처	전자세금
57.카과	스텐드형 냉난방기			1,800,000	180,000	00122 (주)하이마트	

분개	구분	코드	계정과목	차 변	대 변	코드	거래처
4.카드	차변	212	비 품	1,800,000		00122	(주)하이마트
	차변	135	부가세대급금	180,000		00122	(주)하이마트
	대변	253	미 지 급 금		1,980,000	99600	삼성카드

❷-2 [고정자산등록]

- 신규취득자산이므로 [4.신규 취득 및 증가]란에 취득원가를 입력한다.

4 정부보조금에 의한 유·무형자산의 취득

자산취득목적으로 정부보조금을 수령한 경우 자산 취득시까지는 현금 또는 예금의 차감과목으로 처리하였다가, 자산취득시 취득자산의 차감과목으로 회계처리한다. 이때 예금의 차감과목이나 자산의 차감과목은 [계정과목및적요등록]메뉴에서 설정한 다음 전표입력한다.

실무수행문제

기출문제 ▶ 1회~50회 중 **12회** 출제

다음 거래자료를 입력하시오.

❶ 2월 1일 기계장치 구입관련 정부지원금 20,000,000원이 국민은행 보통예금계좌에 입금되었다.

❷ 2월 4일 에스제이(주)로부터 제품생산용 기계장치를 구입하고 발급받은 전자세금계산서이다. 대금은 본 건과 관련하여 2월 1일 입금된 정부지원금을 포함하여 전액 국민은행 보통예금계좌에서 이체하여 지급하였다(단, 지원받은 정부보조금에 대한 상환의무는 없다).

전자세금계산서		(공급받는자 보관용)			승인번호		
공급자	등록번호	120-81-12191		공급받는자	등록번호	120-81-32144	
	상호	에스제이(주)	성명(대표자) 정필훈		상호	(주)나눔전자	성명(대표자) 공나눔
	사업장주소	경기도 안산시 단원구 원시로 710			사업장주소	서울시 강남구 강남대로238-4	
	업태	제조업외	종사업장번호		업태	제조업외	종사업장번호
	종목	기계			종목	정수기외	
	E-Mail	sjc1200@bill36524.com			E-Mail	nanum@bill36524.com	
작성일자	2024.2.4.	공급가액	30,000,000	세 액	3,000,000		
비고							

월	일	품목명	규격	수량	단가	공급가액	세액	비고
2	4	JW3800	대	3	10,000,000	30,000,000	3,000,000	

합계금액	현금	수표	어음	외상미수금	이 금액을	● 영수 / ○ 청구	함
33,000,000							

실무수행입력

재무회계 > 전표입력/장부 > 일반전표입력

❶-1 [계정과목및적요등록]

105.정부보조금(구분 : 차감, 관련계정 : 103.보통예금)으로 과목을 등록한다.

❶-2 [일반전표입력] 2월 1일

(차) 보통예금　　　　20,000,000원　　(대) 정부보조금　　　　20,000,000원

구분	코드	계정과목	코드	거래처	적요	차변	대변
차변	103	보 통 예 금	98000	국민은행(보통)	정부보조금	20,000,000	
대변	105	정부보조금			정부보조금		20,000,000

❷-1 [계정과목및적요등록]

219.정부보조금(구분 : 차감, 관련계정 : 206.기계장치)으로 과목을 등록한다.

❷-2 [매입매출전표입력] 2월 4일

유형	품명	수량	단가	공급가액	부가세	거래처	전자세금
51.과세	JW3800			30,000,000	3,000,000	00190	에스제이(주)	전자입력
분개	구분	코드	계정과목	차 변	대 변	코드	거래처
3.혼합	차변	206	기 계 장 치	30,000,000		00190	(주)에스제이
	차변	135	부가세대급금	3,000,000		00190	(주)에스제이
	대변	103	보 통 예 금		33,000,000	98000	국민은행(보통)

❷-3 [일반전표입력] 2월 4일

(차) 정부보조금　　　　20,000,000원　　(대) 정부보조금　　　　20,000,000원

구분	코드	계정과목	코드	거래처	적요	차변	대변
차변	105	정부보조금			정부보조금	20,000,000	
대변	219	정부보조금			정부보조금		20,000,000

5 유·무형자산의 매각

유형자산의 매각시 취득원가에서 감가상각누계액을 차감한 장부가액과 처분가액의 차액은 유형자산처분손익으로 처리하며, 매각시 [고정자산등록] 메뉴에 양도일자를 기입한다. 또한 무형자산의 매각시 장부가액과 처분가액의 차액은 무형자산처분손익으로 처리한다.

실무수행문제

기출문제 ▶ 1회~50회 중 **10회** 출제

매각에 대한 거래를 매입매출전표에 입력하시오(전자세금계산서와 관련된 거래는 '전자입력'으로 처리할 것).

❶ 2월 5일   회사에서 사용하던 에어컨을 매각하고 발급한 전자세금계산서이다. 매각대금 중 부가가치세는 현금으로 수령하였고, 잔액은 외상으로 하였다.
- [고정자산등록] 메뉴에 양도일자를 입력하시오.
  (당기 양도일까지의 감가상각비는 계상하지 않기로 한다.)

전자세금계산서 (공급자 보관용)   승인번호

공급자	등록번호	120-81-12344			공급받는자	등록번호	138-81-14491		
	상호	(주)나눔전자	성명(대표자)	공나눔		상호	(주)경인마켓	성명(대표자)	이호정
	사업장주소	서울시 강남구 강남대로 238-4				사업장주소	서울 광진구 광나루로 355(군자동)		
	업태	제조업외	종사업장번호			업태	도소매업	종사업장번호	
	종목	정수기외				종목	전자제품		
	E-Mail	nanum@bill36524.com				E-Mail	kymarket@bill36524.com		
작성일자	2024.2.5.		공급가액	10,000,000		세 액	1,000,000		
비고									

월	일	품목명	규격	수량	단가	공급가액	세액	비고
2	5	비품(에어컨)				10,000,000	1,000,000	

합계금액	현금	수표	어음	외상미수금	이 금액을	○ 영수 ● 청구	함
11,000,000	1,000,000			10,000,000			

❷ 2월 5일   공장에서 사용하고 있던 화물차를 (주)수정중고자동차에 매각하고 전자세금계산서(공급가액 : 27,000,000원, 세액 : 2,700,000원)를 발급하였다. 화물차 매각대금은 전액 외상으로 하였다.
1. [고정자산등록] 메뉴에 양도일자를 입력하시오.
2. 양도일까지의 감가상각비에 대한 회계처리를 일반전표에 입력하시오.
3. 양도일까지의 감가상각비를 반영하여 매각에 대한 거래를 매입매출전표에 입력하시오 (전자세금계산서와 관련된 거래는 '전자입력'으로 처리할 것).

실무수행입력

❶-1 [고정자산등록]

- 양도일자 : 2024.2.5. 입력

- 20. 회사계상상각비 : 사용자수정을 클릭하여 '0'으로 변경

❶-2 [매입매출전표입력] 2월 5일

유형	품명	수량	단가	공급가액	부가세	거래처	전자세금
11.과세	비품(에어컨)			10,000,000	1,000,000	03003	(주)경인마켓	전자입력

분개	구분	코드	계정과목	차 변	대 변	코드	거래처
3.혼합	차변	213	감가상각누계액	17,500,000		03003	(주)경인마켓
	차변	101	현 금	1,000,000		03003	(주)경인마켓
	차변	120	미 수 금	10,000,000		03003	(주)경인마켓
	차변	950	유형자산처분손실	7,500,000		03003	(주)경인마켓
	대변	212	비 품		35,000,000	03003	(주)경인마켓
	대변	255	부 가 세 예 수 금		1,000,000	03003	(주)경인마켓

❷-1 [고정자산등록]

• 양도일자 : 2024년 2월 5일 입력

❷-2 [일반전표입력] 2월 5일

구분	코드	계정과목	코드	거래처	적요	차변	대변
차변	518	감 가 상 각 비			양도자산상각비	1,079,166	
대변	209	감가상각누계액			양도자산상각비		1,079,166

• 양도일까지의 209.감가상각누계액 26,079,166원

❷-3 [매입매출전표입력] 2월 5일

유형	품명	수량	단가	공급가액	부가세	거래처	전자세금
11.과세	화물차			27,000,000	2,700,000	04501 (주)수정중고자동차	전자입력

분개	구분	코드	계정과목	차 변	대 변	코드	거래처
3.혼합	차변	209	감가상각누계액	26,079,166		04501	(주)수정중고자동차
	차변	120	미 수 금	29,700,000		04501	(주)수정중고자동차
	대변	208	차 량 운 반 구		50,000,000	04501	(주)수정중고자동차
	대변	255	부 가 세 예 수 금		2,700,000	04501	(주)수정중고자동차
	대변	914	유형자산처분이익		3,079,166	04501	(주)수정중고자동차

6 계약금의 입금

상품 또는 제품의 매출과 관련된 계약금을 받으면 '선수금' 계정으로 회계처리한다.

실무수행문제

기출문제 ▶ 1회~50회 중 **2회** 출제

다음 거래자료를 입력하시오.

❶ 2월 6일   제품(정수기) 판매주문에 대하여 발급한 견적서이다. 제품(정수기) 판매주문에 대한 계약금(공급가액의 10%)을 국민은행 보통예금 계좌로 입금받았다.

견 적 서

NO. 10

2024년 2월 6일

(주)청호산업   귀하

아래와 같이 견적합니다.

공급자	등록번호	120-81-32144		
	상호(법인명)	(주)나눔전자	성명	공나눔
	사업장주소	서울특별시 강남구 강남대로 238-4		
	업태	제조업외	종목	정수기외
	전화번호	02-2650-9300		

합계금액
(공급가액 + 세액)

팔백일십사만원   (8,140,000원)

품 명	규격	수량	단가	공급가액	세액	비고
정수기		20	370,000	7,400,000	740,000	
계						

실무수행입력

재무회계 ▶ 전표입력/장부 ▶ 일반전표입력

❶ 2월 6일   (차) 보통예금   740,000원   (대) 선수금   740,000원

구분	코드	계정과목	코드	거래처	적요	차변	대변
차변	103	보 통 예 금	98000	국민은행(보통)	판매계약금	740,000	
대변	259	선 수 금	04700	(주)청호산업	판매계약금		740,000

7 계약금의 지급

| 계약금 지급 관련 거래요약 |

거래상황	분 개			
자산취득 관련 계약금	(차) 건설중인자산	×××	(대) 현금등	×××
재고자산 매입 관련 계약금	(차) 선급금	×××	(대) 현금등	×××

실무수행문제

기출문제 ▶ 1회~50회 중 **7회** 출제

다음 거래자료를 입력하시오.

❶ 2월 7일 (주)경기건설과 2026년 4월 30일 완공예정인 공장자재창고 건설계약을 체결하고, 계약금을 국민은행 보통예금 계좌에서 이체하여 지급하였다.

■ 보통예금(국민은행) 거래내역

번호	거래일	내용	찾으신금액	맡기신금액	잔액	거래점
		계좌번호 011202-04-012368 (주)나눔전자				
1	2024-2-7	(주)경기건설 계약금지급	35,000,000		***	***

❷ 2월 7일 일본 고베상사로부터 원재료를 수입하기로 하고, 계약금 2,000,000엔을 기업은행 보통예금계좌에서 환전하여 외화로 송금하였다(거래일 현재 환율은 1,250원/100엔이다).

■ 보통예금(기업은행) 거래내역

번호	거래일	내용	찾으신금액	맡기신금액	잔액	거래점
		계좌번호 011202-04-012368 (주)나눔전자				
1	2024-2-7	고베상사	25,000,000		***	사당
2	2024-2-7	송금수수료	25,000		***	사당

실무수행입력

재무회계 > 전표입력/장부 > 일반전표입력

❶ 2월 7일   (차) 건설중인자산   35,000,000원   (대) 보통예금   35,000,000원

구분	코드	계정과목	코드	거래처	적요	차변	대변
차변	214	건설중인자산	03100	(주)경기건설	창고건설계약	35,000,000	
대변	103	보 통 예 금	98000	국민은행(보통)	창고건설계약		35,000,000

❷ 2월 7일   (차) 선급금   25,000,000원   (대) 보통예금   25,025,000원
            수수료비용   25,000원

구분	코드	계정과목	코드	거래처	적요	차변	대변
차변	131	선 급 금	03200	일본 고베상사	원재료수입계약	25,000,000	
차변	831	수 수 료 비 용			원재료수입계약	25,000	
대변	103	보 통 예 금	98000	국민은행(보통)	원재료수입계약		25,025,000

* 선급금 : 2,000,000엔 × 12.5원 = 25,000,000원

8 잉여금처분

| 잉여금처분 관련 거래요약 |

구 분	현금배당		주식배당	
배당기준일	분개없음		분개없음	
배당선언일	(차) 이월이익잉여금 (대) 미지급배당금	××× ×××	(차) 이월이익잉여금 (대) 미교부주식배당금	××× ×××
배당지급일	(차) 미지급배당금 (대) 현금	××× ×××	(차) 미교부주식배당금 (대) 자본금	××× ×××

실무수행문제

기출문제 ▶ 1회~50회 중 **2회** 출제

다음 거래자료를 입력하시오.

❶ 2월 8일   자료는 주주총회에서 결의된 2023년도 이익처분내역이다.

자료. 2024년 2월 8일 주주총회에 의한 이익처분내역

- 이익준비금   (상법규정에 의해 10% 적립)
- 현금배당금   25,000,000원
- 주식배당금   26,000,000원
- 배당금지급예정일   2024년 2월 9일

1. 처분확정일에 대한 회계처리를 입력하시오.
2. 전기분이익잉여금처분계산서를 작성하시오.

❷ 2월 9일   2월 8일의 처분내역에 대하여 2월 9일 배당을 실시하였다. 현금 배당액은 원천징수세액(15.4%)을 공제한 후 국민은행 보통예금 계좌에서 이체하여 지급하고, 주식은 액면가액(1주당 5,000원, 5,200주)으로 발행하여 주주들에게 지급하였다. 단, 주식발행비용은 없는 것으로 한다.

실무수행입력

재무회계 > 전표입력/장부 > 일반전표입력

❶-1 [일반전표입력] - 처분일의 회계처리

2월 8일 (차) 이월이익잉여금	53,500,000원	(대) 이익준비금	2,500,000원
		미지급배당금	25,000,000원
		미교부주식배당금	26,000,000원

구분	코드	계정과목	코드	거래처	적요	차변	대변
차변	375	이월이익잉여금			이익처분	53,500,000	
대변	351	이 익 준 비 금			이익처분		2,500,000
대변	265	미 지 급 배 당 금			이익처분		25,000,000
대변	387	미교부주식배당금			이익처분		26,000,000

* 상법규정의 이익준비금 = 현금배당금 25,000,000원 × 10% = 2,500,000원

❶-2 [전기분이익잉여금처분계산서]

❷ 2월 9일 (차) 미지급배당금   25,000,000원   (대) 예수금   3,850,000원
           미교부주식배당금 26,000,000원   보통예금   21,150,000원
                                               자본금   26,000,000원

• 현금배당액 25,000,000원 × 소득세(지방소득세 포함) 15.4% = 원천징수세액 3,850,000원은 예수금 계정으로 회계처리한다.
• 주식발행시 주식발행비용이 있는 경우 주식할인발행차금 계정에는 가산하고, 주식발행초과금 계정에서는 차감한다.

구분	코드	계정과목	코드	거래처	적요	차변	대변
차변	265	미지급배당금			현금배당	25,000,000	
차변	387	미교부주식배당금			주식배당	26,000,000	
대변	254	예 수 금			현금배당예수금		3,850,000
대변	103	보 통 예 금	98000	국민은행(보통)	현금배당		21,150,000
대변	331	자 본 금			주식배당		26,000,000

9 중간배당금

| 중간배당금 관련 거래요약 |

거래상황	분 개			
중간배당 결의일	(차) 중간배당금	×××	(대) 미지급배당금	×××
중간배당 지급일	(차) 미지급배당금	×××	(대) 예수금 보통예금	××× ×××

실무수행문제

기출문제 ▶ 1회~50회 중 **6회** 출제

다음 거래자료를 입력하시오.

❶ 2월 10일   당사는 이사회를 통하여 중간배당을 결정하였다. 중간배당 결의일의 거래자료를 입력하시오.

```
            이 사 회 의 사 록

의안 : 중간배당 결정의 건
의장은 중간(현금)배당의 취지 및 내용을 설명하고, 그 승인을 구한 바 참석한 이사 전원이 충분한 토의를
거친 후 만장일치로 다음과 같이 승인 가결하였다.
                        - 다    음 -
 1. 배 당 의 종류 : 현금배당        2. 배 당 구 분 : 중간배당
 3. 배 당 기준일 : 2024년 1월 31일    4. 1주당 배당금 : 주당 3,000원
 5. 배 당 총 액 : 30,000,000원       6. 배 당 주식수 : 보통주식 10,000주
 7. 배당금지급예정일 : 2024년 2월 11일
 8. 기타 : 기타 중간(현금)배당과 관련한 세부적인 절차는 대표이사에게 위임함
                          이하 생략
                        2024년 2월 10일
                          (주) 나눔전자
```

❷ 2월 11일   2월 10일의 처분내역에 대하여 2월 11일 배당을 실시하였다. 현금 배당액은 원천징수세액(15.4%)을 공제한 후 국민은행 보통예금 계좌에서 이체하여 지급하였다.

실무수행입력

재무회계 > 전표입력/장부 > 일반전표입력

❶ [일반전표입력] – 중간배당금 처분일의 회계처리

2월 10일 (차) 중간배당금　　　30,000,000원　　(대) 미지급배당금　　30,000,000원

구분	코드	계정과목	코드	거래처	적요	차변	대변
차변	372	중 간 배 당 금			중간배당금	30,000,000	
대변	265	미지급배당금			중간배당금		30,000,000

❷ 2월 11일　(차) 미지급배당금　　30,000,000원　　(대) 예수금　　　　4,620,000원
　　　　　　　　　　　　　　　　　　　　　　　　　　보통예금　　25,380,000원

구분	코드	계정과목	코드	거래처	적요	차변	대변
차변	265	미지급배당금			중간배당금	30,000,000	
대변	254	예　수　금			중간배당금		4,620,000
대변	103	보 통 예 금	98000	국민은행(보통)	중간배당금		25,380,000

10 자본거래

| 자본거래 관련 거래요약 |

거래상황	분　개			
주식발행(액면발행)	(차) 현금등	×××	(대) 자본금	×××
주식발행(할증발행)	(차) 현금등	×××	(대) 자본금 　　주식발행초과금	××× ×××
주식발행(할인발행)	(차) 현금등 　　주식할인발행차금	××× ×××	(대) 자본금	×××
자기주식 취득	(차) 자기주식	×××	(대) 현금등	×××
자기주식 매각	(차) 현금등　　　××× * 처분시 자기주식 취득금액과의 차액은 자기주식처분손실 또는 자기주식처분이익으로 처리한다.		(대) 자기주식	×××

실무수행문제

기출문제 ▶ 1회~50회 중 **11회** 출제

다음 거래자료를 입력하시오.

❶ 2월 12일   임시주주총회에서 결의한 신주발행 내역이다. 주식대금에서 주식발행비용을 차감한 잔액은 국민은행 보통예금계좌로 입금하였다.

신주발행 내역			
주식 수	주당 액면금액	주당 발행금액	주식발행비용
4,000주	5,000원	8,000원	850,000원

❷ 2월 13일   자기주식 취득을 위한 이사회 결의 내용이다. 이사회 결의에 따라 자기주식을 취득하고 국민은행 보통예금 계좌에서 이체하였다.

이 사 회 의 사 록

주식회사 나눔전자

　　　　2024년 2월 13일 본사 회의실에서 다음과 같이 이사회를 개최하다.

출석이사 : 이사총수 5명 중 출석이사 5명
출석감사 : 감사총수 1명 중 출석감사 1명

제 1호 의안 : 자기주식 취득의 건

의장은 경영권 방어를 목적으로 자기주식 취득의 필요성을 설명하고 그 가부를 물은 바, 출석이사 전원이 찬성하여 승인 가결되다.

종류	발행주식 수	액면금액	취득주식 수	주당 취득금액
보통주	300,000주	10,000원	10,000주	12,000원

－이하 생략－

❸ 2월 14일   자기주식 취득내역이다. 취득한 자기주식 100주를 주당 9,000원에 매각하면서 매각대금은 국민은행 보통예금계좌로 입금하였다.

주식 수	취득일	주당 액면금액	주당 취득금액
100주	2019-10-15	5,000원	8,000원

실무수행입력

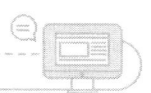

재무회계 > 전표입력/장부 > 일반전표입력

❶ 2월 12일 (차) 보통예금 31,150,000원 (대) 자본금 20,000,000원
　　　　　　　　　　　　　　　　　　　　　　　주식발행초과금 11,150,000원

구분	코드	계정과목	코드	거래처	적요	차변	대변
차변	103	보 통 예 금	98000	국민은행(보통)	주식발행	31,150,000	
대변	331	자 본 금			주식발행		20,000,000
대변	341	주식발행초과금			주식발행		11,150,000

❷ 2월 13일 (차) 자기주식 120,000,000원 (대) 보통예금 120,000,000원

구분	코드	계정과목	코드	거래처	적요	차변	대변
차변	383	자 기 주 식			자기주식취득	120,000,000	
대변	103	보 통 예 금	98000	국민은행(보통)	자기주식취득		120,000,000

❸ 2월 14일 (차) 보통예금 900,000원 (대) 자기주식 800,000원
　　　　　　　　　　　　　　　　　　　　　　자기주식처분이익 100,000원

구분	코드	계정과목	코드	거래처	적요	차변	대변
차변	103	보 통 예 금	98000	국민은행(보통)	자기주식처분	900,000	
대변	383	자 기 주 식			자기주식처분		800,000
대변	343	자기주식처분이익			자기주식처분		100,000

11 리스회계

| 리스거래 관련 거래요약 |

거래상황	분 개			
운용리스	(차) 임차료(또는 리스료)	×××	(대) 현금등	×××
금융리스	(차) 이자비용	×××	(대) 현금등	×××

실무수행문제

기출문제 ▶ 1회~50회 중 **6회** 출제

다음 거래자료를 입력하시오.

❶ 2월 15일   현대캐피탈(주)과 운용리스계약을 맺고 공장용 기계장치를 사용하고 있으며, 2월 분 리스료에 대하여 발급받은 전자계산서이다.

	전자계산서		(공급받는자 보관용)			승인번호		
공급자	등록번호	214-81-22354			등록번호	120-81-32144		
	상호	현대캐피탈(주)	성명(대표자)	이진원	상호	(주)나눔전자	성명(대표자)	공나눔
	사업장주소	서울시 강남구 강남대로 112길 30			사업장주소	서울시 강남구 강남대로 238-4		
	업태	금융서비스업	종사업장번호		업태	제조업외	종사업장번호	
	종목	대출및리스			종목	정수기외		
	E-Mail	hdcapital@bill36524.com			E-Mail	nanum@bill36524.com		
작성일자	2024.2.15.	공급가액	660,000		비고			

월	일	품목명	규격	수량	단가	공급가액	비고
2	15	리스료				660,000	

합계금액	현금	수표	어음	외상미수금	이 금액을	○ 영수 함
660,000				660,000		● 청구

실무수행입력

재무회계 > 전표입력/장부 > 매입매출전표

❶ 2월 15일

유형	품명	수량	단가	공급가액	부가세	거래처	전자세금
53.면세	리스료			660,000		04800 현대캐피탈(주)	전자입력

분개	구분	코드	계정과목	차 변	대 변	코드	거래처
3.혼합	차변	519	임 차 료	660,000		04800	현대캐피탈(주)
	대변	253	미 지 급 금		660,000	04800	현대캐피탈(주)

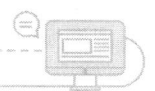

12 급여지급

| 급여거래 관련 거래요약 |

거래상황	분 개			
관리·영업 직원급여	(차) 급여(판)	×××	(대) 예수금 현금등	××× ×××
생산·공장 직원급여	(차) 급여(제) 또는 임금(제)	×××	(대) 예수금 현금등	××× ×××
일용직(관리·영업) 직원급여	(차) 잡급(판)	×××	(대) 예수금 현금등	××× ×××
일용직(생산·공장) 직원급여	(차) 잡급(제)	×××	(대) 예수금 현금등	××× ×××

실무수행문제

기출문제 ▶ 1회~50회 중 **4회** 출제

다음 거래자료를 입력하시오.

❶ 2월 16일 자료는 영업팀 김종학 사원의 2월 급여명세서이다. 급여를 국민은행 보통예금 계좌에서 종업원 급여 통장으로 이체하여 지급하였다(가불금은 주·임·종단기채권 계정에 계상되어 있다).

급 여 명 세 서

(단위 : 원)

구분	지급항목				공제항목				차인 지급액
	기본급	직책수당	식대	급여 총액	소득세	국민연금	고용보험	공제계	
	차량 보조금	가족수당	근속수당		지방 소득세	건강 및 장기요양 보험료	가불금		
영업팀 (김종학)	2,800,000 200,000	100,000 50,000	100,000 100,000	3,350,000	14,500 1,450	146,250 105,980	19,820 500,000	788,000	2,562,000

❷ 2월 16일 생산부 정희수 사원의 2월 급여명세서이다. 급여를 보통예금 계좌에서 종업원 급여 통장으로 이체하여 지급하였다(가불금은 주·임·종단기채권 계정에 계상되어 있다).

급 여 명 세 서

(단위 : 원)

구분	지급항목				공제항목				차인 지급액
	기본급	직책수당	식대	급여 총액	소득세	국민연금	고용보험	공제계	
	차량 보조금	가족수당	근속수당		지방 소득세	건강 및 장기요양 보험료	가불금		
정희수 (생산부)	1,800,000 200,000	 50,000	100,000 50,000	2,200,000	17,180 1,780	85,500 61,940	12,350 200,000	378,750	1,821,250

실무수행입력

재무회계 > 전표입력/장부 > 일반전표입력

❶ 2월 16일 (차) 급 여   3,350,000원   (대) 주임종단기채권   500,000원
                                          예수금   288,000원
                                          보통예금   2,562,000원

구분	코드	계정과목	코드	거래처	적요	차변	대변
차변	801	급　　　여			종업원급여	3,350,000	
대변	137	주임종단기채권	00109	김종학	종업원급여		500,000
대변	254	예　수　금			종업원급여		288,000
대변	103	보 통 예 금	98000	국민은행(보통)	종업원급여		2,562,000

❷ 2월 16일 (차) 임 금   2,200,000원   (대) 주임종단기채권   200,000원
                                          예수금   178,750원
                                          보통예금   1,821,250원

구분	코드	계정과목	코드	거래처	적요	차변	대변
차변	504	임　　　금			종업원급여	2,200,000	
대변	137	주임종단기채권	00111	정희수	종업원급여		200,000
대변	254	예　수　금			종업원급여		178,750
대변	103	보 통 예 금	98000	국민은행(보통)	종업원급여		1,821,250

13 퇴직금지급

| 퇴직금 관련 거래요약 |

거래상황	분　개			
퇴직연금 미가입자의 퇴직금	(차) 퇴직급여충당부채 (부족시 퇴직급여)	×××	(대) 예수금 현금등	××× ×××
퇴직연금가입자의 퇴직금지급	(차) 퇴직급여충당부채	×××	(대) 예수금 퇴직연금운용자산 현금등	××× ××× ×××

실무수행문제

기출문제 ▶ 1회~50회 중 **4회** 출제

다음 거래자료를 입력하시오.

❶ 2월 17일   자료 1은 구매팀 직원 김수현의 퇴직금 지급관련 퇴직소득원천징수 내역이다. 당사는 확정급여형 퇴직연금제도에 가입되어 있다. 김수현의 퇴직금 중 20,000,000원은 (주)삼성생명 퇴직연금운용자산에서 지급하고, 나머지는 회사 국민은행 보통예금계좌에서 이체하여 지급하였다.

대상자		퇴사일자	퇴직급여	공제내역		차인지급액
부서	성명			소득세	지방소득세	
구매팀	김수현	2024년 2월 17일	26,117,010	563,650	56,360	25,497,000

❷ 2월 17일   확정급여형퇴직연금(DB)에 가입하여 퇴직금추계액의 100%를 불입하고 있다. 이방원 퇴사시 퇴직금 전액을 개인형 퇴직연금(IRP)계좌로 지급한다.

퇴직금 정산서

- 사업장명 : (주)나눔전자
- 성   명 : 이방원
- 생년월일 : 1972년 10월 20일
- 퇴사일자 : 2024년 2월 17일
- 퇴직금 지급일자 : 2024년 2월 17일
- 퇴직금 : 15,400,000원(『근로자퇴직급여 보장법』상 금액)
- 퇴직금 지급방법 : 확정급여형퇴직연금(DB) 계좌에서 지급

실무수행입력

재무회계 ▶ 전표입력/장부 ▶ 일반전표입력

❶ 2월 17일 (차) 퇴직급여충당부채   26,117,010원   (대) 퇴직연금운용자산   20,000,000원
                                                    예수금   620,010원
                                                    보통예금   5,497,000원

구분	코드	계정과목	코드	거래처	적요	차변	대변
차변	295	퇴직급여충당부채			종업원퇴직금	26,117,010	
대변	198	퇴직연금운용자산	98010	(주)삼성생명	종업원퇴직금		20,000,000
대변	254	예 수 금			종업원퇴직금		620,010
대변	103	보 통 예 금	98000	국민은행(보통)	종업원퇴직금		5,497,000

❷ 2월 17일 (차) 퇴직급여충당부채 15,400,000원   (대) 퇴직연금운용자산 15,400,000원

구분	코드	계정과목	코드	거래처	적요	차변	대변
차변	295	퇴직급여충당부채			종업원퇴직금	15,400,000	
대변	198	퇴직연금운용자산	98010	(주)삼성생명	종업원퇴직금		15,400,000

14 퇴직연금

| 퇴직연금 관련 거래요약 |

거래상황	분개			
확정급여형(DB)퇴직연금 납입	(차) 퇴직연금운용자산 수수료(판)	××× ×××	(대) 현금등	×××
확정급여형(DB)퇴직연금 운용수익	(차) 퇴직연금운용자산	×××	(대) 퇴직연금운용수익	×××
확정기여형(DC)퇴직연금 납입	(차) 퇴직급여	×××	(대) 현금등	×××

실무수행문제

기출문제 ▶ 1회~50회 중 **10회** 출제

다음 거래자료를 입력하시오.

❶ 2월 18일   (주)삼성생명으로 국민은행 보통예금계좌에서 이체된 퇴직연금 내역은 다음과 같다.

구분	금액	
확정급여형(DB)형		5,000,000원
확정기여형(DC)형	사무직	3,000,000원
	생산직	4,500,000원
합 계		12,500,000원

실무수행입력

재무회계 ▶ 전표입력/장부 ▶ 일반전표입력

❶ 2월 18일 (차) 퇴직연금운용자산 5,000,000원   (대) 보통예금 12,500,000원
           퇴직급여(판)   3,000,000원
           퇴직급여(제)   4,500,000원

구분	코드	계정과목	코드	거래처	적요	차변	대변
차변	198	퇴직연금운용자산	98010	(주)삼성생명		5,000,000	
차변	806	퇴직급여				3,000,000	
차변	508	퇴직급여				4,500,000	
대변	103	보통예금	98000	국민은행(보통)			12,500,000

15 사회보험지급

급여는 인사관리에서 다양한 급여형태에 따른 급여계산을 하고 이를 회계처리한다. 급여지급과 관련된 증빙으로 "급여대장"이 있으며, 급여지급 후 다음달 10일이면 급여지급시 차감(예수)해 두었던 소득세, 지방소득세 및 사회보험 본인부담금과 회사부담금을 납부한다.

이때 원천징수분 소득세, 지방소득세는 "원천징수이행상황신고서"를 전자신고 후 전자납부할 수 있으며, 국민연금/건강보험/고용보험료는 고지된 지로용지에 의해 납부한다.

| 사회보험 관련 거래요약 |

거래상황	분		개	
국민연금 회사부담액	(차) 세금과공과금 예수금	××× ×××	(대) 현금등	×××
건강보험 회사부담액	(차) 복리후생비 예수금	××× ×××	(대) 현금등	×××
고용보험 회사부담액	(차) 복리후생비 예수금	××× ×××	(대) 현금등	×××
산재보험 회사부담액	(차) 보험료		(대) 현금등	×××

* 사회보험의 근로자부담액은 '예수금'계정으로 처리하고, 회사부담액은 해당 비용(판매관리직 : 800번대, 제조생산직 : 500번대)으로 회계처리한다.

TAT 2급 세무실무

실무수행문제

기출문제 ▶ 1회~50회 중 **2회** 출제

다음 거래자료를 입력하시오.

❶ 2월 19일 공장에 근무중인 정지영과 본사 관리부에 근무중인 강영훈의 4월분 국민연금 결정내역 통보서이다. 1월분 국민연금을 국민은행 보통예금 통장에서 이체하여 납부한 내역이다.

서식기호 E8901	국민연금보험료 결정내역 통보서		
사업장관리번호	120-81-32144-0	사업장명칭	(주)나눔전자
해 당 년 월	2024-01		

2024년 1월분 개인별 보험료 내역
(단위 : 원)

일련번호	성 명	주민(외국인) 등록번호	기준소득월액	월보험료(계)	(사용자부담금)	(근로자기여금)
1	정지영	911109-2******	1,250,000	112,500	56,250	56,250
2	강영훈	850321-1******	3,800,000	342,000	171,000	171,000
대상자수		2명		454,500	227,250	227,250

이하생략

※ 당월에 납부할 연금보험료는 당월분 금액과 소급분 금액의 합산으로 결정됩니다.
※ 개인사업장 사용자의 국민연금보험료는 사용자부담금과 근로자기여금으로 구분하여 표기하였습니다.

실무수행입력

재무회계 ▶ 전표입력/장부 ▶ 일반전표입력

❶ 2월 19일 (차) 예수금   227,250원   (대) 보통예금   454,500원
             세금과공과금(제)   56,250원
             세금과공과금(판)   171,000원

구분	코드	계정과목	코드	거래처	적요	차변	대변
차변	254	예 수 금			국민연금납부	227,250	
차변	517	세금과공과금			국민연금납부	56,250	
차변	817	세금과공과금			국민연금납부	171,000	
대변	103	보 통 예 금	98000	국민은행(보통)	국민연금납부		454,500

16 출장비정산

| 출장비 관련 거래요약 |

거래상황	분개			
출장비 지급	(차) 가지급금	×××	(대) 현금등	×××
출장비 정산	(차) 여비교통비 　　 접대비(기업업무추진비)	××× ×××	(대) 가지급금	×××

* 출장비 정산시 접대관련 경비는 '접대비(기업업무추진비)'로 분류하여 계정처리하여야 한다.

실무수행문제

기출문제 ▶ 1회~50회 중 **4회** 출제

다음 거래자료를 입력하시오.

❶ 2월 20일　영업점 및 거래처 출장을 마친 영업부 허승연 사원의 출장비 지출 내역이다. 금일 국민은행보통예금계좌에서 이체하여 지급하였다. 회사는 출장비의 경우 사후 정산 방식을 적용하고 있으며, 계좌이체일 기준으로 회계처리 하고 있다.

| 출장비 지출 내역 |

지출내역	금액(원)	비고
숙박비	100,000	50,000원 × 2박
교통비	80,000	택시비 등
식대	50,000	본인 식대
거래처식사	150,000	매출거래처 식사비
지출 합계	380,000	

실무수행입력

재무회계 > 전표입력/장부 > 일반전표입력

❶ 2월 20일　(차) 여비교통비　　　 230,000원　　(대) 보통예금　　　　380,000원
　　　　　　　　접대비(기업업무추진비)150,000원

구분	코드	계정과목	코드	거래처	적요	차변	대변
차변	812	여비교통비			출장비정산	230,000	
차변	813	접대비(기업업무추진비)			출장비정산	150,000	
대변	103	보통예금	98000	국민은행(보통)	출장비정산		380,000

17 외환회계

| 외환회계 관련 거래요약 |

거래상황	분 개			
외화자산 : 장부금액 < 회수금액	(차) 예금등	×××	(대) 외화외상매출금 외환차익	××× ×××
외화자산 : 장부금액 > 회수금액	(차) 예금등 외환차손	××× ×××	(대) 외화외상매출금	×××
외화부채 : 장부금액 < 상환금액	(차) 외화차입금 외환차손	××× ×××	(대) 예금등	×××
외화부채 : 장부금액 > 상환금액	(차) 외화차입금	×××	(대) 예금등 외환차익	××× ×××

실무수행문제

기출문제 ▶ 1회~50회 중 **2회** 출제

다음 거래자료를 입력하시오.

❶ 2월 21일   2023년 2월 20일 AMS CO.,LTD에서 차입한 외화단기차입금(US$20,000)을 2024년 2월 21일 외환은행 보통예금계좌에서 상환하였다.
(단, 회사는 외화단기차입금에 대하여 2023년 12월 31일 적절하게 외화평가를 수행하였다.)

• 적용환율

2023년 2월 20일	2023년 12월 31일	2024년 2월 21일
₩ 1,050.20 / $	₩ 1,075.40 / $	₩ 1,087.30 / $

실무수행입력

재무회계 ▷ 전표입력/장부 ▷ 일반전표입력

❶ 2월 21일   (차) 외화단기차입금   21,508,000원   (대) 보통예금   21,746,000원
              외환차손   238,000원

구분	코드	계정과목	코드	거래처	적요	차변	대변
차변	274	외화단기차입금	01630	AMS CO.,LTD	외화차입금상환	21,508,000	
차변	932	외 환 차 손			외화차입금상환	238,000	
대변	103	보 통 예 금	98000	국민은행(보통)	외화차입금상환		21,746,000

18 임차보증금과 임차료

| 임차보증금 관련 거래요약 |

거래상황	분 개
사무실등 보증금 지급	(차) 임차보증금 ××× (대) 보통예금등 ×××
월세 지급	(차) 임차료 ××× (대) 보통예금등 ×××

실무수행문제

기출문제 ▶ 1회~50회 중 **3회** 출제

다음 거래자료를 입력하시오.

❶ 2월 22일   영업소 사무실로 사용할 임차계약서이다. 보증금과 2월분 월세를 당사 국민은행 보통예금 통장에서 이체하였다(본 문제에 한하여 부가가치세를 고려하지 않기로 한다).

(사 무 실) 월 세 계 약 서

☐ 임 대 인 용
■ 임 차 인 용
☐ 사무소보관용

부동산의 표시	소재지	서울 구로구 경인로 638					
	구 조	철근콘크리트조	용도	사무실		면적	45㎡
월 세 보 증 금		금 50,000,000원정		월세 1,650,000원정			

제 1 조   위 부동산의 임대인과 임차인 합의하에 아래와 같이 계약함.
제 2 조   위 부동산의 임대차에 있어 임차인은 보증금을 아래와 같이 지불키로 함.

계 약 금	원정은 계약시 지불하고
중 도 금	원정은 년 월 일 지불하며
잔 금	50,000,000원정은 2024년 2월 22일 중개업자 입회하에 지불함.

제 3 조   위 부동산의 명도는 2024년 2월 22일로 함.
제 4 조   임대차 기간은 2024년 2월 22일로부터 (24)개월로 함.
제 5 조   월세금액은 매월(22)일에 지불키로 하되 만약 기일내에 지불치 못할 시에는 보증금액에서 공제키로함. (국민은행, 계좌번호 : 801210-52-072659, 예금주 : (주)정동)

〰〰〰〰〰〰〰〰〰 중 략 〰〰〰〰〰〰〰〰〰

임 대 인	주 소	서울 구로구 경인로 638 8층 801호 동진빌딩			
	사업자등록번호	125-81-28548	전화번호 02-555-1255	성명	(주)정동 ㊞

실무수행입력

재무회계 > 전표입력/장부 > 일반전표입력

❶ 2월 22일   (차) 임차보증금   50,000,000원   (대) 보통예금   51,650,000원
                   임차료   1,650,000원

구분	코드	계정과목	코드	거래처	적요	차변	대변
차변	962	임차보증금	03300	(주)정동	영업소보증금	50,000,000	
차변	819	임차료			영업소 월세	1,650,000	
대변	103	보통예금	98000	국민은행(보통)	영업소보증금		51,650,000

19 배당금입금

| 배당금 관련 거래요약 |

거래상황	분개			
배당결의일	(차) 미수금	×××	(대) 배당금수익	×××
배당금입금일	(차) 예금등	×××	(대) 미수금	×××

기출문제 ▶ 1회~50회 중 **8회** 출제

실무수행문제

다음 거래자료를 입력하시오.

❶ 2월 23일 청담러닝(주)에 투자한 매도가능증권에 대한 연차배당이 2월 23일(주주총회 결의일)에 결의되어 배당금 통지서를 받았다.

배당금 통지서

| 배정내역 | 주주번호 | 000050000020005***** | | | | | 주주명 | (주)나눔전자 | | |

주주구분	주식종류	배당일수	소유주식수	배당(정)률		배당금	배정주식수	단수주	단주기준가	단주 대금 지급액
				현금배당율	주식배정율					
실물 소유분 (명부)	보통주									
증권회사 위탁분 (실질)	보통주	365	40,000	0.240		4,800,000				

실무수행입력

재무회계 ▷ 전표입력/장부 ▷ 일반전표입력

❶ 2월 23일 (차) 미수금   4,800,000원   (대) 배당금수익   4,800,000원

구분	코드	계정과목	코드	거래처	적요	차변	대변
차변	120	미수금	00300	청담러닝(주)	배당금확정	4,800,000	
대변	903	배당금수익		청담러닝(주)			4,800,000

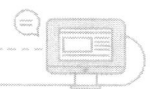

20 재고자산의 타계정대체

| 재고자산 타계정대체 관련 거래요약 |

거래상황	분개			
재고자산의 기부지급	(차) 기부금	×××	(대) 재고자산(타계정대체)	×××
재고자산의 종업원선물지급	(차) 복리후생비	×××	(대) 재고자산(타계정대체)	×××

실무수행문제

기출문제 ▶ 1회~50회 중 **2회** 출제

다음 거래자료를 입력하시오.

❶ 2월 24일 (재단법인)바보의나눔에 제품을 기부하였다(원가 : 3,000,000원, 시가 : 5,000,000원).
  (부가가치세는 고려하지 말 것)

■ 기부금영수증

기부금 영수증

일 련 번 호			

기 부 자	법 인 명 : (주)나눔전자	사업자등록번호 : 120-81-32144
	주 소 : 서울특별시 강남구 강남대로 238-4	

기 부 처	법인명(상호) : (재단법인)바보의나눔	사업자등록번호 : 121-82-06990
	소 재 지 : 서울시 중구 명동길 74	

기부금 모집처 (언론기관 등)	단체명 :	사업자등록번호 :
	소 재 지 :	

기부내용	유형	코드	연월일	기부금품			금액
				품명	수량	단가	
	5	10	2024.2.24	정수기	6	500,000	3,000,000원

「법인세법」제24조에 따른 기부금을 위와 같이 기부하였음을 증명하여 주시기 바랍니다.

2024년 2월 24일
신청인   ㈜나눔전자(서명 또는 인)

위와 같이 기부금을 기부하였음을 증명합니다.

2024년 2월 24일
기부금 수령인   (재단법인)바보의나눔 (서명 또는 인)

실무수행입력

재무회계 > 전표입력/장부 > 일반전표입력

❶ 2월 24일 (차) 기부금   3,000,000원   (대) 제품   3,000,000원

구분	코드	계정과목	코드	거래처	적요	차변	대변
차변	933	기 부 금		바보의나눔		3,000,000	
대변	150	제 품			08 타계정으로대체액		3,000,000

* SmartA에서 대변의 적요.08.타계정으로대체액을 선택하지 않아도 '타계정으로대체액' 표시 가능하다.

21 법인세

| 법인세 관련 거래요약 |

거래상황	분 개			
법인세 중간예납세액, 원천납부세액	(차) 선납세금	×××	(대) 보통예금등	×××
선납세금 정리	(차) 법인세등	×××	(대) 선납세금	×××
법인세 추가계상액	(차) 법인세등	×××	(대) 미지급법인세	×××

실무수행문제

기출문제 ▶ 1회~50회 중 **8회** 출제

다음 거래자료를 입력하시오.

❶ 2월 25일 당해 사업연도 법인세의 중간예납세액 9,800,000원을 국민은행 보통예금계좌에서 인터넷뱅킹으로 납부하였다(단, 법인세납부액은 자산계정으로 처리할 것).

실무수행입력

재무회계 > 전표입력/장부 > 일반전표입력

❶ 2월 25일 (차) 선납세금   9,800,000원   (대) 보통예금   9,800,000원

구분	코드	계정과목	코드	거래처	적요	차변	대변
차변	136	선 납 세 금			법인세중간예납	9,800,000	
대변	103	보 통 예 금	98000	국민은행(보통)	법인세중간예납		9,800,000

자금관리

제1절 예금 관리하기

NCS
- **능력단위** 자금관리(0203020102_20V4)
- **능력단위요소** 예금관리하기(0203020102_20V4.2)
- **수행준거** 2.1 회계 관련 규정에 따라 예·적금을 구분·관리할 수 있다.
  2.2 자금운용을 위한 예·적금 계좌를 예치기관별·종류별로 구분·관리할 수 있다.
  2.3 은행업무시간 종료 후 회계 관련 규정에 따라 은행잔고를 대조 확인할 수 있다.
  2.4 은행잔고의 차이 발생시 그 원인을 규명할 수 있다.

1 통장사본에 의한 거래입력

은행을 통한 입출금거래에 대하여는 "보통예금"계정으로 처리한다. 실무에서는 은행별·계좌별로 거래내역을 관리한다.

| 통장 거래요약 |

거래상황	분		개	
보통예금계좌에 현금을 입금하는 경우	(차) 보통예금	×××	(대) 현　　금	×××
보통예금계좌에서 현금을 인출하는 경우	(차) 현　　금	×××	(대) 보통예금	×××
전화요금이 보통예금계좌에서 자동이체되어 지급된 경우	(차) 통 신 비	×××	(대) 보통예금	×××
외상매출대금이 보통예금계좌로 이체되어 입금된 경우	(차) 보통예금	×××	(대) 외상매출금	×××

실무수행문제

다음 거래자료를 입력하시오.

보통예금(국민은행) 거래내역

번호	거래일	내 용	찾으신금액	맡기신금액	잔 액	거래점
	계좌번호	011202-04-012368 (주)나눔전자				
1	2024-03-02	(주)기흥물산		5,000,000	*****	영등포
2	2024-03-03	SKT 010-1234-1234	87,000		*****	충정로
3	2024-03-04	(주)청정워터		600,000	*****	
4	2024-03-05	(주)유정산업	500,000		*****	
5	2024-03-06			1,000,000	*****	

자료설명 1. 매출거래처 (주)기흥물산에 요청한 외상대금이 입금되었다.
          2. 영업부 사원 천재인의 휴대폰요금(법인소유분)이 자동이체 되어 지급되었다.
          3. (주)청정워터에서 제품매출계약에 따른 계약금을 송금받았다.
          4. (주)유정산업에서 원재료를 매입하기로 하고 계약금을 이체하여 지급하였다.
          5. 원인모를 금액이 입금되었으나 확인되지 않았다.

실무수행입력

재무회계 > 전표입력/장부 > 일반전표입력

❶ 3월 2일 (차) 보통예금   5,000,000원   (대) 외상매출금   5,000,000원

구분	코드	계정과목	코드	거래처	적 요	차변	대변
차변	103	보통예금	98000	국민은행(보통)	외상매출금 보통예금입금	5,000,000	
대변	108	외상매출금	04101	(주)기흥물산	01 외상매출금 보통예금입금		5,000,000

❷ 3월 3일 (차) 통신비   87,000원   (대) 보통예금   87,000원

구분	코드	계정과목	코드	거래처	적 요	차변	대변
차변	814	통신비			010-1234-1234 02 전화요금보통예금인출	87,000	
대변	103	보통예금	98000	국민은행(보통)	전화요금보통예금인출		87,000

❸ 3월 4일   (차) 보통예금   600,000원   (대) 선수금   600,000원

구분	코드	계정과목	코드	거래처	적요	차변	대변
차변	103	보통예금	98000	국민은행(보통)	제품매출계약금입금	600,000	
대변	257	선수금	00105	(주)청정워터	제품매출계약금입금		600,000

❹ 3월 5일   (차) 선급금   500,000원   (대) 보통예금   500,000원

구분	코드	계정과목	코드	거래처	적요	차변	대변
차변	131	선급금	04600	(주)유정산업	원재료구매계약금지급	500,000	
대변	103	보통예금	98000	국민은행(보통)	원재료구매계약금지급		500,000

❺ 3월 6일 (차) 보통예금   1,000,000원   (대) 가수금   1,000,000원

구분	코드	계정과목	코드	거래처	적요	차변	대변
차변	103	보통예금	98000	국민은행(보통)	원인미상 입금	1,000,000	
대변	257	가수금			원인미상 입금		1,000,000

2 예·적금현황

예금의 현재 잔액과 내용을 한 눈에 볼 수 있다.

날짜	적요	차변	대변	잔액
	[전 월 이 월]	467,083,361		
2024-03-02	외상매출금 보통예금입금	5,000,000		472,083,361
2024-03-03	전화요금 보통예금인출		87,000	471,996,361
2024-03-04	제품매출계약금입금	600,000		472,596,361
2024-03-05	원재료구매계약금지급		500,000	472,096,361
2024-03-06	원인미상 입금	1,000,000		473,096,361
2024-03-31	원재료수입대금		30,000,000	443,096,361
	[월 계]	6,600,000	30,587,000	
	[누 계]	844,109,111	401,012,750	

 TAT 2급 세무실무

제2절 어음·수표 관리하기

- **능력단위** 자금관리(0203020102_20V4)
- **능력단위요소** 어음수표관리하기(0203020102_20V4.4)
- **수행준거**
  - 4.1 관련 규정에 따라 수령한 어음·수표의 진위 여부를 식별할 수 있다.
  - 4.2 관련 규정에 따라 수령한 어음·수표를 금융기관에 입금·예탁할 수 있다.
  - 4.3 관련 규정에 따라 어음·수표를 발행·수령할 때 회계처리하고 어음관리대장에 기록·관리할 수 있다.
  - 4.4 관련 규정에 따라 어음·수표의 분실 및 부도가 발생한 때 대처하여 해결방안을 수립할 수 있다.

1 약속어음수취거래

| 약속어음 수취 거래요약 |

구 분	거 래	분 개			
보 관	외상대금 어음회수	(차) 받을어음	×××	(대) 외상매출금	×××
	제품판매시 어음회수	(차) 받을어음	×××	(대) 제품매출	×××

실무수행문제

기출문제 ▶ 1회~50회 중 **4회** 출제

다음 거래자료를 입력하고, 자금관리정보를 입력하여 받을어음현황에 반영하시오

❶ 3월 2일 (주)이진코코의 제품 외상대금 5,500,000원을 약속어음으로 수취하였다.
자금관련정보를 입력하여 받을어음현황에 반영하시오.

받을전자어음상세

www.wooribank.com

발급일시	2024.03.02.20 : 56 : 36

[어음정보]

전자어음번호	08120240302000009041	어음종류	전자어음
분할번호		분할여부	부
전자어음처리상태	유통중	금액	5,500,000원
발행일자	2024-03-02	지급일자	2024-06-02
전자어음발행지	서울특별시 서초구 남부순환로 2477, 4		
지급지 정보	하나은행 서초남 (지점) (0032162)		
지급지시금지	N	분할배서금지	N

[발행인정보]

법인/개인구분	법인	법인사업자번호	229-81-14142
법인명	(주)이진코코	성명(대표자명)	박이진
주소	서울특별시 서대문구 충정로7길 227-1		

[배서인정보]

NO	법인/개인구분	법인명	배서일자	은행	배서보증여부
	주민(사업자)번호	성명(대표자명)	배서금액	부가조건	
1					

[수취/피해서인정보]

법인/개인구분	법인	법인사업자번호	120-81-32144
법인명	(주)나눔전자	성명(대표자명)	공나눔
주소	서울특별시 강남구 강남대로 238-4		

[사고신고 사전조회]

사고신고 여부	미접수

실무수행입력

재무회계 > 전표입력/장부 > 일반전표입력

❶ 3월 2일   (차) 받을어음   5,500,000원   (대) 외상매출금   5,500,000원

구분	코드	계정과목	코드	거래처	적요	차변	대변
차변	110	받을어음	00102	(주)이진코코	어음관리내역이 자동반영됨	5,500,000	

받을어음 관리
- 어음상태: 1 보관, 어음종류: 6 전자, 어음번호: 08120240302000009041, 수취구분: 1 자수
- 발행인: 00102 (주)이진코코, 발행일: 2024-03-02, 만기일: 2024-06-02, 배서인:
- 지급은행: 110 하나은행, 지점:, 할인기관:, 지점:, 할인율(%):

| 대변 | 108 | 외상매출금 | 00102 | (주)이진코코 | 외상매출금어음회수 | | 5,500,000 |

• [자금관리(F3) – 받을어음 관리] → 어음상태 : 1.약속(일반), 어음번호, 만기일, 지급은행, 지점을 입력

2 약속어음의 만기결제·할인·배서양도

| 약속어음 만기결제·할인·배서 거래요약 |

구 분		거 래	분 개			
결 제		어음대금 입금	(차) 당좌예금	×××	(대) 받을어음	×××
부 도		은행에서 지급거절	(차) 부도어음과수표	×××	(대) 받을어음	×××
배 서		외상대금지급시 어음양도	(차) 외상매입금	×××	(대) 받을어음	×××
		원재료구입시 어음양도	(차) 원재료	×××	(대) 받을어음	×××
할 인		금융기관에서 할인	(차) 매출채권처분손실 당좌예금	××× ×××	(대) 받을어음	×××

실무수행문제

기출문제 ▶ 1회~50회 중 **14회** 출제

다음 거래자료를 입력하시오.

❶ 3월 3일   (주)하이마트에서 제품판매대금으로 받아 보관중인 전자어음 38,000,000원이 만기일이 되어 은행에 제시한 결과 당사 국민은행 보통예금계좌로 금일 입금되었다.

❷ 3월 4일   제품매출처 (주)웅보물산에서 받아 보관중인 전자어음을 (주)시원정수기의 외상매입금 22,000,000원을 결제하기 위하여 배서양도 하였다.

❸ 3월 5일   (주)레드산업에서 물품대금으로 받아 보관중인 전자어음 9,000,000원을 지급기일이 되어 은행에 제시한 결과 지급거절되어 부도처리하였다.

❹ 3월 6일   (주)나이스전자에서 외상대금으로 받아 보관 중이던 전자어음(25,000,000원, 지급기일 : 2024년 6월 6일)을 3월 6일에 국민은행에서 할인하고, 할인료를 차감한 잔액은 국민은행 보통예금계좌에 입금하였다(단, 할인율은 연 12%, 월할계산, 매각거래로 처리할 것).

실무수행입력

재무회계 > 전표입력/장부 > 일반전표입력

❶ 3월 3일   (차) 보통예금   38,000,000원   (대) 받을어음   38,000,000원

구분	코드	계정과목	코드	거래처	적요	차변	대변
차변	103	보통예금	98000	국민은행(보통)	02 받을어음추심보통예입	38,000,000	
대변	110	받을어음	00122	(주)하이마트	어음관리내역이 자동반영됨		38,000,000

❷ 3월 4일   (차) 외상매입금   22,000,000원   (대) 받을어음   22,000,000원

구분	코드	계정과목	코드	거래처	적요	차변	대변
차변	251	외상매입금	00104	㈜시원정수기	외상매입금 배서양도	22,000,000	
대변	110	받을어음	01500	(주)웅보물산	어음관리내역이 자동반영됨		22,000,000

❸ 3월 5일   (차) 부도어음과수표   9,000,000원   (대) 받을어음   9,000,000원

구분	코드	계정과목	코드	거래처	적요	차변	대변
차변	976	부도어음과수표	00129	㈜레드산업	부도어음으로 대체	9,000,000	
대변	110	받을어음	00129	(주)레드산업	어음관리내역이 자동반영됨		9,000,000

❹ 3월 6일   (차) 보통예금   24,250,000원   (대) 받을어음   25,000,000원
              매출채권처분손실   750,000원

구분	코드	계정과목	코드	거래처	적 요	차변	대변
차변	103	보통예금	98000	국민은행(보통)		24,250,000	
차변	936	매출채권처분손실				750,000	
대변	110	받을어음	00113	(주)나이스전자	어음관리내역이 자동반영됨		25,000,000

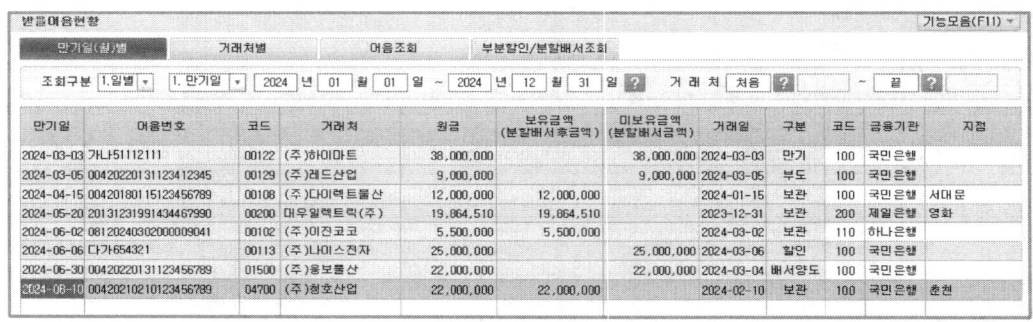

※ 할인료(매출채권처분손실) : 25,000,000원 × 12% × 3개월/12개월 = 750,000원

❺ 받을어음현황

만기일	어음번호	코드	거래처	원금	보유금액(분할배서후금액)	미보유금액(분할배서금액)	거래일	구분	코드	금융기관	지점
2024-03-03	가나51112111	00122	(주)하이마트	38,000,000		38,000,000	2024-03-03	만기	100	국민은행	
2024-03-05	0042022013112341 2345	00129	(주)레드산업	9,000,000		9,000,000	2024-03-05	부도	100	국민은행	
2024-04-15	0042018011512345 6789	00108	(주)다이렉트물산	12,000,000	12,000,000		2024-01-15	보관	100	국민은행	서대문
2024-05-20	2013123199143446 7990	00200	마우일렉트릭(주)	19,864,510	19,864,510		2023-12-31	보관	200	제일은행	영화
2024-06-02	0812024030200000 9041	00102	(주)이진코코	5,500,000	5,500,000		2024-03-02	보관	110	하나은행	
2024-06-06	다가654321	00113	(주)나이스전자	25,000,000		25,000,000	2024-03-06	할인	100	국민은행	
2024-06-30	0042022013112345 6789	01500	(주)용보물산	22,000,000		22,000,000	2024-03-04	배서양도	100	국민은행	
2024-08-10	0042021021012345 6789	04700	(주)청호산업	22,000,000	22,000,000		2024-02-10	보관	100	국민은행	춘천

3 약속어음의 발행거래

약속어음은 일정한 금액을 일정한 기일과 장소에서 수취인에게 무조건 지급하기로 약속한 증서로, 약속어음을 발행하려면 먼저 금융기관으로부터 당좌거래를 개설하고 당좌수표용지와 약속어음용지를 수령하여 발행할 수 있다.

| 지급어음의 구분별 거래상황 |

구 분	거래	분개
수령	약속어음을 등록하면 "수령"으로 표시되며, "수령"으로 표시된 어음번호에 대해 [일반전표입력][매입매출전표입력]메뉴에서 입력할 수 있다.	
발행	외상대금으로 어음발행	(차) 외상매입금 ××× (대) 지급어음 ×××
담보	특정기관에 담보성격으로 견질된 경우	회계처리없음
폐기	발행 또는 담보되지 않고 폐기되는 경우	회계처리없음
삭제	어음등록에서 삭제하려는 등록어음의 내역과 동일하게 입력한 다음 [삭제]버튼을 눌러 삭제한다.	

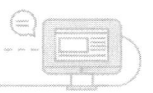

실무수행문제

기출문제 ▶ 1회~50회 중 **8회** 출제

다음 거래자료를 입력하시오.

❶ 3월 7일   매입처 (주)수진실업에 대한 외상매입금 잔액 중 일부는 전자어음을 발행하여 지급하고 나머지는 현금으로 지급하였다.

전 자 어 음

(주)수진실업 귀하   00420240307122905051

금 팔백만원정   8,000,000원

위의 금액을 귀하 또는 귀하의 지시인에게 지급하겠습니다.

지급기일	2024년 6월 7일	발행일	2024년 3월 7일
지 급 지	국민은행	발행지 주 소	서울 강남구 강남대로238-4
지급장소	영등포지점	발행인	(주)나눔전자

실무수행입력

재무회계 전표입력/장부 일반전표입력

❶ [어음등록] 약속어음용지 등록

[어음등록] 키를 클릭하여 발행할 어음의 번호를 등록한다.

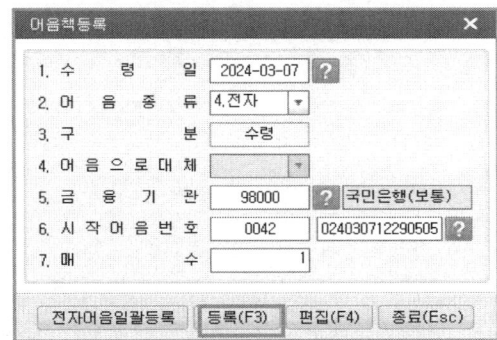

❷ 3월 7일   (차) 외상매입금   11,000,000원   (대) 지급어음   8,000,000원
                                               현 금   3,000,000원

TAT 2급 세무실무

구분	코드	계정과목	코드	거래처	적요	차변	대변
차변	251	외상매입금	00126	㈜수진실업	02 외상매입금반제어음발행	11,000,000	
차변	101	현금		㈜수진실업	외상매입금반제어음발행		3,000,000
대변	252	지급어음	00126	㈜수진실업	어음관리내역이 자동반영됨		8,000,000

● 지급어음 관리   삭제(F5)
| 어음상태 | 2 발행 | 어음번호 | 00420240307122905051 | 어음종류 | 4 전자 | 발행일 | 2024-03-07 |
| 만기일 | 2024-06-07 | 지급은행 | 98000 국민은행(보통) | | 지 점 | | |

4 발행어음의 만기결제

| 지급어음의 구분별 거래상황 |

구분	거래	분개
결　제	발행된 어음의 만기결제시	(차) 지급어음　×××　(대) 당좌예금　×××

실무수행문제

기출문제 ▶ 1회~47회 중 **5회** 출제

다음 거래자료를 입력하시오.

❶ 3월 25일　㈜자유상사에 발행한 지급어음이며, 만기일에 신한은행 당좌예금 계좌에서 결제되었다. 신한은행과 당좌차월계약을 맺고 있으며 당좌차월한도액은 10,000,000원이다(회사는 당좌예금 잔액이 음수(-)인 경우 '단기차입금'으로 회계처리하고 있다).

전 자 어 음

(주)자유상사 귀하   00420240131123456789

금 오천오백만원정   55,000,000원

위의 금액을 귀하 또는 귀하의 지시인에게 지급하겠습니다.

지급기일　2024년 3월 25일　　　　발행일　2024년 1월 31일
지 급 지　국민은행　　　　　　　　발행지　서울특별시 강남구 강남대로
지급장소　역삼지점　　　　　　　　주　소　238-4

　　　　　　　　　　　　　　　　　발행인　(주)나눔전자

실무수행입력

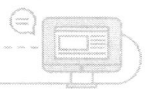

재무회계 > 전표입력/장부 > 일반전표입력

❶ 3월 25일   (차) 지급어음   55,000,000원   (대) 당좌예금   50,000,000원
                                                        단기차입금   5,000,000원

구분	코드	계정과목	코드	거래처	적 요	차변	대변
차변	252	지급어음	00180	(주)자유상사	어음관리내역이자동 반영됨	55,000,000	
대변	102	당좌예금	98007	신한은행(당좌)	04 지급어음당좌결제		50,000,000
대변	260	단기차입금	98007	신한은행(당좌)	당좌차월		5,000,000

지급어음 관리 정보: 어음상태 3 결제, 어음번호 00420220131123456789, 어음종류 4 전자, 발행일 2024-01-31, 만기일 2024-03-25, 지급은행 98007 신한은행(당좌)

❷ 지급어음 현황

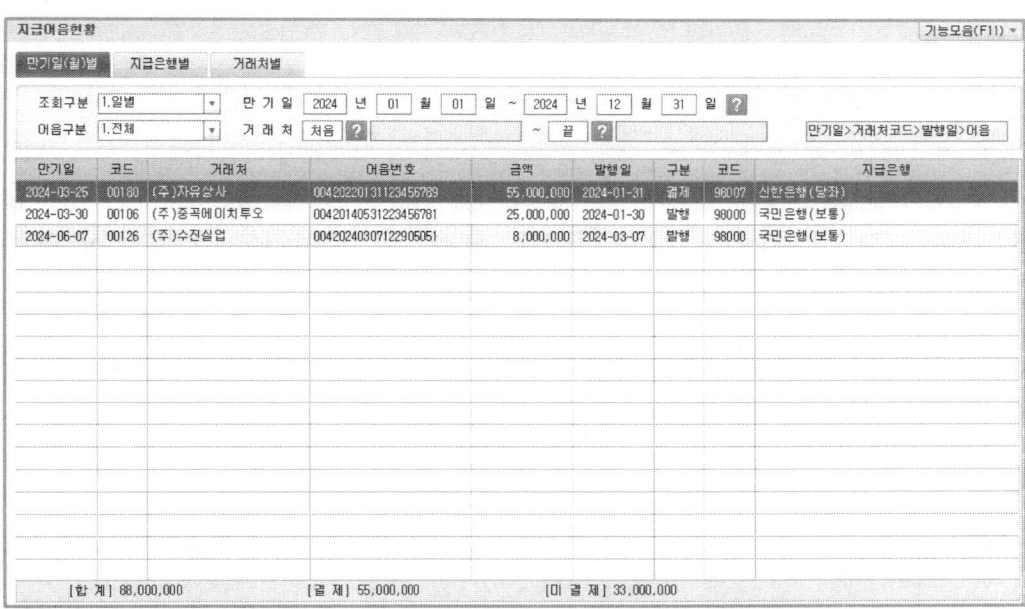

부가가치세신고

제1절 세금계산서 발급·수취하기

능 력 단 위 부가가치세신고(0203020105_20V5)
능력단위요소 세금계산서 발급·수취하기(0203020105_20V5.1)
수 행 준 거 1.1 세금계산서의 발급방법에 따라 세금계산서를 발급하고 세금계산서합계표를 국세청에 전송할 수 있다.
1.2 수정세금계산서 발급사유에 따라 세금계산서를 수정 발행할 수 있다.
1.3 부가가치세법에 따라 세금계산서합계표를 작성할 수 있다.

1 전자세금계산서 발행 - 과세, 영세매출

전자세금계산서를 발급하려면 먼저 [매입매출전표입력]메뉴에 11.과세매출을 선택하여 [전자세금]란을 빈칸으로 하고 해당내역을 입력한 다음 [전자세금계산서발행 및 내역관리] 메뉴에서 '발행' 및 '전송'을 하면 [매입매출전표입력]메뉴의 [전자세금]란에 '전자발행'으로 자동표기 된다.

과세매출자료는 매입매출전표입력에서 '유형'을 11.과세로 선택하고 거래내역을 입력한 다음 분개란에서 1.현금, 2.외상, 3.혼합 중에서 선택하면, 대변은 '제품매출'과 '부가세예수금' 계정은 자동분개되며 차변과목과 금액을 입력한다.

① 매입매출전표입력
→ 거래자료입력

② 전자세금계산서발행 및 내역관리
→ 전자세금계산서발행

③ 전자세금계산서발행 및 내역관리
→ 전자세금계산서전송

실무수행문제

기출문제 ▶ 1회~50회 중 **47회** 출제

다음 매입매출자료를 입력하고 전자세금계산서를 발급·전송하시오.

❶ (주)정수오토에 제품을 공급하고 발급한 거래명세서이다. 회사는 (주)정수오토에서 4월 10일 계약금 1,000,000원을 수령하였으며 잔액은 국민은행 보통예금계좌로 이체받았다.

거래명세서 (공급자 보관용)

공급자	등록번호	120-81-32144			공급받는자	등록번호	404-81-21512		
	상호	(주)나눔전자	성명	공나눔		상호	(주)정수오토	성명	유정수
	사업장 주소	서울특별시 강남구 강남대로 238-4				사업장 주소	서울특별시 서대문구 충정로7길21		
	업태	제조업외	종사업장번호			업태	도소매업	종사업장번호	
	종목	정수기외				종목	정수기		

거래일자	미수금액	공급가액	세액	총 합계금액
2024. 4. 1.		6,000,000	600,000	6,600,000

NO	월	일	품목명	규격	수량	단가	공급가액	세액	합계
1	4	1	정수기		10	600,000	6,000,000	600,000	6,600,000

❷ 구매승인서에 의해 제품을 공급하고 발행한 거래명세서이다. 전자세금계산서를 발행하고 대금은 전액 비씨카드로 결제받았다(복수거래 키를 이용하여 입력할 것).

거래명세서 (공급자 보관용)

공급자	등록번호	124-81-12344			공급받는자	등록번호	214-86-55113		
	상호	(주)나눔전자	성명	공나눔		상호	(주)코나전자	성명	최혜정
	사업장 주소	서울특별시 강남구 강남대로 238-4				사업장 주소	서울 강남구 강남대로 262-12		
	업태	제조업외	종사업장번호			업태	도소매업	종사업장번호	
	종목	정수기외				종목	전자제품		

거래일자	미수금액	공급가액	세액	총 합계금액
2024. 4. 1		6,600,000	0	6,600,000

NO	월	일	품목명	규격	수량	단가	공급가액	세액	합계
1	4	1	소형정수기		20	130,000	2,600,000	0	2,600,000
2	4	1	스텐드 정수기		5	800,000	4,000,000	0	4,000,000

실무수행입력

재무회계 > 전표입력/장부 > 매입매출전표

❶ 4월 1일

유형	품 명	수량	단가	공급가액	부가세	거래처	전자세금
11.과세	정수기			6,000,000	600,000	00107	(주)정수오토

분개	구분	코드	계정과목	차 변	대 변	코드	거래처
3.혼합	대변	255	부가세예수금		600,000	00107	(주)정수오토
	대변	404	제 품 매 출		6,000,000	00107	(주)정수오토
	차변	103	보 통 예 금	5,600,000		98000	국민은행(보통)
	차변	259	선 수 금	1,000,000		00107	(주)정수오토

❷ 4월 1일

유형	품 명	수량	단가	공급가액	부가세	거래처	전자세금
12.영세	소형정수기외			6,600,000	0	03400	㈜코나전자

분개	구분	코드	계정과목	차 변	대 변	코드	거래처
3.혼합	대변	404	제 품 매 출		6,600,000	03400	㈜코나전자
	차변	108	외상매출금	6,600,000		99700	비씨카드사

→ 복수거래 입력시 상단의 복수거래 키를 클릭하여 입력하고, 전자세금계산서 발행거래이므로 '전자세금'란을 빈칸으로 하고 나머지항목을 입력한다.

❸ 전자세금계산서발행 및 내역관리(→발행)

① [매출Tab]에서 발행대상자료를 조회한다.

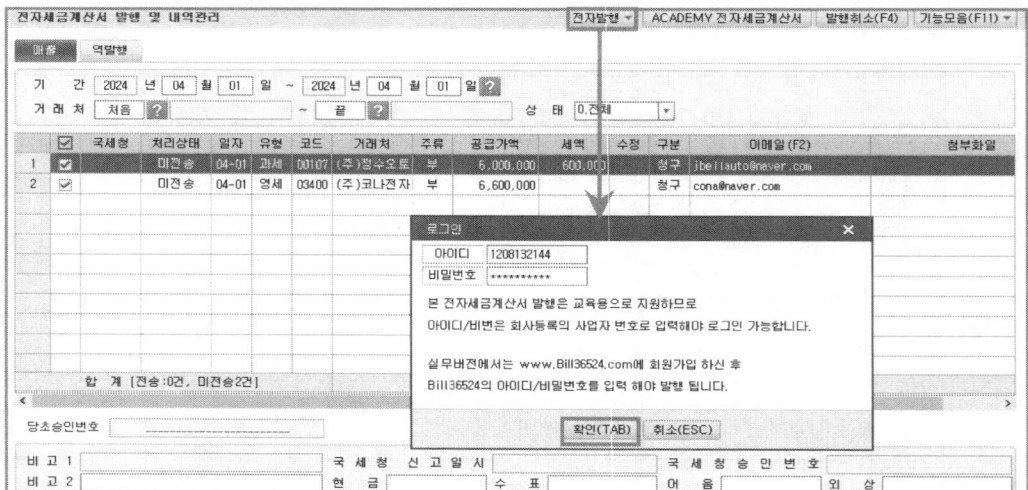

② 대상자료를 체크하고 전자발행 ▼ 을 클릭하여 표시되는 선택화면에서 [전자세금계산서발행]을 선택한다.

③ 로그인은 전자세금계산서 발행 공인인증 기관인 BILL36524사이트에서 회원가입한 아이디와 비밀번호를 입력하도록 되어있으나, 교육용은 [회사등록]메뉴에서 등록한 사업자등록번호로 자동부여한 아이디와 동일한 비밀번호로 자동설정되어 있다.

④ 확인(TAB) 키를 클릭하면 발행 화면으로 이동한다.

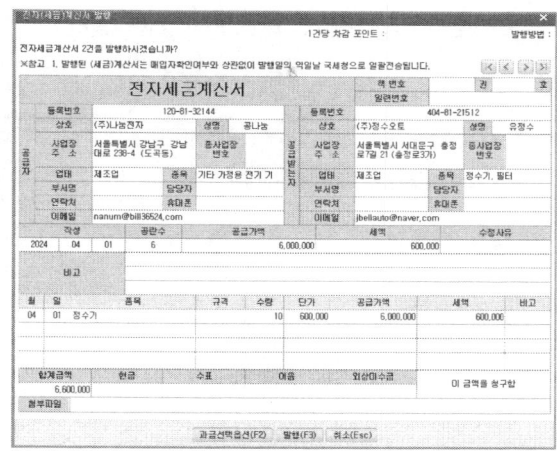

⑤ 확인 키를 클릭하면 [전자세금계산서발행 및 내역관리]화면의 해당 자료가 "국세청"란에 "발행대상"으로 표기된다.

❹ 전자세금계산서발행 및 내역관리(→전송)

① [전자세금계산서발행 및 내역관리]메뉴에서 [국세청]란에 "발행대상"으로 표기된 자료를 클릭하여 선택 한 다음 ACADEMY 전자세금계산서 아이콘을 클릭한다.

② 국세청 e-세로 사이트에 발급된 전자세금계산서를 전송하기 위하여 교육용으로 만든 가상서버인 BILL36524사이트로 로그인하며, 이때 아이디와 비밀번호는 [회사등록]시 등록한 사업자등록번호로 자동부여 된다.

③ [로그인]을 클릭하면 조회되는 전송화면에서 작성일자와 [매출조회]Tab을 클릭하면 전송대상자료가 조회된다. 전송전에는 [신고]란이 "미전송"으로 표시되고, [관리번호]란이 빈칸으로 되어있다.

④ 화면하단의 발행 키 또는 발행 키를 클릭하면 [신고]란 이 "전송성공"으로 표기되고 [관리번호]란에 발행번호가 자동으로 표기되면서 전송이 완료되었음을 확인할 수 있다.

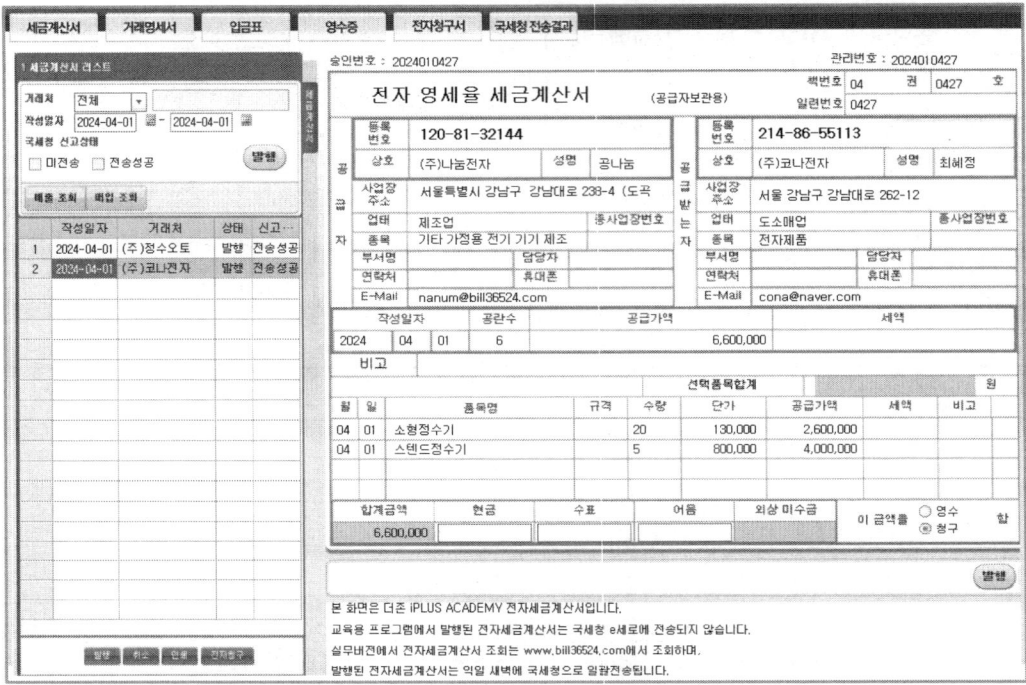

❺ 전자세금계산서 발행결과 확인

① [전자세금계산서발행 및 내역관리]메뉴에서 결과조회 [국세청]란에 "전송성공"으로 표기되어 전송이 완료되었음을 확인할 수 있다.

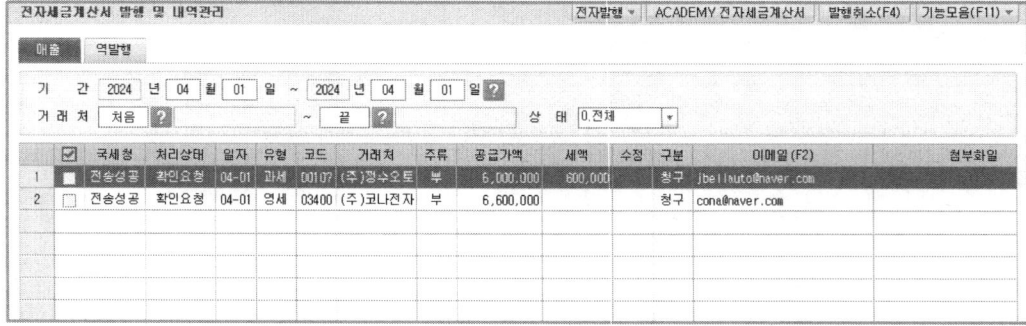

② [매입매출전표입력]메뉴에서 전송결과확인 [매입매출전표입력]메뉴에서 [전자세금]란에 "전자발행"으로 자동으로 표기되어 있음을 확인할 수 있다.

2 전자세금계산서 수정발행

1) 수정세금계산서 발급사유 및 방법

구 분		작성·발급방법			발급기한
		방법	작성연월	비고란	
당초 작성 일자	기재사항 등이 잘못 적힌 경우 / 착오	당초발급 건 음(-)의 세금계산서 1장과 정확한 세금계산서 1장 발급	당초 세금계산서 작성일자	-	착오사실을 인식한 날 확정신고 기한까지 발급
	세율을 착오로 잘못 작성한 경우 / 착오외				착오사실을 인식한 날
	착오에 의한 이중발급	당초발급 건 음(-)의 세금계산서 1장 발급			착오사실을 인식한 날
	면세 등 발급 대상이 아닌 거래				착오사실을 인식한 날
	내국신용장 등 사후발급	음(-)의 세금계산서1장과 영세율 세금계산서1장 발급		내국신용장 개설일	내국신용장 개설일 다음달 10일까지 발급(과세기간 종료후 25일 이내에 개설된 경우 25일까지 발급)
새로운 작성 일자 생성	공급가액 변동	증감되는 분에 대하여 정(+)또는 음(-)의 세금계산서 1장 발급	변동사유 발생일	처음 세금계산서 작성일	변동사유 발생일 다음달 10일까지 발급
	계약의 해제	음(-)의 세금계산서 1장 발급	계약해제일	처음 세금계산서 작성일	계약해제일 다음달 10일까지 발급
	환입	환입 금액분에 대하여 음(-)의 세금계산서 1장 발급	환입된 날	처음 세금계산서 작성일	환입된 날 다음달 10일까지 발급

※ 참고 : 국세청(nts.go.kr)

2) 수정전자세금계산서의 발급

전자세금계산서를 발급한 후 수정사유가 발생한 경우, 반드시 적법한 수정 사유에 따른 수정세금계산서로만 발급하여야 한다. 수정전자세금계산서와 관련된 수정분개를 매입매출전표에 입력하고, 수정사유에 따른 수정전자세금계산서를 발급한다.

① [매입매출전표입력]에서 수정세금계산서를 입력한다.
② [전자세금계산서발행 및 내역관리]메뉴에서 데이터를 조회하여 발급 및 전송하며, 수정세금계산서 데이터의 경우에는 [수정]항목에 수정사유가 표시된다.
③ 수정세금계산서를 발급 후 전송결과를 통해 처리상태를 확인한다.

※ 수정세금계산서가 있는 경우에는 당초세금계산서는 삭제 및 취소가 불가능하며, 수정세금계산서를 먼저 삭제 및 취소 후 당초세금계산서를 처리하여야 한다.

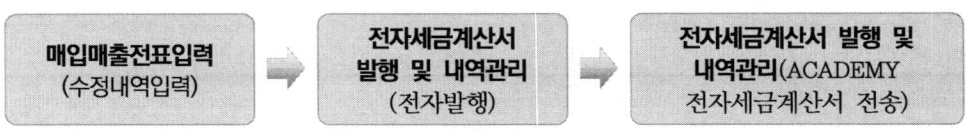

3 전자세금계산서 수정발행 - 기재사항착오

| 전자세금계산서 수정발행 거래요약 |

수정사유	내 용
기재사항 착오	필요적 기재사항 등이 잘못 기재된 다음의 경우 부(-)의 세금계산서 1장과 추가하여 정확한 세금계산서 1장을 발급한다. ① 포괄적인 사업양수도에 대하여 세금계산서를 발급한 경우 ② 공급시기에 세금계산서를 작성하였으나 작성연월일을 착오로 기재한 경우 ③ 공급가액을 착오로 기재한 경우 ④ 내국신용장에 의하여 영세율세금계산서를 발급하였으나 내국신용장이 무효 또는 취소된 경우 ⑤ 과세표준에 포함되지 않은 대가를 과세표준에 산입한 경우 ⑥ 면세사업인데 착오로 과세사업으로 세금계산서를 발급한 경우 ⑦ 공급시기 도래전에 계약금등에 대해 세금계산서 발급하였으나 그후 계약이 취소된 경우 또는 중간지급조건부 거래에 대해 계약금, 중도금에 대해 세금계산서 발급하였으나 그 계약 이행이 불가하거나 취소된 경우

실무수행문제

기출문제 ▶ 1회~50회 중 **7회** 출제

다음 매입매출자료를 입력하고 수정사유에 따른 수정전자세금계산서를 발급 전송하시오.

❶ 4월 11일   선영테크(주)에 제품을 공급하고 발급한 전자세금계산서이다. 전자세금계산서의 공급단가를 13,000원으로 기재했어야 하나, 담당자의 실수로 공급단가를 12,000원으로 기재하여 발급하였음을 확인하였다. (외상대금 및 제품매출에서 음수(-)로 처리하고 전자세금계산서 발급 시 결제내역 입력 및 전송일자는 고려하지 말 것.)

전자세금계산서			(공급자 보관용)			승인번호			
공급자	등록번호	120-81-32144			공급받는자	등록번호	220-87-12697		
	상호	(주)나눔전자	성명(대표자)	공나눔		상호	선영테크(주)	성명(대표자)	박선영
	사업장주소	서울 강남구 강남대로 238-4				사업장주소	서울 강남구 강남대로 252(도곡동)		
	업태	제조업외	종사업장번호			업태	서비스업	종사업장번호	
	종목	정수기외				종목	인테리어공사		
	E-Mail	nanum@bill36524.com				E-Mail	sunyoung@bill36524.com		
작성일자	2024.4.11.		공급가액	12,000,000		세 액	1,200,000		
비고									

월	일	품목명	규격	수량	단가	공급가액	세액	비고
4	11	소형정수기		1,000	12,000	12,000,000	1,200,000	

합계금액	현금	수표	어음	외상미수금	이 금액을	○ 영수	함
13,200,000				13,200,000		● 청구	

실무수행입력

재무회계 > 전표입력/장부 > 매입매출전표

❶ 4월 11일

① [매입매출전표 입력] 4월 11일 전표 선택 ➡ 수정세금계산서 클릭 ➡ [수정사유] 화면에서 [1.기재사항 착오·정정, 착오항목 : 1.공급가액 및 세액] 선택 후 확인(Tab) 을 클릭
② [수정세금계산서(매출)] 화면에서 수정분 [단가 13,000원] 입력을 통해 공급가액과 세액을 반영한 후 확인(Tab) 을 클릭

③ [매입매출전표입력] 4월 11일에 수정분이 2건 입력된다.

유형	품명	수량	단가	공급가액	부가세	거래처	전자세금
11.과세	소형정수기	-1,000	12,000	-12,000,000	-1,200,000	03500 선영테크(주)	전자발행

분개	구분	코드	계정과목	차변	대변	코드	거래처
2.외상 또는 3.혼합	차변	108	외 상 매 출 금	-13,200,000		03500	선영테크(주)
	대변	404	제 품 매 출		-12,000,000	03500	선영테크(주)
	대변	255	부가세예수금		-1,200,000	03500	선영테크(주)

유형	품명	수량	단가	공급가액	부가세	거래처	전자세금
11.과세	소형정수기	1,000	13,000	13,000,000	1,300,000	03500 선영테크(주)	전자발행

분개	구분	코드	계정과목	차변	대변	코드	거래처
2.외상 또는 3.혼합	차변	108	외 상 매 출 금	14,300,000		03500	선영테크(주)
	대변	404	제 품 매 출		13,000,000	03500	선영테크(주)
	대변	255	부가세예수금		1,300,000	03500	선영테크(주)

❷ [전자세금계산서 발행 및 내역관리]

① 전자세금계산서 발행 및 내역관리 를 클릭하면 수정 전표 2매가 미전송 상태로 조회된다.
② 해당 내역을 클릭하여 전자세금계산서 발행 및 국세청 전송을 한다.

4 전자세금계산서 수정발행 - 내국신용장 사후개설

| 전자세금계산서 수정발행 거래요약 |

수정사유	내 용
내국신용장 사후개설	재화 또는 용역을 공급한 후 공급시기가 속하는 과세기간 종료 후 20일이내에 내국신용장이 개설되었거나 구매확인서가 발급된 경우 내국신용장 등이 개설된 때에 그 작성일자는 당초 세금계산서 작성일자를 기재하고 비고란에 내국신용장 개설일등을 부기하여 영세율적용분은 세금계산서를 작성하여 발급하고, 추가하여 당초에 발급한 세금계산서의 내용대로 세금계산서를 부(-)의 표시로 작성하고 발급한다.

실무수행문제

기출문제 ▶ 1회~50회 중 **7회** 출제

다음 매입매출자료를 입력하고 수정사유에 따른 수정전자세금계산서를 발급 전송하시오.

❶ 4월 12일   4월 2일 제품을 공급하고 발급한 전자세금계산서이다. 이 거래에 대하여 내국신용장이 사후에 발급되어 영세율을 적용하려고 한다.
- 당초 공급일자 : 4월 2일
- 내국신용장 개설일자 : 2024년 4월 12일
- 개설은행 : 우리은행 역삼지점

전자세금계산서 (공급자 보관용)

공급자				공급받는자			
등록번호	120-81-32144			등록번호	220-81-15085		
상호	(주)나눔전자	성명(대표자)	공나눔	상호	(주)서원실업	성명(대표자)	박상사
사업장주소	서울시 강남구 강남대로 238-4			사업장주소	서울시 서초구 강남대로 156-4		
업태	제조업외	종사업장번호		업태	도소매업	종사업장번호	
종목	정수기외			종목	홍보물 외		
E-Mail	nanum@bill36524.com			E-Mail	seowoni@bill36524.com		

작성일자	2024.4.2.	공급가액	10,000,000	세 액	1,000,000
비고					

월	일	품목명	규격	수량	단가	공급가액	세액	비고
4	2	소형 정수기		200	50,000	10,000,000	1,000,000	

합계금액	현금	수표	어음	외상미수금	이 금액을	○ 영수	함
11,000,000				11,000,000		● 청구	

실무수행입력

재무회계 > 전표입력/장부 > 매입매출전표

❶ [수정세금계산서 발급]

① [매입매출전표입력] 4월 2일 전표선택 ➜ `수정세금계산서` 클릭 ➜ 수정사유(5.내국신용장사후개설)를 선택 ➜ 내국신용장개설일(4월 12일)을 입력하고 `확인(Tab)` 클릭

② 수정세금계산서(매출)화면에서 [품명 : 소형정수기], [수량 : 200], [단가 : 50,000]입력➜ 공급가액 [10,000,000] 확인 후➜ `확인(Tab)` 클릭

③ 수정세금계산서 2건이 입력되는 것을 확인
   - 4월 2일

유형	품명	수량	단가	공급가액	부가세	거래처	전자세금
11.과세	일반타이어외			-10,000,000	-1,000,000	03600 (주)서원실업	전자발행

분개	구분	코드	계정과목	차 변	대 변	코드	거래처
2.외상	대변	404	제 품 매 출		-10,000,000	03600	(주)서원실업
	대변	255	부가세예수금		-1,000,000	03600	(주)서원실업
	차변	108	외 상 매 출 금	-11,000,000		03600	(주)서원실업

   - 4월 2일

유형	품명	수량	단가	공급가액	부가세	거래처	전자세금
12.영세	일반타이어외			10,000,000		03600 (주)서원실업	전자발행

분개	구분	코드	계정과목	차 변	대 변	코드	거래처
2.외상	대변	404	제 품 매 출		10,000,000	03600	(주)서원실업
	차변	108	외상매출금	10,000,000		03600	(주)서원실업

❷ [전자세금계산서 발행 및 내역관리]

① 전자세금계산서 발행 및 내역관리 를 클릭하면 수정 전표 2매가 미전송 상태로 나타난다.
② 해당내역을 클릭하여 전자세금계산서 발행 및 국세청 전송을 한다.

5 전자세금계산서 수정발행 - 계약의 해제

| 전자세금계산서 수정발행 거래요약 |

수정사유	내 용
계약의 해제	계약의 해제로 재화 또는 용역이 공급되지 아니한 경우 계약이 해제된 때에 그 작성일은 계약해제일로 적고 비고란에 처음 세금계산서 작성일자를 부기한 후 부(-)의 표시를 하여 작성하고 발급한다.

실무수행문제

기출문제 ▶ 1회~50회 중 **6회** 출제

다음 매입매출자료를 입력하고 수정사유에 따른 수정전자세금계산서를 발급 전송하시오.

❶ 4월 13일 자료는 계약금을 수령한 후 발급한 전자세금계산서이다. 원재료 구입처의 파산으로 제품 납품이 지연되어 4월 3일의 (주)이수산업과의 계약을 해제하고, 수령한 계약금을 국민은행 보통예금 계좌에서 이체하여 반환하였다.

전자세금계산서		(공급자 보관용)			승인번호			
공급자	등록번호	120-81-32144			등록번호	212-87-21477		
	상호	(주)나눔전자	성명(대표자)	공나눔	상호	㈜이수산업	성명(대표자)	박소담
	사업장주소	서울시 강남구 강남대로238-4			사업장주소	서울시 성북구 길음로8		
	업태	제조업외	종사업장번호		업태	도소매업	종사업장번호	
	종목	정수기외			종목	전자제품외		
	E-Mail	nanum@bill36524.com			E-Mail	yeesoo@naver.com		
작성일자	2024.4.3.	공급가액	5,000,000		세 액	500,000		
비고								

월	일	품목명	규격	수량	단가	공급가액	세액	비고
4	3	계약금				5,000,000	500,000	

합계금액	현금	수표	어음	외상미수금	이 금액을	● 영수 / ○ 청구	함
5,500,000	5,500,000						

실무수행입력

재무회계 > 전표입력/장부 > 매입매출전표

❶ [매입매출전표입력]

① [매입매출전표입력] ➡ [4월 3일] 전표 선택 ➡ 수정세금계산서 클릭
② [수정사유] 화면에서 [4. 계약의 해제]를 입력 ➡ 확인(Tab) 클릭
  비고 : 당초(세금)계산서작성일 2024년 4월 3일 자동반영
③ [수정세금계산서(매출)] 화면이 나타난다.
④ 수정분 [작성일 4월 13일]입력, [공급가액 -5,000,000원], [세액 -500,000원] 자동반영
  ➡ 확인(Tab) 클릭

수정세금계산서(매출)

구분	년	월	일	유형	품명	수량	단가	공급가액	부가세	합계	코드	거래처명	사업.주민번호
당초분	2024	04	03	과세	계약금			5,000,000	500,000	5,500,000	04900	(주)이수산업	212-87-21477
수정분	2024	04	13	과세	계약금			-5,000,000	-500,000	-5,500,000	04900	(주)이수산업	212-87-21477

수정입력사유: 4 계약의 해제 / 당초(세금)계산서작성: 2024-04-03

⑤ [매입매출전표입력] → [4월 13일] 전표선택 → 분개유형을 3.혼합으로 선택하여 회계처리를 수정한다.

유형	품명	수량	단가	공급가액	부가세	거래처	전자세금
11.과세	계약금			-5,000,000	-500,000	04900 (주)이수산업	전자발행

분개	구분	코드	계정과목	차변	대변	코드	거래처
3.혼합	대변	259	선 수 금		-5,000,000	04900	(주)이수산업
	대변	255	부가세예수금		-500,000	04900	(주)이수산업
	대변	103	보 통 예 금		5,500,000	98000	국민은행(보통)

또는

유형	품명	수량	단가	공급가액	부가세	거래처	전자세금
11.과세	계약금			-5,000,000	-500,000	04900 (주)이수산업	전자발행

분개	구분	코드	계정과목	차변	대변	코드	거래처
3.혼합	차변	259	선 수 금	5,000,000		04900	(주)이수산업
	대변	255	부가세예수금		-500,000	04900	(주)이수산업
	대변	103	보 통 예 금		5,500,000	98000	국민은행(보통)

❷ [전자세금계산서 발행 및 내역관리]
① 전자세금계산서 발행 및 내역관리 를 클릭하면 수정 전표 1매가 미전송 상태로 나타난다.
② 해당내역을 클릭하여 전자세금계산서 발행 및 국세청 전송을 한다.

6 전자세금계산서 수정발행 - 공급가액 변동

| 전자세금계산서 수정발행 거래요약 |

수정사유	내 용
공급가액 변동	공급가액 변동이란 판매실적에 따라 단가가 변동되거나, 잠정가액으로 공급후 추후 공급가액이 확정되는 경우, 공급계약후 당사자 간의 합의에 의하여 가격의 증감이 발생되는 경우를 말한다. 이 경우 비고란에 당초 세금계산서의 발급일자와 공급가액의 증감사유를 기재한 수정세금계산서를 발급한다.

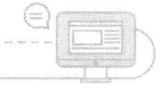

실무수행문제

기출문제 ▶ 1회~50회 중 **9회** 출제

다음 매입매출자료를 입력하고 수정사유에 따른 수정전자세금계산서를 발급 전송하시오.

❶ 4월 15일   자료는 4월 5일 (주)성음캠에 '3/15 dating' 결제조건으로 제품을 공급하고 발급한 전자세금계산서이다. 4월 15일 상호합의에 따라 이미 납품한 품목의 납품단가를 3% 할인하기로 결정하였다.(외상대금 및 제품매출에서 (-)음수로 처리하고, 결제대금 입금에 대한 회계처리는 생략할 것.)

전자세금계산서 (공급자 보관용)

승인번호:

공급자	등록번호	120-81-32144			공급받는자	등록번호	417-81-21110		
	상호	(주)나눔전자	성명(대표자)	공나눔		상호	(주)성음캠	성명(대표자)	김민호
	사업장주소	서울시 강남구 강남대로 238-4				사업장주소	서울 송파구 송파대로 170		
	업태	제조업외	종사업장번호			업태	도소매업	종사업장번호	
	종목	정수기외				종목	전자제품		
	E-Mail	nanum@bill36524.com				E-Mail	secam@bill36524.com		

작성일자	2024.4.5	공급가액	3,000,000	세 액	300,000

비고							
월	일	품목명	규격	수량	단가	공급가액	세액	비고
4	5	정수기		20	150,000	3,000,000	300,000	

합계금액	현금	수표	어음	외상미수금	이 금액을	○ 영수 함
3,300,000				3,300,000		● 청구

실무수행입력

재무회계 > 전표입력/장부 > 매입매출전표

❶ 4월 5일 [수정전자세금계산서 발급]

① [매입매출전표입력] ➜ [4월 5일] 전표 선택 ➜ [수정세금계산서] Tab 클릭
② [수정사유] 화면에서 다음 사항을 입력 ➜ [확인(Tab)] 클릭
   ▶ 수정사유 : 2.공급가액 변동
   ▶ 비고 : 당초세금계산서 작성일 - 2024.4.5. 자동반영
③ [수정세금계산서(매출)] 화면이 나타난다.
④ 수정분[작성월일 4월 15일], 품명, [공급가액 (-)90,000원], [세액 (-)9,000원] 입력 ➜ [확인(Tab)] 클릭

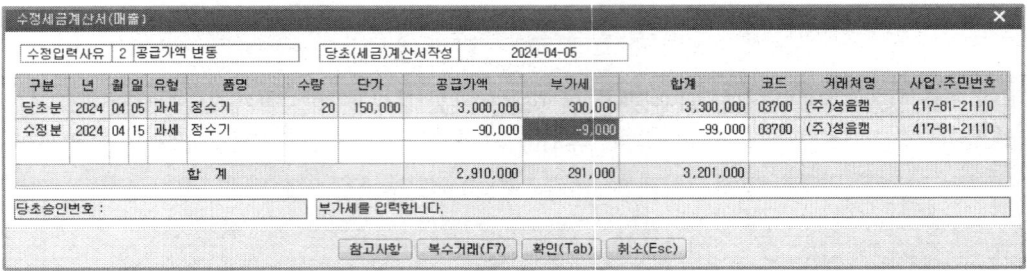

⑤ [매입매출전표입력] 화면에 수정분이 입력된다.

유형	품명	수량	단가	공급가액	부가세	거래처	전자세금
11.과세	매출할인			-90,000	-9,000	03700 (주)성음캠	전자발행

분개	구분	코드	계정과목	차 변	대 변	코드	거래처
2.외상	대변	404	제 품 매 출		-90,000	03700	(주)성음캠
	대변	255	부가세예수금		-9,000	03700	(주)성음캠
	차변	108	외 상 매 출 금	-99,000		03700	(주)성음캠

❷ [전자세금계산서 발행 및 내역관리]
① 전자세금계산서 발행 및 내역관리 를 클릭하면 수정 전표 1매가 미전송 상태로 나타난다.
② 해당내역을 클릭하여 전자세금계산서 발행 및 국세청 전송

7 전자세금계산서 수정발행 - 환입

| 전자세금계산서 수정발행 거래요약 |

수정사유	내 용
환입	당초 공급한 재화가 환입된 경우 재화가 환입된 날을 작성일자로 기재하고 비고란에 당초 세금계산서 작성일자를 부기한 후 부(-)의 표시를 하여 발급한다.

실무수행문제

기출문제 ▶ 1회~50회 중 **5회** 출제

다음 매입매출자료를 입력하고 수정사유에 따른 수정전자세금계산서를 발급 전송하시오.

❶ 4월 23일 자료는 4월 20일 (주)지성에 제품을 공급하고 발급한 전자세금계산서이다.
제품에 일부 불량이 발생하여 제품의 일부를 환입하기로 결정하였다.
- 환입일자 : 2024년 4월 23일
- 환입수량 : 13개, 단가 : 145,000원
  (외상대금 및 제품매출에서 (-)음수로 처리)

전자세금계산서 (공급자 보관용)

	등록번호	120-81-32144				등록번호	134-86-77771		
공급자	상호	(주)나눔전자	성명(대표자)	공나눔	공급받는자	상호	(주)지성	성명(대표자)	이지성
	사업장주소	서울시 강남구 강남대로 238-4				사업장주소	경기 안산시 단원구 별망로 159번길 26		
	업태	제조업외	종사업장번호			업태	도매 및 소매업	종사업장번호	
	종목	정수기외				종목	장난감		
	E-Mail	nanum@bill36524.com				E-Mail	gisung@bill36524.com		

작성일자	2024.4.20.	공급가액	14,500,000	세 액	1,450,000

비고

월	일	품목명	규격	수량	단가	공급가액	세액	비고
4	20	정수기		100	145,000	14,500,000	1,450,000	

합계금액	현금	수표	어음	외상미수금	이 금액을	○ 영수 / ● 청구	함
15,950,000				15,950,000			

실무수행입력

재무회계 > 전표입력/장부 > 매입매출전표

❶ [수정세금계산서 발급]
① [매입매출전표입력] 4월 20일 전표 선택 ➡ 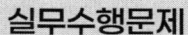 ➡ 수정사유(3.환입)를 선택 ➡ 당초세금계산서 작성일(4월 20일)에 자동 반영하고 [확인(Tab)]을 클릭
② [수정세금계산서(매출)]화면에서 [작성일 4월 23일, 수량 -13, 단가 145,000원, 공급가액 -1,885,000원, 부가세 -188,500원]을 입력한 후 [확인(Tab)] 클릭

수정세금계산서(매출)											
수정입력사유 3 환입					당초(세금)계산서작성		2024-04-20				
구분	년	월	일	유형	품명	수량	단가	공급가액	부가세	합계	코드	거래처명	사업.주민번호
당초분	2024	04	20	과세	정수기	100	145,000	14,500,000	1,450,000	15,950,000	03800	(주)지성	134-86-77771
수정분	2024	04	23	과세	정수기	-13	145,000	-1,885,000	-188,500	-2,073,500	03800	(주)지성	134-86-77771
				합 계				12,615,000	1,261,500	13,876,500			

③ 수정세금계산서 1건에 대한 회계처리가 자동 반영된다.

[매입매출전표 입력] 4월 23일

유형	품명	수량	단가	공급가액	부가세	거래처	전자세금
11.과세	정수기			-1,885,000	-188,500	03800 (주)지성	전자발행

분개	구분	코드	계정과목	차 변	대 변	코드	거래처
2.외상	대변	404	제 품 매 출		-1,885,000	03800	(주)지성
	대변	255	부가세예수금		-188,500	03800	(주)지성
	차변	108	외 상 매 출 금	-2,073,500		03800	(주)지성

❷ [전자세금계산서 발행 및 내역관리]

① 전자세금계산서 발행 및 내역관리 를 클릭하면 수정 전표 1매가 미전송 상태로 조회된다.
② 해당내역을 클릭하여 전자세금계산서 발급(발행) 및 국세청 전송을 한다.

8 전자세금계산서 수정발행 - 이중발급

| 전자세금계산서 수정발행 거래요약 |

수정사유	내 용
이중발급	동일건에 대하여 착오로 세금계산서를 이중으로 발급하였거나, 공급자가 발급하였으나 매입자도 역 발급하여 이중으로 전송된 경우 당초에 발급한 세금계산서의 내용대로 부(-)의 표시로 작성하고 발급한다.

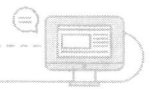

실무수행문제

기출문제 ▶ 1회~50회 중 **7회** 출제

다음 매입매출자료를 입력하고 수정사유에 따른 수정전자세금계산서를 발급 전송하시오.

❶ 자료는 4월 25일 제품을 공급하고 발급한 전자세금계산서이며 매입매출전표에 입력되어 있다. 담당자의 착오로 동일 건을 이중 발급한 사실을 확인하였다.
(외상대금 및 제품매출에서 음수(-)로 처리)

전자세금계산서		(공급자 보관용)			승인번호		
공급자	등록번호	120-81-32144		공급받는자	등록번호	120-81-51234	
	상호	(주)나눔전자	성명(대표자)	공나눔		상호	(주)설악산업	성명(대표자)	설악산
	사업장주소	서울특별시 강남구 강남대로 238-4			사업장주소	서울특별시 구로구 구로중앙로 198	
	업태	제조업외	종사업장번호			업태	도소매업	종사업장번호
	종목	정수기외			종목	정수기	
	E-Mail	nanum@bill36524.com			E-Mail	mountain@bill36524.com	
작성일자	2024.4.25.	공급가액	10,000,000	세 액	1,000,000		
비고							

월	일	품목명	규격	수량	단가	공급가액	세액	비고
4	25	소형정수기		100	100,000	10,000,000	1,000,000	

합계금액	현금	수표	어음	외상미수금	이 금액을	○ 영수 / ● 청구	함
11,000,000				11,000,000			

실무수행입력

재무회계 > 전표입력/장부 > 매입매출전표

❶ [수정전자세금계산서 발급]

① [매입매출전표입력]에서 4월 25일 전표 1건 선택 ➜ 툴바의 [수정세금계산서]를 클릭
➜ 수정사유(6.착오에 의한 이중발급 등)선택 ➜ [확인(Tab)]을 클릭

② 수정세금계산서(매출)화면에서 수정분 [작성일 4월 25일], [공급가액 -10,000,000원], [세액 -1,000,000원] 자동 반영 ➜ [확인(Tab)]을 클릭

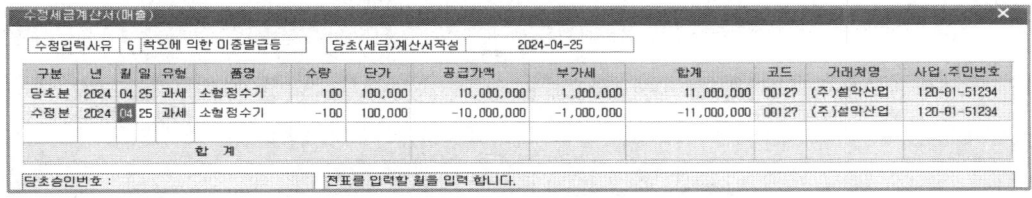

③ [매입매출전표입력] 화면에 수정분이 입력된다.

유형	품 명	수량	단가	공급가액	부가세	거래처	전자세금
11.과세	소형정수기			-10,000,000	-1,000,000	00127 (주)설악산업	전자발행

분개	구분	코드	계정과목	차 변	대 변	코드	거래처
	대변	404	제 품 매 출		-10,000,000	00127	(주)설악산업
2.외상	대변	255	부가세예수금		-1,000,000	00127	(주)설악산업
	차변	108	외 상 매 출 금	-11,000,000		00127	(주)설악산업

❷ [전자세금계산서 발행 및 내역관리]

① 전자세금계산서 발행 및 내역관리 를 클릭하면 수정 전표 1매가 미전송 상태로 나타난다.
② 해당내역을 클릭하여 전자세금계산서 발행 및 국세청 전송을 한다.

9 세금계산서합계표 작성

| 세금계산서합계표 거래요약 |

구 분	내 용
매출처별 세금계산서합계표	매입매출전표입력의 유형 중 11.과세매출, 12.영세매출로 입력된 자료가 반영되며, 전자세금란이 빈칸이면 '종이세금계산서'로 인식하고, 전자발행 또는 전자입력이면 '전자세금계산서'로 집계한다.
매입처별 세금계산서합계표	매입매출전표입력의 유형 중 51.과세매입, 52.영세매입, 54.불공매입, 55.수입매입으로 입력된 자료가 반영되며, 전자세금란이 빈칸이면 '종이세금계산서'로 인식하고, 전자발행 또는 전자입력이면 '전자세금계산서'로 집계한다.

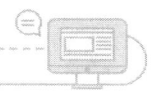

1) 과세 세금계산서 발급거래의 부가가치세신고 프로세스

일반과세사업자가 재화나 용역을 공급하고 세금계산서를 발급하면서 부가가치세액을 징수하는 경우 11.과세매출을 입력한다. 입력된 정보는 세금계산서합계표, 매입매출장, 부가가치세신고서에 자동으로 반영되며, 회계정보는 제장부 및 재무제표에 반영된다.

전자세금계산서 발급철자 없이 타기관을 통해서 발급된 전자세금계산서는 [전자세금]란에 '전자입력'을 선택하여 입력하면 [세금계산서합계표]에 '전자세금계산서'란으로 자동 집계된다.

2) 영세 세금계산서 발급거래의 부가가치세신고 프로세스

영세율이란 일정한 재화 또는 용역의 공급에 대하여 '0'의 세율을 적용하는 제도로 그 결과 부가가치세의 부담이 완전히 제거되는 완전 면세제도로 현재 수출하는 재화 및 정책적인 목적에서 조특법에서 규정한 일부거래에 대하여 영(0)의 세율을 적용한다.

세금계산서발급의무가 없는 직수출거래는 16.수출매출로 입력하고, Local LC(내국신용장)에 의한 영세율세금계산서 발행거래는 12.영세매출로 입력한다. 또한 부가가치세 신고시 수출실적명세서와 영세율첨부서류를 함께 제출한다.

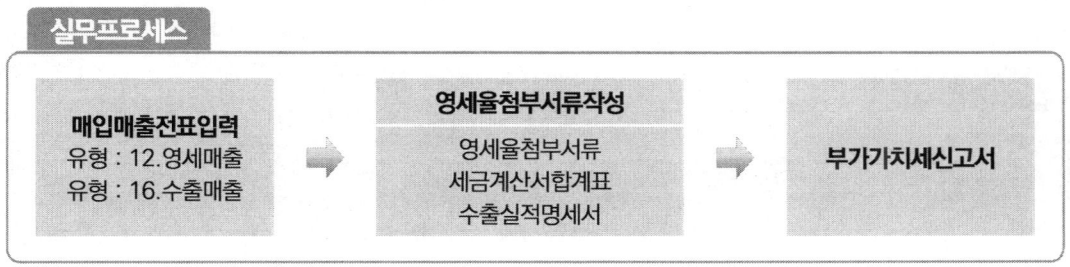

3) 과세 세금계산서 교부거래의 부가가치세신고 프로세스

재화 및 용역을 공급받고 10% 부가가치세가 별도로 징수된 매입(전자)세금계산서를 발급받으면 [세금계산서합계표]가 작성되어야 하고, 매입세액 공제가 불가능한 (전자)세금계산서는 [매입세액불공제내역]을 작성하여야 하며, 고정자산을 취득한 (전자)세금계산서는 [건물등감가상각자산명세서]를 작성하여야 한다.

4) 영세 세금계산서 교부거래의 부가가치세신고 프로세스

수출용 재화와 관련된 매입거래를 내국신용장(Local L/C) 또는 구매확인서에 의하여 구입한 경우 영세율이 적용된다.

5) 수입 세금계산서 교부거래의 부가가치세신고 프로세스

수입되는 재화에 대하여는 세관장이 수입업자에게 세금계산서를 발급한다. 수입하는 재화의 과세표준은 실제 수입금액과 차이가 나며, 부가가치세액만을 지급하고 회계처리한다. 실제수입금액은 별도로 '미착품'등의 계정으로 정리한다.

실무수행문제

4월 30일 원재료를 수입하고 인천세관으로부터 수입세금계산서를 발급받았다. 부가가치세(3,200,000원)와 관세(2,000,000원)등 5,200,000원은 현금으로 지급하였다(부가가치세 및 관세 등은 매입매출전표입력메뉴에서 회계처리 하고, 미착품계정을 조회하여 일반전표입력메뉴에서 정리하시오.).

No.	전자수입세금계산서 (수입자보관용)								
세관명	등록번호	125-83-11115			등록번호	120-81-32144			
	세관명	인천세관			상호	㈜나눔전자			
	세관주소	인천 중구 서해대로 339			성명	공나눔			
수입신고번호 또는일괄발급 기간(총 건)					사업장주소	서울 강남구 강남대로238-4			
					업태	제조업외	종목	정수기외	
납부			과세표준		세액			비고	
년	월	일	공란수						
2024	04	30		32,000,000		3,200,000			
월	일	품목	규격	수량	단가	공급가액	세액	비고	
4	30	부품				32,000,000	3,200,000		

※ 과세표준은 관세의 과세가격과 관세, 개별소비세, 주세, 교통세 및 농어촌특별세의 합계액으로 한다.

실무수행입력

재무회계 > 전표입력/장부 > 매입매출전표

❶ [매입매출전표입력] 4월 30일

유형	품명	수량	단가	공급가액	부가세	거래처	전자세금
55.수입	전자부품			32,000,000	3,200,000	00128 인천세관	전자입력

분개	구분	코드	계정과목	차 변	대 변	코드	거래처
3.혼합	차변	153	원재료	2,000,000		00128	인천세관
	차변	135	부가세대급금	3,200,000		00128	인천세관
	대변	101	현금		5,200,000	00128	인천세관

❷ 일반전표입력(4월 30일)

구분	코드	계정과목	코드	거래처	적요	차변	대변
차변	153	원 재 료			미착품 대체	30,000,000	
대변	168	미 착 품	01630	AMS CO.,LTD	미착품 대체		30,000,000

※ 계정별원장에서 미착품계정 30,000,000원을 조회하여 일반전표입력메뉴에서 대체처리한다.

❸ 세금계산서합계표

❹ 부가가치세신고서

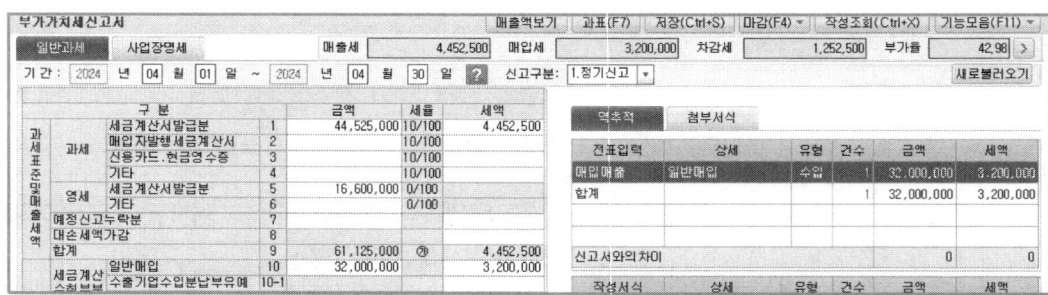

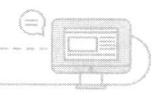

10 계산서합계표 작성

| 계산서합계표 거래요약 |

구 분	내 용
매출자료	매입매출전표입력의 유형 중 13.면세매출로 입력된 자료가 반영되며, 전자세금란이 빈칸이면 '종이계산서'로 인식하고, 전자발행 또는 전자입력이면 '전자계산서'로 집계한다.
매입자료	매입매출전표입력의 유형 중 53.면세매입으로 입력된 자료가 반영되며, 전자세금란이 빈칸이면 '종이계산서'로 인식하고, 전자발행 또는 전자입력이면 '전자계산서'로 집계한다.

1) 면세 계산서 발급거래의 부가가치세신고 프로세스

기초생활필수품 등 부가가치세가 면제되는 품목을 공급하고 계산서를 발급하면 매입매출전표입력에서 13.면세로 입력하여 계산서합계표와 부가가치세신고서를 작성한다.

2) 면세 계산서 교부거래의 부가가치세신고 프로세스

부가가치세가 면제되는 면세사업자와 거래를 하고 계산서를 발급 받은 경우 세액이 면제되므로 부가가치세액은 표시되지 않는다.

3) 계산서합계표

4) 부가가치세신고서

과표(F7) 키를 클릭하여 조회되는 [과세표준명세]에서 매출계산서는 84.계산서발급금액으로 반영하고 매입계산서는 85.계산서수취금액으로 반영한다.

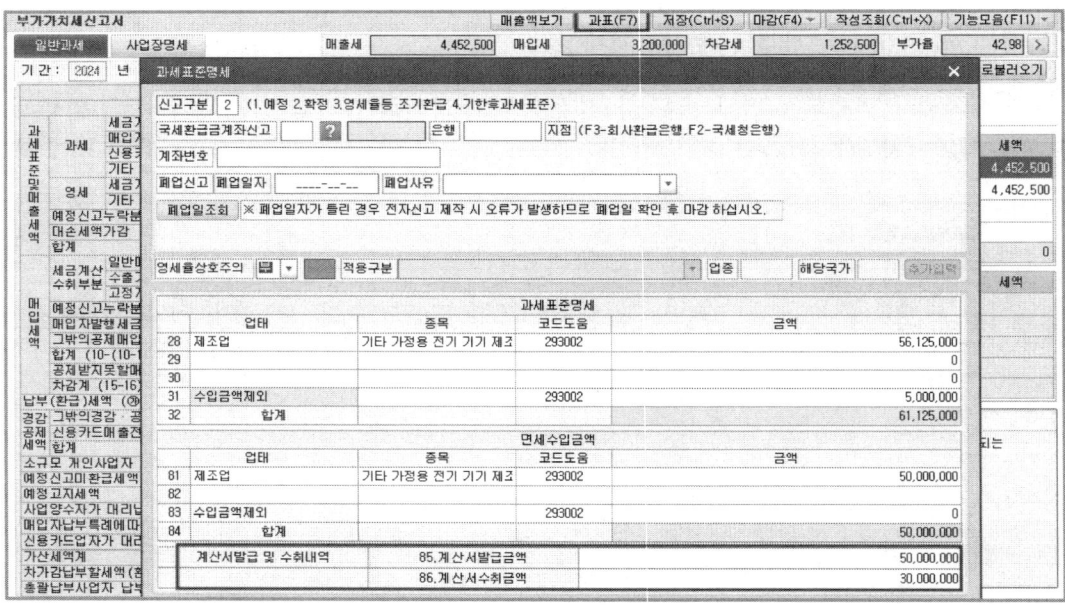

제2절 부가가치세 부속서류작성하기

능력단위 부가가치세신고(0203020105_20V6)
능력단위요소 부가가치세 부속서류작성하기(0203020105_20V6.2)
수행준거 2.1 부가가치세법에 따라 수출실적명세서를 작성할 수 있다.
2.2 부가가치세법에 따라 대손세액공제신고서를 작성하여 세액공제를 받을 수 있다.
2.3 부가가치세법에 따라 공제받지 못할 매입세액명세서와 불공제분에 대한 계산근거 서류를 작성 할 수 있다.
2.4 부가가치세법에 따라 신용카드매출전표등 수령명세서를 작성해 매입세액을 공제받을 수 있다.
2.5 부가가치세법에 따라 부동산임대공급가액명세서를 작성하고 간주임대료를 계산할 수 있다.
2.6 부가가치세법에 따라 건물등감가상각자산취득명세서를 작성 할 수 있다.
2.7 부가가치세법에 따라 의제매입세액공제신고서를 작성하여 의제매입세액공제를 받을 수 있다.

1 신용카드매출자료의 부가가치세신고 프로세스

소매업, 음식·숙박업 등 주로 최종소비자를 대상으로 영업하는 영수증 발급의무가 있는 사업자가 부가가치세가 과세되는 재화 또는 용역을 공급하면, 세금계산서 발급시기에 신용카드매출전표, 현금영수증등을 발급할 수 있으며, 부가가치세 신고시 [신용카드매출전표발행집계표]를 첨부하여 제출해야 한다.

| 신용카드매출전표 발급 거래요약 |

구 분	내 용
영수증 발급 가능 사업자가 발급하는 신용카드매출전표	최종 소비자를 주로 대상으로 하는 영업을 하는 사업자는 세금계산서를 발급하는 대신에 영수증을 발급할 수 있으며, 이때 영수증의 종류 중 신용카드매출전표를 발급하므로써 매출증빙 및 부가가치세 세액의 징수를 판단할 수 있다. 17.카과(18.카면, 19.카영등)을 선택하여 입력하며 부가가치세신고시 신용카드매출전표발행집계표를 작성하여 제출한다.
일반과세사업자가 세금계산서를 발급하고 결제수단으로 발급하는 신용카드매출전표	일반과세사업자는 세금계산서를 발급하여야 하는 의무가 있으나, 결제수단으로 신용카드매출전표를 발급한 경우 기본매출이 세금계산서가 우선이므로 매입매출전표입력시 11.과세매출로 입력하고 분개시 외상매출금계정에 결제수단으로 사용된 신용카드사를 입력한다. 이는 세금계산서합계표와 부가가치세신고서에 세금계산서 발급분으로 표시되고 신용카드매출전표발행집계표에는 별도로 "세금계산서발급분"으로 표시하므로 매출이 이중으로 계상되지는 않는다.

실무프로세스

매입매출전표입력
유형 : 17.카과, 18.카면
19.카영, 22.현과
23.현면, 24.현영

신용카드매출전표
발행집계표

부가가치세신고서

실무수행문제

기출문제 ▶ 1회~50회 중 **12회** 출제

자료 1~3의 거래를 매입매출전표에 입력하고 제1기확정신고기간의 신용카드매출전표발행집계표와 부가가치세 확정신고서를 작성하시오. 본 문제에 한해서 과세사업과 면세사업을 겸영하고 있다고 가정한다.

❶ 자료 1. (주)바다실업에 제품을 판매하고 전자세금계산서 발급 후 결제시 발급한 신용카드매출전표이다.
❷ 자료 2. 개인 김강남에게 면세제품을 매출하고 발급한 신용카드매출전표이다.
❸ 자료 3. 개인 최승연에게 과세제품을 매출하고 발급한 현금영수증이다.

자료 1-1. 과세매출분에 대한 전자세금계산서 및 신용카드매출전표

전자세금계산서			(공급자 보관용)		승인번호		
공급자	등록번호	120-81-32144		공급받는자	등록번호	121-81-17845	
	상호	(주)나눔전자	성명(대표자) 공나눔		상호	(주)바다실업	성명(대표자) 김한성
	사업장주소	서울시 강남구 강남대로 238-4			사업장주소	경기 고양시 일산동구 중앙로 521	
	업태	제조업외	종사업장번호		업태	도소매업	종사업장번호
	종목	정수기외			종목	잡화	
	E-Mail	nanum@bill36524.com			E-Mail	bada8810@naver.com	
작성일자	2024.4.1.	공급가액	9,000,000		세 액	900,000	
비고							
월	일	품목명	규격	수량	단가	공급가액	세액	비고
4	1	미니정수기		100	90,000	9,000,000	900,000	
합계금액	현금	수표	어음	외상미수금	이 금액을	○ 영수	함
9,900,000				9,900,000		● 청구	

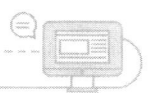

자료 1-2. 과세매출분에 대한 전자세금계산서 및 신용카드매출전표

매출전표

카드종류	거래일자
롯데카드	2024.4.1. 16 : 15 : 13

카드번호(CARD NO)
3762-9170-****-5012

승인번호	금액 AMOUNT	9 0 0 0 0 0 0
40100935		
일반 / 할부	부가세 V.AT	9 0 0 0 0 0
일시불		
	봉사료 CASHBACK	
거래유형	합계 TOTAL	9 9 0 0 0 0 0
신용승인		

가맹점명
(주)나눔전자

대표자명	사업자번호
공나눔	120-81-32144
전화번호	가맹점번호
	001234123

주소
서울시 강남구 강남대로 238-4

상기의 거래 내역을 확인합니다.   서명 (주)바다실업

자료 2. 면세매출 자료

신용카드매출전표

가 맹 점 명 : (주)나눔전자
사업자번호 : 120-81-32144
대 표 자 명 : 공나눔
주　　　소 : 서울시 강남구 강남대로 238-4

롯 데 카 드 : 신용승인
거 래 일 시 : 2024.4.2. 16 : 05 : 16
카 드 번 호 : 5377-0323-****-0941
유 효 기 간 : **/**
가맹점번호 : 001234123
매 입 사 : 롯데카드사(전자서명전표)

판매금액　　　　　1,000,000원
부가세액　　　　　　　　　0원
합　계　　　　　　1,000,000원

자료 3. 과세매출 자료

현금영수증
CASH RECEIPT

거래일시　　　　2024-4-3　11 : 30 : 04
품명　　　　　　　　　　　　　제품
식별번호　　　　　　　　208341****
승인번호　　　　　　　　 170724105
판매금액　　　　　　　　 200,000원
부가가치세　　　　　　　　20,000원
봉사료　　　　　　　　　　　　0원

합계　　　　　　　　　　 220,000원

현금영수증가맹점명　　　(주)나눔전자
사업자번호　　　　　　 120-81-32144
대표자명 : 공나눔　　TEL : 02-2650-9300
주소 : 서울시 강남구 강남대로 238-4
CATID : 1123973　　　　　전표No :
현금영수증 승인번호　　　 170724105
현금영수증 문의 : Tel.126
http://현금영수증.kr
감사합니다.

실무수행입력

재무회계 > 전표입력/장부 > 매입매출전표

❶-1 [매입매출전표] 4월 1일

세금계산서를 발급한 후 신용카드로 결제받은 경우 세금계산서 발급분으로 신고해야 하므로 '11. 과세'를 선택한다.

유형	품 명	수량	단가	공급가액	부가세	거래처	전자세금
11.과세	미니정수기			9,000,000	900,000	03900 (주)바다실업	전자발행
분개	구분	코드	계정과목	차 변	대 변	코드	거래처
4.카드	대변	404	제 품 매 출		9,000,000	03900	(주)바다실업
	대변	255	부가세예수금		900,000	03900	(주)바다실업
	차변	108	외상매출금	9,900,000		99610	롯데카드

❶-2 [매입매출전표] 4월 2일

유형	품 명	수량	단가	공급가액	부가세	거래처	전자세금
18.카면	제품			1,000,000		5500 김강남	
분개	구분	코드	계정과목	차 변	대 변	코드	거래처
4.카드	대변	404	제 품 매 출		1,000,000	5500	김강남
	차변	108	외상매출금	1,000,000		99610	롯데카드

❶-3 [매입매출전표] 4월 3일

유형	품 명	수량	단가	공급가액	부가세	거래처	전자세금
22.현과	제품			200,000	20,000	5800 최승연	
분개	구분	코드	계정과목	차 변	대 변	코드	거래처
1.현금	입금	404	제 품 매 출		200,000	5800	최승연
	입금	255	부가세예수금		20,000	5800	최승연

❷ [신용카드매출전표발행집계표] 4월~6월

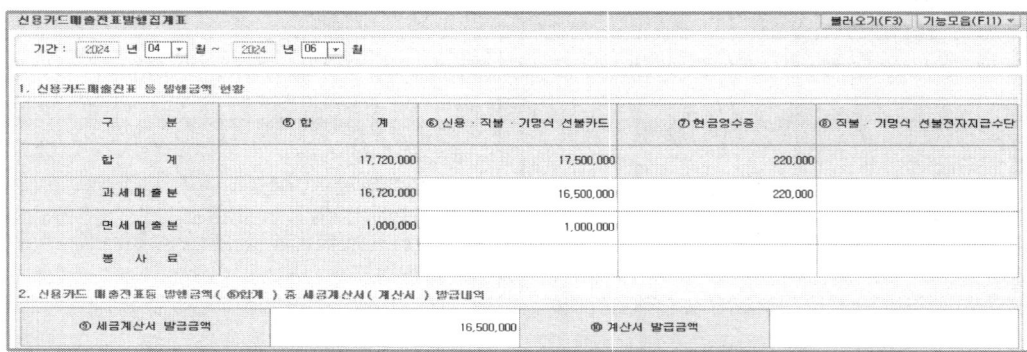

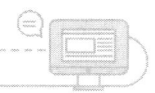

❸ [부가가치세신고서] 4월 1일~6월 30일

2 신용카드매출전표등 수취거래의 부가가치세신고 프로세스

일반과세자로부터 부가가치세액이 별도 구분 기재된 신용카드매출전표 등을 수취한 경우(세금계산서 발급이 불가능한 목욕·이발·미용업, 여객운송업, 입장권사업을 제외) 매입세액공제 요건을 충족하면 매입세액으로 공제받으며, 이때 신용카드매출전표 등 수령금액합계표를 작성하여야 한다.

실무프로세스

매입매출전표입력
유형 : 57.카과매입
유형 : 61.현과매입
➡ **신용카드매출전표등 수령금액합계표** ➡ **부가가치세신고서**

실무수행문제

기출문제 ▶ 1회~50회 중 **4회** 출제

자료 1~자료 3을 일반전표 및 매입매출전표에 입력하고, 제1기확정 신용카드매출전표등 수령금액 합계표와 제1기 부가가치세 확정신고서를 작성하시오.

❶ 자료 1은 공장 화물차에 주유하고 결제한 법인 구매 전용카드 영수증이다.
❷ 자료 2는 매출처 직원 접대를 하고 결제한 법인 구매 전용카드 영수증이다.
❸ 자료 3은 관리부에서 사용할 소모품을 구입하고 수취한 현금영수증이다(자산으로 처리할 것).
단, 제시된 자료의 거래처는 모두 일반과세자이다.

자료 1.

매 출 전 표

카드종류	거래일자
비씨카드	2024.4.4. 10 : 25 : 11

카드번호(CARD NO)
5000-1234-****-1111

승인번호
30010947

금액 AMOUNT		6	0	0	0	0

일반 / 할부: 일시불

부가세 V.AT : 6 0 0 0

봉사료 CASHBACK :

거래유형: 신용승인

합계 TOTAL : 6 6 0 0 0

가맹점명: (주)강동주유소
대표자명: 강소휘
사업자번호: 107-81-32520
전화번호: 02-457-8004
가맹점번호: 312110073
주소: 서울 구로구 경인로 100(오류동)

상기의 거래 내역을 확인합니다.   서명 (주)나눔전자

자료 2.

신용카드매출전표

가 맹 점 명   삼원가든
사업자번호   119-15-50400
대 표 자 명   박종원
주   소   서울 서대문구 연희로 103

롯데카드   신용승인
거래일시   2024-4-5 오후 14 : 08 : 04
카드번호   8585-1965-****-9631
유효기간   **/**
가맹점번호   123460001
매입사 : 엘지카드(전자서명전표)

공 급 금 액   150,000원
부가세금액   15,000원
합   계   165,000원

자료 3.

** 현금영수증 **
(지출증빙용)

사업자등록번호 : 220-81-12128 김철재
사업자명   : (주)오피스박스
단말기ID   : 73453259(tel : 02-257-1004)
가맹점주소   : 서울 강남구 테헤란로 51길

현금영수증 회원번호
 120-81-32144   (주)나눔전자
승인번호   : 57231010
거래일시   : 2024년 4월 6일 10시10분10초

공 급 금 액   200,000원
부가세금액   20,000원
총 합 계   220,000원

휴대전화, 카드번호 등록
http://현금영수증.kr
국세청문의(126)
38036925-GCA10106-3870-U490
     <<<<<<이용해 주셔서 감사합니다.>>>>>>

실무수행입력

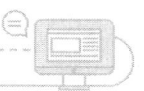

재무회계 > 전표입력/장부 > 매입매출전표

❶-1 [매입매출전표] 4월 4일

유형	품 명	수량	단가	공급가액	부가세	거래처	전자세금
57.카과	화물차주유			60,000	6,000	00123 ㈜강동주유소	
분개	구분	코드	계정과목	차 변	대 변	코드	거래처
4.카드	차변	522	차량유지비	60,000		00123	㈜강동주유소
	차변	135	부가세대급금	6,000		00123	㈜강동주유소
	대변	253	미지급금		66,000	99603	비씨카드

❶-2 [일반전표입력] 4월 5일

접대비(기업업무추진비) 관련 매입세액은 공제가 불가능하므로 일반전표에 입력한다.
(차) 813.접대비(기업업무추진비) 165,000원 (대) 253.미지급금 165,000원
(99610.롯데카드)

❶-3 [매입매출전표입력] 4월 6일

유형	품 명	수량	단가	공급가액	부가세	거래처	전자세금
61.현과	소모품			200,000	20,000	03110 ㈜오피스박스	
분개	구분	코드	계정과목	차 변	대 변	코드	거래처
1.현금	차변	172	소모품비	200,000		03110	㈜오피스박스
또는	차변	135	부가세대급금	20,000		03110	㈜오피스박스
3.혼합	대변	101	현 금		220,000	03110	㈜오피스박스

❷ [신용카드매출전표등 수령금액 합계표] 4월~6월

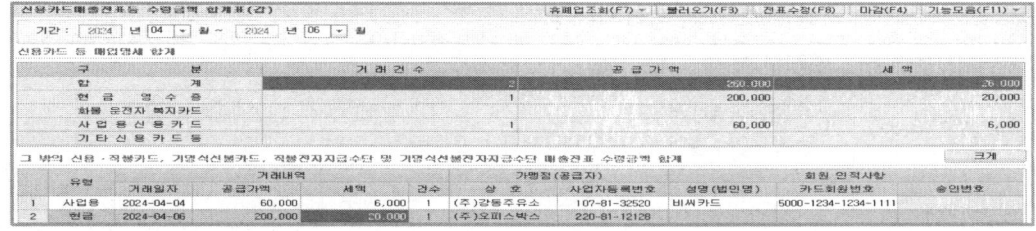

❸ [부가가치세신고서] 4월 1일~6월 30일

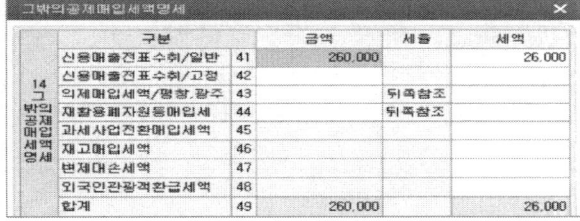

3. 수출신고 거래의 부가가치세신고 프로세스

직수출이란 수출업자가 자신이 생산하거나 취득한 내국물품을 자기명의로 자기책임 하에 외국으로 반출하는 것을 말한다. 세금계산서 발급의무가 없는 직수출거래는 16.수출매출로 입력하고, 부가가치세 신고시 수출실적명세서와 영세율첨부서류를 함께 제출한다.

| 직수출 거래요약 |

구 분	내 용
적용대상	국내물품을 외국으로 반출하는 것으로, 유·무상에 관계없이 외국으로 반출하는 재화는 모두 영세율을 적용한다.
공급시기	• 수출재화 : 선적일 • 원양어업 : 수출재화의 공급가액 확정일 • 소포수출 : 소포수령증발급일
과세표준	수출품을 선적(공급시기)하기 전에 수출대금을 원화로 환가한 경우에는 그 환가한 금액으로 하며, 수출품을 공급시기까지 수출대금을 원화로 환가하지 아니하였거나 선적일 이후에 지급받은 경우에는 공급시기의 외국환거래법에 의한 기준환율 또는 재정환율로 환산한 금액 | 구 분	외화 환산액
공급시기가 되기 전에 원화로 환가한 경우	그 환가한 금액
공급시기가 되기 전에 외화로 사용한 경우	그 사용한 날의 기준환율 또는 재정환율에 의하여 계산한 금액
공급시기 이후에 외국통화나 그 밖의 외국환 상태로 보유하거나 지급받는 경우	공급시기의 외국환거래법에 따른 기준환율 또는 재정환율에 따라 계산한 금액 | ※ 기준환율·재정환율 조회 : 서울외국환중개주식회사(www.smbs.biz) * 기준환율 : 미화($)의 매매기준율을 말하며, 매일 영업개시 30분전까지 금융결제원 산하 서울외국환중개(주)에서 기획재정부, 한국은행, 각 외환은행장에게 통보함 * 재정환율 : 미화($) 이외의 모든 통화에 적용되는 환율로서 기준환율을 통해서 간접적으로 계산된 원화와 기타 통화사이의 환율
세금계산서 발급	세금계산서 발급 의무 없음
영세율첨부서류	• 수출실적명세서 • 휴대반품시 간이수출신고필증 • 소포우편수출의 경우 우체국장의 소포수령증

실무프로세스

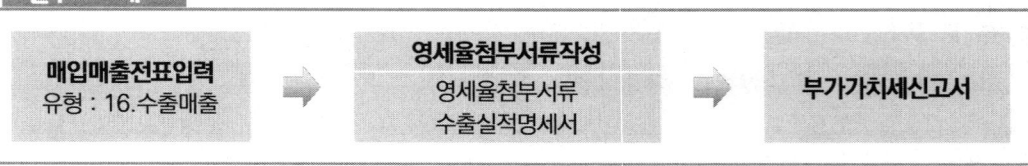

실무수행문제

기출문제 ▶ 1회~50회 중 **10회** 출제

자료를 참고하여 선적일의 거래자료를 입력하고, 수출실적명세서와 제1기 부가가치세 확정신고서를 작성하시오.

❶ 자료 1은 미국의 BLUE Co., Ltd.에 제품을 선적지인도조건으로 직수출하고 신고한 수출신고필증이다.

❷ 수출계약일은 4월 10일에 전액 원화로 환가하여 국민은행 보통예금 계좌로 입금되었다.

❸ 수출물품은 4월 20일에 선적하였다.

자료 1. 수출신고필증(갑지)

수 출 신 고 필 증 (갑지)

※ 처리기간 : 즉시

제출번호 12345-04-0001230	⑤신고번호 071-12-18-0055857-4	⑥신고일자 2024/04/15	⑦신고구분 H	⑧C/S구분
①신 고 자 대한 관세법인 관세사 백용명				
②수 출 대 행 자 (주)나눔전자 (통관고유부호) (주)나눔전자-1-74-1-12-4 수출자구분 A 수 출 화 주 (주)나눔전자 (통관고유부호) (주)나눔전자-1-74-1-12-4 (주소) 서울 강남구 강남대로 238-4 (대표자) 공나눔 (소재지) 서울 강남구 강남대로 238-4 (사업자등록번호) 120-81-32144	⑨거래구분 11	⑩종류 A	⑪결제방법 L./C
	⑫목적국 US USA	⑬적재항 INC 인천항	⑭선박회사(항공사) HANJIN
	⑮선박명(항공편명) HANJIN SAVANNAH	⑯출항예정일자 2024/04/20	⑰적재예정보세구역 03012202
	⑱운송형태 10 BU		⑲검사희망일 2024/04/15
	⑳물품소재지 한진보세장치장 인천 중구 연안동 245-1		
③제 조 자 (주)나눔전자 (통관고유부호) (주)나눔전자-1-74-1-12-4 제조장소 214 산업단지부호	㉑L/C번호 868EA-10-55554		㉒물품상태 N
	㉓사전임시개청통보여부 A		㉔반송 사유
④구 매 자 BLUE. Co.,Ltd. (구매자부호) CNTOSHIN98765	㉕환급신청인 1 (1 : 수출대행자/수출화주, 2 : 제조자) 간이환급 NO		
• 품명 • 규격 (란번호/총란수 : 999/999)			
㉖품 명 PURECOOL ㉗거래품명 PURECOOL	㉘상표명 NO		
㉙모델·규격 PURECOOL	㉚성분	㉛수량 30(BOX)	㉜단가(US$) 500	㉝금액(US$) 15,000
㉞세번부호 1234.12-1234 ㉟순중량 1,100KG		㊱수량 30(BOX)	㊲신고가격(FOB) $15,000 ₩18,150,000
㊳송품장번호 AC-2021-00620 ㊴수입신고번호		㊵원산지 Y	㊶포장갯수(종류) 30(BOX)
㊷수출요건확인(발급서류명)			
㊸총중량 1,200KG ㊹총포장갯수 200C/T		㊺총신고가격(FOB)	$15,000 ₩18,150,000
㊻운임(₩) ㊼보험료(₩)		㊽결제금액 FOB-$15,000	
㊾수입화물관리번호		㊿컨테이너번호 CKLU7845013	Y
※ 신고인기재란 수출자 : 제조/무역, 공기청정기		㉑세관기재란	
㉒운송(신고)인 한진통운(주) 최진우 ㉓기간 2024/04/05 부터 2024/04/20 까지	㉔적재의무기한 2024/04/20	㉕담당자 990101 (이지훈)	㉖신고수리일자 2024/4/15

자료 2. 환율 내역

4월 10일	4월 15일	4월 20일
1,150원/USD	1,210원/USD	1,210원/USD

실무수행입력

재무회계 > 전표입력/장부 > 매입매출전표

❶ [매입매출전표입력] 4월 20일

유형	품명	수량	단가	공급가액	부가세	거래처	전자세금
16.수출	PURECOOL			18,150,000		01640	BLUE CO.,Ltd

분개	구분	코드	계정과목	차변	대변	코드	거래처
3.혼합	차변	259	선 수 금	18,150,000		01640	BLUE CO.,Ltd
	대변	404	제 품 매 출		18,150,000	01640	BLUE CO.,Ltd

※ 공급시기가 되기 전에 원화로 환가한 경우 그 환가한 금액을 과세표준으로 한다.

❷ [수출실적명세서] 4월~6월

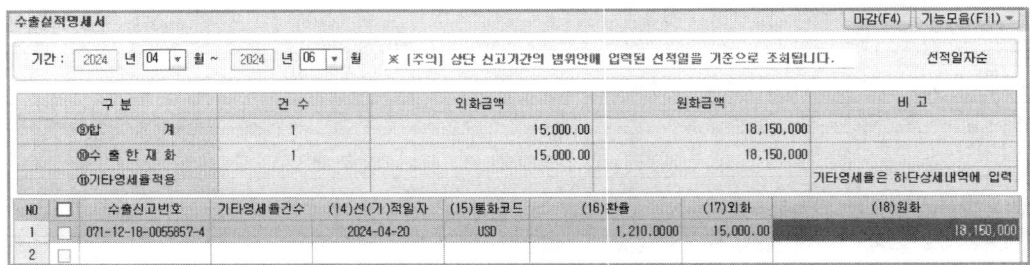

❸ [부가가치세신고서] 4월 1일~6월 30일

4. 매입세액불공제내역 거래의 부가가치세 프로세스

재화나 용역을 구입하면서 부가가치세를 부담하고 세금계산서를 발급받았으나, 부가가치세법의 매입세액 불공제 사유에 해당되어 매입세액을 공제받지 못할 경우 해당하는 사유별로 구분하여 매입세액불공제내역서를 작성하여야 한다.

| 매입세액불공제 거래요약 |

구분	내용	
	불공제사유	**내용**
공제받지못할 매입세액	필요한 기재사항 누락	매입세금계산서를 수취하였으나 필요적 기재사항(공급자의 사업자등록번호·성명·상호, 공급받는자의 등록번호, 공급가액과 세액, 작성연월일)이 누락된 매입세금계산서
	사업과 직접 관련이 없는 지출	업무와 관련 없는 자산을 취득, 관리함으로써 발생되는 유지, 수선비 등의 매입세금계산서
	비영업용 소형승용차 구입 및 유지	개별소비세가 과세되는 자동차(영업용제외)구입과 유지 및 임차비용에 대한 매입세금계산서(1,000cc이하의 국민차는 제외)
	접대비(기업업무추진비) 관련 매입세액	접대비(기업업무추진비)와 관련된 매입세금계산서
	면세사업과 관련된 분	면세사업에 사용되는 재화, 용역을 공급 받은 경우, 토지취득과 관련된 매입세금계산서
	토지의 자본적 지출관련	토지 취득에 해당되는 자본적 지출비용 매입세금계산서
	등록 전 매입세액	사업자등록 전 수취한 매입세금계산서(단, 공급시기가 속하는 과세기간이 끝난후 20일 이내에 등록 신청한 경우는 매입세액 공제가능)
	금거래계좌 미사용 매입세액	금거래계좌를 사용하지 않은 매입세금계산서
공통매입세액 안분계산	사업자가 과세사업과 면세사업을 겸업하는 경우에는 과세사업에 관련된 매입세액은 공제하게 되지만 과세사업과 면세사업에 공통으로 관련된 매입세액이거나 과세사업인지 면세사업관련 매입세액인지를 명확하게 구분할 수 없는 경우에는 안분계산하여야 한다.	
	구 분	**불공매입으로 처리한 경우** / **과세매입으로 처리한 경우**
	매입일	(차) 상품 6,600,000원 (대) 외상매입금 6,600,000원 (차) 상품 6,000,000원 　　부가세대급금 600,000원 (대) 외상매입금 6,600,000원
	과세기간 종료일	*공제세액만큼 회계처리 (차) 부가세대급금 516,000원 (대) 상품 516,000원 *불공제세액만큼 회계처리 (차) 상품 84,000원 (대) 부가세대급금 84,000원
공통매입세액 안분정산	공통매입세액은 1기 또는 2기 과세기간별로 안분계산하여야 하므로 예정신고 시 안분계산을 한 경우 확정신고 시 예정신고분과 확정신고분을 합친 금액으로 공통매입세액의 정산을 하여야 한다. 예정신고 시에는 공통매입세액이 있었으나 확정신고 시 공통매입세액이 없는 경우라도 확정신고 시에는 예정신고 시 적용한 공통매입세액에 대한 정산을 하여야 한다.	
	구 분	**불공매입으로 처리한 경우** / **과세매입로 처리한 경우**
	매입일	(차) 상품 6,600,000원 (대) 외상매입금 6,600,000원 (차) 상품 6,000,000원 　　부가세대급금 600,000원 (대) 외상매입금 6,600,000원
	과세기간 종료일	*정산시 공제세액만큼 회계처리 (차) 부가세대급금 516,000원 (대) 상품 516,000원 *정산시 불공제세액만큼 회계처리 (차) 상품 84,000원 (대) 부가세대급금 84,000원

구분	내용
납부(환급) 세액 재계산	공통매입세액에 해당되는 고정자산의 취득은 여러 과세기간에 걸쳐서 사용될 것이므로 취득시 과세기간의 공급가액 또는 공급면적을 기준으로만 안분계산하면 부당하거나 납세자가 불리한 매입세액공제가 발생할 수 있다. 따라서 과세, 면세 공통사용 고정자산의 취득과 관련하여 발생된 매입세액에 대해서는 아래의 조건에 모두 해당되는 경우 취득일 이후 과세기간의 면세사업에 관련된 매입세액을 재계산하여 과세기간의 납부세액에 가감하거나 환급세액에서 공제, 추가하는 제도를 말한다. ① 재계산 조건 　• 공통매입세액을 안분 계산한 경우 　• 면세비율이 추후 과세기간에 5%이상 증감된 경우 　• 매입세액을 공제받은 자산이 감가상각 대상자산이어야 한다. ② 계산산식 <table><tr><th>구 분</th><th>재계산세액</th></tr><tr><td>건물 또는 구축물</td><td>매입세액 × (1 − 5% × 경과된 과세기간의 수) × 증가되거나 감소된 면세공급가액의 비율</td></tr><tr><td>기타의 감가상각자산</td><td>매입세액 × (1 − 25% × 경과된 과세기간의 수) × 증가되거나 감소된 면세공급가액의 비율</td></tr></table>

실무프로세스

매입매출전표입력
유형 : 54.불공매입 세금계산서합계표
매입세액불공제내역 부가가치세신고서

실무수행문제

기출문제 ▶ 1회~50회 중 **24회** 출제

1. 다음 매입매출자료를 입력하고 [매입세액불공제내역]과 제1기확정 부가가치세 신고서에 반영하시오.

자료. 전자세금계산서 수취 자료(모든 거래는 외상이다)

일자	거래처	품목	공급가액	세액	비 고
4월 8일	에이스가구	책상	2,000,000원	200,000원	대표이사(공나눔)의 개인적 사용(가지급금으로 회계처리)
4월 9일	(주)현대자동차	승용차	30,000,000원	3,000,000원	영업부 업무용 승용차(2,000cc)
4월 10일	(주)제일산업	철거비용	5,000,000원	500,000원	자재창고 신축을 위하여 취득한 토지의 기존건물 철거비용

2. 공통매입세액안분계산(예정신고)

거래자료를 입력하고(유형에서 '51.과세매입'으로 선택) 제2기 부가가치세 예정신고기간의 매입세액불공제내역(공통매입세액 안분계산 내역)과 제2기 예정 부가가치세 신고서를 작성하고, 공통매입세액 안분계산에 대한 회계처리를 9월 30일자로 입력하시오.
- 본 문제에 한하여 과세사업과 면세사업을 겸영하고 있다고 가정한다.

❶ 자료 1은 제2기 부가가치세 예정신고기간의 공급가액 내역이다.
❷ 자료 2는 제2기 부가가치세 예정신고기간의 과세사업과 면세사업에 공통으로 사용할 원재료 매입자료이다.

자료 1. 공급가액(제품)내역(7월 1일~9월 30일)

구 분	금 액	비 고
과세분(전자세금계산서)	246,000,000원	
면세분(전자계산서)	49,200,000원	
합 계	295,200,000원	

자료 2. 원재료 매입금액 중 안분대상내역

전자세금계산서 (공급받는자 보관용)				승인번호		
공급자	등록번호	113-81-21111		공급받는자	등록번호	120-81-32144
	상호	(주)레인정밀	성명(대표자) 정윤종		상호	(주)나눔전자	성명(대표자) 공나눔
	사업장주소	대전광역시 동구 가양남로 1-1			사업장주소	서울시 강남구 강남대로 238-4
	업태	제조업	종사업장번호		업태	제조업외	종사업장번호
	종목	전자부품			종목	정수기외	
	E-Mail	rain@bill365424.com			E-Mail	nanum@bill36524.com
작성일자	2024.8.7.	공급가액	37,500,000	세 액	3,750,000	

월	일	품목명	규격	수량	단가	공급가액	세액	비고
8	7	원재료		1,000	37,500	37,500,000	3,750,000	

합계금액	현금	수표	어음	외상미수금	이 금액을	○ 영수 / ● 청구	함
41,250,000				41,250,000			

3. 공통매입세액 재계산(확정신고)

공통매입세액 재계산을 하여 제2기 확정 부가가치세신고기간의 매입세액불공제내역서와 제2기 부가가치세 확정신고서에 공통매입세액 재계산 결과를 반영하고, 공통매입세액 재계산 관련 회계처리를 일반전표입력에 12월 31일자로 입력하시오.
- 본 문제에 한하여 과세사업과 면세사업을 겸영하고 있다고 가정한다.

❶ 자료 1은 과세사업과 면세사업에 공통으로 사용되는 자산의 구입내역이다.
❷ 자료 2는 2024년 1기 및 2024년 2기의 제품매출내역이다(기 입력된 데이터는 무시하고 제시된 자료에 의할 것).

자료 1. 공통매입내역

취득일자	계정과목	공급가액	부가가치세
2022. 6.25.	건 물	100,000,000원	10,000,000원
2023. 3. 5.	기계장치	50,000,000원	5,000,000원
2024. 4.10.	토지	80,000,000원	-

자료 2. 과세기간의 제품매출(공급가액) 내역

일자	과세사업	면세사업	총공급가액	면세비율
2024년 제1기	300,000,000원	100,000,000원	400,000,000원	25%
2024년 제2기	360,000,000원	240,000,000원	600,000,000원	40%

실무수행입력

문제 1

❶-1 [매입매출전표입력] 4월 8일

유형	품 명	수량	단가	공급가액	부가세	거래처	전자세금
54.불공	책상			2,000,000	200,000	03220	에이스가구	전자입력

불공제 사유	2. 사업과 관련없는 지출

분개	구분	코드	계정과목	차 변	대 변	코드	거래처
3.혼합	차변	134	가지급금	2,200,000		03120	공나눔
	대변	253	미지급금		2,200,000	03220	에이스가구

※ 대표이사의 개인적 사용은 매입세액이 공제되지 않으며 가지급금으로 처리한다.

❶-2 [매입매출전표입력] 4월 9일

유형	품 명	수량	단가	공급가액	부가세	거래처	전자세금
54.불공	승용차			30,000,000	3,000,000	04810 ㈜현대자동차	전자입력
불공제 사유	3.비영업용 소형승용차 구입 및 유지						

분개	구분	코드	계정과목	차 변	대 변	코드	거래처
3.혼합	차변	208	차량운반구	33,000,000		04810	㈜현대자동차
	대변	253	미 지 급 금		33,000,000	04810	㈜현대자동차

※ 개별소비세 과세대상 자동차의 구입, 임차 및 유지와 관련된 매입세액은 공제되지 않는다.

❶-3 [매입매출전표입력] 4월 10일

유형	품 명	수량	단가	공급가액	부가세	거래처	전자세금
54.불공	철거비용			5,000,000	500,000	04820 ㈜제일산업	전자입력
불공제 사유	0.토지의 자본적 지출 관련						

분개	구분	코드	계정과목	차 변	대 변	코드	거래처
3.혼합	차변	201	토 지	5,500,000		04820	㈜제일산업
	대변	253	미 지 급 금		5,500,000	04820	㈜제일산업

※ 토지의 자본적 지출관련 매입세액은 공제되지 않는다.

❷ [매입세액불공제내역]

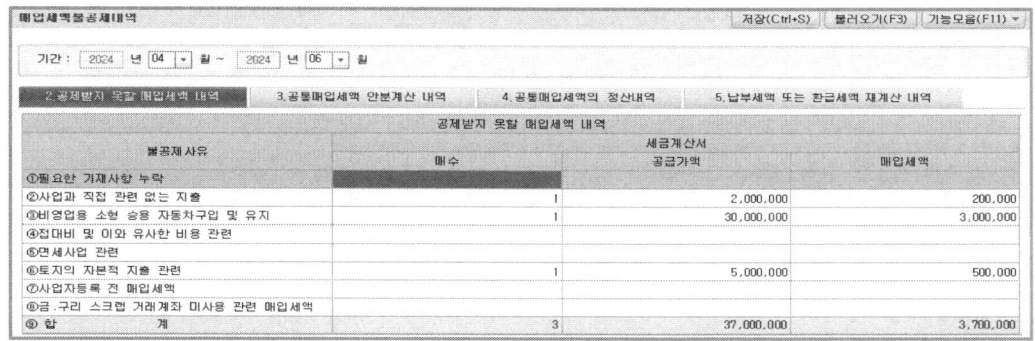

❸ [부가가치세신고서] 4월 1일~6월 30일

16 공제받지 못할매입 세액명세	구분		금액	세액
	공제받지못할매입세액	50	37,000,000	3,700,000
	공통매입세액면세사업	51		
	대손처분받은세액	52		
	합계	53	37,000,000	3,700,000

문제 2

❶ [매입매출전표입력] 8월 7일

유형	품명	수량	단가	공급가액	부가세	거래처	전자세금
51.과세	원재료			37,500,000	3,750,000	04830 ㈜레인정밀	전자입력

분개	구분	코드	계정과목	차 변	대 변	코드	거래처
2.외상	차변	153	원 재 료	37,500,000		04830	㈜레인정밀
	차변	135	부가세대급금	3,750,000		04830	㈜레인정밀
	대변	251	외상매입금		41,250,000	04830	㈜레인정밀

❷ [매입세액불공제내역] 7월~9월

계산식	구분	과세,면세 사업 공통매입		(12)총공급가액 등 (총예정사용면적)	(13)면세공급가액 등 (총예정사용면적)	(14)불공제 매입세액 (⑫×⑬÷⑫)
		(10)공급가액	(11)세액			
1.공급가액기준		37,500,000	3,750,000	246,000,000	49,200,000	750,000

❸ [부가가치세신고서] 7월 1일~9월 30일

16 공제받지 못할매입 세액명세	구분		금액	세액
	공제받지못할매입세액	50		
	공통매입세액면세사업	51	7,500,000	750,000
	대손처분받은세액	52		
	합계	53	7,500,000	750,000

❹ [일반전표입력] 9월 30일

(차) 153.원재료　　　750,000원　　(대) 135.부가세대급금　　750,000원

문제 3

❶ [매입세액불공제내역]

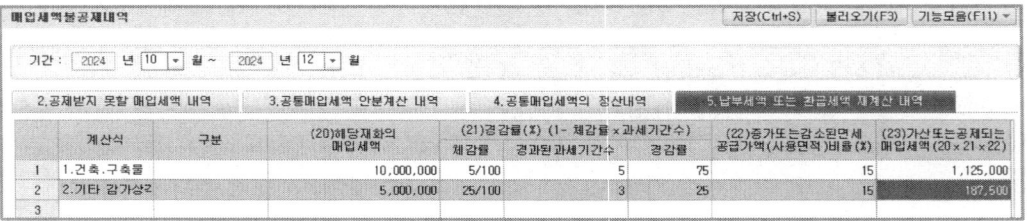

- 건물 : 10,000,000원×(1 − 5%×5)×15%(면세증가비율) = 1,125,000원
- 기계장치 : 5,000,000×(1 − 25%×3)×15%(면세증가비율) = 187,500원
- 토지는 면세대상이므로 제외

❷ [부가가치세신고서] 10월 1일~12월 31일

16 공제받지 못할매입 세액명세	구분		금액	세액
	공제받지못할매입세액	50		
	공통매입세액면세사업	51	13,125,000	1,312,500
	대손처분받은세액	52		
	합계	53	13,125,000	1,312,500

❸ [일반전표입력] 12월 31일

(차) 202.건물   1,125,000원   (대) 135.부가세대급금   1,125,000원
(차) 206.기계장치   187,500원   (대) 135.부가세대급금   187,500원

5 부동산임대공급가액 관련거래의 부가가치세 프로세스

부동산 임대용역을 제공하는 사업자는 부동산 임대용역의 공급내역을 상세히 기록한 부동산임대공급가액명세서를 부가가치세 신고시 제출해야 하며, 이는 부가가치세 성실신고여부와 보증금에 대한 간주임대료 계산의 적정여부 등을 판단하는 자료로 활용되어 진다.

▎간주임대료 계산방법

부동산 임대용역을 공급하고 전세금 또는 임대보증금을 받은 경우에는 금전 이외의 대가를 받은 것으로 보아, 다음 산식에 의해 계산한 금액을 부가가치세 과세표준으로 하며, 이를 통상 간주임대료라 칭한다.

$$\text{간주임대료} = \text{임대보증금(전세금)} \times \frac{\text{대상기간의 일수}}{365(\text{윤년의 경우 } 366)} \times \left\{ \begin{array}{c} \text{과세기간 종료일 현재} \\ \text{계약기간 1년 만기} \\ \text{정기예금 이자율 3.5\%} \end{array} \right\}$$

※ 계약기간 1년 만기 정기예금 이자율은 서울시내에 본점을 둔 시중은행의 이자율을 감안하여 국세청장이 정한 율(수시로 변동될 수 있다)을 말한다.

실무프로세스

부동산임대공급가액명세서작성 ➡ 간주임대료 회계처리 ➡ 부가가치세신고서

실무수행문제

기출문제 ▶ 1회~50회 중 **13회** 출제

다음 매입매출자료를 입력하고 부동산임대공급가액명세서와 부가가치세신고서를 작성하고 간주임대료에 대한 회계처리를 9월30일자로 매입매출전표에 입력하시오.

❶ 자료 1은 부동산임대계약 체결관련 서류이다.
❷ 자료 2는 9월분 임대료에 대한 전자세금계산서이며, 임대료는 9월 30일 국민은행 보통예금계좌에 입금되었다.
❸ 간주임대료에 대한 부가가치세는 임대인이 부담하기로 하였다.

자료 1. 부동산임대계약서

(사 무 실) 월 세 계 약 서

■ 임대인용
□ 임차인용
□ 사무소보관용

부동산의 표시	소재지	서울특별시 강남구 강남대로 246, 4층 401호(역삼동)			
	구 조	철근콘크리트조	용도	사무실	면적 100㎡

월 세 보 증 금	금 100,000,000원정	월세 2,000,000원정(부가가치세 별도)

제 1 조 위 부동산의 임대인과 임차인 합의하에 아래와 같이 계약함.
제 2 조 위 부동산의 임대차에 있어 임차인은 보증금을 아래와 같이 지불키로 함.

계 약 금	원정은 계약시 지불하고
중 도 금	원정은 년 월 일 지불하며
잔 금	100,000,000원정은 2024년 9월 1일 중개업자 입회하에 지불함.

제 3 조 위 부동산의 명도는 2024년 9월 1일로 함.
제 4 조 임대차 기간은 2024년 9월 1일로부터 (24)개월로 함.
제 5 조 월세금액은 매월 말일에 지불키로 하되 만약 기일내에 지불치 못할 시에는 보증금액에서 공제키로 함. (국민은행, 계좌번호 : 011202-04-012368, 예금주 : (주)나눔전자)

~~~~~~~~~~ 중 략 ~~~~~~~~~~

임 대 인	주 소	서울특별시 강남대로 238-4, 3층			
	사업자등록번호	120-81-32144	전화번호	02-569-4209	성명 (주)나눔전자

자료 2. 임대료 전자세금계산서 발급

전자세금계산서 (공급자 보관용)   승인번호

	등록번호	120-81-32144					등록번호	220-87-12697		
공급자	상호	(주)나눔전자	성명(대표자)	공나눔		공급받는자	상호	선영테크(주)	성명(대표자)	박선영
	사업장 주소	서울특별시 강남구 강남대로 238-4					사업장 주소	서울특별시 강남구 강남대로 252		
	업태	제조업외	종사업장번호				업태	서비스업	종사업장번호	
	종목	정수기외					종목	인테리어공사		
	E-Mail	nanum@bill36524.com					E-Mail	sunyoung@bill3524.com		

작성일자	2024.9.30.	공급가액	2,000,000	세 액	200,000

비고							
월	일	품목명	규격	수량	단가	공급가액	세액	비고
9	30	9월 임대료				2,000,000	200,000	

합계금액	현금	수표	어음	외상미수금	이 금액을	● 영수 함
2,200,000						○ 청구

실무수행입력

❶ [매입매출전표입력] 9월 30일

유형	품 명	수량	단가	공급가액	부가세	거래처	전자세금
11.과세	9월 임대료			2,000,000	200,000	03500	선영테크(주)	전자입력

분개	구분	코드	계정과목	차 변	대 변	코드	거래처
2.혼합	대변	411	임 대 료		2,000,000	03500	선영테크(주)
	대변	255	부가세예수금		200,000	03500	선영테크(주)
	차변	103	보 통 예 금	2,200,000		98000	국민은행(보통)

❷ [부동산임대공급가액명세서]

* 2024년도에 이자율이 3.5%적용되며, [이자율(F7)]키를 이용하여 변경할 수 있다.

❸ [매입매출전표입력] 9월 30일

유형	품 명	수량	단가	공급가액	부가세	거래처	전자세금
14.건별	간주임대료			286,885	28,688		

분개	구분	코드	계정과목	차 변	대 변	코드	거래처
3.혼합	대변	255	부가세예수금		28,688		
	차변	817	세금과공과금	28,688			

CHAPTER 05. 부가가치세신고

❹ [부가가치세신고서] 7월 1일~9월 30일

6 의제매입세액공제 관련 거래의 부가가치세 프로세스

사업자는 부가가치세가 면제되는 농·축·수·임산물 등 원재료를 공급받아서 이를 제조, 가공한 재화 또는 용역이 과세되는 경우에는 그 원재료 가액의 일정금액을 매입세액으로 공제받을 수 있으며, 이를 의제매입세액공제라고 한다. 매입세액으로 공제받기 위하여는 부가가치세 신고시 [의제매입세액공제신고서]를 매입처별계산서합계표 또는 신용카드매출전표등수령금액합계표와 함께 제출하여야 한다.

일반전표입력, 매입매출전표입력에서 해당 계정의 적요번호 6번 "의제매입세액 원재료차감"으로 입력된 자료가 반영되어 자동 작성되며, 수정 또는 추가입력이 가능하다.

* 의제매입세액공제 자동반영 해당 계정코드 : 146.상품, 153.원재료, 162.부재료 등

의제매입세액공제 거래요약

구 분	내 용
공제대상 품목	① 부가가치세를 면제받아 공급받은 농·축·수·임산물 ② 김치·두부등 단순가공식품과 광물인 소금 ③ 농·축·수·임산물의 1차 가공 과정에서 발생하는 부산물
공제대상 사업자	① 면세농산물등을 원재료로 하여 제조·가공한 재화 또는 창출한 용역의 공급이 국내에서 부가가치세가 과세되는 경우 ② 농·어민등으로부터 직접 면세농산물등을 구입하는 경우에는 일반과세 제조업자 및 간이과세 음식업자에 한하여 공제됨
공제요건	① 사업자 등록된 부가가치세 과세사업자(간이과세자는 음식점업과 제조업에 한함) 이어야 한다. ② 부가가치세 면세로 공급받은 농산물, 축산물, 수산물, 임산물이어야 한다. ③ 농산물등을 원재료로 하여 재화를 제조·가공 또는 용역을 창출하여야 한다. ④ 제조·가공한 재화 또는 창출한 용역의 공급이 부가가치세가 과세되어야 한다.
공제율	• 제조업을 영위하는 법인사업자 : 2/102 • 중소제조업을 영위하는 개인사업자 및 법인사업자 : 4/104 • 과세유흥장소를 영위하는 개인사업자 및 법인사업자 : 2/102 • 과세유흥장소이외의 음식점업을 영위하는 개인사업자 : 8/108(법인사업자 6/106) • 과세표준 2억원 이하 음식점 : 9/109

구 분	내 용
공제한도	• 법인사업자 : 구분없이 50% • 개인사업자 : 음식점업 → 2억원 이하 : 75% 　　　　　　　　　　　2~4억원 : 70% 　　　　　　　　　　　4억 초과 : 60% 　　　　　　　그외 → 4억원 이하 : 65% 　　　　　　　　　　　4억원 초과 : 55%
공제시기	일반적인 경우 면세농산물 등을 구입한 날이 속하는 예정신고기간 또는 과세기간
관련서류 제출	① 의제매입공제신고서에 아래 서류를 첨부하여 제출 　- 매입처별계산서합계표 　- 신용카드매출전표등 수령명세서 ② 농·어민 등으로부터 면세농산물등을 직접 공급받는 경우 「의제매입세액공제신고서」만 제출함 → 영수증등 증빙서류 제출 생략

실무프로세스

매입매출전표입력
유형 : 53.면세매입 또는
일반전표입력(적요.6) 의제매입세액 공제신고서 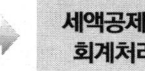 세액공제액 회계처리 부가가치세 신고서

※ 매입매출전표입력시 거래처코드를 반드시 입력하여야 한다.
[의제매입세액공제신고서]는 예정신고시는 예정신고해당기간의 [매입처명세]Tab에서 거래내역으로 세액을 계산하고, 확정신고시 [매입처명세]Tab 작성 후 [매입세액정산(의제)]Tab을 작성한다.

실무수행문제

기출문제 ▶ 1회~50회 중 **11회 출제**

중소기업인 ㈜나눔전자의 원재료 매입내역이다. 매입매출과 일반전표자료를 입력하고 [의제매입세액공제신고서]와 제2기 부가가치세 확정 신고서를 작성하시오(육류가공업을 겸영한다고 가정하고 원재료는 관련된 적요를 선택하고, 의제매입 공제세액 관련 회계처리는 일반전표에 입력할 것).

❶ 자료 1은 닭다리 정육을 현금으로 구입하고 수취한 전자계산서이다.
❷ 자료 2는 마늘을 농민으로부터 직접 구입하고 수취한 농산물 거래 내역서이다.
　(대금은 말일지급)
❸ 자료 3은 생강을 현금으로 구입하고 수취한 영수증이다.
❹ 자료 4는 제2기 의제매입세액 정산에 필요한 부가가치세 자료이다.

자료 1. 면세매입 계산서

전자계산서 (공급받는자 보관용)							승인번호		
공급자	등록번호	108-91-31256			공급받는자	등록번호	120-81-32144		
	상호	무안농협	성명(대표자)	백장섭		상호	(주)나눔전자	성명(대표자)	공나눔
	사업장주소	서울 마포구 마포대로 6				사업장주소	서울 강남구 강남대로 238-4		
	업태	도소매업	종사업장번호			업태	제조업외	종사업장번호	
	종목	농축수산물				종목	육류가공외		
	E-Mail	jangsyup@naver.com				E-Mail	nanum@bill36524.com		
작성일자	2024.11.25.	공급가액	80,000,000	비고					

월	일	품목명	규격	수량	단가	공급가액	비고
11	25	닭다리 정육	kg	8,000	10,000	80,000,000	

합계금액	현금	수표	어음	외상미수금	이 금액을	● 영수 ○ 청구	함
80,000,000	80,000,000						

자료 2. 농산물 구입관련 자료(농민과의 거래)

농산물 공급 계약서

■ 공급자 인적사항

성 명	주 민 등 록 번 호
이태훈	820927-1032540

■ 계약내역

농산물 품목	공급량	납품일자	금 액
마늘	100kg	2024.11.26.	2,000,000원
합계금액			2,000,000원

■ 대금지급조건 : 납품 후 해당 월 말일지급

자료 3. 농산물 구입관련 자료

NO.	영 수 증 (공급받는자용)			
	(주)나눔전자		귀하	
공급자	사업자등록번호	503-32-12118		
	상호	소희마트	성명	박소희
	사업장소재지	대구 달서구 달구벌대로 1015		
	업태	도소매	종목	농산물
작성일자	공급대가총액		비고	
2024.11.27.	₩ 100,000			

공 급 내 역

월/일	품명	수량	단가	금액
11/27	생강	10kg		100,000
합 계			₩	100,000

위 금액을 영수(청구)함

자료 4. 의제매입세액 정산 관련 자료

- 2024년 2기(7.1.~12.31.)의 양념육 제조와 관련한 과세표준은 800,000,000원(2기 예정 : 450,000,000원, 2기 확정 : 350,000,000원)이다.
- 예정신고 시 면세매입금액 : 125,000,000원
- 예정신고 시 의제매입세액공제액 : 4,807,692원

실무수행입력

❶-1 [매입매출전표 입력] 11월 25일

유형	품 명	수량	단가	공급가액	부가세	거래처	전자세금
53.면세	닭다리 정육			80,000,000		03920 무안농협	전자입력

분개	구분	코드	계정과목	차 변	대 변	코드	거래처
1.현금	출금	153	원 재 료	80,000,000		03920	무안농협
		적요6.의제매입세액원재료차감					

❶-2 [매입매출전표 입력] 11월 26일

유형	품 명	수량	단가	공급가액	부가세	거래처	전자세금
60.면건	마늘			2,000,000		05900	이태훈	

분개	구분	코드	계정과목	차 변	대 변	코드	거래처
2.외상 또는 3.혼합	차변	153	원재료	2,000,000		05900	이태훈
		적요6.의제매입세액원재료차감					
	대변	251	외상매입금		2,000,000	05900	이태훈

❶-3 [일반전표입력] 11월 27일

(차) 153.원재료　　　　100,000원　　(대) 101.현금　　　　100,000원
　또는(출) 153.원재료　　100,000원

※ 사업자로부터 영수증을 수취한 경우에는 의제매입세액공제 불가능

❷-1 [의제매입세액공제신고서]의 [매입처명세]Tab : 무안농협

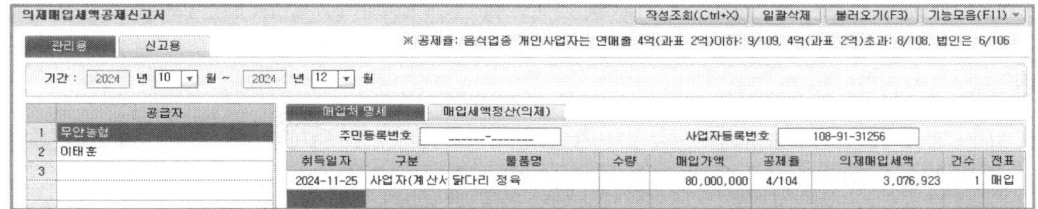

CHAPTER 05. 부가가치세신고

❷-2 [의제매입세액공제신고서]의 [매입처명세]Tab : 이태훈

❷-3 [의제매입세액공제신고서]의 [매입세액정산(의제)]Tab

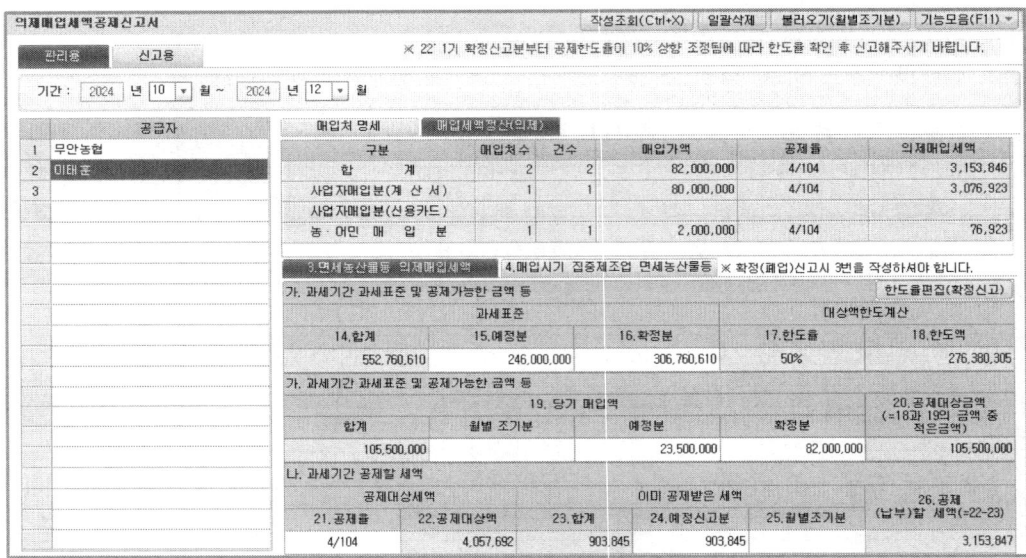

❸ [부가가치세신고서] 10월1일~12월 31일

구분			금액	세율	세액
14 그밖의공제매입세액명세	신용매출전표수취/일반	41			
	신용매출전표수취/고정	42			
	의제매입세액/평창,광주	43	82,000,000	뒤쪽참조	3,153,847
	재활용폐자원등매입세	44		뒤쪽참조	
	과세사업전환매입세액	45			
	재고매입세액	46			
	변제대손세액	47			
	외국인관광객환급세액	48			
	합계	49	82,000,000		3,153,847

❹ [일반전표입력] 12월 31일

  (차) 135.부가세대급금 3,153,847원 (대) 153.원재료 3,153,847원
 또는 (차) 153.원재료 -3,153,847원
  (차) 135.부가세대급금 3,153,847원

7. 재활용폐자원매입세액 관련거래의 부가가치세 프로세스

재활용폐자원을 수집·판매하는 업, 중고자동차 수출업 등을 영위하는 사업자만 공제받을 수 있으며, 이러한 사업자가 부가가치세 과세사업을 영위하지 않는 자 또는 간이과세자로부터 재활용폐자원등을 취득하여 제조, 가공하거나 이를 공급하는 경우에 적용된다. 재활용폐자원에 대한 매입세액공제를 받기 위해서는 재활용폐자원세액공제신고서를 제출하여야 한다.

메뉴는 [관리용]Tab과 [신고용]Tab으로 나뉘어져 있으며 [관리용]Tab에서 일반전표 또는 매입매출전표입력메뉴에서 거래처코드가 등록되고 해당 계정의 적요번호가 7번 "재활용폐자원매입세액"으로 입력된 자료가 반영되어 자동 작성되며, 수정 또는 추가입력이 가능하다.

▌재활용폐자원 등에 대한 의제매입세액공제액
- 재활용폐자원 취득가액×3/103
- 중고품(중고자동차) 취득가액×10/110
- 재활용폐자원 매입세액 공제한도 = 폐자원매출과세표준×80% − 세금계산서 수취분 폐자원매입액(사업용 해당 사업자의 고정자산 매입가액을 제외)

※ 공제한도로 인해 예정신고 및 영세율 등 조기환급신고시 이미 재활용폐자원 매입세액공제를 받은 금액에 대하여는 확정신고시 반드시 정산하여야 한다.

실무프로세스

매입매출전표입력
유형 : 53.면세매입 또는 일반전표입력(적요.7) → 재활용폐자원세액 공제신고서 → 세액공제액 회계처리 → 부가가치세 신고서

※ 전표입력시 거래처코드를 반드시 입력하여야 한다.

실무수행문제

다음 자료를 참고하여 거래자료를 [일반전표입력]메뉴에 입력하고, [재활용폐자원세액공제신고서] 작성 및 관련 회계처리를 하고 [부가가치세신고서]를 조회하시오(본 문제에 한하여 폐자원을 수집하여 제조하는 사업자로 가정한다).

❶ 개인인 김종학으로부터 고철을 현금으로 매입하고 영수증을 받았다.

NO.	영 수 증 (공급받는자용)		
	(주)나눔전자		귀하

공급자	사업자등록번호	540101-1111111	
	상 호	성명	김종학
	사업장소재지	서울 서대문구 충정로7길 21	
	업 태	종목	

작성일자	공급대가총액	비고
2024.11.30.	₩ 500,000	

공 급 내 역				
월/일	품명	수량	단가	금액
11/30	고철			500,000
합 계				₩ 500,000
위 금액을 영수(청구)함				

실무수행입력

재무회계 > 전표입력/장부 > 일반전표입력

❶ [일반전표입력] 11월 30일

(차) 원재료(김종학) 500,000원   (대) 현금   500,000원
(적요 : 7.재활용폐자원매입세액)

❷ 재활용폐자원 세액공제신고서

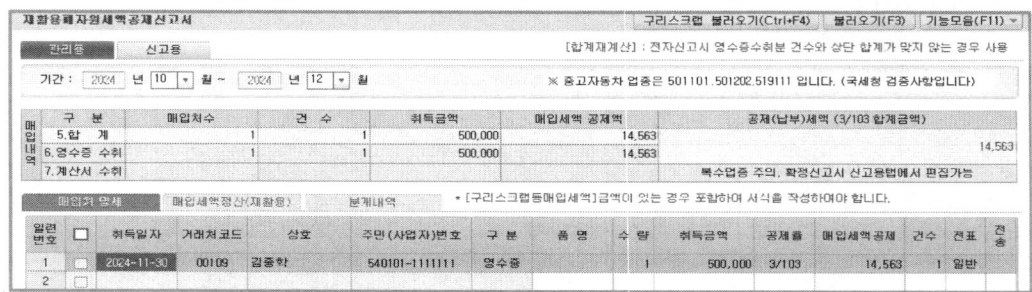

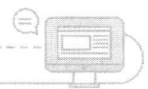

❸ 재활용폐자원 공제대상세액의 회계처리 – [일반전표입력] 12월 31일

(차) 부가세대급금　　　　　14,563원　　　(대) 원재료(적요8.타계정으로 대체액)　14,563원

❹ 부가가치세신고서

	구분		금액	세율	세액
14 그밖의공제매입세액명세	신용매출전표수취/일반	41			
	신용매출전표수취/고정	42			
	의제매입세액/평창,광주	43	82,000,000	뒤쪽참조	3,153,847
	재활용폐자원등매입세	44	500,000	뒤쪽참조	14,563
	과세사업전환매입세액	45			
	재고매입세액	46			
	변제대손세액	47			
	외국인관광객환급세액	48			
	합계	49	82,500,000		3,168,410

8 대손세액공제 관련 거래의 부가가치세 프로세스

부가가치세의 경우 대가의 수령여부와 관계없이 공급자가 공급받는 자에게 재화 또는 용역을 공급할 때 거래상대방으로부터 10%의 매출세액을 거래징수하여 공급일이 속하는 과세기간에 해당세액을 납부하여야 한다. 따라서 외상거래일 경우에도 일단 공급자는 10%의 매출세액을 납부할 수 밖에 없다. 그러나 거래상대방의 파산, 부도 등의 사유로 외상대금을 회수할 수 없을 경우에는 해당 외상대금에 대해서 미리 납부한 매출세액을 공제해주는데 이를 대손세액공제라고 한다.

| 대손세액공제관련 거래요약 |

구 분	내 용
대손사유	• 채무자 회생 및 파산에 관한 법률에 의한 파산 • 강제집행 • 사망·실종선고 • 회생계획인가 또는 면책결정으로 회수불능확정채권 • 상(민)법상의 소멸시효완성 • 부도발생일로부터 6개월 이상 경과한 수표 또는 어음 • 회수기일이 6개월 이상 경과한 소액채권(30만원 이하) • 국세결손처분채권 • 중소기업의 외상매출금으로서 회수기일로부터 2년이 경과한 외상매출금 및 미수금
대손세액공제시기	대손이 확정된 날이 속하는 과세기간의 매출세액에서 차감할 수 있으므로, 대손확정되어 대손상각이 분개된 시점의 확정된 부가가치세 확정신고시 공제받을 수 있다.

구 분	내 용
대손확정일	• 파산법에 의한 파산 : 채권배분계산서의 통지를 받은 날 • 민사소송법에 의한 강제집행 : 채권배분계산서의 통지를 받은 날 • 사망, 실종선고 : 사망일, 실종선고일 • 회사정리법에 의한 회사정리계획인가의 결정 : 법원의 회사정리인가 결정일 • 상법상의 소멸시효가 완성된 경우 : 소멸시효 만료일 • 수표 및 어음 부도의 경우 : 부도발생일부터 6개월이 경과되는 때
공제요건	대손세액공제를 받고자 하는 사업자는 부가가치세확정신고서에 대손세액공제(변제)신고서와 대손사실 또는 변제사실을 증명하는 서류를 첨부하여 제출하여야 한다. • 매출세금계산서 또는 매출장사본 • 파산, 강제집행시 : 채권배분계산서 • 실정선고 : 가정법원판결문사본, 채권배분계산서 • 회사정리계획의 인가결정 : 법원이 인가한 회사정리인가안 • 부도어음·수표 : 부도어음·수표 사본

실무프로세스

대손세액공제신고서 ➡ 대손공제(변제)에 대한 회계처리 ➡ 부가가치세신고서

실무수행문제

기출문제 ▶ 1회~50회 중 **11회** 출제

❶ 자료는 제품을 외상으로 판매하고 발급했던 전자세금계산서이다. 2024년 6월 20일 마산기공의 파산으로 인하여 채권 전액이 대손으로 확정되었다.
[대손세액공제신고서]와 제1기 부가가치세 확정신고서를 작성하고, 대손세액공제액 및 대손채권(외상매출금)에 대한 회계처리를 일반전표입력메뉴에 입력하시오.

전자세금계산서				(공급자 보관용)		승인번호			
공급자	등록번호	120-81-32144			공급받는자	등록번호	120-21-12348		
	상호	(주)나눔전자	성명 (대표자)	공나눔		상호	마산기공	성명 (대표자)	김현정
	사업장 주소	서울 강남구 강남대로 238-4				사업장 주소	서울 구로구 고척로 216(고척동)		
	업태	제조업외	종사업장번호			업태	도소매업	종사업장번호	
	종목	정수기외				종목	기계외		
	E-Mail	nanum@bill36524.com				E-Mail	masan@naver.com		
작성일자		2022.5.6.	공급가액		4,000,000	세 액		400,000	
비고									

월	일	품목명	규격	수량	단가	공급가액	세액	비고
5	6	제품		40	100,000	4,000,000	400,000	

합계금액	현금	수표	어음	외상미수금	이 금액을	○ 영수 ● 청구	함
4,400,000				4,400,000			

실무수행입력

① [대손세액공제신고서]

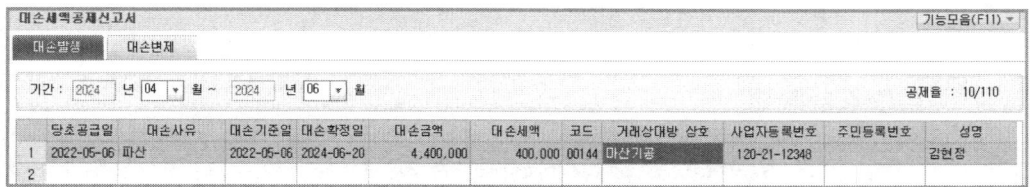

② [부가가치세신고서]

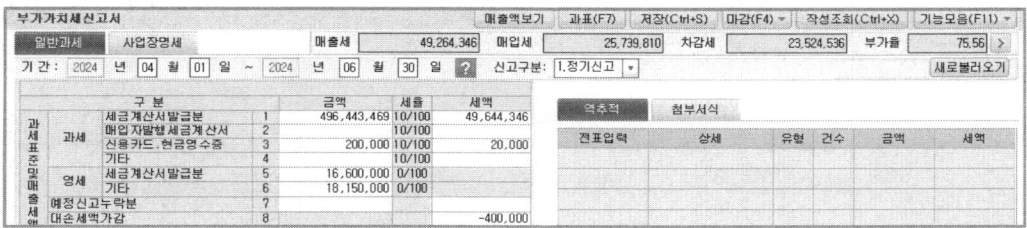

③ [일반전표입력] 6월 20일 (대손충당금 잔액 확인 후 입력)

(차) 835.대손상각비　　4,000,000원　　(대) 108.외상매출금　　4,400,000원
　　 255.부가세예수금　　 400,000원　　　　　(00144.마산기공)

9 건물등감가상각자산취득 거래의 부가가치세신고 프로세스

　재화 및 용역을 공급받고 10% 부가가치세가 별도로 징수된 매입세금계산서를 교부받으면, 구매용도에 따라 공제가능세금계산서와 공제불가능세금계산서로 구분하여 부가가치세신고서 및 부속서류가 작성되어야 한다. 고정자산취득은 세금계산서, 신용카드, 현금영수증으로도 구매할 수 있으며 부가세가 공제가능한 거래에 대하여 [건물등 감가상각자산명세서]를 작성하여야 한다.

TAT 2급 세무실무

실무프로세스

매입매출전표입력
(세금계산서,신용카드,현금영수증)
고정자산매입 건물등
감가상각자산취득명세서
세금계산서합계표 부가가치세신고서

실무수행문제

기출문제 ▶ 1회~50회 중 **7회** 출제

다음 매입매출자료를 입력하고 건물등감가상각자산취득명세서를 작성하고 제2기 부가가치세 예정신고서에 반영하시오.

자료 1. 유정기계(주)로부터 공장에서 사용할 제품 조립용 기계를 구입하고 수취한 전자세금계산서이다.

자료 2. 한울모터스(주)로부터 물류팀에서 사용할 물품배송용 용달화물차를 구입하고 수취한 전자세금계산서이다.

자료 3. (주)쿠팡으로부터 대표이사(공나눔)가 개인적으로 사용할 노트북을 구입하고 수취한 신용카드매출전표이다.(가지급금계정으로 처리하며, 거래처코드 입력할 것.)

자료 1. 기계장치 구입

전자세금계산서				(공급받는자 보관용)			승인번호		
공급자	등록번호	135-86-50149			공급받는자	등록번호	120-81-32144		
	상호	유정기계(주)	성명(대표자)	이유정		상호	(주)나눔전자	성명(대표자)	공나눔
	사업장주소	경기도 화성시 동탄반석로 334				사업장주소	서울 강남구 강남대로 238-4		
	업태	제조업	종사업장번호			업태	제조업외	종사업장번호	
	종목	기계				종목	정수기외		
	E-Mail	yoojung@bill36524.com				E-Mail	nanum@bill36524.com		
작성일자	2024.9.15.	공급가액	40,000,000			세액	4,000,000		
비고									
월	일	품목명	규격	수량	단가	공급가액	세액	비고	
9	15	조립기계		1	40,000,000	40,000,000	4,000,000		
합계금액		현금	수표	어음		외상미수금	이 금액을 ○ 영수 ● 청구 함		
44,000,000						44,000,000			

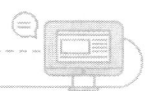

자료 2. 화물차 구입

전자세금계산서			(공급받는자 보관용)			승인번호			
공급자	등록번호	106-81-35543			공급받는자	등록번호	120-81-32144		
	상호	한울모터스(주)	성명(대표자)	김강남		상호	(주)나눔전자	성명(대표자)	공나눔
	사업장주소	경기도 고양시 일산동구 백마로 100				사업장주소	서울 강남구 강남대로 238-4		
	업태	도소매업	종사업장번호			업태	제조업외	종사업장번호	
	종목	자동차				종목	정수기외		
	E-Mail	hanwool@bill36524.com				E-Mail	nanum@bill36524.com		
작성일자	2024.9.17.		공급가액	20,000,000		세 액	2,000,000		
비고									

월	일	품목명	규격	수량	단가	공급가액	세액	비고
9	17	용달화물차		1	20,000,000	20,000,000	2,000,000	

합계금액	현금	수표	어음	외상미수금	이 금액을	○ 영수	함
22,000,000				22,000,000		● 청구	

자료 3. 노트북 구입

```
            신용카드매출전표
----------------------------------
카드종류 : 삼성카드
회원번호 : 9410-3256-****-2**1
거래일시 : 2024.9.18.  10 : 01 : 23
거래유형 : 신용승인
공급가액 :    1,050,000원
부 가 세 :      105,000원
합   계 :    1,155,000원
결제방법 :       일시불
승인번호 :     98776544
----------------------------------

가맹점명 : (주)쿠팡
           - 이 하 생 략 -
```

실무수행입력

재무회계 > 전표입력/장부 > 매입매출전표

❶-1 [매입매출전표입력] 9월 15일

유형	품명	수량	단가	공급가액	부가세	거래처	전자세금
51.과세	조립기계			40,000,000	4,000,000	03930 유정기계(주)	전자입력

분개	구분	코드	계정과목	차 변	대 변	코드	거래처
3.혼합	차변	206	기계장치	40,000,000		03930	유정기계(주)
	차변	135	부가세대급금	4,000,000		03930	유정기계(주)
	대변	253	미지급금		44,000,000	03930	유정기계(주)

❶-2 [매입매출전표입력] 9월 17일

유형	품명	수량	단가	공급가액	부가세	거래처	전자세금
51.과세	용달화물차			20,000,000	2,000,000	03940 한울모터스(주)	전자입력

분개	구분	코드	계정과목	차 변	대 변	코드	거래처
3.혼합	차변	208	차량운반구	20,000,000		03940	한울모터스(주)
	차변	135	부가세대급금	2,000,000		03940	한울모터스(주)
	대변	253	미지급금		22,000,000	03940	한울모터스(주)

❶-3 [일반전표입력] 9월 18일

(차) 134.가지급금   1,155,000원   (대) 253.미지급금   1,155,000원
    (03120.공나눔)   (99600.삼성카드)

* 대표이사의 개인적인 물품구입은 매입세액 공제대상이 아니며, 세금계산서를 수취하지 않고 신용카드매출전표를 수취하였으므로 일반전표에 매입부가세를 포함한 금액으로 입력하여야 한다.

❷ [건물등감가상각자산취득명세서] 7월~9월

감가상각자산 종류		건 수	공 급 가 액	세 액	비 고
취득내역	합 계	2	60,000,000	6,000,000	
	(1) 건물·구축물				
	(2) 기계장치	1	40,000,000	4,000,000	
	(3) 차량운반구	1	20,000,000	2,000,000	
	(4) 기타감가상각자산				

거래처별 감가상각자산 취득명세서

일련번호	취득일자 월 일	상 호	사업자등록번호	자산구분	공급가액	세 액	건 수	유 형
1	09 15	유정기계(주)	135-86-50149	2 기계장치	40,000,000	4,000,000	1	세금계산서
2	09 17	한울모터스(주)	106-81-35543	3 차량운반구	20,000,000	2,000,000	1	세금계산서

❸ [부가가치세신고서] 7월 1일~9월 30일

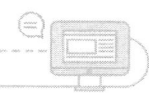

10 간주공급 거래의 부가가치세 프로세스

계약상 또는 법률상 원인에 의하여 인도, 양도되는 재화를 재화의 실질공급이라고 부르며, 이러한 재화의 공급에 대하여 부가가치세가 부과된다. 그러나 재화를 거래상대방에게 실질적으로 인도, 양도하지 않았더라도 일정한 요건을 충족한 경우 과세대상거래로 간주하여 부가가치세를 부과하며, 이를 재화의 '간주공급'이라고 한다.

부가가치세법상 간주공급에 해당하는 거래발생시 과세표준은 시가로 계산하여 부가가치세액은 납부하여야 하나 세금계산서발급의무가 없으므로 매입매출전표입력에서 14.건별유형으로 입력하여 부가가치세신고서를 작성한다.

| 간주공급관련 거래요약 |

구 분	내 용
개인적공급	개인적공급이란 사업자가 사업과 관련하야 획득한 재화(매입세액 공제받은 재화)를 사업과 관련없이 개인적인 목적으로 사용하는 경우로서 사업과 직접 관련없이 사업자 본인, 종업원 또는 주변지인들을 위해 재화를 사용·소비하는 경우이다. 예) 매입세액공제받은 상품을 종업원의 생일선물로 제공하는 경우 재화를 공급한 것으로 간주하여 부가가치세를 신고·납부한다.
사업상증여	사업상증여란 사업자가 사업과 관련항 취득한 재화(매입세액 공제받은 재화)를 자기의 고객이나 불특정 다수인에게 무상으로 제공한 경우를 의미한다.
자가공급	자가공급이란 사업자가 사업과 관련하여 취득한 재화(매입세액 공제받은 재화)를 자기의 사업을 위해 사용, 소비하는 것을 의미한다. 예) 면세사업으로 전용, 비영업용 승용차와 그 유지를 위한 재화, 판매를 목적으로 자기의 타사업장에 반출한 재화
폐업시 잔존재화	폐업시 사업장에서 보유하고 있던 재고자산과 고정자산에 대하여 부가가치세를 부담하여야 한다.

실무수행문제

다음 거래자료를 [매입매출전표입력]메뉴에 입력하고 [부가가치세신고서]를 조회하시오.

❶ 7월 25일   당사 제품(정수기 원가 800,000원, 판매가 1,000,000원)을 매출처에 선물로 제공하였다.

실무수행입력

재무회계 ▶ 전표입력/장부 ▶ 매입매출전표

❶ [매입매출전표입력] 7월 25일

유형	품 명	수량	단가	공급가액	부가세	거래처	전자세금
14.건별	제품간주공급			1,000,000	100,000		

분개	구분	코드	계정과목	차 변	대 변	코드	거래처	적요
3.혼합	차변	813	접대비(기업업무추진비)	900,000				
	대변	255	부가세예수금		100,000			
	대변	150	제 품		800,000			8.타계정으로대체액

❷ 부가가치세신고서

제3절 부가가치세 신고하기

NCS
- **능력단위** 부가가치세신고(0203020105_20V5)
- **능력단위요소** 부가가치세 신고하기(0203020105_20V5.3)
- **수행준거**
  - 3.1 부가가치세법에 따른 과세기간을 이해하여 예정·확정신고를 할 수 있다.
  - 3.2 부가가치세법에 따라 납부지를 결정하여 상황에 맞는 신고를 할 수 있다.
  - 3.3 부가가치세법에 따른 일반과세자의 간이과세자의 차이를 판단할 수 있다.
  - 3.4 부가가치세법에 따른 재화의 공급과 용역의 공급의 범위를 판단할 수 있다.
  - 3.5 부가가치세법에 따른 부가가치세 신고서를 작성할 수 있다.

1 일반과세자의 부가가치세 신고서 작성

부가가치세신고서는 각 신고기간에 대한 부가가치세 과세표준과 납부세액 또는 환급세액을 기재하여 관할세무서에 신고하는 서류로 부가가치세법에 규정된 서식이다.

부가가치세신고는 예정신고, 확정신고 등이 있으며, 신고시 부가가치세신고서의 상단에 해당신고를 표시하고 신고내용을 증명하는 부속서류를 같이 제출해야 한다. 또한 부가가치세는 자진신고납부제도로 신고기한과 납부기한이 동일하므로 기한내에 신고와 함께 납부를 하여야 하고 이렇게 함으로써 부가가치세 납세의무가 종결된다.

1) 사업장명세(사업장현황 명세서)

사업장명세(사업장현황명세서)는 사업장의 기본현황 및 월 기본경비를 기재하는 항목이다. 사업장명세는 음식·숙박업 및 기타서비스업을 영위하는 사업자가 확정신고시 또는 폐업신고시에만 작성하여 신고하며, 예정신고시에는 작성하지 않는다. 본 내용은 사업의 규모를 판단하는 자료로 활용되어 진다.

2) 신고내용

부가가치세신고서의 1장과 2장 앞쪽에 해당하는 내용으로 매출세액과 매입세액 및 납부세액의 현황을 한눈에 볼 수 있다.

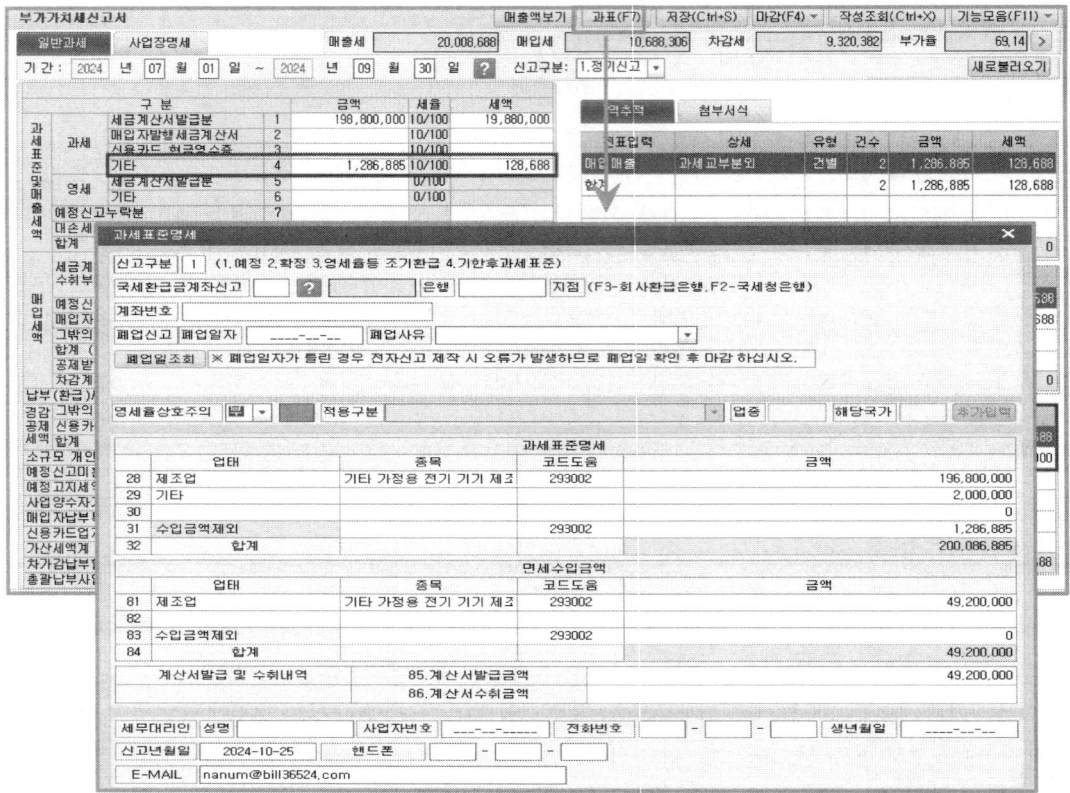

2 부가가치세신고서에 의한 회계처리

분기별로 부가가치세신고서에 해당되는 매출부가가치세(부가세예수금 계정)와 매입부가가치세(부가세대급금 계정)을 차감하여 회계분개로 정리하는 것을 말한다.

| 부가세 관련거래요약 |

구 분		분 개			
(+)납부세액인 경우	정리분개	(차) 부 가 세 예 수 금	×××	(대) 부 가 세 대 급 금 미 지 급 세 금	××× ×××
	납부시 회계처리	(차) 미 지 급 세 금	×××	(대) 현　　　　　금	×××
(-)환급세액인 경우	정리분개	(차) 부 가 세 예 수 금 미　　수　　금	××× ×××	(대) 부 가 세 대 급 금	×××
	환급시 회계처리	(차) 보 통 예 금	×××	(대) 미　　수　　금	×××

3 간이과세자의 부가가치세 신고서 작성

회사등록에서 구분을 '개인'으로 선택하고 기본사항의 3.과세유형을 1.간이과세로 선택한 다음 [부가가치세신고서]를 작성할 수 있다.

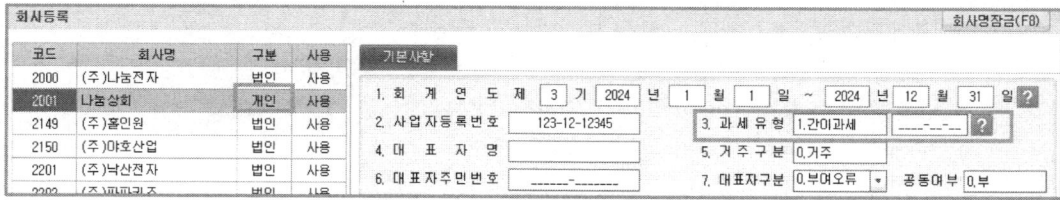

[간이과세자의 부가가치세 신고서]

4 부가가치세 전자신고

1) 부가가치세 신고서의 [마감]

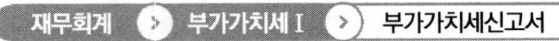

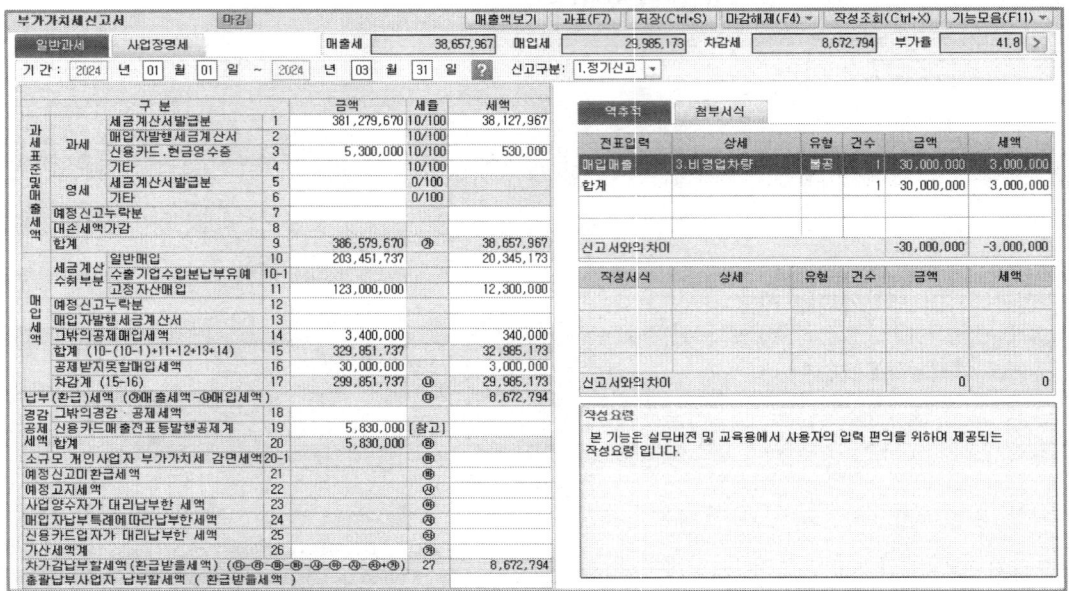

2) 부가가치세 전자신고

3) 국세청전자신고변환(교육용)

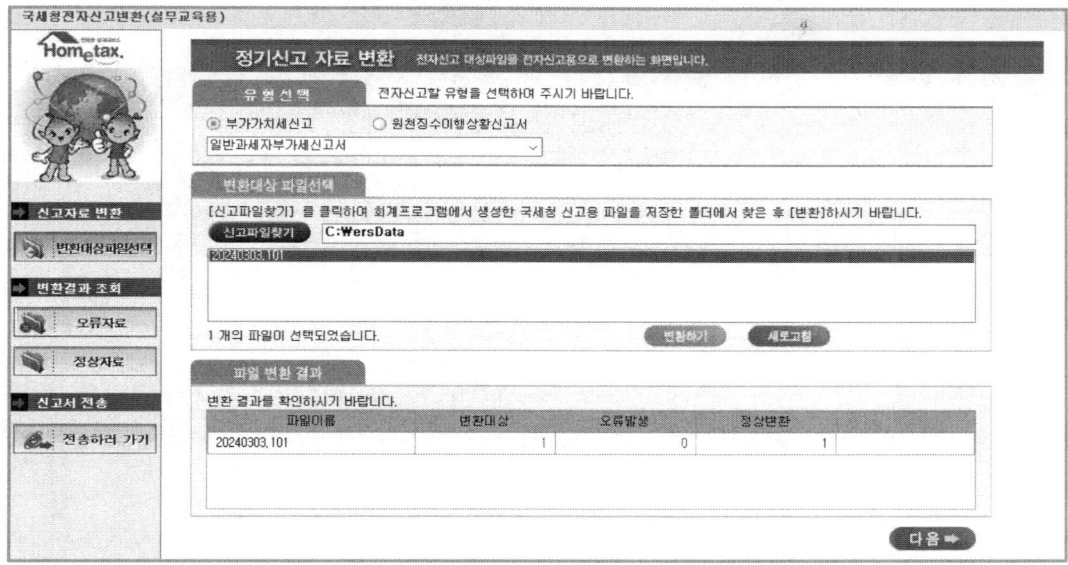

4) 국세청전송(실무교육용)

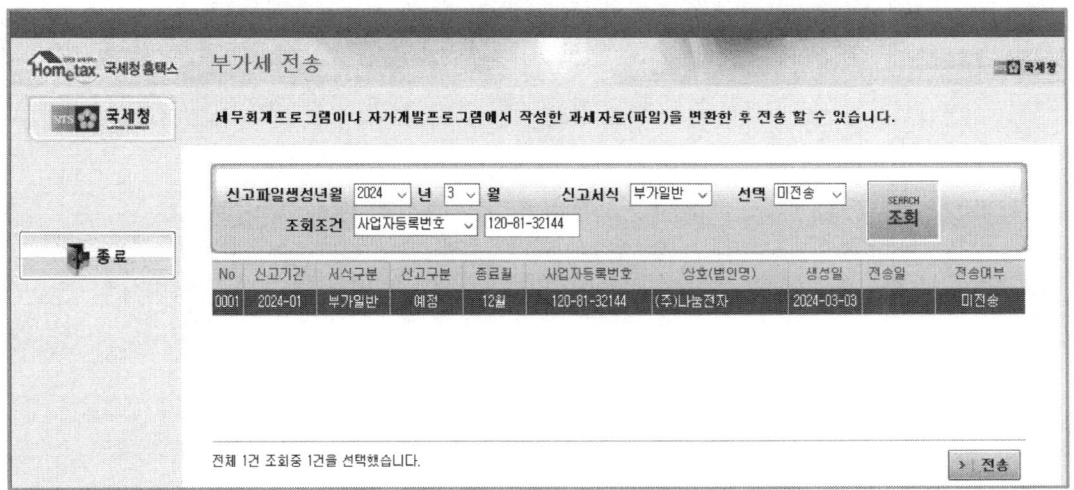

5) 부가가치세 전자신고 접수결과

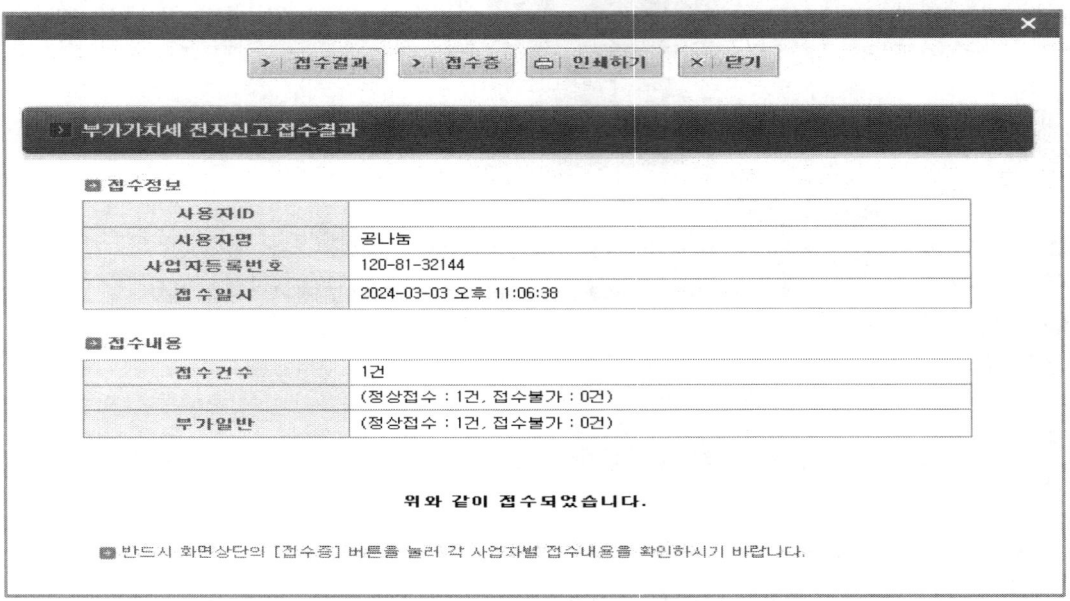

결산관리

제 1 절 손익계정 마감하기

능력단위 결산관리(0203020212_20V5)
능력단위요소 결산준비하기(0203020212_20V5.1)
수행준거 1.1 회계관련 규정 및 세법에 따라 손익 관련 제반서류를 준비할 수 있다.
1.2 손익계정에 관한 결산정리사항을 분개할 수 있다.
1.3 손익 관련 계정과목의 오류를 수정할 수 있다.
1.4 법인세, 소득세 신고관련 사항을 분개할 수 있다.

| 손익계산서 결산정리 요약 |

구 분	내 용		
상품매출원가	구 분	내 역	
	금액계산	상품매출원가 = 기초상품재고액 + 당기상품매입액 − 기말상품재고액	
	분 개	(차) 상품매출원가 ××× (대) 상품 ×××	
제품매출원가	구 분	내 역	
	금액계산	제품매출원가 = 기초제품재고액 + 당기제품제조원가 − 기말제품재고액	
	분 개	(차) 제품매출원가 ××× (대) 제품 ×××	

| 제조원가계산과정 |

구 분	차 변		대 변	
원재료 매입	원재료	×××	현금예금	×××
원재료 투입	재공품	×××	원재료	×××
노무비 지급	임금	×××	현금예금	×××
노무원가 투입	재공품	×××	임금	×××
제조경비 지급	복리후생비등	×××	현금예금	×××
제조간접원가를 재공품에 대체	재공품	×××	복리후생비등	×××
제품완성	제품	×××	재공품	×××

구 분	결산정리내용	차 변		대 변	
소모품 구입시 비용처리한 경우	구입시	소모품비	×××	현금	×××
	결산시	소모품(미사용액)	×××	소모품비	×××
비용의 이연	보험료 선급액 계상시	선급비용(선급보험료)	×××	보험료	×××
수익의 이연	임대료 선수액 계상시	수입임대료	×××	선수수익(선수임대료)	×××
비용의 예상	임차료 미지급액 계상시	지급임차료	×××	미지급비용(미지급임차료)	×××
수익의 예상	이자 미수액 계상시	미수수익	×××	이자수익	×××
법인세 계상	법인세중간예납액	선납세금	×××	현금	×××
	법인세원천징수액	선납세금	×××	현금	×××
	결산시	법인세등	×××	선납세금	×××
	법인세계상액	법인세등	×××	미지급세금	×××

제2절 자산부채계정 마감하기

능력단위 결산관리(0203020212_20V5)
능력단위요소 결산준비하기(0203020212_20V5.2)
수행준거
2.1 회계관련 규정 및 세법에 따라 자산,부채 관련 제반서류를 준비할 수 있다.
2.2 자산·부채계정에 관한 결산정리사항을 분개할 수 있다.
2.3 자산·부채관련 계정과목의 오류를 수정할 수 있다.
2.4 부가가치세신고 관련 사항을 분개할 수 있다.

| 재무상태표 결산정리 요약 |

구 분	결산정리내용	차 변		대 변	
유가증권평가	장부가액<공정가액	단기매매증권	×××	단기매매증권평가이익	×××
	장부가액>공정가액	단기매매증권평가손실	×××	단기매매증권	×××
외화자산평가	평가액>장부가액	외화자산	×××	외화환산이익	×××
	평가액<장부가액	외화환산손실	×××	외화자산	×××
외화부채평가	평가액>장부가액	외화환산손실	×××	외화부채	×××
	평가액<장부가액	외화부채	×××	외화환산이익	×××
소모품 구입시 자산처리한경우	구입시	소모품	×××	현금	×××
	결산시	소모품비(사용액)	×××	소모품	×××

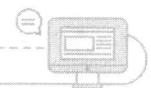

구 분	결산정리내용	차 변		대 변	
매출채권의 대손상각	대손충당금잔액이 없을 경우	대손상각비	×××	대손충당금	×××
	대손예상액> 대손충당금잔액	대손상각비	×××	대손충당금	×××
	대손예상액< 대손충당금잔액	대손충당금	×××	대손충당금환입	×××
유형자산의 감가상각	[고정자산등록]에서 당기상각범위액 계산 후 [월별감가상각비계상]에서 당기상각비 저장	감가상각비	×××	감가상각누계액	×××
무형자산의 감가상각		무형자산상각비	×××	무형자산	×××
비유동부채의 유동성대체	1년 이내 상환될 부분 유동부채로 대체	장기차입금	×××	유동성장기부채	×××

제3절 수동결산과 자동결산

1 결산프로세스

| SmartA의 결산프로세스 |

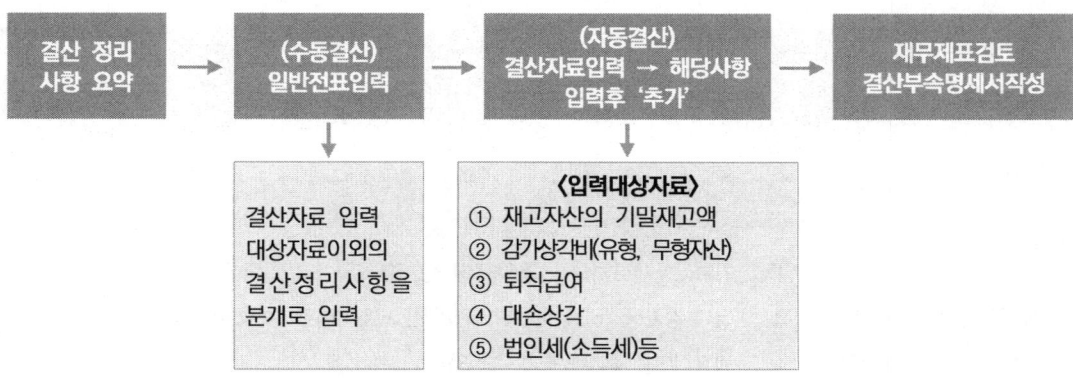

결산기준일의 정리사항을 요약한 다음 "자동결산대상자료" 이외의 결산정리사항을 [일반전표입력]메뉴에 결산기준일로 입력한 이후에 [결산자료입력]메뉴에서 해당사항의 금액을 입력하고 난 다음 화면상단의 [결산추가]키를 이용하여 결산대체분개를 자동으로 생성한다.

1) 수동결산

구 분	내 용
수동결산	[결산자료입력]메뉴에 자동결산항목으로 표시되지 않은 결산정리항목에 대하여는 결산분개를 12월 31일자로 [일반전표입력]메뉴에 입력한다. ① 선급비용의 계상(예 : 보험료, 임차료 등의 선급액)　⑥ 소모품, 소모품비의 적절한 계상 ② 선수수익의 계상(예 : 임대료 등의 선수액)　⑦ 비유동부채의 유동성대체 ③ 미지급비용의 계상(예 : 이자비용 등의 미지급액)　⑧ 가지급금 및 가수금 정리 ④ 미수수익의 계상(예 : 이자수익 등의 미수액)　⑨ 단기매매증권·매도가능증권의 평가 ⑤ 재고자산감모손실·평가손실　⑩ 현금과부족 정리

2) 자동결산

구 분	내 용
자동결산	[결산자료입력]메뉴에 해당금액을 입력하고 [추가]키를 이용하여 결산분개가 자동으로 입력되도록 하여 결산을 완료하는 방법을 말한다. ① 매출원가 계산을 위한 기말재고액 입력　④ 무형자산상각비 계상 ② 퇴직급여충당부채 추가 설정액　⑤ 대손충당금 추가 설정액 ③ 감가상각비 계상　⑥ 법인세등 계상

3) 결산자료입력(자동결산)

본 메뉴는 결산작업의 마지막 단계로 결산정리사항을 수동 대체분개를 하지 않고 [결산자료입력]메뉴 해당란에 해당금액만을 입력하여 자동분개 하는 곳이다.

① 입력방법

월별, 분기별, 반기별, 년간으로 해당월의 선택에 따라 중간결산과 기말결산을 진행한다.

구 분	내 용
결산월	결산 대상기간을 입력한다.
각 재고자산의 기말재고액 입력	기말상품재고액, 기말원재료액 등 각 해당란에 입력한다.
유형자산의 감가상각비 입력	당기 감가상각비를 판매비와관리비, 제조경비로 구분하여 해당액을 입력한다.
퇴직급여 입력	퇴직급여충당부채 추가 설정액을 입력한다.
대손상각비 입력	매출채권에 대한 대손충당금 추가 설정액을 입력한다.
무형자산의 상각비입력	무형고정자산의 과목별 당기 상각비를 입력한다.
법인세등 입력	법인세등의 "법인세 계상"란에 기납부한 법인세(선납세금)을 차감하고 추가 계상할 법인세액을 입력한다.

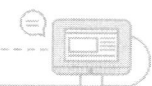

② 전표추가

결산자료 해당사항을 모두 입력한 후 상단 툴바의 [전표추가] 클릭시 [일반전표입력]메뉴에 결산분개를 추가할 것인지 메시지가 나온다.

여기서 "예" 버튼을 선택하면 해당 분개가 [일반전표입력]메뉴에 추가되며, 또한 결산이 완료된다.

자료저장만 하고 "전표추가"를 안하면, 결산분개가 생성되지 않아 결산을 완료할 수 없다.

③ 결산분개의 일괄 삭제

[결산자료입력]을 통해서 자동으로 생성된 분개는 일괄삭제할 수 있으며, [일반전표입력]메뉴의 결산월을 조회한 다음 [SHIFT+F5]키를 클릭하여 표시되는 화면에서 선택적으로 삭제할 수 있다.

2 수동결산 - 손익의 예상과 이연

| 결산정리 거래요약 |

구 분	결산정리내용	차 변		대 변	
비용의 이연	보험료 선급액 계상시	선급비용(선급보험료)	×★×	보험료	×★×
수익의 이연	임대료 선수액 계상시	수입임대료	×★×	선수수익(선수임대료)	×★×
비용의 예상	임차료 미지급액 계상시	지급임차료	×★×	미지급비용(미지급임차료)	×★×
수익의 예상	이자 미수액 계상시	미수수익	×★×	이자수익	×★×

실무수행문제

기출문제 ▶ 1회~50회 중 **17회** 출제

결산정리분개를 입력하시오.

❶ 전기이월 된 선수수익(이자수익)에는 당기 도래분 220,000원이 있다. 전기 선수수익 중 당기 도래분에 대하여 1월 1일자로 회계처리하시오.

❷ 6월 1일에 보험료를 지급하고 전액 보험료(제) 계정으로 회계처리하였다. 당기 발생분 보험료(제)에 대하여 12월 31일자로 결산정리 분개를 하시오. (월할 계산할 것.)

가입대상	보험회사	보험금납입액	보험적용기간
자동차	(주)안전화재보험	1,620,000원	2024년 06월 01일 ~ 2025년 05월 31일

CHAPTER 06. 결산처리 **311**

❸ 결산일 현재 정기예금에 대한 내용이다. 당기분 경과이자를 인식하고자 한다.
(단, 이자계산은 월할계산으로 하되 1월 미만은 1월로 한다.)

거래처	발생일자	만기일자	금액	이자율	이자지급일
기업은행	2024.05.06.	2026.05.06.	50,000,000원	3%	2025.05.06.

❹ 12월 21일 회사는 차입금에 대한 최종 이자 지급일까지의 이자를 보통예금에서 이체하여 지급하였다. 경과일수는 최종이자 지급일과 결산일 차이 일수를 적용한다. 이자 계상에 대한 결산정리분개를 입력하시오.

차입금 종류	차입처	금액	이자율	만기	최종이자 지급일
시설자금	우리은행	73,000,000원	5%	2026년 12월 21일	2024년 12월 21일

실무수행입력

❶ [일반전표입력] 1월 1일

  (차) 263.선수수익　　　220,000원　　　(대) 901.이자수익　　　220,000원

❷ [일반전표입력] 12월 31일

  (차) 133.선급비용　　　675,000원　　　(대) 521.보험료　　　675,000원
  * 1,620,000원×5월 ÷ 12월=675,000원

❸ [일반전표입력] 12월 31일

  (차) 116.미수수익　　　1,000,000원　　　(대) 901.이자수익　　　1,000,000원
  * 경과이자 = 정기예금액×이자율×기간경과 = 50,000,000원×3%×8/12 = 1,000,000원

❹ [일반전표입력] 12월 31일

  (차) 931.이자비용　　　100,000원　　　(대) 262.미지급비용　　　100,000원*
  * 미지급비용 계산근거

차입금(a)	이자율(b)	결산일(c)	최종이자 지급일(d)	경과일수 (e=c-d)	미지급이자 a×b×(e/365)
73,000,000원	5%	2024년 12월 31일	2024년 12월 21일	10일	100,000원

3 수동결산 - 유가증권 평가

| 결산정리 거래요약 |

구 분	결산정리내용	차 변		대 변	
단기매매증권	장부가액<공정가액	단기매매증권	×××	단기매매증권평가이익	×××
	장부가액>공정가액	단기매매증권평가손실	×××	단기매매증권	×××
매도가능증권	평가액>장부가액	매도가능증권	×××	매도가능증권평가이익	×××
	평가액<장부가액	매도가능증권평가손실	×××	매도가능증권	×××
만기보유증권	평가액>장부가액	만기보유증권	×××	만기보유증권평가이익	×××
	평가액<장부가액	만기보유증권평가손실	×××	만기보유증권	×××

실무수행문제

기출문제 ▶ 1회~50회 중 **8회** 출제

결산정리분개를 입력하시오.

❶ 전기 결산 시 유가증권평가는 공정가액으로 적절하게 평가하였으며, 유가증권 매입 이후 보유한 주식 수의 변동은 없다. 유가증권평가에 대한 결산정리분개를 입력하시오.

계정과목	보유 주식 수	2023.12. 1. 구입가액	2023.12.31. 장부가액	2024.12.31. 1주당 공정가액
단기매매증권	2,000주	20,000,000원	25,000,000원	12,000원
매도가능증권	5,000주	75,000,000원	70,000,000원	16,000원

실무수행입력

❶ [일반전표입력] 12월 31일

(차) 937.단기매매증권평가손실　1,000,000원　(대) 107.단기매매증권　　　　　　1,000,000원
　　178.매도가능증권　　　　10,000,000원　　　982.매도가능증권평가손실　5,000,000원
　　　　　　　　　　　　　　　　　　　　　　　981.매도가능증권평가이익　5,000,000원

4. 수동결산 - 외화평가

| 결산정리 거래요약 |

구 분	결산정리내용	차 변		대 변	
외화자산평가	평가액>장부가액	외화자산	×××	외화환산이익	×××
	평가액<장부가액	외화환산손실	×××	외화자산	×××
외화부채평가	평가액>장부가액	외화환산손실	×××	외화부채	×××
	평가액<장부가액	외화부채	×××	외화환산이익	×××

실무수행문제

기출문제 ▶ 1회~50회 중 **7회** 출제

결산정리분개를 입력하시오.

❶ 결산일 현재 회사의 화폐성 외화자산 및 외화부채는 다음과 같다. (전기 결산시 재무제표일 환율로 외화평가를 적절하게 수행하였다.)

계정과목	거래처	외화금액	발생일	발생일 환율	2023.12.31. 환율	2024.12.31. 환율
외화장기차입금	국제은행	US$80,000	2023. 9. 9.	1,140원/US$	1,150원/US$	1,160원/US$
미수금	BLUE.CO.,LTD	US$30,000	2023. 6. 23.	1,120원/US$		

실무수행입력

❶ [일반전표입력] 12월 31일

  (차) 935.외화환산손실   800,000원[주1]   (대) 305.외화장기차입금   800,000원
                                                                   (98001.국제은행)

  (차) 120.미수금   1,200,000원   (대) 910.외화환산이익   1,200,000원[주2]
    (01640.BLUE.CO.,LTD)

주1) 외화환산손실 : US$80,000×(1,160원 − 1,150원) = 800,000원
주2) 외화환산이익 : US$30,000×(1,160원 − 1,120원) = 1,200,000원

5 수동결산 - 유동성대체

| 결산정리 거래요약 |

구 분	결산정리내용	차 변		대 변	
비유동부채의 유동성대체	1년 이내 상환될 부분 유동부채로 대체	장기차입금	×××	유동성장기부채	×××

실무수행문제

기출문제 ▶ 1회~50회 중 **8회 출제**

결산정리분개를 입력하시오.

❶ 장기차입금 내역은 다음과 같다.

항 목	금 액(원)	차입시기	비 고
장기차입금(서울은행)	50,000,000	2022.06.30	2025년 6월부터 5년 분할상환
장기차입금(대한은행)	80,000,000	2022.06.30	2026년 6월부터 10년 분할상환
장기차입금(우리은행)	73,000,000	2023.12.21	상환일 : 2026.12.21.(일시상환)
계	130,000,000		

실무수행입력

❶ [일반전표입력] 12월 31일

(차) 293.장기차입금　　10,000,000원　　(대) 264.유동성장기부채　　10,000,000원
　　(거래처 : 98320.서울은행)　　　　　　　　(거래처 : 98320.서울은행)

※ 2024년 6월30일에 상환되어야 하는 차입금은 서울은행 차입금이다.

6 수동결산 - 가계정 정리

| 결산정리 거래요약 |

구 분	결산정리내용	차 변		대 변	
가지급금	원인 확인	원인확인계정	×××	가지급금	×××
가수금	원인 확인	가수금	×××	원인확인계정	×××

실무수행문제

기출문제 ▶ 1회~50회 중 **4회** 출제

결산정리분개를 입력하시오.

❶ 2024년도 결산일 현재 장부상 가지급금 중 7,800,000원은 (주)석만전자의 외상대금 지급액 5,000,000원과 (주)호범전자의 단기차입금 상환액 2,800,000원으로 밝혀졌다.

❷ 장부 상 2024년말 현재 가수금 중 (주)디스완구의 외상매출금 입금액 2,000,000원과 (주)은호완구의 단기대여금 회수금액 700,000원으로 밝혀졌다.

실무수행입력

❶ [일반전표입력] 12월 31일

(차)	251.외상매입금 (03950.(주)석만전자)	5,000,000원	(대) 134.가지급금	7,800,000원
	260.단기차입금 (03960.(주)호범전자)	2,800,000원		

❷ [일반전표입력] 12월 31일

(차)	257.가수금	2,700,000원	(대) 108.외상매출금 (03970.(주)디스완구)	2,000,000원
			114.단기대여금 (03980.(주)은호완구)	700,000원

7 수동결산 - 재고자산감모 및 평가손실

| 결산정리 거래요약 |

구 분	결산정리내용	차 변		대 변	
재고자산 감모(원가성 있음)	평가액<장부가액	매출원가	×××	재고자산	×××
재고자산 감모(원가성 없음)	평가액<장부가액	재고자산감모손실	×××	재고자산	×××
재고자산 평가	평가액<장부가액	재고자산평가손실	×××	재고자산	×××

실무수행문제

기출문제 ▶ 1회~50회 중 **4회** 출제

A제품 수량부족 20개는 영업부직원 복리후생 목적으로 사용된 것이며, B제품 수량 부족 10개는 비정상적으로 발생한 감모손실이다. 재고자산 수량부족과 관련된 회계처리를 일반전표에 입력하시오.

자료. 재고자산 실사내역

구 분	단위당 원가	장부상 수량	실사수량
A제품	20,000원	500개	480개
B제품	40,000원	300개	290개

실무수행입력

❶ [일반전표입력] 12월 31일

(차) 811.복리후생비　　　 400,000원　　(대) 150.제품　 400,000원(적요8.타계정으로대체)
(차) 939.재고자산감모손실 400,000원　　(대) 150.제품　 400,000원(적요8.타계정으로대체)

8 자동결산 - 매출원가계산

| 결산정리 거래요약 |

구 분	내 용		
상품매출원가	구 분	내 역	
	금액계산	상품매출원가 = 기초상품재고액 + 당기상품매입액 - 기말상품재고액	
	분개	(차) 상품매출원가　×××　　(대) 상품　×××	
제품매출원가	구 분	내 역	
	금액계산	제품매출원가 = 기초제품재고액 + 당기제품제조원가 - 기말제품재고액	
	분개	(차) 제품매출원가　×××　　(대) 제품　×××	

실무수행문제

기출문제 ▸ 1회~50회 중 **12회** 출제

결산정리분개를 입력하시오.

| 재고 실사내역 |

(단위 : 원)

구 분	실사내역		
	단위당원가	수량	평가액
원재료	35,000	250	8,750,000
재공품	66,000	350	23,100,000
제 품	75,000	500	37,500,000

※ 기말재공품에는 외주가공업체가 보관중인 당사 소유의 재공품 4,000,000원이 포함되어 있지 않다.

실무수행입력

❶ [결산자료입력]
- 결산자료입력에서 기말 원재료 8,750,000원, 재공품 27,100,000원, 제품 37,500,000원 입력하고 전표추가(F3) 를 클릭하여 결산분개를 생성한다.
- 기말재공품에는 외주가공업체가 보관중인 재고자산도 포함해야 하므로 기말재공품에 4,000,000원을 가산함. → 합계잔액시산표 재고자산금액과 일치

9 자동결산 – 퇴직금전입액

| 결산정리 거래요약 |

구 분	결산정리내용	차 변		대 변	
퇴직금전입액	퇴직급여추계액에서 퇴직급여충당금설정전 잔액을 차감한 차액을 추가설정	퇴직급여	×××	퇴직급여충당부채	×××

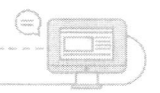

실무수행문제

기출문제 ▶ 1회~50회 중 **8회** 출제

당사는 퇴직급여추계액에 100%를 퇴직급여충당부채로 설정하고 있다.

1. 기말 현재 퇴직급여추계액

부서	퇴직급여추계액
관리부	38,000,000원
생산부	30,000,000원

2. 당기 퇴직급여충당부채 설정 전의 퇴직급여충당부채 잔액

부서	퇴직급여충당부채잔액
관리부	22,000,000원
생산부	18,000,000원

실무수행입력

❶ [결산자료입력]

퇴직급여(전입액)란 제조 : 12,000,000원, 판매관리비 : 16,000,000원 입력후 상단 툴바의 전표추가(F3) 를 클릭하여 결산분개 생성

☞ 생산부 : 퇴직급여추계액 30,000,000원 - 퇴직급여충당부채잔액 18,000,000원 = 12,000,000원
　관리부 : 퇴직급여추계액 38,000,000원 - 퇴직급여충당부채잔액 22,000,000원 = 16,000,000원

10 자동결산 - 감가상각비

【고정자산등록】에 자산을 등록하여 감가상각비가 계산되면, 【월별감가상각비계상】에서 [저장]하고, 【결산자료입력】에서 [기능모음]의 [감가상각]키를 클릭하여 계산된 당기상각비를 결산에 자동으로 입력하고 [전표추가]키로 자동분개처리 할 수 있다.

1) 고정자산등록

재무회계 > 고정자산등록 > 고정자산등록

유형·무형고정자산에 대한 감가상각을 위한 곳으로 본 메뉴의 고정자산등록의 입력사항만으로 각 해당 감가상각 계산이 자동으로 이루어진다.

[주요등록사항]에서는 감가상각에 필요한 기본사항을 입력하여 당기상각비를 계산하며, [추가등록사항]에서는 자산에 대한 구매시현황과 담당자 및 자산에 대한 변동사항(부서이동, PJT이동)시 사용하며, "자산변동처리"에서 부분매각, 부분폐기 등을 입력하여 관리한다.

주요항목별 입력내용 및 방법

항 목	입력내용 및 방법
계정과목	① 계정과목 3자리 또는 5자리를 입력하거나, F2 또는 ? 클릭하여 등록할 계정과목을 선택한다. ② 과목을 입력하지 않고 Enter↵로 이동하면 전체과목으로 입력이 가능하다.
코 드	원하는 숫자 6자리까지 입력가능하다.(오른쪽버튼 클릭시 코드 정렬 변경가능)
자 산 명	한글 31자, 영문 50자 내외로 입력한다.
취 득 일	해당자산의 취득년월일을 입력한다.
기초가액	유형자산은 취득가액, 무형자산은 장부가액을 입력한다.
전기말상각누계 액	위 입력된 기초가액과 전기말상각누계액을 반영한다. (자동계산 되어진 금액을 표시) 직접 입력시 유형자산은 전기말 현재의 감가상각누계액을 입력하고, 무형자산은 전년도까지 상각액을 입력한다.
신규취득및증가	당기 취득자산의 취득가액 또는 기 등록된 자산의 자본적지출액을 입력한다.
상각방법	0.정률법과 1.정액법 중 해당 번호를 선택한다.
내용연수	해당자산의 내용연수를 F2 또는 ? 클릭하여 확인 후 입력 → 상각률이 자동계산 되어 표시되며 당기상각범위액도 자동계산 된다.
내용연수월수	취득, 양도에 따른 월수가 자동 계산된다.
상각상태완료년도	상각상태에 따라 0.진행, 1.완료가 자동으로 뜬다.
자본지출즉시상각	자본적지출액을 수익적지출(비용)로 비용처리한 경우의 금액을 기재한다. 당기상각액 범위액이 변경된다.
회사계상상각비	자동계산 되어 지며 사용자 수정을 누르면 수정이 가능해 진다.
경비구분	고장자산의 용도에 따라 감가상각비 해당경비의 구분을 선택한다. 0 : 800번대 (일반관리비) 1 : 500번대 (제조경비) 2 : 600번대 (도급경비) 3 : 700번대 (분양경비) * 원가경비별 감가상각명세서 및 월별감가상각비 계상을 통한 결산자동반영 기능의 사용을 원하는 경우 반드시 선택한다.
업무용승용차여부	0.부 : 업무용승용차에 해당 하지 않는 경우 1.여 : 업무용승용차에 해당하면 선택한다. 선택시 상각방법은 정액법으로 변경되고 내용연수도 5년으로 자동 변경된다.

2) 월별감가상각비계상

[고정자산등록]에서 입력된 데이터를 반영하여 "결산시점별"로 감가상각비 계산명세를 조회한다. [결산기준 감가상각 계상]에서 결산월별로 조회한 다음 반드시 "저장"하여야 하며 "저장"된 데이터가 [월별감가상각비명세] [월별감가상각비자산별총괄표]에서 조회되며, [결산자료입력]메뉴에서 자동으로 불러오기하면 결산에 반영할 수 있다.

결산정리 거래요약

구 분	결산정리내용	차 변		대 변	
유형자산의 감가상각	[고정자산등록]에서 당기상각범위액 계산 후	감가상각비	×××	감가상각누계액	×××
무형자산의 감가상각	[월별감가상각비계상]에서 당기상각비 저장	무형자산상각비	×××	무형자산	×××

실무수행문제

기출문제 ▶ 1회~50회 중 **16회** 출제

[고정자산등록] 메뉴에서 차량운반구와 소프트웨어에 대한 감가상각비를 계상하고, 결산에 반영하시오.

자료. 유형 및 무형자산 내역(제시된 계정과목에 대하여만 상각하기로 함)

계정과목	자산코드	자산명	취득일	취득가액	전 기 말 상각누계액	상각 방법	내용 연수	용도
차량운반구	000001	제네시스	2021.04.01	60,000,000원	25,000,000원	정액법	5년	관리부
	002002	그랜저	2024.01.26	33,000,000원	-	정액법	5년	관리부
	005011	트럭	2024.02.03	13,000,000원	-	정률법	5년	생산부
	002003	승용차	2024.04.09	33,000,000원	-	정액법	5년	관리부
	002004	용달화물차	2024.09.17	20,000,000원	-	정률법	5년	생산부
소프트웨어	000001	SmartA	2023.12.01.	100,000,000원	-	정액법	5년	관리부

* 002002.그랜저의 취등록비용 100,000원 있음
　002003.승용차는 법인세법상 업무용승용차에 해당함

실무수행입력

❶-1 [고정자산등록] -차량운반구

❶-2 [고정자산등록] -소프트웨어

❷ [결산자료입력]

- 결산자료입력에서 제품매출원가 경비에 차량운반구 감가상각비란에 8,381,082원, 판매비관리비 차량운반구 감가상각비 23,550,000원, 소프트웨어 감가상각비란에 20,000,000원을 직접 입력하고 전표추가(F3) 를 클릭하여 결산분개를 생성한다.

  ※ 고정자산등록 후 [월별감가상각비계상]메뉴에서 12월을 선택하여 당기상각비를 [저장]하고, 결산자료입력메뉴 기능모음 [감가상각반영]에서 [결산반영]하여 자동 입력할 수 있다.

11 자동결산 - 대손상각비

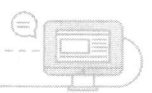

| 결산정리분개 |

대손충당금 잔액이 없는 경우	(차) 대손상각비	×××	(대) 대손충당금	×××
대손예상액 〉 대손충당금잔액	(차) 대손상각비	×××	(대) 대손충당금	×××
대손예상액 〈 대손충당금잔액	(차) 대손충당금	×××	(대) 대손충당금환입	×××

실무수행문제 기출문제 ▶ 1회~47회 중 **3회** 출제

기말에 매출채권(받을어음) 및 단기대여금 잔액에 대하여 매년 1%의 대손충당금을 보충법으로 설정한다. 수동 또는 자동결산 메뉴를 이용하여 결산을 완료하시오.

실무수행입력

재무회계 > 결산/재무제표 > 결산자료입력

❶ [합계잔액시산표] 또는 [계정별원장] - 잔액조회

차변 잔액	합계	계정과목	대변 합계	잔액
1,060,296,135	1,087,806,135	외상매출금	27,510,000	
	2,000,000	대손충당금	2,000,000	
77,884,010	171,884,010	받을어음	94,000,000	
15,000,000	15,700,000	단기대여금	700,000	

❷ 자동결산 : 결산자료입력

- 외상매출금 대손상각비 설정액 = 1,060,296,135 × 1% − 대손충당금잔액 0원 = 10,602,961원
- 받을어음 대손상각비 설정액 = 77,884,010원 × 1% − 대손충당금잔액 0원 = 778,840원
- 단기대여금 대손상각비 설정액 = 15,000,000원 × 1% − 대손충당금잔액 0원 = 150,000원

① 방법 1. [결산자료입력]
결산자료입력(대손상각)란에 외상매출금 10,602,961원, 받을어음 778,840원, 단기대여금 150,000원 입력 후 전표추가(F3)

5). 대손상각		4,310,000	11,381,801	15,691,801
	외상매출금		10,602,961	
	받을어음		778,840	

2). 기타의 대손상각비		900,000	150,000	1,050,000
	단기대여금		150,000	

② 방법 2. [일반전표입력] 12월 31일
(차) 835.대손상각비   778,840원   (대) 111.대손충당금   778,840원
     835.대손상각비   10,602,961원   109.대손충당금   10,602,961원
     934.기타의대손상각비   150,000원   115.대손충당금   150,000원

* 재무상태표 또는 합계잔액시산표의 12월 31일 현재 외상매출금 잔액의 1% 금액과 대손충당금 잔액이 같으면 정답
* 자동결산으로 처리된 전표의 삭제는 [일반전표입력]의 결산월의 전표를 조회한 다음 SHIFT+F5를 클릭하여 조회되는 자동분개삭제화면에서 '결산분개'를 삭제한다.

12 자동결산 - 법인세등

| 결산정리 거래요약 |

구 분	결산정리내용	차 변		대 변	
법인세 계상	법인세중간예납액	선납세금	×××	현금	×××
	법인세원천징수액	선납세금	×××	현금	×××
	결산시	법인세등	×××	선납세금	×××
	법인세계상액	법인세등	×××	미지급세금	×××

실무수행문제   기출문제 ▶ 1회~47회 중 **3회** 출제

1. 당기 법인세는 25,000,000원이고 법인지방소득세는 2,500,000원이다.
2. 법인세와 법인지방소득세는 법인세등으로 계상한다(법인세 중간예납세액이 선납세금계정에 계상되어 있다).

실무수행입력

재무회계 ▶ 전표입력/장부 ▶ 일반전표입력

❶ [합계잔액시산표] 또는 [계정별원장] - 선납세금(자산) 잔액 18,324,000원조회

❷ 자동결산 : 결산자료입력

방법 1. ① 선납세금 정리 : [일반전표입력] 12월 31일
(차) 998.법인세등   18,324,000원   (대) 136.선납세금   18,324,000원
② 법인세등 계상 : [결산자료입력] '법인세 계상'란에 9,176,000원 입력후 전표추가
※ 25,000,000원 + 2,500,000원 - 18,324,000원 = 9,176,000원

방법 2. [일반전표입력] 12월 31일
(차) 998.법인세등   27,500,000원   (대) 136.선납세금   18,324,000원
                                           261.미지급세금   9,176,000원

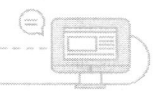

제4절 재무제표 작성하기(NCS 0203020212_20V5.3)

능력단위	결산관리(0203020212_20V5)
능력단위요소	결산준비하기(0203020212_20V5.3)
수행준거	3.1 회계 관련 규정에 따라 재무상태표를 작성할 수 있다. 3.2 회계 관련 규정에 따라 손익계산서를 작성할 수 있다. 3.3 회계 관련 규정에 따라 자본변동표를 작성할 수 있다. 3.4 회계 관련 규정에 따라 이익잉여금처분계산서를 작성할 수 있다.

 기업은 정해진 기간에 대한 결산이 완료되면 장부를 마감하고 결산보고서를 작성한다. 결산보고서란 기업의 1회계년도의 경영성과와 결산일 현재의 재무상태 등을 기업과 이해관계자에게 공시하기위한 보고서(재무제표)를 말한다.

| 법인사업자(제조업)의 재무제표작성순서 |

제조원가명세서	당기제품제조원가 계산
손익계산서	당기순손익 확정
이익잉여금(결손금) 처분(처리) 계산서	처분전 이익잉여금(결손금)확정 [전표추가]에 의해 손익대체 및 처분전이익잉여금 대체
재무상태표	당기분 이익잉여금(결손금) 처분(처리)내역 반영
합계잔액시산표,	•결산전 : 계정별 금액 집계 •결산후 : 손익대체가 완료된 합계잔액시산표 작성

1 제조원가명세서

제조업을 하는 기업은 당기제품제조원가의 계산하는 보고서로 재무제표의 부속서류로 제조원가명세서를 작성한다.

과목	제 6 (당)기 [2024/01/01 ~ 2024/12/31] 금액	제 5 (전)기 [2023/01/01 ~ 2023/12/31] 금액
I. 원 재 료 비		522,775,553		378,158,490
기 초 원재료재고액	16,841,510		15,000,000	
당 기 원재료매입액	514,698,606		380,000,000	
타 계 정으로대체액	14,563		0	
기 말 원재료재고액	8,750,000		16,841,510	
II. 노 무 비		78,700,000		85,470,000
임 금	62,200,000		85,470,000	
퇴 직 급 여	16,500,000		0	
III. 경 비		52,081,498		144,320,500
복 리 후 생 비	6,000,000		12,300,000	
여 비 교 통 비	3,300,000		0	
가 스 수 도 료	240,000		8,500,000	
전 력 비	0		17,000,000	
세 금 과 공 과 금	5,056,250		14,765,500	
감 가 상 각 비	9,460,248		18,000,000	
임 차 료	1,060,000		0	
수 선 비	4,800,000		12,000,000	
보 험 료	2,505,000		15,000,000	
차 량 유 지 비	8,460,000		18,990,000	
운 반 비	2,400,000		4,765,000	

2 손익계산서

손익계산서란 일정기간의 경영성과를 나타내는 재무제표이다. 일정기간 동안 실현된 수익에서 발생된 비용을 차감하여 당기순이익을 산출하여 재무상태표에 자동반영하며, 도소매업은 손익계산서의 '매출원가'에 '상품매출원가'를 반영한다. 또한 발행 주식수를 입력하여 '주당이익'을 계산할 수 있다.

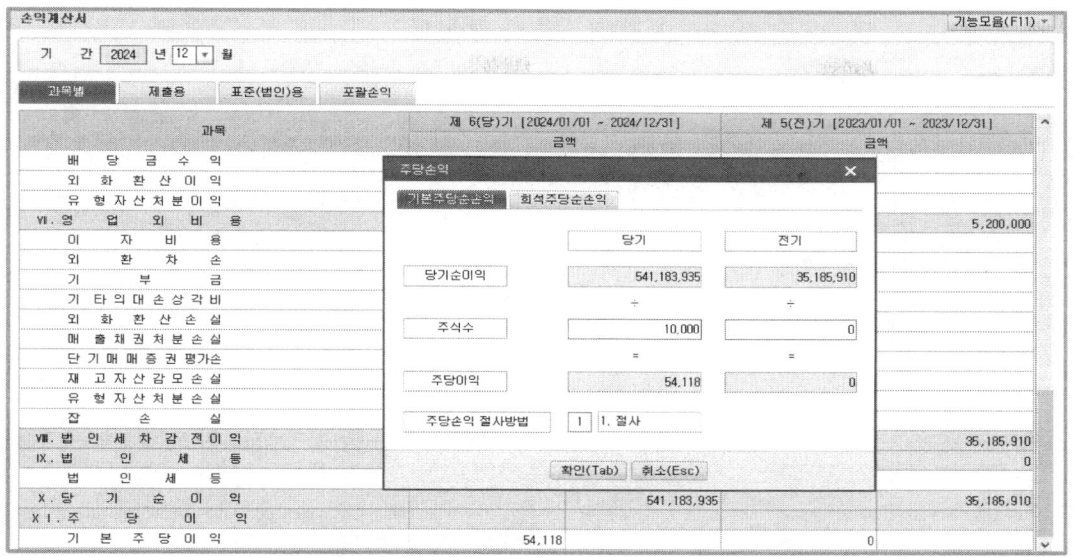

3 이익잉여금처분계산서

이익잉여금처분계산서는 이익잉여금의 총변동사항을 명확히 보고하기 위해 작성하는 서식이다. 일반기업회계기준서(재무상태표일 이후 발생한 사건)에 따라 이익잉여금처분내역을 재무상태표에 표시하지 않는다. [전표추가]키를 이용하여 당기순이익의 손익대체와 이월이익잉여금 대체분개를 자동으로 수행한다.

과목	계정과목및 과목명		제 6(당)기 [2024/01/01 ~ 2024/12/31]		제 5(전)기 [2023/01/01 ~ 2023/12/31]	
			금액	합계	금액	합계
I. 미처분이익잉여금				612,136,955		151,953,020
1. 전기이월미처분이익잉여금			100,953,020		116,767,110	
2. 회계변경의 누적효과	369	회계 변경의누적효과	0		0	
3. 전기오류수정이익	370	전기 오류 수정이익	0		0	
4. 전기오류수정손실	371	전기 오류 수정손실	0		0	
5. 중간배당금	372	중 간 배 당 금	-30,000,000		0	
6. 당기순이익			541,183,935		35,185,910	
II. 임의적립금 등의 이입액				0		0
1.			0		0	
2.			0		0	
합 계				612,136,955		151,953,020
III. 이익잉여금처분액				0		51,000,000
1. 이익준비금	351	이 익 준 비 금	0		0	
2. 기업합리화적립금	352	기 업 합리 화적립금	0		0	
3. 배당금			0		51,000,000	
가. 현금배당	265	미 지 급 배 당 금	0		25,000,000	
나. 주식배당	387	미 교 부 주 식배당금	0		26,000,000	
4. 사업확장적립금	356	사 업 확 장 적 립 금	0		0	
5. 감채 적립금	357	감 채 적 립 금	0		0	
6. 배당평균적립금	358	배당평균적립금	0		0	
IV. 차기이월미처분이익잉여금				612,136,955		100,953,020

TAT 2급 세무실무

| 일반전표입력 화면 |

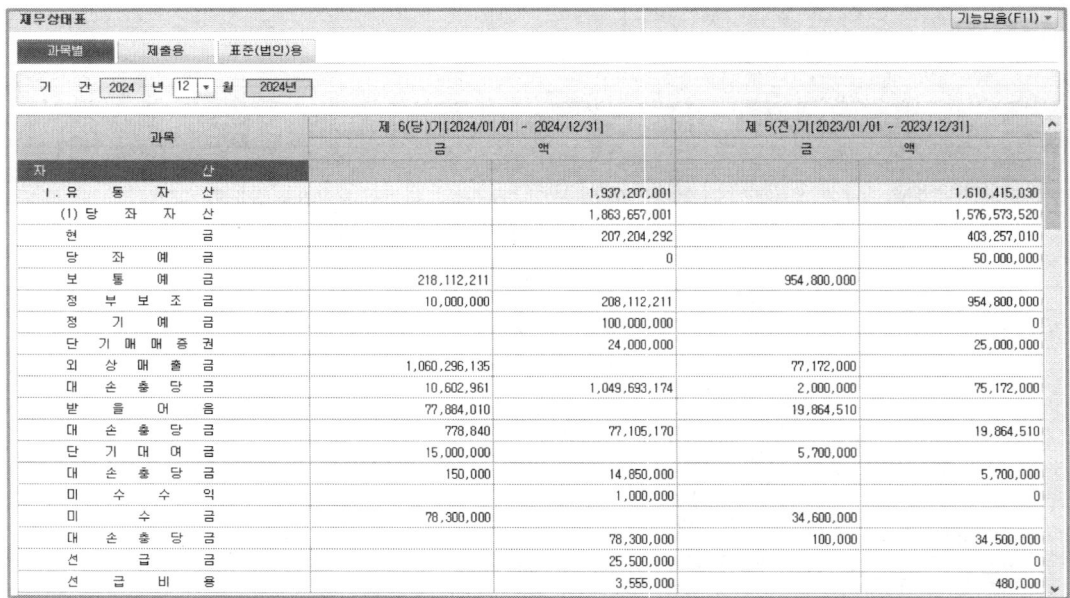

4 재무상태표

재무상태표는 일정한 시점의 기업의 재무상태 나타내는 재무제표이다.

CHAPTER 07 원천세신고

제1절 근로소득 원천징수하기

NCS

능력단위 원천징수(0203020105_20V5)
능력단위요소 근로소득 원천징수하기(0203020105_20V5.3)
수행준거 3.1 소득세법에 따라 세무정보시스템 또는 급여대장을 통해 임직원의 인적공제사항을 작성·관리할 수 있다.
3.2 회사의 급여규정에 따라 임직원 및 일용근로자의 기본급, 수당, 상여금 등의 급여금액을 정확하게 계산할 수 있다.
3.3 세법에 의한 임직원의 급여액에 대한 근로소득금액을 과세근로소득과 비과세 근로소득으로 구분하여 계산할 수 있다.
3.4 간이세액표에 따라 급여액에 대한 산출된 세액을 공제 후 지급할 수 있다.
3.5 중도퇴사자에 대한 근로소득 정산에 의한 세액을 환급 또는 추징할 수 있다.
3.6 일용근로자에 대한 근로소득은 비과세 기준을 고려하여 계산할 수 있다.
3.7 근로소득에 대한 원천징수 결과에 따라 세무정보시스템을 활용하여 원천징수이행상황신고서를 작성하고 신고 후 세액을 납부할 수 있다.
3.8 환급받을 원천징수세액이 있는 경우 납부세액과 상계 및 환급 신청할 수 있다.
3.9 기 신고한 원천징수 수정 또는 경정요건이 발생할 경우 수정신고 및 경정청구 할 수 있다.
3.10 근로소득에 대한 간이지급명세서를 기한 내에 제출할 수 있다.
3.11 일용근로자에 대한 지급명세서를 기한 내에 제출할 수 있다.

근로소득은 근로소득자의 세액을 계산해가는 과정으로 먼저 사원을 등록하고, 사원에 대한 급여자료를 입력하여 월별로 세액을 납부한 다음 연간소득에 대한 연말정산을 하도록 구성되어 있다.

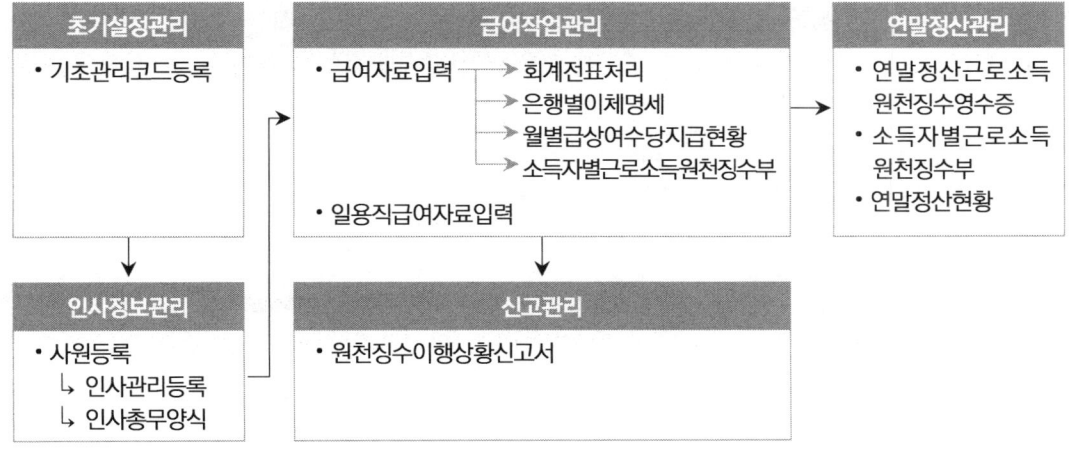

1 사원등록

인사관리 > 기초/인사관리 > 사원등록

인사급여 프로그램의 가장 기초가 되는 사원에 대한 정보를 입력하며, 급여계산, 사원정보관리, 연말정산, 퇴직소득 등 상용직사원에 대한 원천징수와 관련된 제반정보를 제공한다.

1) 기초자료등록

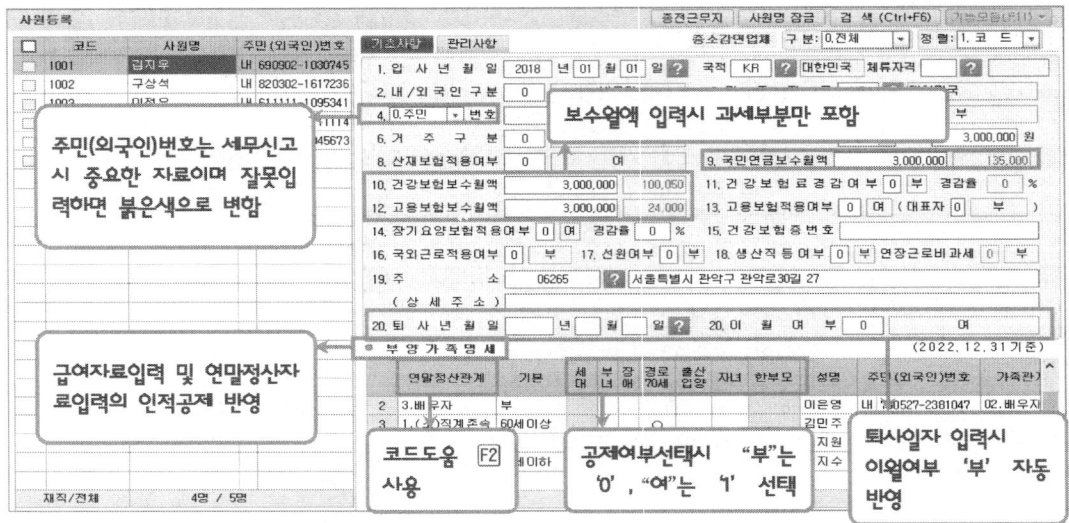

2) 관리사항등록

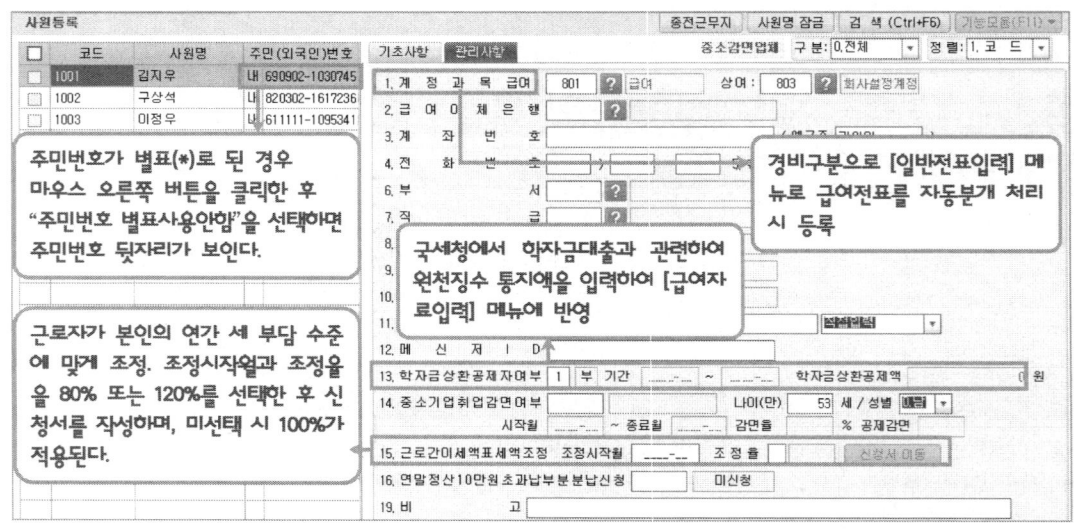

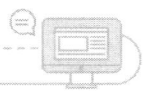

| 주요항목별 입력방법 |

항 목	내 용
사원코드	숫자 또는 문자를 이용하여 10자 이내로 입력한다.
사원명	사원명을 20자 이내로 입력한다. 외국인은 국세청 전자신고시 사원명을 한글로 풀어서 입력해야 한다.
주민(외국인)번호	0.내국인 1.외국인으로 내/외국인 구분을 먼저 선택한다. 0.내국인일 경우 주민등록번호를 입력하며 1.외국인일 경우 외국인등록번호를 입력한다.
입사일자	사원관리의 기준이 되는 중요한 입력항목이므로 반드시 정확하게 입력한다.
단일세율적용여부	외국인근로자의 경우 단일세율적용(0.부, 1.여)를 선택한다. 1.여를 선택하면 근로소득의 17%를 산출세액으로 계산한다.
거주구분	거주자인 경우 "0", 비거주자인 경우 "1"로 입력한다.
국민연금보수월액 건강보험보수월액 고용보험보수월액	보수월액을 입력하면 기초관리코드등록에 등록된 요율에 따라 자동으로 계산하여 보여준다.
고용보험적용여부	대표자인 경우 1입력, 임원인 경우 2를 입력한다. (대표자, 임원으로 설정된 경우 급여자료입력 및 조회메뉴에서 정렬 시 항상 상단에 조회된다.
생산직여부	연장근로수당이 비과세되는 생산직사원의 경우 "1", 생산직이외의 사원은 "0"을 입력한다.
연장근로비과세적용	전년도 총급여액이 3,000만원 이하인 생산직근로자인 경우 "1.여"를 입력한다.
퇴사년월일/이월여부	퇴사일자를 입력하며 퇴사일 입력시 이월여부는 자동으로 1.부로 변경된다. 단, 수정 가능하다. 이월여부는 사원등록 마감후이월시 사용되며 0.여로 되어 있는 사원을 이월한다.
부양가족명세	소득자 본인을 포함한 부양가족에 대한 내역을 입력하며 입력된 사항을 바탕으로 급여자료입력, 연말정산자료입력의 인적공제 내역에 반영된다.
	연말정산관계	0.본인 1.소득자 직계존속 2.배우자 직계존속 3.배우자 4.직계비속(자녀, 입양자) 5.직계비속(4. 제외) 6.형제자매 7.기타(위탁아동) 8.수급자(1~6 제외) 9.직계비속(손자) 중 선택
	세대	본인이 세대주인 경우 선택
	부녀	본인이 부녀자인 경우 선택
	장애	본인, 부양가족 중 1.장애인복지법에 의한 장애인, 2.국가유공자 등 근로능력 없는 자, 3.항시 치료를 요하는 중증환자이면 선택
	경로 70세	기본공제 대상자가 만 70세 이상인 경우 선택
	6세 이하	기본공제 대상자가 만 6세 이하인 경우 선택
	출산입양	과세 기간 중 출산 또는 입양한 경우 선택
	한부모	배우자가 없는 자로서 기본공제 대상자인 부양자녀(20세 이하)가 있는 경우 선택
등록된 사원의 삭제	삭제할 사원의 데이터가 급여자료입력이나 연말정산자료입력등 메뉴에 입력되어 있으면 삭제되지 않으며, 입력된 데이타를 삭제한 후 사원등록에서 삭제한다

| 부양가족명세 작성 참고사항 |

항 목	내 용					
인적공제 (기본공제)	근로소득이 있는 거주자에 대하여는 다음에 해당하는 가족 수에 1인당 150만 원을 근로소득금액에서 공제한다.					

			공제 요건			
	구분		나이 요건	소득 요건 (100만 원 이하)	동거 요건	
					주민등록 동거	일시퇴거 허용
	본인공제		×	×	×	
	배우자공제		×	○	×	
	부양 가족	직계존속	60세 이상	○	△ (주거형편상 별거 허용)	
		직계비속, 입양자 (의붓자녀 포함)	20세 이하	○	×	
		장애인 직계비속의 장애인 배우자	×	○	×	
		형제자매	60세 이상 20세 이하	○	○	○
		국민기초생활보장법에 따른 수급자	×	○	○	○
		위탁아동	18세 미만	○		

* 직계비속(입양자 포함)과 그 배우자가 모두 장애인인 경우에는 그 배우자를 포함한다.
* 「아동복지법」에 따른 가정위탁을 받아 해당 과세 기간에 6개월 이상 직접 양육한 위탁아동
* 장애인은 나이의 제한을 받지 않으나 소득금액요건은 제한을 받음.

[기본공제 대상자(연간소득금액 100만 원 이하) 해당 여부 판정 시 참고 사항]

연간소득금액이란 종합(이자·배당·사업·근로·연금·기타소득금액), 퇴직, 양도소득금액의 연간합계액으로써, 총 수입금액이 아니라 필요경비를 공제한 후의 금액을 말한다. 이때 총 수입금액에서 비과세소득 및 분리과세 대상 소득금액은 제외한다.

항목	종류	소득금액 계산	공제금액 계산근거	분리과세 여부
소득금액기준 판정	근로소득	총 급여액(비과세차감) − 근로소득공제	• 500만원 이하 : 70% • 500만원 초과 1,500만 원 이하 : 350만원 + (총 급여액 − 500만원) × 40%	일용근로소득(분리과세)
	사업소득 (부동산임대 포함)	총 수입금액 − 필요경비		
	연금소득	총 연금액 − 연금소득공제	• 350만원 이하 : 총연금액 • 350만원~700만 원 이하 : 350만 원 + (총연금액 − 350 만원) × 40%	• 공적연금 : 총연금액 516만 원 이하 • 사적연금 : 총 연금액 1,200만 원 이하로서 분리과세 선택 가능
	기타소득	총 수입금액 − 필요경비	총 수입금액의 80% (원고료, 강연료, 자문료 등 : 60%)	기타소득금액이 300만 원 이하인 경우 분리과세 선택 가능

항목	내용			
	종류	소득금액 계산	공제금액 계산근거	분리과세 여부
	이자·배당소득	필요경비 인정 안 됨.		금융소득합계액이 2,000만 원 이하일 경우 분리과세
	퇴직소득	비과세를 제외한 퇴직금 전액		
	양도소득	양도가액 − 취득가액 − 기타필요경비 − 장기보유특별공제		

추가공제	기본공제 대상자가 다음 중 어느 하나에 해당하는 경우 기본공제 외에 아래의 구분별로 정해진 금액을 추가로 공제한다.			
	구분		공제 요건	추가공제금액
	추가 공제	장애인	기본공제 대상자 중 장애인	1인당 연 200만원
		경로우대	기본공제 대상자 중 70세 이상인 자(1949. 12.31. 이전)	1인당 연 100만원
		부녀자	배우자가 없는 여성근로자로서 기본공제 대상 부양가족이 있는 세대주 또는 배우자가 있는 여성근로자(소득금액이 3천만 원 이하 조건)	연 50만원
		한부모	배우자가 없는 자로서 부양자녀(20세 이하)가 있는 자	연 100만원
	* 한부모공제와 부녀자공제가 중복되는 경우 한부모공제만 적용			

실무수행문제

기출문제 ▶ 1회~50회 중 **30회** 출제

2024년 8월 1일에 입사한 사무직 사원 정진성(1010)의 주민등록표이다. 사원등록메뉴에서 정진성의 부양가족명세를 작성하시오.

❶ 배우자 및 부양가족은 정진성과 생계를 같이 한다.
❷ 김가연은 이자소득 7,500,000원과 배당소득 13,500,000원이 있다.(이자소득과 배당소득은 원천징수되었다.)
❸ 김옥란은 일용근로소득 4,500,000원이 있다.
❹ 자녀는 모두 수입이 없다.
❺ 정은아는 장애인 복지법에 의한 장애인으로, 지역 평생학습교육관에서 강연을 하고 받은 기타소득 2,500,000원이 있다.(필요경비 60%)
❻ 세부담을 최소화 하는 방법으로 선택하여 입력한다.

문서확인번호					1/1

주 민 등 록 표
(등 본)

이 등본은 세대별 주민등록표의 원본내용과 틀림없음을 증명합니다.
담당자: 전화:
신청인: (   )
용도 및 목적:
    년   월   일

세대주 성명(한자)	정진성 (鄭 進 誠)	세대 구성 사유 및 일자	전입 2018-4-25

현주소 : 서울특별시 구로구 도림로7 105동805호(구로동,행복아파트)

번호	세대주 관계	성 명 주민등록번호	전입일 / 변동일	변동사유
1	본인	정진성 760825-1111114	2018-4-25	
2	배우자	김가연 760822-2321235	2018-4-25	전입
3	장모	김옥란 420110-2919386	2018-4-25	전입
4	자	정준모 071001-3132997	2018-4-25	전입
5	자	정주리 981212-2345678	2018-4-25	전입
6	형제	정은아 830827-2222220	2018-4-25	전입

실무수행입력

인사관리 > 기초/인사관리 > 사원등록

❶ 사원등록(정진성)

부양가족명세 (2024.12.31기준)

	연말정산관계	기본	세대	부녀	장애	경로 70세	출산 입양	자녀	한부모	성명	주민(외국인)번호	가족관계
1	0.본인	본인	○							정진성	내 760825-1111114	
2	3.배우자	배우자								김가연	내 760822-2321235	02.배우자
3	2.(배)직계존속	60세이상				○				김옥란	내 420110-2919386	13.장모
4	4.직계비속((손)	20세이하						○		정준모	내 071001-3132997	05.자녀
5	4.직계비속((손)	부								정주리	내 981212-2345678	05.자녀
6	6.형제자매	부			1					정은아	내 830827-2222220	30.누이
	합 계			1	1			1				

① 김가연(배우자) : 금융소득이 2,000만원을 초과하여 종합과세되므로 기본공제 불가능
② 김옥란(장모) : 일용근로소득은 분리과세되므로 기본공제 가능하고, 경로우대 추가공제 가능
③ 정준모(자녀) : 20세 이하이며, 소득이 없으므로 기본공제 가능
④ 정주리(자녀) : 20세 초과인 자녀이므로 기본공제 불가능
⑤ 정은아(형제) : 기타소득금액 100만원 이하이므로 기본공제 및 장애인공제 가능
※ 총수입금액 2,500,000원 - 필요경비 1,500,000원(60%) = 기타소득금액 1,000,000원

실무수행문제

기출문제 ▶ 1회~50회 중 **13회** 출제

2024년 1월 1일 본사 재무팀 상무로 입사한 김희진(세대주)의 가족관계증명서이다. 사원등록 메뉴에서 부양가족명세를 작성하시오(사원코드 : 1020).

❶ 제시된 가족은 모두 김희진이 실제부양하고 있으며 이혼 후 혼자 자녀를 부양하고 있다.
❷ 모 김영화는 1월 1일부터 10월 31일까지 노인일자리복지 사업에 참여하여 매월 500,000원의 급여를 수령하였다.
❸ 자녀 김우린은 교육부가 승인하여 어린이재단(공익법인)이 시행한 어린이 미술대회에서 입상하여 상금 2,000,000원을 수령하였다.
❹ 형제 김민영은 국가유공자 등 예우 및 지원에 관한 법률에 의한 상이자이며, 소득은 없다.
❺ 자녀 김우진은 미취학아동으로 소득은 없다.
❻ 국민연금/건강보험/고용보험의 보수월액은 2,300,000원으로 등록하고, 세부담을 최소화 하는 방법을 선택한다.

[별지 제1호서식] <개정 2010.6.3>

가 족 관 계 증 명 서

| 등록기준지 | 서울특별시 강남구 논현로77길 8 | | | | |

구분	성 명	출생연월일	주민등록번호	성별	본
본인	김희진	1976년 8월 25일	760825-2045673	여	安東

가족사항

구분	성명	출생연월일	주민등록번호	성별	본
모	김영화	1952년 01월 02일	520102-2111113	여	金海
자녀	김우린	2013년 12월 15일	131215-4399485	여	安東
자녀	김우진	2016년 04월 06일	160406-3182812	남	安東
형제	김민영	1986년 11월 11일	861111-1111111	남	安東

TAT 2급 세무실무

실무수행입력

> 인사관리 > 기초/인사관리 > 사원등록

① 사원등록(김희진)

① 김희진(본인) : 부양하는 직계비속이 있으므로 한부모공제 가능
② 김영화(모) : 근로소득이 총 5,000,000원이므로 기본공제 가능
③ 김우린(자녀) : 주무관청이 승인한 공익법인에서 수령한 상금은 필요경비 80%를 차감한 후 소득금액이 기본공제요건을 충족하므로 기본공제 가능
  (총수입금액 2,000,000원 - 필요경비 1,600,000원(80%) = 기타소득금액 400,000원)
④ 김우진(자녀) : 기본공제 가능
⑤ 김민영(형제) : 국가유공자로서 소득이 없으므로 기본공제, 장애인공제 가능

2 급여자료입력

> 인사관리 > 근로소득관리 > 급여자료입력

[급여자료입력]은 상용직 근로자의 각 월별 급여자료 및 상여금을 입력하여 [급여대장]과 [원천징수이행상황신고서]와 [연말정산자료]에 반영된다(단, 급여입력 전에 '수당등록'과 '공제등록'작업이 선행되어야 한다).

| 주요항목별 입력방법 |

항 목	설 명			
	구분	유형	내용	비고
수당/공제등록	수당등록	과세구분	과세수당이면 과세, 비과세수당이면 비과세를 입력한다.	
		근로소득유형	과세구분을 [비과세]로 선택할 경우 비과세 유형을 입력한다.	비과세유형에 의하여 각 비과세 항목별 한도액이 자동계산된다.
		월정액여부	과세구분이 비과세인 경우 월정액 계산시 포함 여부를 선택한다.비과세되는 수당 중 실비변상이 아닌 수당은 월정액에 포함되어야 한다.(예:식대)	연장근로수당의 월정액급여 210만 원 이하 판단시 반영이 된다.
		구분	해당 수당이 급여 상여 지급시 지급되는 수당 항목에 체크를 한다.	
	공제등록	공제소득유형	소득공제유형을 선택한다.	기부금 및 사회보험정산자료 집계에 자동반영된다.
		구분	해당 항목이 급여, 상여지급시 공제되는 항목에 체크를 한다.	
	비과세 설정		월, 년별 적용할 비과세 항목을 설정한 후 구분에 따라 월 한도액 및 연 한도금액을 입력한다. 설정된 한도액 범위를 기준으로 자동으로 비과세, 과세금액이 계산된다.	지급명세서 제출로 표시된 항목만 근로소득원천징수영수증 및 원천징수이행상황신고서에 반영된다.
	사회보험		사횝험 대상 금액기준으로 4대 사회보험을 계산하는 경우에 사용한다.	
	코드참고 사항		비과세 및 감면소득 코드표로 지급명세서 작성여부를 보여준다.	
지급일자	귀속월별 지급내역을 확인 할 수 있으며, 정기적으로 발생하는 급여나 상여금이 동일할 때 복사를 이용하여 손쉽게 작업할 수 있다. 또한 입력실수 등으로 지급일자, 지급구분 등을 변경하고자 할때 [지급일자]키를 이용하여 해당내역을 삭제 후 다시 설정하여 등록할 수 있다.			
연말정산	• 연말소득세 : 전년도 연말정산 소득세를 적용할 때 사용 • 중도퇴사자정산 : 중도퇴사시 사원등록에서 퇴사일을 입력한 다음 해당 퇴사월의 급여자료 입력시 [중도퇴사자정산]키를 클릭하여 자료입력 후 [확인]키를 클릭하면 중도퇴사자에 연말정산이 완료된다.			
재 계 산	과세, 비과세금액이 변경되거나 사원의 부양가족이 변경되는 등 변경입력된 정보의 내용을 반영하고자 하는 경우 사용			
마 감	당월 지급분에 대한 급여자료입력을 완료했다는 의미이며, 마감시 수정, 재계산, 삭제 등의 작업을 할 수 없다. 마감후 다시 [마감]키를 클릭하면 마감이 취소된다.			
검 색	조건검색은 해당조건에 속하는 사원들만 조회 가능하다. 예) 해당 호봉코드에 속하는 사원만 조회한 경우			

실무수행문제

기출문제 ▶ 1회~50회 중 **33회** 출제

급여자료입력 메뉴에 수당등록을 하고, 3월분 급여자료를 입력한 다음(단, 구분 2.급여+상여로 선택할 것.) 3월 귀속분 원천징수이행상황신고서를 작성하시오.(단, 급여지급일은 해당 월 20일이며, 사회보험료는 자동 계산된 금액으로 공제한다. 당사는 월별 원천징수 납부대상자로 가정함)

자료 1. 수당 및 공제내역

구분	코드	수당 및 공제명	내용
수당등록	101	기본급	설정된 그대로 사용한다.
	102	상여	
	200	직책수당	급여지급 기준에 따라 직책별로 일정금액을 지급하고 있다.
	201	식대	매월 고정적으로 지급하고 있으며 중식을 제공하지는 않는다.
	202	직무발명보상금	회사에서는 기계장치 성능개선관련 아이디어 제안공모에 따라 채택된 사원에게 「발명진흥법」에 따른 직무발명 보상금을 지급하고 있다.
	203	국외근로수당	해외 지사에 파견되어 근무하는 사무직 직원에 대해 지급하고 있다.
	204	자가운전보조금	본인과 배우자 공동명의의 차량으로 회사업무에 사용하고 있으며, 회사의 지급규정에 의하여 지급하고 있다.
	205	연구보조비	당사는 중소기업으로써 기업부설연구소 직원들에게 매월 고정적으로 연구보조비를 지급하고 있다.
	206	연장근로수당	정상적인 근로시간을 초과하여 근무할 경우 연장근로수당을 지급하고 있으며, 사무직은 과세, 생산직은 비과세를 적용하고 있다.
공제등록	600	기부금	당사는 임직원을 대상으로 자매결연기관인 사회복지공동모금회에 매월 급여 지급시 일정액(기본급의 0.1%)을 공제하고 있다. * 공제등록의 공제소득유형을 [3.기부금]으로 선택한다.

자료 2. 3월분 급여자료

(단위 : 원)

사원	수당항목									공제항목
	기본급	상여	직책수당	식대	직무발명보상금	국외근로수당	자가운전보조금	연구보조비	연장근로수당	
김지우 (연구원)	3,000,000	500,000		150,000				300,000		프로그램에서 자동 계산된 금액으로 공제하며, 기부금은 전직원 10,000원씩 공제
구상석 (생산직)	2,700,000	500,000		150,000					330,000	
이정우	4,000,000	500,000	300,000	150,000			200,000			
김희진	2,100,000	500,000	200,000	150,000	2,000,000	500,000				

실무수행입력

인사관리 > 근로소득관리 > 급여자료입력

❶-1 [사원등록]-김희진

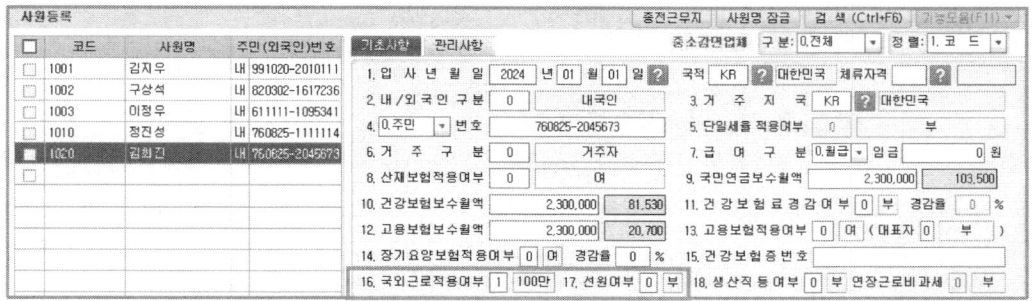

❶-2 [사원등록]-구상석

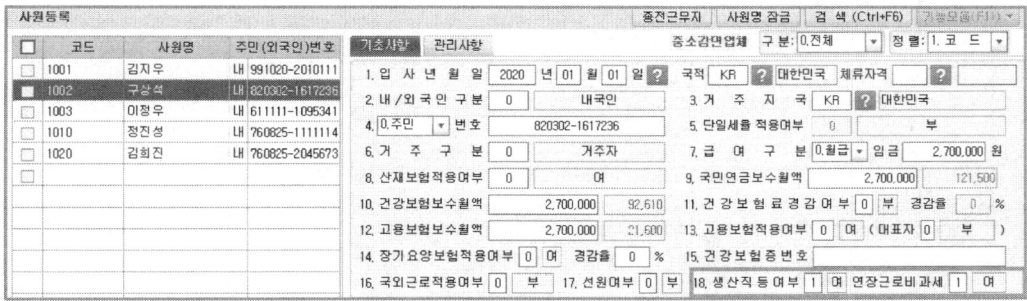

❷-1 [수당등록]

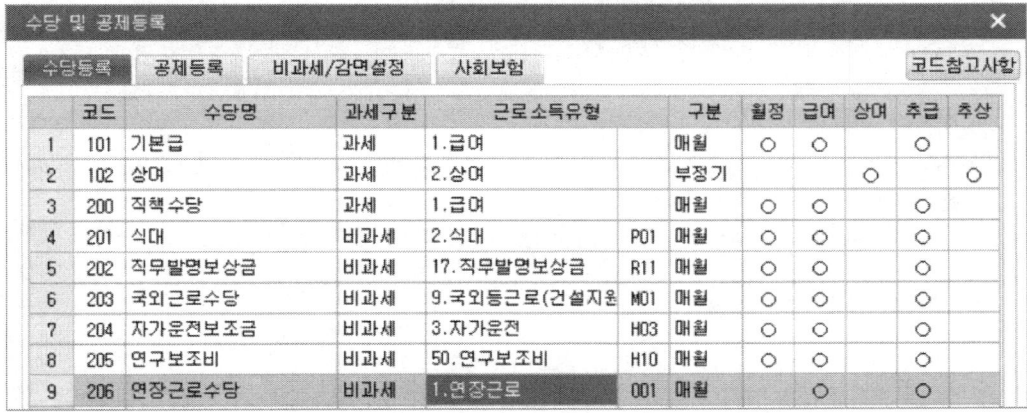

CHAPTER 07. 원천세신고 **339**

❷-2 [공제등록]

	코드	공제항목명	공제소득유형	급여	상여	추급	추상
1	501	국민연금	0.무구분	○		○	
2	502	건강보험	0.무구분	○		○	
3	503	고용보험	0.무구분	○	○	○	○
4	504	장기요양보험료	0.무구분	○		○	
5	505	학자금상환액	0.무구분	○		○	
6	903	농특세	0.사용	○	○	○	○
7	600	기부금	3.기부금	○			
8							

❸ [급여자료입력]

① 김지우

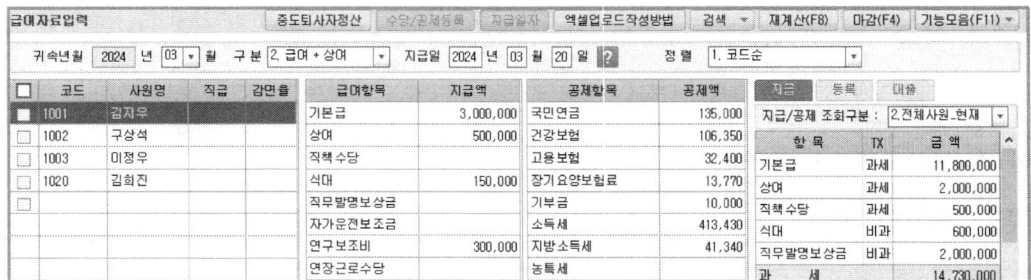

② 구상석

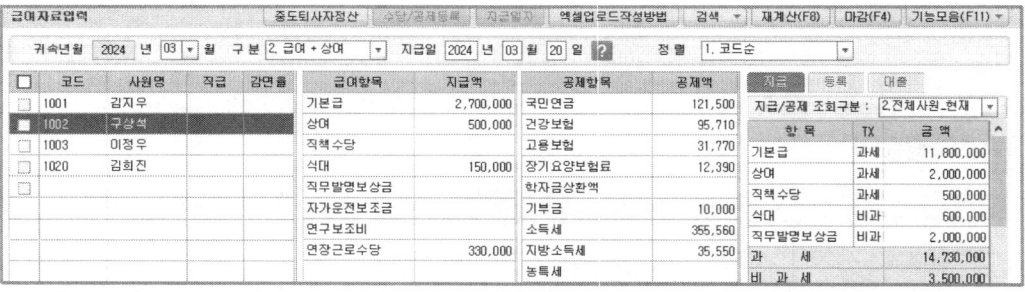

③ 이정우

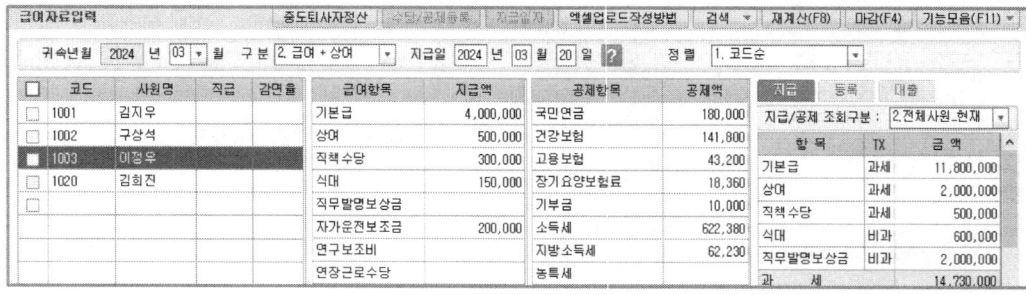

④ 김희진

코드	사원명	직급	감면율	급여항목	지급액	공제항목	공제액
1001	김지우			기본급	2,100,000	국민연금	103,500
1002	구상석			상여	500,000	건강보험	81,530
1003	이정우			직책수당	200,000	고용보험	25,200
1020	김희진			식대	150,000	장기요양보험료	10,550
				직무발명보상금	2,000,000	기부금	10,000
				국외근로수당	500,000	소득세	
				자가운전보조금		지방소득세	
				연구보조비		농특세	
				연장근로수당			

지급/공제 조회구분: 2.전체사원_현재

항 목	TX	금 액
기본급	과세	11,800,000
상여	과세	2,000,000
직책수당	과세	500,000
식대	비과	600,000
직무발명보상금	비과	2,000,000
과 세		14,730,000
비 과 세		3,500,000

❹ [원천징수이행상황신고서] 귀속 3월, 지급 3월

구분	코드	소득지급(과세미달,비과세포함)		징수세액			9.당월 조정 환급세액	10.소득세 등 (가산세 포함)	11.농어촌 특별세
		4.인원	5.총지급액	6.소득세 등	7.농어촌특별세	8.가산세			
간 이 세 액	A01	4	18,030,000	1,391,370					
중 도 퇴 사	A02								
일 용 근 로	A03								
연말정산합계	A04								
연말분납금액	A05								
연말납부금액	A06								
가 감 계	A10	4	18,030,000	1,391,370				1,391,370	

3 급여자료입력(중도퇴사자의 근로소득 원천징수)

과세기간 중에 퇴직하는 경우 먼저 [사원등록]에서 '퇴사일자'를 입력한 다음 [급여자료입력]에서 중도퇴사자에 대한 세액정산을 수행한다. [연말정산근로소득원천징수영수증]에서 [중도]로 조회하여 중도퇴사자에 대한 연말정산을 완료한다.

실무수행문제

기출문제 ▶ 1회~50회 중 **12회** 출제

구상석(1002) 사원은 2024년 9월 30일에 퇴직하였다. 중도퇴사자 정산 시 기 등록되어 있는 자료 이외의 공제는 없는 것으로 한다.

❶ 구상석 사원의 퇴사일을 입력하시오.
❷ 공제등록에 601.건강보험료정산, 602.장기요양보험료정산을 등록하시오.
❸ 9월분 급여자료를 입력하고 [중도퇴사자정산]버튼을 이용하여 중도퇴사자 정산내역을 급여자료에 반영하시오(단, 구분 1.급여로 선택할 것).
❹ 9월 귀속분 [원천징수이행상황신고서]를 작성하시오(조정대상 환급액은 당월 환급 신청할 것).

TAT 2급 세무실무

자료. 9월 급여자료
(단위 : 원)

기본급	공제항목					
	국민연금	건강보험	고용보험	장기요양보험	건강보험료정산	장기요양보험료정산
2,700,000	121,500	92,610	21,600	10,660	25,320	3,850

실무수행입력

❶ [사원등록]

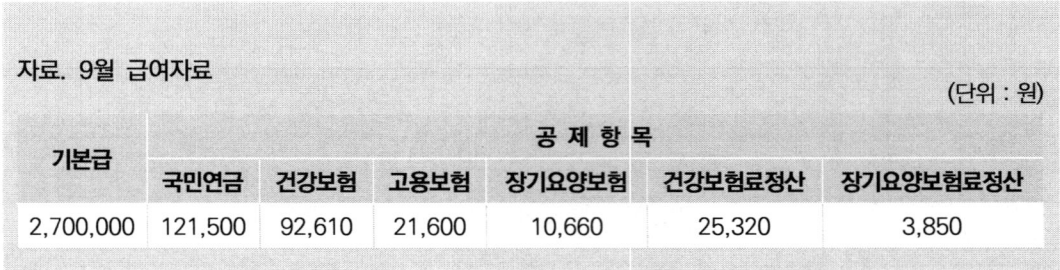

사원등록에서 퇴사년월일(2024년 9월 30일) 입력

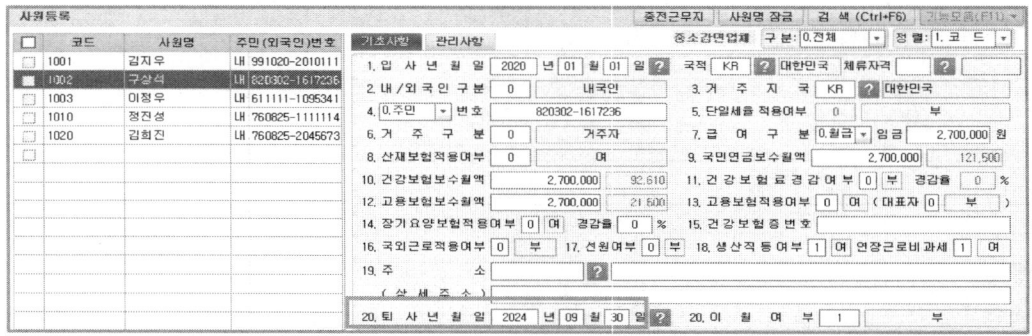

❷ [수당/공제등록]

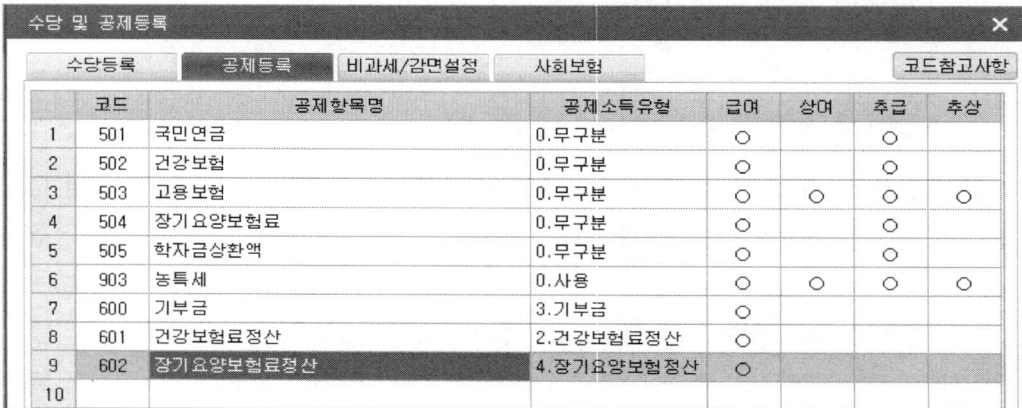

❸ [급여자료입력]   인사관리 > 근로소득관리 > 급여자료입력

급여자료를 입력한 후, [중도퇴사자 정산]을 클릭하여 연말정산 결과를 반영한다.

❹ [원천징수이행상황신고서]   인사관리 > 근로소득관리 > 원천징수이행상황신고서

CHAPTER 07. 원천세신고 **343**

4 일용근로자의 근로소득 원천징수

인사관리 > 근로소득관리 > 일용직사원등록

일급, 시급제 등 일용직 사원에 대한 급여를 입력하여 세액을 산출할 수 있다.

일용직근로소득세 계산구조
- 일용급여(비과세제외) − 근로소득공제(1일당 150,000원×세율 6%) = 산출세액
- 산출세액 − 근로소득세액공제(산출세액의 55%) = 결정세액

항 목	설 명
일용직 사원등록	① 부서 : [사원등록]의 [기초코드등록]에서 부서등록이 선행되어야 하며, 재무회계와 관련이 없다. ② 급여형태 : 시급직, 일급직의 설정에 따라 일용직 급여입력에서 지급액이 자동산출된다.
일용직 급여자료입력	급여지급방법에 따라 소득세 산출방식이 달라진다. ① 매일지급 : 소득세가 1,000원 미만일 경우 소득세가 산출되지 않는다.(소액부징수) ② 일정기간단위지급 : 소득세가 1,000원미만일 경우라도 소득세가 산출된다.

실무수행문제

기출문제 ▶ 1회~50회 중 **6회** 출제

[일용직사원등록] 메뉴에 사원을 등록하고, [일용직급여입력] 메뉴에 급여내역을 입력한 다음 6월 귀속분 원천징수이행상황신고서를 작성하시오.

❶ 자료 1, 2는 공장일용직 사원의 관련정보 및 급여지급내역이다.
❷ 일용직 급여는 매일 지급하는 방식으로 한다.
❸ 사회보험료 중 고용보험만 징수하기로 한다.
❹ 제시된 사항 이외의 자료는 없는 것으로 한다.

자료 1. 일용직사원 관련정보

성 명	윤기석(코드 2007)
거주구분(내국인 / 외국인)	거주자 / 내국인
주민등록번호	951030-1531228
입사일자	2024년 6월 12일
주 소	서울특별시 서대문구 충정로7길 31(충정로2가) 우편번호 : 03737

자료 2. 일용직급여내역

성명	급여	계산내역	6월의 근무일
윤기석	600,000원	1일 200,000원 × 총3일	12, 13, 14일

실무수행입력

❶ [일용직사원등록] 인사관리 > 근로소득관리 > 일용직사원등록

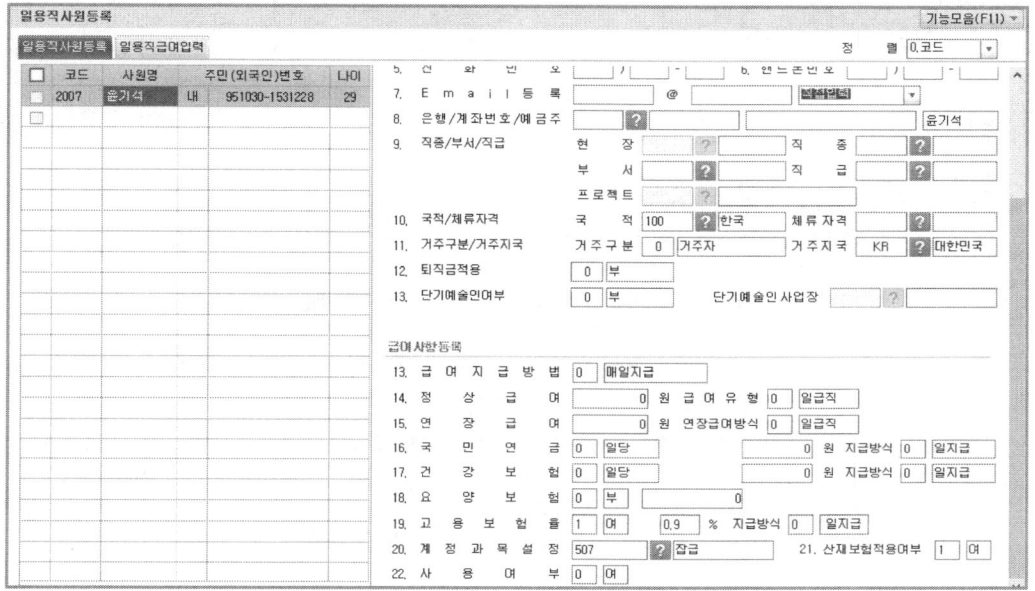

❷ [일용직급여입력] 인사관리 > 근로소득관리 > 일용직급여자료입력

- 해당일자의 근무일자를 클릭하면 'o'로 바뀌면서 지급액이 자동으로 반영

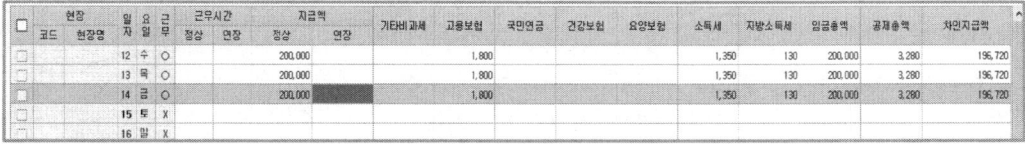

❸ [원천징수이행상황신고서] 6월-6월 인사관리 > 근로소득관리 > 원천징수이행상황신고서

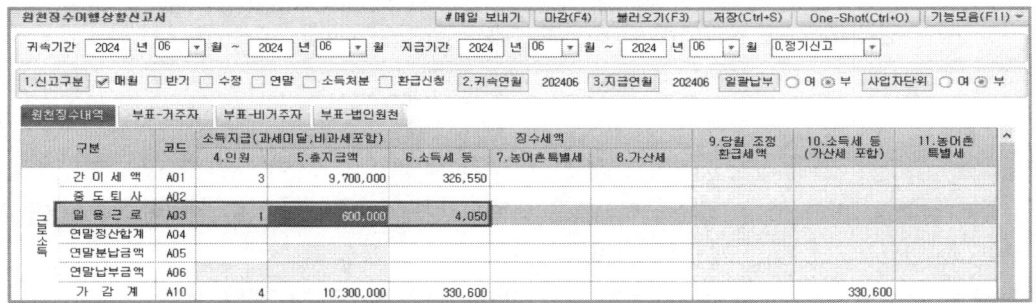

CHAPTER 07. 원천세신고 **345**

5 원천징수이행상황신고서 작성

원천세 신고는 사업자의 선택에 따라 매월신고하거나 반기별로 신고할 수 있다. [원천징수이행상황신고서]에 귀속연월과 지급연월을 정확히 기재하고 원천징수한 세액을 세목별로 구분하여 작성한다.

1) 기본사항

항목	작성 요령
신고 구분	① 매월분 신고서는 '매월'에, 반기별 신고서는 '반기'에, 수정 신고서는 '수정'에, 소득처분에 따른 신고 시에는 '소득처분'에 'O' 표시 ② 매월분 신고서에 계속근무자의 연말정산분이 포함된 경우에는 '매월' 및 '연말'란 두 곳에 모두 'O' 표시 ③ 원천징수세액을 환급신청(환급신청액 표기 및 원천징수세액환급신청서 부표 작성)하려는 경우 '환급신청'란에 'O' 표시
귀속연월	① 소득발생 연월을 기재한다. 소득처분의 경우 귀속연월은 대상 소득에 대한 당초 귀속연월을 기재한다. 다만, 반기별납부자는 반기 개시월(20××년 1월 또는 20××년 7월)을 기재 ② 귀속년월이 다른 소득을 같은 월에 함께 지급하여 소득세 등을 원천징수 하는 경우에는 원천징수이행상황신고서를 귀속연월별로 각각 별지로 작성하여 제출
지급연월	원천징수 대상 소득을 지급한 월을 기재한다.

2) 원천징수 명세 및 납부세액

항목	작성 요령
인원	원천징수 대상 소득을 지급받는 자의 인원수를 기재
총지급액	비과세 및 과세 미달을 포함한 총 지급액을 기재
징수세액	원천징수 의무자는 원천징수 대상 소득별로 해당되는 코드에 맞추어 각 소득별로 발생한 납부 또는 환급할 세액을 기재한다. 환급할 세액은 해당란에 '△' 표시하여 기재
납부세액	납부할 세액의 합계가 조정대상환급세액보다 많은 경우에는 조정대상 환급세액란의 금액을 ⑨ 당월조정환급세액란에 코드[A10, A20, …] 순서대로 적어 조정환급하고, 잔액은 납부세액(⑩·⑪)란을 작성

> **실무수행문제**
>
> 9월분 급여를 복사하여 10월분 급여자료를 입력하고.(단, 구분 1.급여로 선택할 것) 10월 귀속분 [원천징수이행상황신고서]를 작성하시오.
> 당사는 월별 원천징수 납부대상자이며, 전월 미환급 소득세 264,050원이 있다.

실무수행입력

❶ [급여자료입력]　　인사관리 > 근로소득관리 > 급여자료입력

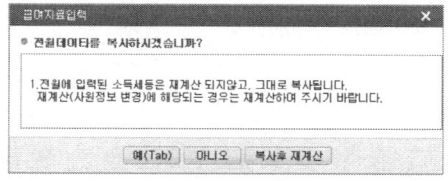

❷ [원천징수이행상황신고서]　　인사관리 > 근로소득관리 > 원천징수이행상황신고서

귀속기간 2024년 10월~2024년 10월, 지급기간 2024년 10월~2024년 10월 입력

 TAT 2급 세무실무

제2절 근로소득 연말정산하기

NCS
- **능력단위** 원천징수(0203020105_20V5)
- **능력단위요소** 근로소득 연말정산하기(0203020105_20V5.6)
- **수행준거**
  - 6.1 연말정산대상소득과 연말정산시기에 대해서 파악할 수 있다.
  - 6.2 근로자의 근로소득원천징수부를 확인하여 총 급여 및 원천징수세액을 파악할 수 있다.
  - 6.3 세법에 따라 연말정산대상자의 소득공제신고서와 소득공제증명자료를 처리할 수 있다.
  - 6.4 연말정산결과에 따라 세무정보시스템을 활용하여 근로소득원천징수영수증을 소득자에게 발급할 수 있다.
  - 6.5 연말정산결과에 따라 세무정보시스템을 활용하여 근로소득지급명세서를 전자제출할 수 있다.
  - 6.6 연말정산결과에 따라 세무정보시스템을 활용하여 원천징수이행상황신고서를 전자신고할 수 있다.

1 사원등록수정

연말정산시 [사원등록]의 부양가족명세를 검토하여 실제로 공제대상인지의 여부를 확인하고 필요시 등록사항을 수정한다.

실무수행문제 기출문제 ▶ 1회~50회 중 **9회** 출제

[사원등록] 메뉴에서 김지우의 부양가족명세를 수정하시오(세부담을 최소화 하는 방법으로 선택한다).

❶ 사원등록메뉴에 부양가족은 입력되어 있다.
❷ 이은영(배우자)은 급여액 5,500,000원이 있다.
❸ 김지원은 대학생으로 일용근로소득 3,000,000원이 있다.
❹ 김지수는 초등학생으로 소득이 없다.
❺ 김민주(직계존속)는 복권당첨금 7,000,000원이 있다.

자료 1. 김지우(1001)의 부양가족 현황

연말정산관계	성 명	주민등록번호
0.본인	김지우	690902-1030745

연말정산관계	성 명	주민등록번호
3.배우자	이은영	730527-2381047
4.직계비속(자녀)	김지원	930321-2145246
4.직계비속(자녀)	김지수	070119-4030223
1.소득자의 직계존속	김민주	460901-2122786

실무수행입력

인사관리 > 기초/인사관리 > 사원등록

❶ [사원등록] 메뉴의 부양가족명세 수정

	연말정산관계	기본	세대	부녀	장애	경로70세	출산입양	자녀	한부모	성명	주민(외국인)번호		가족관계
1	0.본인	본인	○							김지우	내	690902-1030745	
2	3.배우자	부								이은영	내	730527-2381047	02.배우자
3	4.직계비속((손	부								김지원	내	930321-2145246	05.자녀
4	4.직계비속((손	20세 이하						○		김지수	내	070119-4030223	05.자녀
5	1.(소)직계존속	60세 이상				○				김민주	내	460901-2122786	04.모
6													
	합 계					1		1					

- 이은영(배우자)은 소득금액 초과로 공제 불가능
- 김지원(자녀)은 나이제한으로 공제 불가능

2 연말정산근로소득원천징수영수증(계속근로자의 연말정산)

인사관리 > 연말정산관리 > 연말정산 근로소득원천징수영수증

근로소득자로부터 제출받은 [근로소득공제신청서]에 의해 연말정산에 필요한 추가자료를 입력하는 메뉴이다. 계속근무자의 연말정산일 경우 [연말], 중도퇴사자의 연말정산은 [중도], 전체사원의 연말정산내역을 조회할 때 [전체]탭으로 조회된다.

1) 아이콘과 항목

항목	작성 요령
정산년월	연말정산을 하는 연월을 입력한다. ※ 계속근무자의 연말정산의 경우는 2024년 2월로 관리된다.

항목	작성 요령
귀속기간	〈사원등록〉에서 입력한 입사년월과 퇴사년월이 자동체크 되어 반영된다.
전사원	연말정산에 해당하는 전체 사원을 불러온다.
재계산	해당 사원에 대한 정보와 소득명세를 다시 불러와 계산한다.
불러오기	소득공제 신고서와 부속명세에 작성된 사원과 내용을 불러오며, 정산명세는 재계산되며 기존 입력된 데이터는 삭제된다.
완료/해제	연말정산자료입력을 완료했다는 의미로 완료된 사원에 대해 재계산, 금액변경, 삭제 등을 할 수 없으며, 해제를 해야 수정 가능하다.

2) 정산명세 Tab

항목	작성 요령		
인적공제	[사원등록]메뉴에서 등록된 공제대상 부양가족내용에 따라 자동으로 반영된다.		
연금보험료공제	**구 분**	**내 용**	
	국민연금보험료 공제	[급여자료입력]에서 입력된 매월 연금보험료 공제액이 자동으로 집계되어 반영	
	공제여부 판단 시 참고사항	근로자 본인부담분만 공제 가능	
특별소득공제	① 보험료공제		
	구 분	**내 용**	
	건강보험료	[급여자료입력]에서 입력된 매월 「건강·요양보험료」공제액이 자동집계되어 반영되며 한도없이 전액 소득공제 된다.	
	고용보험료	[급여자료입력]에서 입력된 매월 고용보험료 공제액이 자동집계되어 반영되며 한도없이 전액 소득공제 된다.	
	② 주택자금공제		
	소득공제	**공제항목**	**공제한도액**
	주택임차 차입금 원리금상환액	무주택세대주(세대주가 주택 관련 공제를 받지 않은 경우 세대원도 가능), 국민주택규모의 주택(오피스텔 포함) 임차차입금 원리금상환액의 40% 공제	주택마련저축 불입액 공제와 합하여 연 300만원 한도	* 2011. 12. 31. 이전 차입분 15년 미만 : 연 600만원 15년 이상 : 연 1,000만원 30년 이상 : 연 1,500만원 * 2012. 1. 1. 이후 차입분 일반 : 연 500만원 70% 이상 고정이자 또는 비거치식 분할상환 : 연 1,500만원 * 2016. 1. 1. 이후 차입분 10년 이상 분할상환 : 연 600만원 15년 이상 분할상환 : 연 2,000만원
	장기주택 저당차입금	취득당시 무주택 세대주(세대주가 주택관련 공제를 받지 않은 경우 세대원도 가능)로서 취득 당시 기준시가 5억 원 이하인 주택장기저당차입금이자상환액 공제	차입 시기에 따라 연 600~2,000만원	
그밖의 소득공제	**소득공제**	**공제 항목**	**공제한도액**
	개인연금저축 소득공제	2000.12.31. 이전에 가입한 개인연금저축	불입액의 40% 공제 (연 72만원 한도)
	주택마련저축납입액	청약저축, 주택청약종합저축 납입액,	불입액의 40% 공제

항목	작성 요령		
	소득공제	공제 항목	공제한도액
	소득공제 (조특법§87②)	근로자주택마련저축 납입액 -무주택세대주, 총급여액 7천만원 이하인 근로자 대상	(연 120만원, 월 15만원 이하)
	신용카드 등 사용금액 소득공제	사용액 중 총 급여액의 25%를 초과하는 금액의 30% (신용카드사용은 15%)	① Min (총 급여액의 25%, 300만원) ② Min [(①의 한도초과액) (전통시장사용분, 100만원) (대중교통사용분, 100만원)]
	투자조합출자 등 소득공제	2014.1.1. 이후 투자금액의 10% (벤처기업 투자 시 5천만원 이하 50%, 초과분 30%)	근로소득금액의 50%
	소기업·소상공인 공제부금 소득공제	노란우산공제 불입액 (총급여액 7천만원 이하)	소득금액 4천만원 이하 : 연 500만원 4천만원~1억 원 : 연 300만원 1억 원 초과 : 연 200만원
	우리사주조합 출자에 대한 소득공제	조합원이 자사주 취득 목적으로 출자한 금액	연 400만원
	고용유지중소기업 소득공제	근로자에 대하여 임금 삭감액의 50%	1천만원
	장기집합투자증권 저축소득공제	저축납입액의 40% (가입 시 직전 과세 기간의 총 급여액 5,000만원 이하이며, 해당 과세 기간 8,000만원 이하 근로자)	연 240만원

	구 분	내 용
세액감면	중소기업취업청년 소득세 감면	중소기업 취업 청년에 대한 소득세 감면금액을 입력한다.
	외국인기술자에 대한 소득세 감면	외국인 기술자에 대한 근로소득세 감면금액을 입력한다.

	구 분	내 용
*신용카드소득 공제	신용카드등 사용금액에 포함하는 금액	근로소득이 있는 거주자의 배우자 또는 직계존비속(배우자의 직계존속 포함)으로서 다음에 해당하는 자의 신용카드 등 사용금액은 당해 거주자의 신용카드 등 소득공제금액에 이를 포함할 수 있음. ① 거주자의 배우자로서 연간 소득금액의 합계액이 100만원 이하인 자 ② 거주자와 생계를 같이하는 직계존비속으로서 연간 소득금액의 합계액이 100만원 이하인 자. 직계존비속에는 배우자의 직계존속과 동거입양자를 포함하되, 다른 거주자의 기본공제를 적용받는 자는 제외 ※ 다만, 기본공제 대상자인 형제자매의 신용카드 등 사용금액은 공제 대상 사용금액에 포함되지 아니한다.
	신용카드등 사용금액에서 제외되는 금액	• 사업소득과 관련된 비용 또는 법인의 비용 • 물품의 판매 또는 용역의 제공을 가장하는 등 신용카드·직불카드·직불전자 지급수단·기명식선불카드·기명식선불전자지급수단·기명식전자화폐 또는 현금영수증의 비정상적인 사용 행위에 해당하는 경우 • 자동차구입비용　　　　　　　　　• 보험료 및 공제료 • 교육비　　　　　　　　　　　　　• 공과금 • 유가증권 구입　　　　　　　　　• 자동차 리스료 • 자산의 구입비용　　　　　　　　• 국가 지자체에 지급하는 수수료 등 • 금융용역 관련 수수료　　　　　• 정치자금 기부금, 법정·지정기부금 • 월세 세액공제액

항목	작성 요령			
세액공제	구 분	내 용		

신용카드 등으로 사용한 특별공제 비용 중 이중공제 가능 여부

구분	특별공제항목	신용카드공제
① 신용카드로 결제한 의료비	의료비 세액공제 가능	신용카드공제 가능
② 신용카드로 결제한 보장성 보험료	보험료 세액공제 가능	신용카드공제 불가능
③ 신용카드로 결제한 사설학원비(아래 ④ 취학 전 아동 제외)	교육비 세액공제 불가	신용카드공제 가능
④ 신용카드로 납부한 취학 전 아동의 학원비 및 체육시설 수강료(1주 1회 이상 월 단위로 실시하는 교습과정에 한함.	교육비 세액공제 가능	
⑤ 신용카드로 결제한 교복구입비	교육비 세액공제 가능	신용카드공제 가능
⑥ 신용카드로 결제한 기부금	기부금 세액공제 가능	신용카드공제 불가

① 자녀세액공제

구 분	내 용
7세이상 기본공제대상자녀	자녀 2명이하 : 연 15만원 자녀 2명초과시 35만원+ 2명 초과 1명당 30만원
출산·입양공제대상자녀	당해연도에 출산·입양신고한 자녀의 경우 첫째 30만원, 둘째 50만원, 셋째이상 70만원 공제

② 연금계좌

구 분	내 용
과학기술인공제	과학기술인공제회법에 따른 퇴직연금 불입액을 입력한다.
근로자퇴직급여공제	퇴직연금을 지급받기 위하여 설정한 퇴직연금계좌 불입액을 입력한다.
연금저축소득공제	[2001. 1. 1. 이후에 근로자 본인 명의로 가입한 연금저축불입액을 입력 공제한도 : 퇴직연금공제와 합하여 연 400만원 한도내에서 자동 계산되어 반영된다.
공제여부 판단 시 참고사항	본인 명의의 불입액만 공제 가능

③ 특별공제
   - 보장성보험

구 분	내 용
보장성보험	건강보험료와 고용보험료를 제외한 보장성 보험료를 입력한다.
장애인전용 보장성보험료	장애인전용보장성보험 전액을 입력한다. (한도 100만원)
공제여부 판단 시 참고사항	• 기본공제대상자(소득금액 및 나이 제한)의 보험료만 공제 가능 • 저축성보험료는 공제대상 아님 • 태아보험료는 공제대상 아님(출생전이므로 기본공제대상자가 아님).

항목	작성 요령			
세액공제	- 의료비			
		구 분		내 용
	전액 의료비	본인, 65세 이상과 6세이하자, 난임시술비, 중증질환 결핵환자등 의료비		기본공제대상자 중 본인, 경로우대자의 의료비, 진찰, 진료, 질병예방치료 및 요양을 위한 의료비용과 의약품 구입총액을 입력한다. - 산후조리원 200만원까지 공제
		장애인의료비		기본공제대상자 장애인의 의료비 및 장애인 보장구, 의료용구 구입총액을 입력한다.
		공제대상의료비 = 의료비 지출액 전액 (총급여액×3%)에 미달하는 경우 그 미달하는 금액을 차감		
	그 밖의 공제대상자의료비			기본공제대상자(연령 및 소득금액의 제한을 받지 아니함)를 위하여 당해 근로자가 직접 부담한 의료비 중 본인, 장애인, 경로우대자를 제외한 기본공제대상자의 의료비 공제대상의료비 = 의료비지출액 - 총급여액×3% 공제한도액 : 연 700만원
	공제여부 판단 시 참고사항			• 부양가족의 소득금액 및 나이제한 없음 • 국외 의료기관의 의료비는 공제 불가능 • 미용 · 성형수술을 위한 비용은 공제 불가능 • 간병인에게 지급된 비용은 공제 불가능 • 의약품이 아닌 건강기능식품구입비용은 공제 불가능 • 의료기관이 아닌 특수교육원의 언어치료비 · 심리치료비 등은 공제 불가능 • 상해보험 등 보험회사로부터 수령한 보험금으로 지급한 의료비는 공제 불가능
	- 교육비			
		구 분		내 용
		소득자 본인		본인의 교육비 지급액을 입력한다.
		배우자 교육비		배우자의 교육비로 지출한 금액을 입력하며 반드시 한도 내 금액으로 입력한다.
		자녀등 교육비 (취학전 아동, 초 · 중 · 고등학교, 대학생(대학원불포함))		직계비속이나 형제자매를 위하여 지출한 교육비를 입력하는 항목으로 먼저 해당 인원을 입력하면 보조 BOX가 나타나며 인원수에 해당하는 란에 공제 한도내 금액으로 입력한다.
		장애인		기본공제 대상자인 장애인(소득금액의 제한을 받지 아니함) 재활을 위하여 사회복지시설 및 비영리법인 등에 지급하는 특수 교육비를 전액 공제
		공제여부 판단 시 참고사항		• 영 · 유치원, 초중고생 : 1인당 300만원 한도 • 대학생 : 900만원 한도 • 부양가족의 소득금액 제한은 있으나 나이제한 없음 • 직계존속의 교육비는 공제 불가능 • 대학원교육비는 본인만 공제 가능 • 취학전 아동의 학원비는 공제 가능하나 초 · 중 · 고등학생의 학원비는 불가능 • 초 · 중 · 고, 어린이집, 유치원, 학원, 체육시설 급식비, 방과후수업료, 특별활동비(교재비 포함), 중 · 고등 교복구입비, 교과서구입비 공제 가능 • 학교버스이용료, 교육자재비, 기숙사비는 공제 불가능 • 외국대학부설 어학연수과정의 수업료는 공제 불가능
		입력시 유의사항		• 배우자 및 부양가족의 교육비는 한도내 금액으로 입력 • 교복구입비는 1인당 50만원 한도까지만 입력

항목	작성 요령		
세액공제	- 기부금		
	구 분		내 용
	정치자금(10만원이하)		정치자금 중 10만원까지 100/110 세액공제
	전액공제 기부금	법정기부금	국가 또는 지방자치단체에 기부한 금품, 국방헌금과 위문금품, 천재·지변으로 인한 이재민구호금품, 특별재난지역의 복구를 위하여 자원 봉사한 경우 그 용역의 가액을 입력한다.
		정치자금 (10만원초과)	정치자금에 관한 법률에 의하여 정당(동법에 의한 후원회 및 선거관리위원회 포함)에 기부한 정치자금 중 10만원을 초과하는 금액을 입력한다.
	지정기부금(종교단체기부금)		종교단체기부금을 입력한다.
	지정기부금(종교단체외기부금)		사회복지, 문화, 예술, 교육, 자선등 공익성 기부금을 입력한다.
	공제여부 판단 시 참고사항		• 기본공제대상자(소득금액 및 나이제한)의 기부금만 공제 가능 • 정치자금은 본인 지출분만 공제 가능 • 한도초과시 이월공제가 가능(법정10년, 지정10년).
	④ 월세액		
	구 분		내 용
	공제대상		• 총급여 7천만원 이하인 근로자(무주택 세대주, 단독 세대주) • 국민주택과 기준시가 5억원 이하 주택
	공제금액		Min[월세액, 750만원] -총급여 5,500만원이하: 17%(근로소득자 중 종합소득금액 4,500만원 초과자 제외) -총급여 5,500만원 초과 7천만원이하: 15%(근로소득자 중 종합소득금액 6,000만원 초과자 제외)

3) 소득명세 TAB

정산기간동안의 소득에 대한 명세를 보여주는 메뉴로 종전근무지의 근로소득내역 및 인정상여, 과세대상 추가금액 등을 입력한다.

※ 과세대상 추가금액(급여대가성으로 급여자료입력에 포함하여 지급이 안된 경우)은 [소득명세]TAB 연말란에 직접 입력한다. (제외할 금액은 음수로 입력한다.)

4) 소득공제명세 TAB

사원등록의 부양가족명세 및 의료비명세서, 기부금명세서, 신용카드신청서의 입력내용이 자동반영 된다.

5) 의료비명세서 TAB

원천징수의무자는 공제되는 의료비가 있는 근로자에 대하여 근로소득지급명세서를 제출하는때에 당해 근로자의 의료비지급명세서를 함께 제출하여야 하는데 이를 작성하는 메뉴이다.

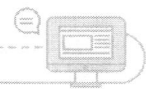

6) 기부금명세서 TAB

원천징수의무자는 공제되는 기부금이 있는 근로자에 대하여 근로소득지급명세서를 제출하는때에 당해 근로자의 기부금명세서를 함께 제출하여야 하는데 이를 작성하는 메뉴이다.

7) 신용카드신청서 TAB

신용카드신청서는 각 사원별 본인과 부양가족의 신용카드 등 사용내역을 작성하는 메뉴이다.

8) 연금/저축 TAB

연금/주택마련저축이 있을 경우 정산명세서에서 입력한 내용이 자동반영 된다.

9) 월세액명세서 TAB

월세액 있을 경우 월세액 소득공제 명세에서 입력한 내용이 자동반영 된다.

| 부양가족의 소득공제 여부 판단시 참고사항 |

구 분	소득금액 제한	나이 제한	비 고
보험료	○	○	
의료비	×	×	
교육비	○	×	직계존속의 교육비는 공제불가능
기부금	○	○	정치자금은 본인지출분만 공제가능
주택자금	-	-	본인명의 지출분만 공제가능
연금저축	-	-	본인명의 지출분만 공제가능
신용카드	○	×	형제자매 사용분은 공제불가능

실무수행문제

기출문제 ▶ 1회~50회 중 **37회** 출제

이정우(1003)의 연말정산을 위한 국세청 제공자료 및 기타증빙자료이다. [연말정산 근로소득 원천징수영수증] 메뉴를 이용하여 연말정산을 완료하시오.

❶ 부양가족은 모두 이정우와 생계를 같이하고 있다.
❷ 사원등록의 부양가족명세는 반영되어 있다.
❸ 배우자 김은희는 자녀 이민환을 출산하였으며, 그에 대한 의료비 내역이 국세청간소화 자료에 반영되어 있다.
❹ 신용카드사용내역의 총지급액에는 회사경비로 지출한 금액이 포함되어 있으며, 회사로부터 [직원신용카드 경비사용명세서]를 발급받았다.
❺ 자녀 이민주는 어린이집에 다니고 있으며 현장체험학습비를 지출한 내역을 수취하였다.
❻ 이정우는 국민주택 규모의 아파트에 살고 있으며, 해당 아파트의 기준시가는 2억 8천만원으로 월세액공제대상에 해당한다.

자료 1. 이정우 사원의 부양가족등록 현황

연말정산관계	성명	주민번호	기타사항
0.본인	이정우	611111-1095341	세대주
1.(소)직계존속	이한국	390102-1111115	소득없음
3.배우자	김은희	590202-2222229	소득 없음
4.직계비속	이민주	180122-3122223	소득 없음
4.직계비속	이민환	220103-3133330	소득 없음

자료 2. 국세청간소화서비스 및 기타증빙자료

2024년 귀속 소득·세액공제증명서류 : 기본(지출처별)내역 [의료비]

■ 환자 인적사항

성 명	주 민 등 록 번 호
김은희	590202-2******

■ 의료비 지출내역

(단위 : 원)

사업자번호	상 호	종류	납입금액 계
106-05-81***	***산후조리원	일반	2,000,000
의료비 인별합계금액			0
안경구입비 인별합계금액			0
산후조리원 인별합계금액			2,000,000
인별합계금액			2,000,000

• 본 증명서류는 『소득세법』 제165조 제1항에 따라 영수증 발급기관으로부터 수집한 서류로 소득·세액공제 충족 여부는 근로자가 직접 확인하여야 합니다.
• 본 증명서류에서 조회되지 않는 내역은 영수증 발급기관에서 직접 발급받으시기 바랍니다.

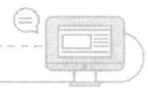

2024년 귀속 소득·세액공제증명서류 [신용카드]

■ 사용자 인적사항

성 명	주민등록번호
이정우	611111-1******

■ 신용카드등 사용금액 집계

일반	전통시장 사용분	대중교통 이용분	도서, 공연 등	합계금액
29,288,237	0	0		29,288,237

- 본 증명서류는 「소득세법」 제165조 제1항에 따라 영수증 발급기관으로부터 수집한 서류로 소득·세액공제 충족 여부는 근로자가 직접 확인하여야 합니다.
- 본 증명서류에서 조회되지 않는 내역은 영수증 발급기관에서 직접 발급받으시기 바랍니다.

직원신용카드 경비사용명세서

회사명 : (주)나눔전자   2024년 연말정산

성 명	주민등록번호	카드사용금액	근무기간
이정우	611111-1******	543,200	2024.01.01.-2024.12.31

교 육 비 납 입 증 명 서

① 상 호 : 태양어린이집	② 사업자등록번호 : 106-90-20115
③ 대표자 : 김민정	④ 전화번호 : 02) 578-9515
⑤ 주 소 : 서울특별시 강남구 강남대로 544	

신청인	⑥ 성명 : 이정우	⑦ 주민등록번호 : 611111-1095341
	⑧ 주소 : 서울특별시 강남구 강남대로 302-2	
대상자	⑨ 성명 : 이민주	신청인과의 관계 : 자

■ 교육비 부담내역

납부연월	구분	총 교육비	교육비 본인부담금액
3월	현장체험학습비	300,000원	300,000원
5월	현장체험학습비	122,000원	122,000원
8월	현장체험학습비	256,000원	256,000원
10월	현장체험학습비	312,000원	312,000원
계		990,000원	990,000원

월 세 납 입 영 수 증

■ 임대인

성명(법인명)	이아름	주민등록번호(사업자번호)	541201-2135218
주소	수원시 팔달구 매산로 10 형진빌라 201호		

■ 임차인

성명	이정우	주민등록번호	611111-1095341
주소	서울특별시 강남구 강남대로 302-2		

■ 세부내용
- 임대차 기간 : 2023년 11월 1일~2025년 10월 31일
- 임대차계약서상 주소지 : 서울특별시 강남구 강남대로 302-2
- 월세금액 : 600,000원 (연간 총액 7,200,000원)
- 주택유형 : 아파트, 계약면적 85㎡

실무수행입력

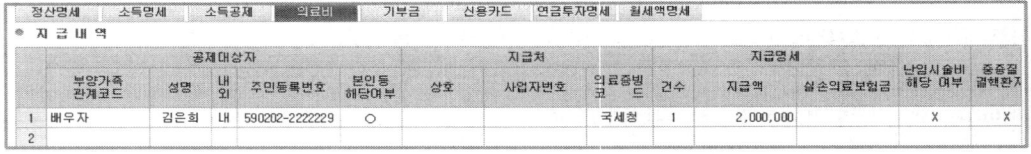
인사관리 > 연말정산관리 > 연말정산 근로소득원천징수영수증

❶ 의료비 세액공제

근로자가 산후조리원에 지출한 산후조리 및 요양과 관련한 비용은 출산 1회당 200만원의 한도로 의료비 세액공제 대상에 해당

부양가족관계코드	성명	내/외	주민등록번호	본인등해당여부	상호	사업자번호	의료증빙코드	건수	지급액	실손의료보험금	난임시술비해당 여부	중증질결핵환자
배우자	김은희	내	590202-2222229	○			국세청	1	2,000,000		X	X

❷ 신용카드등 소득공제

직원신용카드 경비사용명세서 금액을 차감한 28,745,037원이 공제대상임

공제대상자			구분	⑤소계(⑥+⑦+⑧+⑨+⑩+⑪)	⑥신용카드	⑦직불선불카드	⑧현금영수증	⑨도서공연박물관미술관사용분(총급여7천만원이하자만)			⑩전통시장사용분	⑪대중교통이용
내.외 관계	성명 생년월일							신용카드	직불선불카드	현금영수증		
내 본인	이정우 1961-11-11		국세청자료	28,743,037	28,743,037							
			그밖의자료									
			국세청자료									
			그밖의자료									

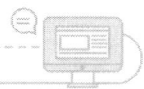

❸ 교육비 세액공제

취학전아동의 현장체험학습비는 교육비 세액공제 대상에서 제외

❹ 월세 세액공제

국민주택규모의 주택 또는 기준시가 3억원 이하의 주택에 대하여 지출한 월세는 월세액 세액공제 대상에 해당

임대인성명(상호)	주민(사업자)등록번호	주택유형	주택계약면적(㎡)	임대차계약서상 주소지	임대차계약기간 시작	임대차계약기간 종료	월세액
이아름	541201-2135218	아파트	85.00	서울시 강남구 강남대로302-2	2023-11-01	2025-10-31	7,200,000
합계							7,200,000

※ 무주택자해당여부 ⦿ 여 ◯ 부

실무수행문제

사무직 김지우(1001)의 연말정산을 위한 자료이다. [연말정산 근로소득원천징수영수증] 메뉴를 이용하여 연말정산을 완료하시오.

❶ 자료 1은 김지우의 부양가족현황으로 기입력된 내용이다.
❷ 자료 2는 연말정산을 위하여 김지우가 회사에 제출한 자료이다.
  - 김지우가 연세병원에 지출한 의료비 중 1,000,000원은 삼성화재보험으로부터 실손보험금으로 수령하였다.
❸ 부양가족은 모두 김지우와 생계를 같이 하며, 별도의 소득이 없다.

자료 1. 부양가족현황

연말정산관계	기본공제	추가공제	성명	주민등록번호
0.본인	본인		김지우	690902-1030745
1.소득자의 직계존속	60세이상	경로우대	김민주	460901-2122786
3.배우자	부		이은영	730527-2381047
4.직계비속(자녀)	부		김지원	930321-2145246
4.직계비속(자녀)	20세이하	출산, 자녀	김지수	230119-4030221

자료 2. 김지우의 국세청 간소화서비스 및 기타증빙자료

2024년 귀속 소득·세액공제증명서류 : 기본(지출처별)내역 [의료비]

■ 환자 인적사항

성 명	주 민 등 록 번 호
이은영	730527-2******

■ 의료비 지출내역

(단위 : 원)

사업자번호	상 호	종류	납입금액 계
109-04-15***	연세병원	일반	3,000,000
106-05-81***	명성안경점	일반	600,000
의료비 인별합계금액			3,000,000
안경구입비 인별합계금액			600,000
인별합계금액			**3,600,000**

- 본 증명서류는 「소득세법」 제165조 제1항에 따라 영수증 발급기관으로부터 수집한 서류로 소득·세액공제 충족 여부는 근로자가 직접 확인하여야 합니다.
- 본 증명서류에서 조회되지 않는 내역은 영수증 발급기관에서 직접 발급받으시기 바랍니다.

2024년 귀속 소득·세액공제증명서류 : 기본(지출처별)내역 [기부금]

■ 기부자 인적사항

성 명	주 민 등 록 번 호
김민주	460901-2******

■ 기부자 지출내역

(단위 : 원)

사업자번호	단체명	기부유형	기부금액 합계	공제대상 기부금액	기부장려금 신청금액
120-80-05335	국학운동시민연합	종교단체외 지정기부금	1,500,000	1,500,000	0
인별합계금액					**1,500,000**

- 본 증명서류는 「소득세법」 제165조 제1항에 따라 영수증 발급기관으로부터 수집한 서류로 소득·세액공제 충족 여부는 근로자가 직접 확인하여야 합니다.
- 본 증명서류에서 조회되지 않는 내역은 영수증 발급기관에서 직접 발급받으시기 바랍니다.

실무수행입력

인사관리 > 연말정산관리 > 연말정산 근로소득원천징수영수증

❶ [연말정산자료입력] 메뉴의 정산명세

1) 의료비세액공제 - 의료비 탭
   - 연세병원 지출분 3,000,000원과 실손의료보험금 1,000,000원으로 입력
   - 안경구입비는 500,000원이 공제대상이므로 총액 3,500,000원을 지급액에 입력

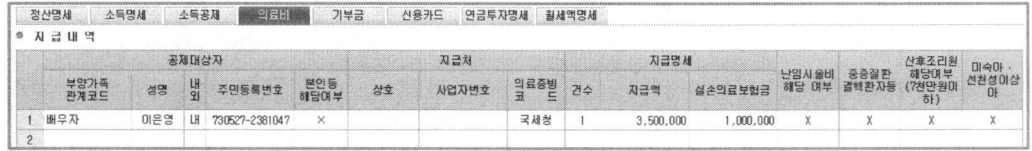

2) 기부금세액공제
   ※ 모친 김민주도 기본공제대상자이므로 기부금공제 가능

   ① 기부금 탭 [해당연도 기부명세]

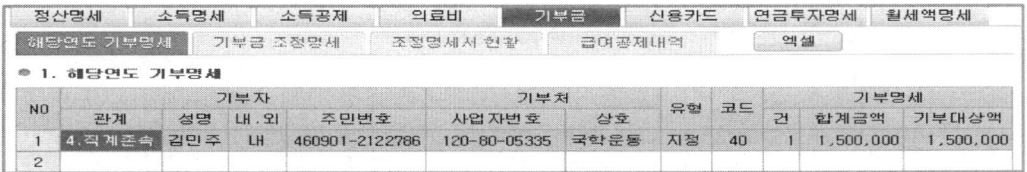

   ② 기부금 탭 [기부금 조정명세]에서 공제액계산 정산명세보내기 클릭

③ 하단의 공제금액+정산명세 반영 클릭(공제금액 정산명세로 자동 반영)

3) 정산명세

3 연말정산근로소득원천징수영수증(중도입사자의 연말정산)

중도입사자는 전근무지 근로소득원천징수영수증을 교부받아 주된 근무지에서 합산하여 신고할 수 있으며, 연말정산시 합산신고하지 않은 경우 종합소득세 신고시 합쳐서 신고할 수 있다.

실무수행문제

기출문제 ▶ 1회~50회 중 11회 출제

김희진(1020)의 연말정산을 위한 자료이다. [연말정산 근로소득원천징수영수증] 메뉴에서 연말정산을 완료하시오.

❶ 부양가족은 모두 생계를 같이하고 있으며, 사전에 입력되어 있다.
❷ 김희진은 2024년 2월 29일까지 신세계푸드(주)에서 근무하고 퇴직하였다.

자료. 김희진 사원의 종전 근무지 정산내역

■ 소득세법 시행규칙 [별지 제24호서식(1)] <개정 2021. 3. 13.> (8쪽 중 제1쪽)

관리번호		[√] 근로소득 원천징수영수증 [ ] 근로소득 지급명세서 ([√]소득자 보관용 [ ]발행자 보관용 [ ]발행자 보고용)		거주구분	거주자1/비거주자2
				거주지국 대한민국	거주지국코드 KR
				내·외국인	내국인1 / 외국인9
				외국인단일세율적용	여 1 / 부 2
				외국법인소속 파견근로자 여부	여 1 / 부 2
				종교관련종사자 여부	여 1 / 부 2
				국적 대한민국	국적코드 KR
				세대주 여부	세대주1/세대원2
				연말정산 구분	계속근로1, 중도퇴사2

징수 의무자	① 법인명(상호) 신세계푸드(주)	② 대표자(성명) 권은강
	③ 사업자등록번호 127-81-34653	④ 주민등록번호
	③-1 사업자단위과세자여부 여 1 / 부 2	
	⑤ 소재지(주소) 서울 금천구 시흥대로 429	

소득자	⑥ 성명 김희진	⑦ 주민등록번호 760825-2045673
	⑧ 주소 서울특별시 강남구 논현로77길 8	

	구분	주(현)	종(전)	종(전)	⑯-1 납세조합	합계
I 근무 처별 소득 명세	⑨ 근무처명	신세계푸드(주)				
	⑩ 사업자등록번호	127-81-34653				
	⑪ 근무기간	2024.01.01.~ 2024.02.29.	~	~	~	~
	⑫ 감면기간	~	~	~	~	~
	⑬ 급여	15,000,000				15,000,000
	⑭ 상여	3,000,000				3,000,000
	⑮ 인정상여					
	⑮-1 주식매수선택권 행사이익					
	⑮-2 우리사주조합인출금					
	⑮-3 임원 퇴직소득금액 한도초과액					
	⑮-4					
	⑯ 계	18,000,000				18,000,000

	구분			㉘ 소득세	㉙ 지방소득세	㉚ 농어촌특별세
III 세액 명세	㉔ 결정세액			0	0	
	기납부 세액	㉕ 종(전)근무지 (결정세액란의 세액 기재)	사업자 등록 번호			
		㉖ 주(현)근무지		320,000	32,000	
	㉗ 납부특례세액					
	㉘ 차감징수세액(㉔-㉕-㉖-㉗)			-320,000	-32,000	

국민연금보험료 675,000원 고용보험료 120,000원 위의 원천징수액(근로소득)을 정히 영수(지급)합니다.
건강보험료 514,500원 장기요양보험료 29,630원
2024년 2월 29일
징수(보고)의무자 징수(보고)의무자 신세계푸드(주) 권은강 (서명 또는 인)
시흥 세무서장 귀하

210mm×297mm[백상지80g/㎡ 또는 중질지80g/㎡]

자료 3. 국세청간소화서비스 및 기타증빙자료

2024년 귀속 세액공제증명서류 : 기본(지출처별)내역 [의료비]

■ 환자 인적사항

성 명	주 민 등 록 번 호
김희진	760825-2*******

■ 의료비 지출내역

(단위 : 원)

사업자번호	상 호	종류	납입금액 계
1-15-16*	**병원	일반	2,700,000
2-23-21*	***안경원	안경	750,000
6-05-81*	***한의원	일반	1,400,000
의료비 인별합계금액			4,100,000
안경구입비 인별합계금액			750,000
산후조리원 인별합계금액			
인별합계금액			4,850,000

- 본 증명서류는 『소득세법』 제165조 제1항에 따라 영수증 발급기관으로부터 수집한 서류로 소득·세액공제 충족 여부는 근로자가 직접 확인하여야 합니다.
- 본 증명서류에서 조회되지 않는 내역은 영수증 발급기관에서 직접 발급받으시기 바랍니다.

2024년 귀속 세액공제증명서류 : 기본내역(지출처별)내역 [보장성보험, 장애인전용보장성보험]

■ 계약자 인적사항

성 명	주 민 등 록 번 호
김희진	760825-2*******

■ 보장성보험(장애인전용보장성보험) 납입내역

(단위 : 원)

| 종류 | 상 호 | 보험종류 | 주피보험자 | | 납입금액 계 |
	사업자번호	증권번호	종피보험자		
보장성	교보생명보험(주)	(무)베스트라이프	760825-2*******	김희진	2,500,000
	126-81-41***	5478965**			
보장성	동부화재보험(주)	다이렉트자동차	760825-2*******	김희진	740,000
	108-81-32***	004545217**			
인별합계금액					3,240,000

- 본 증명서류는 『소득세법』 제165조 제1항에 따라 영수증 발급기관으로부터 수집한 서류로 소득·세액공제 충족 여부는 근로자가 직접 확인하여야 합니다.
- 본 증명서류에서 조회되지 않는 내역은 영수증 발급기관에서 직접 발급받으시기 바랍니다.

2024년 귀속 세액공제증명서류 : 기본(지출처별)내역 [교육비]

■ 학생 인적사항

성 명	주 민 등 록 번 호
김희진	760825-2*******

■ 교육비 지출내역

(단위 : 원)

교육비구분	학교명	사업자번호	납입금액 계
대학원	**대학교	108-90-15***	12,000,000
인별합계금액			12,000,000

National Tax Service

- 본 증명서류는 「소득세법」 제165조 제1항에 따라 영수증 발급기관으로부터 수집한 서류로 소득·세액공제 충족 여부는 근로자가 직접 확인하여야 합니다.
- 본 증명서류에서 조회되지 않는 내역은 영수증 발급기관에서 직접 발급받으시기 바랍니다.

실무수행입력

인사관리 > 연말정산관리 > 연말정산 근로소득원천징수영수증

❶ [종전근무지 입력]

구분/항목	계	11월	12월	연말	종전1
근무처명					신세계푸드(주)
사업자등록번호(숫자10자리입력)					127-81-34653
13.급여	17,300,000				15,000,000
14.상여	3,500,000				3,000,000
15.인정상여					
15-1.주식매수선택권행사이익					
15-2.우리사주조합인출금					
15-3.임원퇴직소득한도초과액					
15-4.직무발명보상금					
16.급여계	20,800,000				18,000,000
18.국외근로 100만원(M01)	500,000				
P01.비과세 식사대(월 20만원 이하)	150,000				
18-29.직무발명보상금	2,000,000				
20.제출비과세계	2,650,000				
미제출비과세					
건강보험료	596,030				514,500
장기요양보험료	40,180				29,630
국민연금보험료	778,500				675,000
고용보험료	145,200				120,000
소득세					
지방소득세					
근무기간(시작일)					2024-01-01
근무기간(종료일)					2024-02-29
감면기간(시작일)					
감면기간(종료일)					
종전근무지영수증제출여부					제출
종교인종사자여부					부

❷ [연말정산 근로소득원천징수영수증]

1) 의료비 세액공제

부양가족 관계코드	성명	내외	주민등록번호	본인등 해당여부	상호	사업자번호	의료증빙코드	건수	지급액	실손의료보험금
1 본인	김희진	내	760825-2045673	○			국세청	1	4,600,000	

※ 인명별 합계금액 4,100,000원 + 안경구입비 500,000원(공제한도액) = 4,600,000원

2) 보험료 세액공제

관계코드	성명	기본	보험료			
내외국인	주민등록번호		건강	고용	보장성	장애인
0 1	김희진 760825-2045673	본인/세대주	634,370	142,800	3,240,000	

3) 교육비 세액공제

관계코드	성명	기본	교육비		신용카드(전통시장·대중교통비 도서공연 제외)	직불카드(전통시장·대중교통비 도서공연 제외)	현금영수증(전통시장·대중교통비 도서공연 제외)	도서공연 사용액	전통시장 사용액
내외국인	주민등록번호		구분	일반	장애인 특수교육					
0 1	김희진 760825-2045673	본인/세대주	본인	12,000,000						

※ 본인의 교육비는 대학원까지 전액공제됨

4 원천징수이행상황신고서 작성(연말정산 결과적용)

계속근로자의 연말정산 결과는 [원천징수이행상황신고서]에 반영하여 신고기한내에 신고하여야 한다.

실무수행문제

2024년도 연말정산결과를 반영하여 2025년 2월의 [원천징수이행상황신고서]에 반영하시오.

실무수행입력

인사관리 > 근로소득관리 > 원천징수이행상황신고서

❶ [원천징수이행상황신고서] 2025.02~2025.02

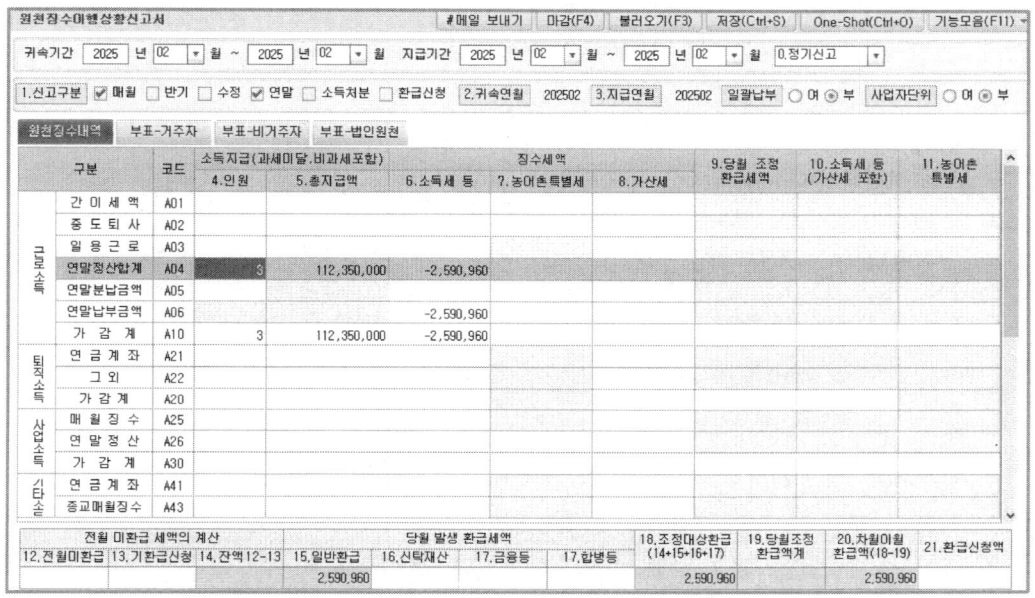

2024 TAT2급 세무실무

PART 03
합격전략

Chapter 01. 오답노트로 정리하는 기출문제
Chapter 02. 혼자서 풀어보는 기출문제
Chapter 03. 실전모의고사

실무이론

실무수행

합격전략

정답 및 풀이

CHAPTER 01 오답노트로 정리하는 기출문제

오답노트로 정리하는 TAT 2급 50회 특강

실무이론평가

아래 문제에서 특별한 언급이 없으면 기업의 보고기간(회계기간)은 매년 1월 1일부터 12월 31일까지입니다. 또한 기업은 일반기업회계기준 및 관련 세법을 계속적으로 적용하고 있다고 가정하고 물음에 가장 합당한 답을 고르시기 바랍니다.

01 다음 중 재무제표의 작성과 표시의 일반원칙에 관한 설명으로 옳지 <u>않은</u> 것은?

① 재무제표의 작성과 표시에 대한 책임은 경영진에게 있다.
② 재무제표의 본문이나 주석에 구분 표시하도록 정한 항목은 그 성격이나 금액이 중요하지 아니한 것이라도 유사한 항목으로 통합하여 표시할 수 없다.
③ 재무제표를 작성할 때 계속기업으로서의 존속가능성을 평가해야 한다.
④ 재무제표의 기간별 비교가능성을 제고하기 위하여 당기 재무제표를 전기와 비교하는 형식으로 표시한다.

정답	②	출제빈도	50회 중 10회출제
풀이	일반기업회계기준에서 재무제표의 본문이나 주석에 구분 표시하도록 정한 항목이라 할지라도 그 성격이나 금액이 중요하지 아니한 것은 유사한 항목으로 통합하여 표시할 수 있다.		

멘토Tip **재무제표 작성과 표시의 일반원칙**

원 칙	내 용
신뢰성	회계처리 및 보고 – 객관적 자료와 증거 – 공정하게 처리 신뢰성에 필요한 정보의 질적특성 : 검증가능성, 표현의 충실성, 중립성
명료성	재무제표의 양식 및 과목을 이해하기 쉽도록 간단명료하게 표시 정보의 완전 공개
충분성	중요한 회계방침, 회계처리 기준·과목·금액을 재무제표 상에 충분히 표시
계속성	회계처리기준 및 절차를 매기 계속 적용 → 기간별 비교 용이 / 기업간 동일한 회계처리 기준 및 절차를 사용 → 기업간 비교 용이 ⇒ 정당한 사유가 있는 경우에 변경
중요성	과목과 금액을 중요성에 따라 실용적으로 결정 예외적인 회계원칙: 원가–효익을 이유로 중요하지 않은 계정의 통합
안정성	대체적인 회계처리방법 중 재무적 기초를 건실하게 하는 방법 선택 예외적인 회계원칙 : 보수주의, 자산·수익은 작게, 부채·비용은 크게 계상
실질우선	회계처리는 거래의 실질과 경제적 사실은 반영

02
(주)한공은 당기 중 유상증자를 2차례 실시하였다. 다음 자료를 토대로 2024년 말 재무상태표에 표시되는 주식발행초과금을 계산하면 얼마인가?(단, 전기 말 주식발행초과금과 주식할인발행차금 잔액은 없는 것으로 한다.)

- 2024년 5월 5일 발행주식수 1,000주, 1주당 발행금액 8,000원(액면 : @5,000원)
  주식발행 수수료는 없다.
- 2024년 10월 20일 발행주식수 500주, 1주당 발행금액 4,000원(액면 : @5,000원)
  주식발행 수수료 100,000원이 발생하였다.

① 2,400,000원 ② 3,000,000원
③ 4,000,000원 ④ 5,000,000원

정답	①	출제빈도	**50회 중 23회출제**
풀이	5월 5일 거래에서 주식발행초과금이 3,000,000원 발생하고, 10월 20일 거래에서 600,000원 감소한다. 따라서 주식발행초과금 잔액은 2,400,000원이다.		
멘토Tip	• 5월 5일 (차) 현금예금등 8,000,000원 (대) 자본금 5,000,000원 　　　　　　　　　　　　　　　　　　주식발행초과금 3,000,000원 • 10월 20일 (차) 현금예금등 1,900,000원 (대) 자본금 2,500,000원 　　　　　　　주식발행초과금 600,000원 ∴ 주식발행초과금 : 3,000,000원 - 600,000원 = 2,400,000원 주식발행시 주식발행일 이전의 주식발행초과금 또는 주식할인발행차금 잔액을 검토한 후 우선 적용한다.		

03
다음 중 회계변경의 유형이 <u>다른</u> 것은?

① 전액 회수할 것으로 평가한 매출채권을 일부만 회수할 것으로 변경
② 감가상각방법을 정액법에서 정률법으로 변경
③ 재고자산의 원가결정방법을 총평균법에서 선입선출법으로 변경
④ 유형자산의 잔존가치를 1,000,000원에서 2,000,000원으로 변경

정답	③	출제빈도	**50회 중 31회출제**
풀이	재고자산의 원가결정방법을 총평균법에서 선입선출법으로 변경하는 것은 회계정책의 변경이고, 그 이외의 것은 회계추정의 변경이다.		

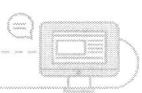

멘토Tip	구 분	내 용
	회계정책의 변경	회계정책의 변경이란 재무제표의 작성과 보고에 적용하던 회계정책을 다른 회계정책으로 바꾸는 것을 말한다. ① 재고자산 평가방법(예 : 선입선출법에서 후입선출법으로 변경) ② 유가증권의 취득단가 산정방법(예 : 총평균법에서 이동평균법으로 변경) 등
	회계추정의 변경	회계추정의 변경은 기업환경의 변화, 새로운 정보의 입수 등에 따라 과거의 회계적 추정치를 새롭게 변경하는 것을 말한다. ① 수취채권의 대손추정 ② 재고자산의 진부화 여부에 대한 판단과 평가 ③ 우발부채의 추정 ④ 감가상각자산의 내용연수 또는 감가상각자산에 내재된 미래 경제적효익의 기대소비 형태의 변경(감가상각방법의 변경) 및 잔존가액의 추정 등

04 다음은 (주)한공의 수정전시산표의 일부이다. 당기말 거래처의 파산으로 매출채권 8,000원의 회수가 불가능해졌으며, 나머지 매출채권도 5%만큼 회수불가능할 것으로 추정된다. 이를 반영한 후의 설명으로 옳은 것은?

잔액	합계	계정과목	합계	잔액
80,000원	230,000원	매출채권	150,000원	
		대손충당금	5,000원	5,000원
0원	0원	대손상각비		

① 재무상태표에 보고될 매출채권 총액은 80,000원이다.
② 재무상태표에 보고될 대손충당금 잔액은 3,600원이다.
③ 재무상태표에 보고될 매출채권 순액은 68,000원이다.
④ 손익계산서에 보고될 대손상각비는 7,000원이다.

정답	②	출제빈도	50회 중 30회출제
풀이	• 거래처 파산 : (차) 대손충당금 5,000원 (대) 매출채권 8,000원 (차) 대손상각비 3,000원 • 기말 매출채권 : 80,000원 − 8,000원 = 72,000원 • 기말 대손충당금 : (80,000원 − 8,000원) × 5% = 3,600원 • 대손상각비 : 3,000원 + 3,600원 = 6,600원		
멘토Tip	• 재무상태표에 보고될 매출채권 = 기초매출채권 + 외상매출액 − 회수액 − 대손처리액 = 매출채권 순액 • 손익계산서에 보고될 대손상각비 = 대손금정리시 발생한 대손상각비 + 기말 대손예상설정액 • 재무상태표에 보고될 대손충당금잔액 = 매출채권 순액 × 설정율		

05. 도·소매업을 영위하고 있는 (주)한공의 2024년 결산 전 매출액이 20,000,000원일 때, 아래 결산사항을 반영한 올바른 매출액은 얼마인가?

- 아래 금액은 모두 판매금액이다.
- 2024년 12월 10일 도착지 인도조건으로 판매한 운송중인 상품 500,000원이 매출에 계상되지 않았다.
- 2024년 말 수탁자에게 인도한 상품 800,000원 중 500,000원이 판매되었음을 확인하였다.
- 2024년에 판매한 상품권 2,000,000원 중 1,000,000원이 상품 판매로 인해 회수되었음을 확인하였다.

① 20,000,000원
② 21,000,000원
③ 21,500,000원
④ 22,000,000원

정답	③		출제빈도	50회 중 5회출제

풀이

미반영사항 반영 전 매출액	20,000,000원
도착지 인도조건 매출*1	–
수탁자가 판매한 매출*2	500,000원
상품권 매출*3	1,000,000원
미반영사항 반영 후 매출액	21,500,000원

*1 도착지 인도조건은 매출에 포함되지 않는다.
*2 수탁자가 상품을 판매한 때에 매출을 인식한다.
*3 물품을 판매하고 상품권을 회수한 때에 매출을 인식한다.

멘토Tip

구 분	수익인식방법
상품 및 제품판매	판매기준
위탁판매	수탁자가 제3자에게 판매한 시점
할부판매	재화가 인도된 시점(단, 현재가치와 명목가액이 중요한 차이가 나는 경우에는 현재가치로 평가한다)
시용판매	고객이 구입의사를 표시한 날
상품권판매	상품 등이 고객에 제공된 날(상품권 회수시점)
용역매출 및 예약매출	진행기준에 따라 매출인식
재화판매의 수익인식조건	• 재화의 소유에 따른 위험과 효익의 대부분이 구매자에게 이전 • 판매자는 판매한 재화에 대하여 소유권이 있을 때 통상적으로 행사하는 정도의 관리나 효과적인 통제를 할수 없음(통제권이전) • 수익금액을 신뢰성있게 측정할 수 있음 • 경제적효익의 유입가능성이 매우 높음 • 발생했거나 발생할 거래원가와 관련 비용을 신뢰성있게 측정

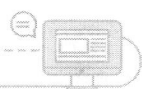

구 분	수익인식방법

용역제공의 수익인식	• 용역제공거래의 성과를 신뢰성있게 측정할 수 있을 때 진행기준에 따라 인식
	• 충족조건
	  - 거래전체의 수익금액을 신뢰성있게 측정가능
	  - 경제적효익의 유입가능성이 매우 높음
	  - 진행률을 신뢰성있게 측정가능
	  - 발생한 원가 및 투입하여야 할 원가를 신뢰성있게 측정가능
	• 진행률
	  - 총예상작업량(또는 작업시간)대비 실제작업량(또는 작업시간)의 비율
	  - 총예상용역량 대비 현재까지 제공한 누적용역량의 비율
	  - 총추정원가 대비 현재까지 발생한 누적원가의 비율. 현재까지 발생한 누적원가는 현재까지 수행한 용역에 대한 원가만을 포함하며, 총추정원가는 현재까지의 누적원가와 향후 수행해야 할 용역의 원가를 합계한 금액으로 한다.

이자·배당금 로열티등 수익인식조건	• 충족조건
	  - 수익금액을 신뢰성있게 측정할 수 있음
	  - 경제적효익의 유입가능성이 매우 높음
	• 측정의 신뢰성과 경제적효익의 유입가능성에 대하여는 재화의 판매와 동일하게 적용
	• 이자수익 : 유효이자율을 적용하여 발생기준에 따라 인식
	• 배당금수익 : 배당금을 받을 권리와 금액이 확정되는 시점에 인식
	• 로열티수익 : 관련된 계약의 경제적 실질을 반영하여 발생기준에 따라 인식

기타수익 인식조건	• 재화의 판매, 용역의 제공, 이자,배당금,로열티로 분류할 수 없는 기타의 인식은 다음 조건을 모두 충족할 때 발생기준에 따라 합리적인 방법으로 인식
	  - 수익가득과정이 완료되었거나 실질적으로 거의 완료되었음
	  - 수익금액을 신뢰성있게 측정할 수 있음
	  - 경제적효익의 유입가능성이 매우 높음

06 다음은 (주)한공의 11월중 매출과 매입에 관한 자료이다. 계속기록법에 의한 선입선출법(FIFO)을 사용할 경우 11월에 판매한 상품의 매출총이익은 얼마인가?

일 자	구 분	수 량	단 가
11월 1일	기초재고	5,000개	@500원
11월 15일	상품매입	10,000개	@550원
11월 25일	상품판매	8,000개	@600원
11월 30일	상품매입	3,000개	@520원

① 400,000원
② 640,000원
③ 650,000원
④ 800,000원

정답	③	출제빈도	50회 중 18회출제
풀이	• 선입선출법에 따라 기초재고와 11월 15일에 매입한 재고자산 중 8,000개가 판매되었으므로 매출원가는 5,000개×@500원+3,000개×@550원=4,150,000원이다. • 매출총이익 = 매출액 - 매출원가 = 8,000개×@600원 - 4,150,000원 = 650,000원		
멘토Tip	• 매출총이익 = 매출액 - 매출원가 • 선입선출법에 따른 매출원가(수량기준) = 기초상품중 판매수량×매입단가 + 당기상품매입중 판매수량×매입단가		

07 다음 자료를 토대로 (주)한공이 2024년에 손상차손환입액으로 인식할 금액은 얼마인가?

- 2023년 초에 취득한 토지(취득금액 60,000,000원)에 2023년 말 손상징후가 존재
- 2023년 말 토지의 순공정가치와 사용가치는 각각 45,000,000원과 50,000,000원
- 2024년 말 토지의 회수가능액 70,000,000원

① 10,000,000원
② 15,000,000원
③ 20,000,000원
④ 25,000,000원

정답	①	출제빈도	50회 중 10회출제
풀이	전기 말 회수가능액 = Max(45,000,000원, 50,000,000원) = 50,000,000원 전기 말 손상차손 = 60,000,000원 - 50,000,000원 = 10,000,000원 당기 말 손상차손환입 = Min(70,000,000원, 60,000,000원) - 50,000,000원 = 10,000,000원		
멘토Tip	• 손상차손 = 회수가능가액 - 유형자산장부금액 • 회수가능가액 = Max(순공정가치, 사용가치) • 손상차손으로 증가되는 장부금액은 과거 손상차손을 인식하기 전 장부금액을 초과할 수 없다.		

08 (주)한공은 3년 전 매입한 매도가능증권을 당기 중 600,000원에 처분하였다. 전기 말 재무상태표상 매도가능증권 금액은 500,000원이며, 매도가능증권평가손실(기타포괄손익누계액)은 150,000원이다. 손익계산서에 계상되는 처분손익은 얼마인가?
(이 외 매도가능증권은 없다고 가정한다.)

① 매도가능증권처분손실 50,000원
② 매도가능증권처분이익 50,000원
③ 매도가능증권처분손실 100,000원
④ 매도가능증권처분이익 100,000원

정답	①	출제빈도	50회 중 7회출제
풀이	• 처분시점 회계처리 (차) 현금　　　　　　　　600,000원　(대) 매도가능증권　　　　　500,000원 　　　매도가능증권처분손실 50,000원　　　　매도가능증권평가손실 150,000원 　　　　　　　　　　　　　　　　　　　　　　(기타포괄손익누계액)		

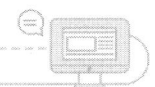

멘토Tip

- 유가증권의 구분

분류	표시	내용
단기매매증권	유동자산	단기간내의 매매차익 목적, 매수와 매도가 빈번하게 발생하는 경우 (시장성 있음)
만기보유증권	투자자산	상환금액 확정가능 채무증권, 만기까지 보유의도와 능력이 있는 경우
매도가능증권	투자자산	단기매매증권, 만기보유증권으로 분류되지 않는 주식, 채권
지분법적용주식	투자자산	다른 회사에 중대한 영향력을 행사할 수 있는 지분증권(주식)을 20% 이상을 투자한 경우

- 매도가능증권의 회계처리

종류	장부가액>시가	장부가액<시가
매도가능증권	(차) 매도가능증권평가손실 (대) 매도가능증권	(차) 매도가능증권 (대) 매도가능증권평가이익

- 매도가능증권평가손익은 기타포괄손익누계액(자본)에 영향을 미친다.
- 매도가능증권처분시 매도가능증권평가손실 또는 매도가능증권평가이익을 먼저 차감하고, 매도가능증권처분손익을 영업외손익으로 처리한다.

09 다음 중 부가가치세 과세표준에 포함되는 것은?

① 공급받는 자에게 도달하기 전에 파손·훼손되거나 멸실한 재화의 가액
② 재화·용역의 공급과 직접 관련되지 않는 국고보조금과 공공보조금
③ 공급에 대한 대가의 지급이 지체되었음을 이유로 받는 연체이자
④ 할부판매의 이자상당액

정답	④	출제빈도	50회 중 18회출제
풀이	• 할부판매의 이자상당액은 과세표준에 포함된다.		

멘토Tip	과세표준에 포함되지 않는 것	과세표준에 포함되는 것 (즉, 과표에서 공제하지 않는 것)
	① 부가가치세 ② 매출에누리액, 매출환입액, 매출할인 ③ 계약 등으로 인하여 확정된 대가의 지급지연으로 인하여 지급받는 연체이자(소비대차 불문) → 이자(면세용역임)로 본다 ④ 정부보조금과 공공보조금 ⑤ 공급받는 자에게 도달하기 전에 파손·훼손· 또는 멸실된 재화의 가액	① 하자보증금 ② 대손금* ③ 판매장려금 지급액* * 별도의 비용으로 처리

10 다음 중 부가가치세법상 영세율에 대하여 <u>잘못</u> 알고 있는 사람은?

① 철수
② 예지
③ 미라
④ 용필

정답	④		출제빈도	50회 중 9회출제
풀이	• 도서관, 과학관 등 문화관련 재화와 용역은 부가가치세 면세대상이다.			

멘토Tip	구분	영세율(zero tax rate)제도	면세제도
	목적	① 소비지국과세원칙의 실현 ② 국제적 이중과세방지 및 수출의 촉진	부가가치세 부담의 역진성 완화
	성격	완전면세제도(매입세액을 환급해준다)	부분면세제도(매입세액을 환급해주지 않는다)
	대상	수출하는 재화 등 외화획득 재화 또는 용역에 적용	기초생활필수품 등에 적용

11

다음은 제조업을 영위하는 일반과세자 (주)한공의 2024년 제2기 부가가치세 확정신고와 관련된 매입세액 자료이다. 부가가치세법상 공제받을 수 있는 매입세액은 얼마인가?(단, 세금계산서는 적법하게 수취하였다.)

가. 공장용 화물차 유류대 관련 매입세액 :	2,500,000원
나. 거래처 발송용 연말 선물세트 구입 관련 매입세액 :	1,000,000원
다. 사무용 비품 구입 관련 매입세액 :	4,000,000원
라. 토지 자본적 지출 관련 매입세액 :	3,400,000원

① 5,000,000원
② 5,900,000원
③ 6,500,000원
④ 7,400,000원

정답	③	출제빈도	50회 중 23회출제
풀이	• 2,500,000원 + 4,000,000원 = 6,500,000원 • 공장용 화물차 유류대와 사무용 비품 구입 관련 매입세액은 공제대상이며, 거래처 발송용 연말 선물세트 구입 관련 매입세액과 토지 자본적 지출 관련 매입세액은 공제받지 못할 매입세액이다.		
멘토Tip	• 공제매입세액 = 공제대상 매입세액 – 공제받지못할 매입세액		

공제대상 매입세액	공제받지못할 매입세액
• 세금계산서에 의한 매입세액 • 신용카드매출전표등 매입세액 (공제요건 충족분) • 의제매입세액 • 재활용폐자원등 매입세액 • 과세사업전환 매입세액 • 재고매입세액	• 매입처불세금계산서합계표 미제출,부실,허위기재분 • 세금계산서 미수취,부실,허위기재분 • 업무와 관련없는 지출에 대한 매입세액 • 비영업용 소형승용차 구입,유지,임차관련 매입세액 • 면세관련 매입세액 • 접대비관련 매입세액 • 공통매입세액 면세사업분 • 사업자등록전 매입세액 • 대손처분받은 세액 • 납부세액의 재계산

12

다음 중 소득세법상 이자소득에 해당하지 않는 것은?

① 손해배상금에 대한 법정이자
② 국내에서 지급받는 은행 예금의 이자
③ 내국법인이 발행한 채권 또는 증권의 이자
④ 비영업대금의 이익

정답	①	출제빈도	50회 중 18회출제
풀이	• 계약의 위약, 해약을 원인으로 한 손해배상금에 대한 법정이자는 기타소득, 기타의 원인으로 인한 손해배상금에 대한 법정이자는 과세 제외한다.		
멘토Tip	**이자소득의 범위** • 채권 또는 증권의 이자와 할인액 • 예금의 이자와 할인액 • 기타 이자 : 비영업대금의 이익등 자금대여의 대가성이 있는 것 • 비과세 이자소득 : 공익신탁의 이익, 근로자우대저축의 이자등		

13 다음 중 소득세법상 근로소득에 대한 설명으로 옳지 <u>않은</u> 것은?

① 종업원이 받는 직무수당 중 사회통념상 타당하다고 인정되는 범위 내의 금액은 근로소득으로 보지 않는다.
② 법인의 임원이 부여받은 주식매수선택권을 근무하는 기간 중 행사함으로써 얻은 이익은 근로소득에 해당한다.
③ 일직료·숙직료 또는 여비로서 실비변상정도의 금액은 비과세 근로소득이다.
④ 연말정산한 근로소득은 다른 종합소득이 없으면 과세표준확정신고를 하지 않아도 된다.

정답	①	출제빈도	50회 중 26회출제
풀이	• 종업원이 받는 직무수당은 금액에 관계없이 근로소득으로 본다.		
멘토Tip	**근로소득의 범위** • 근로의 제공으로 인하여 받는 봉급 등 • 각종수당 • 급여성대가(기밀비, 휴가비, 여비 등) • 기타 경제적 이익(주식매수선택권 행사 이익 등)		

14 다음은 성실해 씨의 기타소득 관련 수입 내역이다. 원천징수대상 기타소득금액은 얼마인가?(단, 실제 소요된 필요경비는 없는 것으로 가정한다.)

가. 유실물의 습득으로 인한 보상금	3,000,000원
나. 주택입주 지체상금	2,000,000원
다. 원작자가 받는 원고료	500,000원

① 3,500,000원 ② 3,600,000원
③ 3,900,000원 ④ 5,400,000원

정답	②		출제빈도	**50회 중 14회출제**
풀이	• 유실물의 습득으로 인한 보상금은 실제 소요된 필요경비가 없으며, 주택입주 지체상금은 80%, 원작자가 받는 원고료는 60%의 필요경비가 인정된다. 3,000,000원 + 2,000,000원 × (100% − 80%) + 500,000원 × (100% − 60%) = 3,600,000원			

멘토Tip	• 기타소득금액 = 기타소득 총수입금액 − 필요경비 • 기타소득 총수입금액 = 기타소득 − 비과세소득 − 분리과세소득

기타소득	필요경비
• 공익법인이 주무관청의 승인을 받아 시상하는 상금 및 부상 • 계약의 위약 또는 해약으로 인하여 받는 위약금과 배상금 중 주택입주지체상금 • 서화·골동품의 양도로 발생하는 소득(양도가액이 6천만원 이상인 것)	MAX[①수입금액의 80%, ②실제소요경비]

• 인적용역을 일시적으로 제공하고 지급받는 대가
  − 고용관계 없이 다수인에게 강연을 하고 강연료 등의 대가를 받는 용역, ·그 외의 용역으로서 고용관계 없이 수당 또는 이와 유사한 성질의 대가를 받고 제공하는 용역
• 일시적 문예창작소득(문예·학술·미술·음악, 사진에 속하는 창작품)
  − 원고료
  − 저작권사용료인 인세
  − 미술·음악 또는 사진에 속하는 창작품에 대하여 받는 대가
• 광업권, 어업권, 산업재산권, 산업정보, 산업상 비밀, 상표권, 영업권(점포임차권포함), 토사석 채취허가에 따른 권리, 지하수의 개발·이용권 기타 이와 유사한 자산이나 권리를 양도하거나 대여하고 그 대가로 받는 금품 등
	MAX[①수입금액의 60%, ②실제소요경비]

• 상금·현상금·포상금·보로금 기타 이에 준하는 금품 • 유실물의 습득 또는 매장물의 발견으로 인하여 보상금을 받거나 새로 소유권을 취득하는 경우 그 보상금 또는 자산 • 뇌물 및 알선수재, 배임수재에 의하여 받는 금품 • 복권·경품권, 기타 추첨권에 의하여 받는 당첨금품 등	실제소요경비

• 선택적 분리과세 : 연 300만원 이하의 기타소득금액은 거주자의 선택에 의하여 분리과세 하거나 종합과세한다.

15 다음은 근로소득자인 김한공씨가 2024년 중 지출한 교육비내역이다. 2024년 교육비세액공제액은 얼마인가?

가. 본인 대학원 학비	10,000,000원
나. 배우자(소득없음)의 대학원 학비	5,000,000원
다. 장남(24세, 사업소득금액 200만원)의 대학교 학비	6,000,000원
라. 차남(17세)의 외국어 학원비	3,000,000원

① 900,000원 ② 1,500,000원
③ 2,400,000원 ④ 2,700,000원

| 정답 | ② | 출제빈도 | **50회 중 11회출제** |

풀이
- 본인의 대학원 학비는 교육비 공제대상이나 부양가족의 대학원 학비는 공제대상이 아님.
- 소득이 있는 자녀의 교육비는 공제대상 아니며, 취학전 아동이외의 학원비는 공제대상 교육비에 해당하지 않음.
- 10,000,000원×15% = 1,500,000원

멘토Tip

교육대상자	교육비	대상액 한도	비고
기본공제 대상자인 배우자·직계비속·형제자매·입양자	• 유아교육법,초·중등교육법,고등교육법및특별법에 따른 학교(대학원 제외)에 지급한 교육비 • 평생교육법에 따른 원격대학, 학점인정 등에 관한 법률 및 독학에 의한 학위취득에 관한 법률에 따른 교육과정 중 학위취득과정을 위하여 지급한 교육비 • 국외에 소재하는 교육기관으로서 우리나라의 유아교육법에 의한 유치원, 초·중등교육법 또는 고등교육법에 의한 학교에 지급한 교육비 • 초등학교 취학 전 아동을 위하여 영유아보육법에 따른 보육시설, 학원 또는 체육시설에 월 단위로 1주 1회 이상 실시하는 교습과정에 교습을 받고 지급한 수강료	1인당공제한도 • 초등학교 취학전 아동, 초·중·고 : 300만원 • 대학생 : 900만원	포함되는 것 • 초·중·고 : 교과서대, 학교급식비, 방과후 학교수업료(교재 구입비 포함) • 중·고 : 교복구입비 50만원 이내
근로자본인	• 부양가족에 인정되는 공제 대상 교육비(다만, 보육시설·학원에 지급한 교육비 제외) • 대학(원격대학 및 학위취득과정 포함) 또는 대학원의 1학기 이상에 해당하는 교육과정과 고등교육법 제36조에 따른 시간제 과정에 등록하여 지급하는 교육비 • 근로자직업능력개발법 제2조에 따른 직업능력개발훈련시설을 위하여 지급한 수강료	한도 없음.	*고용보험법 시행령 제43조에 따른 근로자 수강지원금 제외
기본공제 대상자인 장애인	• 장애인의 재활교육을 위하여 다음의 시설 등에 지급하는 비용 - 사회복지사업법에 따른 사회복지시설 - 민법에 따라 설립된 비영리법인으로 보건복지부장관이 장애인재활교육을 실시하는 기관으로 인정한 법인 - 위의 시설 또는 법인과 유사한 것으로 외국에 있는 시설 또는 법인	한도 없음.	• 직계존속 포함 • 연간 소득금액 합계액 100만원을 초과한 경우에도 공제 가능

실무수행평가

(주)야호산업(회사코드 2150)은 등산용품 제조업 및 부동산임대업을 영위하는 법인기업으로 회계기간은 제6기(2024.1.1.~2024.12.31.)이다. 제시된 자료와 [자료설명]을 참고하여 [평가문제]의 물음에 답하시오.

실무수행 유의사항	1. 부가가치세 관련거래는 [매입매출전표입력]메뉴에 입력하고, 부가가치세 관련없는 거래는 [일반전표입력]메뉴에 입력한다. 2. 타계정 대체와 관련된 적요는 반드시 코드를 입력하여야 한다. 3. 채권·채무, 예금거래 등 관리대상 거래자료에 대하여는 거래처코드를 반드시 입력한다. 4. 자금관리 등 추가 작업이 필요한 경우 문제의 요구에 따라 추가 작업하여야 한다. 5. 제조경비는 500번대 계정코드를 사용한다. 6. 판매비와 관리비는 800번대 계정코드를 사용한다. 7. 등록된 계정과목 중 가장 적절한 계정과목을 선택한다.

문제 1 ▶ 거래자료입력

주어진 실무프로세스에 대하여 기초정보관리를 입력하시오.

❶ 3만원초과 거래자료에 대한 경비등의송금명세서 작성

■ 보통예금(국민은행) 거래내역

번호	거래일	내용	찾으신금액	맡기신금액	잔액	거래점
		계좌번호 204456-02-344714 (주)야호산업				
1	2024-1-10	임차료	400,000		***	***

공급자 정보

- 상   호 : 삼성개발
- 사업자등록번호 : 119-15-50400
- 대 표 자 : 박성연
- 주   소 : 경기도 수원시 팔달구 매산로 10-7 (매산로1가)
- 은 행 정 보 : 신한은행 011202-04-012368
- 예 금 주 : 박성연(삼성개발)

자료설명	원재료 야적을 위해 삼성개발에서 임차한 임야에 대해 1월분 임차료 400,000원을 국민은행 보통예금에서 이체하였다.(삼성개발은 세금계산서 발급이 불가능한 간이과세자임.)
평가문제	1. 거래자료를 입력하시오. 2. 경비등의 송금명세서를 작성하시오.(단, 영수증수취명세서 작성은 생략할 것.)

출제빈도	50회 중 15회 출제
정답	1. [일반전표입력] 1월 10일 　(차) 519.임차료　　　　400,000원　　(대) 103.보통예금　　　　400,000원 　　　　　　　　　　　　　　　　　　　　　(98000.국민은행(보통)) 2. [경비등송금명세서]
오답유형	1. 문제에서 제시된 거래처코드가 아닌 다른 거래처코드의 거래처 정보를 수정하여 입력한 경우 2. 거래일자, 거래처코드, 계정과목과 분개금액을 잘못 입력한 경우 3. 거래일자, 거래처코드, 계정과목과 분개금액을 하나라도 입력하지 않은 경우 4. [경비등송금명세서]의 입력항목을 하나라도 입력하지 않은 경우
멘토Tip	회사의 업종에 맞는 경비를 선택해서 입력한다. 1. 500번대(제조경비) – 제조업에 해당하며 TAT1,2급(세무실무1,2급)에서 사용 2. 600번대(도급경비), 700번대(분양경비) – 건설업에 해당하며 실무에서만 사용 3. 800번대(판매비와관리비) – 도소매업, 사무실경비에 해당하며 FAT1,2급(회계실무1,2급)에서 사용 4. [경비등송금명세서]를 작성하도록 제시하였으므로, 반드시 입력되어야 한다.

❷ 약속어음 수취거래, 만기결제, 할인 및 배서양도

전 자 어 음

(주)야호산업 귀하　　　　　　　　　　　00420231015123456789

금　오백만원정　　　　　　　　　　　　　　　　5,000,000원

위의 금액을 귀하 또는 귀하의 지시인에게 지급하겠습니다.

지급기일　2024년 3월 15일　　　발행일　2023년 10월 15일
지 급 지　국민은행　　　　　　　　발행지
지급장소　서대문지점　　　　　　　주　소　서울특별시 서대문구 간호대로 11-15
　　　　　　　　　　　　　　　　　　발행인　(주)일신산업

자료설명	[2월 15일] (주)일신산업으로부터 받아 보관 중이던 전자어음을 국민은행에서 할인하고, 할인료 120,000원을 차감한 잔액 4,880,000원은 국민은행 보통예금계좌에 입금되었다.
평가문제	1. 어음의 할인과 관련된 거래자료를 입력하시오.(매각거래로 처리할 것.) 2. 자금관련정보를 입력하여 받을어음현황에 반영하시오.

출제빈도	50회 중 10회 출제
정답	1. [일반전표입력] 2월 15일 (차) 103.보통예금　　　4,880,000원　　(대) 110.받을어음　　　5,000,000원 　　(98000.국민은행(보통))　　　　　　　　(03100.(주)일신산업) 　　936.매출채권처분손실 120,000원 2. [받을어음관리] | 어음상태	2 할인(전액)	어음번호	00420221015123456789	수취구분	1 자수	발행일	2023-10-15	만기일	2024-03-15
발행인	03100	(주)일신산업		지급은행	100	국민은행		지점	서대문
배서인		할인기관		지점		할인율(%)		어음종류	6 전자	
오답유형	1. 거래일자, 계정과목, 거래처, 분개금액을 잘못 입력한 경우 2. 거래일자, 계정과목, 거래처, 분개금액을 하나라도 입력하지 않은 경우 3. [받을어음관리]의 입력항목이 하나라도 잘못 입력된 경우 4. [받을어음관리]의 입력항목이 하나라도 입력하지 않은 경우 5. 등록된 거래처코드로 등록하며 수험생이 신규로 등록한 거래처는 오답처리
멘토Tip	1. 채권, 채무, 예금, 적금 계정과목은 거래처코드를 반드시 입력한다. 2. 받을어음 할인시 자금관리 입력방법 　- 하단 받을어음 관리 화면의 어음번호란에서 F2코드도움으로 등록된 어음번호등을 클릭하여 내용을 불러와서 적용한다.

❸ 기타 일반거래

■ 보통예금(국민은행) 거래내역

번호	거래일자	내용	찾으신금액	맡기신금액	잔액	거래점
		계좌번호 204456-02-344714　(주)야호산업				
1	2024-03-02	(주)삼광산업		12,000,000	***	***

자료설명	(주)삼광산업의 외상매출금 22,000,000원 중 일부는 국민은행 보통예금으로 입금 되었으며, 잔액은 계약에 따라 소비대차(대여기간 6개월, 이자율 연 4%, 후급 조건)로 전환되었다.
평가문제	거래자료를 입력하시오.

출제빈도	50회 중 1회 출제
정답	[일반전표입력] 3월 2일 (차) 103.보통예금　　　12,000,000원　　(대) 108.외상매출금　　22,000,000원 　　(98000.국민은행(보통))　　　　　　　　　(03300.(주)삼광산업) 　　114.단기대여금　　10,000,000원 　　(03300.(주)삼광산업)
오답유형	1. 거래일자, 계정과목, 분개금액을 잘못 입력한 경우 2. 거래일자, 계정과목, 분개금액을 하나라도 입력하지 않은 경우
멘토Tip	1. 회사의 업종에 맞는 경비를 선택해서 입력한다. 　① 500번대(제조경비) - 제조업에 해당하며 TAT1,2급에서 사용 　② 600번대(도급경비), 700번대(분양경비) - 건설업에 해당하며 실무에서 사용 　③ 800번대(판매비와관리비) - 도소매업 판매관리비에 해당하며 FAT1,2급에서 사용 2. 채권, 채무, 예금, 적금 계정과목은 거래처코드를 반드시 입력한다.

④ 퇴직급여

자료.

퇴직금 정산서

- 사업장명 : (주)야호산업
- 성   명 : 이방원
- 생년월일 : 1972년 10월 20일
- 퇴사일자 : 2024년 4월 30일
- 퇴직금 지급일자 : 2024년 4월 30일
- 퇴직금 : 15,400,000원(『근로자퇴직급여 보장법』상 금액)
- 퇴직금 지급방법 : 확정급여형퇴직연금(DB) 계좌에서 지급

자료설명	1. (주)야호산업은 확정급여형퇴직연금(DB)에 가입하여 퇴직금추계액의 100%를 불입하고 있다. 2. 이방원 퇴사시 퇴직금 전액을 개인형 퇴직연금(IRP)계좌로 지급한다.
평가문제	퇴직금 지급과 관련된 거래자료를 입력하시오(거래처코드 입력은 생략할 것).
출제빈도	**50회 중 6회 출제**
정답	**[일반전표입력] 4월 30일** (차) 295.퇴직급여충당부채 15,400,000원 (대) 198.퇴직연금운용자산 15,400,000원
오답유형	1. 거래일자, 계정과목, 분개금액을 잘못 입력한 경우 2. 거래일자, 계정과목, 분개금액을 하나라도 입력하지 않은 경우
멘토Tip	1. 채권, 채무, 예금, 적금 계정과목은 거래처코드를 반드시 입력한다.

문제 2 부가가치세

부가가치세 관련 거래자료를 입력하여 실무프로세스를 수행하시오.

① 과세매출자료의 전자세금계산서 발급

거래명세서 (공급자 보관용)

	공급자				공급받는자			
등록번호	120-81-32144			등록번호	514-81-35782			
상호	(주)야호산업	성명	최종길	상호	(주)메아리	성명	김세창	
사업장 주소	서울특별시 강남구 강남대로 246, 3층			사업장 주소	서울특별시 구로구 가마산로 134-10			
업태	제조업외	종사업장번호		업태	도소매업	종사업장번호		
종목	등산용품외			종목	등산용품			

거래일자	미수금액	공급가액	세액	총 합계금액
2024.4.25.		6,000,000	600,000	6,600,000

NO	월	일	품목명	규격	수량	단가	공급가액	세액	합계
1	4	25	등산모자		100	60,000	6,000,000	600,000	6,600,000

자료설명	1. (주)메아리에 제품을 공급하고 발급한 거래명세서이다. 2. 회사는 (주)메아리에서 4월 10일 계약금 1,000,000원을 수령하였으며 잔액은 국민은행 보통예금계좌로 이체받았다.
평가문제	1. 거래명세서에 의해 매입매출자료를 입력하시오. 2. 전자세금계산서 발행 및 내역관리 를 통하여 발급·전송하시오. (전자세금계산서 발급 시 결제내역 및 전송일자는 무시할 것.)
출제빈도	50회 중 47회 출제
정답	1. [매입매출전표입력] 4월 25일 | 거래유형	품명	공급가액	부가세	거래처	전자세금
---	---	---	---	---	---
11.과세	등산모자	6,000,000	600,000	03350.(주)메아리	전자발행
분개유형	(차) 103.보통예금 5,600,000원		(대) 404.제품매출		6,000,000원
3.혼합	(98000.국민은행(보통))		255.부가세예수금		600,000원
	259.선수금 1,000,000원					 2. [전자세금계산서 발행 및 내역관리] ① 전자세금계산서 발행 및 내역관리 를 클릭하면 수정 전표 1매가 미전송 상태로 나타난다. ② 해당내역을 클릭하여 전자세금계산서 발행 및 국세청 전송을 한다.
오답유형	〈매입매출전표입력〉 1. 거래일자, 유형, 공급가액, 세액, 거래처, 계정과목, 분개금액을 잘못 입력한 경우 2. 거래일자, 유형, 공급가액, 세액, 거래처, 계정과목, 분개금액을 하나라도 입력하지 않은 경우 3. 매입매출 유형을 11.과세가 아닌 다른 유형으로 입력한 경우 4. 상단의 거래처와 하단의 분개거래처를 틀리게 입력한 경우 5. 상단과 하단을 틀리게 입력한 경우 〈전자세금계산서 발행 및 내역관리〉 1. 전자세금계산서 발행 및 국세청에 전송하지 않은 경우
멘토Tip	* 매입매출전표입력은 유형을 잘 선택해야 다른 항목의 입력이 정확해진다. 〈매입매출전표입력〉 1. 품명이 2개 이상인 경우 툴바의 복수거래를 클릭해서 입력한다. 2. 전자세금계산서 발행을 위해서는 전자세금란은 공란으로 둔다. (전자세금란은 전자세금계산서 발행 및 내역관리 메뉴에서 작업시 자동 반영된다.) 3. 상단(증빙자료)과 하단(대금수불 관련 분개)의 거래처는 상이할 수 있으며, 하단의 거래처는 계정과목에 맞도록 수정한다. 〈전자세금계산서 발행 및 내역관리〉 1. 툴바의 전자발행을 클릭하고, 전자세금계산서 발행 홈페이지에 접속한다. 2. "발행"을 클릭하면 거래처 담당자 이메일 주소로 전자세금계산서가 발행된다. 3. 툴바의 ACADEMY 전자세금계산서를 클릭하고 전자세금계산서 전송 홈페이지에 접속한다. 4. 매출조회 후 하단의 발행을 클릭하면 국세청에 전자세금계산서가 전송된다.

❷ 수정전자세금계산서의 발행(4점)

전자세금계산서				(공급자 보관용)		승인번호			
공급자	등록번호	120-81-32144			공급받는자	등록번호	120-81-51234		
	상호	(주)야호산업	성명(대표자)	최종길		상호	(주)설악산업	성명(대표자)	설악산
	사업장 주소	서울특별시 강남구 강남대로 246, 3층				사업장 주소	서울특별시 구로구 구로중앙로 198		
	업태	제조업외	종사업장번호			업태	도소매업	종사업장번호	
	종목	등산용품외				종목	등산용품		
	E-Mail	yaho@bill36524.com				E-Mail	mountain@bill36524.com		
작성일자	2024.5.20.		공급가액	10,000,000		세액	1,000,000		
비고									

월	일	품목명	규격	수량	단가	공급가액	세액	비고
5	20	등산가방		100	100,000	10,000,000	1,000,000	

합계금액	현금	수표	어음	외상미수금	이 금액을	○ 영수	함
11,000,000				11,000,000		● 청구	

자료설명	1. 5월 20일 제품을 공급하고 발급한 전자세금계산서이며 매입매출전표에 입력되어 있다. 2. 담당자의 착오로 동일 건을 이중 발급한 사실을 확인하였다.
평가문제	수정사유를 선택하여 수정전자세금계산서를 발급·전송하시오.(외상대금 및 제품매출에서 음수(-)로 처리하고 전자세금계산서 발급 시 결제내역 및 전송일자는 무시할 것.)

출제빈도	**50회 중 7회 출제**
정답	1. [수정전자세금계산서 발급] ① [매입매출전표입력]에서 5월 20일 전표 1건 선택 → 툴바의 수정세금계산서 을 클릭 → 수정사유(6.착오에 의한 이중발급 등)선택 → 확인(Tab) 을 클릭 수정사유 [6. 착오에 의한 이중발급등 ▼] (발행매수 : 1 매 발행) 비 고 [당초(세금)계산서작성일] [2024] 년 [05] 월 [20] 일 ② 수정세금계산서(매출)화면에서 수정분 [작성일 5월 20일], [공급가액 -10,000,000원], [세액 -1,000,000원] 자동 반영 → 확인(Tab) 을 클릭 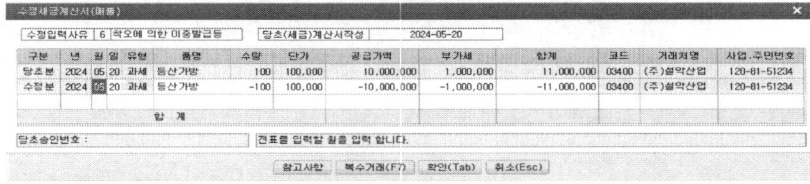 ③ [매입매출전표입력] 화면에 수정분이 입력된다.

거래유형	품명	공급가액	부가세	거래처	전자세금
11.과세	등산가방	-10,000,000	-1,000,000	03400.(주)설악산업	전자발행
분개유형 2.외상	(차) 108.외상매출금 -11,000,000원			(대) 255.부가세예수금 -1,000,000원 404.제품매출 -10,000,000원	

2. [전자세금계산서 발행 및 내역관리]
   ① 전자세금계산서 발행 및 내역관리 를 클릭하면 수정 전표 1매가 미전송 상태로 나타난다.
   ② 해당내역을 클릭하여 전자세금계산서 발행 및 국세청 전송을 한다.

오답유형

〈매입매출전표입력〉
1. 거래일자, 유형, 공급가액, 세액, 거래처, 계정과목, 분개금액을 잘못 입력한 경우
2. 거래일자, 유형, 공급가액, 세액, 거래처, 계정과목, 분개금액을 하나라도 입력하지 않은 경우
3. 매입매출 유형을 11.과세가 아닌 다른 유형으로 입력한 경우
4. 수정세금계산서 발급사유가 6.착오에 의한 이중발급등 이 아닌 경우
5. 수정세금계산서가 발급되지 않은 경우
6. 상단과 하단을 틀리게 입력한 경우

〈전자세금계산서 발행 및 내역관리〉
1. 전자세금계산서 발행 및 국세청에 전송하지 않은 경우

멘토Tip

* 매입매출전표입력은 유형을 잘 선택해야 다른 항목의 입력이 정확해진다.

〈매입매출전표입력〉
1. 품명이 2개 이상인 경우 툴바의 복수거래를 클릭해서 입력한다.
2. 전자세금계산서 발행을 위해서는 전자세금란은 공란으로 둔다.
   (전자세금란은 전자세금계산서 발행 및 내역관리 메뉴에서 작업시 자동 반영된다.)
3. 상단(증빙자료)과 하단(대금수불 관련 분개)의 거래처는 상이할 수 있으며, 하단의 거래처는 계정과목에 맞도록 수정한다.
4. 수정전자세금계산서는 발급사유가 정확히 선택되어야 2매 또는 1매가 자동 작성된다.

〈전자세금계산서 발행 및 내역관리〉
1. 툴바의 전자발행을 클릭하고, 전자세금계산서 발행 홈페이지에 접속한다.
2. "발행"을 클릭하면 거래처 담당자 이메일 주소로 전자세금계산서가 발행된다.
3. 툴바의 ACADEMY 전자세금계산서를 클릭하고 전자세금계산서 전송 홈페이지에 접속한다.
4. 매출조회 후 하단의 발행을 클릭하면 국세청에 전자세금계산서가 전송된다.

❸ 부동산임대사업자의 부가가치세신고서 작성

자료 1. 부동산임대계약서

(사 무 실) 월 세 계 약 서

■ 임대인용
□ 임차인용
□ 사무소보관용

부동산의 표시	소재지	서울특별시 강남구 강남대로 246, 4층 401호			
	구 조	철근콘크리트조	용도	사무실	면적	100㎡

월 세 보 증 금	금 100,000,000원정	월세 2,000,000원정(부가가치세 별도)

제 1 조	위 부동산의 임대인과 임차인 합의하에 아래와 같이 계약함.
제 2 조	위 부동산의 임대차에 있어 임차인은 보증금을 아래와 같이 지불키로 함.
계 약 금	원정은 계약시 지불하고
중 도 금	원정은 년 월 일 지불하며
잔 금	100,000,000원정은 2024년 9월 1일 중개업자 입회하에 지불함.
제 3 조	위 부동산의 명도는 2024년 9월 1일로 함.
제 4 조	임대차 기간은 2024년 9월 1일로부터 (24)개월로 함.
제 5 조	월세금액은 매월 말일에 지불키로 하되 만약 기일내에 지불치 못할 시에는 보증금액에서 공제키로 함. (국민은행, 계좌번호 : 204456-02-344714, 예금주 : (주)야호산업)

～～～～～～～～～～～～～～～ 중 략 ～～～～～～～～～～～～～～～

임 대 인	주 소	서울특별시 강남구 강남대로 246, 3층		
	사업자등록번호	120-81-32144	전화번호	02-569-4209	성명	(주)야호산

자료 2. 임대료 전자세금계산서 발급

전자세금계산서 (공급자 보관용)   승인번호

공급자	등록번호	120-81-32144			공급받는자	등록번호	125-81-28548		
	상호	(주)야호산업	성명(대표자)	최종길		상호	(주)유니온	성명(대표자)	김윤희
	사업장주소	서울특별시 강남구 강남대로 246, 3층				사업장주소	서울특별시 강남구 강남대로 246, 4층 401호		
	업태	제조업외	종사업장번호			업태	서비스업	종사업장번호	
	종목	등산용품외				종목	소프트웨어개발		
	E-Mail	yaho@bill36524.com				E-Mail	union@bill36524.com		

작성일자	2024.9.30.	공급가액	2,000,000	세액	200,000
비고					

월	일	품목명	규격	수량	단가	공급가액	세액	비고
9	30	9월 임대료				2,000,000	200,000	

합계금액	현금	수표	어음	외상미수금	이 금액을	● 영수 / ○ 청구	함
2,200,000							

자료설명	1. 자료 1은 부동산임대계약 체결관련 서류이다. 2. 자료 2는 9월분 임대료에 대한 전자세금계산서이며, 임대료는 9월 30일 국민은행 보통예금계좌에 입금된 것을 확인하였다. 3. 간주임대료에 대한 부가가치세는 임대인이 부담하기로 하였다.
평가문제	1. 9월 임대료에 대한 거래를 매입매출전표에 입력하시오. (전자세금계산서는 '전자입력'으로 처리할 것.) 2. 제2기 부가가치세 예정신고에 대한 부동산임대공급가액명세서를 작성하시오. (간주임대료 적용이자율은 3.5% 적용, 동 입력은 생략할 것.) 3. 간주임대료에 대한 회계처리를 9월 30일자로 매입매출전표에 입력하시오. 4. 9월 임대료 및 간주임대료에 대한 내용을 제2기 부가가치세 예정신고서에 반영하시오.

출제빈도 **50회 중 13회 출제**

정답

1. [매입매출전표입력] 9월 30일

거래유형	품명	공급가액	부가세	거래처	전자세금
11.과세	9월 임대료	2,000,000	200,000	03500.(주)유니온	전자입력
분개유형 3.혼합	(차) 103.보통예금 (98000.국민은행(보통))	2,200,000원	(대) 411.임대료수입 255.부가세예수금		2,000,000원 200,000원

2. [부동산임대공급가액명세서]

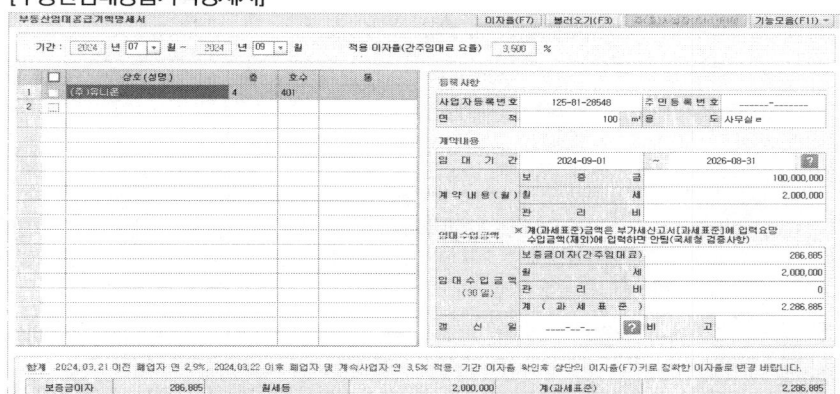

3. [매입매출전표입력] 9월 30일

거래유형	품명	공급가액	부가세	거래처	전자세금
14.건별	간주 임대료	286,885	28,688		
분개유형 3.혼합	(차) 817.세금과공과금	28,688	(대) 255.부가세예수금		28,688

4. [부가가치세신고서] 7월 1일~9월 30일

구 분			금액	세율	세액
과세표준및매출세액	과세	세금계산서발급분 1	2,000,000	10/100	200,000
		매입자발행세금계산서 2		10/100	
		신용카드·현금영수증 3		10/100	
		기타 4	286,885	10/100	28,688
	영세	세금계산서발급분 5		0/100	
		기타 6		0/100	
	예정신고누락분 7				
	대손세액가감 8				
	합계 9		2,286,885	㉮	228,688

오답유형	**〈매입매출전표입력〉** 1. 거래일자, 거래유형, 공급가액, 세액, 거래처, 계정과목, 분개금액을 잘못 입력한 경우 2. 거래일자, 유형, 공급가액, 세액, 거래처, 계정과목, 분개금액을 하나라도 입력하지 않은 경우 **〈부동산임대공급가액명세서〉** 1. 과세기간, 상호, 층, 호수, 동, 등록사항, 계약내용을 잘못 입력한 경우
멘토Tip	1. 보증금입금액은 [일반전표입력]에 등록되어야 한다. 2. 임대료는 세금계산서를 발급하고 [매입매출전표입력]에 입력하여야 한다. 3. [부동산임대공급가액명세서]에 등록사항을 입력하여 보증금이자(간주임대료)를 계산하고, 4. 이를 [매입매출전표입력]의 과세기간종료일에 14.건별로 입력하여야, 5. [부가가치세신고서]의 과세/기타(4란)에 자동으로 반영할 수 있다.

❹ 매입세액불공제내역 작성자의 부가가치세 신고서 작성(8점)

자료 1. 공통매입내역

취득일자	계정과목	공급가액	부가가치세
2022.6.20.	건물	250,000,000원	25,000,000원
2023.1.30.	비품	150,000,000원	15,000,000원

자료 2. 과세기간의 제품매출(공급가액) 내역

일자	과세사업	면세사업	총공급가액	면세비율
2024년 제1기	600,000,000원	200,000,000원	800,000,000원	25%
2024년 제2기	450,000,000원	300,000,000원	750,000,000원	40%

자료설명	본 문제에 한하여 (주)야호산업은 과세사업과 면세사업을 겸영하고 있다고 가정한다. 1. 자료 1은 과세사업과 면세사업에 공통으로 사용되는 자산의 구입내역이다. 2. 자료 2는 2024년 1기 및 2024년 2기의 제품매출 내역이다.(기 입력된 데이터는 무시하고 제시된 자료에 의할 것.)

평가문제	1. 공통매입세액 재계산을 하여 제2기 확정 부가가치세신고기간의 매입세액불공제내역서를 작성하시오.
	2. 다음의 자료를 반영하여 제2기 부가가치세 확정신고서를 작성하시오.
	  - 제2기 부가가치세 확정신고서에 공통매입세액 재계산 결과를 반영하시오.
	  - 제2기 부가가치세 확정신고를 홈택스에서 전자신고하여 전자신고세액공제 10,000원을 적용하기로 한다.
	3. 공통매입세액 재계산 관련 회계처리를 일반전표입력에 12월 31일자로 입력하시오.

출제빈도	**50회 중 24회 출제**
정답	1. [매입세액불공제내역] 기간: 2024 년 10 월 ~ 2024 년 12 월 2.공제받지 못할 매입세액 내역 / 3.공통매입세액 안분계산 내역 / 4.공통매입세액의 정산내역 / **5.납부세액 또는 환급세액 재계산 내역** | 계산식	구분	(20)해당재화의 매입세액	(21)경감률(%) (1- 체감률 × 과세기간수) 체감률 / 경과된 과세기간수 / 경감률	(22)증가또는감소된 면세 공급가액(사용면적) 비율(%)	(23)가산또는공제되는 매입세액 (20 × 21 × 22)
---	---	---	---	---	---
1	1.건축·구축물 건물	25,000,000	5/100 / 5 / 75	15	2,812,500
2	2.기타 감가상각 비품	15,000,000	25/100 / 3 / 25	15	562,500	

2. [부가가치세신고서] 10월 1일 ~ 12월 31일

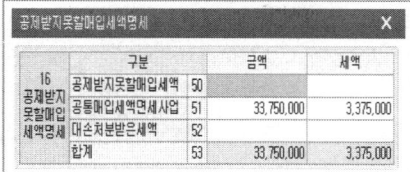

3. [일반전표입력] 12월 31일
 (차) 202.건물   2,812,500원   (대) 135.부가세대급금   2,812,500원
     212.비품   562,500원   135.부가세대급금   562,500원

오답유형	〈매입세액불공제내역〉 1. [5.납부세액 또는 환급세액 재계산내역]Tab에서 입력하지 않은 경우 2. [5.납부세액 또는 환급세액 재계산내역]Tab의 해당 항목이 하나라도 잘못 입력된 경우 〈부가가치세신고서〉 1. 공통매입세액면세사업(51란)에 금액과 세액이 누락되었거나 다르게 입력된 경우 2. 전자신고세액공제(54란)의 세액이 누락되었거나 다르게 입력된 경우 〈일반전표입력〉 1. 12월 31일로 해당 분개가 누락되었거나 다르게 입력된 경우
멘토Tip	1. [매입세액불공제내역]에서 납부세액 재계산금액을 계산하고, 2. 이를 [부가가치세신고서]의 공통매입세액면세사업(51란)에 금액과 세액이 반영되어야 하고, 3. [일반전표입력]의 과세기간종료일로 관련 회계처리가 입력되어야 한다.

문제 3 > 결산(8점)

[결산자료]를 참고로 결산을 수행하시오(단, 제시된 자료 이외의 자료는 없다고 가정함).

❶ 손익의 예상과 이연(수동결산)(4점)

결산자료	결산일 현재 정기예금에 대한 내용이다. 당기분 경과이자를 인식하려고 한다. (단, 이자계산은 월할계산으로 하되 1월 미만은 1월로 한다.)					
	거래처	발생일자	만기일자	금액	연이자율	이자지급일
	기업은행	2024.4.5.	2025.4.5.	80,000,000원	2%	2025.4.5.
평가문제	결산정리분개를 입력하시오.					

출제빈도	50회 중 17회 출제
정답	[일반전표입력] 12월 31일 (차) 116.미수수익 1,200,000원 (대) 901.이자수익 1,200,000원 경과이자 = 정기예금액 × 이자율 × 기간경과 = 80,000,000원 × 2% × 9/12 = 1,200,000원

오답유형	1. 거래일자, 계정과목, 분개금액을 잘못 입력한 경우 2. 거래일자, 계정과목, 분개금액을 하나라도 입력하지 않은 경우
멘토Tip	1. 수동결산정리사항은 [일반전표입력]의 결산일에 결산분개를 입력한다. 2. 손익의 예상과 이연관련 결산정리사항은 당해연도 기간경과분에 대하여 결산에 반영되도록, 선급비용, 선수수익, 미수수익, 미지급비용등으로 회계처리한다.

❷ 결산자료입력에 의한 자동결산(4점)

자료설명	1. 당기 법인세는 15,753,200원이고 법인지방소득세는 1,575,320원이다. 2. 법인세와 법인지방소득세는 법인세등으로 계상한다.(법인세 중간예납세액이 선납세금계정에 계상되어 있다.)
평가문제	수동 또는 자동결산 메뉴를 이용하여 결산을 완료하시오.

출제빈도	**50회 중 8회 출제**

정답	1. [합계잔액시산표] 또는 [계정별원장] – 선납세금(자산) 잔액조회
	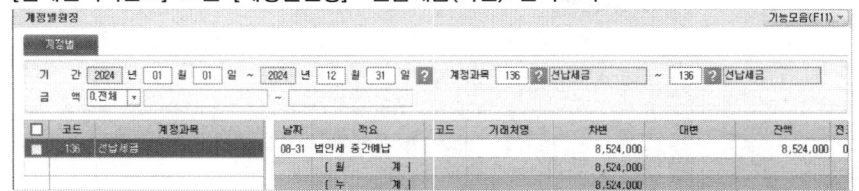
	2. 수동결산 및 자동결산
	방법 1.
	① 선납세금 정리 : [일반전표입력] 12월 31일
	  (차) 998.법인세등 8,524,000원 (대) 136.선납세금 8,524,000원
	② 법인세등 계상 : [결산자료입력] '법인세 계상'란에 8,804,520원 입력후 전표추가
	  ※ 15,753,200원+1,575,320원-8,524,000원=8,804,520원
	
	방법 2.
	[일반전표입력] 12월 31일
	  (차) 998.법인세등 17,328,520원 (대) 136.선납세금 8,524,000원
	                                                     261.미지급세금 8,804,520원

오답유형	1. 거래일자, 계정과목, 분개금액을 잘못 입력한 경우 2. 거래일자, 계정과목, 분개금액을 하나라도 입력하지 않은 경우 3. [결산자료입력]의 '법인세등'란에 금액을 입력하고 [전표추가]를 하지 않은 경우

멘토Tip	결산정리내용	차 변		대 변	
	법인세중간예납액	선납세금	×××	현금	×××
	법인세원천징수액	선납세금	×××	현금	×××
	결산시	법인세등	×××	선납세금	×××
	법인세계상액	법인세등	×××	미지급세금	×××

문제 4 ▸ 근로소득관리(25점)

인사급여 관련 실무프로세스를 수행하시오.

❶ 가족관계증명서에 의한 사원등록(8점)

[별지 제1호서식] 〈개정 2010.6.3〉

가족관계증명서

등록기준지	서울시 서대문구 충정로9길 15 (충정로2가)

구분	성 명	출생연월일	주민등록번호	성별	본
본인	김경훈	1977년 12월 19일	771219-1021517	남	金海

가족사항

구분	성명	출생연월일	주민등록번호	성별	본
부	김상호	1943년 05월 02일	430502-1205211	남	金海
배우자	박영희	1978년 06월 14일	780614-2021054	여	密陽
자녀	김선일	2006년 07월 22일	060722-3023458	남	金海
자녀	김선민	2008년 09월 01일	080901-4689553	여	金海

자료설명
회계팀에서 근무 중인 관리직 김경훈(1002)의 가족관계증명서이다.
1. 부 김상호는 총급여액이 15,000,000원이 있으며, 장애인복지법에 따른 장애인이다.
2. 배우자 박영희는 복권당첨소득 7,000,000원이 있으며, 세대주이다.
3. 자녀 김선일은 성악대회에서 장려상을 받고 상금 1,200,000원을 수령하였으며, 분리과세를 선택하였다.
4. 자녀 김선민은 타지역의 기숙사에서 생활하고 있으며, 별도의 소득은 없다.
5. 세부담을 최소화하는 방법을 선택한다.

평가문제 사원등록에서 부양가족명세를 작성하시오.

출제빈도	50회 중 43회 출제

정답

[사원등록의 부양가족명세]

● 부양가족명세   (2024.12.31기준)

	연말정산관계	기본	세대	부녀	장애	경로 70세	출산 입양	자녀	한부모	성명	주민(외국인)번호	가족관계
1	0.본인	본인								김경훈	내 771219-1021517	
2	1.(소)직계존속	부								김상호	내 430502-1205211	03.부
3	3.배우자	배우자								박영희	내 780614-2021054	02.배우자
4	4.직계비속((손)	20세이하						○		김선일	내 060722-3023458	05.자녀
5	4.직계비속((손)	20세이하						○		김선민	내 080901-4689553	05.자녀
	합 계							2				

① 김경훈 : 세대주가 아니므로 세대란에서 부를 선택한다.
② 김상호 : 소득요건을 충족하지 않으므로 기본공제 불가능
③ 박영희 : 복권당첨소득만 있으므로 기본공제 가능
④ 김선일 : 기본공제와 자녀세액공제 가능
⑤ 김선민 : 기본공제와 자녀세액공제 가능

오답유형

1. [부양가족명세]의 연말정산관계, 기본, 세대, 부녀, 장애, 경로70세, 출산입양, 자녀, 한부모, 성명, 주민(외국인)번호, 가족관계가 한 곳이라도 누락된 경우
2. [부양가족명세]의 연말정산관계, 기본, 세대, 부녀, 장애, 경로70세, 출산입양, 자녀, 한부모, 성명, 주민(외국인)번호, 가족관계가 한 곳이라도 잘못 입력된 경우

멘토Tip

1. 부양가족명세 작성 참고

구분		공제 요건			
		나이 요건	소득 요건 (100만원 이하)	동거 요건	
				주민등록 동거	일시퇴거 허용
본인공제		×	×		
배우자공제		×	○	×	
부양가족	직계존속	60세 이상	○	△ (주거형편상 별거 허용)	
	직계비속, 입양자 (의붓자녀 포함)	20세 이하	○	×	
	장애인 직계비속의 장애인 배우자	×	○	×	
	형제자매	60세 이상 20세 이하	○	○	○
	국민기초생활보장법에 따른 수급자	×	○	○	○
	위탁아동	18세 미만	○		

* 직계비속(입양자 포함)과 그 배우자가 모두 장애인인 경우에는 그 배우자를 포함한다.
* 「아동복지법」에 따른 가정위탁을 받아 해당 과세 기간에 6개월 이상 직접 양육한 위탁아동
* 장애인은 나이의 제한을 받지 않으나 소득금액요건은 제한을 받음.

2. 기본공제대상자(연간소득금액 100만원 이하) 해당 여부 참고

종류	소득금액 계산	공제금액 계산근거	분리과세 여부
근로소득	총 급여액(비과세차감) - 근로소득공제	• 500만원 이하 : 70% • 500만원 초과 1,500만원 이하 : 350만원+(총 급여액-500만원)×40%	일용근로소득(분리과세)
사업소득 (부동산임대 포함)	총 수입금액 - 필요경비		
연금소득	총 연금액 - 연금소득공제	• 350만원 이하 : 총연금액 • 350만원~700만원 이하 : 350만원+(총금액-350만원)×40%	• 공적연금 : 총연금액 516만원 이하 • 사적연금 : 총 연금액 1,200만원 이하로서 분리과세 선택 가능
기타소득	총 수입금액 - 필요경비	총 수입금액의 80% (원고료, 강연료, 자문료 등 : 60%)	기타소득금액이 300만원 이하인 경우 분리과세 선택 가능

종류	소득금액 계산	공제금액 계산근거	분리과세 여부
이자·배당소득	필요경비 인정 안 됨.		금융소득합계액이 2,000만원 이하일 경우 분리과세
퇴직소득	비과세를 제외한 퇴직금 전액		
양도소득	양도가액 – 취득가액 – 기타필요경비 – 장기보유특별공제		

❷ 급여명세에 의한 급여자료(8점)

자료 1. 2월 급여자료

(단위 : 원)

구분	기본급	연장근로수당	자녀수당	국민연금	건강보험	고용보험	장기요양보험	소득세	지방소득세	연말정산 소득세	연말정산 지방소득세
송민기 (사무직)	3,600,000	480,000	100,000	프로그램에서 자동 계산된 금액으로 공제한다.						−354,000	−35,400
전상수 (생산직)	3,300,000	540,000	100,000							−254,000	−25,400

자료 2. 수당 및 공제내역

구분	코드	수당 및 공제명	내용
수당 등록	101	기본급	설정된 그대로 사용한다.
	102	상여	
	200	연장근로수당	정상적인 근로시간을 초과하여 근무할 경우 연장근로수당을 지급하고 있으며 사무직은 과세, 생산직은 비과세를 적용하고 있다.
	201	자녀수당	초·중·고등학생 자녀가 있는 경우 일괄적으로 월 100,000원씩 지급하고 있다.

자료설명	1. 2월 급여지급일은 2월 25일이다. 2. 사회보험료와 소득세(지방소득세포함)는 자동계산된 자료를 사용한다.
평가문제	1. 급여자료입력 메뉴에 수당 공제등록을 하시오. 2. 2월 급여자료를 입력하시오. – 구분은 '1급여'로 한다. – 연말정산 환급세액은 [기능모음]의 [연말정산]키를 이용하여 반영한다.

출제빈도	**50회 중 45회 출제**
정답	1. [수당등록] |	코드	수당명	과세구분	근로소득유형	
---	---	---	---	---	---
1	101	기본급	과세	1.급여	
2	102	상여	과세	2.상여	
3	200	연장근로수당	비과세	1.연장근로	001
4	201	자녀수당	과세	1.급여		

2. [급여자료입력]

[송민기 사원 급여입력]

급여항목	지급액	공제항목	공제액
기본급	3,600,000	국민연금	162,000
연장근로수당	480,000	건강보험	127,620
자녀수당	100,000	고용보험	37,620
		장기요양보험료	16,520
		소득세	131,600
		지방소득세	13,160
		농특세	
		연말정산소득세	-354,000
		연말정산지방소득세	-35,400
		연말정산농특세	

[전상수 사원 급여입력]

급여항목	지급액	공제항목	공제액
기본급	3,300,000	국민연금	148,500
연장근로수당	540,000	건강보험	116,980
자녀수당	100,000	고용보험	35,460
		장기요양보험료	15,140
		소득세	102,260
		지방소득세	10,220
		농특세	
		연말정산소득세	-254,000
		연말정산지방소득세	-25,400
		연말정산농특세	

오답유형
1. [수당등록]에서 수당명에 해당하는 과세구분이 틀리게 등록된 경우
2. [공제등록]에서 연말정산소득세와 연말정산지방소득세 항목이 등록되지 않은 경우
3. 사원별 급여자료가 급여항목과 공제항목에 누락되거나 다르게 입력된 경우

멘토Tip

구 분	내 용
실비변상적인 급여	① 일직, 숙직료 또는 여비로서 실비변상정도의 금액 ② 자가운전보조금(월 20만원 이내) 종업원 소유차량을 종업원이 직접 운전하여 사용자의 업무수행에 이용하고 시내 출장 등에 소요된 실제여비를 지급받는 대신에 그 소요경비를 해당 사업체의 규칙 등에 의하여 정한 지급기준에 따라 받는 금액 ③ 선원이 받는 승선수당, 경찰공무원이 받는 함정근무수당, 항공수당, 소방공무원이 받는 화재진화수당(월 20만원 이내) ④ 초·중등교육법에 의한 교육기관의 교원이 받는 연구보조비(월 20만원 이내) ⑤ 방송통신·신문사 등의 기자가 받는 취재수당(월 20만원 이내) 등
국외근로소득 중 비과세	① 일반근로자 : 국외 등에서 근로를 제공하고 받는 보수 중 월 100만원(외왕선원, 원양어업선원 및 해외건설 근로자는 300만원) 이내의 금액 ② 공무원 등 : 국외 등에서 근무하고 받는 수당 중 당해 근로자가 국내에서 근무할 경우에 지급받을 금액 상당액을 초과하여 받는 금액
생산직근로자가 받는 야간근로수당 등	생산직 근로자의 월정액급여가 210만원 이하이고 직전과세기간의 총급여액이 3,000만원 이하인 경우 다음의 생산직근로자가 받는 초과근로수당은 연간 240만원을 한도로 비과세된다. 단, 광산근로자 및 일용근로자의 연장근로수당 등은 한도 없이 그 금액을 전액 비과세한다. • 공장 또는 광산에서 근로를 제공하는 생산 및 생산관련종사자 • 어업을 영위하는 자에게 고용되어 근로를 제공하는 자 • 한국표준직업분류에 의한 운전원 및 관련종사자와 배달 및 수화물 운반종사자
식사대 등	① 근로자가 사내급식 또는 이와 유사한 방법으로 제공받는 식사, 기타 음식물 ② 식사 또는 기타 음식물을 제공받지 않는 근로자가 받는 월 20만원 이하의 식사대
그 밖의 비과세 소득	① 근로의 제공으로 인한 부상, 질병, 사망과 관련하여 근로자나 그 유가족이 받는 연금과 위자료의 성질이 있는 급여 ② 국민연금법에 의한 노령연금, 장해연금, 유족연금과 반환일시금 ③ 고용보험법에 따라 받는 실업급여, 육아휴직급여, 육아기 근로시간 단축급여, 출산전후휴가급여 ④ 공무원연금법 등에 의한 퇴직자, 사망자의 유족이 받는 급여 ⑤ 학교와 직업훈련시설의 입학금, 수업료, 수강료, 기타 공납금 등으로 다음의 요건을 갖춘 학자금 • 종업원의 업무와 관련있는 교육, 훈련에 대한 학자금일 것 • 사업체의 규칙 등에 의해 정해진 지급기준에 따라 지급된 금액일 것 • 교육, 훈련기간이 6월 이상인 경우 교육, 훈련 후 당해 교육기간을 초과하여 근무하지 않는 경우 반환하는 조건일 것 ⑥ 국민건강보험법, 고용보험법, 국민연금법, 공무원연금법 등에 의하여 국가, 지방자치단체 또는 사용자가 부담하는 부담금

❸ 국세청연말정산간소화 및 이외의 자료를 기준으로 연말정산(9점)

자료설명	사무직 박주현(1001)의 연말정산을 위한 자료이다. 1. 사원등록의 부양가족현황은 사전에 입력되어 있다. 2. 부양가족은 박주현과 생계를 같이 한다.
평가문제	[연말정산 근로소득원천징수영수증] 메뉴에서 연말정산을 완료하시오. 1. 의료비세액공제는 [의료비] 탭에서 입력하며, 국세청자료는 공제대상 합계금액을 1건으로 집계하여 입력한다. 2. 보험료세액공제는 [소득공제] 탭에서 입력한다. 3. 교육비세액공제는 [소득공제] 탭에서 입력한다. 4. 연금저축세액공제는 [정산명세]탭에서 입력한다. 5. 소득공제 및 세액공제는 세부담을 최소화하는 방향으로 선택한다.

자료 1. 박주현의 부양가족등록 현황

연말정산관계	성 명	주민등록번호	기타사항
0.본인	박주현	781010-1251231	세대주
3.배우자	정은주	800202-2045675	총급여액 : 5,000,000원
1.소득자의 직계존속	박민식	501212-1251229	소득 없음
4.직계비속	박해인	140625-3148131	소득 없음(초등학생)

자료 2. 박주현의 국세청 간소화 서비스 자료 및 기타자료

2024년 귀속 세액공제증명서류 : 기본(지출처별)내역 [의료비]

■ 환자 인적사항

성 명	주 민 등 록 번 호
정은주	800202-2******

■ 의료비 지출내역
(단위 : 원)

사업자번호	상 호	종류	납입금액 계
109-04-16***	한국**병원	일반	850,000
106-05-81***	***안경	안경	550,000
의료비 인별합계금액			850,000
안경구입비 인별합계금액			550,000
산후조리원 인별합계금액			
인별합계금액			**1,400,000**

- 본 증명서류는 『소득세법』 제165조 제1항에 따라 영수증 발급기관으로부터 수집한 서류로 소득·세액공제 충족 여부는 근로자가 직접 확인하여야 합니다.
- 본 증명서류에서 조회되지 않는 내역은 영수증 발급기관에서 직접 발급받으시기 바랍니다.

2024년 귀속 세액공제증명서류 : 기본(지출처별)내역 [보험료]

■ 계약자 인적사항

성 명	주 민 등 록 번 호
박주현	781010-1******

■ 보장성보험(장애인전용보장성보험) 납입내역

종류	상 호	보험종류	주피보험자		납입금액계
	사업자번호	증권번호	종피보험자		
보장성	한화생명보험(주)	(무)베스트라이프	501212-1******	박민식	2,500,000
	106-81-41***	100410651**			
보장성	KB손해보험(주)	다이렉트자동차보험	800202-2******	정은주	1,340,000
	108-81-15***	202212345**			
인별합계금액					3,840,000

- 본 증명서류는「소득세법」제165조 제1항에 따라 영수증 발급기관으로부터 수집한 서류로 소득·세액공제 충족 여부는 근로자가 직접 확인하여야 합니다.
- 본 증명서류에서 조회되지 않는 내역은 영수증 발급기관에서 직접 발급받으시기 바랍니다.

2024년 귀속 세액공제증명서류 : 기본(지출처별)내역 [교육비]

■ 학생 인적사항

성 명	주 민 등 록 번 호
박주현	781010-1******

■ 교육비 지출내역

(단위 : 원)

교육비구분	학교명	사업자번호	납입금액 계
대학원	**대학교	108-90-15***	9,600,000
인별합계금액			9,600,000

- 본 증명서류는「소득세법」제165조 제1항에 따라 영수증 발급기관으로부터 수집한 서류로 소득·세액공제 충족 여부는 근로자가 직접 확인하여야 합니다.
- 본 증명서류에서 조회되지 않는 내역은 영수증 발급기관에서 직접 발급받으시기 바랍니다.

교육비 납입증명서

1. 신청인

① 성 명	박주현	③ 주민등록번호(납세번호)	781010-1251231
② 주 소	서울특별시 강동구 고덕로 102		
대상학원생 ④ 성 명	박해인	⑥ 주민등록번호	140625-3148131
대상학원생 ⑤ 주 소	서울특별시 강동구 고덕로 102	소득자와의 관계	자

2. 수강학원

⑦ 학 원 명	베토벤 피아노학원	⑨ 사업자등록번호	119-15-50400
⑧ 소 재 지	서울특별시 강남구 강남대로 10	⑩ 건물번호	
⑪ 1일 수업시간	1시간	⑫ 1주간 수업시간	5시간

3. 수강료 납입금액

⑬ 월 별	⑭ 납 입 금 액	⑬ 월 별	⑭ 납 입 금 액
1월	150,000원	7월	150,000원
2월	150,000원	8월	150,000원
3월	150,000원	9월	150,000원
4월	150,000원	10월	150,000원
5월	150,000원	11월	150,000원
6월	150,000원	12월	150,000원
연간합계액	1,800,000원	용 도	제출용

2024년 귀속 세액공제증명서류 : 기본내역[연금저축]

■ 가입자 인적사항

성 명	주 민 등 록 번 호
박주현	781010-1*******

■ 연금저축 납입내역

(단위 : 원)

상호	사업자번호	당해연도 납입금액	당해연도 납입액 중 인출금액	순납입금액
계좌번호				
삼성생명보험(주)	123-81-10***	7,200,000		7,200,000
004-121-44523				
순납입금액 합계				7,200,000

- 본 증명서류는 『소득세법』 제165조 제1항에 따라 영수증 발급기관으로부터 수집한 서류로 소득·세액공제 충족 여부는 근로자가 직접 확인하여야 합니다.
- 본 증명서류에서 조회되지 않는 내역은 영수증 발급기관에서 직접 발급받으시기 바랍니다.

TAT 2급 세무실무

| 출제빈도 | 50회 중 47회 출제 |

정답

1. [의료비세액공제]

공제대상자				지급처		지급명세	
부양가족 관계코드	성명	내외	주민등록번호	본인등 해당여부	상호	사업자번호	의료증빙코드	건수	지급액
1 배우자	정은주	내	800202-2045675	X			국세청	1	1,350,000

- 안경구입비는 50만원 한도이다.

2. [보험료세액공제]

관계코드	성명	기본	보험료		의료비				교육비
내외국인	주민등록번호		보장성	장애인	일반	난임	65세이상, 장애인,건보산정특례자	실손의료보험금	구분
1 0	박주현	본인/세대주							본인
1	781010-1251231								
2 3	정은주	배우자	1,340,000		1,350,000				
1	800202-2045675								
3 1	박민식	60세이상	2,500,000						
1	501212-1251229								
4 4	박해인	20세이하							초중고
1	140625-3148131								

3. [교육비세액공제]

관계코드	성명	기본	교육비 일반	교육비 장애인특수교육	신용카드(전통시장·대중교통비도서공연제외)	직불카드(전통시장·대중교통비도서공연제외)	현금영수증(전통시장·대중교통비도서공연제외)	도서공연사용액	전통시장사용액
1 0	박주현	본인/세대주	9,600,000						
1	781010-1251231								
2 3	정은주	배우자							
1	800202-2045675								
3 1	박민식	60세이상							
1	501212-1251229								
4 4	박해인	20세이하							
1	140625-3148131								

- 본인의 대학원비는 전액 입력
- 자녀 박해인은 취학아동(초등학교)으로 학원비는 공제 불가능

4. [연금저축세액공제]

구분		금융회사명	계좌번호	불입금액
3.연금저축	405	삼성생명보험(주)	004-121-44523	7,200,000

퇴직연금	
과학기술인공제	
연금저축	7,200,000
합 계	7,200,000

오답유형

1. [의료비세액공제]의 공제대상자별로 공제대상금액이 누락되었거나 정확한 금액이 등록되지 않은 경우
2. [보험료세액공제]의 공제대상자별로 공제대상금액이 누락되었거나 정확한 금액이 등록되지 않은 경우
3. [교육비세액공제]의 공제대상자별로 공제대상금액이 누락되었거나 정확한 금액이 등록되지 않은 경우

4. [연금저축세액공제]의 공제대상자별로 공제대상금액이 누락되었거나 정확한 금액이 등록되지 않은 경우

1. 의료비세액공제

구 분		내 용
전액 의료비	본인, 65세 이상자, 난임시술비, 중증질환 결핵환자등 의료비	기본공제대상자 중 본인, 경로우대자의 의료비, 진찰, 진료, 질병예방치료 및 요양을 위한 의료비용과 의약품 구입총액을 입력한다. – 산후조리원 200만원까지 공제
	장애인의료비	기본공제대상자 장애인의 의료비 및 장애인 보장구, 의료용구 구입총액을 입력한다.
		공제대상의료비 = 의료비 지출액 전액 (총급여액×3%)에 미달하는 경우 그 미달하는 금액을 차감
그 밖의 공제대상자의료비		기본공제대상자(연령 및 소득금액의 제한을 받지 아니함)를 위하여 당해 근로자가 직접 부담한 의료비 중 본인, 장애인, 경로우대자를 제외한 기본공제대상자의 의료비
		공제대상의료비 = 의료비지출액 – 총급여액×3% 공제한도액 : 연 700만원
공제여부 판단 시 참고사항		• 부양가족의 소득금액 및 나이제한 없음 • 국외 의료기관의 의료비는 공제 불가능 • 미용·성형수술을 위한 비용은 공제 불가능 • 간병인에게 지급된 비용은 공제 불가능 • 의약품이 아닌 건강기능식품구입비용은 공제 불가능 • 의료기관이 아닌 특수교육원의 언어치료비·심리치료비 등은 공제 불가능 • 상해보험 등 보험회사로부터 수령한 보험금으로 지급한 의료비는 공제 불가능

2. 보험료세액공제

구 분	내 용
보장성보험	건강보험료와 고용보험료를 제외한 보장성 보험료를 입력한다.
장애인전용 보장성보험료	장애인전용보장성보험 전액을 입력한다. (한도 100만원)
공제여부 판단 시 참고사항	• 기본공제대상자(소득금액 및 나이 제한)의 보험료만 공제 가능 • 저축성보험료는 공제대상 아님 • 태아보험료는 공제대상 아님(출생전이므로 기본공제대상자가 아님).

3. 교육비세액공제

구 분	내 용
소득자 본인	본인의 교육비 지급액을 입력한다.
배우자 교육비	배우자의 교육비로 지출한 금액을 입력하며 반드시 한도 내 금액으로 입력한다.
자녀등 교육비 (취학전 아동, 초·중·고등학교, 대학생(대학원불포함))	직계비속이나 형제자매를 위하여 지출한 교육비를 입력하는 항목으로 먼저 해당 인원을 입력하면 보조 BOX가 나타나며 인원수에 해당하는 란에 공제 한도내 금액으로 입력한다.
장애인	기본공제 대상자인 장애인(소득금액의 제한을 받지 아니함) 재활을 위하여 사회복지시설 및 비영리법인 등에 지급하는 특수 교육비를 전액 공제

구 분	내 용
공제여부 판단 시 참고사항	• 영·유치원, 초중고생 : 1인당 300만원 한도 • 대학생 : 900만원 한도 • 부양가족의 소득금액 제한은 있으나 나이제한 없음 • 직계존속의 교육비는 공제 불가능 • 대학원교육비는 본인만 공제 가능 • 취학전 아동의 학원비는 공제 가능하나 초·중·고등학생의 학원비는 불가능 • 초·중·고, 어린이집, 유치원, 학원, 체육시설 급식비, 방과후수업료, 특별활동비(교재비 포함), 중·고등 교복구입비, 교과서구입비 공제 가능 • 학교버스이용료, 교육자재비, 기숙사비는 공제 불가능 • 외국대학부설 어학연수과정의 수업료는 공제 불가능
입력시 유의사항	• 배우자 및 부양가족의 교육비는 한도내 금액으로 입력 • 교복구입비는 1인당 50만원 한도까지만 입력 • 체험학습비는 1인당 30만원 한도까지만 입력

4. 연금저축세액공제

구 분	내 용
과학기술인공제	과학기술인공제회법에 따른 퇴직연금 불입액을 입력한다.
근로자퇴직급여공제	퇴직연금을 지급받기 위하여 설정한 퇴직연금계좌 불입액을 입력한다.
연금저축소득공제	2001. 1. 1. 이후에 근로자 본인 명의로 가입한 연금저축불입액을 입력 공제한도 : 퇴직연금공제와 합하여 연 400만원 한도내에서 자동 계산되어 반영된다.
공제여부 판단 시 참고사항	본인 명의의 불입액만 공제 가능

오답노트로 정리하는 TAT 2급 49회 특강

실무이론평가

아래 문제에서 특별한 언급이 없으면 기업의 보고기간(회계기간)은 매년 1월 1일부터 12월 31일까지입니다. 또한 기업은 일반기업회계기준 및 관련 세법을 계속적으로 적용하고 있다고 가정하고 물음에 가장 합당한 답을 고르시기 바랍니다.

01 다음에서 설명하고 있는 내부통제제도의 구성요소는 무엇인가?

> 조직 구성원이 책임을 적절하게 수행할 수 있도록 시의적절한 정보를 확인·수집할 수 있게 지원하는 절차와 체계를 의미하며, 정보의 생성·집계·보고체계, 의사소통의 체계 및 방법 등이 포함된다.

① 통제환경
② 정보 및 의사소통
③ 통제활동
④ 위험평가

정답	②	출제빈도	50회 중 19회 출제
풀이	내부통제제도의 구성요소 중 정보 및 의사소통에 대한 설명이다		

멘토Tip
• 내부통제제도의 구성요소

구성요소	내용
통제환경	내부통제제도 전체의 기초를 이루는 개념으로서 조직체계·구조, 내부통제를 유인하는 상벌 체계, 인력운용 정책, 교육정책, 경영자의 철학, 윤리, 리더십 등을 포함한다.
위험평가	회사의 목적달성과 영업성과에 영향을 미칠 수 있는 내외부의 위험을 식별하고 평가분석하는 활동을 의미하며, 전사적 수준 및 업무프로세스 수준의 위험식별, 위험의 분석·대응방안 수립, 위험의 지속적 관리 등이 포함된다.
통제활동	조직 구성원이 이사회와 경영진이 제시한 경영방침이나 지침에 따라 업무를 수행할 수 있도록 마련된 정책 및 절차와 이러한 정책 및 절차가 준수되도록하기 위한 제반 활동을 의미하며, 업무의 분장, 문서화, 승인·결재체계, 감독체계, 자산의 보호체계 등을 포함한다.
정보및의사소통	조직 구성원이 책임을 적절하게 수행할 수 있도록 시의적절한정보를 확인·수집할 수 있도록 지원하는 절차와 체계를 의미하며, 정보의 생성·집계·보고체계, 의사소통의 체계 및 방법 등이 포함된다.
모니터링	내부통제의 효과성을 지속적으로 평가하는 과정을 의미하며, 일반적으로 상시적인 모니터링과 독립적인 평가 또는 이 두 가지의 결합에 의해서 수행된다.

02. (주)한공은 퇴직급여 추계액에 대하여 퇴직급여충당부채를 설정하고 있다. 다음의 자료를 토대로 2024년도 당기손익에 영향을 미치는 금액을 계산하면 얼마인가?

- 2023년 기말 퇴직급여 추계액: 5,000,000원
- 2024년 기말 퇴직급여 추계액: 5,500,000원
- 2024년 상반기 퇴직금 지급액: 500,000원

① 500,000원
② 1,000,000원
③ 5,000,000원
④ 5,500,000원

정답	②	출제빈도	50회 중 12회출제
풀이	퇴직급여충당부채 추가 설정액: 5,500,000원 − (5,000,000원 − 500,000원) = 1,000,000원		
멘토Tip	(차) 퇴직급여 1,000,000 (대) 퇴직급여충당부채 1,000,000 * 퇴직급여 비용처리분만큼 당기손익에 영향을 미친다.		

03. 다음 거래가 자본에 미치는 영향으로 옳지 <u>않은</u> 것은?

- 주식배당을 결의하고 주식 20주(액면금액 10,000원)을 발행하였다.
- 공정가치 2,000,000원의 토지를 제공받고 주식 10주를 발행하였다.

① 주식배당으로 자본총액이 200,000원 증가하였다.
② 주식배당으로 이익잉여금이 200,000원 감소하였다.
③ 상기 2건의 거래를 통해 자본금이 300,000원 증가하였다.
④ 상기 2건의 거래를 통해 자본잉여금이 1,900,000원 증가하였다.

정답	①		출제빈도	50회 중 23회 출제	
풀이	• 주식배당: (차) 이익잉여금	200,000원	(대) 자본금		200,000원
	• 현물출자: (차) 토지	2,000,000원	(대) 자본금		100,000원
			(대) 주식발행초과금		1,900,000원
멘토Tip	자본금 = 발행주식수 × 1주 액면가액				

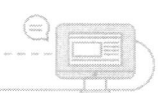

04
당기중 (주)한공의 자재창고에 화재가 발생하여 재고자산의 일부가 소실되었다. 다음 자료를 이용하여 화재로 인한 재고자산 손실 금액을 계산하면 얼마인가? (단, 화재 외의 원인에 의한 재고자산 손실은 없다고 가정한다.)

- 기초재고액   60,000원
- 실사에 의한 기말재고액   80,000원
- 당기매입액   500,000원
- 당기매출액   400,000원
- 매출총이익률   20%

① 100,000원 ② 120,000원
③ 140,000원 ④ 160,000원

| 정답 | ④ | 출제빈도 | 50회 중   12회출제 |

풀이
- 매출원가 = 매출액 - 매출총이익
  = 400,000원 - (400,000원×20%) = 320,000원
- 손실액 = 장부상 기말재고액 - 실사에 의한 기말재고액
  = 240,000원* - 80,000원 = 160,000원
  * 기초재고액 + 당기매입액 - 기말재고액 = 매출원가
  60,000원 + 500,000원 - 기말재고액(A) = 320,000원
  기말재고액(A) = 240,000원

멘토Tip
재고자산감모손실이란 재고자산이 도난, 분실, 파손 등에 의하여 장부상수량과 실제수량과의 차이가 발생할 경우 부족수량에 대한 손실액을 말한다.

거래상황	회계처리			
원가성이 있는 경우 (정상적인원인에 의하여 감모손실이 발생한 경우)	(차) 매출원가 (재고자산감모손실)	×××	(대) 재고자산	×××
원가성이 없는 경우 (비정상적인 원인에 의하여 감모손실이 발생한 경우)	(차) 재고자산감모손실 (영업외비용)	×××	(대) 재고자산	×××

05
다음은 (주)한공의 2023년 7월 1일 일괄취득한 토지와 건물에 관한 자료이다. 2024년도 기말 재무상태표에 표시될 건물의 장부금액은 얼마인가?

- 2023년 7월 1일, 토지와 건물을 18,000,000원에 일괄취득하였다.
- 취득 당시 토지와 건물의 공정가치는 토지 12,000,000원, 건물 8,000,000원이다.
- 감가상각방법은 정액법(내용연수 10년, 잔존가치 없음, 월할상각)을 적용한다.

① 5,800,000원 ② 6,000,000원
③ 6,120,000원 ④ 6,800,000원

정답	③	출제빈도	50회 중 회출제

풀이
- 건물 취득원가 : 18,000,000원 × $\frac{8,000,000원}{20,000,000원}$ = 7,200,000원

  2023년 결산 시 감가상각비 : (7,200,000원 ÷ 10년) × $\frac{6개월}{12개월}$ = 360,000원

  2024년 결산 시 감가상각비 : 720,000원
  2024년 기말 건물 장부금액 : 7,200,000원-(360,000원+720,000원)=6,120,000원

멘토Tip
- 장부금액=취득원가-감가상각누계액

06 다음은 (주)한공의 2024년 상품거래 내역이다. 매출원가를 계산하면 얼마인가? (단, 선입선출법을 적용한다)

- 1월 1일 기초상품 재고 200개의 금액은 400,000원이다.
- 8월 1일 400개를 단위당 1,800원에 외상 매입하였다.
- 10월 1일 500개를 1,255,000원에 외상 매출하였다.

① 800,000원　　　　　　　　② 900,000원
③ 940,000원　　　　　　　　④ 1,000,000원

정답	③	출제빈도	50회 중 18회출제

풀이
- 매출원가=기초상품 재고분 400,000원(200개×단위당 2,000원)+8월 1일 매입분 540,000원(300개×단위당 1,800원)=940,000원

멘토Tip
- 매출총이익 = 매출액 - 매출원가
- 선입선출법에 따른 매출원가(수량기준) = 기초상품중 판매수량×매입단가 + 당기상품매입 중 판매수량×매입단가

07 다음 자료를 토대로 (주)한공의 당기 말 대손충당금 차감전 매출채권 잔액을 계산하면 얼마인가?

- 전기 말 대손충당금 잔액이 1,000,000원이고 전기에 발생한 매출채권 중 500,000원이 당기에 대손확정되었다.
- 당기 결산과정에서 인식한 대손상각비는 1,500,000원이다.
- 당기 말 매출채권의 순장부금액이 4,200,000원이다.

① 6,200,000원　　　　　　　② 6,500,000원
③ 7,200,000원　　　　　　　④ 7,500,000원

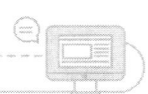

정답	①	출제빈도	50회 중 30회출제

풀이	• 대손충당금 계정 대변 = 기초 + 대손상각비 = 1,000,000원 + 1,500,000원 = 2,500,000원
	  따라서 대손충당금 계정 차변 = 대손확정액 + 기말 = 500,000원 + 2,000,000원
	  당기말 매출채권 계정잔액(A) − 대손충당금 = 매출채권 순장부금액
	    A − 2,000,000원 = 4,200,000원
	    A = 6,200,000원		

멘토Tip	• 매출채권 = 기초매출채권 + 외상매출액 − 회수액 − 대손처리액 = 매출채권 순액 • 대손충당금 = 매출채권 순액 × 설정율 • 당기말 매출채권 계정잔액 − 대손충당금 = 매출채권 순장부금액		

08 다음은 (주)한공의 결산 시 발견된 오류내역이다. 수정 전 당기순이익이 4,000,000원인 경우 수정 후 당기순이익은 얼마인가?(단, 법인세효과는 고려하지 않는다.)

• 선급비용 계상 누락	800,000원
• 선수수익 계상 누락	400,000원
• 미지급비용 계상 누락	500,000원

① 3,100,000원 ② 3,900,000원
③ 4,900,000원 ④ 5,100,000원

정답	②	출제빈도	50회 중 31회 출제
풀이	• 4,000,000원 + 800,000원 − 400,000원 − 500,000원 = 3,900,000원		
멘토Tip	• 선급비용 계상 누락 : 유동자산 과소계상, 당기순이익 과소계상 • 선수수익 계상 누락 : 유동부채 과소계상, 당기순이익 과대계상 • 미지급비용 계상 누락 : 유동부채 과소계상, 당기순이익 과대계상		

09 다음 중 부가가치세 과세대상에 해당하는 것은?

① 무상으로 제공하는 견본품
② 저당권 설정을 목적으로 부동산을 제공하는 경우
③ 매입세액 공제된 판매장려물품을 고객에게 제공하는 경우
④ 조세의 물납을 목적으로 재화를 제공하는 경우

| 정답 | ③ | 출제빈도 | 50회 중 18회출제 |

풀이
- 매입세액 공제된 판매장려물품을 고객에게 제공하는 경우에는 사업상 증여에 따른 재화의 공급에 해당한다.

멘토Tip
- 재화의 공급으로 보지 않는 경우

구 분	내 용
담보의 제공	질권·저당권 또는 양도담보의 목적으로 동산·부동산 및 부동산상의 권리를 제공하는 경우는 재화의 공급으로 보지 않는다. → 담보의 제공은 채무의 종결과 함께 다시 회수되므로 재화의 공급으로 보지 아니한다. 사업의 포괄적인 양도는 양도인은 부가가치세를 신고와 함께 즉시 납부하나 양수인은 부가가치세의 환급이 발생하지만 환급이 확정신고(7/25, 1/25) 후 30일이내 환급되므로 자금압박이 발생할 수 있다. 이를 완화하기 위하여 사업의 포괄적인 양도는 재화의 공급으로 보지 아니한다.
사업의 양도	사업장별로 그 사업에 관한 모든 권리와 의무를 포괄적으로 승계시키는 것은 재화의 공급으로 보지 않는다.
조세의 물납	사업용 자산을 상속세 및 증여세법·지방세법 및 종합부동산세법 규정에 의하여 물납하는 것은 재화의 공급으로 보지 않는다.
공매·경매	국세징수법의 규정에 따른 공매 및 민사집행법의 규정에 따른 경매에 따라 재화를 인도·양도하는 것은 재화의 공급으로 보지 않는다.
수용	도시 및 주거환경정비법·공익사업을 위한 토지 등의 취득 및 보상에 관한 법률 등에 따라 수용절차에 있어서 수용대상인 재화의 소유자가 해당 재화를 철거하는 조건으로 그 재화에 대한 대가를 받는 경우에는 재화의 공급으로 보지 않는다.
기타	사업자가 위탁가공을 위하여 원자재를 국외의 수탁가공 사업자에게 대가없이 반출하는 것

10 다음 부가가치세법상 면세되는 재화 또는 용역의 공급을 모두 고르면?

가. 예술창작품
나. 도서대여용역
다. 저술가·작곡가 등이 제공하는 인적용역
라. 신문사 광고
마. 우등고속버스 여객운송용역

① 가, 나, 다
② 나, 다, 라
③ 가, 나, 다, 마
④ 가, 나, 다, 라

| 정답 | ① | 출제빈도 | 50회 중 10회 출제 |

풀이
- 일반버스 여객운송용역은 면세이나 우등고속버스 여객운송용역은 과세이다.
- 도서, 신문 등은 면세이나 광고는 과세이다.

멘토Tip

구 분	면 세 대 상
기초생활 필수품	① 미가공 식료품 등(식용에 공하는 농산물·축산물·수산물·임산물 포함) → 국적불문 ② 국내에서 생산된 식용에 공하지 아니하는 미가공 농·축·수·임산물 ③ 수돗물(생수는 과세) ④ 연탄과 무연탄 (유연탄·갈탄·착화탄은 과세)

구 분	면 세 대 상
	⑤ 여성용 생리처리 위생용품과 영유아용 기저귀와 분유 ⑥ 여객운송용역 • 시내버스, 시외버스, 지하철, 마을버스, 우등(29인승 이상) 고속버스 : 면세 • 우등(29인승 이하)고속버스, 전세버스, 택시, 고속철도 : 과세 ⑦ 우표·인지·증지·복권·공중전화(수집용 우표는 과세) ⑧ 판매가격이 200원 이하인 담배(일반 담배는 과세) ⑨ 주택과 이에 부수되는 토지의 임대용역(도시계획안 5배, 외 10배) • 건물의 임대, 공급 → 과세 • 주택의 임대, 공급 → 면세
국민후생 용역	① 의료보건용역과 혈액(의약품의 단순판매는 과세) (미용목적 성형수술(쌍꺼풀수술, 코성형수술, 유방확대·축소술, 주름살제거술, 지방흡입술), 수의사 및 동물병원이 제공하는 애완동물 진료용역은 과세)
국민후생 용역	② 교육용역(무허가·무인가 성인대상 무도학원, 자동차운전학원의 교육용역은 과세)
문화관련재 화용역	① 도서(도서대여용역포함)·신문·잡지·관보·뉴스통신(방송과 광고는 과세) ② 예술창작품·예술행사·문화행사·비직업운동경기 ③ 도서관·과학관·박물관·미술관·동물원·식물원에서의 입장
부가가치 구성요소	① 금융·보험용역 ② 토지의 공급(토지의 임대는 과세) ③ 인적용역(변호사업·공인회계사업·세무사업·관세사업·기술사업·건축사업등의 인적용역은 과세)
기타의 재화용역	① 종교·학술·지선·구호·기타 공익을 목적으로 하는 단체가 공급하는 재화·용역 ② 국가·지방자치단체·지방자치단체조합이 공급하는 재화·용역 ③ 국가·지방자치단체·지방자치단체조합 또는 공익단체에 무상 공급하는 재화·용역 (유상공급은 과세) ④ 국민주택 및 당해 주택의 건설용역(국민주택초과분양 : 과세) ⑤ 국민주택 리모델링 용역 ⑥ 중소기업창업투자회사 및 기업구조조정전문회사가 제공하는 자산관리·운용용역

11 다음은 (주)한공의 2024년 제2기 확정신고기간의 자료이다. 이를 토대로 부가가치세 과세표준을 계산하면 얼마인가?(단, 주어진 자료의 금액은 부가가치세가 포함되어 있지 않은 금액이며, 세금계산서 등 필요한 증빙서류는 적법하게 발급하였거나 수령하였다.)

가. 외상판매액(수출액 3,000,000원 포함)	13,000,000원
나. 비영업용 소형승용차의 매각액	5,000,000원
다. 토지매각액	6,000,000원
라. 재화 공급과 직접 관련되지 않는 국고보조금 수령액	2,500,000원

① 13,000,000원 ② 15,000,000원
③ 18,000,000원 ④ 24,000,000원

정답	③	출제빈도	50회 중 18회출제

풀이	• 외상판매액 13,000,000원 + 비영업용 소형승용차의 매각액 5,000,000원
	  = 18,000,000원
	• 토지매각은 면세에 해당되고, 재화 공급과 직접 관련되지 않는 국고보조금 수령액은 과세
	  표준에 포함하지 않는다.		

멘토Tip	**과세표준에 포함하지 않는 것** ① 부가가치세 ② 매출에누리액, 매출환입액, 매출할인 ③ 계약등으로 인하여 확정된 대가의 지급지연으로 인하여 지급받는 연체이자(소비대차 불문) → 이자(면세용역임)로 본다. ④ 정부보조금과 공공보조금 ⑤ 공급받는 자에게 도달하기 전에 파손·훼손· 또는 멸실된 재화의 가액	**과세표준에 포함되는 것** **(즉, 과표에서 공제하지 않는 것)** ① 하자보증금 ② 대손금* ③ 판매장려금 지급액* * 별도의 비용으로 처리	

12 다음 중 소득세법상 사업소득에 대한 설명으로 옳은 것은?

① 대표자 본인에 대한 급여는 필요경비로 인정된다.
② 논·밭을 작물생산에 이용하게 함으로써 발생하는 소득은 비과세된다.
③ 상품 등의 위탁판매는 위탁자가 수탁자에게 그 위탁품을 인도하는 날을 수입시기로 한다.
④ 원천징수대상 사업소득은 분리과세되어 원천징수로써 납세의무가 종결된다.

정답	②	출제빈도	50회 중 6회 출제
풀이	① 대표자 본인에 대한 급여는 필요경비로 인정되지 않는다. ③ 상품 등의 위탁판매는 수탁자가 그 위탁품을 판매하는 날을 수입시기로 한다. ④ 분리과세되는 사업소득은 없다.		
멘토Tip	• 사업소득이란 개인이 영리를 목적으로 독립적·계속적으로 영위하는 사회활동에서 발생한 소득을 말한다.		

13. 다음 자료를 토대로 (주)한공에 근무하는 김한공 씨의 2024년도 총급여액을 계산하면 얼마인가?

가. 기본급 : 24,000,000원(주휴수당 포함)
나. 직책수당 : 3,600,000원
다. 식대보조금 : 1,800,000원(월 15만원, 별도의 식사를 제공받았음)
라. 자가운전보조금 : 2,400,000원(월 20만원, 실제 여비를 받지 않았음)

① 25,800,000원　　　　② 28,200,000원
③ 29,400,000원　　　　④ 31,800,000원

정답	③	출제빈도	50회 중　26회출제
풀이	* 24,000,000원 + 3,600,000원 + 1,800,000원 = 29,400,000원 * 식대보조금은 별도의 식사를 제공 받았으므로 전액 과세임. 　자가운전보조금은 전액 비과세임.		
멘토Tip	**비과세 근로소득** • 실비변상적인 급여(자가운전보조금 월 20만원 이내) • 국외근로소득 중 비과세 • 생산직근로자가 받는 야간근로수당 • 식사대(월20만원) • 그 밖의 비과세소득		

14. 소득세법상 기타소득에 대한 설명으로 옳은 것은?

① 위약금과 배상금 중 주택입주지체상금에 대한 필요경비는 받은 금액의 60%와 실제 발생경비 중 큰 금액으로 한다.
② 산업재산권 대여에 대한 필요경비는 받은 금액의 80%와 실제 발생경비 중 큰 금액으로 한다.
③ 복권당첨금, 승마투표권의 환급금은 선택적 종합과세로 과세한다.
④ 법인세법에 의한 소득처분에 따른 기타소득의 수입시기는 그 법인의 해당 사업연도의 결산확정일이다.

정답	④	출제빈도	50회 중　14 회출제
풀이	① 위약금과 배상금 중 주택입주지체상금에 대한 필요경비는 받은 금액의 80%와 실제 발생경비 중 큰 금액으로 한다. ② 산업재산권 대여에 대한 필요경비는 받은 금액의 60%와 실제 발생경비 중 큰 금액으로 한다. ③ 복권당첨금, 승마투표권의 환급금은 무조건 분리과세로 과세 종결한다.		

멘토Tip	• 기타소득금액= 기타소득 총수입금액 – 필요경비 • 기타소득 총수입금액 = 기타소득−비과세소득−분리과세소득	
	기타소득	필요경비
	• 공익법인이 주무관청의 승인을 받아 시상하는 상금 및 부상 • 계약의 위약 또는 해약으로 인하여 받는 위약금과 배상금 중 주택입주지체상금 • 서화·골동품의 양도로 발생하는 소득(양도가액이 6천만원 이상인 것)	MAX[①수입금액의 80%, ②실제소요경비]

	• 인적용역을 일시적으로 제공하고 지급받는 대가
	  − 고용관계 없이 다수인에게 강연을 하고 강연료 등의 대가를 받는 용역,
	  − 그 외의 용역으로서 고용관계 없이 수당 또는 이와 유사한 성질의 대가를 받고 제공하는 용역
	• 일시적 문예창작소득(문예·학술·미술·음악, 사진에 속하는 창작품)
	  − 원고료
	  − 저작권사용료인 인세
	  − 미술·음악 또는 사진에 속하는 창작품에 대하여 받는 대가
	• 광업권, 어업권, 산업재산권, 산업정보, 산업상 비밀, 상표권, 영업권(점포임차권포함), 토사석 채취허가에 따른 권리, 지하수의 개발·이용권 기타 이와 유사한 자산이나 권리를 양도하거나 대여하고 그 대가로 받는 금품 등
		MAX[①수입금액의 60%,
		②실제소요경비]

	• 상금·현상금·포상금·보로금 기타 이에 준하는 금품 • 유실물의 습득 또는 매장물의 발견으로 인하여 보상금을 받거나 새로 소유권을 취득하는 경우 그 보상금 또는 자산 • 뇌물 및 알선수재, 배임수재에 의하여 받는 금품 • 복권·경품권, 기타 추첨권에 의하여 받는 당첨금품 등	실제소요경비

15 다음 자료에 의하여 거주자 한공회씨의 2024년도 귀속 종합소득과세표준 계산시 공제해야 할 소득세법상 인적공제액의 합계액은 얼마인가?

> • 한공회씨(남, 50세)의 총급여액 60,000,000원
> • 부양가족 현황 : 배우자(46세), 아들(22세, 장애인), 딸(20세), 장인(71세), 장모(69세)
> • 부양가족은 생계를 같이 한다.
> • 배우자는 총급여액 500만원 이하의 근로소득만 있으며, 다른 부양가족은 소득이 없다.

① 9,000,000원 ② 10,000,000원
③ 10,500,000원 ④ 12,000,000원

정답	④	출제빈도	**50회 중 24회출제**
풀이	• 기본공제 : 6(본인, 배우자, 아들, 딸, 장인, 장모)×1,500,000=9,000,000원 • 추가공제 : 1,000,000(경로우대공제, 장인)+2,000,000(장애인공제, 아들) =3,000,000원 • 인적공제 합계액 : 9,000,000+3,000,000=12,000,000원		

멘토Tip

1. 기본공제

구 분		공제요건	
		나이요건*	소득요건 (100만원이하)
기본공제	본인	×	×
	배우자	×	○
	직계존속	60세 이상	○
	직계비속, 입양자 (의붓자녀포함)	20세 이하	○
	장애인 직계비속의 장애인 배우자	×	○
	형제자매	60세 이상 20세 이하	○
	국민기초생활보장법에 따른 수급자	×	○
	위탁아동	18세 미만	○

2. 추가공제

구 분	공제요건	공제금액
장애인	기본공제대상자 중 장애인	200만원
경로우대	기본공제대상자 중 70세 이상인 자	100만원
부녀자	배우자가 없는 여성근로자로서 기본공제대상 부양가족이 있는 세대주 또는 배우자가 있는 여성근로자(소득금액이 3천만원 이하 조건)	50만원
한부모	배우자가 없는 자로서 부양자녀(20세 이하)가 있는 자	100만원

※ 부녀자공제와 한부모공제는 중복적용 배제

실무수행평가

(주)홀인원(회사코드 2149)은 골프용품 제조업을 영위하는 법인기업으로 회계기간은 제6기(2024.1.1. ~2024.12.31.)이다. 제시된 자료와 [자료설명]을 참고하여 [평가문제]의 물음에 답하시오.

| 실무수행 유의사항 | 1. 부가가치세 관련거래는 [매입매출전표입력]메뉴에 입력하고, 부가가치세 관련없는 거래는 [일반전표입력]메뉴에 입력한다.
2. 타계정 대체와 관련된 적요는 반드시 코드를 입력하여야 한다.
3. 채권·채무, 예금거래 등 관리대상 거래자료에 대하여는 거래처코드를 반드시 입력한다.
4. 자금관리 등 추가 작업이 필요한 경우 문제의 요구에 따라 추가 작업하여야 한다.
5. 제조경비는 500번대 계정코드를 사용한다.
6. 판매비와 관리비는 800번대 계정코드를 사용한다.
7. 등록된 계정과목 중 가장 적절한 계정과목을 선택한다. |

문제 1 › 거래자료입력(12점)

주어진 실무프로세스에 대하여 거래자료를 입력하시오.

❶ 3만원초과 거래자료에 대한 영수증수취명세서 작성(3점)

자료. 교통유발부담금 납부 영수증

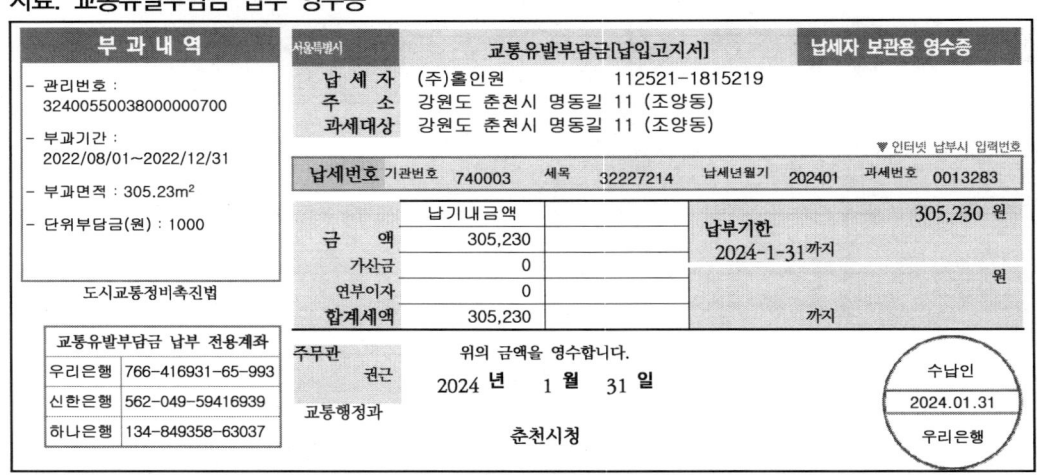

자료설명	1. 본사건물에 대한 교통유발부담금을 납부기한일에 현금으로 납부하였다. 2. 이 거래가 정규증명서류 미수취가산세대상인지를 검토하려고 한다.
평가문제	1. 거래자료를 입력하시오. 2. 영수증수취명세서(1)과 (2)서식을 작성하시오(공급자정보 입력은 생략할 것).

출제빈도	50회 중 10회 출제
정답	1. [일반전표입력] 1월 31일 (차) 817.세금과공과금　305,230원　(대) 101.현금　305,230원 2. [영수증수취명세서 (2)] 3. [영수증수취명세서 (1)]
오답유형	1. 거래일자, 거래처코드, 계정과목과 분개금액을 잘못 입력한 경우 2. 거래일자, 거래처코드, 계정과목과 분개금액을 하나라도 입력하지 않은 경우 3. [영수증수취명세서]의 입력항목을 하나라도 입력하지 않은 경우
멘토Tip	회사의 업종에 맞는 경비를 선택해서 입력한다. 1. 500번대(제조경비) – 제조업에 해당하며 TAT1,2급(세무실무1,2급)에서 사용 2. 600번대(도급경비), 700번대(분양경비) – 건설업에 해당하며 실무에서만 사용 3. 800번대(판매비와관리비) – 도소매업, 사무실경비에 해당하며 FAT1,2급(회계실무1,2급)에서 사용 4. [영수증수취명세서]를 작성하도록 제시하였으므로, 반드시 입력되어야 한다.

❷ 약속어음 수취거래(3점)

전 자 어 음

(주)홀인원 귀하　　　　　　　　　　00420240215123456789

금　일천이백만원정　　　　　　　　　　12,000,000원

위의 금액을 귀하 또는 귀하의 지시인에게 지급하겠습니다.

지급기일　2024년 6월 15일　　발행일　2024년 2월 15일
지 급 지　국민은행　　　　　　발행지
지급장소　춘천지점　　　　　　주　소　서울 강남구 강남대로 346
　　　　　　　　　　　　　　　발행인　(주)태광산업

자료설명	[2월 15일] (주)태광산업의 제품 외상대금 전액을 회수하기로 하고 일부는 약속어음으로 수취하고, 잔액은 (주)태광산업이 발행한 당좌수표로 받았다.
평가문제	1. 거래자료를 입력하시오. 2. 자금관련정보를 입력하여 받을어음현황에 반영하시오.
출제빈도	**50회 중 4회 출제**

정답	**1. [거래처원장 조회] 2월 15일**
	03020.(주)태광산업 외상매출금 잔액 15,000,000원 확인
	
	2. [일반전표입력] 2월 15일
	(차) 110.받을어음 12,000,000원 (대) 108.외상매출금 15,000,000원
	    (03020.(주)태광산업) (03020.(주)태광산업)
	    101.현금 3,000,000원
	
	● 받을어음 관리 삭제(F5)
	어음상태 1 보관 어음종류 6 전자 어음번호 00420240215123456789 수취구분 1 자수
	발행인 03020 (주)태광산업 발행일 2024-02-15 만기일 2024-06-15 배서인
	지급은행 100 국민은행 지점 춘천 할인기관 지점 할인율(%)
	지급거래처 * 수령된 어음을 타거래처에 지급하는 경우에 입력합니다.

오답유형	1. 거래일자, 계정과목, 거래처, 분개금액을 잘못 입력한 경우 2. 거래일자, 계정과목, 거래처, 분개금액을 하나라도 입력하지 않은 경우 3. [받을어음관리]의 입력항목이 하나라도 잘못 입력된 경우 4. [받을어음관리]의 입력항목이 하나라도 입력하지 않은 경우 5. 등록된 거래처코드로 등록하며 수험생이 신규로 등록한 거래처는 오답처리
멘토Tip	1. 채권, 채무, 예금, 적금 계정과목은 거래처코드를 반드시 입력한다. 2. 받을어음 보유시 자금관리 입력방법 - 하단 받을어음 관리 화면의 어음상태, 어음종류, 어음번호, 수취구분, 발행일, 만기일, 지급은행을 정확하게 기입한다.

❸ 기타 일반거래(3점)

자료 1. 월세계약서

(사무실) 월 세 계 약 서

☐ 임대인용
■ 임차인용
☐ 사무소보관용

부동산의 표시	소재지	서울 구로구 경인로 638				
	구 조	철근콘크리트조	용도	사무실	면적	45㎡
월 세 보 증 금	금	30,000,000원정		월세	1,650,000원정	

제 1 조 위 부동산의 임대인과 임차인 합의하에 아래와 같이 계약함.
제 2 조 위 부동산의 임대차에 있어 임차인은 보증금을 아래와 같이 지불키로 함.

계 약 금	원정은 계약시 지불하고
중 도 금	원정은 년 월 일 지불하며
잔 금	30,000,000원정은 2024년 3월 1일 중개업자 입회하에 지불함.

제 3 조 위 부동산의 명도는 2024년 3월 1일로 함.
제 4 조 임대차 기간은 2024년 3월 1일로부터 (24)개월로 함.
제 5 조 월세금액은 매월(1)일에 지불키로 하되 만약 기일내에 지불치 못할 시에는 보증금액에서 공제키로함.(국민은행, 계좌번호 : 801210-52-072659, 예금주 : (주)이화산업)

〜〜〜〜〜〜〜〜〜〜〜〜 중 략 〜〜〜〜〜〜〜〜〜〜〜〜

임대인	주 소	서울 구로구 경인로 638 8층 801호 동진빌딩			
	사업자등록번호	125-81-28548	전화번호	02-555-1255	성명	(주)이화산업㊞

자료 2. 보통예금(국민은행) 거래내역

번호	거래일	내용	찾으신금액	맡기신금액	잔액	거래점
		계좌번호 204456-02-344714 (주)홍인원				
1	2024-3-1	(주)이화산업	31,650,000		***	***

자료설명	1. 자료 1은 서울 영업소 사무실에 대한 임차계약서이다. 2. 자료 2는 보증금과 3월분 월세를 당사 국민은행 보통예금 통장에서 이체한 내역이다.(단, 본 문제에 한하여 부가가치세를 고려하지 않기로 한다.)
평가문제	거래자료를 입력하시오(단, 임차보증금에 거래처코드 입력 할 것).

출제빈도	**50회 중 3회 출제**
정답	**[일반전표입력] 3월 1일** 　　(차) 962.임차보증금　　30,000,000원　　(대) 103.보통예금　　31,650,000원 　　　　(03030.(주)이화산업)　　　　　　　　　　(98000.국민은행(보통)) 　　　　819.임차료　　　1,650,000원
오답유형	1. 거래일자, 계정과목, 분개금액을 잘못 입력한 경우 2. 거래일자, 계정과목, 분개금액을 하나라도 입력하지 않은 경우
멘토Tip	1. 회사의 업종에 맞는 경비를 선택해서 입력한다. 　① 500번대(제조경비) - 제조업에 해당하며 TAT1,2급에서 사용

② 600번대(도급경비), 700번대(분양경비) – 건설업에 해당하며 실무에서 사용
③ 800번대(판매비와관리비) – 도소매업 판매관리비에 해당하며 FAT1,2급에서 사용
2. 채권, 채무, 예금, 적금 계정과목은 거래처코드를 반드시 입력한다.

④ 자본거래(3점)

자료 1. 이사회 결의서

```
                      이 사 회 의 사 록

의안 : 중간(분기)배당 결정의 건
    의장은 중간(현금)배당의 취지 및 내용을 설명하고, 그 승인을 구한 바 참석한 이사 전원이 충분한
  토의를 거친 후 만장일치로 다음과 같이 승인 가결하였다.

                           - 다    음 -

  1. 배당의 종류 : 현금배당
  2. 배당구분 : 중간배당
  3. 배당기준일 : 2024년 6월 30일
  4. 배당총액 : 현금 배당액 50,000,000원
  5. 배당금지급예정일 : 2024년 7월 20일
  6. 기타 중간(현금)배당과 관련한 세부적인 절차는 대표이사에게 위임함.
                            이하 생략
                         2024년 6월 30일

                                         (주)홀인원
```

자료 2. 보통예금(국민은행) 거래내역

번호	거래일	내용	찾으신금액	맡기신금액	잔액	거래점
		계좌번호 204456-02-344714 (주)홀인원				
1	2024-07-20	중간배당금	42,300,000		***	***

자료설명	1. (주)홀인원의 중간배당과 관련된 이사회의사록이다. 2. 배당금 지급일에 원천징수세액 7,700,000원을 제외한 잔액을 국민은행 보통예금계좌에서 이체하여 지급하였다.
평가문제	배당결의일(6월 30일)의 회계처리를 참고하여, 보통예금 통장으로 이체 지급한 배당지급일(7월 20일)의 회계처리를 하시오.

출제빈도	**50회 중 11회 출제**
정답	**[일반전표입력] 7월 20일** 　　(차) 265.미지급배당금　50,000,000원　(대) 254.예수금　　　　　7,700,000원 　　　　　　　　　　　　　　　　　　　　　　　　103.보통예금　　　　42,300,000원 　　　　　　　　　　　　　　　　　　　　　　　　(98000.국민은행(보통))

오답유형	1. 거래일자, 계정과목, 분개금액을 잘못 입력한 경우 2. 거래일자, 계정과목, 분개금액을 하나라도 입력하지 않은 경우

멘토Tip	1. 중간배당결의일 : (차) 중간배당금 ××× (대) 미지급배당금 ×××
	   배당금지급일 : (차) 미지급배당금 ××× (대) 예수금 ×××
	                                        보통예금 ×××
	2. 채권, 채무, 예금, 적금 계정과목은 거래처코드를 반드시 입력한다.

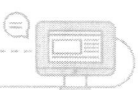

문제 2 ▶ 부가가치세(25점)

부가가치세 관련 거래자료를 입력하여 실무프로세스를 수행하시오.

❶ 과세매출자료의 전자세금계산서 발급(4점)

거래명세서 (공급자 보관용)

공급자	등록번호	120-81-32144			공급받는자	등록번호	220-81-15085		
	상호	(주)홀인원	성명	김강남		상호	(주)고려산업	성명	최재수
	사업장주소	강원도 춘천시 명동길 11(조양동)				사업장주소	서울 서초구 강남대로 156-4		
	업태	제조업외	종사업장번호			업태	도소매업	종사업장번호	
	종목	골프용품외				종목	골프용품		

거래일자	미수금액	공급가액	세액	총 합계금액
2024.4.12.		16,000,000	1,600,000	17,600,000

NO	월	일	품목명	규격	수량	단가	공급가액	세액	합계
1	4	12	골프모자		400	40,000	16,000,000	1,600,000	17,600,000

비고	전미수액	당일거래총액	입금액	미수액	인수자

자료설명	1. 제품을 공급하고 전자세금계산서를 발급하였다. 2. 부가가치세액 1,600,000원은 자기앞수표로 받고 잔액은 국민은행 보통예금계좌에 입금되었다.
평가문제	1. 매입매출자료를 입력하시오 2. 전자세금계산서 발행 및 내역관리 를 통하여 발급·전송하시오. (전자세금계산서 발급 시 결제내역 및 전송일자는 무시할 것.)

TAT 2급 세무실무

출제빈도: 50회 중 47회 출제

정답

1. [매입매출전표입력] 4월 12일

거래유형	품명	공급가액	부가세	거래처	전자세금
11.과세	골프모자	16,000,000	1,600,000	03040.(주)고려산업	전자발행

분개유형					
3.혼합	(차) 101.현금 103.보통예금 (98000.국민은행(보통))	1,600,000원 16,000,000원	(대) 404.제품매출 255.부가세예수금	16,000,000원 1,600,000원

2. [전자세금계산서 발행 및 내역관리]
① 전자세금계산서 발행 및 내역관리 를 클릭하면 수정 전표 1매가 미전송 상태로 나타난다.
② 해당내역을 클릭하여 전자세금계산서 발행 및 국세청 전송을 한다.

오답유형

〈매입매출전표입력〉
1. 거래일자, 유형, 공급가액, 세액, 거래처, 계정과목, 분개금액을 잘못 입력한 경우
2. 거래일자, 유형, 공급가액, 세액, 거래처, 계정과목, 분개금액을 하나라도 입력하지 않은 경우
3. 매입매출 유형을 11.과세가 아닌 다른 유형으로 입력한 경우
4. 상단의 거래처와 하단의 분개거래처를 틀리게 입력한 경우
5. 상단과 하단을 틀리게 입력한 경우

〈전자세금계산서 발행 및 내역관리〉
1. 전자세금계산서 발행 및 국세청에 전송하지 않은 경우

멘토Tip

* 매입매출전표입력은 유형을 잘 선택해야 다른 항목의 입력이 정확해진다.

〈매입매출전표입력〉
1. 품명이 2개 이상인 경우 툴바의 복수거래를 클릭해서 입력한다.
2. 전자세금계산서 발행을 위해서는 전자세금란은 공란으로 둔다.
   (전자세금란은 전자세금계산서 발행 및 내역관리 메뉴에서 작업시 자동 반영된다.)
3. 상단(증빙자료)과 하단(대금수불 관련 분개)의 거래처는 상이할 수 있으며, 하단의 거래처는 계정과목에 맞도록 수정한다.

〈전자세금계산서 발행 및 내역관리〉
1. 툴바의 전자발행을 클릭하고, 전자세금계산서 발행 홈페이지에 접속한다.
2. "발행"을 클릭하면 거래처 담당자 이메일 주소로 전자세금계산서가 발행된다.
3. 툴바의 ACADEMY 전자세금계산서를 클릭하고 전자세금계산서 전송 홈페이지에 접속한다.
4. 매출조회 후 하단의 발행을 클릭하면 국세청에 전자세금계산서가 전송된다.

❷ 수정전자세금계산서의 발행(4점)

자료 1. 전자세금계산서

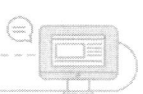

전자세금계산서 (공급자 보관용)						승인번호		
공급자	등록번호	120-81-32144			공급받는자	등록번호	120-81-32159	
	상호	(주)홀인원	성명(대표자)	김강남		상호	(주)유정산업	성명(대표자)	최유정
	사업장주소	강원도 춘천시 명동길 11(조양동)				사업장주소	인천 남동구 정각로 16(구월동)	
	업태	제조업외	종사업장번호			업태	도소매업	종사업장번호
	종목	골프용품외				종목	골프용품	
	E-Mail	holeinone@bill36524.com				E-Mail	yoojung@bill36524.com	
작성일자	2024.5.10.	공급가액	5,000,000	세액	500,000			
비고								

월	일	품목명	규격	수량	단가	공급가액	세액	비고
5	10	계약금				5,000,000	500,000	

합계금액	현금	수표	어음	외상미수금	이 금액을	● 영수 / ○ 청구	함
5,500,000	5,500,000						

자료 2. 보통예금(국민은행) 거래내역

		내용	찾으신금액	맡기신금액	잔액	거래점
번호	거래일	계좌번호 204456-02-344714 (주)홀인원				
1	2024-5-20	(주)유정산업	5,500,000		***	***

자료설명	1. 자료 1은 계약금을 수령한 후 발급한 전자세금계산서이다. 2. 자료 2는 원재료 구입처의 파산으로 제품 납품이 지연되어 5월 20일에 (주)유정산업과의 계약을 해제하고, 수령한 계약금을 국민은행 보통예금 계좌에서 이체하여 반환한 내역이다.
평가문제	계약해제에 따른 수정전자세금계산서를 발급 및 전송하시오.(전자세금계산서 발급시 결제내역 입력 및 전송일자는 무시할 것.)

출제빈도	50회 중 6회 출제
정답	**1. [매입매출전표입력]** ① [매입매출전표입력] → [5월 10일] 전표 선택 → 수정세금계산서 클릭 ② [수정사유] 화면에서 [4. 계약의 해제]를 입력 → 확인(Tab) 클릭 비고 : 당초(세금)계산서작성일 2024년 5월 10일 자동반영

③ [수정세금계산서(매출)] 화면이 나타난다.
④ 수정분 [작성일 5월 20일]입력, [공급가액 -5,000,000원], [세액 -500,000원] 자동반영 → 확인(Tab) 클릭

구분	년	월	일	유형	품명	수량	단가	공급가액	부가세	합계	코드	거래처명	사업.주민번호
당초분	2024	05	10	과세	계약금			5,000,000	500,000	5,500,000	03050	(주)유정산업	120-81-32159
수정분	2024	05	10	과세	계약금			-5,000,000	-500,000	-5,500,000	03050	(주)유정산업	120-81-32159

⑤ [매입매출전표입력] → [5월 20일] 전표선택 → 분개유형을 3.혼합으로 선택하여 회계처리를 수정한다.

거래유형	품명	공급가액	부가세	거래처	전자세금
11.과세	계약금	-5,000,000	-500,000	03050.(주)유정산업	전자발행
분개유형 3.혼합	(차)		(대) 259.선수금 255.부가세예수금 103.보통예금 (98000.국민은행(보통))		-5,000,000원 -500,000원 5,500,000원

또는

거래유형	품명	공급가액	부가세	거래처	전자세금
11.과세	계약금	-5,000,000	-500,000	03050.(주)유정산업	전자발행
분개유형 3.혼합	(차) 259.선수금 5,000,000원			(대) 255.부가세예수금 103.보통예금 (98000.국민은행(보통))	-500,000원 5,500,000원

2. [전자세금계산서 발행 및 내역관리]
① 전자세금계산서 발행 및 내역관리 를 클릭하면 수정 전표 1매가 미전송 상태로 나타난다.
② 해당내역을 클릭하여 전자세금계산서 발행 및 국세청 전송을 한다.

오답유형

〈매입매출전표입력〉
1. 거래일자, 유형, 공급가액, 세액, 거래처, 계정과목, 분개금액을 잘못 입력한 경우
2. 거래일자, 유형, 공급가액, 세액, 거래처, 계정과목, 분개금액을 하나라도 입력하지 않은 경우
3. 매입매출 유형을 11.과세가 아닌 다른 유형으로 입력한 경우
4. 수정세금계산서 발급사유가 4.계약의 해제가 아닌 경우
5. 수정세금계산서가 발급되지 않은 경우
6. 상단과 하단을 틀리게 입력한 경우

〈전자세금계산서 발행 및 내역관리〉
1. 전자세금계산서 발행 및 국세청에 전송하지 않은 경우

멘토Tip

* 매입매출전표입력은 유형을 잘 선택해야 다른 항목의 입력이 정확해진다.

〈매입매출전표입력〉
1. 품명이 2개 이상인 경우 툴바의 복수거래를 클릭해서 입력한다.
2. 전자세금계산서 발행을 위해서는 전자세금란은 공란으로 둔다.
  (전자세금란은 전자세금계산서 발행 및 내역관리 메뉴에서 작업시 자동 반영된다.)
3. 상단(증빙자료)과 하단(대금수불 관련 분개)의 거래는 상이할 수 있으며, 하단의 거래처는 계정과목에 맞도록 수정한다.
4. 수정전자세금계산서는 발급사유가 정확히 선택되어야 2매 또는 1매가 자동 작성된다.

〈전자세금계산서 발행 및 내역관리〉
1. 툴바의 전자발행을 클릭하고, 전자세금계산서 발행 홈페이지에 접속한다.

2. "발행"을 클릭하면 거래처 담당자 이메일 주소로 전자세금계산서가 발행된다.
3. 툴바의 ACADEMY 전자세금계산서를 클릭하고 전자세금계산서 전송 홈페이지에 접속한다.
4. 매출조회 후 하단의 발행을 클릭하면 국세청에 전자세금계산서가 신고된다.

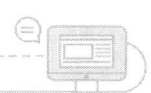

❸ 매입세액불공제내역 작성자의 부가가치세신고서 작성(9점)

자료. 전자세금계산서 수취 자료

일자	거래처	품목	공급가액	세 액	비 고
7월 8일	에이스가구	책상	2,000,000원	200,000원	대표이사(김강남)의 개인적 사용(가지급금으로 회계처리)
8월 6일	(주)현대자동차	승용차	30,000,000원	3,000,000원	영업부 업무용 승용차(2,000cc)
9월 7일	(주)제일산업	철거비용	5,000,000원	500,000원	자재창고 신축을 위하여 취득한 토지의 기존건물 철거비용

자료설명	전자세금계산서의 모든 거래는 외상이다. (전자세금계산서는 '전자입력'으로 처리한다.)
평가문제	1. 매입매출전표에 거래자료를 입력하시오. 2. 2024년도 제2기 예정 [매입세액불공제내역]을 작성하시오. 3. 2024년도 제2기 부가가치세 예정신고서에 반영하시오.

출제빈도	**50회 중 24회 출제**
정답	**1. [매입매출전표입력]** – 7월 8일 	거래유형	품명	공급가액	부가세	거래처	전자세금
---	---	---	---	---	---
54.불공	책상	2,000,000	200,000	03060.에이스가구	전자입력
불공제사유	2. 사업과 관련 없는 지출				
분개유형 3.혼합	(차) 134.가지급금 (03090.김강남)	2,200,000원	(대) 253.미지급금		2,200,000원 | ※ 대표이사의 개인적 사용은 매입세액이 공제되지 않으며 가지급금으로 처리한다. – 8월 6일 | 거래유형	품명	공급가액	부가세	거래처	전자세금
---	---	---	---	---	---
54.불공	승용차	30,000,000	3,000,000	03070.(주)현대자동차	전자입력
불공제사유	3. 비영업용 소형승용차 구입 및 유지				
분개유형 3.혼합	(차) 208.차량운반구	33,000,000원	(대) 253.미지급금		33,000,000원	 ※ 개별소비세 과세대상 자동차의 구입, 임차 및 유지와 관련된 매입세액은 공제되지 않는다.

- 9월 7일

거래유형	품명	공급가액	부가세	거래처	전자세금
54.불공	철거비용	5,000,000	500,000	03080.(주)제일산업	전자입력
불공제사유	0. 토지의 자본적 지출관련				
분개유형 3.혼합	(차) 201.토지	5,500,000원	(대) 253.미지급금		5,500,000원

※ 토지의 자본적 지출관련 매입세액은 공제되지 않는다.

2. [매입세액불공제내역]

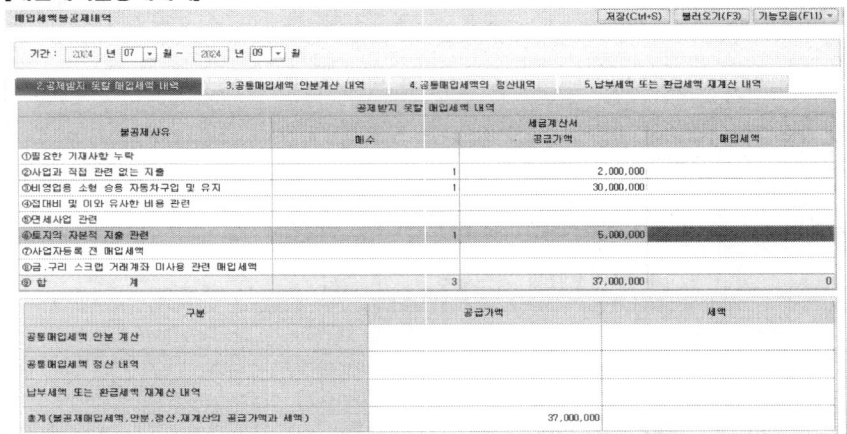

3. [부가가치세신고서] 7월 1일~9월 30일

	구분		금액	세액
16 공제받지 못할매입 세액명세	공제받지못할매입세액	50	37,000,000	3,700,000
	공통매입세액면세사업	51		
	대손처분받은세액	52		
	합계	53	37,000,000	3,700,000

오답유형

〈매입매출전표입력〉
1. 거래유형을 54.불공매입으로 입력하지 않은 경우
2. 불공제사유, 공급가액, 부가세, 거래처, 전자세금, 분개 중 한 곳이라도 누락된 경우
3. 불공제사유, 공급가액, 부가세, 거래처, 전자세금, 분개 중 한 곳이라도 잘못 입력된 경우

〈매입세액불공제내역〉
1. [2.공제받지못할 매입세액 내역]Tab에 불공제사유별 매수, 공급가액, 매입세액이 다르게 입력된 경우

〈부가가치세신고서〉
1. 공제받지못할매입세액(50란)에 금액과 세액이 누락되었거나 다르게 입력된 경우

멘토Tip
1. [매입매출전표입력]에서 54.불공매입으로 선택하고 불공제사유를 입력하여 거래자료를 입력하고,
2. [매입세액불공제내역]에서 불공제사유별내역을 조회하여 [저장]한다.
3. 이를 [부가가치세신고서]의 공제받지못할매입세액(50란)에 금액과 세액이 반영한다.

④ 대손세액공제신고서 작성자의 부가가치세신고서 작성(8점)

전자세금계산서 (공급자 보관용)						승인번호			
공급자	등록번호	120-81-32144			공급받는자	등록번호	209-81-63746		
	상호	(주)홀인원	성명(대표자)	김강남		상호	(주)미나리	성명(대표자)	윤여정
	사업장주소	강원도 춘천시 명동길 11(조양동)				사업장주소	서울시 성북구 길음로 92		
	업태	제조업외	종사업장번호			업태	도소매업	종사업장번호	
	종목	골프용품외				종목	골프용품		
	E-Mail	holeinone@bill36524.com				E-Mail	minari@bill36524.com		

작성일자	2021.12.7.	공급가액	20,000,000	세액	2,000,000
비고					

월	일	품목명	규격	수량	단가	공급가액	세액	비고
12	7	골프채		40	500,000	20,000,000	2,000,000	

합계금액	현금	수표	어음	외상미수금	이 금액을	○ 영수 / ● 청구	함
22,000,000				22,000,000			

자료설명
1. 자료는 (주)미나리와의 2021년 거래 시에 발급했던 전자세금계산서이다.
2. (주)미나리의 채권소멸시효가 2024년 12월 7일에 완성되어 전액 대손으로 확정되었다. 이와 관련하여 제 2기 부가가치세 확정신고시 대손세액공제신청서를 작성하려고 한다.

평가문제
1. 자료에 대한 대손요건을 판단하여 제2기 부가가치세 확정 신고기간의 [대손세액공제신고서]를 작성하시오.
2. 대손세액 및 전자신고세액공제를 반영하여 제2기 부가가치세 확정신고서를 작성하시오.
   - 제2기 부가가치세 확정신고를 홈택스에서 전자신고하여 전자신고세액공제 10,000원을 적용하기로 한다.
3. 대손확정일(12월 7일)의 대손세액공제 및 대손채권(외상매출금)에 대한 회계처리를 입력하시오.

출제빈도	50회 중 11회 출제

정답

1. [대손세액공제신고서]

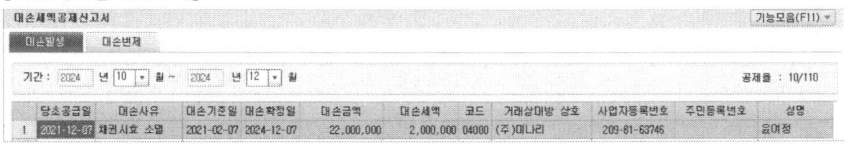

2. [부가가치세신고서] 10월 1일~12월 31일
- 과세표준 및 매출세액/대손세액가감(8란) 세액 -2,000,000원

예정신고누락분	7		
대손세액가감	8		-2,000,000

- 전자신고세액공제

	구분		금액	세율	세액
18 그 밖의 경감공제 세액명세	전자신고세액공제	54			10,000
	전자세금발급세액	55			
	택시운송사업자경	56			
	대리납부 세액공제	57			
	현금영수증사업자	58			
	기타	59			
	합계	60			10,000

3. [일반전표입력] 12월 7일
 (차) 109.대손충당금　15,000,000원　　(대) 108.외상매출금　22,000,000원
 　　835.대손상각비　 5,000,000원　　　　 (04000.(주)미나리)
 　　255.부가세예수금　2,000,000원

오답유형

〈대손세액공제신고서〉
1. [대손발생]Tab에 거래자료가 입력되지 않은 경우
2. 대손사유, 대손발생일, 대손확정일, 대손금액, 대손세액, 코드, 거래상대방상호, 사업자등록번호, 대표자명 중 한 곳이라도 누락되었거나 다르게 입력된 경우

〈부가가치세신고서〉
1. 대손세액이 대손세액가감(8란)의 세액란에 (-)금액으로 입력되지 않은 경우
2. 전자신고세액(54란)에 세액이 누락되었거나 다르게 입력된 경우

멘토Tip
1. [대손세액공제신고서]에서 [대손발생]Tab에 대손처리할 내역을 입력하고,
2. [부가가치세신고서]의 대손세액가감(8란)에 (-)금액으로 반영한다.
3. 대손세액을 [일반전표입력]의 대손발생일에 회계처리한다.

문제 3 > 결산(8점)

[결산자료]를 참고로 결산을 수행하시오.(단, 제시된 자료 이외의 자료는 없다고 가정함.)

❶ 가계정 및 유동성대체(4점)

자료설명	2024년도 결산일 현재 장부상 가지급금 중 7,800,000원은 (주)석만전자의 외상대금 지급액 5,000,000원과 (주)호범전자의 단기차입금 상환액 2,800,000원으로 밝혀졌다.
평가문제	가지급금에 대한 결산정리분개를 일반전표에 입력하시오.

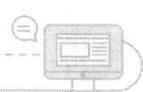

출제빈도	50회 중 4회 출제
정답	**[일반전표입력] 12월 31일** (차) 251.외상매입금　　5,000,000원　　(대) 134.가지급금　　7,800,000원 　　　(00345.(주)석만전자) 　　　260.단기차입금　　2,800,000원 　　　(00420.(주)호범전자) 또는 (차) 251.외상매입금　　5,000,000원　　(대) 134.가지급금　　5,000,000원 　　　(00345.(주)석만전자) (차) 260.단기차입금　　2,800,000원　　(대) 134.가지급금　　2,800,000원 　　　(00420.(주)호범전자)
오답유형	1. 거래일자, 계정과목, 분개금액을 잘못 입력한 경우 2. 거래일자, 계정과목, 분개금액을 하나라도 입력하지 않은 경우
멘토Tip	1. 수동결산정리사항은 [일반전표입력]의 결산일에 결산분개를 입력한다. 2. 가계정의 결산정리 거래요약 | 구 분 | 결산정리내용 | 차　　변 | | 대　　변 | | |---|---|---|---|---|---| | 가지급금 | 원인 확인 | 원인확인계정 | ××× | 가지급금 | ××× | | 가수금 | 원인 확인 | 가수금 | ××× | 원인확인계정 | ××× |

❷ 결산자료입력에 의한 자동결산(4점)

자료설명	1. 관리부에서 사용하고 있는 소프트웨어 상각 자료 　・코　　드 : 5500　　　　　　　　　・상각방법 : 정액법 　・자 산 명 : 위하고회계프로그램　　　・내용연수 : 5년 　・취 득 일 : 2023.7.1.　　　　　　　・회계처리 : 직접법 　・취득가액 : 30,000,000원 2. 계정별원장의 소프트웨어(무형자산)의 기초잔액은 27,000,000원이다.
평가문제	[고정자산등록]에 입력하여 무형자산에 대한 상각비를 계산하고 결산에 반영하시오.(단, 제시된 자산에 대해서만 상각하기로 할 것.)

출제빈도	50회 중 8회 출제

1. [고정자산등록]

정답

※ 무형자산은 직접법으로 상각하므로 기초가액에 27,000,000원을 입력하고 2023년 상각액 3,000,000원을 전기말상각누계액란에 입력한다.

2. [결산자료입력]
- 결산자료입력에서 판매비와 관리비의 무형고정자산상각 [소프트웨어]에 6,000,000원을 입력하고 전표추가(F3) 를 클릭하여 결산분개를 생성한다.
  또는 일반전표입력(12월31일)
  (차) 840.무형고정자산상각비   6,000,000원   (대) 240.소프트웨어   6,000,000원

오답유형
1. 거래일자, 계정과목, 분개금액을 잘못 입력한 경우
2. 거래일자, 계정과목, 분개금액을 하나라도 입력하지 않은 경우
3. [결산자료입력]에서 해당금액을 입력하고 [전표추가]를 하지 않은 경우
4. [고정자산등록]에 입력하고 결산분개는 입력하지 않은 경우

멘토Tip
1. 자동결산정리사항은 [결산자료입력]의 결산일에 해당항목에 대한 금액을 입력하고 "전표추가"키를 클릭하여 결산분개를 입력한다.
2. 감가상각비 결산정리 거래요약

구 분	결산정리내용	차 변		대 변	
유형자산의 감가상각	[고정자산등록]에서 당기상각범위액 계산 후 [월별감가상각비 계상]에서 당기상각비 저장	감가상각비	×××	감가상각누계액	×××
무형자산의 감가상각		무형자산상각비	×××	무형자산	×××

문제 4 ▶ 근로소득관리(25점)

인사급여 관련 실무프로세스를 수행하시오.

❶ 일용직사원의 원천징수(8점)

자료.

성명 (코드)	민경진 (1003)
입사일 / 퇴사일	2024년 7월 12일 / 2024년 7월 15일
주민등록번호	641210-1774915
주 소	서울특별시 마포구 백범로 14 (노고산동)
급여지급방법 / 급여유형	매일지급 / 일급직(정상급여 1일 200,000원)
귀속년월 / 지급년월	2024년 7월 / 2024년 7월
근무일	2024년 7월 12일, 13일, 14일, 15일
총지급액 계산내역	1일 200,000원×총 4일=800,000원
자료설명	1. 자료는 일용직 사원의 관련 정보 및 급여지급 내역이다. 2. 일용직 급여는 매일 지급하는 방식으로 한다. 3. 사회보험료 중 고용보험만 징수하기로 한다. 4. 제시된 사항 이외의 자료입력은 생략한다.
평가문제	1. [일용직사원등록] 메뉴에 사원등록을 하시오.(우편번호 입력 생략) 2. [일용직급여입력] 메뉴에 급여내역을 입력하시오. 3. 기 입력된 7월분 급여 및 일용직급여에 대하여 7월 귀속분 [원천징수이행상황신고서]를 작성하시오.

출제빈도	50회 중 6회 출제
정답	1. [일용직사원등록] 

2. [일용직급여입력]

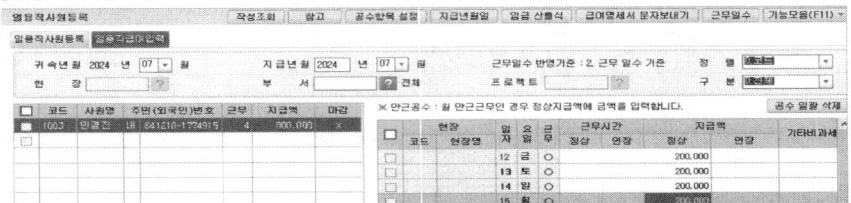

3. [원천징수이행상황신고서]

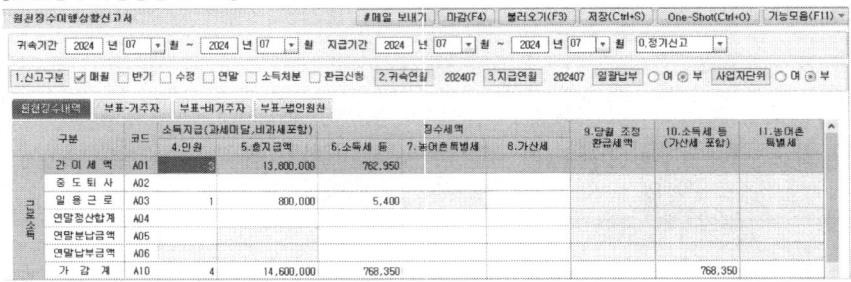

오답유형	1. [일용직사원등록]의 코드, 사원명, 주민(외국인)번호, 입사년월일, 주소, 국적, 거주구분, 급여지급방법, 정상급여, 국민연금, 건강보험, 요양보험, 고용보험 중 하나라도 누락되거나 잘못 입력된 경우 2. [일용직급여입력]의 귀속년월, 지급년월, 근무일자의 지급액 중 하나라도 누락되거나 잘못 입력된 경우 1. [원천징수이행상황신고서]의 귀속기간, 지급기간에 대한 A01란의 인원, 총지급액, 소득세등, A03란의 인원, 총지급액, 소득세등이 누락되거나 잘못 입력된 경우
멘토Tip	1. [일용직사원등록]에서 일용직 사원을 등록하고, 2. [일용직급여입력]에서 근무일자별 급여내역을 입력하면 소득세등이 자동계산되고, 3. 이를 [원천징수이행상황신고서]의 해당 귀속년월과 지급년월에 일용근로소득으로 반영한 다음 [저장]한다.

❷ 급여명세에 의한 급여자료(8점)

자료 1. 김현준의 9월분 급여자료

급 여 명 세 서

(단위 : 원)

구분	수당항목			공제항목			
	기본급	건강수당	식대	소득세	국민연금	고용보험	상조회비
	자가운전보조금	국외근로수당		지방소득세	건강보험	장기요양보험료	
재무팀 (김현준)	4,300,000	160,000	100,000	자동반영			20,000
	250,000	1,700,000					

자료 2. 수당 및 공제요건

구분	코드	수당 및 공제명	내용
수당등록	101	기본급	프로그램의 설정된 내용 그대로 사용한다.
	102	상여	
	200	건강수당	흡연자들이 금연을 하는 경우 건강수당으로 지급하고 있다.
	201	식대	매월 지급하고 있으며, 별도의 음식물은 제공하고 있지 않다.
	202	자가운전보조금	차량을 소유하고 있는 직원에게 자가운전보조금을 지급하고 있으며, 시내 출장 시 별도의 출장비를 지급하고 있다.
	203	국외근로수당	국외 지사에 근무하는 사무직 근로자에게 지급하고 있다.
공제등록	501~505	국민연금/건강보험/고용보험/장기요양보험료/학자금상환액	프로그램의 설정된 내용 그대로 사용한다.
	600	상조회비	당사는 임직원을 대상으로 급여에서 상조회비를 공제하고 있다.

자료설명
본사 재무팀 과장 김현준(1024)의 급여자료이다.
1. 급여지급일은 매월 25일이다
2. 사회보험은 자동계산된 금액으로 공제하고, 상조회비는 제시된 금액으로 공제한다.
3. 김현준은 9월 1일자로 미국지사로 발령받아 근무하고 있다.

평가문제
1. 사원등록 메뉴에 국외근로수당을 반영하시오.
2. 급여자료입력 메뉴에 수당 및 공제등록을 하시오.
   (상조회비 공제소득유형은 0.무구분을 선택할 것.)
3. 9월분 급여자료를 입력하시오.(단, 구분 1. 급여로 선택할 것.)
4. 9월 귀속분 [원천징수이행상황신고서]를 작성하시오.

출제빈도 50회 중 45회 출제

정답

1. [사원등록]
- 국외에서 사무직으로 근무하고 받는 국외근로수당은 '100만원 비과세'를 선택하여 입력한다.

16. 국외근로적용여부 [1] [100만]

2. [수당등록] 및 [공제등록]

코드	수당명	과세구분	근로소득유형
101	기본급	과세	1.급여
102	상여	과세	2.상여
200	건강수당	과세	1.급여
201	식대	비과세	2.식대 P01
202	자가운전보조금	과세	1.급여
203	국외근로수당	비과세	9.국외등근로(건설지원 M01

코드	공제항목명	공제소득유형
501	국민연금	0.무구분
502	건강보험	0.무구분
503	고용보험	0.무구분
504	장기요양보험료	0.무구분
505	학자금상환액	0.무구분
903	농특세	0.사용
600	상조회비	0.무구분

3. [급여자료입력]

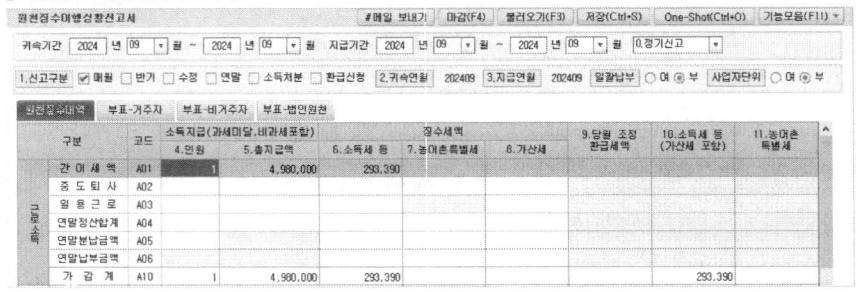

4. [원천징수이행상황신고서]

오답유형	1. [사원등록]에서 김현준의 [기본등록사항]에서 16.국외근로적용여부란에 '1.100만'으로 등록되지 않은 경우 2. [급여자료입력]의 [수당등록]에서 '국외근로수당'이 '비과세, 9.국외등근로'로 등록되지 않은 경우 3. [공제등록]에 '상조회비'가 등록되지 않은 경우 4. [급여자료입력]에서 기본급, 건강수당, 식대, 자가운전보조금, 국외근로수당, 상조회비가 급여항목별로 지급액이 하나라도 누락되거나 다르게 입력된 경우 5. [원천징수이행상황신고서]의 귀속기간, 지급기간에 대한 A01란의 인원, 총지급액, 소득세등이 누락되거나 잘못 입력된 경우
멘토Tip	1. [사원등록]에서 해당 사원을 선택하여 16.국외근로적용여부를 등록하고 2. [급여자료입력]의 [수당등록]에서 국외근로수당을 비과세, 9.국외등근로를 등록하고 3. 기본급등 수당항목의 금액을 입력하면, 공제항목이 자동반영되며, 상조회비는 입력한다. 4. 이를 [원천징수이행상황신고서]의 해당 귀속년월과 지급년월에 일용근로소득으로 반영한 다음 [저장]한다.

❸ 국세청연말정산간소화 및 이외의 자료를 기준으로 연말정산(9점)

자료설명	사무직 김영교(1004)의 연말정산을 위한 자료이다. 1. 사원등록의 부양가족현황은 사전에 입력되어 있다. 2. 부양가족은 김영교와 생계를 같이 한다. 3. 김영교는 무주택자이다.
평가문제	[연말정산 근로소득원천징수영수증] 메뉴에서 연말정산을 완료하시오. 1. 의료비세액공제는 [의료비] 탭에서 입력하며, 국세청자료는 공제대상 합계금액을 1건으로 집계하여 입력한다. 2. 신용카드소득공제는 [신용카드] 탭에서 입력한다. 3. 교육비세액공제는 [소득공제] 탭에서 입력한다. 4. 월세액공제는 [정산명세] 탭에서 입력한다. 5. 소득공제 및 세액공제는 최대한 세부담을 최소화하는 방향으로 선택한다.

자료 1. 김영교의 부양가족등록 현황

연말정산관계	성 명	주민등록번호	기타사항
0.본인	김영교	800321-1216511	세대주
3.배우자	박소정	810905-2027511	소득없음
4.직계비속	김민정	070526-4154871	소득없음

자료 2. 김영교의 국세청 간소화 서비스 및 기타증빙 자료

2024년 귀속 소득·세액공제증명서류 : 기본(지출처별)내역 [의료비]

■ 환자 인적사항

성 명	주 민 등 록 번 호
김영교	800321-1******

■ 의료비 지출내역

(단위 : 원)

사업자번호	상 호	종류	납입금액 계
129-17-32***	***내과	일반	9,800,000
의료비 인별합계금액			9,800,000
안경구입비 인별합계금액			
산후조리원 인별합계금액			
인별합계금액			9,800,000

국 세 청
National Tax Service

- 본 증명서류는 「소득세법」 제165조 제1항에 따라 영수증 발급기관으로부터 수집한 서류로 소득·세액공제 충족 여부는 근로자가 직접 확인하여야 합니다.
- 본 증명서류에서 조회되지 않는 내역은 영수증 발급기관에서 직접 발급받으시기 바랍니다.

2024년 귀속 소득·세액공제증명서류 : 기본내역 [실손의료보험금]

■ 수익자 인적사항

성 명	주 민 등 록 번 호
김영교	800321-1******

■ 실손의료보험금 수령내역

(단위 : 원)

상호	상품명	보험계약자		수령금액 계
사업자번호	계약(증권)번호	피보험자		
(주)케이비손해보험	(무)닥터안심보험	800321-1******	김영교	500,000
201-81-96***	3021*****	800321-1******	김영교	
인별합계금액				500,000

- 본 증명서류는 「소득세법」 제165조 제1항에 따라 영수증 발급기관으로부터 수집한 서류로 소득·세액공제 충족 여부는 근로자가 직접 확인하여야 합니다.
- 본 증명서류에서 조회되지 않는 내역은 영수증 발급기관에서 직접 발급받으시기 바랍니다.

2024년 귀속 소득·세액공제증명서류 : 기본(지출처별)내역 [직불카드 등]

■ 사용자 인적사항

성 명	주 민 등 록 번 호
박소정	810905-2******

■ 신용카드 등 사용금액 집계

일반	전통시장분	대중교통이용분	도서공연 등	합계금액
16,275,000	0	450,600	0	16,725,600

■ 신용카드 사용내역

(단위 : 원)

구분	사업자번호	상호	종류	공제대상금액합계
직불카드	330-81-57***	신한카드 주식회사	일반	16,275,000
직불카드	330-81-57***	신한카드 주식회사	대중교통	450,600
인별합계금액				16,725,600

- 본 증명서류는 「소득세법」 제165조 제1항에 따라 영수증 발급기관으로부터 수집한 서류로 소득·세액공제 충족 여부는 근로자가 직접 확인하여야 합니다.
- 본 증명서류에서 조회되지 않는 내역은 영수증 발급기관에서 직접 발급받으시기 바랍니다.

2024년 귀속 소득·세액공제증명서류 : 기본(지출처별)내역 [교육비]

■ 학생 인적사항

성 명	주 민 등 록 번 호
김민정	070526-4******

■ 교육비 지출내역

(단위 : 원)

교육비구분	학교명	사업자번호	구분	지출금액 계
중학교	***중학교	**5-83-88***	일반교육비	2,700,000
중학교	***중학교	**5-83-88***	현장학습비	780,000
일반교육비 합계금액				2,700,000
현장학습비 합계금액				780,000

- 본 증명서류는 『소득세법』제165조 제1항에 따라 영수증 발급기관으로부터 수집한 서류로 소득·세액공제 충족 여부는 근로자가 직접 확인하여야 합니다.
- 본 증명서류에서 조회되지 않는 내역은 영수증 발급기관에서 직접 발급받으시기 바랍니다.

월 세 납 입 영 수 증

■ 임대인

성명(법인명)	윤석준	주민등록번호(사업자번호)	800707-1026455
주소	서울특별시 마포구 월드컵로12길 99 (서교동, 서교빌라 707호)		

■ 임차인

성명	김영교	주민등록번호	800321-1216511
주소	서울특별시 서초구 방배로15길 22		

■ 세부내용

- 임대차 기간 : 2023년 7월 1일 ~ 2025년 6월 30일
- 임대차계약서상 주소지 : 서울특별시 서초구 방배로15길 22
- 월세금액 : 500,000원 (연간 총액 6,000,000원)
- 주택유형 : 단독주택, 주택계약면적 85㎡

TAT 2급 세무실무

출제빈도 | **50회 중 47회 출제**

정답

1. [의료비 세액공제]

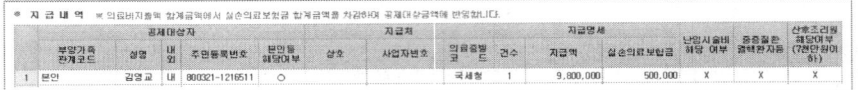

2. [신용카드 등 소득공제]

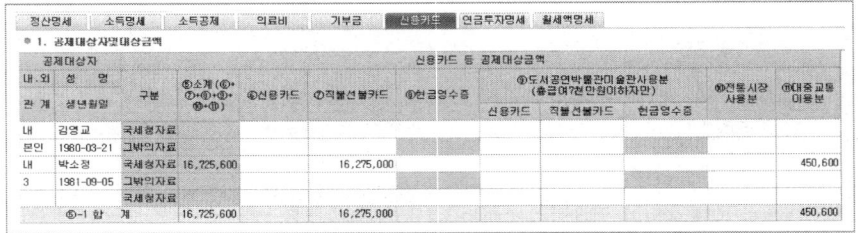

3. [교육비 세액공제]
   - 현장학습비는 30만원 한도로 교육비 세액공제 대상이다.

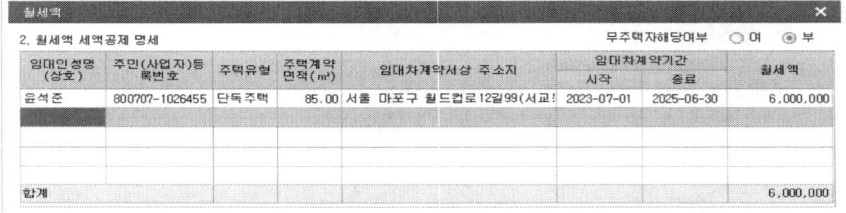

4. [월세액 세액공제]
   - 국민주택규모의 주택 또는 기준시가 3억원 이하의 주택에 대하여 지출한 월세는 월세액 세액공제 대상에 해당

오답유형

1. [의료비세액공제]의 공제대상자별로 공제대상금액이 누락되었거나 정확한 금액이 등록되지 않은 경우
2. [신용카드등소득공제]의 공제대상자별로 공제대상금액이 누락되었거나 정확한 금액이 등록되지 않은 경우
3. [교육비세액공제]의 공제대상자별로 공제대상금액이 누락되었거나 정확한 금액이 등록되지 않은 경우
4. [월세액세액공제]의 공제대상자별로 공제대상금액이 누락되었거나 정확한 금액이 등록되지 않은 경우

멘토Tip

1. 의료비세액공제

구 분		내 용
전액 의료비	본인, 65세 이상자, 난임시술비, 중증질환 결핵환자등 의료비	기본공제대상자 중 본인, 경로우대자의 의료비, 진찰, 진료, 질병예방 치료 및 요양을 위한 의료비용과 의약품 구입총액을 입력한다. - 산후조리원 200만원까지 공제
	장애인의료비	기본공제대상자 장애인의 의료비 및 장애인 보장구, 의료용구 구입총액을 입력한다.
그 밖의 공제대상자의료비		공제대상의료비 = 의료비 지출액 전액 (총급여액×3%)에 미달하는 경우 그 미달하는 금액을 차감 기본공제대상자(연령 및 소득금액의 제한을 받지 아니함)를 위하여 당해 근로자가 직접 부담한 의료비 중 본인, 장애인, 경로우대자를 제외한 기본공제대상자의 의료비 공제대상의료비 = 의료비지출액 - 총급여액×3% 공제한도액 : 연 700만원
공제여부 판단 시 참고사항		• 부양가족의 소득금액 및 나이제한 없음 • 국외 의료기관의 의료비는 공제 불가능 • 미용·성형수술을 위한 비용은 공제 불가능 • 간병인에게 지급된 비용은 공제 불가능 • 의약품이 아닌 건강기능식품구입비용은 공제 불가능 • 의료기관이 아닌 특수교육원의 언어치료비·심리치료비 등은 공제 불가능 • 상해보험 등 보험회사로부터 수령한 보험금으로 지급한 의료비는 공제 불가능

2. 신용카드등소득공제

구 분	내 용
신용카드등 사용금액에 포함하는 금액	근로소득이 있는 거주자의 배우자 또는 직계존비속(배우자의 직계존속 포함)으로서 다음에 해당하는 자의 신용카드 등 사용금액은 당해 거주자의 신용카드 등 소득공제금액에 이를 포함할 수 있음. ① 거주자의 배우자로서 연간 소득금액의 합계액이 100만원 이하인 자 ② 거주자와 생계를 같이하는 직계존비속으로서 연간 소득금액의 합계액이 100만원 이하인 자. 직계존비속에는 배우자의 직계존속과 동거입양자를 포함하되, 다른 거주자의 기본공제를 적용받는 자는 제외 ※ 다만, 기본공제 대상자인 형제자매의 신용카드 등 사용금액은 공제 대상 사용금액에 포함되지 아니한다.
신용카드등 사용금액에서 제외되는 금액	• 사업소득과 관련된 비용 또는 법인의 비용 • 물품의 판매 또는 용역의 제공을 가장하는 등 신용카드·직불카드·직불전자 지급수단·기명식선불카드·기명식선불전자지급수단·기명식전자화폐 또는 현금영수증의 비정상적인 사용 행위에 해당하는 경우 • 자동차구입비용　　　　　　　　• 보험료 및 공제료 • 교육비　　　　　　　　　　　　• 공과금 • 유가증권 구입　　　　　　　　• 자동차 리스료 • 자산의 구입비용　　　　　　　• 국가 지자체에 지급하는 수수료 등 • 금융용역 관련 수수료　　　　• 정치자금 기부금, 법정·지정기부금 • 월세 세액공제액

	구분	특별공제항목	신용카드공제
신용카드 등 으로 사용한 특별공제 비 용 중 이중 공제 가능 여부	① 신용카드로 결제한 의료비	의료비 세액공제 가능	신용카드공제 가능
	② 신용카드로 결제한 보장성 보험료	보험료 세액공제 가능	신용카드공제 불가능
	③ 신용카드로 결제한 사설학원비(아래 ④ 취학 전 아동 제외)	교육비 세액공제 불가	신용카드공제 가능
	④ 신용카드로 납부한 취학 전 아동의 학원비 및 체육시설 수강료(1주 1회 이상 월 단위로 실시하는 교습과정에 한함.	교육비 세액공제 가능	
	⑤ 신용카드로 결제한 교복구입비	교육비 세액공제 가능	신용카드공제 가능
	⑥ 신용카드로 결제한 기부금	기부금 세액공제 가능	신용카드공제 불가

3. 교육비세액공제

구 분	내 용
소득자 본인	본인의 교육비 지급액을 입력한다.
배우자 교육비	배우자의 교육비로 지출한 금액을 입력하며 반드시 한도 내 금액으로 입력한다.
자녀등 교육비 (취학전 아동, 초·중·고등학교, 대학생(대학원불포함))	직계비속이나 형제자매를 위하여 지출한 교육비를 입력하는 항목으로 먼저 해당 인원을 입력하면 보조 BOX가 나타나며 인원수에 해당하는 란에 공제 한도내 금액으로 입력한다.
장애인	기본공제 대상자인 장애인(소득금액의 제한을 받지 아니함) 재활을 위하여 사회복지시설 및 비영리법인 등에 지급하는 특수 교육비를 전액 공제
공제여부 판단 시 참고사항	• 영·유치원, 초중고생 : 1인당 300만원 한도 • 대학생 : 900만원 한도 • 부양가족의 소득금액 제한은 있으나 나이제한 없음 • 직계존속의 교육비는 공제 불가능 • 대학원교육비는 본인만 공제 가능 • 취학전 아동의 학원비는 공제 가능하나 초·중·고등학생의 학원비는 불가능 • 초·중·고, 어린이집, 유치원, 학원, 체육시설 급식비, 방과후수업료, 특별활동비(교재비 포함), 중·고등 교복구입비, 교과서구입비 공제 가능 • 학교버스이용료, 교육자재비, 기숙사비는 공제 불가능 • 외국대학부설 어학연수과정의 수업료는 공제 불가능
입력시 유의사항	• 배우자 및 부양가족의 교육비는 한도내 금액으로 입력 • 교복구입비는 1인당 50만원 한도까지만 입력 • 체험학습비는 1인당 30만원 한도까지만 입력

4. 월세액세액공제

구 분	내 용
공제대상	• 총급여 8천만원 이하인 근로자(무주택 세대주, 단독 세대주) • 국민주택과 기준시가 4억원 이하 주택
공제금액	Min[월세액, 1,000만원]×15%(총급여 8,000만원 또는 종합소득 7,000만원 이하는 17% 공제)

혼자서 풀어보는 기출문제

제68회 기출문제

실무이론평가

아래 문제에서 특별한 언급이 없으면 기업의 보고기간(회계기간)은 매년 1월 1일부터 12월 31일까지입니다. 또한 기업은 일반기업회계기준 및 관련 세법을 계속적으로 적용하고 있다고 가정하고 물음에 가장 합당한 답을 고르시기 바랍니다.

01 다음은 제조업을 영위하고 있는 (주)한공의 박전무와 김대리의 대화내용이다.
(가)와 (나)에 들어갈 항목으로 옳은 것은?

	(가)	(나)
①	유형자산	재고자산
②	투자자산	재고자산
③	유형자산	투자자산
④	재고자산	유형자산

02 다음 자료를 토대로 (주)한공의 매출원가를 계산하면 얼마인가?

• 매출액	15,500,000원	• 영업이익	1,000,000원
• 판매비와관리비	4,500,000원	• 당기순이익	900,000원

① 11,100,000원
② 10,100,000원
③ 10,000,000원
④ 9,800,000원

03 (주)한공은 전기에 대손처리한 외상매출금 1,000,000원 중 500,000원을 현금으로 회수하였다. 이에 대한 회계처리로 옳은 것은?

① (차) 현금   1,000,000원   (대) 대손상각비 1,000,000원
② (차) 현금   1,000,000원   (대) 대손충당금 1,000,000원
③ (차) 현금   500,000원   (대) 대손충당금   500,000원
④ (차) 대손충당금   500,000원   (대) 현금   500,000원

04 다음은 (주)한공의 보험료 관련 자료이다. 결산수정분개를 누락한 결과가 재무제표에 미치는 영향으로 옳은 것은?(월할계산 가정)

8월 1일 업무용 건물에 대한 1년분 화재 보험료 720,000원을 현금으로 지급하고, 전액 선급비용(자산)으로 처리하였다.
12월 31일 결산 시 보험료에 대한 결산수정분개를 누락하였다.

① 손익계산서에 보험료 420,000원이 과소계상된다.
② 손익계산서의 영업이익이 300,000원이 과대계상된다.
③ 재무상태표에 유동부채 300,000원이 과소계상된다.
④ 재무상태표에 유동자산 420,000원이 과대계상된다.

05 다음 중 사채의 시장이자율과 액면이자율의 관계를 바르게 설명한 것은?

① 사채할인발행차금은 시장이자율보다 액면이자율이 낮을 경우 발생한다.
② 사채할인발행차금은 시장이자율보다 액면이자율이 높을 경우 발생한다.
③ 사채할증발행차금은 시장이자율과 액면이자율이 같을 경우 발생한다.
④ 사채할증발행차금은 시장이자율에 의해 영향을 받지 않는다.

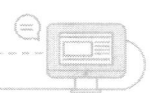

06 다음은 (주)한공이 당기에 취득하여 보유중인 유가증권(시장성 있음) 내역이다. 기말 결산 시 유가증권의 평가결과로 옳은 것은?

보유목적	종류	주식수	액면단가	취득단가	기말공정가치
단기매매	A주식	1,000주	5,000원	@6,000원	@7,000원
단기매매	B주식	3,000주	5,000원	@8,000원	@5,000원
장기보유	C주식	2,000주	5,000원	@7,000원	@9,000원

① 당기순이익이 4,000,000원 감소한다.
② 당기순이익이 4,000,000원 증가한다.
③ 당기순이익이 8,000,000원 감소한다.
④ 당기순이익이 8,000,000원 증가한다.

07 다음 중 부가가치세법상 면세와 관련한 설명으로 옳지 <u>않은</u> 것은?

① 면세사업자는 부가가치세법에 따른 사업자등록의무가 없다.
② 면세사업자는 면세포기를 하여야만 영세율을 적용받을 수 있다.
③ 면세는 수출산업을 지원하기 위한 목적으로 도입되었다.
④ 국가에 무상으로 공급하는 재화 또는 용역에 대해서는 면세가 적용된다.

08 다음 자료를 토대로 (주)한공의 2024년 제2기 부가가치세 확정신고 시 과세표준을 계산하면 얼마인가?(단, 주어진 자료에는 부가가치세가 포함되지 아니하였다.)

- 제품 매출액: 100,000,000원
- 국가에 무상으로 기증한 제품: 30,000,000원(시가)
- 화재로 인하여 소실된 제품: 12,000,000원(시가)
- 중고 기계장치 처분액: 10,000,000원

① 100,000,000원　　　　　② 110,000,000원
③ 122,000,000원　　　　　④ 140,000,000원

09 다음 중 소득세법상 사업소득에 대한 설명으로 옳은 것은?

① 논·밭을 작물생산에 이용하게 함으로써 발생하는 소득은 비과세된다.
② 대표자 본인에 대한 급여는 필요경비로 인정된다.
③ 원천징수대상 사업소득은 분리과세되어 원천징수로써 납세의무가 종결된다.
④ 사업용 고정자산에 해당하는 토지를 양도함으로써 발생하는 차익은 사업소득금액 계산 시 총수입금액에 산입한다.

10 다음 자료를 토대로 (주)한공에 근무하는 김회계 씨의 2024년도 총급여액을 계산하면 얼마인가?

가. 기본급: 56,000,000원
나. 직책수당: 6,000,000원
다. 식대보조금: 2,400,000원(월 20만원, 별도의 식사를 제공받았음.)
라. 자가운전보조금: 1,200,000원(월 10만원, 실제 여비를 받지 않았음.)

① 58,400,000원　　② 62,000,000원
③ 64,400,000원　　④ 65,600,000원

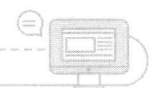

실무수행평가

(주)리빙산업(회사코드 2168)은 식기세척기 제조업을 영위하는 법인기업으로 회계기간은 제7기 (2024.1.1. ~ 2024.12.31.)이다. 제시된 자료와 자료설명을 참고하여, [수행과제]를 완료하고 [평가문제]의 물음에 답하시오.

실무수행 유의사항	1. 부가가치세 관련거래는 [매입매출전표입력]메뉴에 입력하고, 부가가치세 관련없는 거래는 [일반전표입력]메뉴에 입력한다. 2. 타계정 대체와 관련된 적요는 반드시 코드를 입력하여야 한다. 3. 채권·채무, 예금거래 등 관리대상 거래자료에 대하여는 반드시 거래처코드를 입력한다. 4. 자금관리 등 추가 작업이 필요한 경우 문제의 요구에 따라 추가 작업하여야 한다. 5. 제조경비는 500번대 계정코드를 사용한다. 6. 판매비와관리비는 800번대 계정코드를 사용한다. 7. 등록된 계정과목 중 가장 적절한 계정과목을 선택한다.

문제 1 거래자료입력

실무프로세스 자료이다. [자료설명]을 참고하여 [수행과제]를 수행하시오.

❶ 3만원초과 거래자료에 대한 경비등송금명세서 작성

자료 1.

납 품 확 인 증

(주)리빙산업 귀하

품 명	배추
금 액	300,000 원

위와 같이 납품하였음을 확인함.

2024년 1월 10일

성 명: 이복길 (인)
주민등록번호: 540320-2178111
주 소: 경기 가평군 수목원로 101
계 좌 번 호: 우리은행 110154-21-210

자료 2.

이체확인증

출력일자 : 2024-01-10

이 체 일 시	2024-01-10 15:20:15	입 금 은 행	우리은행
입금계좌번호	110154-21-210	예 금 주	이복길
이 체 금 액	300,000원	수 수 료	
C M S 코 드		출 금 계 좌	
송 금 인	(주)리빙산업		
메 모			

상기내용과 같이 이체가 완료되었음을 확인합니다.
2024년 1월 10일 (주)하나은행

KEB 하나은행   이체일 2024/01/10 하나은행

※ 본 명세는 고객의 편의를 위해 제공되는 것으로, 거래의 참고용으로만 사용하실 수 있습니다.

자료설명	1. 자료 1은 본사 관리부 직원 구내식당에서 사용할 배추를 농민에게 직접 구입하고 받은 납품확인증이다. 2. 자료 2는 구입대금을 당사 하나은행 보통예금계좌에서 송금한 이체확인증이다.
수행과제	1. 거래자료를 입력하시오. 2. 경비등송금명세서를 작성하시오.(단, 영수증수취명세서 작성은 생략할 것.)

❷ 약속어음 수취거래

전 자 어 음

(주)리빙산업 귀하   00420240330123456789

금   일천만원정   10,000,000원

위의 금액을 귀하 또는 귀하의 지시인에게 지급하겠습니다.

지급기일 2024년 6월 30일   발행일   2024년 3월 30일
지 급 지 국민은행   발행지   서울 송파구 송파대로 170
지급장소 서대문지점   주 소
                               발행인   (주)중앙산업

자료설명	[3월 30일] (주)중앙산업의 외상매출금 잔액과 제품매출에 대한 계약금을 전자어음으로 수취하였다.
수행과제	1. 거래처원장을 조회하여 거래자료를 입력하시오. 2. 자금관련정보를 입력하여 받을어음현황에 반영하시오.

❸ 기타 일반거래

자료. 배당금 지급안내문

배정내역	주주번호	000050000020005*****			주주명		(주)리빙산업			
주주 구분	주식 종류	배당 일수	소유 주식수	배당(정)률		배당금	배정 주식수	단수주	단주 기준가	단주 대금 지급액
				현금 배당율	주식 배정율					
실물 소유분 (명부)	보통주									
증권회사 위탁분 (실질)	보통주	365	1,000	0.154		1,240,000				

자료설명	1. 투자목적으로 보유하고 있는 (주)삼성전자 주식에 대한 연차배당이 3월 31일 주주총회에서 결의되어 배당금 지급안내문을 받았다. 해당 배당금은 4월 20일 입금될 예정이다. 2. (주)삼성전자 주식은 단기매매증권으로 분류되어 있다.
수행과제	3월 31일 결의일자에 거래자료를 입력하시오.

문제 2 ▸ 부가가치세관리

부가가치세 신고 관련 자료이다. [자료설명]을 참고하여 [수행과제]를 수행하시오.

❶ 전자세금계산서 발급

거래명세서 (공급자 보관용)

공급자	등록번호	221-81-55552			공급받는자	등록번호	134-81-45560		
	상호	(주)리빙산업	성명	백종원		상호	삼일전자(주)	성명	강민철
	사업장 주소	서울 서대문구 충정로7길 12				사업장 주소	서울 금천구 시흥대로 106		
	업태	제조업	종사업장번호			업태	도소매업	종사업장번호	
	종목	식기세척기				종목	전자제품외		

거래일자	미수금액	공급가액	세액	총 합계금액
2024.4.5.		12,000,000원	1,200,000원	13,200,000원

NO	월	일	품목명	규격	수량	단가	공급가액	세액	합계
1	4	5	자외선 식기세척기		15	800,000	12,000,000	1,200,000	13,200,000

자료설명	1. 제품을 공급하고 전자세금계산서를 발급하였다. 2. 전자세금계산서를 발급하고 대금은 전액 신한카드로 결제받았다. (카드결제 대금은 외상매출금으로 처리할 것.)
수행과제	1. 거래자료를 입력하시오. 2. 전자세금계산서 발행 및 내역관리 를 통하여 발급·전송하시오. (전자세금계산서 발급 시 결제내역 및 전송일자는 무시할 것.)

❷ 수정전자세금계산서의 발급

전자세금계산서 (공급자 보관용)

	공급자				공급받는자		
등록번호	221-81-55552			등록번호	506-81-45111		
상호	(주)리빙산업	성명(대표자)	백종원	상호	(주)한성전자	성명(대표자)	이한성
사업장 주소	서울 서대문구 충정로7길 12			사업장 주소	경북 구미시 산동면 첨단기업4로 49-29		
업태	제조업	종사업장번호		업태	제조.도소매업	종사업장번호	
종목	식기세척기			종목	가전제품		
E-Mail	living@bill36524.com			E-Mail	hansung@bill36524.com		

작성일자	2024.6.5.	공급가액	25,000,000	세 액	2,500,000
비고					

월	일	품목명	규격	수량	단가	공급가액	세액	비고
6	5	3인용 식기세척기		100	250,000	25,000,000	2,500,000	

합계금액	현금	수표	어음	외상미수금	이 금액을	○ 영수 ● 청구	함
27,500,000				27,500,000			

자료설명	1. 6월 5일 제품을 공급하고 발급한 전자세금계산서이며 매입매출전표에 입력되어 있다. 2. 담당자의 착오로 동일 건을 이중 발급한 사실을 확인하였다.
수행과제	수정사유를 선택하여 수정전자세금계산서를 발급·전송하시오.(외상대금 및 제품 매출에서 음수(-)로 처리하고 전자세금계산서 발급 시 결제내역 및 전송일자는 고려하지 않을 것.)

❸ 수출실적명세서 작성자의 부가가치세 신고서 작성

자료 1. 수출신고필증(갑지)

UNI-PASS

수 출 신 고 필 증 (갑지)

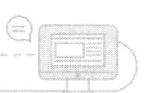

※ 처리기간 : 즉시

제출번호 32245-69-11110001 ①**신 고 자** 인천 관세법인 관세사 최고봉	⑤ **신고번호** 23176-23-067395-X	⑥ **세관.과** **130-82**	⑦ **신고일자** 2024/7/15	⑧ **신고구분** H	⑨ **C/S구분**

②**수 출 자** (주)리빙산업 (통관고유부호) (주)리빙산업-1-74-1-12-4 **수출자구분** A **수 출 화 주** (주)리빙산업 (통관고유부호) (주)리빙산업-1-74-1-12-4 (주소) 서울 서대문구 충정로7길 12 (대표자) 백종원 (소재지) 101 (사업자등록번호) 221-81-55552	⑩ **거래구분** 11 ⑬ **목적국** DE GERMANY ⑯ **선박명(항공편명)** HANJIN SAVANNAH ⑲ **운송형태** 10 BU ㉑ **물품소재지** 한진보세장치장 인천 중구 연안동 245-1	⑪ **종류** A ⑭ **적재항** INC 인천항 ⑰**출항예정일자** 20240724	⑫ **결제방법** TT ⑮ **선박회사 (항공사)** HJSC ⑱ **적재예정보세구역** 03012202 ⑳ **검사희망일** 2024/7/20
③**제 조 자** (주)리빙산업 (통관고유부호)(주)리빙산업-1-74-1-12-4 **제조장소** 214 **산업단지부호**	㉒ **L/C번호** 868EA-10-55554 ㉔ **사전임시개청통보여부** A		㉓ **물품상태** N ㉕ **반송 사유**
④**구 매 자** 쉰들러(주) Schindler Co., Ltd (구매자부호) CNTOSHIN12347	㉖**환급신청인** 1 (1:수출대행자/수출화주, 2:제조자) **간이환급 NO**		

· **품명 · 규격 (란번호/총란수: 999/999)**

㉗ **품 명 식기서척기** ㉘ **거래품명** 식기세척기	㉙ **상표명 NO**

㉚ **모델·규격** ABC-1 250		㉛ **성분**	㉜ **수량** **30**(EA)	㉝ **단가(EUR)** **400**	㉞ **금액(EUR)** **12,000**
㉟ **세번부호**	1234.12-1234	㊱ **순중량** 500KG	㊲ **수량** **30**(EA)	㊳ **신고가격** **(FOB)**	12,000 EUR ₩17,120,000
㊴ **송품장번호**	AC-2013-00620	㊵ **수입신고번호**	㊶ **원산지 Y**	㊷ **포장갯수(종류)**	30BOX
㊸ **수출요건확인(발급서류명)**					

㊹ **총중량**	950KG	㊺ **총포장갯수**	5,000C/T	㊻ **총신고가격** **(FOB)**	12,000 EUR ₩17,120,000
㊼ **운임(₩)**		㊽ **보험료(₩)**		㊾ **결제금액**	12,000 EUR
㊿ **수입화물관리번호**				(51) **컨테이너번호**	CKLU2005013 Y

※ **신고인기재란** 수출자 : 제조/무역, 전자제품	(52) **세관기재란**

(53) **운송(신고)인** 한라통운(주) 박운송 (54) **기간** 2024/7/15 부터 2024/7/25 까지	(55) **적재의무 기한**	2024/ 7/25	(56) **담당자**	990101 (김태호)	(57) **신고수리 일자**	2024/7/15

자료 2. 기준(재정)환율 내역

외화금액	수출신고일	선적일	7월 15일 기준환율	7월 20일 기준환율
EUR 12,000	7월 15일	7월 20일	1,425.0원/EUR	1,420.0원/EUR

자료설명	1. 자료 1은 독일의 쉰들러(주)에 제품을 직수출하고 신고한 수출신고필증이다. 대금 12,000유로(EUR)는 다음 달 말일에 거래은행을 통하여 송금받기로 하였다. 2. 자료 2는 기준(재정)환율 내역이다.
수행과제	1. 거래자료를 입력하시오. 2. 제2기 예정 신고기간의 수출실적명세서를 작성하시오. 3. 제2기 부가가치세 예정신고서에 반영하시오.

TAT 2급 세무실무

❹ 신용카드매출전표등 수령금액합계표 작성자의 부가가치세신고서 작성

자료 1.

매출전표

카드종류	거래일자
롯데카드	2024.10.10.13:12:08

카드번호(CARD NO)
1234-1234-****-1234

승인번호	금액	백	천	원
30010947	AMOUNT	1 0 0,0 0 0		

일반	할부	부가세 V.A.T	1 0,0 0 0
일시불			
	휘발유	봉사료 CASHBACK	

거래유형	합계 TOTAL	1 1 0,0 0 0
신용승인		

가맹점명
(주)우진에너지

대표자명	사업자번호
윤승현	125-81-28548
전화번호	가맹점번호
02-457-8004	312110073

주소
서울 구로구 구로3동

상기의 거래 내역을 확인합니다.   서명 (주)리빙산업

자료 2.

신용카드매출전표

가맹점명	블루핸즈 북가좌점
사업자번호	106-81-85951
대표자명	정몽구
주 소	서울 서대문구 수색로 14

롯데카드	신용승인
거래일시	2024-11-15 오후 13:10:25
카드번호	5678-1980-****-1724
유효기간	**/**
가맹점번호	123460001
매입사	우리카드(전자서명전표)

상 품 명   수리비   금액 330,000

공급금액	**300,000원**
부가세금액	**30,000원**
합 계	**330,000원**

자료 3.

** 현금영수증 **
(지출증빙용)

사업자등록번호	: 120-88-00767
사업자명	: 쿠팡(주)
단말기ID	: 73453259(tel:02-257-1004)
가맹점주소	: 서울 송파구 송파대로 570

현금영수증 회원번호
221-81-55552   (주)리빙산업

승인번호	: 57231010
거래일시	: 2024년 12월 8일 9시25분21초

공 급 금 액	**900,000원**
부가세금액	**90,000원**
총 합 계	**990,000원**

휴대전화, 카드번호 등록
http://현금영수증.kr
국세청문의(126)
38036925-GCA10106-3870-U490
<<<<<이용해 주셔서 감사합니다.>>>>>

실무수행평가 | 부가가치세관리

입력자료 및 회계정보를 조회하여 [평가문제]의 답안을 입력하시오.(70점)

번호	평가문제	배점
11	[회사등록 조회] (주)리빙산업의 회사등록 정보이다. 다음 중 올바르지 않은 것은? ① (주)리빙산업은 내국법인이며, 사업장 종류별 구분은 "중소기업"에 해당한다. ② (주)리빙산업의 표준산업코드는 'C28'로 제조업에 해당한다. ③ (주)리빙산업의 국세환급사유 발생시 '하나은행'으로 입금된다. ④ (주)리빙산업의 사업장관할세무서는 '역삼세무서'이다	2
12	[매입매출전표입력 조회] 6월 5일자 수정세금계산서의 수정입력사유 코드번호를 입력하시오.	2
13	[세금계산서합계표 조회] 제1기 확정 신고기간의 거래처 '삼일전자(주)'에 전자발행된 세금계산서 총공급가액은 얼마인가?	2
14	[세금계산서합계표 조회] 제1기 확정 신고기간의 매출전자세금계산서 발급매수는 총 몇 매인가?	2
15	[수출실적명세서 조회] 제2기 예정 신고기간의 수출실적명세서 '⑩수출한재화'의 원화금액은 얼마인가?	2
16	[부가가치세신고서 조회] 제2기 예정 신고기간의 부가가치세신고서에 반영되는 영세율 과세표준 총금액은 얼마인가?	2
17	[부가가치세신고서 조회] 제2기 예정 신고기간의 부가가치세 신고시에 작성되는 부가가치세 첨부서류에 해당하지 않는 것은? ① (면세)계산서합계표 ② 수출실적명세서 ③ 건물등감가상각자산취득명세서 ④ 공제받지못할매입세액명세서	3
18	[신용카드매출전표등수령금액합계표 조회] 제2기 확정 신고기간의 신용카드매출전표등 수령금액 합계표(갑)에 반영되는 '신용카드 등 매입명세 합계'의 공급가액은 얼마인가?	3
19	[부가가치세신고서 조회] 제2기 확정 신고기간 부가가치세신고서의 「그밖의공제매입세액(14란)_신용매출전표수취/고정(42란)」의 금액은 얼마인가?	2
20	[부가가치세신고서 조회] 제2기 확정 신고기간의 부가가치세 차가감납부할세액(27란)은 얼마인가?	2
	부가가치세 소계	22

문제 3 > 결산

[결산자료]를 참고로 결산을 수행하시오.(단, 제시된 자료 이외의 자료는 없다고 가정함.)

❶ 수동결산

자료설명	장부상 2024년말 현재 가수금 10,170,000원은 (주)현동기기의 외상매출금 입금액 5,170,000원과 (주)제도전기의 단기대여금 일부 회수금액 5,000,000원으로 밝혀졌다.
수행과제	가수금에 대한 결산정리분개를 일반전표에 입력하시오.

❷ 결산자료입력에 의한 자동결산

자료설명	1. 기말 현재 퇴직급여추계액 전액을 퇴직급여충당부채로 설정하고자 한다. 기말 현재 퇴직급여추계액 및 당기 퇴직급여충당부채 설정 전의 퇴직급여충당부채 잔액은 다음과 같다. 	부 서	퇴직급여추계액	퇴직급여충당부채 잔액
생산부	52,400,000원	35,000,000원
영업부	24,600,000원	17,000,000원 | 2. 기말재고자산 현황 | 구 분	실사내역		
---	---	---	---
	단위당원가	수량	평가액
원재료	100,000원	300	30,000,000원
제 품	350,000원	500	175,000,000원	 ※ 기말원재료 평가액에는 선적지 인도조건의 운송중인 재고매입액 3,000,000원이 포함되어 있다. 3. 이익잉여금처분계산서 처분 예정(확정)일 - 당기: 2025년 3월 31일 - 전기: 2024년 3월 31일
---	---
수행과제	결산을 완료하고 이익잉여금처분계산서에서 손익대체분개를 하시오. (단, 이익잉여금처분내역은 없는 것으로 하고 미처분이익잉여금 전액을 이월이익잉여금으로 이월하기로 할 것.)

실무수행평가 — 재무회계

번호	평가문제	배점
21	[경비등송금명세서 조회] 경비등송금명세서에 반영되는 우리은행의 은행코드번호(CD) 3자리를 입력하시오.	1
22	[받을어음현황 조회] 6월에 만기가 도래하는 받을어음 총액은 얼마인가?	1
23	[거래처원장 조회] 4월말 신한카드(코드 99601)의 외상매출금 잔액은 얼마인가?	2
24	[거래처원장 조회] 6월말 거래처별 외상매출금 잔액으로 옳지 않은 것은? ① 04003.(주)엘지전자 15,510,000원 ② 04004.(주)한성전자 55,000,000원 ③ 04005.(주)하이전자 4,400,000원 ④ 04006.(주)이지전자 14,300,000원	1
25	[일/월계표 조회] 1/4분기(1월~3월)에 발생한 영업외수익은 얼마인가?	2
26	[일/월계표 조회] 1/4분기(1월~3월) 발생한 복리후생비(판매관리비)는 얼마인가?	2
27	[일/월계표 조회] 3/4분기(7월~9월)에 발생한 제품매출은 얼마인가?	2
28	[일/월계표 조회] 4/4분기(10월~12월)에 발생한 차량유지비(제조)는 얼마인가?	1
29	[재무상태표 조회] 3월 말 미수금 잔액은 얼마인가?	1
30	[재무상태표 조회] 3월말 선수금 잔액은 얼마인가?	2
31	[재무상태표 조회] 12월 말 단기대여금의 장부금액(대손충당금 차감 후)은 얼마인가?	2
32	[재무상태표 조회] 12월 말 비품의 장부금액(취득원가 − 감가상각누계액)은 얼마인가?	1
33	[재무상태표 조회] 12월 말 퇴직급여충당부채 잔액은 얼마인가?	2
34	[재무상태표 조회] 12월 말 기말 원재료 금액은 얼마인가?	2
35	[재무상태표 조회] 12월 말 이월이익잉여금(미처분이익잉여금) 잔액으로 옳은 것은? ① 612,510,185원 ② 622,125,182원 ③ 635,648,914원 ④ 643,284,312원	1
	재무회계 소계	23

문제 4> 근로소득관리

인사급여 관련 자료이다. [자료설명]을 참고하여 [수행과제]를 수행하시오.

❶ 가족관계증명서에 의한 사원등록

자료. 김대영의 가족관계증명서

[별지 제1호서식] 〈개정 2010.6.3〉

가족관계증명서

등록기준지	서울특별시 강남구 영동대로 521

구분	성 명	출생연월일	주민등록번호	성별	본
본인	김 대 영	1980년 03월 21일	800321-1216511	남	光山

가족사항

구분	성 명	출생연월일	주민등록번호	성별	본
부	김 종 덕	1944년 04월 05일	440405-1649478	남	光山
배우자	안 영 희	1981년 09월 05일	810905-2027511	여	公州
자녀	김 한 별	2004년 11월 23일	041123-3070791	남	光山
자녀	김 한 솔	2006년 03월 05일	060305-3111116	남	光山

자료설명
2024년 2월 1일에 재무팀에 입사한 김대영이 제출한 가족관계증명서이다.
1. 김대영은 세대주이다.
2. 부 김종덕은 항시 치료를 요하는 중증환자로서, 현재 타지역의 요양병원에서 생활하고 있으며 소득이 없다.
3. 배우자 안영희는 복권당첨소득 25,000,000원이 있다.
4. 자녀 김한별, 김한솔은 별도의 소득이 없다.
5. 세부담을 최소화하는 방법을 선택한다.

수행과제 사원등록메뉴에서 부양가족명세를 작성하시오.

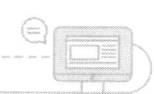

▎실무수행평가 ▎ 근로소득관리 1

번호	평가문제	배점
36	[김대영 근로소득원천징수영수증 조회] '25.배우자' 기본공제액은 얼마인가?	2
37	[김대영 근로소득원천징수영수증 조회] '26.부양가족' 공제대상 인원은 몇 명인가?	1
38	[김대영 근로소득원천징수영수증 조회] '27.경로우대' 추가공제액은 얼마인가?	2
39	[김대영 근로소득원천징수영수증 조회] '28.장애인' 추가공제액은 얼마인가?	1
40	[김대영 근로소득원천징수영수증 조회] '57.자녀세액공제' 세액공제액은 얼마인가?	2

❷ 급여명세에 의한 급여자료

자료 1. 5월 급여자료

(단위: 원)

사원	기본급	직책수당	차량 보조금	식대	야간근로 수당	국민연금	건강보험	고용보험	장기요양 보험
김상훈	3,000,000	150,000	300,000	300,000		프로그램에서 자동 계산된 금액으로 공제한다.			
정수진	2,000,000			300,000	1,000,000				

자료 2. 수당 및 공제요건

구분	코드	수당 및 공제명	내 용
수당등록	101	기본급	설정된 그대로 사용한다.
	200	직책수당	직급별로 차등 지급한다.
	201	차량보조금	본인 소유 차량으로 회사 업무를 수행하는 직원들에게 지급하며, 출장 시에는 별도의 교통비를 지급하고 있지 않다.
	202	식대	매월 지급하고 있으며, 별도의 음식물은 제공하고 있지 않다.
	203	야간근로수당	생산직 사원에게 연장근로시간에 대해 수당을 지급하고 있다.

자료설명	1. 자료 1에서 김상훈은 구매부 과장이다. 2. 자료 1에서 정수진은 생산부 사원이며, 직전연도 총급여액은 35,000,000원이다. 3. 5월 귀속분 급여지급일은 당월 25일이다. 4. 사회보험료는 자동 계산된 금액으로 공제한다.
수행과제	1. 사원등록에서 생산직여부와 야간근로수당의 비과세여부를 반영하시오. 2. 급여자료입력 메뉴에 수당등록을 하시오. 3. 5월분 급여자료를 입력하시오.(단, 구분 '1.급여'로 선택할 것.) 4. 5월 귀속분 [원천징수이행상황신고서]를 작성하시오.

실무수행평가 근로소득관리 2

번호	평가문제	배점
41	[5월 급여자료입력 조회] 급여항목 중 차량보조금 과세 금액은 총 얼마인가?	2
42	[5월 급여자료입력 조회] 급여항목 중 식대 과세 금액은 총 얼마인가?	2
43	[5월 급여자료입력 조회] 급여항목 중 야간근로수당 과세 금액은 총 얼마인가?	2
44	[정수진 5월 급여자료입력 조회] 정수진의 5월 분 급여에 대한 차인지급액은 얼마인가?	1
45	[5월 원천징수이행상황신고서 조회] 근로소득에 대한 '10.소득세 등' 금액은 얼마인가?	1

❸ 국세청연말정산간소화 및 이외의 자료를 기준으로 연말정산

자료설명	사무직 최정훈(1400)의 연말정산을 위한 자료이다. 1. 사원등록의 부양가족현황은 사전에 입력되어 있다. 2. 부양가족은 최정훈과 생계를 같이 한다. 3. 최정훈은 2024년 7월 31일까지 (주)광성물산에서 근무하고 퇴직하였다.
수행과제	[연말정산 근로소득원천징수영수증] 메뉴에서 연말정산을 완료하시오. 1. 종전근무지 관련서류는 [소득명세] 탭에서 입력한다. 2. 의료비는 [의료비] 탭에서 입력하며, 국세청자료는 공제대상 합계금액을 1건으로 집계하여 입력한다. 3. 보험료는 [소득공제] 탭에서 입력한다. 4. 연금계좌는 [정산명세] 탭에서 입력한다.

자료 1. 최정훈 사원의 부양가족등록 현황

연말정산관계	성명	주민번호	기타사항
0.본인	최정훈	770521-1229103	
1.소득자 직계존속	최진수	421110-1919012	부동산임대 소득금액 20,000,000원
1.소득자 직계존속	이정희	500102-2111119	소득없음

자료 2. 최정훈 사원의 전근무지 정산내역

(8쪽 중 제1쪽)

관리번호		[√]근로소득 원천징수영수증 [ ]근로소득 지급명세서 ([√]소득자 보관용 [ ]발행자 보관용 [ ]발행자 보고용)		거주구분	거주자1 / 비거주자2
				거주지국 대한민국	거주지국코드 kr
				내・외국인	내국인1/외국인9
				외국인단일세율적용	여 1 / 부 2
				외국법인소속파견근로자여부	여 1 / 부 2
				국적 대한민국	국적코드 kr
				세대주 여부	세대주1/세대원2
				연말정산 구분	계속근로1/중도퇴사2

징수 의무자	① 법인명(상 호) (주)광성물산	② 대 표 자(성 명) 김민영
	③ 사업자등록번호 134-81-21118	④ 주 민 등 록 번 호
	③-1 사업자단위과세자여부 여 1 / 부 2	
	⑤ 소 재 지(주소) 서울시 서대문구 충정로 7길 28-22(충정로3가)	

소득자	⑥ 성 명 최정훈	⑦ 주 민 등 록 번 호 770521-1229103
	⑧ 주 소 서울특별시 구로구 도림로7 105동 805호	

	구 분	주(현)	종(전)	종(전)	⑯-1 납세조합	합 계
Ⅰ근무처별소득명세	⑨ 근 무 처 명	(주)광성물산				
	⑩ 사업자등록번호	134-81-21118				
	⑪ 근무기간	2024.1.1.~ 2024.7.31.	~	~	~	~
	⑫ 감면기간	~	~	~	~	~
	⑬ 급 여	30,000,000				30,000,000
	⑭ 상 여	5,000,000				5,000,000
	⑮ 인 정 상 여					
	⑮-1 주식매수선택권 행사이익					
	⑮-2 우리사주조합인출금					
	⑮-3 임원 퇴직소득금액 한도초과액					
	⑮-4					
	⑯ 계	35,000,000				35,000,000
Ⅱ비과세 및 감면소득명세	⑱ 국외근로	M0X				
	⑱-1 야간근로수당	O0X				
	⑱-2 출산·보육수당	Q0X				
	⑱-4 연구보조비	H0X				
	~					
	⑲ 수련보조수당	Y22				
	⑳ 비과세소득 계					
	⑳-1 감면소득 계					

	구 분			㊵ 소 득 세	㊶ 지방소득세	㊷ 농어촌특별세
Ⅲ세액명세	㊷ 결 정 세 액			380,200	38,020	
	기납부세액	㊸ 종(전)근무지 (결정세액란의 세액 기재)	사업자등록번호			
		㊹ 주(현)근무지		300,180	30,018	
	㊺ 납부특례세액					
	㊻ 차 감 징 수 세 액 (㊷-㊸-㊹-㊺)			80,020	8,002	

국민연금보험료: 960,000원
건강보험료: 733,750원
장기요양보험료: 86,040원
고용보험료: 170,000원

위의 원천징수액(근로소득)을 정히 영수(지급)합니다.

2024년 7월
징수(보고)의무자 (주)광성물산 (서명 또는 인)

서 대 문 세 무 서 장 귀하

210mm×297mm[백상지 80g/㎡(재활용품)]

자료 3. 국세청간소화서비스 및 기타증빙자료

2024년 귀속 소득·세액공제증명서류 : 기본(지출처별)내역 [의료비]

■ 환자 인적사항

성 명	주 민 등 록 번 호
최진수	421110-1******

■ 의료비 지출내역

(단위: 원)

사업자번호	상 호	종류	지출금액 계
101-15-16***	튼튼**병원	일반	1,900,000
129-17-32***	***내과	일반	800,000
의료비 인별합계금액			2,700,000
안경구입비 인별합계금액			0
산후조리원 인별합계금액			0
인별합계금액			2,700,000

- 본 증명서류는 「소득세법」 제165조 제1항에 따라 영수증 발급기관으로부터 수집한 서류로 소득·세액공제 충족 여부는 근로자가 직접 확인하여야 합니다.
- 본 증명서류에서 조회되지 않는 내역은 영수증 발급기관에서 직접 발급받으시기 바랍니다.

2024년 귀속 소득·세액공제증명서류 : 기본(지출처별)내역 [보장성 보험, 장애인전용보장성보험]

■ 계약자 인적사항

성 명	주 민 등 록 번 호
최정훈	770521-1******

■ 보장성보험(장애인전용보장성보험) 납입내역

(단위: 원)

| 종류 | 상 호 | 보험종류 | 주피보험자 | | 납입금액 계 |
| | 사업자번호 | 증권번호 | | | |
	종피보험자1	종피보험자2	종피보험자3		
보장성	삼성생명보험(주)	(무)실손의료보험	770521-1******	최정훈	1,200,000
	108-81-15***				
보장성	(주)KB손해보험	실버암보험	500102-2******	이정희	1,800,000
	104-81-28***				
인별합계금액					3,000,000

- 본 증명서류는 「소득세법」 제165조 제1항에 따라 영수증 발급기관으로부터 수집한 서류로 소득·세액공제 충족 여부는 근로자가 직접 확인하여야 합니다.
- 본 증명서류에서 조회되지 않는 내역은 영수증 발급기관에서 직접 발급받으시기 바랍니다.

2024년 귀속 소득·세액공제증명서류: 기본내역[연금저축]

■ 가입자 인적사항

성 명	주 민 등 록 번 호
최정훈	770521-1******

■ 연금저축 납입내역

(단위: 원)

상호	사업자번호	당해연도 납입금액	당해연도 납입액 중 인출금액	순납입금액
계좌번호				
흥국생명보험(주)	108-81-26***	6,000,000		6,000,000
013458888				
순납입금액 합계				6,000,000

- 본 증명서류는 『소득세법』 제165조 제1항에 따라 영수증 발급기관으로부터 수집한 서류로 소득·세액공제 충족 여부는 근로자가 직접 확인하여야 합니다.
- 본 증명서류에서 조회되지 않는 내역은 영수증 발급기관에서 직접 발급받으시기 바랍니다.

▌실무수행평가▐ 근로소득관리 3

번호	평가문제	배점
46	[최정훈 근로소득원천징수영수증 조회] '37.차감소득금액'은 얼마인가?	2
47	[최정훈 근로소득원천징수영수증 조회] '60.연금저축' 세액공제액은 얼마인가?	2
48	[최정훈 근로소득원천징수영수증 조회] '61.보장성보험' 세액공제액은 얼마인가?	2
49	[최정훈 근로소득원천징수영수증 조회] '62.의료비' 세액공제액은 얼마인가?	2
50	[최정훈 근로소득원천징수영수증 조회] '82.실효세율'은 몇%인가? ① 2.8% ② 3.9% ③ 4.2% ④ 5.4%	1
	근로소득 소계	25

제67회 기출문제

실무이론평가

아래 문제에서 특별한 언급이 없으면 기업의 보고기간(회계기간)은 매년 1월 1일부터 12월 31일까지입니다. 또한 기업은 일반기업회계기준 및 관련 세법을 계속적으로 적용하고 있다고 가정하고 물음에 가장 합당한 답을 고르시기 바랍니다.

01 회계정보의 질적 특성 중 목적적합성에 대한 설명으로 옳지 않은 것은?

① 회계정보가 정보이용자의 의사결정에 반영될 수 있도록 적시에 제공되어야 한다.
② 회계정보는 그 정보가 나타내고자 하는 대상을 충실히 표현하고 있어야 한다.
③ 회계정보는 정보이용자의 당초 기대치를 확인 또는 수정할 수 있게 함으로써 의사결정에 차이를 가져올 수 있다.
④ 회계정보는 정보이용자가 기업실체의 과거, 현재 또는 미래 사건의 결과에 대한 예측을 하는 데 도움이 된다.

02 다음 중 주식배당으로 인한 영향으로 옳지 않은 것은?

① 미교부주식배당금만큼 부채가 증가한다.
② 순자산의 유출없이 배당효과를 얻을 수 있다.
③ 자본금은 증가하지만 이익잉여금은 감소한다.
④ 자본 총액은 변동이 없으나 주식수는 증가한다.

03 다음은 (주)한공의 12월 중 상품 매매 자료이다. 재고자산의 평가방법을 선입선출법으로 적용할 경우 매출원가와 기말재고자산은 각각 얼마인가?

일자	구분	수량	단가
12월 1일	기초재고	100개	1,000원
12월 5일	외상매입	100개	1,200원
12월 9일	상품매출	150개	4,000원
12월 15일	외상매입	100개	1,400원

	매출원가	기말재고자산
①	180,000원	200,000원
②	160,000원	180,000원
③	180,000원	180,000원
④	160,000원	200,000원

04 다음의 거래에 대한 회계처리로 옳은 것은?

기계장치를 1,000,000원에 취득하고 대금은 보통예금으로 수령했던 정부보조금 1,000,000원(상환 의무 없음)으로 이체하여 지급하다.

회계처리:
가. (차) 기계장치　　　1,000,000원　　(대) 정부보조금　　1,000,000원
　　　　　　　　　　　　　　　　　　　　　(보통예금 차감)
나. (차) 보통예금　　　1,000,000원　　(대) 정부보조금　　1,000,000원
　　　　　　　　　　　　　　　　　　　　　(기계장치 차감)
다. (차) 기계장치　　　1,000,000원　　(대) 보통예금　　　1,000,000원
　　　　정부보조금　　1,000,000원　　　　정부보조금　　1,000,000원
　　　　(보통예금 차감)　　　　　　　　　(기계장치 차감)
라. (차) 기계장치　　　1,000,000원　　(대) 보통예금　　　1,000,000원
　　　　정부보조금　　1,000,000원　　　　정부보조금　　1,000,000원
　　　　(기계장치 차감)　　　　　　　　　(보통예금 차감)

① 가　　　　② 나
③ 다　　　　④ 라

05 다음 자료를 토대로 퇴직금추계액을 계산하면 얼마인가?

퇴직급여충당부채					
4/5	보통예금	2,000,000	1/1	전기이월	6,000,000

〈결산정리사항〉
12월 31일 (차) 퇴직급여 3,000,000원　　(대) 퇴직급여충당부채 3,000,000원

① 1,000,000원　　　　② 4,000,000원
③ 7,000,000원　　　　④ 9,000,000원

06 다음은 (주)한공의 기계장치 관련 거래 내용이다. 2024년 손익계산서에 반영되는 기계장치의 감가상각비(월할계산)는 얼마인가?

- 2024년 1월 1일   기계장치 20,000,000원 취득
  (내용연수 5년, 잔존가치 0원, 정액법 상각)
- 2024년 7월 1일   기계장치에 대하여 5,400,000원의 자본적지출이 발생하였으며, 이로 인한 내용연수 증가는 없다.

① 4,000,000원
② 4,600,000원
③ 5,080,000원
④ 5,200,000원

07 다음 중 부가가치세 과세대상 용역의 공급이 아닌 것은?

① 의료보건용역 중 의약품의 조제용역을 제공하는 경우
② 특수관계인에게 사업용 부동산을 무상으로 임대하는 경우
③ 산업재산권을 대여하는 경우
④ 건설업자가 건설용역을 제공하면서 건설자재의 일부를 부담하는 경우

08 다음은 제조업을 영위하는 (주)한공의 거래내용이다. 2024년 제2기 부가가치세 매출세액에서 공제받을 수 없는 매입세액은 모두 얼마인가? 단, 필요한 세금계산서는 적법하게 수취하였다.

일 자	거 래 내 용	매입세액
8월 18일	기계장치 매입	80,000,000원
10월 26일	접대비 지출	15,000,000원
11월 19일	공장부지의 조성관련 지출	70,000,000원
12월 27일	종업원 식대	3,000,000원

① 70,000,000원
② 73,000,000원
③ 85,000,000원
④ 88,000,000원

09 다음 중 소득세 과세대상 근로소득인 것은?

① 사회통념상 타당한 범위의 경조금
② 비출자임원이 사택을 제공받아 얻은 이익
③ 근로자가 사내급식으로 제공받는 식사
④ 근로자가 연 1회 지급받은 휴가비

10 다음은 (주)공인에 근무하는 거주자 김한공(남성, 52세) 씨의 2024년말 현재 부양가족 현황이다. 김한공 씨가 적용받을 수 있는 기본공제와 추가공제의 합계액은 얼마인가?

가. 김한공 씨의 종합소득금액: 60,000,000원
나. 부양가족 현황(모두 생계를 같이 함)

구분	나이	소득	비고
배우자	50세	없음	
자녀	15세	없음	장애인임
부친	79세	사업소득금액 500만원	
모친	73세	없음	

① 6,000,000원 ② 7,000,000원
③ 8,000,000원 ④ 9,000,000원

실무수행평가

(주)바비산업(회사코드 2167)은 장난감 제조업을 영위하는 법인기업으로 회계기간은 제6기 (2024.1.1. ~ 2024.12.31.)이다. 제시된 자료와 [자료설명]을 참고하여 [수행과제]를 완료하고 [평가문제]의 물음에 답하시오.

실무수행 유의사항

1. 부가가치세 관련거래는 [매입매출전표입력]메뉴에 입력하고, 부가가치세 관련없는 거래는 [일반전표입력]메뉴에 입력한다.
2. 타계정 대체와 관련된 적요는 반드시 코드를 입력하여야 한다.
3. 채권·채무, 예금거래 등 관리대상 거래자료에 대하여는 반드시 거래처코드를 입력한다.
4. 자금관리 등 추가 작업이 필요한 경우 문제의 요구에 따라 추가 작업하여야 한다.
5. 제조경비는 500번대 계정코드를 사용한다.
6. 판매비와관리비는 800번대 계정코드를 사용한다.
7. 등록된 계정과목 중 가장 적절한 계정과목을 선택한다.

문제 1) 거래자료입력

실무프로세스 자료이다. [자료설명]을 참고하여 [수행과제]를 수행하시오.

❶ 3만원 초과 거래자료에 대한 영수증수취명세서 작성

기부금 영수증

| 일련번호 | 087 | | |

1. 기부자

성명(법인명)	(주)바비산업	주민등록번호 (사업자등록번호)	120-81-32144
주소(소재지)	서울특별시 서대문구 충정로7길 12		

2. 기부금 단체

단체명	(재)서울대학교발전재단	사업자등록번호 (고유번호)	112-82-00240
소재지	서울특별시 관악구 관악로 1	기부금공제대상 기부금단체 근거법령	법인세법 제24조 2항

4. 기부내용

유형	코드	구분	연월일	내용	기부금액 합계	공제대상 기부금액	공제제외 기부금	
							기부장려금 신청금액	기타
특례기부금	10	금전	2024.1.10	발전기금	5,000,000	5,000,000		

자료설명	1. 비영리법인인 '(재)서울대학교발전재단'에 발전기금을 현금으로 기부하고 수취한 기부금영수증이다. 2. 이 거래가 지출증명서류 미수취가산세 대상인지를 검토하려고 한다.
수행과제	1. 거래자료를 입력하시오. 2. 영수증수취명세서(2)와 (1)서식을 작성하시오.

❷ 약속어음 수취거래, 만기결제, 할인 및 배서양도

전 자 어 음

(주)바비산업 귀하   00420240125123456780

금 이천이백만원정   22,000,000원

위의 금액을 귀하 또는 귀하의 지시인에게 지급하겠습니다.

지급기일 2024년 5월 25일   발행일 2024년 1월 25일
지 급 지 국민은행   발행지
지급장소 서대문지점   주 소   서울 강남구 강남대로 399-20
                                발행인 (주)아이나라

자료설명	(주)아이나라 제품매출시 보관 중이던 전자어음을 2월 25일에 국민은행에서 할인하고, 할인료를 차감한 잔액은 국민은행 보통예금계좌에 입금받았다. (단, 할인율은 연 12%, 월할계산, 매각거래로 처리할 것.)
수행과제	1. 어음의 할인과 관련된 거래자료를 입력하시오. 2. 자금관련정보를 입력하여 받을어음현황에 반영하시오.

❸ 리스회계

	전자계산서		(공급받는자 보관용)		승인번호		
공급자	등록번호	306-81-18407		공급받는자	등록번호	120-81-32144	
	상호	(주)우리캐피탈	성명(대표자) 정연기		상호	(주)바비산업	성명(대표자) 박세리
	사업장주소	대전광역시 서구 대덕대로 239			사업장주소	서울 서대문구 충정로7길 12	
	업태	금융서비스업	종사업장번호		업태	제조업외	종사업장번호
	종목	대출및리스			종목	장난감외	
	E-Mail	woori@bill36524.com			E-Mail	barbie@bill36524.com	
작성일자	2024.3.20.	공급가액	880,000	비 고			

월	일	품목명	규격	수량	단가	공급가액	비고
3	20	기계장비리스				880,000	

합계금액	현금	수표	어음	외상미수금	이 금액을	○ 영수 ● 청구	함
880,000				880,000			

자료설명	(주)우리캐피탈과 운용리스계약을 맺고 공장 기계설비를 사용하고 있으며, 3월분 리스료에 대하여 발급받은 전자계산서이다.
수행과제	거래자료를 입력하시오. (임차료로 처리하며, 전자계산서와 관련된 거래는 '전자입력'으로 처리할 것.)

문제 2 > 부가가치세관리

부가가치세 신고 관련 자료이다. [자료설명]을 참고하여 [수행과제]를 수행하시오.

❶ 전자세금계산서 발급

거래명세서 (공급자 보관용)

공급자	등록번호	120-81-32144			공급받는자	등록번호	220-81-15085		
	상호	(주)바비산업	성명	박세리		상호	(주)아이토이	성명	박상진
	사업장주소	서울 서대문구 충정로7길 12				사업장주소	서울 서초구 강남대로 156-4		
	업태	제조업외	종사업장번호			업태	도소매업	종사업장번호	
	종목	장난감외				종목	장난감		

거래일자	미수금액	공급가액	세액	총 합계금액
2024.4.28.		12,000,000	1,200,000	13,200,000

NO	월	일	품목명	규격	수량	단가	공급가액	세액	합계
1	4	28	미니카 장난감		400	30,000	12,000,000	1,200,000	13,200,000

자료설명	(주)아이토이에 제품을 공급하고 전자세금계산서를 발급·전송하였다. 대금은 다음달 10일까지 국민은행 보통예금계좌로 입금받기로 하였다.
수행과제	1. 거래명세서에 의해 매입매출자료를 입력하시오 2. 전자세금계산서 발행 및 내역관리 를 통하여 발급·전송하시오. (전자세금계산서 발급 시 결제내역 및 전송일자는 고려하지 않을 것.)

❷ 수정전자세금계산서 발급

전자세금계산서			(공급자 보관용)			승인번호			
공급자	등록번호	120-81-32144			공급받는자	등록번호	120-81-32159		
	상호	(주)바비산업	성명 (대표자)	박세리		상호	(주)가가랜드	성명 (대표자)	이유진
	사업장 주소	서울 서대문구 충정로7길 12				사업장 주소	인천 남동구 정각로 16(구월동)		
	업태	제조업외	종사업장번호			업태	도소매업	종사업장번호	
	종목	장난감외				종목	장난감		
	E-Mail	barbie@bill36524.com				E-Mail	gaga@bill36524.com		
작성일자	2024.5.23.	공급가액	20,000,000		세액	2,000,000			
비고									

월	일	품목명	규격	수량	단가	공급가액	세액	비고
5	23	장난감인형		400	50,000	20,000,000	2,000,000	

합계금액	현금	수표	어음	외상미수금	이 금액을	○ 영수	함
22,000,000				22,000,000		● 청구	

자료설명
1. 5월 23일 (주)가가랜드에 제품을 공급하고 전자세금계산서를 거래일에 발급·전송하였다.
2. 5월 31일 대금지급기한에 대한 협의에 따라 이미 납품한 품목의 공급가액을 2% 할인하기로 결정하였다.

수행과제
수정사유를 선택하여 공급가액 변동에 따른 수정전자세금계산서를 발급·전송하시오.(매출할인에 대해서만 회계처리하며, 외상대금 및 제품매출에서 음수(-)로 처리하고 전자세금계산서 발급 시 결제내역 및 전송일자는 무시할 것.)

❸ 건물등감가상각자산취득명세서 작성자의 부가가치세신고서 작성

자료 1. 기계장치 수선비 자료

전자세금계산서 (공급받는자 보관용)					승인번호		
공급자	등록번호	106-81-57571		공급받는자	등록번호	120-81-32144	
	상호	(주)코스모산업	성명(대표자) 이은종		상호	(주)바비산업	성명(대표자) 박세리
	사업장주소	서울 서대문구 충정로 7길 28-22 (충정로3가)			사업장주소	서울 서대문구 충정로7길 12	
	업태	제조업	종사업장번호		업태	제조업외	종사업장번호
	종목	전자기기			종목	장난감외	
	E-Mail	cosmo@bill36524.com			E-Mail	barbie@bill36524.com	
작성일자	2024.7.5.		공급가액	8,000,000	세액	800,000	
비고							

월	일	품목명	규격	수량	단가	공급가액	세액	비고
7	5	프레스기계 수리비				8,000,000	800,000	

합계금액	현금	수표	어음	외상미수금	이 금액을	○ 영수 ● 청구	함
8,800,000				8,800,000			

자료 2. 건물신축공사 계약금 자료

전자세금계산서 (공급받는자 보관용)					승인번호		
공급자	등록번호	108-81-21220		공급받는자	등록번호	120-81-32144	
	상호	(주)성신산업	성명(대표자) 이재용		상호	(주)바비산업	성명(대표자) 박세리
	사업장주소	서울 서대문구 충정로7길 12 (충정로2가)			사업장주소	서울 서대문구 충정로7길 12	
	업태	건설업	종사업장번호		업태	제조업외	종사업장번호
	종목	건축공사			종목	장난감외	
	E-Mail	sungsin@bill36524.com			E-Mail	barbie@bill36524.com	
작성일자	2024.8.20.		공급가액	150,000,000	세액	15,000,000	
비고							

월	일	품목명	규격	수량	단가	공급가액	세액	비고
8	20	공장신축공사계약금				150,000,000	15,000,000	

합계금액	현금	수표	어음	외상미수금	이 금액을	● 영수 ○ 청구	함
165,000,000							

자료 3. 태블릿PC 구입

```
              신용카드매출전표
------------------------------------------
카드종류: 삼성카드
회원번호: 5680-6017-****-40**
거래일시: 2024.9.30. 10:01:23
거래유형: 신용승인
매   출: 900,000원
부 가 세:  90,000원
합   계: 990,000원
품   명: 아이패드
결제방법: 일시불
승인번호: 98776544
------------------------------------------
------------------------------------------
가맹점명: 쿠팡(주)
            - 이 하 생 략 -
```

자료설명	자료 1. 생산부에서 사용중인 기계장치 수선비에 대해 발급받은 전자세금계산서이다.(자본적지출로 처리할 것.) 자료 2. 제2공장 건물 신축공사 계약금을 국민은행 보통예금 계좌에서 이체하여 지급하고 발급받은 전자세금계산서이다. 자료 3. 쿠팡(주)로부터 대표이사 박세리의 자녀가 개인적으로 사용할 태블릿PC(아이패드)를 구입하고 수취한 신용카드매출전표이다. ('가지급금'계정으로 처리하며, 거래처 코드: 03090.박세리 사용할 것.)
수행과제	1. 자료 1 ~ 자료 3에 대한 거래자료를 매입매출전표 및 일반전표에 입력 하시오. (전자세금계산서와 관련된 거래는 '전자입력'으로 처리할 것.) 2. 제2기 예정 신고기간의 건물등감가상각자산취득명세서를 작성하시오. 3. 제2기 예정 부가가치세 신고서에 반영하시오.

❹ 대손세액공제신고서 작성자의 부가가치세신고서 작성

자료.

전자세금계산서 (공급자 보관용)				승인번호			
공급자	등록번호	120-81-32144		공급받는자	등록번호	109-81-25501	
	상호	(주)바비산업	성명(대표자) 박세리		상호	(주)카오물산	성명(대표자) 안성문
	사업장주소	서울 서대문구 충정로7길 12			사업장주소	서울 서대문구 충정로7길 115	
	업태	제조업외	종사업장번호		업태	도소매업	종사업장번호
	종목	장난감외			종목	전자제품외	
	E-Mail	barbie@bill36524.com			E-Mail	cao@bill36524.com	
작성일자	2021.10.10.	공급가액	2,000,000	세 액	200,000		
비고							

월	일	품목명	규격	수량	단가	공급가액	세액	비고
10	10	광선검 장난감		100	20,000	2,000,000	200,000	

합계금액	현금	수표	어음	외상미수금	이 금액을 ○ 영수 ● 청구 함
2,200,000				2,200,000	

자료설명
1. 자료는 (주)카오물산과의 매출거래 시에 발급한 전자세금계산서이다.
2. (주)카오물산의 외상매출금 2,200,000원은 「채무자 회생 및 파산에 관한 법률」에 따른 회수불능파산채권으로 2024년 12월 20일에 확정되었다.(단, 대손사유는 '1.파산'으로 입력할 것.)

수행과제
1. 자료에 대한 대손요건을 판단하여 제2기 부가가치세 확정 신고기간의 대손세액공제신고서를 작성하시오.
2. 대손세액 및 전자신고세액공제를 반영하여 제2기 부가가치세 확정신고서를 작성하시오.
   - 제2기 부가가치세 확정신고서를 홈택스에서 전자신고하여 전자신고세액공제 10,000원을 공제받기로 한다.
3. 대손확정일(12월 20일)의 대손세액공제 및 대손채권(외상매출금)에 대한 회계처리를 입력하시오.

실무수행평가 ▎ 부가가치세관리

입력자료 및 회계정보를 조회하여 [평가문제]의 답안을 입력하시오.(70점)

번호	평가문제	배점
11	[계산서합계표 조회] 제1기 예정 신고기간의 면세계산서 수취금액은 얼마인가?	1
12	[세금계산서합계표 조회] 제1기 확정 신고기간의 거래처 '(주)가가랜드'에 전자발급된 세금계산서 공급가액은 얼마인가?	2
13	[세금계산서합계표 조회] 제1기 확정 신고기간의 매출전자세금계산서 발급매수는 총 몇매인가?	2
14	[매입매출전표입력 조회] 5월 23일자 수정세금계산서의 수정입력사유 코드번호를 입력하시오.	2
15	[건물등감가상각자산취득명세서 조회] 제2기 예정 신고기간의 건물등감가상각취득명세서에서 조회되는 기계장치(자산구분코드 2)공급가액은 얼마인가?	3
16	[부가가치세신고서 조회] 제2기 예정 신고기간 부가가치세신고서의 세금계산서수취부분_고정자산매입(11란) 금액은 얼마인가?	2
17	[부가가치세신고서 조회] 제2기 예정 신고기간의 부가가치세 신고시에 작성되는 부가가치세 첨부서류에 해당하지 않는 것은? ① 세금계산서합계표 ② 신용카드매출전표수령금액합계표 ③ 건물등감가상각자산취득명세서 ④ 공제받지못할매입세액명세서	2
18	[대손세액공제신고서 조회] 제2기 확정 신고기간 대손세액공제신고서에 관한 설명으로 옳지 않은 것은? ① 당초공급일은 2021년 10월 10일이다 ② 대손확정일은 과세기간종료일인 2023년 12월 31일이다 ③ 대손금액으로 입력할 금액은 2,200,000원이다 ④ 대손세액공제는 부가가치세 확정 신고기간에만 적용가능하다	3
19	[부가가치세신고서 조회] 제2기 확정 신고기간 부가가치세신고서의 대손세액가감(8란) 세액은 얼마인가?	3
20	[부가가치세신고서 조회]제2기 확정 신고기간의 부가가치세 차가감납부할세액(27란)은 얼마인가?	2
	부가가치세 소계	22

문제 3 결산

[결산자료]를 참고로 결산을 수행하시오.(단, 제시된 자료 이외의 자료는 없다고 가정함.)

❶ 수동결산

자료설명	결산일 현재 보유한 외화 부채는 다음과 같다.					
	계정과목	발생일자	거래처	금액	발생시 환율	결산시 환율
	외화 장기차입금	2024.11.10.	원캐피탈	$30,000	1,350원/$	1,200원/$
수행과제	결산정리분개를 입력하시오.					

❷ 결산자료입력에 의한 자동결산

자료설명	1. 기말 단기대여금 잔액에 대하여 1%의 대손충당금을 보충법으로 설정한다. 2. 기말재고자산 현황 | 구 분	평가액
원재료	5,250,000원
재공품	8,300,000원

제 품	26,400,000원 |
	
	3. 이익잉여금처분계산서 처분 예정(확정)일
	  - 당기: 2025년 2월 28일
	  - 전기: 2024년 2월 28일

수행과제	결산을 완료하고 이익잉여금처분계산서에서 손익대체분개를 하시오. (단, 이익잉여금처분내역은 없는 것으로 하고 미처분이월이익잉여금 전액을 이월이익잉여금으로 이월하기로 할 것.)

▌실무수행평가▐ 재무회계

번호	평가문제	배점
21	[영수증수취명세서 조회] 영수증수취명세서(1)에 반영되는 '11.명세서제출 제외대상' 금액은 얼마인가?	2
22	[받을어음현황 조회] 1/4분기(1월~3월)에 할인받은 받을어음의 총액은 얼마인가?	2
23	[일월계표 조회] 1월에 발생한 영업외비용 금액은 얼마인가?	2
24	[일월계표 조회] 2월에 발생한 영업외비용 금액은 얼마인가?	1
25	[일월계표 조회] 1/4분기(1월~3월)에 발생한 임차료(제조)는 얼마인가?	1
26	[일월계표 조회] 4/4분기(10월~12월)에 발생한 영업외수익 금액은 얼마인가?	1
27	[거래처원장 조회] 4월 말 거래처별 외상매출금 잔액으로 옳지 않은 것은? ① 03010.(주)코코토이 4,400,000원 ② 03020.(주)진영토이 15,000,000원 ③ 03030.(주)보령산업 9,900,000원 ④ 03040.(주)아이토이 29,200,000원	2
28	[거래처원장 조회] 6월 말 (주)가가랜드(코드 03050)의 외상매출금 잔액은 얼마인가?	1
29	[손익계산서 조회] 당기 손익계산서의 대손상각비(판매관리비)는 얼마인가?	1
30	[재무상태표 조회] 3월 말 미지급금 잔액은 얼마인가?	2
31	[재무상태표 조회] 9월 말 가지급금 잔액은 얼마인가?	1
32	[재무상태표 조회] 9월 말 유형자산 금액은 얼마인가?	2
33	[재무상태표 조회] 12월 말 외화장기차입금 잔액은 얼마인가?	2
34	[재무상태표 조회] 기말 재고자산 잔액은 얼마인가?	2
35	[재무상태표 조회] 12월 말 이월이익잉여금(미처분이익잉여금) 잔액으로 옳은 것은? ① 432,442,126원 ② 448,900,518원 ③ 469,821,541원 ④ 487,852,916원	1
	재무회계 소계	23

문제 4 > 근로소득관리

인사급여 관련 자료이다. [자료설명]을 참고하여 [수행과제]를 수행하시오.

❶ 주민등록등본에 의한 사원등록

자료. 김태현의 주민등록등본

문서확인번호					1/1

주 민 등 록 표
(등   본)

이 등본은 세대별 주민등록표의 원본내용과 틀림없음을 증명합니다.
담당자: 이등본   전화: 02-3149-0236
신청인: 김태현
용도 및 목적: 회사제출용
                        2023년 12월 31일

세대주 성명(한자)	김태현 (金 太 賢)	세대 구성 사유 및 일자	전입 2021-10-05

현주소 : 서울특별시 성북구 동소문로 179-12

번호	세대주 관 계	성 명 주민등록번호	전입일 / 변동일	변동사유
1	본인	김태현 800321-1216511		
2	배우자	현주영 810905-2027511	2021-10-05	전입
3	자녀	김선우 160123-4070784	2021-10-05	전입
4	자녀	김선아 230226-4000001	2023-02-26	출생
5	처남	현주성 830303-1850211	2021-10-05	전입

자료설명
사무직 사원 김태현(1004)의 사원등록을 위한 자료이다.
1. 부양가족은 김태현과 생계를 같이 한다.
2. 배우자 현주영은 고용보험으로부터 지급받는 육아휴직급여 12,000,000원이 있다.
3. 자녀인 김선우와 김선아는 소득이 없다.
4. 처남 현주성은 장애인복지법에 의한 청각장애인에 해당하며, 별도 소득이 없다.
5. 세부담을 최소화하는 방법으로 선택한다.

수행과제 [사원등록] 메뉴에서 부양가족명세를 작성하시오.

▌실무수행평가▐ 근로소득관리 1

번호	평가문제	배점
36	[김태현 근로소득원천징수영수증 조회] '25.배우자' 공제대상액은 얼마인가?	2
37	[김태현 근로소득원천징수영수증 조회] '26.부양가족' 공제대상 인원은 몇 명인가?	2
38	[김태현 근로소득원천징수영수증 조회] '28.장애인' 공제대상액은 얼마인가?	2
39	[김태현 근로소득원천징수영수증 조회] '37.차감소득금액'은 얼마인가?	1
40	[김태현 근로소득원천징수영수증 조회] '57.자녀세액공제' 세액공제액은 얼마인가?	2

❷ 일용직사원의 원천징수

자료 1. 일용직사원 관련정보

성 명	선우진(코드 2001)
거주구분(내국인 / 외국인)	거주자 / 내국인
주민등록번호	980305 - 1111119
입사일자	2024년 9월 20일

자료 2. 일용직급여내역

성 명	계산내역	9월의 근무일
선우진	1일 250,000원 × 총 5일 = 1,250,000원	20, 21, 22, 25, 26

자료설명	1. 자료 1, 2는 일용직 사원의 관련정보 및 급여지급내역이다. 2. 일용직 급여는 매일 지급하는 방식으로 한다. 3. 사회보험료 중 고용보험만 징수하기로 한다. 4. 제시된 사항 이외의 자료는 없는 것으로 한다.
수행과제	1. [일용직사원등록] 메뉴에 사원등록을 하시오. 2. [일용직급여입력] 메뉴에 급여내역을 입력하시오. 3. 9월 귀속분 원천징수이행상황신고서를 작성하시오.

▌실무수행평가▐ 근로소득관리 2

번호	평가문제	배점
41	[일용직(선우진) 9월 일용직급여입력 조회] 공제항목 중 고용보험의 합계액은 얼마인가?	2
42	[일용직(선우진) 9월 일용직급여입력 조회] 9월 급여의 공제총액 합계액은 얼마인가?	1
43	[9월 원천징수이행상황신고서 조회] 근로소득 일용근로(A03) '5.총지급액'은 얼마인가?	1
44	[9월 원천징수이행상황신고서 조회] 근로소득 일용근로(A03) '6.소득세 등' 금액은 얼마인가?	1
45	[9월 원천징수이행상황신고서 조회] 근로소득 가감계(A10)의 '4.인원'은 몇 명인가?	1

❸ 국세청연말정산간소화 및 이외의 자료를 기준으로 연말정산

자료설명	사무직 문지훈(1005)의 연말정산을 위한 자료이다. 1. 사원등록의 부양가족현황은 사전에 입력되어 있다. 2. 부양가족은 문지훈과 생계를 같이 한다.
수행과제	[연말정산 근로소득원천징수영수증] 메뉴에서 연말정산을 완료하시오. 1. 사원등록의 부양가족명세를 수정하시오. 　(세부담을 최소화하는 방법으로 선택한다.) 2. 의료비는 [의료비] 탭에서 입력하며, 국세청자료는 공제대상 합계금액을 1건으로 집계하여 입력한다. 3. 신용카드는 [신용카드] 탭에서 입력한다. 4. 보험료와 교육비는 [소득공제] 탭에서 입력한다.

자료 1. 문지훈 사원의 부양가족등록 현황

연말정산관계	성명	주민번호	기타사항
0.본인	문지훈	741011-1111113	
1.소득자 직계존속	정진향	510102-2111116	일용근로소득 3,500,000원이 있다.
3.배우자	김은희	790502-2222221	총급여 5,000,000원과 기타소득 800,000원 (분리과세 선택)이 있다.
4.직계비속	문소리	091215-3094119	비인가 대안학교에 다니고 있다.

자료 2. 국세청간소화서비스 및 기타증빙자료

2024년 귀속 소득·세액공제증명서류 : 기본(지출처별)내역 [의료비]

■ 환자 인적사항

성 명	주 민 등 록 번 호
정진향	510102-2******

■ 의료비 지출내역

(단위: 원)

사업자번호	상 호	종류	지출금액 계
109-04-16***	관절튼튼**병원	일반	3,700,000
106-05-81***	***안경원	일반	550,000
의료비 인별합계금액			3,700,000
안경구입비 인별합계금액			550,000
산후조리원 인별합계금액			0
인별합계금액			4,250,000

- 본 증명서류는 『소득세법』 제165조 제1항에 따라 영수증 발급기관으로부터 수집한 서류로 소득·세액공제 충족 여부는 근로자가 직접 확인하여야 합니다.
- 본 증명서류에서 조회되지 않는 내역은 영수증 발급기관에서 직접 발급받으시기 바랍니다.

2024년 귀속 소득·세액공제증명서류: 기본(사용처별)내역 [신용카드]

■ 사용자 인적사항

성 명	주 민 등 록 번 호
김은희	790502-2222***

■ 신용카드 등 사용금액 집계

일반	전통시장	대중교통	도서공연등	합계금액
12,500,000	5,500,000	0	0	18,000,000

- 본 증명서류는 「소득세법」 제165조 제1항에 따라 영수증 발급기관으로부터 수집한 서류로 소득·세액공제 충족 여부는 근로자가 직접 확인하여야 합니다.
- 본 증명서류에서 조회되지 않는 내역은 영수증 발급기관에서 직접 발급받으시기 바랍니다.

2024년 귀속 소득·세액공제증명서류: 기본(지출처별)내역 [보험료]

■ 계약자 인적사항

성 명	주 민 등 록 번 호
문지훈	741011-1111***

■ 보장성보험(장애인전용보장성보험) 납입내역

(단위: 원)

종류	상 호	보험종류	주피보험자		납입금액 계
	사업자번호	증권번호	종피보험자		
보장성	MIG손해보험(주)	**실손보험	741011-1111***	문지훈	480,000
	106-81-41***	100540651**			
보장성	신한생명보험(주)	(무)든든암보험	510102-2111***	정진향	960,000
	108-81-32***	004545217**			
인별합계금액					1,440,000

- 본 증명서류는 「소득세법」 제165조 제1항에 따라 영수증 발급기관으로부터 수집한 서류로 소득·세액공제 충족 여부는 근로자가 직접 확인하여야 합니다.
- 본 증명서류에서 조회되지 않는 내역은 영수증 발급기관에서 직접 발급받으시기 바랍니다.

2024년 귀속 소득·세액공제증명서류: 기본(지출처별)내역 [교육비]

■ 학생 인적사항

성 명	주 민 등 록 번 호
문지훈	741011-1111***

■ 교육비 지출내역

교육비종류	학교명	사업자번호	납입금액 계
대학교	***대학교	**3-83-21***	4,500,000
인별합계금액			4,500,000

- 본 증명서류는 「소득세법」 제165조 제1항에 따라 영수증 발급기관으로부터 수집한 서류로 소득·세액공제 충족 여부는 근로자가 직접 확인하여야 합니다.
- 본 증명서류에서 조회되지 않는 내역은 영수증 발급기관에서 직접 발급받으시기 바랍니다.

■ 소득세법 시행규칙 [별지 제44호서식]   (앞쪽)

교육비납입증명서

① 상 호	별무리학교(대안학교)	② 사업자등록번호	111-90-11114
③ 대표자	박윤숙	④ 전 화 번 호	
⑤ 주 소	충청남도 금산군 남일면 별무리1길 3		

신청인	⑥ 성명	문지훈	⑦ 주민등록번호	741011-1111113
	⑧ 주소	서울특별시 강남구 강남대로 302-2		
대상자	⑨ 성명	문소리	⑩ 신청인과의 관계	자

I. 교육비 부담 명세(2023년도)

⑪ 납부연월	⑫ 구 분	⑬ 총교육비(A)	⑭ 교육비 부담금액
2024. 3.	수업료	2,350,000	2,350,000
2024. 9.	수업료	2,350,000	2,350,000
계		4,700,000	4,700,000
이하 생략			

실무수행평가 — 근로소득관리 3

번호	평가문제	배점
46	[문지훈 근로소득원천징수영수증 조회] '42.신용카드' 소득공제 공제대상액은 얼마인가?	2
47	[문지훈 근로소득원천징수영수증 조회] '61.보장성보험' 세액공제액은 얼마인가?	3
48	[문지훈 근로소득원천징수영수증 조회] '62.의료비' 세액공제액은 얼마인가?	2
49	[문지훈 근로소득원천징수영수증 조회] '63.교육비' 세액공제액은 얼마인가?	2
50	[문지훈 근로소득원천징수영수증 조회] '82.실효세율'은 몇 %인가? ① 1.4%　　② 2.2% ③ 2.6%　　④ 2.8%	1
	근로소득 소계	**25**

제66회 기출문제

실무이론평가

아래 문제에서 특별한 언급이 없으면 기업의 보고기간(회계기간)은 매년 1월 1일부터 12월 31일까지입니다. 또한 기업은 일반기업회계기준 및 관련 세법을 계속적으로 적용하고 있다고 가정하고 물음에 가장 합당한 답을 고르시기 바랍니다.

01 다음 설명과 관련된 회계정보의 질적 특성은?

> • 상장법인인 (주)한공은 1분기 손익계산서를 기한 내에 공시하지 않았다. 이로 인해 기업의 투자자들은 투자의사결정 시점에 필요한 정보를 제공받지 못하였다.

① 표현의 충실성   ② 중립성
③ 검증가능성   ④ 적시성

02 다음 중 재고자산과 관련하여 잘못 설명하고 있는 사람은 누구인가?

호영: 컴퓨터를 판매하는 회사의 재무팀에서 사용하는 컴퓨터는 재고자산이 아니야.

준희: 재고자산의 판매비용이 상승하면 재고자산평가손실 금액이 증가할 수 있어.

준수: 비정상적으로 발생한 재고감모손실은 영업외비용에 해당해.

민경: 선적지 인도조건으로 매입한 운송중인 재고는 기말재고에서 제외시켜야 해.

① 호영   ② 준희
③ 준수   ④ 민경

03

다음은 (주)한공의 2024년 12월 31일 현재 보유중인 상품에 대한 자료이다. 2024년 손익계산서에 인식할 재고자산평가손실은 얼마인가?

수 량	장부상 단가	단위당 예상 판매가격	단위당 예상 판매비용
1,000개	100원	120원	30원

① 재고자산평가손실 30,000원 ② 재고자산평가손실은 없다.
③ 재고자산평가손실 10,000원 ④ 재고자산평가손실 20,000원

04

다음 중 무형자산으로 회계처리해야 하는 거래는?

① 조직 개편으로 인한 부서별 명패 교환비용을 지출하였다.
② 프로젝트 초기의 연구단계에서 연구비를 지출하였다.
③ 다른 회사와 합병하면서 영업권을 취득하였다.
④ 재경팀 직원에게 세무교육을 실시하고 강사료를 지급하였다.

05

(주)한공의 오류 수정 전 당기순이익은 5,000,000원이다. 다음 회계처리 오류사항을 수정한 후의 당기순이익은 얼마인가?

- 지급 당시 전액 비용처리한 보험료 기간 미경과분 300,000원을 계상 누락하다.
- 차입금에 대한 발생이자 미지급분 200,000원을 계상 누락하다.

① 4,900,000원 ② 5,000,000원
③ 5,100,000원 ④ 5,300,000원

06

다음은 (주)한공의 2024년 상품거래 내역이다. 매출원가를 계산하면 얼마인가?(단, 선입선출법을 적용한다.)

1월 1일 기초상품 재고 300개의 금액은 300,000원이다.
7월 1일 400개를 단위당 1,500원에 외상 매입하였다.
10월 1일 550개를 1,375,000원에 외상 매출하였다.

①   675,000원 ②   900,000원
③ 1,000,000원 ④ 1,375,000원

07 다음 중 부가가치세법상 재화와 용역의 공급시기로 옳지 않은 것은?

① 수출재화: 수출재화의 선(기)적일
② 폐업시 잔존재화: 폐업하는 때
③ 단기할부판매: 대가의 각 부분을 받기로 한 때
④ 위탁판매: 수탁자의 공급일

08 다음은 신발제조업을 영위하는 (주)한공의 2024년 2기 확정신고기간의 거래내역이다. 부가가치세법상 매출세액은 얼마인가?(단, 주어진 자료의 금액에는 부가가치세가 포함되어 있지 않다.)

• 국내 매출액	70,000,000원
• 하치장 반출액	10,000,000원
• 국외(수출) 매출액	50,000,000원
• 거래처에 무상으로 제공한 견본품의 시가	8,000,000원

① 7,000,000원
② 10,000,000원
③ 12,000,000원
④ 15,000,000원

09 다음 자료는 (주)한공에서 근무하는 거주자 김회계 씨가 2024년에 근로를 제공하고 받은 대가이다. 이를 토대로 김회계 씨의 2024년 총급여액을 계산하면 얼마인가?

• 월정액 급여	50,000,000원
• 상여금	6,000,000원
• 자녀학자금	5,000,000원
• 차량보조금(월 100,000원, 회사 지급규정에 의한 실비변상적 금액)	1,200,000원
• 식대(월 200,000원, 현물식사 제공받음.)	2,400,000원

① 56,000,000원
② 58,400,000원
③ 63,400,000원
④ 64,600,000원

10 다음 중 소득세법상 인적공제에 대한 설명으로 옳지 않은 것은?

① 기본공제 대상자 1인당 150만원을 소득공제 한다.
② 과세기간 종료일 전에 사망한 경우 해당연도에는 인적공제 적용 대상에서 제외한다.
③ 인적공제 대상자 판정 시 장애인은 나이의 적용을 받지 않는다.
④ 직계비속은 생계를 같이하는 부양가족으로 본다.

실무수행평가

(주)바람바람(회사코드 2166)은 선풍기 제조업 및 부동산임대업을 영위하는 법인기업으로 회계기간은 제7기(2024.1.1. ~ 2024.12.31.)이다. 제시된 자료와 자료설명을 참고하여, [수행과제]를 완료하고 [평가문제]의 물음에 답하시오.

| 실무수행 유의사항 | 1. 부가가치세 관련거래는 [매입매출전표입력]메뉴에 입력하고, 부가가치세 관련없는거래는 [일반전표입력]메뉴에 입력한다.
2. 타계정 대체와 관련된 적요는 반드시 코드를 입력하여야 한다.
3. 채권·채무, 예금거래 등 관리대상 거래자료에 대하여는 반드시 거래처코드를 입력한다.
4. 자금관리 등 추가 작업이 필요한 경우 문제의 요구에 따라 추가 작업하여야 한다.
5. 제조경비는 500번대 계정코드를 사용한다.
6. 판매비와관리비는 800번대 계정코드를 사용한다.
7. 등록된 계정과목 중 가장 적절한 계정과목을 선택한다. |

문제 1 › 거래자료입력

실무프로세스 자료이다. [자료설명]을 참고하여 [수행과제]를 수행하시오.

❶ 3만원 초과 거래자료에 대한 영수증수취명세서 작성

영수증(고객용)

결제기번호: 1180000985(2132)
상　　호: 상록운수(주)
사업자번호: 210-81-08059
대　표　자: 김택영
차 량 번호: 서울33자7311
주　　소: 서울 서대문구 홍은동 346-3
전 화 번호: 023068403
거 래 일시: 2024-01-25　14:10
승하차시간: 13:10 - 14:10 / 10.25km
승 차 요금:　　35,000원
기 타 요금:　　　　0원
할 인 요금:　　　　0원
합　　계:　　35,000원

이용해 주셔서 감사합니다.

자료설명	영업부 직원 전현무가 출장 시 택시요금 35,000원을 현금으로 지급하고 받은 영수증이다.
수행과제	1. 거래자료를 입력하시오. 2. 영수증수취명세서(2)와 (1)서식을 작성하시오.

❷ 약속어음의 만기결제, 할인 및 배서양도

전 자 어 음

(주)바람바람 귀하   00420240115123456789

금 일천만원정   10,000,000원

위의 금액을 귀하 또는 귀하의 지시인에게 지급하겠습니다.

지급기일	2024년 7월 15일	발행일	2024년 1월 15일
지 급 지	우리은행	발행지 주 소	서울 강남구 강남대로 119(도곡동)
지급장소	삼성지점	발행인	(주)서원산업

자료설명	[2월 15일] (주)서원산업에서 수취하였던 전자어음을 우리은행에서 할인하고, 할인료 200,000원을 차감한 잔액은 우리은행 당좌예금 계좌로 입금받았다.
수행과제	1. 거래자료를 입력하시오.(매각거래로 처리할 것.) 2. 자금관련 정보를 입력하여 받을어음현황에 반영하시오.

❸ 계약금 입금

자료 1. 견적서 내역

NO. 10

견 적 서

2024년 3월 10일

(주)서구전자   귀하

아래와 같이 견적합니다.

공급자	등록번호	120-81-32144
	상호(법인명)	(주)바람바람 성명 김범룡
	사업장주소	서울 강남구 삼성로 530
	업 태	제조업외 종목 선풍기외
	전화번호	02-569-4200

합계금액
(공급가액 + 세액)   사백오십일만원 (4,510,000원)

품 명	규격	수량	단가	공급가액	세액	비고
무선선풍기		20	205,000	4,100,000	410,000	
계						

자료 2. 보통예금(국민은행) 거래내역

번호	거래일	내용	찾으신금액	맡기신금액	잔액	거래점
		계좌번호 719-119-123123 (주)바람바람				
1	2024-3-10	계약금		451,000	***	***

자료설명
1. 자료 1은 제품 판매주문에 대하여 발급한 견적서이다.
2. 자료 2는 제품 판매주문에 대한 계약금(공급대가의 10%)을 국민은행 보통예금 계좌로 입금받은 내역이다.

수행과제 거래자료를 입력하시오.

문제 2 ▶ 부가가치세관리

부가가치세 신고 관련 자료이다. [자료설명]을 참고하여 [수행과제]를 수행하시오.

❶ 전자세금계산서 발급

거래명세서 (공급자 보관용)

공급자	등록번호	120-81-32144			공급받는자	등록번호	102-81-17053		
	상호	(주)바람바람	성명	김범룡		상호	(주)세방기업	성명	이용수
	사업장주소	서울 강남구 삼성로 530				사업장주소	서울 서대문구 간호대로 10		
	업태	제조업외	종사업장번호			업태	도소매업	종사업장번호	
	종목	선풍기외				종목	전자제품		

거래일자	미수금액	공급가액	세액	총 합계금액
2024.4.5.		20,500,000	2,050,000	22,550,000

NO	월	일	품목명	규격	수량	단가	공급가액	세액	합계
1	4	5	무선 선풍기		100	205,000	20,500,000	2,050,000	22,550,000

비고	전미수액	당일거래총액	입금액	미수액	인수자
		22,550,000	2,550,000	20,000,000	

자료설명
1. 제품을 공급하고 발행한 거래명세서이다.
2. 전자세금계산서를 발급하고 대금 중 2,550,000원은 자기앞수표로 받고, 나머지는 다음달 10일까지 보통예금계좌로 입금받기로 하였다.

수행과제
1. 거래자료를 입력하시오.
2. 전자세금계산서 발행 및 내역관리 를 통하여 발급·전송하시오.
  (전자세금계산서 발급 시 결제내역 및 전송일자는 고려하지 않을 것.)

❷ 수정전자세금계산서의 발급

전자세금계산서 (공급자 보관용)					승인번호			
공급자	등록번호	120-81-32144			공급받는자	등록번호	220-87-12697	
	상호	(주)바람바람	성명(대표자)	김범룡		상호	(주)가영산업	성명(대표자)	이가영
	사업장주소	서울 강남구 삼성로 530				사업장주소	서울 강남구 테헤란로114길 38	
	업태	제조업외	종사업장번호			업태	도매업	종사업장번호
	종목	선풍기외				종목	전자제품	
	E-Mail	baram@bill36524.com				E-Mail	gayoung@bill36524.com	
작성일자	2024.4.10.	공급가액	2,000,000		세 액	200,000		
비고								

월	일	품목명	규격	수량	단가	공급가액	세액	비고
4	10	계약금				2,000,000	200,000	

합계금액	현금	수표	어음	외상미수금	이 금액을	● 영수 / ○ 청구	함
2,200,000	2,200,000						

자료설명
1. 4월 10일 제품을 공급하기로 하고 계약금을 수령한 후 전자세금계산서를 발급하였다.
2. 본 거래에 대하여 노조파업으로 인한 일정 지연으로 물량 납품계약을 이행할 수 없어 계약이 해제되었다.(계약해제일: 2024.5.10.)
3. 계약금은 해제일에 전액 현금으로 지급하였다.

수행과제
계약해제에 따른 수정전자세금계산서를 발급·전송하시오.
(전자세금계산서 발급시 결제내역 입력 및 전송일자는 무시할 것.)

❸ 부동산임대사업자의 부가가치세신고서 작성

자료 1. 부동산임대계약서

(사무실) 월세계약서

■ 임대인용
□ 임차인용
□ 사무소보관용

부동산의 표시	소재지	서울 강남구 삼성로 530, 2층 201호				
	구 조	철근콘크리트조	용도	사무실	면적	95㎡
월 세 보 증 금	금	100,000,000원정		월세 2,000,000원정(부가가치세 별도)		

제 1 조 위 부동산의 임대인과 임차인 합의하에 아래와 같이 계약함.
제 2 조 위 부동산의 임대차에 있어 임차인은 보증금을 아래와 같이 지불키로 함.

계 약 금	10,000,000원정은 계약시 지불하고
중 도 금	원정은 년 월 일 지불하며
잔 금	90,000,000원정은 2024년 9월 1일 중개업자 입회하에 지불함.

제 3 조 위 부동산의 명도는 2024년 9월 1일로 함.
제 4 조 임대차 기간은 2024년 9월 1일로부터 (24)개월로 함.
제 5 조 월세금액은 매월 (1)일에 지불키로 하되 만약 기일내에 지불치 못할 시에는 보증금액에서 공제 키로 함.(신한은행, 계좌번호: 112-58-252158, 예금주: (주)바람바람)

―――――――― 중 략 ――――――――

임 대 인	주소	서울 강남구 삼성로 530				
	사업자등록번호	120-81-32144	전화번호	02-569-4200	성명	(주)바람바람

자료 2. 임대료 전자세금계산서 발급

전자세금계산서   (공급자 보관용)   승인번호

공급자	등록번호	120-81-32144			공급받는자	등록번호	314-81-38777		
	상호	(주)바람바람	성명(대표자)	김범룡		상호	(주)해신전자	성명(대표자)	박상태
	사업장주소	서울 강남구 삼성로 530				사업장주소	서울 강남구 삼성로 530, 2층 201호		
	업태	제조업외	종사업장번호			업태	도매,무역업	종사업장번호	
	종목	선풍기외				종목	전자제품외		
	E-Mail	baram@bill36524.com				E-Mail	haesin@bill36524.com		

작성일자	2024.9.1.	공급가액	2,000,000	세 액	200,000

월	일	품목명	규격	수량	단가	공급가액	세액	비고
9	1	9월 임대료				2,000,000	200,000	

합계금액	현금	수표	어음	외상미수금	이 금액을	● 영수 / ○ 청구	함
2,200,000							

자료설명	1. 자료 1은 부동산임대계약 체결관련 서류이다. 2. 자료 2는 9월분 임대료에 대한 전자세금계산서이며, 임대료는 9월 1일 신한은행 보통예금계좌에 입금된 것을 확인하였다. 3. 간주임대료에 대한 부가가치세는 임대인이 부담하기로 하였다.
수행과제	1. 9월 1일 임대료에 대한 거래를 매입매출전표에 입력하시오.(전자세금계산서는 '전자입력'으로 처리할 것.) 2. 제2기 예정신고에 대한 부동산임대공급가액명세서를 작성하시오.(간주임대료 적용 이자율은 3.5%로 할 것.) 3. 간주임대료에 대한 회계처리를 9월 30일자로 매입매출전표에 입력하시오. 4. 9월 임대료 및 간주임대료에 대한 내용을 제2기 부가가치세 예정신고서에 반영하시오.

❹ 신용카드매출전표발행집계표 작성자의 부가가치세신고서 작성

자료 1. 과세매출분에 대한 전자세금계산서 및 신용카드매출전표

전자세금계산서 (공급자 보관용)

승인번호:

공급자	등록번호	120-81-32144			공급받는자	등록번호	113-81-43454		
	상호	(주)바람바람	성명(대표자)	김범룡		상호	하남전자(주)	성명(대표자)	장철환
	사업장주소	서울 강남구 삼성로 530				사업장주소	서울 강남구 강남대로 242-22		
	업태	제조업외	종사업장번호			업태	도매업	종사업장번호	
	종목	선풍기외				종목	전자제품		
	E-Mail	baram@bill36524.com				E-Mail	hanam@bill36524.com		

작성일자	2024.10.5.	공급가액	3,000,000	세 액	300,000

비고						
월	일	품목명	규격	수량	단가	공급가액	세액	비고
10	5	인공지능선풍기		10	300,000	3,000,000	300,000	

합계금액	현금	수표	어음	외상미수금	이 금액을	○ 영수 ○ 청구	함
3,300,000							

신용카드매출전표

가 맹 점 명 : (주)바람바람
사업자번호 : 120-81-32144
대 표 자 명 : 김범룡
주   소 : 서울 강남구 삼성로 530

신 한 카 드 : 신용승인
거 래 일 시 : 2024.10.5. 14:02:12
카 드 번 호 : 5310-7070-****-0787
유 효 기 간 : **/**
가맹점번호 : 96942515
매 입 사 : 신한카드사(전자서명전표)

판매금액	3,000,000원
부가세액	300,000원
합 계	3,300,000원

자료 2. 과세카드매출 자료

신용카드매출전표

가 맹 점 명 : (주)바람바람
사업자번호 : 120-81-32144
대 표 자 명 : 김범룡
주   소 : 서울 강남구 삼성로 530

신 한 카 드 : 신용승인
거 래 일 시 : 2024.11.20. 14:12:08
카 드 번 호 : 5310-7070-****-0787
유 효 기 간 : **/**
가맹점번호 : 96942515
매 입 사 : 신한카드사(전자서명전표)

판매금액	500,000원
부가세액	50,000원
합 계	550,000원

자료 3. 과세현금매출 자료

현금영수증
CASH RECEIPT

거래일시	2024-12-15 13:20:02
품명	제품
식별번호	208341****
승인번호	191224105
판매금액	300,000원
부가가치세	30,000원
봉사료	0원
합계	330,000원

현금영수증가맹점명   (주)바람바람
사업자번호   120-81-32144
대표자명 : 김범룡   TEL : 025694200
주소 : 서울 강남구 삼성로 530
CATID:1123973   전표No:

현금영수증 문의 : Tel 126
http://현금영수증.kr
감사합니다.

자료설명	자료 1. 하남전자(주)에 제품을 판매하고 발급한 전자세금계산서와 위 대금을 결제받으면서 발급한 신용카드매출전표이다. 자료 2. 개인 박수민에게 과세제품을 판매하고 발급한 신용카드매출전표이다. 자료 3. 개인 김수철에게 과세제품을 판매하고 발급한 현금영수증이다.
수행과제	1. 자료 1 ~ 자료 3의 거래를 매입매출전표에 입력하시오. (전자세금계산서와 관련된 거래는 '전자입력'으로 처리할 것.) 2. 제2기 부가가치세 확정 신고기간의 신용카드매출전표발행집계표를 작성하시오. 3. 전자신고세액공제를 반영하여 제2기 부가가치세 확정신고서를 작성하시오. - 제2기 부가가치세 확정신고서를 홈택스로 전자신고하여 전자신고세액공제 10,000원을 공제 받기로 한다.

실무수행평가 ▌ 부가가치세관리

입력자료 및 회계정보를 조회하여 [평가문제]의 답안을 입력하시오.(70점)

번호	평가문제	배점
11	[매입매출전표입력 조회] 5월 10일자 수정세금계산서의 수정입력사유 코드번호를 입력하시오.	2
12	[세금계산서합계표 조회] 제1기 확정 신고기간의 거래처 '(주)세방기업'에 전자발행된 세금계산서 공급가액은 얼마인가?	2
13	[세금계산서합계표 조회] 제1기 확정 신고기간의 매출전자세금계산서 발급매수는 총 몇매인가?	2
14	[부동산임대공급가액명세서 조회] 제2기 예정 신고기간의 부동산임대공급가액명세서의 보증금 이자(간주임대료) 금액은 얼마인가?	2
15	[부가가치세신고서 조회] 제2기 예정 신고기간 부가가치세신고서의 과세_세금계산서 발급분(1란) 금액은 얼마인가?	2
16	[부가가치세신고서 조회] 제2기 예정 신고기간 부가가치세신고서의 그 밖의 공제매입세액(14란)의 세액은 얼마인가?	2
17	[부가가치세신고서 조회] 제2기 예정 신고기간의 부가가치세 신고시에 작성되는 부가가치세 첨부서류에 해당하지 않는 것은? ① (면세)계산서합계표 ② 부동산임대공급가액명세서 ③ 공제받지못할매입세액명세서 ④ 신용카드매출전표등수령금액합계표	2
18	[신용카드매출전표발행집계표 조회] 제2기 확정 신고기간의 신용카드매출전표발행집계표의 「과세매출분-⑤합계」 금액은 얼마인가?	3
19	[부가가치세신고서 조회] 제2기 확정 신고기간 부가가치세신고서의 과세_세금계산서 발급분(1란) 금액은 얼마인가?	3
20	[부가가치세신고서 조회] 제2기 확정 신고기간의 부가가치세 차가감납부할세액(27번란)은 얼마인가?	2
	부가가치세 소계	**22**

문제 3 > 결산

[결산자료]를 참고로 결산을 수행하시오.(단, 제시된 자료 이외의 자료는 없다고 가정함.)

❶ 수동결산

자료설명	12월 31일 현재 합계잔액시산표에서 확인되는 선급비용은 전액 공장 화재 보험료이다. 당사는 11월 1일 공장화재보험에 가입하였고 1년분 보험료 1,200,000원을 선납하고 자산처리하였다.
수행과제	보험료의 기간경과액을 계산하여 결산정리분개를 입력하시오.(월할계산할 것.)

❷ 결산자료입력에 의한 자동결산

자료설명	1. 당기 법인세등 28,000,000원을 계상하려고 한다.(법인세 중간예납세액이 선납세금계정에 계상되어 있다.) 2. 기말재고자산 현황 <table><tr><th>구분</th><th>금액</th></tr><tr><td>원재료</td><td>25,000,000원</td></tr><tr><td>제 품</td><td>31,000,000원</td></tr></table>3. 이익잉여금처분계산서 처분 예정(확정)일 - 당기: 2025년 2월 28일 - 전기: 2024년 2월 28일
수행과제	결산을 완료하고 이익잉여금처분계산서에서 손익대체분개를 하시오. (단, 이익잉여금처분내역은 없는 것으로 하고 미처분이월이익잉여금 전액을 이월이익잉여금으로 이월하기로 할 것.)

실무수행평가 ■ 재무회계

번호	평가문제	배점
21	[영수증수취명세서 조회] 영수증수취명세서(1)에 반영되는 '11.명세서제출 제외대상' 금액은 얼마인가?	2
22	[받을어음현황 조회] 1/4분기(1월~3월)에 할인받은 받을어음의 총액은 얼마인가?	2
23	[거래처원장 조회] 2월 말 우리은행(코드 98005)의 당좌예금 잔액은 얼마인가?	1
24	[거래처원장 조회] 3월 말 국민은행(코드 98000)의 보통예금 잔액은 얼마인가?	2
25	[거래처원장 조회] 4월 말 (주)세방기업(코드 02040)의 외상매출금 잔액은 얼마인가?	1
26	[거래처원장 조회] 9월 말 보통예금 거래처별 잔액으로 옳지 않은 것은? ① 98000.국민은행 198,475,000원 ② 98001.신한은행 470,055,000원 ③ 98500.외환은행 104,000,000원 ④ 99500.하나은행 32,411,000원	1
27	[일월계표 조회] 1월에 발생한 여비교통비(판매관리비) 금액은 얼마인가?	1
28	[일월계표 조회] 3/4분기(7월~9월)에 발생한 세금과공과금(판매관리비)은 얼마인가?	1
29	[일월계표 조회] 4/4분기(10월~12월)에 발생한 제품매출 금액은 얼마인가?	2
30	[재무상태표 조회] 3월 말 계정별 잔액으로 옳지 않은 것은? ① 지급어음 24,200,000원 ② 예수금 4,385,000원 ③ 가수금 15,000,000원 ④ 선수금 5,651,000원	1
31	[재무상태표 조회] 5월 말 선수금 잔액은 얼마인가?	1
32	[재무상태표 조회] 12월 말 선급비용 잔액은 얼마인가?	3
33	[재무상태표 조회] 기말 제품 잔액은 얼마인가?	2
34	[재무상태표 조회] 12월 말 미지급세금 잔액은 얼마인가?	2
35	[재무상태표 조회] 12월 말 이월이익잉여금(미처분이익잉여금) 잔액으로 옳은 것은? ① 323,524,110원 ② 327,344,206원 ③ 329,253,205원 ④ 411,459,714원	1
	재무회계 소계	**23**

문제 4 > 근로소득관리

인사급여 관련 자료이다. [자료설명]을 참고하여 [수행과제]를 수행하시오.

❶ 중도퇴사자의 원천징수

자료. 김승우 11월 급여자료

(단위: 원)

수당항목			공제항목					
기본급	직책수당	특별수당	국민연금	건강보험	고용보험	장기요양보험	건강보험료정산	장기요양보험료정산
4,000,000	800,000	2,000,000	180,000	141,800	61,200	18,160	18,210	1,200

자료설명	11월분 급여대장이다. 1. ESG 경영관리팀 김승우 팀장은 2024년 11월 25일 퇴사하였다. 중도퇴사자 정산은 기등록되어 있는 자료 이외의 공제는 없는 것으로 한다. 2. 급여지급일은 당월 25일이다.
수행과제	1. [사원등록] 메뉴에 퇴사일자를 입력하시오. 2. [급여자료입력] 메뉴에 수당, 공제등록을 하시오. 3. 11월분 김승우 급여자료를 추가 입력하고 [중도퇴사자정산]버튼을 이용하여 중도퇴사자 정산내역을 급여자료에 반영하시오.(단, 구분 1.급여로 선택할 것.) 4. 11월 귀속분 [원천징수이행상황신고서]를 작성하시오.

■ 실무수행평가 ■ 근로소득관리 1

번호	평가문제	배점
36	[김승우 11월 급여자료입력 조회] 김승우의 급여항목 중 과세대상 지급액은 얼마인가?	2
37	[김승우 11월 급여자료입력 조회] 김승우의 공제액 합계액은 얼마인가?	2
38	[11월 원천징수이행상황신고서 조회] 근로소득 가감계(A10) '5.총지급액'은 얼마인가?	1
39	[김승우 근로소득원천징수영수증[중도]탭 조회] '33.보험_가.건강' 공제대상액은 얼마인가?	1
40	[김승우 근로소득원천징수영수증[중도]탭 조회] 기납부세액 '75.주(현)근무지' 소득세 금액(지방소득세 제외)은 얼마인가?	1

❷ 주민등록등본에 의한 사원등록
자료 1. 김도경의 주민등록등본

문서확인번호					1/1
주 민 등 록 표 (등 본)				이 등본은 세대별 주민등록표의 원본내용과 틀림없음을 증명합니다. 담당자: 이등본 전화: 02-3149-0236 신청인: 김도경 용도 및 목적: 회사제출용 2023년 12월 31일	
세대주 성명(한자)		정진수 (鄭 眞 壽)		세 대 구 성 사유 및 일자	전입 2020-03-25
현주소 : 서울특별시 구로구 도림로 108(구로동)					
번호	세대주 관 계	성 명 주민등록번호		전입일 / 변동일	변동사유
1	본인	정진수 830107-1056214			
2	배우자	김도경 800117-2247093		2020-03-25	전입
3	모	김성연 550515-2899738		2020-03-25	전입
4	자녀	정윤재 080505-3032566		2020-03-25	전입

자료설명
사무직 사원 김도경(1002)의 사원등록을 위한 자료이다.
1. 부양가족은 김도경과 생계를 같이 한다.
2. 김도경은 근로소득금액 30,000,000원 이하로 이외의 소득은 없다.
3. 남편 정진수는 암환자로서 항시 치료를 요하는 중증환자이며, 별도의 소득이 없다.
4. 모 김성연은 노인일자리사업에 참여하여 총급여 4,000,000원이 있다.
5. 자녀 정윤재는 과학기술정보통신부에서 주관하는 국제과학기술경진대회에 참가하여 상금 2,000,000원을 수령하였다.
6. 세부담을 최소화하는 방법을 선택한다.

수행과제 [사원등록] 메뉴에서 부양가족명세를 작성하시오.

▌실무수행평가▌ 근로소득관리 2

번호	평가문제	배점
41	[김도경 근로소득원천징수영수증 조회] '25.배우자' 공제대상액은 얼마인가?	2
42	[김도경 근로소득원천징수영수증 조회] '26.부양가족' 공제대상액은 얼마인가?	1
43	[김도경 근로소득원천징수영수증 조회] '28.장애인' 공제대상액은 얼마인가?	2
44	[김도경 근로소득원천징수영수증 조회] '29.부녀자' 공제대상액은 얼마인가?	2
45	[김도경 근로소득원천징수영수증 조회] '57.자녀세액공제' 세액공제액은 얼마인가?	2

❸ 국세청연말정산간소화 및 이외의 자료를 기준으로 연말정산

자료설명	사무직 한준경(1001)의 연말정산을 위한 자료이다. 1. 사원등록의 부양가족현황은 사전에 입력되어 있다. 2. 부양가족은 한준경과 생계를 같이 한다. 3. 한준경은 무주택 세대주이며, 총급여는 7천만원 이하이다.
수행과제	[연말정산 근로소득원천징수영수증] 메뉴에서 연말정산을 완료하시오. 1. 의료비는 [의료비] 탭에서 입력하며, 국세청자료는 공제대상 합계금액을 1건으로 집계하여 입력한다. 2. 보험료와 교육비는 [소득공제] 탭에서 입력한다. 3. 연금계좌는 [정산명세] 탭에서 입력한다. 4. 월세는 [정산명세] 탭에서 입력한다.

자료 1. 한준경 사원의 부양가족등록 현황

연말정산관계	성명	주민번호	기타사항
0.본인	한준경	721010-1774918	세대주
3.배우자	서나리	730501-2775018	사업소득금액 30,000,000원이 있음.
1.소득자 직계존속	오영선	460901-2122786	소득 없음
4.직계비속	한준희	970927-1241853	장애인복지법에 따른 시각장애인

자료 2. 국세청간소화서비스 및 기타증빙자료

2024년 귀속 소득·세액공제증명서류 : 기본(지출처별)내역 [의료비]

■ 환자 인적사항

성 명	주 민 등 록 번 호
오영선	460901-2******

■ 의료비 지출내역

(단위: 원)

사업자번호	상 호	종류	지출금액 계
109-04-16***	서울365**병원	일반	6,900,000
106-05-81***	***안경원	일반	400,000
의료비 인별합계금액			6,900,000
안경구입비 인별합계금액			400,000
산후조리원 인별합계금액			0
인별합계금액			7,300,000

국세청
National Tax Service

- 본 증명서류는 「소득세법」 제165조 제1항에 따라 영수증 발급기관으로부터 수집한 서류로 소득·세액공제 충족 여부는 근로자가 직접 확인하여야 합니다.
- 본 증명서류에서 조회되지 않는 내역은 영수증 발급기관에서 직접 발급받으시기 바랍니다.

2024년 귀속 소득·세액공제증명서류 : 기본내역 [실손의료보험금]

■ 피보험자 인적사항

성 명	주 민 등 록 번 호
오영선	460901-2******

■ 의료비 지출내역

(단위: 원)

상호	상품명	보험계약자		수령금액 계
사업자번호	계약(증권)번호	수익자		
(주)현대해상	(무)안심실손보험	460901-2******	오영선	900,000
201-81-81***	5022***	460901-2******	오영선	
인별합계금액				900,000

- 본 증명서류는 「소득세법」 제165조 제1항에 따라 영수증 발급기관으로부터 수집한 서류로 소득·세액공제 충족 여부는 근로자가 직접 확인하여야 합니다.
- 본 증명서류에서 조회되지 않는 내역은 영수증 발급기관에서 직접 발급받으시기 바랍니다.

2024년 귀속 소득·세액공제증명서류: 기본(지출처별)내역
[보장성 보험, 장애인전용보장성보험]

■ 계약자 인적사항

성 명	주 민 등 록 번 호
한준경	721010-1******

■ 보장성보험(장애인전용보장성보험) 납입내역

(단위: 원)

종류	상 호	보험종류	주피보험자		납입금액 계
	사업자번호	증권번호			
	종피보험자1	종피보험자2	종피보험자3		
보장성	(주)현대해상	(무)안심실손보험	460901-2******	오영선	960,000
	201-81-81***	5022***			
장애인 보장성	AIG생명보험(주)	디딤돌보험	970927-1******	한준희	1,440,000
	106-81-41***	100540651**			
저축성	한화생명	e재테크저축보험	970927-1******	한준희	1,200,000
	104-81-28***				
인별합계금액					3,600,000

- 본 증명서류는 「소득세법」 제165조 제1항에 따라 영수증 발급기관으로부터 수집한 서류로 소득·세액공제 충족 여부는 근로자가 직접 확인하여야 합니다.
- 본 증명서류에서 조회되지 않는 내역은 영수증 발급기관에서 직접 발급받으시기 바랍니다.

2024년 귀속 소득·세액공제증명서류: 기본(지출처별)내역 [교육비]

■ 학생 인적사항

성 명	주 민 등 록 번 호
한준경	721010-1******

■ 교육비 지출내역

교육비종류	학교명	사업자번호	납입금액 계
대학원	***대학원	**3-83-21***	6,500,000
인별합계금액			6,500,000

- 본 증명서류는 『소득세법』 제165조 제1항에 따라 영수증 발급기관으로부터 수집한 서류로 소득·세액공제 충족 여부는 근로자가 직접 확인하여야 합니다.
- 본 증명서류에서 조회되지 않는 내역은 영수증 발급기관에서 직접 발급받으시기 바랍니다.

2024년 귀속 소득·세액공제증명서류: 기본내역[연금저축]

■ 가입자 인적사항

성 명	주 민 등 록 번 호
서나리	730501-2******

■ 연금저축 납입내역

(단위: 원)

상호	사업자번호	당해연도 납입금액	당해연도 납입액 중 인출금액	순납입금액
계좌번호				
삼성생명보험(주)	108-81-26***	4,000,000		4,000,000
013478008				
순납입금액 합계				4,000,000

- 본 증명서류는 『소득세법』 제165조 제1항에 따라 영수증 발급기관으로부터 수집한 서류로 소득·세액공제 충족 여부는 근로자가 직접 확인하여야 합니다.
- 본 증명서류에서 조회되지 않는 내역은 영수증 발급기관에서 직접 발급받으시기 바랍니다.

월 세 납 입 영 수 증			
■ 임대인			
성명(법인명)	주성훈	주민등록번호(사업자번호)	860512-1875655
주소	서울특별시 용산구 서빙고로 36		
■ 임차인			
성명	한준경	주민등록번호	721010-1774918
주소	서울특별시 구로구 도림로 33길 27		
■ 세부내용			
- 임대차 기간: 2024년 3월 1일 ~ 2026년 2월 28일 - 임대차계약서상 주소지: 서울특별시 구로구 도림로 33길 27 - 월세금액: 700,000원 (2023년 총액 7,000,000원) - 주택유형: 단독주택, 주택계약면적 85㎡			

▌실무수행평가▐ 근로소득관리 3

번호	평가문제	배점
46	[한준경 근로소득원천징수영수증 조회] '60.연금저축' 세액공제액은 얼마인가? ① 0원 ② 300,000원 ③ 400,000원 ④ 600,000원	2
47	[한준경 근로소득원천징수영수증 조회] '61.보장성보험' 세액공제액은 얼마인가?	2
48	[한준경 근로소득원천징수영수증 조회] '62.의료비' 세액공제액은 얼마인가?	2
49	[한준경 근로소득원천징수영수증 조회] '63.교육비' 세액공제액은 얼마인가?	2
50	[한준경 근로소득원천징수영수증 조회] '70.월세액' 세액공제액은 얼마인가?	1
	근로소득 소계	25

제65회 기출문제

실무이론평가

아래 문제에서 특별한 언급이 없으면 기업의 보고기간(회계기간)은 매년 1월 1일부터 12월 31일까지입니다. 또한 기업은 일반기업회계기준 및 관련 세법을 계속적으로 적용하고 있다고 가정하고 물음에 가장 합당한 답을 고르시기 바랍니다.

01 다음 중 (ㄱ), (ㄴ)에 들어갈 회계정보의 질적특성으로 옳은 것은?

- 유형자산을 역사적원가로 평가하면 일반적으로 측정의 (ㄱ) 은(는) 높아지나 (ㄴ) 이(가) 낮아질 수 있다.

	(ㄱ)	(ㄴ)
가.	목적적합성	신뢰성
나.	목적적합성	검증가능성
다.	신뢰성	목적적합성
라.	신뢰성	검증가능성

① 가 ② 나 ③ 다 ④ 라

02 다음은 (주)한공의 무형자산 관련 자료이다. 이에 대한 설명으로 옳지 <u>않은</u> 것은?

- (주)한공은 신제품 개발에 성공하여 2024년 9월 1일부터 신제품 생산·판매를 시작하였다.
- 신제품 개발에 소요된 금액은 30,000,000원이며, 자산요건을 충족하여 개발비로 계상하려고 한다.

① 개발비의 2024년 9월 1일 장부금액은 30,000,000원이다.
② 개발비의 상각은 생산·판매를 시작한 2024년 9월 1일부터 시작한다.
③ 차후에 개발비의 공정가치가 증가한 경우 공정가치를 장부금액으로 할 수 있다.
④ 개발비 손상을 시사하는 징후가 있다면 회수가능액을 추정한다.

03 다음은 (주)한공의 주식 관련 자료이다. 2024년 당기순이익에 미치는 영향으로 옳은 것은?

- 2023년 5월 7일 장기투자목적으로 (주)서울의 주식 100주를 주당 1,000원에 취득하였다.
- 2023년 말 이 주식의 공정가치는 주당 1,200원이었다.
- 2024년 9월 30일 이를 주당 1,300원에 전량 매도하였다.

① 10,000원 증가 ② 20,000원 증가
③ 30,000원 증가 ④ 40,000원 증가

04 장부마감전 발견된 다음 오류 사항 중 당기순이익에 영향을 미치지 않는 것은?

① 대손상각비 미계상 ② 감가상각비 미계상
③ 재고자산에 대한 평가손실 미계상 ④ 매도가능증권에 대한 평가손실 미계상

05 다음 결산 정리사항을 반영한 후 당기순이익의 변동으로 옳은 것은?

- 소모품 미사용액: 30,000원 (구입 시 80,000원 전액 비용처리됨)
- 이자수익 기간경과분 발생액: 20,000원

① 50,000원 감소 ② 30,000원 감소
③ 20,000원 증가 ④ 50,000원 증가

06 다음 중 무형자산에 대한 설명으로 옳지 않은 것은?

① 연구단계에서 발생한 지출은 무형자산으로 인식하지 않는다.
② 전기에 비용으로 인식한 개발단계의 지출은 당기에 무형자산으로 인식할 수 없다.
③ 무형자산의 잔존가치는 없는 것을 원칙으로 한다.
④ 무형자산은 합리적인 상각방법을 정할 수 없는 경우에는 정률법으로 상각한다.

07 다음 중 부가가치세법상 신고·납부에 대한 설명으로 옳지 않은 것은?

① 법인사업자는 예정신고기간의 과세표준과 납부세액을 예정신고기간 종료일부터 25일 이내 신고·납부하는 것이 원칙이다.
② 조기환급신고를 할 때 이미 신고한 과세표준은 확정신고 시 포함하지 않는다.
③ 개인사업자의 부가가치세 예정고지세액이 50만원 미만인 경우 이를 징수하지 아니한다.
④ 주사업장 총괄납부를 하는 경우에 세금계산서는 주사업장에서 총괄하여 발급하여야 한다.

08 다음 자료를 토대로 의류제조업을 영위하는 (주)한공의 공제받을 수 있는 매입세액을 계산하면 얼마인가?(단, 세금계산서는 적법하게 수령하였다.)

• 거래처 방문용 소형승용차(2,000cc)의 매입세액	3,000,000원
• 공장부지의 조성과 관련된 매입세액	14,000,000원
• 해당 과세기간에 매입하였으나 과세기간 말 현재 사용하지 않은 원재료의 매입세액	8,000,000원
• 거래처 접대와 관련된 매입세액	5,000,000원

① 8,000,000원   ② 11,000,000원
③ 19,000,000원 ④ 22,000,000원

09 다음의 자료를 토대로 사업자 김한공 씨의 2024년 종합소득 산출세액을 계산하면 얼마인가?

가. 복식부기에 따라 계산한 사업소득금액   30,000,000원
나. 근로소득금액   50,000,000원
다. 종합소득공제와 그 밖의 소득공제 합계액   24,000,000원
라. 세율

종합소득과세표준		기본세율
	1,400만원 이하	과세표준의 6%
1,400만원 초과	5,000만원 이하	84만원 + 1,400만원 초과금액의 15%
5,000만원 초과	8,800만원 이하	624만원 + 5,000만원 초과금액의 24%

① 7,680,000원   ② 10,500,000원
③ 10,620,000원 ④ 12,500,000원

10 다음 중 소득세법상 비과세 근로소득에 해당하지 않는 것은?

① 의료 취약지역의 의료인이 받는 벽지수당 월 20만원
② 국민건강보험법에 따라 사용자가 부담하는 건강보험료
③ 고용보험법에 의한 육아휴직수당
④ 출장 여비 등의 실제 비용을 별도로 받는 직원에 대한 자가운전보조금 월 20만원

실무수행평가

(주)아모레산업(회사코드 2165)은 화장품 제조업을 영위하는 법인기업으로 회계기간은 제6기 (2024.1.1. ~ 2024.12.31.)이다. 제시된 자료와 [자료설명]을 참고하여 [평가문제]의 물음에 답하시오.

실무수행 유의사항	1. 부가가치세 관련거래는 [매입매출전표입력]메뉴에 입력하고, 부가가치세 관련없는 거래는 [일반전표입력]메뉴에 입력한다. 2. 타계정 대체와 관련된 적요는 반드시 코드를 입력하여야 한다. 3. 채권·채무, 예금거래 등 관리대상 거래자료에 대하여는 반드시 거래처코드를 입력한다. 4. 자금관리 등 추가 작업이 필요한 경우 문제의 요구에 따라 추가 작업하여야 한다. 5. 제조경비는 500번대 계정코드를 사용한다. 6. 판매비와관리비는 800번대 계정코드를 사용한다. 7. 등록된 계정과목 중 가장 적절한 계정과목을 선택한다.

문제 1 거래자료입력

실무프로세스 자료이다. [자료설명]을 참고하여 [수행과제]를 수행하시오.

❶ 3만원 초과 거래자료에 대한 영수증수취명세서 작성

자료. 공급자 정보

영 수 증 (공급받는자용)		
(주)아모레산업		귀하

공급자	사업자등록번호	120-21-12348		
	상 호	원명상회	성 명	최시현
	사업장소재지	서울시 서대문구 충정로7길 29-8		
	업 태	도소매업외	종 목	전기제품외

작성년월일	공급대가총액	비고
2024. 1. 15.	₩ 200,000	
위 금액을 영수(청구)함.		

월/일	품명	수량	단가	공급대가(금액)
1/15	형광등교체			200,000
위 금액을 영수(청구)함				

자료설명	공장 형광등을 교체하고, 대금은 국민은행 보통예금계좌에서 이체하여 지급하였다.(원명상회는 일반과세사업자이다.)
수행과제	1. 거래자료를 입력하시오. ('수익적 지출'로 처리할 것.) 2. 영수증수취명세서(2)와 (1)서식을 작성하시오.

❷ 정부보조금에 의한 유/무형자산의 구입

■ 보통예금(국민은행) 거래내역

번호	거래일자	내용	찾으신금액	맡기신금액	잔액	거래점
		계좌번호 100-23-951241 (주)아모레산업				
1	2024-2-11	중소벤처기업진흥공단		100,000,000	***	***
2	2024-2-15	산업자원부		200,000,000	***	***

자료설명
1. 중소벤처기업진흥공단의 보조금은 운영자금충당목적으로 상환의무가 있다.
   (상환예정일: 2026년 3월 10일, 장기차입금 처리할 것.)
2. 산업자원부의 보조금은 추후 생산설비 취득예정목적으로 상환의무가 없다.

수행과제 정부보조금 입금과 관련된 2월 11일 및 2월 15일의 거래자료를 각각 입력하시오.

❸ 기타 일반거래

자료 1. 국민연금보험료 결정내역 통보서

서식기호 E8901	**국민연금보험료 결정내역 통보서**					
사업장관리번호	12481123440		사업장명칭	(주)아모레산업		
해 당 년 월	2024-02					

2024년 2월분 개인별 보험료 내역

(단위: 원)

일련번호	성 명	주민(외국인)등록번호	기준소득월액	월보험료(계)	(사용자부담금)	(근로자기여금)
1	김태영	911109-1******	2,000,000	180,000	90,000	90,000
2	윤서연	850321-2******	3,800,000	342,000	171,000	171,000
대상자수		2명		522,000	261,000	261,000

이하생략

※ 당월에 납부할 연금보험료는 당월분 금액과 소급분 금액의 합산으로 결정됩니다.
※ 개인사업장 사용자의 국민연금보험료는 사용자부담금과 근로자기여금으로 구분하여 표기하였습니다.

자료 2. 보통예금(국민은행) 거래내역

번호	거래일	내용	찾으신금액	맡기신금액	잔액	거래점
		계좌번호 100-23-951241 (주)아모레산업				
1	2024-3-10	국민연금관리공단	522,000		***	***

자료설명	1. 자료 1은 공장에 근무중인 김태영과 본사 관리부에 근무중인 윤서연의 2월분 국민연금 결정내역 통보서이다. 2. 자료 2는 2월분 국민연금을 국민은행 보통예금 통장에서 이체하여 납부한 내역이다.
수행과제	국민연금 납부일의 거래자료를 입력하시오. (단, 국민연금회사부담금은 '세금과공과금'로 회계처리 할 것.)

문제 2 부가가치세관리

부가가치세 신고 관련 자료이다. [자료설명]을 참고하여 [수행과제]를 수행하시오.

❶ 전자세금계산서 발급

자료 1. 보통예금(국민은행) 거래내역

번호	거래일	내용	찾으신금액	맡기신금액	잔액	거래점
		계좌번호 100-23-951241 (주)아모레산업				
1	2024-04-20	(주)수려한		5,000,000	***	***

자료 2. 거래명세서

거래명세서 (공급자 보관용)

공급자	등록번호	124-81-12344			공급받는자	등록번호	514-81-35782		
	상호	(주)아모레산업	성명	정지현		상호	(주)수려한	성명	김혜수
	사업장주소	경기도 수원시 팔달구 매산로 10 (매산로1가), 301호				사업장주소	서울특별시 광진구 광나루로 355		
	업태	제조업	종사업장번호			업태	도소매업	종사업장번호	
	종목	화장품				종목	화장품		

거래일자	미수금액	공급가액	세액	총 합계금액
2024-05-10		20,000,000	2,000,000	22,000,000

NO	월	일	품목명	규격	수량	단가	공급가액	세액	합계
1	5	10	주름개선 크림		100	200,000	20,000,000	2,000,000	22,000,000

자료설명	1. 자료 1은 제품공급 전 (주)수려한으로부터 계약금으로 입금된 국민은행 보통예금 거래내역이다. 2. 자료 2는 (주)수려한에 제품을 공급하고 발급한 거래명세서이다. 계약금을 제외한 잔액은 6월 30일에 받기로 하였다.
수행과제	1. 5월 10일의 거래자료를 입력하시오. 2. 전자세금계산서 발행 및 내역관리 를 통하여 발급·전송하시오. (전자세금계산서 발급 시 결제내역 및 전송일자는 무시할 것.)

❷ 수정전자세금계산서의 발급

전자세금계산서 (공급자 보관용)						승인번호			
공급자	등록번호	124-81-12344			공급받는자	등록번호	123-81-95134		
	상호	(주)아모레산업	성명(대표자)	정지현		상호	(주)올리브영	성명(대표자)	이수지
	사업장주소	경기도 수원시 팔달구 매산로 10 (매산로1가), 301호				사업장주소	서울 강남구 영동대로 521		
	업태	제조업	종사업장번호			업태	도소매업	종사업장번호	
	종목	화장품				종목	화장품		
	E-Mail	amore@bill36524.com				E-Mail	olive@bill36524.com		
작성일자	2024.6.3.		공급가액	9,000,000		세 액	900,000		

월	일	품목명	규격	수량	단가	공급가액	세액	비고
6	3	미백개선 크림		30	300,000	9,000,000	900,000	

합계금액	현금	수표	어음	외상미수금	이 금액을	○ 영수 / ● 청구	함
9,900,000				9,900,000			

자료설명
1. (주)올리브영에 제품을 공급하고 발급한 전자세금계산서이다.
2. 전자세금계산서의 공급단가를 320,000원으로 기재했어야 하나, 담당자의 실수로 공급단가를 300,000원으로 기재하여 발급하였음을 확인하였다.

수행과제
수정사유에 따른 수정전자세금계산서를 발급 전송하시오.
(외상대금 및 제품매출에서 음수(-)로 처리하고 전자세금계산서 발급 시 결제내역 입력 및 전송일자는 고려하지 말 것.)

❸ 매입세액불공제내역 작성자의 부가가치세신고서 작성

자료 1. 공급가액(제품)내역 (7월 1일 ~ 9월 30일)

구 분	금 액	비 고
과세분(전자세금계산서)	240,000,000원	
면세분(전자계산서)	60,000,000원	
합 계	300,000,000원	

TAT 2급 세무실무

자료 2. 기계장치 매입금액 중 안분대상내역

전자세금계산서 (공급받는자 보관용)						승인번호		2023010123	
공급자	등록번호	206-81-45981			공급받는자	등록번호	124-81-12344		
	상호	(주)대주기계	성명(대표자)	황재원		상호	(주)아모레산업	성명(대표자)	정지현
	사업장 주소	서울시 강남구 강남대로 272				사업장 주소	경기도 수원시 팔달구 매산로 10 (매산로1가), 301호		
	업태	제조업	종사업장번호			업태	제조업	종사업장번호	
	종목	포장기계				종목	화장품		
	E-Mail	daeju@bill36524.com				E-Mail	amore@bill36524.com		
작성일자	2024.8.7.		공급가액	20,000,000		세액	2,000,000		
비고									

월	일	품목명	규격	수량	단가	공급가액	세액	비고
8	7	고속분쇄기계				20,000,000	2,000,000	

합계금액	현금	수표	어음	외상미수금	이 금액을	○ 영수 / ● 청구	함
22,000,000				22,000,000			

자료설명
본 문제에 한하여 (주)아모레산업은 과세사업과 면세사업을 겸영하고 있다고 가정한다.
1. 자료 1은 제2기 부가가치세 예정신고기간의 공급가액 내역이다.
2. 자료 2는 제2기 부가가치세 예정신고기간의 과세사업과 면세사업에 공통으로 사용할 기계장치 매입자료이다.

수행과제
1. 자료 2의 거래자료를 입력하시오.(유형에서 '51.과세매입'으로 선택하고, '전자입력'으로 처리할 것.)
2. 제2기 부가가치세 예정신고기간의 매입세액불공제내역(공통매입세액 안분계산 내역)을 작성하고 제2기 예정 부가가치세 신고서에 반영하시오.
 (단, 자료 1과 자료 2에서 주어진 공급가액으로 계산하기로 할 것.)
3. 공통매입세액 안분계산에 대한 회계처리를 9월 30일자로 일반전표에 입력하시오.

❹ 매입세액불공제내역 작성자의 부가가치세 신고서 작성

자료 1.

전자세금계산서				(공급받는자 보관용)			승인번호		2023010124	
공급자	등록번호	108-81-51419				공급받는자	등록번호	124-81-12344		
	상호	(주)수원중고자동차	성명(대표자)	이수원			상호	(주)아모레산업	성명(대표자)	정지현
	사업장주소	경기도 수원시 팔달구 매산로 1-10 (매산로1가)					사업장주소	경기도 수원시 팔달구 매산로 10 (매산로1가), 301호		
	업태	도소매업	종사업장번호				업태	제조업	종사업장번호	
	종목	자동차					종목	화장품		
	E-Mail	soo1@bill36524.com					E-Mail	amore@bill36524.com		
작성일자	2024.10.15.		공급가액	25,000,000			세 액	2,500,000		
비고										
월	일	품목명		규격	수량	단가	공급가액	세액	비고	
10	15	그랜저IG					25,000,000	2,500,000		
합계금액		현금	수표		어음		외상미수금	이 금액을	○ 영수 ● 청구	함
27,500,000							27,500,000			

자료 2.

전자세금계산서				(공급받는자 보관용)			승인번호		2023010125	
공급자	등록번호	101-81-21118				공급받는자	등록번호	124-81-12344		
	상호	(주)하모니마트	성명(대표자)	이하늘			상호	(주)아모레산업	성명(대표자)	정지현
	사업장주소	서울특별시 서대문구 충정로7길 29-11 (충정로3가)					사업장주소	경기도 수원시 팔달구 매산로 10 (매산로1가), 301호		
	업태	도소매업	종사업장번호				업태	제조업	종사업장번호	
	종목	생활잡화					종목	화장품		
	E-Mail	hamo@bill36524.com					E-Mail	amore@bill36524.com		
작성일자	2024.10.21.		공급가액	520,000			세 액	52,000		
비고										
월	일	품목명		규격	수량	단가	공급가액	세액	비고	
10	21	스팸세트			10	52,000	520,000	52,000		
합계금액		현금	수표		어음		외상미수금	이 금액을	○ 영수 ● 청구	함
572,000							572,000			

자료 3.

매 출 전 표

카드종류	거래일자						
비씨카드	2024.11.10.10:13:42						
카드번호(CARD NO)							
5000-1234-****-11**							
승인번호	금액	백		천		원	
20241110000231	AMOUNT	1	2	0	0	0	0
일반 / 할부	부가세 V.A.T		1	2	0	0	0
일시불	봉사료 CASHBACK						
거래유형 아이패드	합계 TOTAL	1	3	2	0	0	0

가맹점명	
전자마트	
대표자명	사업자번호
이정원	603-13-34065
전화번호	가맹점번호
02-439-9846	84561114
주소	
서울 구로구 구로동로 8	

상기의 거래 내역을 확인합니다.   서명 (주)아모레산업

자료설명	자료 1. 관리부 업무용으로 승용차(배기량 2,700cc)를 구입하고 발급받은 전자세금계산서이다. 자료 2. 매출거래처에 증정할 선물을 구입하고 발급받은 전자세금계산서이다. 자료 3. 대표이사(정지현)가 자녀에게 선물할 아이패드를 구입하고 발급받은 법인 신용카드매출전표이다. ('가지급금'으로 회계처리할 것.)

수행과제	1. 자료 1 ~ 3의 거래를 매입매출전표 및 일반전표에 입력하시오.
	   (전자세금계산서와 관련된 거래는 '전자입력'으로 처리할 것.)
	2. 제2기 부가가치세 확정신고기간의 매입세액불공제내역을 작성하시오.
	3. 매입세액불공제내역 및 전자신고세액공제를 반영하여 제2기 부가가치세 확정신고서를 작성하시오.
	   - 제2기 부가가치세 확정신고서를 홈택스로 전자신고하여 전자신고세액공제 10,000원을 공제 받기로 한다.

실무수행평가 | 부가가치세관리

입력자료 및 회계정보를 조회하여 [평가문제]의 답안을 입력하시오.(70점)

번호	평가문제	배점
11	[매입매출전표입력 조회] 6월 3일자 수정세금계산서의 수정입력사유 코드번호를 입력하시오.	2
12	[세금계산서합계표 조회] 제1기 확정 신고기간의 거래처'(주)수려한'에 전자발급된 세금계산서 공급가액은 얼마인가?	2
13	[세금계산서합계표 조회] 제1기 확정 신고기간의 매출전자세금계산서 발급매수는 총 몇 매인가?	2
14	[매입세액불공제내역 조회] 제2기 예정신고기간 매입세액불공제내역_3.공통매입세액안분계산 내역의 불공제 매입세액은 얼마인가?	3
15	[부가가치세신고서 조회] 제2기 예정신고기간 부가가치세신고서의 과세_세금계산서발급분(1란) 금액은 얼마인가?	2
16	[부가가치세신고서 조회] 제2기 예정신고기간의 부가가치세 차가감납부할세액(27번란)은 얼마인가?	2
17	[부가가치세신고서 조회] 제2기 예정 신고기간의 부가가치세 신고시에 작성되는 부가가치세 첨부서류에 해당하지 않는 것은? ① 계산서합계표　　② 신용카드매출전표등수령금액합계표 ③ 건물등감가상각자산취득명세서　　④ 공제받지못할매입세액명세서	2
18	[매입세액불공제내역 조회] 제2기 확정신고기간 매입세액불공내역의 2.공제받지 못할 매입세액 내역의 내용으로 옳지 않은 것은? ① 사업과 직접 관련 없는 지출 관련 건수는 1건이다. ② 비영업용 소형 승용 자동차구입 및 유지관련 건수는 1건이다. ③ 접대비 및 이와 유사한 비용 관련 건수는 1건이다. ④ 공제받지 못할 매입세액은 총 2,552,000원이다.	3
19	[부가가치세신고서 조회] 제2기 확정신고기간 부가가치세신고서의 세금계산서수취부분_고정자산매입(11란) 금액은 얼마인가?	2
20	[부가가치세신고서 조회] 제2기 확정 신고기간의 부가가치세신고서의 차가감납부할세액(27번란)은 얼마인가?	2
	부가가치세 소계	**22**

문제 3 › 결산

[결산자료]를 참고로 결산을 수행하시오.(단, 제시된 자료 이외의 자료는 없다고 가정함.)

❶ 수동결산

자료. 장기차입금 내역

은행	차입금액	차입일	상환일	비고
우리은행(차입)	20,000,000원	2023년 6월 1일	2025년 6월 1일	만기 원금일시상환
국민은행(차입)	40,000,000원	2023년 6월 1일	2026년 6월 1일	만기 원금일시상환
신한은행(차입)	30,000,000원	2023년 1월 1일	2027년 2월 28일	만기 원금일시상환

자료설명	2024년 기말 현재 장기차입금 은행별 잔액내역이다.
수행과제	장기차입금에 대한 결산정리분개를 일반전표에 입력하시오.

❷ 결산자료입력에 의한 자동결산

자료설명	1. 당기 법인세등 15,000,000원을 계상하려고 한다.(법인세 중간예납세액 및 원천징수세액이 선납세금계정에 계상되어 있다.) 2. 기말재고자산 현황 | 구분	장부상내역 ||| 실사내역		
	단위당원가	수량	평가액	단위당원가	수량	평가액
원재료	23,000원	800개	18,400,000원	23,000원	800개	18,400,000원
제 품	50,000원	350개	17,500,000원	50,000원	200개	10,000,000원 | ※ 제품의 수량차이는 위탁판매제품으로 현재 수탁자의 창고에 보관중이다. 3. 이익잉여금처분계산서 처분확정(예정)일 　- 당기: 2025년 3월 31일 　- 전기: 2024년 3월 31일
---	---
수행과제	결산을 완료하고 이익잉여금처분계산서에서 손익대체분개를 하시오. (단, 이익잉여금처분내역은 없는 것으로 하고 미처분이익잉여금 전액을 이월이익잉여금으로 이월 하기로 할 것.)

실무수행평가 ▎ 재무회계

번호	평가문제	배점
21	[영수증수취명세서 조회] 영수증수취명세서(1)에 반영되는 '12.명세서제출 대상' 금액은 얼마인가?	1
22	[거래처원장 조회] 5월 말 거래처별 외상매출금 잔액으로 옳지 않은 것은? ① 00101.(주)진성화장품 5,170,000원 ② 00102.(주)서린뷰티 24,125,000원 ③ 03170.(주)수려한 28,000,000원 ④ 05107.(주)필립뷰티플 15,900,000원	1
23	[일월계표 조회] 1/4분기(1~3월)에 발생한 수선비(제조경비) 금액은 얼마인가?	2
24	[일월계표 조회] 1/4분기(1~3월)에 발생한 세금과공과금(제조경비) 금액은 얼마인가?	2
25	[일월계표 조회] 2/4분기(4~6월)에 발생한 제품매출 금액은 얼마인가?	1
26	[일월계표 조회] 4/4분기(10월~12월)에 발생한 접대비(판매관리비) 금액은 얼마인가?	1
27	[재무상태표 조회] 3월 말 보통예금 장부금액(보통예금총액-정부보조금)은 얼마인가?	2
28	[재무상태표 조회] 3월 말 예수금 잔액은 얼마인가?	2
29	[재무상태표 조회] 12월 말 가지급금 잔액은 얼마인가?	1
30	[재무상태표 조회] 12월 말 기계장치 장부금액은 얼마인?	2
31	[재무상태표 조회] 12월 말 차량운반구 장부금액은 얼마인가?	2
32	[재무상태표 조회] 12월 말 미지급세금 잔액은 얼마인가?	1
33	[재무상태표 조회] 12월 말 비유동부채 금액은 얼마인가?	2
34	[재무상태표 조회] 기말 제품 잔액은 얼마인가?	2
35	[재무상태표 조회] 12월 말 이월이익잉여금(미처분이익잉여금) 잔액으로 옳은 것은? ① 282,692,140원 ② 394,125,400원 ③ 437,513,440원 ④ 509,164,850원	1
	재무회계 소계	23

문제 4 › 근로소득관리

인사급여 관련 자료이다. [자료설명]을 참고하여 [수행과제]를 수행하시오.

❶ 가족관계증명서에 의한 사원등록

자료. 홍유찬의 가족관계증명서

[별지 제1호서식] 〈개정 2010.6.3〉

가 족 관 계 증 명 서

등록기준지	서울특별시 강남구 강남대로 238-13				
구분	성 명	출생연월일	주민등록번호	성별	본
본인	홍 유 찬	1964년 10월 11일	641011-1899772	남	南陽

가족사항					
구분	성 명	출생연월일	주민등록번호	성별	본
자	홍 승 혁	1990년 08월 03일	900803-1785417	남	南陽
며느리	손 지 영	1988년 12월 12일	881212-2075525	여	一直
손녀	홍 아 름	2020년 12월 24일	201224-4023187	여	南陽

자료설명
2024년 7월 1일에 입사한 부장 홍유찬(세대주)이 제출한 가족관계증명서이다.
1. 본인 홍유찬은 2023년 배우자와 이혼하였다.
2. 자녀 홍승혁은 국가유공자이며, 별도의 소득은 없다.
3. 며느리 손지영은 장애인이 아니며 별도의 소득이 없다.
4. 손녀 홍아름은 별도의 소득이 없다.
5. 세부담을 최소화하는 방법을 선택한다.

수행과제 사원등록메뉴에서 부양가족명세를 작성하시오.

▌실무수행평가▌ 근로소득관리 1

번호	평가문제	배점
36	[홍유찬 근로소득원천징수영수증 조회] '21.총급여'는 얼마인가?	2
37	[홍유찬 근로소득원천징수영수증 조회] 기본공제 합계액은 얼마인가?	1
38	[홍유찬 근로소득원천징수영수증 조회] '28.장애인' 추가공제액은 얼마인가?	2
39	[홍유찬 근로소득원천징수영수증 조회] '30.한부모' 추가공제액은 얼마인가?	2
40	[홍유찬 근로소득원천징수영수증 조회] 37.차감소득금액'은 얼마인가?	1

❷ 일용직사원의 원천징수

자료 1. 일용직사원 관련정보

성 명	허성태(코드 5001)
거주구분(내국인 / 외국인)	거주자 / 내국인
주민등록번호	900909 - 1182817
입사일자	2024년 11월 10일

자료 2. 일용직급여내역

성 명	계산내역	11월의 근무일
허성태	1일 170,000원 × 총 5일 = 850,000원	15, 17, 21, 23, 25

자료설명	1. 자료 1, 2는 일용직 사원의 관련정보 및 급여지급내역이다. 2. 일용직 급여는 매일 지급하는 방식으로 한다. 3. 사회보험료 중 고용보험만 징수하기로 한다. 4. 제시된 사항 이외의 자료는 없는 것으로 한다.
수행과제	1. [일용직사원등록] 메뉴에 사원등록을 하시오. 2. [일용직급여입력] 메뉴에 급여내역을 입력하시오. 3. 11월 귀속분 원천징수이행상황신고서를 작성하시오.

▌실무수행평가▌ 근로소득관리 2

번호	평가문제	배점
41	[일용직(허성태) 11월 일용직급여입력 조회] 공제항목 중 고용보험의 합계액은 얼마인가?	2
42	[일용직(허성태) 11월 일용직급여입력 조회] 11월 급여의 차인지급액 합계는 얼마인가?	1
43	[11월 원천징수이행상황신고서 조회] 근로소득에 대한 원천징수대상 인원은 총 몇 명인가?	2
44	[11월 원천징수이행상황신고서 조회] 근로소득 일용근로(A03) '6.소득세 등' 금액은 얼마인가?	1
45	[11월 원천징수이행상황신고서 조회] 근로소득 가감계(A10)의 '6.소득세 등' 금액은 얼마인가?	1

❸ 국세청연말정산간소화 및 이외의 자료를 기준으로 연말정산

자료설명	사무직 정성화(1400)의 연말정산을 위한 자료이다. 1. 사원등록의 부양가족현황은 사전에 입력되어 있다. 2. 부양가족은 정성화와 함께 생계를 같이 한다.
수행과제	[연말정산 근로소득원천징수영수증] 메뉴에서 연말정산을 완료하시오. 1. 신용카드는 [신용카드] 탭에서 입력한다. 　(신용카드 일반사용 금액에는 아파트관리비 2,000,000원이 포함되어 있다.) 2. 보험료와 교육비는 [소득공제] 탭에서 입력한다. 　(김고은은 2025년 출산예정으로 조은손해보험(주)에 납입한 태아보험료 내역이 있다.) 3. 연금계좌세액공제는 [정산명세] 탭에서 입력한다.

자료 1. 정성화 사원의 부양가족등록 현황

연말정산관계	성명	주민번호	기타사항
0.본인	정성화	741011-1111113	
1.배우자	김고은	790502-2222221	복권당첨소득 50,000,000원
1.소득자 직계존속	나문희	510102-2111116	배당소득 4,000,000원
4.직계비속	정진주	091215-3094119	

자료 2. 국세청간소화서비스 및 기타증빙자료

2024년 귀속 소득·세액공제증명서류: 기본(사용처별)내역 [신용카드]

■ 사용자 인적사항

성 명	주 민 등 록 번 호
정성화	741011-1111***

■ 신용카드 등 사용금액 집계

일반	전통시장	대중교통	도서공연등	합계금액
9,500,000	3,500,000	0	0	13,000,000

- 본 증명서류는 「소득세법」 제165조 제1항에 따라 영수증 발급기관으로부터 수집한 서류로 소득·세액공제 충족 여부는 근로자가 직접 확인하여야 합니다.
- 본 증명서류에서 조회되지 않는 내역은 영수증 발급기관에서 직접 발급받으시기 바랍니다.

2024년 귀속 소득·세액공제증명서류: 기본(지출처별)내역 [보험료]

■ 계약자 인적사항

성 명	주 민 등 록 번 호
정성화	741011-1111***

■ 보장성보험(장애인전용보장성보험) 납입내역

(단위: 원)

| 종류 | 상 호 | 보험종류 | 주피보험자 | | 납입금액 계 |
	사업자번호	증권번호	종피보험자		
보장성	조은손해보험(주)	**태아보험	790502-2222***	김고은	600,000
	106-81-41***	100540651**			
보장성	삼성생명보험(주)	든든실비보험	790502-2222***	김고은	450,000
	108-81-32***	004545217**			
인별합계금액					1,050,000

- 본 증명서류는 「소득세법」 제165조 제1항에 따라 영수증 발급기관으로부터 수집한 서류로 소득·세액공제 충족 여부는 근로자가 직접 확인하여야 합니다.
- 본 증명서류에서 조회되지 않는 내역은 영수증 발급기관에서 직접 발급받으시기 바랍니다.

2024년 귀속 소득·세액공제증명서류: 기본(지출처별)내역 [교육비]

■ 학생 인적사항

성 명	주 민 등 록 번 호
나문희	510102-2111***

■ 교육비 지출내역

(단위: 원)

교육비종류	학교명	사업자번호	납입금액 계
고등학교등록금	방송통신고등학교	108-90-15***	1,250,000
인별합계금액			1,250,000

- 본 증명서류는 「소득세법」 제165조 제1항에 따라 영수증 발급기관으로부터 수집한 서류로 소득·세액공제 충족 여부는 근로자가 직접 확인하여야 합니다.
- 본 증명서류에서 조회되지 않는 내역은 영수증 발급기관에서 직접 발급받으시기 바랍니다.

2024년 귀속 세액공제증명서류: 기본내역[연금저축]

■ 가입자 인적사항

성 명	주민등록번호
정성화	741011-1******

■ 연금저축 납입내역
(단위: 원)

상호	사업자번호	당해연도 납입금액	당해연도 납입액 중 인출금액	순납입금액
계좌번호				
(주)신한은행	134-81-54***	1,200,000		1,200,000
013479999				
순납입금액 합계				1,200,000

- 본 증명서류는 「소득세법」 제165조 제1항에 따라 영수증 발급기관으로부터 수집한 서류로 소득·세액공제 충족 여부는 근로자가 직접 확인하여야 합니다.
- 본 증명서류에서 조회되지 않는 내역은 영수증 발급기관에서 직접 발급받으시기 바랍니다.

실무수행평가 근로소득관리 3

번호	평가문제	배점
46	[정성화 근로소득원천징수영수증 조회] '42.신용카드' 최종공제액은 얼마인가?	2
47	[정성화 근로소득원천징수영수증 조회] '61.보장성보험' 세액공제액은 얼마인가?	2
48	[정성화 근로소득원천징수영수증 조회] '63.교육비' 세액공제액은 얼마인가?	2
49	[정성화 근로소득원천징수영수증 조회] '60.연금저축' 세액공제액은 얼마인가?	2
50	[정성화 근로소득원천징수영수증 조회] '77.차감징수세액(소득세)'은 얼마인가?	2
	근로소득 소계	25

제64회 기출문제

실무이론평가

아래 문제에서 특별한 언급이 없으면 기업의 보고기간(회계기간)은 매년 1월 1일부터 12월 31일까지입니다. 또한 기업은 일반기업회계기준 및 관련 세법을 계속적으로 적용하고 있다고 가정하고 물음에 가장 합당한 답을 고르시기 바랍니다.

01 다음 중 선생님의 질문에 올바른 답변을 한 사람은?

① 민수
② 준희
③ 지혜
④ 수현

02 다음은 (주)한공의 본사 건물 관련 자료이다. 2024년 1월 1일부터 건물의 처분시점까지 인식한 감가상각비는 얼마인가?

- 건물의 2023년말 장부금액은 2,000,000원이었다.
- 이 건물을 2024년 8월 1일 2,050,000원에 처분하고 250,000원의 처분이익이 발생하였다.

① 50,000원
② 200,000원
③ 250,000원
④ 300,000원

03 다음은 (주)한공의 퇴직급여에 관한 자료이다. 이에 대해 올바르게 설명하고 있는 것은?

	퇴직급여충당부채	
⋮	기초	5,000,000원
	⋮	

- 2024년말 현재 전종업원이 일시에 퇴직할 경우 지급하여야 할 퇴직금은 7,000,000원이고, 이는 퇴직급여규정의 개정으로 증가된 1,500,000원이 포함되어 있다.(전기 이전분 1,300,000원, 당기분 200,000원)
- 당기에 지급한 퇴직급여는 1,000,000원이다.

① 기말 재무상태표상 퇴직급여충당부채는 6,500,000원이다.
② 2024년 손익계산서상의 퇴직급여는 3,000,000원이다.
③ 퇴직급여규정의 개정으로 증가된 전기 이전분 1,300,000원은 전기이익잉여금에 반영한다.
④ (주)한공은 확정기여형(DC) 퇴직연금제도를 적용하고 있다.

04 제조업을 영위하는 (주)한공의 수정 전 영업이익은 6,000,000원이다. 다음의 결산정리사항을 반영한 수정 후 영업이익은 얼마인가?

- 미지급임차료 500,000원에 대한 회계처리를 누락하였다.
- 보험료선급분 100,000원을 전액 당기비용으로 처리하였다.
- 이자미수분 200,000원에 대한 회계처리를 누락하였다.

① 5,400,000원 ② 5,500,000원
③ 5,600,000원 ④ 5,800,000원

05 다음 중 주식배당으로 인한 영향으로 옳지 않은 것은?

① 미교부주식배당금만큼 부채가 증가한다.
② 순자산의 유출없이 배당효과를 얻을 수 있다.
③ 자본금은 증가하지만 이익잉여금은 감소한다.
④ 자본 총액은 변동이 없으나 주식 수는 증가한다.

06 장부마감 전 발견된 다음 오류사항 중 당기순이익에 영향을 미치는 것은?

① 주식할인발행차금의 미상각
② 유형자산처분손실을 판매비와관리비로 계상
③ 재고자산에 대한 평가손실 미계상
④ 매도가능증권에 대한 평가손실 미계상

07 다음 중 부가가치세 과세대상 용역의 공급이 아닌 것은?

① 근로계약에 따라 근로를 제공하는 경우
② 특수관계인에게 사업용 부동산을 무상으로 임대하는 경우
③ 산업재산권을 대여하는 경우
④ 건설업자가 건설용역을 제공하면서 건설자재의 일부를 부담하는 경우

08 다음 자료를 토대로 (주)한공의 2024년 제2기 부가가치세 예정신고 시 과세표준을 계산하면 얼마인가?(단, 주어진 자료에는 부가가치세가 포함되지 아니하였다.)

• 제품 매출액	50,000,000원
• 국가에 무상으로 기증한 제품	20,000,000원(시가)
• 화재로 인하여 소실된 제품	5,000,000원(시가)
• 중고 기계장치 처분액	10,000,000원

① 55,000,000원　　② 60,000,000원
③ 75,000,000원　　④ 80,000,000원

09 다음 중 과세대상 근로소득에 해당하는 것은?

① 사내근로복지기금으로부터 근로자의 자녀가 지급받는 학자금
② 월 20만원씩 받는 기자의 취재수당
③ 국외에서 근로를 제공하고 받는 급여 중 월 100만원
④ 퇴직시 받는 금액 중 퇴직소득에 속하지 않는 퇴직위로금

10 제조업을 영위하는 개인사업자 김한공 씨의 2024년도 사업소득금액을 계산하면?

가. 소득세 차감 전 순이익	100,000,000원
나. 손익계산서에 포함된 수익 항목	
·예금 이자수입	2,000,000원
·사업과 관련된 자산수증이익(이월결손금 보전에 충당하지 아니함)	3,000,000원
다. 손익계산서에 포함된 비용 항목	
·교통사고벌과금	5,000,000원
·김한공 씨의 배우자(영업부서에 근무)에 대한 급여	4,000,000원

① 101,000,000원 ② 103,000,000원
③ 106,000,000원 ④ 107,000,000원

실무수행평가

(주)히말라야(회사코드 2164)는 등산용품 제조업을 영위하는 법인기업으로 회계기간은 제6기 (2024.1.1. ~ 2024.12.31.)이다. 제시된 자료와 [자료설명]을 참고하여 [평가문제]의 물음에 답하시오.

실무수행 유의사항	1. 부가가치세 관련거래는 [매입매출전표입력]메뉴에 입력하고, 부가가치세 관련없는 거래는 [일반전표입력]메뉴에 입력한다. 2. 타계정 대체와 관련된 적요는 반드시 코드를 입력하여야 한다. 3. 채권·채무, 예금거래 등 관리대상 거래자료에 대하여는 반드시 거래처코드를 입력한다. 4. 자금관리 등 추가 작업이 필요한 경우 문제의 요구에 따라 추가 작업하여야 한다. 5. 제조경비는 500번대 계정코드를 사용한다. 6. 판매비와관리비는 800번대 계정코드를 사용한다. 7. 등록된 계정과목 중 가장 적절한 계정과목을 선택한다.

문제 1 ▶ 거래자료입력

실무프로세스 자료이다. [자료설명]을 참고하여 [수행과제]를 수행하시오.

❶ 3만원초과 거래자료에 대한 경비등의송금명세서 작성

자료 1. 공급자 정보

NO.	영 수 증 (공급받는자용)				
	(주)히말라야 귀하				
공급자	사업자등록번호	312-04-22512			
	상 호	동아가공	성명	옥수형	
	사업장소재지	서울특별시 서대문구 충정로7길 13-7			
	업 태	제조	종목	금형 외	
작성일자	공급대가총액		비고		
2024.1.10.	₩ 400,000				
공 급 내 역					
월/일	품명	수량	단가	금액	
1/10	가공비			400,000	
합 계			₩ 400,000		
위 금액을 영수(청구)함					

자료 2. 보통예금(국민은행) 거래내역

번호	거래일	내용	찾으신금액	맡기신금액	잔액	거래점
		계좌번호 204456-02-344714 (주)히말라야				
1	2024-1-10	가공비	400,000		***	***

자료설명
동아가공에 제품제조에 필요한 가공용역을 의뢰하고 대금 400,000원을 국민은행 보통예금에서 송금하였다.
1. 자료 1은 공급자 정보이며, 해당사업자는 경비등의송금명세서 제출대상자에 해당한다.
2. 자료 2는 가공비 계좌이체 내역이다.
   (은행정보: 농협은행 44212-2153-700, 예금주: 동아가공 옥수형)

수행과제
1. 거래자료를 입력하시오.
2. 경비등의 송금명세서를 작성하시오.

❷ 퇴직연금

자료. 보통예금(국민은행) 거래내역

번호	거래일	내용	찾으신금액	맡기신금액	잔액	거래점
		계좌번호 204456-02-344714 (주)히말라야				
1	2024-2-15	퇴직연금(DC형)	12,000,000		***	***

자료설명 5월분 퇴직연금(공장직원 7,000,000원, 본사 사무직 5,000,000원)을 이체하여 납입하였다.(단, 회사는 해당 직원에 대하여 국민은행에 확정기여형(DC형) 퇴직연금이 가입되어 있다.)

수행과제 거래자료를 입력하시오.

❸ 기타 일반거래

자료 1. 출장비 지출 내역

지출내역	금액(원)	비고
숙박비	200,000	100,000원 × 2박
교통비	90,000	택시비 등
거래처식사	120,000	매출거래처 접대비
지출 합계	410,000	

자료 2. 보통예금(국민은행) 내역

번호	거래일	내용	찾으신금액	맡기신금액	잔액	거래점
		계좌번호 204456-02-344714 (주)히말라야				
1	2024-4-20	손호준	410,000		***	***

자료설명
1. 자료 1은 지역 영업점 및 거래처 출장을 마친 영업부 손호준 사원의 출장비 지출 내역이다.
2. 회사는 출장비의 경우 사후 정산 방식을 적용하고 있으며, 계좌이체일 기준으로 회계처리 하고 있다.

수행과제 거래자료를 입력하시오.

문제 2 › 부가가치세관리

부가가치세 신고 관련 자료이다. [자료설명]을 참고하여 [수행과제]를 수행하시오.

❶ 전자세금계산서 발급

거래명세서 (공급자 보관용)

	공급자			공급받는자	
등록번호	120-81-32144		등록번호	514-81-35782	
상호	(주)히말라야	성명 최종길	상호	(주)야호산업	성명 김윤호
사업장주소	서울특별시 강남구 강남대로 246, 3층		사업장주소	서울특별시 구로구 가마산로 134-10	
업태	제조업외	종사업장번호	업태	도소매업	종사업장번호
종목	등산용품외		종목	등산용품	

거래일자	미수금액	공급가액	세액	총 합계금액
2024.5.25		6,000,000	0	6,000,000

NO	월	일	품목명	규격	수량	단가	공급가액	세액	합계
1	5	25	등산장갑		100	60,000	6,000,000	0	6,000,000

자료설명	(주)야호산업에 내국신용장(Local L/C)에 의하여 제품을 공급하고 발급한 거래명세서이며, 물품대금은 전액 6월 30일에 받기로 하였다.
수행과제	1. 5월 25일의 거래자료를 입력하시오. 2. 전자세금계산서 발행 및 내역관리 를 통하여 발급·전송하시오. (전자세금계산서 발급 시 결제내역 및 전송일자는 고려하지 않는다.)

❷ 수정전자세금계산서의 발급

전자세금계산서			(공급자 보관용)		승인번호		
공급자	등록번호	120-81-32144		공급받는자	등록번호	120-81-51234	
	상호	(주)히말라야	성명(대표자) 최종길		상호	(주)백두산업	성명(대표자) 백두산
	사업장주소	서울특별시 강남구 강남대로 246, 3층			사업장주소	서울특별시 구로구 구로중앙로 198	
	업태	제조업외	종사업장번호		업태	도소매업	종사업장번호
	종목	등산용품외			종목	등산용품	
	E-Mail	yaho@bill36524.com			E-Mail	mountain@bill36524.com	

작성일자	2024.6.20	공급가액	20,000,000	세 액	2,000,000
비고					

월	일	품목명	규격	수량	단가	공급가액	세액	비고
6	20	등산가방		200	100,000	20,000,000	2,000,000	

합계금액	현금	수표	어음	외상미수금	이 금액을	○ 영수	함
22,000,000				22,000,000		● 청구	

자료설명
1. 6월 20일 제품을 공급하고 발급한 전자세금계산서이며 매입매출전표에 입력되어 있다.
2. 담당자의 착오로 동일 건을 이중 발급한 사실을 확인하였다.

수행과제
수정사유를 선택하여 수정전자세금계산서를 발급·전송하시오.(외상대금 및 제품매출에서 음수(-)로 처리하고 전자세금계산서 발급 시 결제내역 및 전송일자는 무시할 것.)

❸ 의제매입세액공제신고사업자의 부가가치세신고서 작성

자료 1. 농산물 구입관련 자료(전자계산서 수취)

전자계산서 (공급받는자 보관용)						승인번호		
공급자	등록번호	219-81-25429			공급받는자	등록번호	120-81-32144	
	상호	(주)영동농협	성명(대표자)	김주희		상호	(주)히말라야	성명(대표자)	최종길
	사업장주소	서울특별시 강남구 강남대로 252 (도곡동)				사업장주소	서울특별시 강남구 강남대로 246, 3층	
	업태	도소매업	종사업장번호			업태	제조업외	종사업장번호	
	종목	농산물				종목	등산용품외	
	E-Mail	youngdong@bill36524.com				E-Mail	yaho@bill36524.com	

작성일자	2024.7.15.	공급가액	5,000,000	비고	
월	일	품목명	규격	수량	단가	공급가액	비고
7	15	사과		100	50,000	5,000,000	

합계금액	현금	수표	어음	외상미수금	이 금액을 ○ 영수 ● 청구 함
5,000,000				5,000,000	

자료 2. 농산물 구입관련 자료(농민과의 거래)

농산물 공급 계약서

■ 공급자 인적사항

성 명	주 민 등 록 번 호
한세윤	820927-1032540

■ 계약내역

농산물 품목	공급량	납품일자	금 액
배	300상자	2024.7.20.	15,000,000원
합계금액			**15,000,000원**

■ 대금지급조건: 공급시기의 다음달 10일까지 지급

자료 3. 농산물 구입관련 자료(현금영수증 수취)

```
              현 금 영 수 증 (고객용)

  사업자등록번호 : 229-81-16010  이시만
  사 업 자 명   : 하나로마트
  단 말 기 I D  : 73453259(tel:02-345-4546)
  가 맹 점 주 소 : 서울특별시 서초구 청계산로 10

  현금영수증 회원번호
    120-81-32144           (주)히말라야

  승 인 번 호 : 83746302    (PK)
  거 래 일 시 : 2024년 7월 24일 10시29분15초
  거 래 금 액 : 900,000원

  휴대전화, 카드번호 등록
  http://현금영수증.kr
  국세청문의(126)
          38036925-gca10106-3870-U490
       <<<<<이용해 주셔서 감사합니다.>>>>>
```

자료설명	본 문제에 한하여 (주)히말라야는 농산물(과일)을 구입하여 가공식품(과세제품)을 제조 판매한다고 가정한다. 1. 자료 1은 사과 100상자를 외상으로 구입하고 발급받은 전자계산서이다. 2. 자료 2는 배 300상자를 농민(한세윤)으로부터 외상 구입하고 작성한 계약서이다. 3. 자료 3은 오렌지 30상자를 현금으로 구입하고 발급받은 현금영수증이다. 4. (주)히말라야는 중소기업에 해당하며, 의제매입세액 공제율은 4/104로 한다.

수행과제	1. 자료 1 ~ 3의 거래를 검토하여 의제매입세액공제 요건을 갖춘 거래는 매입매출전표에 입력하고, 그 외의 거래는 일반전표에 입력하시오.
	  (의제매입세액공제신고서에 자동반영 되도록 적요를 선택할 것.)
	2. 제2기 부가가치세 예정신고기간의 의제매입세액공제신고서를 작성하시오.
	3. 의제매입세액공제내역을 제2기 부가가치세 예정신고서에 반영하시오.
	4. 의제매입세액과 관련된 회계처리를 일반전표입력에 9월 30일자로 입력하시오.
	  (공제세액은 '부가세대급금'으로 회계처리할 것.)

❹ 수출실적명세서 작성자의 부가가치세 신고서 작성

자료 1. 수출신고필증(갑지)

수 출 신 고 필 증 (갑지)

※ 처리기간 : 즉시

제출번호 12345-04-0001230		⑤ 신고번호 071100900558574	⑥ 신고일자 2024/11/10	⑦ 신고구분 H	⑧ C/S구분
① 신 고 자 대한 관세법인 관세사 백용명					
② 수 출 대 행 자 (주)히말라야 (통관고유부호) (주)히말라야-1-74-1-12-4 수출자구분 A		⑨ 거래구분 11	⑩ 종류 A	⑪ 결제방법 L/C	
		⑫ 목적국 JAPAN	⑬ 적재항 INC 인천항	⑭ 선박회사 (항공사) HANJIN	
수 출 화 주 (주)히말라야 (통관고유부호) (주)히말라야-1-74-1-12-4 (주소) 서울특별시 강남구 강남대로 246, 3층 (대표자) 최종길 (소재지) 서울특별시 강남구 강남대로 246, 3층 (사업자등록번호) 120-81-32144		⑮ 선박명(항공편명) HANJIN SAVANNAH	⑯ 출항예정일자 2024/11/30	⑰ 적재예정보세구역 03012202	
		⑱ 운송형태 10 BU		⑲ 검사희망일 2024/11/25	
		⑳ 물품소재지 한진보세장치장 인천 중구 연안동 245-1			
③ 제 조 자 (주)히말라야 (통관고유부호)(주)히말라야-1-74-1-12-4 제조장소 214 산업단지부호		㉑ L/C번호 868EA-10-55554		㉒ 물품상태 N	
		㉓ 사전임시개청통보여부 A		㉔ 반송 사유	
④ 구 매 자 오사카상사 (구매자부호) CNTOSHIN12347		㉕ 환급신청인 1 (1:수출대행자/수출화주, 2:제조자) 간이환급 NO			
· 품명 · 규격 (란번호/총란수: 999/999)					
㉖ 품 명 등산가방 ㉗ 거래품명 등산가방			㉘ 상표명 NO		
㉙ 모델·규격 텀블러		㉚ 성분	㉛ 수량 1,000(BOX)	㉜ 단가(JPY) 780	㉝ 금액(JPY) 780,000
㉞ 세번부호	1234.12-1234	㉟ 순중량 900KG	㊱ 수량 1,000(BOX)	㊲ 신고가격 (FOB)	¥800,000 ₩8,800,000
㊳ 송품장번호 AC-2023-00620		㊴ 수입신고번호	㊵ 원산지 Y	㊶ 포장갯수(종류)	1,000(BOX)
㊷ 수출요건확인(발급서류명)					
㊸ 총중량	950KG	㊹ 총포장갯수 1000C/T	㊺ 총신고가격 (FOB)		¥800,000 ₩8,800,000
㊻ 운임(W)		㊼ 보험료(W)	㊽ 결제금액	FOB-¥800,000	
㊾ 수입화물관리번호			㊿ 컨테이너번호	CKLU7845013	Y
※ 신고인기재란 수출자: 제조/무역, 판촉물			○51 세관기재란		
○52 운송(신고)인 한진통운(주) 최진우 ○53 기간 2024/11/10 부터 2024/11/30 까지		○54 적재의무 기한 2024/11/30	○55 담당자 990101 (이현구)	○56 신고수리 일자	2024/11/10

자료 2. 환율 내역

11월 5일	11월 10일	11월 30일
1,010원/100¥	1,030원/100¥	1,100원/100¥

자료설명	1. 자료 1은 11월 30일 선적한 일본 오사카상사에 대한 수출신고필증이다. 2. 자료 2는 환율 내역이다. 　(계약체결일: 11월 5일, 수출신고일: 11월 10일, 선적일: 11월 30일) 3. 수출대금은 전액 2024년 12월 31일 받기로 하였다.
수행과제	1. 거래자료를 입력하시오. 2. 제2기 확정 신고기간의 수출실적명세서를 작성하시오. 3. 수출실적명세 및 전자신고세액공제를 반영하여 제2기 부가가치세 확정신고서를 작성하시오. 　- 제2기 부가가치세 확정신고서를 홈택스로 전자신고하여 전자신고세액공제 10,000원을 공제받기로 한다.

▌실무수행평가▌ 부가가치세관리

입력자료 및 회계정보를 조회하여 [평가문제]의 답안을 입력하시오.(70점)

번호	평가문제	배점
11	[환경설정 조회] (주)히말라야의 환경설정 정보이다. 다음 중 올바르지 않은 것은? ① 계정과목코드체계는 세목미사용(3자리) 이다. ② 소수점관리는 수량: 1.버림, 단가: 1.버림, 금액: 3.반올림 으로 설정되어 있다. ③ 카드입력방식은 '1.공급대가(부가세포함)' 이다. ④ 카드채권에 대하여 120.미수금 계정을 사용한다.	2
12	[매입매출전표입력 조회] 6월 20일자 수정세금계산서의 수정사유를 코드로 입력하시오.	2
13	[세금계산서합계표 조회] 제1기 확정 신고기간의 거래처 '(주)야호산업'에 전자발행된 세금계산서 공급가액은 얼마인가?	2
14	[세금계산서합계표 조회] 제1기 확정 신고기간의 매출전자세금계산서 발급매수는 총 몇 매인가?	3
15	[의제매입세액공제신고서 조회] 제2기 예정 신고기간의 의제매입세액공제신고서의 의제매입세액은 총 얼마인가?	2
16	[부가가치세신고서 조회] 제2기 예정 신고기간 부가가치세신고서의 과세_세금계산서 발급분(1란) 금액은 얼마인가?	2
17	[부가가치세신고서 조회] 제2기 예정 신고기간의 부가가치세 신고시에 작성되는 부가가치세 첨부서류에 해당하지 않는 것은? ① 세금계산서합계표　　　　　　　　② 계산서합계표 ③ 건물등감가상각자산취득명세서　　④ 의제매입세액공제신고서	2
18	[수출실적명세서 조회] 제2기 확정 신고기간의 수출실적명세서 '⑩수출한재화'의 원화금액은 얼마인가?	3
19	[부가가치세신고서 조회] 제2기 확정 신고기간의 부가가치세신고서에 반영되는 영세율 과세표준 총금액은 얼마인가?	2
20	[부가가치세신고서 조회] 제2기 확정 신고기간의 부가가치세 신고서와 관련된 설명으로 옳지 않은 것은? ① 과세표준 금액은 253,390,000원이다. ② 부가가치세 조기환급 대상이다. ③ 부가가치세 환급세액의 경우에는 전자신고세액공제를 적용받을 수 없다. ④ 국세환급금 계좌은행은 '국민은행'이다.	2
	부가가치세 소계	**22**

문제 3 › 결산

[결산자료]를 참고로 결산을 수행하시오.(단, 제시된 자료 이외의 자료는 없다고 가정함.)

❶ 수동결산

자료설명	단기투자목적으로 구입한 유가증권에 대하여 일반기업회계기준에 따라 기말평가를 반영하시오. 단, 현재까지 일반기업회계기준에 따라 회계처리를 하였다.			
	구분	2023.10.15. 취득원가	2023.12.31. 공정가치	2024.12.31. 공정가치
	단기매매증권	15,000,000원	17,000,000원	14,000,000원
수행과제	결산정리분개를 입력하시오.			

❷ 결산자료입력에 의한 자동결산

자료설명	1. 기말 단기대여금 잔액에 대하여 1%의 대손충당금을 보충법으로 설정한다. 2. 기말재고자산 현황				
	구분	장부상내역		실사내역	
		단위당원가	수량	단위당원가	수량
	원재료	30,000원	300개	30,000원	300개
	제 품	40,000원	450개	40,000원	420개

	- 재고자산감모내역은 모두 정상적으로 발생한 감모손실이다.
	3. 이익잉여금처분계산서 처분확정(예정)일
	  - 당기: 2025년 3월 31일
	  - 전기: 2024년 3월 31일				

수행과제	결산을 완료하고 이익잉여금처분계산서에서 손익대체분개를 하시오. (단, 이익잉여금처분내역은 없는 것으로 하고 미처분이월이익잉여금 전액을 이월이익잉여금으로 이월 할 것.)				

실무수행평가 재무회계

번호	평가문제	배점
21	[경비등의송금명세서 조회] 경비등송금명세서에 반영되는 농협은행의 은행코드번호(CD) 3자리를 입력하시오.	2
22	[일월계표 조회] 1/4분기(1월~3월)에 발생한 제조경비 총금액은 얼마인가?	1
23	[일월계표 조회] 1/4분기(1월~3월)에 발생한 퇴직급여(판매관리비)는 얼마인가?	2
24	[일월계표 조회] 2/4분기(4월~6월)에 발생한 판매관리비 금액으로 옳지 않은 것은? ① 복리후생비 2,292,000원 ② 여비교통비 1,195,000원 ③ 접대비 930,000원 ④ 통신비 176,500원	2
25	[일월계표 조회] 2/4분기(4월~6월)에 발생한 제품매출 금액은 얼마인가?	1
26	[일월계표 조회] 4/4분기(10월~12월)에 발생한 제품매출 금액은 얼마인가?	1
27	[일월계표 조회] 4/4분기(10월~12월)에 발생한 영업외비용 금액은 얼마인가?	2
28	[거래처원장 조회] 3월 말 거래처별 보통예금 잔액으로 옳지 않은 것은? ① 98000.국민은행 623,247,000원 ② 98001.신한은행 116,316,000원 ③ 98003.우리은행 59,461,000원 ④ 98005.대구은행 7,800,000원	1
29	[거래처원장 조회] 5월 말 거래처별 외상매출금 잔액으로 옳지 않은 것은? ① 03300.(주)삼광산업 12,000,000원 ② 03350.(주)야호산업 8,200,000원 ③ 03400.(주)백두산업 22,000,000원 ④ 04003.(주)볼핑블루 33,000,000원	2
30	[합계잔액시산표 조회] 9월 말 원재료 잔액으로 옳은 것은? ① 381,954,029원 ② 382,530,952원 ③ 382,565,567원 ④ 382,757,874원	1
31	[합계잔액시산표 조회] 9월 말 외상매입금 잔액은 얼마인가?	2
32	[재무상태표 조회] 12월 말 단기매매증권 잔액은 얼마인가?	2
33	[재무상태표 조회] 12월 말 단기대여금 순장부금액은 얼마인가?	2
34	[재무상태표 조회] 기말 제품 금액은 얼마인가?	1
35	[재무상태표 조회] 12월말 이월이익잉여금(미처분이익잉여금) 잔액으로 옳은 것은? ① 285,120,269원 ② 355,109,431원 ③ 439,002,396원 ④ 524,102,891원	1
	재무회계 소계	23

문제 4 > **근로소득관리**

인사급여 관련 자료이다. [자료설명]을 참고하여 [수행과제]를 수행하시오.

❶ 주민등록등본에 의한 사원등록

자료. 진호개의 주민등록등본

문서확인번호				1/1
 주 민 등 록 표 (등 본) 			이 등본은 세대별 주민등록표의 원본내용과 틀림없음을 증명합니다. 담당자: 이등본 전화: 02-3149-0236 신청인: 진호개 용도 및 목적: 회사제출용 2023년 12월 31일	
세대주 성명(한자)	진호개 (進 護 開)		세 대 구 성 사유 및 일자	전입 2020-11-05
현주소 : 서울특별시 성북구 동소문로 179-12				
번호	세대주 관 계	성 명 주민등록번호	전입일 / 변동일	변동사유
1	본인	진호개 830808-1042112		
2	배우자	송설 830426-2785411	2020-11-05	전입
3	자	진기우 040501-3200481	2020-11-05	전입
4	자	진미화 211215-4399489	2021-12-15	출생등록

자료설명
사무직 사원 진호개(1004)의 사원등록을 위한 자료이다.
1. 부양가족은 진호개와 생계를 같이 한다.
2. 본인 진호개는 장애인복지법상 시각 장애인이다.
3. 배우자 송설은 모친으로부터 상속받은 보통예금 50,000,000원이 있다.
4. 자녀 진기우는 교내 경진대회에서 상금 600,000원을 수령하였으며, 분리과세를 선택하였다.
5. 자녀 진미화는 별도 소득이 없다.
6. 세부담을 최소화하는 방법으로 선택한다.

수행과제 [사원등록] 메뉴에서 부양가족명세를 작성하시오.

실무수행평가 — 근로소득관리 1

번호	평가문제	배점
36	[진호개 근로소득원천징수영수증 조회] 기본공제 대상 인원수(본인포함)는 모두 몇 명인가?	1
37	[진호개 근로소득원천징수영수증 조회] '25.배우자' 공제대상액은 얼마인가?	2
38	[진호개 근로소득원천징수영수증 조회] '28.장애인' 공제대상액은 얼마인가?	1
39	[진호개 근로소득원천징수영수증 조회] '37.차감소득금액' 은 얼마인가?	2
40	[진호개 근로소득원천징수영수증 조회] '57.자녀세액공제' 금액은 얼마인가?	2

❷ 급여명세에 의한 급여자료

자료 1. 12월 급여자료

(단위: 원)

사원	기본급	육아수당	차량보조금	식대	국외근로수당	국민연금	건강보험	고용보험	장기요양보험	상조회비
김래원	3,000,000	120,000	300,000	200,000		프로그램에서 자동 계산된 금액으로 공제한다.				30,000
손호준	4,000,000	0	300,000	200,000	1,000,000					

자료 2. 수당 및 공제요건

구분	코드	수당 및 공제명	내 용
수당등록	101	기본급	설정된 그대로 사용한다.
	200	육아수당	초·중·고 기본공제 대상 자녀를 양육하는 경우 매월 고정적으로 지급하고 있다.
	201	차량보조금	차량을 소유한 직원들에게 지급하며, 출장 시에는 별도의 교통비를 지급하고 있다.
	202	식대	별도의 음식물은 제공하고 있지 않다.
	203	국외근로수당	해외 지사에 파견 근무 중인 사원에게 지급하고 있다.

자료설명
1. 자료 1에서 김래원은 관리부 대리이다.
2. 자료 1에서 손호준은 영업부 사원이며, 2023년 12월부터 싱가포르 지사에 파견되어 근무 중이다.
3. 12월 귀속분 급여지급일은 당월 24일이며, 사회보험료는 자동 계산된 금액으로 공제한다.
4. 전 직원은 급여 지급시 상조회비를 일괄공제하고 있다.
5. 당사는 반기별 원천징수 납부대상자가 아니며, 전월 미환급세액 220,000원(지방소득세 22,000원 제외)이 있다.

수행과제
1. 사원등록에서 국외근로 비과세여부를 적용하시오.
2. 급여자료입력 메뉴에 수당등록을 하시오.
3. 12월분 급여자료를 입력하시오.(단, 구분 '1.급여'로 선택할 것.)
4. 12월 귀속분 [원천징수이행상황신고서]를 작성하시오.

실무수행평가 — 근로소득관리 2

번호	평가문제	배점
41	[김래원 12월 급여자료입력 조회] 12월 급여항목 중 과세대상 지급액은 얼마인가?	2
42	[김래원 12월 급여자료입력 조회] 12월 급여의 차인지급액은 얼마인가?	1
43	[손호준 12월 급여자료입력 조회] 12월 급여항목 중 비과세대상 지급액은 얼마인가?	2
44	[손호준 12월 급여자료입력 조회] 12월 급여의 공제액 합계는 얼마인가?	1
45	[12월 원천징수이행상황신고서 조회] '10.소득세 등' 총 합계 금액은 얼마인가?	2

❸ 국세청연말정산간소화 및 이외의 자료를 기준으로 연말정산

자료설명	사무직 봉도진(1003)의 연말정산을 위한 자료이다. 1. 사원등록의 부양가족현황은 사전에 입력되어 있다. 2. 부양가족은 봉도진과 생계를 같이 한다.
수행과제	[연말정산 근로소득원천징수영수증] 메뉴에서 연말정산을 완료하시오. 1. 신용카드와 현금영수증은 [신용카드] 탭에서 입력한다. 2. 의료비는 [의료비] 탭에서 입력하며, 국세청자료는 공제대상 합계금액을 1건으로 집계하여 입력한다.(튼튼한의원의 의료비는 전액 건강증진약품 구입비용이다.) 3. 보험료와 교육비는 [소득공제] 탭에서 입력한다.

자료 1. 봉도진 사원의 부양가족등록 현황

연말정산관계	성명	주민번호	기타사항
0.본인	봉도진	801215-1640707	
1.배우자	이희정	920426-2875651	총급여 35,000,000원
1.소득자 직계존속	이은실	520411-2899736	주거형편상 타지역에 거주 중이며, 별도 소득은 없다.
4.직계비속	봉은지	070711-4321578	중학생으로 타지역 기숙사에 생활 중이며, 별도 소득은 없다.
4.직계비속	봉지혁	200927-3321583	별도 소득은 없다.

자료 2. 국세청간소화서비스 및 기타증빙자료

2024년 귀속 소득·세액공제증명서류: 기본(사용처별)내역 [신용카드]

■ 사용자 인적사항

성 명	주 민 등 록 번 호
봉도진	801215-1640***

■ 신용카드 등 사용금액 집계

일반	전통시장	대중교통	도서공연등	합계금액
8,300,000	1,700,000	0	0	10,000,000

- 본 증명서류는 「소득세법」 제165조 제1항에 따라 영수증 발급기관으로부터 수집한 서류로 소득·세액공제 충족 여부는 근로자가 직접 확인하여야 합니다.
- 본 증명서류에서 조회되지 않는 내역은 영수증 발급기관에서 직접 발급받으시기 바랍니다.

2024년 귀속 소득·세액공제증명서류: 기본(사용처별)내역 [현금영수증]

■ 사용자 인적사항

성 명	주 민 등 록 번 호
이은실	520411-2899***

■ 신용카드 등 사용금액 집계

일반	전통시장	대중교통	도서공연등	합계금액
2,200,000	400,000	0	0	2,600,000

- 본 증명서류는 「소득세법」 제165조 제1항에 따라 영수증 발급기관으로부터 수집한 서류로 소득·세액공제 충족 여부는 근로자가 직접 확인하여야 합니다.
- 본 증명서류에서 조회되지 않는 내역은 영수증 발급기관에서 직접 발급받으시기 바랍니다.

2024년 귀속 소득·세액공제증명서류 : 기본(지출처별)내역 [의료비]

■ 환자 인적사항

성 명	주 민 등 록 번 호
이은실	520411-2899***

■ 의료비 지출내역

(단위: 원)

사업자번호	상 호	종류	지출금액 계
109-04-16***	서울한방병원	일반	1,500,000
106-05-81***	튼튼한의원	일반	600,000
의료비 인별합계금액			2,100,000
안경구입비 인별합계금액			0
산후조리원 인별합계금액			0
인별합계금액			2,100,000

- 본 증명서류는 『소득세법』 제165조 제1항에 따라 영수증 발급기관으로부터 수집한 서류로 소득·세액공제 충족 여부는 근로자가 직접 확인하여야 합니다.
- 본 증명서류에서 조회되지 않는 내역은 영수증 발급기관에서 직접 발급받으시기 바랍니다.

2024년 귀속 소득·세액공제증명서류: 기본(지출처별)내역 [보험료]

■ 계약자 인적사항

성 명	주 민 등 록 번 호
봉도진	801215-1640***

■ 보장성보험(장애인전용보장성보험) 납입내역

(단위: 원)

종류	상 호	보험종류	주피보험자		납입금액 계
	사업자번호	증권번호	종피보험자		
보장성	장수손해보험(주)	**운전자보험	801215-1******	봉도진	1,200,000
	106-81-41***	100540651**			
인별합계금액					1,200,000

- 본 증명서류는 『소득세법』 제165조 제1항에 따라 영수증 발급기관으로부터 수집한 서류로 소득·세액공제 충족 여부는 근로자가 직접 확인하여야 합니다.
- 본 증명서류에서 조회되지 않는 내역은 영수증 발급기관에서 직접 발급받으시기 바랍니다.

2024년 귀속 소득·세액공제증명서류: 기본(지출처별)내역 [교육비]

■ 학생 인적사항

성 명	주 민 등 록 번 호
봉도진	801215-1640***

■ 교육비 지출내역

(단위: 원)

교육비종류	학교명	사업자번호	지출금액 계
대학원등록금	**대학교	108-90-15***	2,500,000
인별합계금액			2,500,000

- 본 증명서류는 「소득세법」 제165조 제1항에 따라 영수증 발급기관으로부터 수집한 서류로 소득·세액공제 충족 여부는 근로자가 직접 확인하여야 합니다.
- 본 증명서류에서 조회되지 않는 내역은 영수증 발급기관에서 직접 발급받으시기 바랍니다.

■ 소득세법 시행규칙 [별지 제44호서식] (앞쪽)

교 육 비 납 입 증 명 서

① 상 호	박윤숙 영어학원	② 사업자등록번호	111-90-11114
③ 대표자	박윤숙	④ 전 화 번 호	
⑤ 주 소	서울특별시 강남구 논현로 92		

신청인	⑥ 성명	봉도진	⑦ 주민등록번호	801215-1640707
	⑧ 주소	서울특별시 강남구 강남대로 302-2		
대상자	⑨ 성명	봉은지	⑩ 신청인과의 관계	자

Ⅰ. 교육비 부담 명세

⑪ 납부연월	⑫ 종 류	⑬ 구 분	⑭ 총교육비(A)	⑮ 장학금 등 수혜액(B)		⑯ 공제대상 교육비부담액(C=A-B)
				학비감면	직접지급액	
2024. 4.	학원	수업료	350,000			350,000
2024. 7.	학원	수업료	350,000			350,000
2024.10.	학원	수업료	350,000			350,000
계			1,050,000			1,050,000
이하 생략						

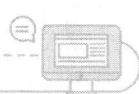

▌실무수행평가▐ 근로소득관리 3

번호	평가문제	배점
46	[봉도진 근로소득원천징수영수증 조회] '47.그 밖의 소득공제' 합계액은 얼마인가?	2
47	[봉도진 근로소득원천징수영수증 조회] '61.보장성보험' 세액공제액은 얼마인가?	2
48	[봉도진 근로소득원천징수영수증 조회] '62.의료비' 세액공제액은 얼마인가?	2
49	[봉도진 근로소득원천징수영수증 조회] '63.교육비' 세액공제액은 얼마인가?	2
50	[봉도진 근로소득원천징수영수증 조회] '77.차감징수세액(소득세)'은 얼마인가?	1
	근로소득 소계	**25**

제1회 실전모의고사

실무이론평가

아래 문제에서 특별한 언급이 없으면 기업의 보고기간(회계기간)은 매년 1월 1일부터 12월 31일까지입니다. 또한 기업은 일반기업회계기준 및 관련 세법을 계속적으로 적용하고 있다고 가정하고 물음에 가장 합당한 답을 고르시기 바랍니다.

01 다음에서 설명하는 회계의 기본 가정에 포함되지 <u>않는</u> 것은?

- 기업을 소유주와는 독립적으로 존재하는 회계단위로 간주하고 이 회계단위의 관점에서 그 경제활동에 대한 재무정보를 측정, 보고하는 것을 말한다.
- 기업실체는 그 목적과 의무를 이행하기에 충분할 정도로 장기간 존속한다고 가정하는 것을 말한다.
- 기업실체의 존속기간을 일정한 기간 단위로 분할하여 각 기간별로 재무제표를 작성하는 것을 말한다.

① 기업실체의 가정 ② 계속기업의 가정
③ 발생기준의 가정 ④ 기간별 보고의 가정

02 다음은 (주)한공의 2024년 1월 1일부터 12월 31일까지의 재고자산 관련 자료를 요약한 것이다. (주)한공의 기말재고자산금액은 얼마인가?

- 기말재고 실사액 500,000원 (미착품, 위탁 및 시용판매분 제외)
- 매입처에 주문하여 도착지 인도 기준으로 운송중인 상품 300,000원
- 위탁판매 의뢰한 적송품 100,000원 중 수탁자가 판매한 금액 20,000원
- 시용판매중인 시송품 1,000,000원 중 구매 의사표시가 확정된 금액 300,000원

① 500,000원 ② 580,000원
③ 1,200,000원 ④ 1,280,000원

03 다음의 (주)한공의 퇴직급여와 관련된 자료이다. 결산 시 퇴직급여추계액은 얼마인가?(단, 퇴직급여충당부채는 추계액의 100%를 설정한다.)

- 1월 1일 : 퇴직급여충당부채의 전기이월액은 5,000,000원이다.
- 7월 1일 : 영업부 사원의 퇴사로 인해 2,000,000원의 퇴직급여를 현금으로 지급하다.
- 12월 31일 : (차) 퇴직급여 6,000,000원   (대) 퇴직급여충당부채 6,000,000원

① 6,000,000원 ② 8,000,000원
③ 9,000,000원 ④ 11,000,000원

04 다음은 (주)한공의 2024년 매출채권과 대손충당금 관련 내역이다. 손익계산서에 계상될 대손상각비는 얼마인가?

- 매출채권 기초잔액은 500,000원이며 대손충당금 기초잔액은 매출채권 기초잔액의 5%로 설정하였다.
- 매출채권 중 5,000원이 기중 회수불능 처리되었다.
- 매출채권 기말잔액은 600,000원이며 대손충당금 기말잔액은 매출채권 기말잔액의 4%로 설정하였다.

① 1,000원 ② 4,000원
③ 9,000원 ④ 24,000원

05 (주)한공은 결산 마감 전 다음 사항을 발견하였다. 수정 전 당기순이익이 1,000,000원일 경우 수정 후 당기순이익은 얼마인가?

- 재고자산 매입거래 중복입력으로 인한 과대계상   500,000원
- 담당자 실수로 인한 감가상각비 과대계상   300,000원
- 당기분 이자비용 관련 미지급비용 회계처리 누락   200,000원

① 600,000원 ② 800,000원
③ 1,000,000원 ④ 1,100,000원

06 다음 중 부가가치세법상 과세대상 재화의 공급에 해당하는 것은?(단, 관련 재화취득과 관련된 매입세액은 모두 공제받았다.)
① 사업자가 재화를 자기의 다른 사업장에서 원자재로 사용하기 위해 반출하는 경우
② 사업자가 재화를 고객에게 접대 목적으로 증여하는 경우
③ 사업자가 다른 사업자에게 견본품을 무상으로 제공하는 경우
④ 사업자가 상품진열을 목적으로 자기의 다른 사업장으로 재화를 반출하는 경우

07 다음은 (주)한공의 2024년 2기 예정신고기간에 발생한 매입세액의 내역이다. 매출세액에서 공제 가능한 매입세액을 계산하면 얼마인가?(단, 세금계산서는 적법하게 수취하였다.)

가. 제품 운반용 트럭 수리비용 관련 매입세액 : 500,000원
나. 본사 사무실 임차료 관련 매입세액 : 1,000,000원
다. 임원 업무용 승용차(3,000cc) 유지 관련 매입세액 : 700,000원

① 500,000원
② 1,200,000원
③ 1,500,000원
④ 2,200,000원

08 다음 중 소득세법상 종합소득에 대한 설명으로 옳지 <u>않은</u> 것은?
① 근로소득과 공적연금소득만 있는 자는 종합소득 확정신고를 하지 않아도 된다.
② 출자공동사업자의 배당소득은 연 2,000만원 이하인 경우에도 종합과세된다.
③ 사적연금소득의 합계액이 연 1,200만원 이하인 경우 종합소득과세표준에 합산하지 않고 분리과세를 선택할 수 있다.
④ 기타소득 중 골동품의 양도로 발생한 소득은 원천징수로써 과세가 종결된다.

09 다음의 자료를 토대로 거주자 김한공 씨의 2024년 종합소득산출세액을 계산하면 얼마인가?(다른 소득은 없으며, 종합소득과세표준이 1,200만원 이하인 경우 세율은 6%이다.)

가. 근로소득금액(일용근로소득이 아님) : 9,000,000원
나. 사업소득금액 : 6,000,000원
다. 국내은행 정기예금 이자 : 2,000,000원
라. 종합소득공제 : 5,000,000원

① 300,000원
② 360,000원
③ 600,000원
④ 720,000원

10 다음 중 소득세법상 연말정산에 대한 설명으로 옳은 것은?

① 인적공제를 적용할 때 직계비속은 항상 생계를 같이 하는 부양가족으로 본다.
② 부녀자공제와 한부모공제는 중복하여 적용받을 수 있다.
③ 근로소득에 대한 연말정산은 해당 과세기간의 다음 연도 1월분의 근로소득을 지급할 때 수행하여야 한다.
④ 기본공제대상자인 직계비속을 위하여 지출한 대학원 등록금은 교육비 세액공제를 적용받을 수 있다.

TAT 2급 세무실무

실무수행평가

(주)낙산전자(회사코드 2201)는 휴대용 선풍기 제조업을 영위하는 법인기업으로 회계기간은 제7기 (2024.1.1.~2024.12.31.)이다. 제시된 자료와 [자료설명]을 참고하여 [수행과제]를 완료하고 [수행과제]의 물음에 답하시오.

실무수행 유의사항

1. 부가가치세 관련거래는 [매입매출전표입력]메뉴에 입력하고, 부가가치세 관련없는 거래는 [일반전표입력]메뉴에 입력한다.
2. 타계정 대체와 관련된 적요는 반드시 코드를 입력하여야 한다.
3. 채권·채무, 예금거래 등 관리대상 거래자료에 대하여는 거래처코드를 반드시 입력한다.
4. 자금관리 등 추가 작업이 필요한 경우 문제의 요구에 따라 추가 작업하여야 한다.
5. 제조경비는 500번대 계정코드를 사용한다.
6. 판매비와 관리비는 800번대 계정코드를 사용한다.
7. 등록된 계정과목 중 가장 적절한 계정과목을 선택한다.

문제 1 > 거래자료입력

주어진 실무프로세스에 대하여 거래자료를 입력하시오.

❶ 3만원초과 거래자료에 대한 경비 등 송금명세서 작성

자료 1. 공급자 정보

NO.	영 수 증 (공급받는자용)				
	(주)낙산전자 귀하				
공급자	사업자등록번호	312-04-22512			
	상 호	세아가공	성명	강은호	
	사업장소재지	서울특별시 서대문구 충정로7길 13-7			
	업 태	제조	종목	금형 외	
작성일자	공급대가총액		비고		
2024.3.1.	₩ 350,000				
공 급 내 역					
월/일	품명	수량	단가	금액	
3/1	가공비			350,000	
합 계			₩ 350,000		
위 금액을 영수(청구)함					

자료 2. 보통예금(국민은행) 거래내역

번호	거래일	내용	찾으신금액	맡기신금액	잔액	거래점
		계좌번호 205-02-1111116 (주)낙산전자				
1	2024-03-01	가공비	350,000		***	***

자료설명
세아가공에 제품제조에 필요한 가공용역을 의뢰하고 대금 350,000원을 국민은행 보통예금에서 송금하였다.
1. 자료 1은 공급자 정보이며, 해당사업자는 경비등의송금명세서 제출대상자에 해당한다.
2. 자료 2는 가공용역비 계좌이체 내역이다.
   (은행정보 : 신한은행 442-12-2153-700, 예금주 : 세아가공 강은호)

수행과제
1. 거래자료를 입력하시오.
2. 경비등의 송금명세서를 작성하시오.

❷ 약속어음 수취거래

전 자 어 음

(주)낙산전자 귀하　　　　　　　　　00420240320123456781

금 이천오백만원정　　　　　　　　　25,000,000원

위의 금액을 귀하 또는 귀하의 지시인에게 지급하겠습니다.

지급기일　2024년 6월 20일　　　발행일　2024년 3월 20일
지 급 지　국민은행　　　　　　　발행지
지급장소　구로지점　　　　　　　주 소　서울시 구로구 고척동 521-11
　　　　　　　　　　　　　　　　발행인　(주)비전통상

자료설명
[3월 20일]
(주)비전통상의 외상매출금 잔액과 제품매출에 대한 계약금을 전자어음으로 수취하였다.

수행과제
1. 거래처원장을 조회하여 거래자료를 입력하시오.
2. 자금관련정보를 입력하여 받을어음현황에 반영하시오.

TAT 2급 세무실무

❸ 신규매입자산의 고정자산 등록

자료 1. 업무용승용차 구입내역

전자세금계산서				(공급받는자 보관용)		승인번호		
공급자	등록번호	211-81-12221			공급받는자	등록번호	120-81-32144	
	상호	대호자동차(주)	성명(대표자)	박지훈		상호	(주)낙산전자	성명(대표자)	김강호
	사업장주소	서울시 강남구 역삼로 213				사업장주소	강원도 춘천시 명동길 11(조양동)	
	업태	소매업	종사업장번호			업태	제조업외	종사업장번호	
	종목	자동차매매				종목	휴대용선풍기외	
	E-Mail	dh987654@bill36524.com				E-Mail	blueair@bill36524.com	
작성일자	2024.4.5.		공급가액	30,000,000		세 액	3,000,000	
비고								

월	일	품목명	규격	수량	단가	공급가액	세액	비고
4	5	제네시스(3,500cc)				30,000,000	3,000,000	

합계금액	현금	수표	어음	외상미수금	이 금액을	○ 영수	함
33,000,000				33,000,000		● 청구	

자료 2. 업무용전용 자동차보험 가입내역

자동차보험증권

증권번호	3954231	계 약 일	2024년 4월 5일
보험기간	2024 년 4 월 5 일 00:00부터		2025 년 4 월 4 일 24:00까지
차량번호	315나9876	차 종	제네시스(3,500cc)
보험계약자	(주)낙산전자	주민(사업자)번호	120-81-32144
피보험자	(주)낙산전자	주민(사업자)번호	120-81-32144

자료설명
1. 자료 1은 관리부에서 사용할 업무용승용차(5인승, 3,500cc)를 구입하고 발급받은 전자세금계산서이다.
2. 자료 2는 업무용승용차 구입에 따른 자동차보험 가입내역이다.

수행과제
1. 자료 1을 참고로 하여 매입매출자료를 입력하시오.
   (전자세금계산서와 관련된 거래는 '전자입력'으로 처리할 것.)
2. [고정자산등록]에서 신규취득한 자산을 등록하시오.
   (코드번호 : 1000, 자산명 : 제네시스, 상각방법 : 정액법, 내용연수 : 5년)
3. 자료 2를 참고로 하여 [업무용승용차등록]에서 신규 취득한 승용차를 등록하시오.
   - 코드번호 : 1000
   - 차종 : 제네시스

❹ 기타 일반거래

■ 보통예금(국민은행) 내역

번호	거래일	내용	찾으신금액	맡기신금액	잔액	거래점
		계좌번호 205-02-1111116 (주)낙산전자				
1	2024-04-20	고용노동부		600,000	***	***

자료설명	일자리안정자금이 입금된 내역이다.
평가문제	1. '904.회사설정계정과목'을 '일자리안정자금'으로 수정하여 등록하시오. 　(단, 구분 : 일반, 표준코드 : 170.정부보조금을 등록할 것.) 2. 거래자료를 입력하시오.(영업외수익으로 처리할 것.)

문제 2 〉 부가가치세

부가가치세 관련 거래자료를 입력하여 실무프로세스를 수행하시오.

❶ 과세매출자료의 전자세금계산서 발급

거래명세서 (공급자 보관용)

공급자	등록번호	120-81-32144			공급받는자	등록번호	135-81-45132		
	상호	(주)낙산전자	성명	김강호		상호	(주)기남전자	성명	김한동
	사업장주소	강원도 춘천시 명동길 11(조양동)				사업장주소	경기도 수원시 팔달구 매산로1 (매산로1가)		
	업태	제조업외	종사업장번호			업태	제조,도소매업	종사업장번호	
	종목	휴대용선풍기외				종목	전자제품외		

거래일자	미수금액	공급가액	세액	총 합계금액
2024.5.12.		12,000,000	1,200,000	13,200,000

NO	월	일	품목명	규격	수량	단가	공급가액	세액	합계
1	5	12	카니발(8인승)				12,000,000	1,200,000	

자료설명	당사가 보유한 차량(카니발)을 (주)기남전자에 매각하고 발급한 거래명세서이며, 매각대금은 다음 달 말일에 받기로 하였다.
수행과제	1. [고정자산등록] 메뉴에서 전체양도일자와 회사계상상각비를 수정하시오. 　(당기 양도일까지의 감가상각비는 계상하지 않기로 함.) 2. 매입매출자료를 입력하시오. 3. 전자세금계산서 발행 및 내역관리를 통하여 발급 및 전송을 하시오. 　(전자세금계산서 발급 시 결제내역 및 전송일자는 고려하지 말 것.)

2 수정전자세금계산서의 발행

전자세금계산서 (공급자 보관용)						승인번호			
공급자	등록번호	120-81-32144			공급받는자	등록번호	220-81-15085		
	상호	(주)낙산전자	성명(대표자)	김강호		상호	(주)서원실업	성명(대표자)	박상사
	사업장주소	강원도 춘천시 명동길 11(조양동)				사업장주소	서울 서초구 강남대로 156-4		
	업태	제조업외		종사업장번호		업태	도소매업		종사업장번호
	종목	휴대용선풍기외				종목	홍보물 외		
	E-Mail	blueair@bill36524.com				E-Mail	seowoni@bill36524.com		
작성일자	2024.6.15.		공급가액	10,000,000		세액	1,000,000		

월	일	품목명	규격	수량	단가	공급가액	세액	비고
6	15	3WAY 휴대용선풍기		200	50,000	10,000,000	1,000,000	

합계금액	현금	수표	어음	외상미수금	이 금액을 ○ 영수 ● 청구 함
11,000,000				11,000,000	

자료설명
1. 6월 15일 제품을 공급하고 발급한 전자세금계산서이다.
2. 이 거래에 대하여 내국신용장이 사후에 발급되어 영세율을 적용하려고 한다.
   - 당초 공급일자 : 6월 15일
   - 내국신용장 개설일자 : 2024년 7월 12일
   - 개설은행 : 우리은행 역삼지점

수행과제
내국신용장 사후개설에 따른 수정전자세금계산서를 발급 전송하시오.
(전자세금계산서 발급 시 결제내역 및 전송일자는 고려하지 말 것.)

❸ 매입세액불공제내역 작성자의 부가가치세 신고서 작성

자료 1. 공급가액(제품)내역 (7월 1일~9월 30일)

구 분	금 액	비 고
과세분(전자세금계산서)	700,000,000원	
면세분(전자계산서)	300,000,000원	
합 계	1,000,000,000원	

자료 2. 트럭 매입내역

전자세금계산서 (공급받는자 보관용)						승인번호			
공급자	등록번호	120-81-32159			공급받는자	등록번호	120-81-32144		
	상호	중고차나라(주)	성명(대표자)	박새차		상호	(주)낙산전자	성명(대표자)	김강호
	사업장주소	서울 동대문구 망우로 70				사업장주소	강원도 춘천시 명동길 11(조양동)		
	업태	도소매업	종사업장번호			업태	제조업외	종사업장번호	
	종목	중고자동차				종목	휴대용선풍기외		
	E-Mail	jungo12@bill36524.com				E-Mail	blueair@bill36524.com		
작성일자	2024.7.4.		공급가액	45,000,000		세 액	4,500,000		
비고									

월	일	품목명	규격	수량	단가	공급가액	세액	비고
7	4	트럭				45,000,000	4,500,000	

합계금액	현금	수표	어음	외상미수금	이 금액을	○ 영수 / ● 청구	함
49,500,000				49,500,000			

자료설명
본 문제에 한하여 (주)낙산전자는 과세사업과 면세사업을 겸영하고 있다고 가정한다.
1. 자료 1은 제2기 부가가치세 예정신고기간의 공급가액 내역이다.
2. 자료 2는 제2기 부가가치세 예정신고기간의 과세사업과 면세사업에 공통으로 사용할 트럭 매입자료이다.

수행과제
1. 자료 2의 거래자료를 입력하시오.(유형에서 '51.과세매입'으로 선택하고, '전자입력'으로 처리할 것)
2. 제2기 부가가치세 예정신고기간의 매입세액불공제내역(공통매입세액 안분계산 내역)을 작성하고 제2기 부가가치세 예정신고서에 반영하시오.(단, 자료 1과 자료 2에서 주어진 공급가액으로 계산하기로 함.)
3. 공통매입세액 안분계산에 대한 회계처리를 9월 30일자로 입력하시오.

❹ 신용카드매출전표발행집계표 작성자의 신고서 작성

자료 1. 현금영수증 매출자료

```
         현금영수증
         CASH RECEIPT
-----------------------------------
거래일시      2024-10-30  14:38:04
품명                      휴대용선풍기
식별번호                  208341****
승인번호                   221030105
판매금액                    180,000원
부가가치세                   18,000원
봉사료                           0원
합계                       198,000원
-----------------------------------
현금영수증가맹점명         (주)낙산전자
사업자번호               120-81-32144
대표자명 : 김강호       TEL : 03323351112
주소 : 강원도 춘천시 명동길 11 (조양동)
CATID : 1123973           전표No :

현금영수증 문의 : Tel 126
http://현금영수증.kr
감사합니다.
```

자료 2. 신용카드 매출자료

매출일자	코드	카드사	품명	전표	공급가액	세액	합계	수수료	입금예정액
11-30	99601	신한카드	제품	매출	카과	100,000원	10,000원	110,000원	1,848원	108,152원
12-20	99601	신한카드	제품	매출	카면	100,000원	0	100,000원	2,010원	97,990원

자료설명
본 문제에 한해서 (주)낙산전자는 과세사업과 면세사업을 겸영하고 있다고 가정한다.
- 10월 30일 개인 양민철에게 과세제품을 매출하고 발급한 현금영수증내역이다.
- 11월 30일 (주)웰트에 과세제품을 매출하고 발급한 신용카드매출전표내역이다.
- 12월 20일 개인 장은성에게 면세제품을 매출하고 발급한 신용카드매출전표내역이다.

수행과제
1. 자료 1~2의 거래를 매입매출전표에 입력하시오.
   - 자료 2의 분개유형은 3.혼합으로 선택하여 입력할 것.
   - 자료 2의 카드수수료는 매출일자에 비용처리하고, 입금예정액은 '외상매출금'으로 처리할 것.
2. 제2기 부가가치세 확정신고기간의 신용카드매출전표발행집계표를 작성하시오.
3. 제2기 부가가치세 확정신고서에 반영하시오.

실무수행평가 부가가치세

번호	수행과제	배점
1-1	㈜낙산전자의 회사등록 정보이다. 다음 중 올바르지 않는 것은? ① ㈜낙산전자는 내국법인이며, 사업장 종류별 구분은 "중소기업"에 해당한다. ② ㈜낙산전자의 관할 사업장세무서코드는 "220"이다. ③ ㈜낙산전자의 지방세납부 법정동은 "춘천시청"이다. ④ 전자세금계산서 관리를 위한 담당자 E-mail은 blueair@bill36524.com이다.	2
1-2	5월 12일자 전자세금계산서 승인번호를 입력하시오.	2
1-3	6월 15일자 수정후 재발행된 세금계산서의 승인번호를 입력하고 수정사유를 선택하시오. ① 승인번호 : ② 수정사유 :	2
1-4	제2기 예정 신고기간의 공통매입세액 안분계산에 의한 불공제세액은 얼마인가?	2
1-5	제2기 예정 신고기간의 공제가능 매입세액은 얼마인가?	2
1-6	제2기 확정 신고기간의 신용카드매출전표등 발행금액 중 과세매출분 합계금액은 얼마인가?	2
1-7	제2기 확정신고기간 부가가치세신고서의 과세_신용카드.현금영수증(3란) 세액은 얼마인가?	2
1-8	제2기 예정신고기간 부가가치세신고서의 고정자산매입(11란) 금액은 얼마인가?	2
1-9	제1기 확정신고기간 부가가치세신고서의 영세-세금계산서발급분(5란) 금액은 얼마인가?	2
1-10	제1기 확정신고기간 부가가치세신고서의 세금계산서수취분_고정자산매입(11란) 금액 과세분 공급가액은 얼마인가?	2
	부가가치세 소계	**20**

문제 3 › 결산

[결산자료]를 참고로 결산을 수행하시오. (단, 제시된 자료 이외의 자료는 없다고 가정함.)

❶ 유가증권 및 외화평가

자료설명	회사가 보유하고 있는 단기매매증권의 내역은 다음과 같다.				
	회사명	취득일자	취득원가	2023.12.31. 공정가치	2024.12.31. 공정가치
	백세제약(주) 보통주	2023.10.31.	5,300,000원	6,400,000원	7,900,000원
	청솔건설(주) 보통주	2024.11.30.	6,800,000원		6,600,000원
수행과제	종목별로 결산정리분개를 입력하시오.				

❷ 재고자산감모 및 평가손실

자료. 재고자산 실사내역

구 분	단위당 원가	장부상 수량	실사수량
상 품	20,000원	500개	480개
제 품	40,000원	300개	290개

자료설명	상품 수량부족 20개는 영업부직원 복리후생 목적으로 사용된 것이며, 제품 수량 부족 10개는 비정상적으로 발생한 감모손실이다.
수행과제	재고자산 수량부족과 관련된 회계처리를 일반전표에 입력하시오. 결산자료입력에 상품, 제품의 기말재고액을 입력하여 결산을 완료하고 이익잉여금처분계산서에서 손익대체분개를 하시오. (단, 이익잉여금처분내역은 없는 것으로 하고 미처분이월이익잉여금 전액을 이월이익잉여금으로 이월하기로 한다. 처분확정일(예정일) 2025년 2월 28일)

▌실무수행평가▐ 재무회계

번호	수행과제	배점
2-1	경비등송금명세서 작성대상인 거래의 계정과목과 거래금액은 얼마인가? ① 계정과목코드 :　　　　　　　② 거래금액 :	2
2-2	3월 중 약속어음을 보관한 금액과 거래처코드는? ① 약속어음 금액 :　　　　　　② 거래처코드 :	2
2-3	4월 5일 구입한 업무용승용차의 당기 감가상각범위액은 얼마인가?	2
2-4	2024년도 영업외수익의 일자리안정자금 금액은 총 얼마인가?	1
2-5	2024년도 영업외비용의 재고자산감모손실 금액은 총 얼마인가?	1
2-6	2024년도 단기매매증권 평가 후의 단기매매증권 금액은 얼마인가?	2

번호	수행과제	배점
2-7	12월 31일 현재 외상매출금 중 신한카드에 의한 외상매출금잔액은 얼마인가?	2
2-8	12월 31일 현재 상품매출액과 상품매출원가는 얼마인가? ① 상품매출액 :　　　　　　　　　② 상품매출원가 :	2
2-9	2024년도 수수료비용(판) 발생액은 얼마인가?	2
2-10	결산작업 후 확인되는 당기완성품제조원가와 제품매출원가의 금액은 각각 얼마인가? ① 당기완성품제조원가 :　　　　　　② 제품매출원가 :	2
2-11	12월 31일 현재 미처분이익잉여금(이월이익잉여금) 잔액은 얼마인가?	2
	재무회계 소계	20

문제 4 〉 근로소득관리

인사급여 관련 실무프로세스를 수행하시오.

❶ 급여명세서에 의한 급여자료

자료 1. 정승철(5021)의 3월분 급여자료

(단위 : 원)

사 원	수당항목			공제항목		
	기본급	상여	직책수당	소득세	국민연금	고용보험
	식 대	직무발명보상금	국외근로	지방소득세	건강보험	장기요양보험료
정승철	2,100,000	500,000	200,000	프로그램에서 자동 계산된 금액으로 공제한다.		
	150,000	2,000,000	500,000			

자료 2. 수당 및 공제내역

구분	코드	수당 및 공제명	내 용
수당등록	101	기본급	설정된 그대로 사용한다.
	102	상여	
	200	직책수당	급여지급 기준에 따라 직책별로 일정금액을 지급하고 있다.
	201	식대	매월 고정적으로 지급하고 있으며 중식을 제공하지는 않는다.
	202	직무발명보상금	회사에서는 기계장치 성능개선관련 아이디어 제안공모에 따라 채택된 사원에게 「발명진흥법」에 따른 직무발명 보상금을 지급하고 있다.
	203	국외근로수당	해외 지사에 파견되어 근무하는 사무직 직원에 대해 지급하고 있다.

자료설명	1. 급여지급일은 다음 달 10일 이며, 사회보험료는 자동 계산된 금액으로 공제한다. 2. 당사는 월별 원천징수 납부대상자이다.
수행과제	1. 급여자료입력 메뉴에 수당등록을 하시오. 2. 정승철의 3월분 급여자료를 입력하시오.(단, 구분 2.급여+상여로 선택할 것.) 3. 3월 귀속분 원천징수이행상황신고서를 작성하시오.

▌실무수행평가▌ 근로소득관리1

번호	수행과제	배점
3-1	**[정승철 3월 급여자료 조회]** ① 수당항목중 비과세 총 금액은 얼마인가? ② 수당항목중 식대의 비과세 해당 금액은 얼마인가? ③ 수당항목중 직무발명보상금의 비과세 해당 금액은 얼마인가? ④ 3월분 급여에 대한 차인지급액은 얼마인가? ⑤ 3월분 원천징수이행상황신고서의 근로소득에 대한 10.소득세 등 금액은 얼마인가?	8

❷ 일용직사원의 원천징수

자료 1. 주민등록표

자료 2. 일용직급여내역

성명	입사일	급여	계산내역	9월의 근무일수
김춘삼	2024.9.8.	680,000원	1일 170,000원 × 총4일	8, 9, 12, 13일

자료설명	1. 자료 1, 2는 일용직 사원의 관련정보 및 급여지급내역이다. 2. 일용직 급여는 매일 지급하는 방식으로 한다. 3. 사회보험료 중 고용보험만 징수하기로 한다. 4. 제시된 사항 이외의 자료는 없는 것으로 한다.
수행과제	1. [일용직사원등록] 메뉴에 사원등록을 하시오.(사원코드 1000번으로 등록하고, 우편번호 입력은 생략할 것.) 2. [일용직급여입력] 메뉴에 급여내역을 입력하시오. 3. 9월 귀속분(지급기간 9월) 원천징수이행상황신고서를 작성하시오.

■ 실무수행평가 ■ 근로소득관리2

번호	수행과제	배점
3-2	[김춘삼(일용직근로자) 9월 급여자료 조회] ① 급여 지급액 총액은 얼마인가? ② 공제항목 중 고용보험 금액은 총 얼마인가? ③ 차인지급액의 총액은 얼마인가? ④ 9월분 원천징수이행상황신고서의 총지급액이 있는 항목의 소득 구분코드는?	8

❶ 국세청연말정산간소화 및 이외의 자료를 기준으로 연말정산

자료설명	영업부 박수형(5022)의 연말정산을 위한 국세청 제공자료 및 기타증빙자료이다. 1. 부양가족은 모두 박수형과 생계를 같이하고 있다. 2. 사원등록의 부양가족명세는 반영되어 있다. 3. 배우자 안영미는 자녀 박선우를 출산하였으며, 그에 대한 의료비 내역이 국세청간소화 자료에 반영되어 있다. 4. 신용카드사용내역의 총지급액에는 회사경비로 지출한 금액이 포함되어 있으며, 회사로부터 [직원신용카드 경비사용명세서]를 발급받았다. 5. 자녀 박준우는 어린이집에 다니고 있으며 현장체험학습비를 지출한 내역을 수취하였다. 6. 박수형(무주택자)은 국민주택 규모의 아파트에 살고 있으며, 해당 아파트의 기준시가는 2억 8천만원으로 월세액공제대상에 해당한다.
수행과제	[연말정산 근로소득원천징수영수증] 메뉴를 이용하여 연말정산을 완료하시오. 1. 의료비세액공제는 [의료비] 탭에서 입력하며, 국세청자료는 공제대상 합계금액을 1건으로 집계하여 입력한다. 2. 신용카드소득공제는 [신용카드] 탭에서 입력한다. 3. 교육비세액공제는 [소득공제] 탭에서 입력한다. 4. 월세액공제는 [정산명세] 탭에서 입력한다.

자료 1. 박수형 사원의 부양가족등록 현황

연말정산관계	성명	주민번호	기타사항
0.본인	박수형	761215-1111113	세대주
3.배우자	안영미	790321-2222226	소득 없음
4.직계비속	박준우	150122-3122221	소득 없음
4.직계비속	박선우	240103-3133334	소득 없음

자료 2. 국세청간소화서비스 및 기타증빙자료

2024년 귀속 소득·세액공제증명서류 : 기본(지출처별)내역 [의료비]

■ 환자 인적사항

성 명	주 민 등 록 번 호
안영미	790321-2******

■ 의료비 지출내역

(단위 : 원)

사업자번호	상 호	종류	납입금액 계
106-05-81***	***산후조리원	일반	2,000,000
의료비 인별합계금액			0
안경구입비 인별합계금액			0
산후조리원 인별합계금액			2,000,000
인별합계금액			2,000,000

- 본 증명서류는 『소득세법』 제165조 제1항에 따라 영수증 발급기관으로부터 수집한 서류로 소득·세액공제 충족 여부는 근로자가 직접 확인하여야 합니다.
- 본 증명서류에서 조회되지 않는 내역은 영수증 발급기관에서 직접 발급받으시기 바랍니다.

2024년 귀속 소득·세액공제증명서류 [신용카드]

■ 사용자 인적사항

성 명	주 민 등 록 번 호
박수형	761215-1******

■ 신용카드등 사용금액 집계

일반	전통시장 사용분	대중교통 이용분	도서, 공연 등	합계금액
29,288,237	0	0		29,288,237

- 본 증명서류는 『소득세법』 제165조 제1항에 따라 영수증 발급기관으로부터 수집한 서류로 소득·세액공제 충족 여부는 근로자가 직접 확인하여야 합니다.
- 본 증명서류에서 조회되지 않는 내역은 영수증 발급기관에서 직접 발급받으시기 바랍니다.

직원신용카드 경비사용명세서

회사명 : (주)낙산전자 2024년 연말정산

성 명	주민등록번호	카드사용금액	근무기간
박수형	761215-1******	543,200	2024.01.01.-2024.12.31

교 육 비 납 입 증 명 서

① 상 호 : 태양어린이집		② 사업자등록번호 : 106-90-20115	
③ 대표자 : 김민정		④ 전화번호 : 02) 578-9515	
⑤ 주 소 : 서울특별시 강남구 강남대로 544			
신청인	⑥ 성명 : 박수형	⑦ 주민등록번호 : 761215-1111113	
	⑧ 주소 : 서울특별시 관악구 신림로 22길 15-22 대일아파트 302호		
대상자	⑨ 성명 : 박준우	신청인과의 관계 : 자	

■ 교육비 부담내역

납부연월	구분	총 교육비	교육비 본인부담금액
3월	현장체험학습비	300,000원	300,000원
5월	현장체험학습비	122,000원	122,000원
8월	현장체험학습비	256,000원	256,000원
10월	현장체험학습비	312,000원	312,000원
계		990,000원	990,000원

월 세 납 입 영 수 증

■ 임대인

성명(법인명)	이아름	주민등록번호(사업자번호)	541201-2135218
주소	수원시 팔달구 매산로 10 형진빌라 201호		

■ 임차인

성명	박수형	주민등록번호	761215-1111113
주소	서울특별시 관악구 신림로 22길 15-22 대일아파트 302호		

■ 세부내용
- 임대차 기간 : 2023년 11월 1일~2025년 10월 31일
- 임대차계약서상 주소지 : 서울특별시 관악구 신림로 22길 15-22 대일아파트 302호
- 월세금액 : 600,000원 (연간 총액 7,200,000원)
- 주택유형 : 아파트, 계약면적 85㎡

▌실무수행평가▐ 근로소득관리3

번호	수행과제	배점
3-3	[박수형 근로소득원천징수영수증 조회] ① 37.차감소득금액은 얼마인가? ② 69.월세액 세액공제액은 얼마인가? ③ 61.의료비의 공제대상금액은 얼마인가? ④ 62.교육비의 세액공제액은 얼마인가? ⑤ 77.차감징수세액(소득세)은 얼마인가?	12
근로소득 소계		30

제 2 회 실전모의고사

실무이론평가

아래 문제에서 특별한 언급이 없으면 기업의 보고기간(회계기간)은 매년 1월 1일부터 12월 31일까지입니다. 또한 기업은 일반기업회계기준 및 관련 세법을 계속적으로 적용하고 있다고 가정하고 물음에 가장 합당한 답을 고르시기 바랍니다.

01 다음 거래에 대한 (주)한공의 회계처리로 옳은 것은?

- 2024년 1월 1일 특허권 취득을 위해 상환의무가 없는 정부보조금 10,000,000원을 보통예금으로 수령하다.

① (차) 정부보조금   10,000,000원   (대) 보통예금   10,000,000원
       (보통예금 차감)

② (차) 보통예금   10,000,000원   (대) 정부보조금   10,000,000원
                                                  (보통예금 차감)

③ (차) 특허권   10,000,000원   (대) 보통예금   10,000,000원
       정부보조금   10,000,000원   정부보조금   10,000,000원
       (보통예금 차감)   (특허권 차감)

④ (차) 특허권   10,000,000원   (대) 보통예금   10,000,000원
       정부보조금   10,000,000원   정부보조금   10,000,000원
       (특허권 차감)   (보통예금 차감)

02 다음 중 무형자산에 대한 설명으로 옳지 <u>않은</u> 것은?

① 내부적으로 창출한 영업권은 원가를 신뢰성 있게 측정할 수 있고, 미래경제적효익을 창출할 수 있다면 자산으로 인식할 수 있다.
② 무형자산의 상각기간은 독점적·배타적인 권리를 부여하고 있는 관계 법령이나 계약에 정해진 경우를 제외하고는 20년을 초과할 수 없다.
③ 다른 종류의 무형자산이나 다른 자산과의 교환으로 무형자산을 취득하는 경우에는 무형자산의 원가를 교환으로 제공한 자산의 공정가치로 측정한다.
④ 무형자산을 창출하기 위한 내부 프로젝트를 연구단계와 개발단계로 구분할 수 없는 경우에는 그 프로젝트에서 발생한 지출은 모두 연구단계에서 발생한 것으로 본다.

03 다음은 (주)한공의 기말 재고자산 관련 자료이다. 이를 토대로 재고자산평가손실과 재고자산감모손실을 계산하면 얼마인가? (재고자산은 저가법으로 평가하며 수량차이는 모두 비정상감모이다)

- 상품의 장부상 재고수량 : 1,000개
- 창고에 보관 중인 상품의 실제 재고수량 : 980개
- 상품의 단위당 취득원가 : 1,000원
- 상품의 단위당 시가 : 950원

	재고자산평가손실	재고자산감모손실
①	45,000원	15,000원
②	49,000원	20,000원
③	50,000원	22,000원
④	52,000원	25,000원

04 (주)한공은 자본증자를 위해 보통주 1,000주를 주당 12,000원(액면금액 주당 10,000원)에 발행하고, 주금은 현금으로 납입받았다. 다음 주식발행에 대한 회계처리 중 옳은 것은? (자본증자일 현재 주식할인발행차금의 장부금액은 400,000원이다.)

① (차) 현금　　　　　　 10,000,000원　　(대) 자본금　　　　　　 12,000,000원
　　　주식할인발행차금　　 400,000원
　　　주식발행초과금　　 1,600,000원

② (차) 현금　　　　　　 12,000,000원　　(대) 자본금　　　　　　 10,000,000원
　　　　　　　　　　　　　　　　　　　　　　 주식발행초과금　　 2,000,000원

③ (차) 현금　　　　　　 12,000,000원　　(대) 자본금　　　　　　 10,000,000원
　　　　　　　　　　　　　　　　　　　　　　 주식할인발행차금　　 2,000,000원

④ (차) 현금　　　　　　 12,000,000원　　(대) 자본금　　　　　　 10,000,000원
　　　　　　　　　　　　　　　　　　　　　　 주식할인발행차금　　 400,000원
　　　　　　　　　　　　　　　　　　　　　　 주식발행초과금　　 1,600,000원

05 (주)한공은 2024년 1월 1일 기계장치를 구입하였으며, 당해연도 결산일에 다음과 같이 회수가능액을 산정하였다. 손상차손은 얼마인가?

- 기계장치 3,000,000원(내용년수 5년, 정액법, 잔존가치 1,000,000원)
- 결산 시 손상징후가 있어 회수가능액을 2,300,000원으로 산정하다.

① 100,000원 ② 200,000원
③ 300,000원 ④ 400,000원

06 다음 중 회계추정의 변경에 해당하지 않는 것은?

① 차량운반구의 내용연수를 5년에서 7년으로 변경하였다.
② 비품의 감가상각방법을 정률법에서 정액법으로 변경하였다.
③ 기계장치의 잔존가치를 100,000원에서 200,000원으로 변경하였다.
④ 재고자산 원가흐름의 가정을 후입선출법에서 선입선출법으로 변경하였다.

07 다음 중 부가가치세법상 영세율에 대한 설명으로 옳은 것은?

① 영세율 적용대상자는 부가가치세법상 제반 의무를 이행하지 않는다.
② 과세표준에는 영(0)의 세율이 적용되지만 관련된 매입세액은 공제받을 수 있다.
③ 면세사업자는 면세를 포기하지 않아도 영세율을 적용받을 수 있다.
④ 영세율은 부가가치세의 역진성을 완화하기 위한 제도이다.

08 다음 자료를 토대로 일반과세자인 (주)한공의 2024년 제1기 부가가치세 확정신고시 매출세액을 구하면 얼마인가?(단, 제시된 금액에는 부가가치세가 포함되지 않았다.)

가. 상품매출액(매출에누리 1,000,000원이 차감되지 않은 금액)	20,000,000원
나. 매출채권의 회수지연에 따라 받은 연체이자	500,000원
다. 할부매출액 : 12,000,000원(2024년 4월 1일에 제품을 인도하고, 대금은 2024년 4월 30일부터 12회로 분할하여 매월 말일에 1,000,000원씩 받기로 함)	

① 2,200,000원 ② 2,250,000원
③ 2,300,000원 ④ 2,350,000원

09 다음 자료를 이용하여 거주자 김한공 씨의 2024년도 귀속 종합소득금액을 계산하면 얼마인가? (단, 모든 소득은 국내에서 발생한 것으로 세법에 규정된 원천징수는 적법하게 이루어졌으며 실제로 발생한 경비는 확인되지 않는다.)

가. 국내은행 정기예금이자	2,000,000원
나. 근로소득금액(일용근로자에 해당하지 않음)	20,000,000원
다. 산업재산권을 양도하고 받은 금품(사업성이 없음)	8,000,000원

① 3,200,000원 ② 22,000,000원
③ 23,200,000원 ④ 28,000,000원

10 다음 중 소득세법상 종합소득공제에 대한 설명으로 옳은 것은?
① 기본공제 대상자에 대하여는 부양기간이 1년 미만이어도 월할계산하지 아니하고 연 150만원을 공제한다.
② 거주자의 배우자가 양도소득금액만 200만원이 있는 경우 배우자공제를 받을 수 있다.
③ 종합소득금액에서 공제받지 못한 종합소득공제는 퇴직소득금액과 양도소득금액에서 공제받을 수 있다.
④ 기본공제 대상자 판단시 장애인에 해당하는 경우에는 나이 및 소득금액의 제한을 받지 아니한다.

실무수행평가

(주)파파키즈(회사코드 2202)은 유아용 장난감 제조업을 영위하는 법인기업으로 회계기간은 제6기 (2024.1.1.~2024.12.31.)이다. 제시된 자료와 [자료설명]을 참고하여 [수행과제]를 완료하고 [평가문제]의 물음에 답하시오.

실무수행 유의사항	1. 부가가치세 관련거래는 [매입매출전표입력]메뉴에 입력하고, 부가가치세 관련없는 거래는 [일반전표입력]메뉴에 입력한다. 2. 타계정 대체와 관련된 적요는 반드시 코드를 입력하여야 한다. 3. 채권·채무, 예금거래 등 관리대상 거래자료에 대하여는 거래처코드를 반드시 입력한다. 4. 자금관리 등 추가 작업이 필요한 경우 문제의 요구에 따라 추가 작업하여야 한다. 5. 제조경비는 500번대 계정코드를 사용한다. 6. 판매비와 관리비는 800번대 계정코드를 사용한다. 7. 등록된 계정과목 중 가장 적절한 계정과목을 선택한다.

문제 1 > 거래자료입력

주어진 실무프로세스에 대하여 거래자료를 입력하시오.

① 3만원 초과 거래 자료에 대한 영수증수취명세서 작성

```
            영수증(고객용)

결제기번호 : 180225019 (0000)
상      호 : 성진운수(개인택시)
사업자번호 : 217-11-12342
대  표  자 : 김성진
차 량 번 호 : 31바2461
주      소 : 서울시 구로구 디지털로 32
전 화 번 호 : 01012341234
거 래 일 시 : 2024-03-01  14 : 27
승하차시간 : 13 : 13 - 14 : 27 / 14.12km
승 차 요 금 :  47,000원
기 타 요 금 :   3,000원
할 인 요 금 :       0원
합      계 :  50,000원

        이용해 주셔서 감사합니다.
```

자료설명	영업부 직원 김현수가 출장 시 택시요금 50,000원을 현금으로 지급하고 받은 영수증이다.
수행과제	1. 거래자료를 입력하시오. 2. 영수증수취명세서(1)과 (2)서식을 작성하시오.

❷ 약속어음의 만기결제, 할인 및 배서양도

전 자 어 음

(주)파파키즈 귀하   00420240101123456789

금 이천만원정   20,000,000원

위의 금액을 귀하 또는 귀하의 지시인에게 지급하겠습니다.

지급기일	2024년 9월 30일	발행일	2024년 1월 1일
지 급 지	국민은행	발행지 주 소	서울특별시 강남구 강남대로 119 (도곡동)
지급장소	방배지점	발행인	(주)동원완구

자료설명	[3월 31일] (주)동원완구에서 수취하였던 전자어음을 국민은행에서 할인하고, 할인료 250,000원을 차감한 잔액은 국민은행 당좌예금 계좌로 입금받았다.
수행과제	1. 거래자료를 입력하시오.(매각거래로 처리할 것.) 2. 자금관련 정보를 입력하여 받을어음현황에 반영하시오.

❸ 정부보조금에 의한 유/무형자산 구입

자료 1. 전자세금계산서

전자세금계산서			(공급받는자 보관용)		승인번호		
공급자	등록번호	220-81-82565		공급받는자	등록번호	221-81-55552	
	상호	(주)공영정보기술	성명 (대표자) 김여진		상호	(주)파파키즈	성명 (대표자) 박길호
	사업장 주소	서울 종로구 계동 1길 10			사업장 주소	강원도 춘천시 명동길 11(조양동)	
	업태	정보서비스업	종사업장번호		업태	제조업외	종사업장번호
	종목	소프트웨어개발			종목	장난감외	
	E-Mail	kytech@bill36524.com			E-Mail	ischool@bill36524.com	
작성일자	2024.4.5.		공급가액	50,000,000	세 액	5,000,000	
비고							

월	일	품목명	규격	수량	단가	공급가액	세액	비고
04	05	생산관리 프로그램		1	50,000,000	50,000,000	5,000,000	

합계금액	현금	수표	어음	외상미수금	이 금액을	● 영수 ○ 청구	함
55,000,000							

자료 2. 보통예금(우리은행) 거래내역

번호	거래일	내용		찾으신금액	맡기신금액	잔액	거래점
		계좌번호 100-23-951241	(주)파파키즈				
1	2024-04-05	(주)공영정보기술		55,000,000		***	***

자료설명	1. 자료 1은 스마트공장 구축을 위한 생산관리 프로그램을 (주)공영정보기술에서 구입하고 발급받은 전자세금계산서이다. 2. 자료 2는 중소벤처기업부에서 미리 지원받은 정부보조금을 포함하여 구매대금을 (주)공영정보기술에 우리은행 보통예금 계좌에서 이체한 내역이다.
수행과제	1. 거래자료를 매입매출전표에 입력하시오. ('무형자산'으로 처리하며, 전자세금계산서는 '전자입력'으로 처리할 것.) 2. 3월 5일 입금된 거래내역을 참고하여 정부보조금 관련 거래를 일반전표에 입력하시오.(정부보조금과 관련된 계정과목은 등록된 자료를 이용할 것.)

❹ 자본거래(3점)

자료 1. 자기주식 취득내역

취득일	주식 수	주당 액면금액	주당 취득금액
2024-1-20	20주	5,000원	8,000원

자료 2. 보통예금(우리은행) 거래내역

번호	거래일자	내용		찾으신금액	맡기신금액	잔액	거래점
		계좌번호 100-23-951241	(주)파파키즈				
1	2024-4-10	자기주식처분			180,000	***	***

자료설명	1. 자료 1은 자기주식 취득내역이다. 2. 자료 2는 취득한 자기주식 전부를 주당 9,000원에 매각하면서 매각대금이 입금된 내역이다.
수행과제	자기주식처분일의 거래자료를 입력하시오.

문제 2 부가가치세

부가가치세 관련 거래자료를 입력하여 실무프로세스를 수행하시오.

❶ 과세매출자료의 전자세금계산서 발행

거래명세서 (공급자 보관용)

	공급자			공급받는자		
등록번호	221-81-55552		등록번호	106-86-56709		
상호	(주)파파키즈	성명	박길호	상호	(주)다다월드	성명	조윤상
사업장주소	강원도 춘천시 명동길 11(조양동)		사업장주소	대전광역시 동구 가양남로 1-3 (가양동)		
업태	제조업외	종사업장번호		업태	도소매업	종사업장번호
종목	장난감외		종목	장난감 외		

거래일자	미수금액	공급가액	세액	총 합계금액
2024.4월 거래분		20,200,000	2,020,000	22,220,000

NO	월	일	품목명	규격	수량	단가	공급가액	세액	합계
1	4	15	놀이펜		100	130,000	13,000,000	1,300,000	
2	4	25	변신소방차		40	180,000	7,200,000	720,000	

자료설명: (주)다다월드에 제품을 공급하고 전자세금계산서를 발급·전송하였다.(전자세금계산서는 매월 말일 **월합계**로 발급하고, 대금은 모두 자기앞수표로 수령하였다.)

수행과제:
1. 거래명세서에 의해 매입매출전표를 입력하시오.(복수거래 를 이용하여 입력할 것.)
2. 전자세금계산서 발행 및 내역관리 를 통하여 발급·전송하시오.
   (전자세금계산서 발급 시 결제내역 및 전송일자는 고려하지 않는다.)

❷ 수정전자세금계산서의 발행

전자세금계산서 (공급자 보관용)   승인번호

	공급자			공급받는자		
등록번호	221-81-55552		등록번호	134-81-21118		
상호	(주)파파키즈	성명(대표자)	박길호	상호	(주)지팩토리	성명(대표자)	이현우
사업장주소	강원도 춘천시 명동길 11(조양동)		사업장주소	경기 안산시 단원구 별망로 159번길 26		
업태	제조업외	종사업장번호		업태	도매 및 소매업	종사업장번호
종목	장난감외		종목	장난감		
E-Mail	ischool@bill36524.com		E-Mail	gfactory@bill36524.com		

작성일자	2024.5.20.	공급가액	14,500,000	세 액	1,450,000
비고					

월	일	품목명	규격	수량	단가	공급가액	세액	비고
5	20	짱구시계		100	145,000	14,500,000	1,450,000	

합계금액	현금	수표	어음	외상미수금	이 금액을	○ 영수 / ● 청구	함
15,950,000				15,950,000			

자료설명	1. 5월 20일 (주)지팩토리에 제품을 공급하고 발급한 전자세금계산서이다. 2. 제품에 일부 불량이 발생하여 제품의 일부를 환입하기로 결정하였다. 　- 환입일자 : 2024년 5월 23일 　- 환입수량 : 13개, 단가 : 145,000원
수행과제	수정사유를 선택하여 환입에 따른 수정전자세금계산서를 발급 및 전송하시오. (외상대금 및 제품매출에서 (-)음수로 처리하고 전자세금계산서 발급시 결제내역 입력 및 전송일자는 무시한다.)

❸ 의제매입세액공제신고사업자의 부가가치세신고서 작성

자료 1. 면세매입 계산서

계산서 (공급받는자 보관용) 　승인번호

	공급자				공급받는자		
등록번호	108-91-31256			등록번호	221-81-55552		
상호	영진유통	성명(대표자)	이영진	상호	(주)파파키즈	성명(대표자)	박길호
사업장주소	대구 북구 복현로 130			사업장주소	강원도 춘천시 명동길 11(조양동)		
업태	도소매업	종사업장번호		업태	제조업외	종사업장번호	
종목	농축수산물			종목	장난감외		
E-Mail	youngjin@bill36524.com			E-Mail	ischool@bill36524.com		

작성일자	2024.7.10.	공급가액	20,000,000	비고	

월	일	품목명	규격	수량	단가	공급가액	비고
7	10	쌀외	kg	400	50,000	20,000,000	

합계금액	현금	수표	어음	외상미수금	이 금액을	● 영수 ○ 청구 　함
20,000,000	20,000,000					

자료 2. 농산물 거래 내역서

농산물 거래 내역서

■ 공급자 인적사항

성　　명	주 민 등 록 번 호
이석기	710110-1235141

■ 거래 내역

농산물 품목	수량	납품일자	금　　액
마늘	50kg	2024.7.15.	500,000원
합계금액			500,000원

■ 대금지급조건 : 납품 시 현금 결제

자료 3. 미가공 축산물 구입관련 자료

```
                현금영수증
              CASH RECEIPT
   ─────────────────────────────────

   거래일시      2024-07-30  14:15:27
   품 명                          돼지고기
   식별번호                   208341****
   승인번호                     165656304
   판매금액                   2,200,000원
   부가가치세                         0원
   봉사료                             0원

   합계                       2,200,000원

   ─────────────────────────────────

   현금영수증가맹점명              대길농장
   사업자번호                 101-90-39264
   대표자명 : 이대길       TEL : 033 755 1112
   주소 : 강원도 춘천시 명동길 753 (중앙로2가)
   CATID : 1123973         전표No :

   현금영수증 문의 : Tel 126
   http://현금영수증.kr
   감사합니다.
```

자료설명	본 문제에 한하여 음식점업을 겸업 운영한다고 가정하며, 아래 자료는 음식점업과 관련된 내역이다. 1. 자료 1은 쌀 등을 현금으로 구입하고 수취한 계산서이다. 2. 자료 2는 마늘을 농민으로부터 현금으로 직접 구입하고 수취한 농산물 거래 내역서이다. 3. 자료 3은 미가공 축산물(돼지고기) 200kg을 현금으로 구입한 현금영수증이다. 4. 자료 1~3의 계정과목은 원재료로 처리하고, 법인 음식점업 공제율은 6/106으로 한다. 5. 단, 회사는 중소기업에 해당한다.

수행과제	1. 자료 1~3의 거래를 검토하여 의제매입세액공제 요건을 갖춘 거래는 매입매출전표에 입력하고, 그 외의 거래는 일반전표에 입력하시오.
	  (의제매입세액공제신고서에 자동반영 되도록 적요를 선택할 것.)
	2. 제2기 부가가치세 예정신고기간의 의제매입세액공제신고를 작성하시오.
	3. 의제매입세액공제내역을 제2기 부가가치세 예정신고서에 반영하시오.
	4. 의제매입세액과 관련된 회계처리를 일반전표입력에 9월 30일자로 입력하시오.
	  (공제세액은 '부가세대급금'으로 회계처리할 것.)

④ 매입세액불공제내역 작성자의 부가가치세 신고서 작성

자료 1.

전자세금계산서		(공급받는자 보관용)		승인번호	
공급자 등록번호	108-81-51419		공급받는자 등록번호	221-81-55552	
상호	(주)수원중고자동차	성명(대표자) 이수원	상호	(주)파파키즈	성명(대표자) 박길호
사업장주소	경기도 수원시 팔달구 매산로 1-10 (매산로1가)		사업장주소	강원도 춘천시 명동길 11(조양동)	
업태	도소매업	종사업장번호	업태	제조업외	종사업장번호
종목	자동차		종목	장난감외	
E-Mail	soo1@bill36524.com		E-Mail	ischool@bill36524.com	
작성일자	2024.10.15.	공급가액 28,000,000		세액	2,800,000

월	일	품목명	규격	수량	단가	공급가액	세액	비고
10	15	그랜저IG				28,000,000	2,800,000	

합계금액	현금	수표	어음	외상미수금	이 금액을	○ 영수 ● 청구	함
30,800,000				30,800,000			

자료 2.

전자세금계산서		(공급받는자 보관용)		승인번호	
공급자 등록번호	101-81-21118		공급받는자 등록번호	221-81-55552	
상호	하늘마트	성명(대표자) 이하늘	상호	(주)파파키즈	성명(대표자) 박길호
사업장주소	서울특별시 서대문구 충정로7길 29-11 (충정로3가)		사업장주소	강원도 춘천시 명동길 11(조양동)	
업태	도소매업	종사업장번호	업태	제조업외	종사업장번호
종목	생활잡화		종목	장난감외	
E-Mail	sky@bill36524.com		E-Mail	ischool@bill36524.com	
작성일자	2024.10.21.	공급가액 650,000		세액	65,000

월	일	품목명	규격	수량	단가	공급가액	세액	비고
10	21	홍삼엑기스		10	65,000	650,000	65,000	

합계금액	현금	수표	어음	외상미수금	이 금액을	○ 영수 ● 청구	함
715,000				715,000			

자료 3.

매 출 전 표

카드종류	거래일자
삼성카드	2024.11.10.10 : 13 : 42

카드번호(CARD NO)
9410-3256-****-15**

승인번호	금액 AMOUNT	백			천			원
20241110000231			1	2	0	0	0	0

일반	할부	부가세 V.A.T			1	2	0	0	0
일시불									

	노트북	봉사료 CASHBACK							
거래유형									

| | 합계 TOTAL | | 1 | 3 | 2 | 0 | 0 | 0 | 0 |

가맹점명
전자마트

대표자명	사업자번호
이정원	603-13-34065
전화번호	가맹점번호
02-439-9846	84561114

주소
서울 구로구 구로동로 8

상기의 거래 내역을 확인합니다.   서명 (주)파파키즈

자료설명	자료 1. 관리부 업무용으로 승용차(배기량 2,700cc)를 구입하고 발급받은 전자세금계산서이다. 자료 2. 매출거래처에 증정할 선물을 구입하고 발급받은 전자세금계산서이다. 자료 3. 대표이사(박길호)가 개인적 용도로 사용하기 위해 전자마트에서 노트북을 구입하고 발급받은 신용카드매출전표이다.
수행과제	1. 자료 1~3의 거래를 매입매출전표 및 일반전표에 입력하시오. (전자세금계산서와 관련된 거래는 '전자입력'으로 처리할 것.) 2. 제2기 부가가치세 확정신고기간의 매입세액불공제내역을 작성하시오. 3. 매입세액불공제내역을 제2기 부가가치세 확정신고서에 반영하시오.

■ 실무수행평가 ■ 부가가치세

번호	수행과제	배점
1-1	㈜파파키즈의 환경설정 정보이다. 다음 중 올바르지 않는 것은? ① 계정과목코드체계는 세목미사용(3자리) 이다. ② 소수점관리는 수량 1.버림, 단가 1.버림, 금액 3.반올림 으로 설정되어있다. ③ 카드입력방식은 2.공급가액(부가세별도)로 등록되어 있다. ④ 매입매출전표입력의 기본 매출계정은 '404.제품매출', 매입계정은 '153.원재료'으로 등록되어 있다.	2
1-2	4월 30일자 전자세금계산서 승인번호를 입력하시오.	2
1-3	5월 23일자 수정후 재발행된 세금계산서의 승인번호를 입력하고 수정사유를 선택하시오. ① 승인번호 : ② 수정사유 :	2
1-4	제1기 확정 신고기간의 ㈜자팩토리에 발행한 전자세금계산서의 매수와 공급가액금액은 각각 얼마인가? ① 전자세금계산서 매수 : ② 공급가액 :	2

번호	수행과제	배점
1-5	제2기 확정 신고기간의 매입세액불공제내역의 사유별 매수와 매입세액은 각각 얼마인가? ① 비영업용 소형승용자동차구입 및 유지 : ② 접대비 및 이와 유사한 비용관련 :	2
1-6	제2기 예정 신고기간의 부가가치세신고서의 그밖의공제매입세액(14란)의 세액은 얼마인가?	2
1-7	제2기 예정 신고기간의 부가가치세 신고시에 작성되는 부가가치세 첨부서류에 해당하지 않는 것은? ① 세금계산서합계표　　　　　② 건물등 감가상각자산취득명세서 ③ 수출실적명세서　　　　　　④ 공제받지못할매입세액명세서	2
1-8	제2기 예정신고기간 부가가치세신고서 납부세액은 얼마인가?	2
1-9	제2기 예정 신고기간의 부가가치세신고서에 반영되는 부율은 얼마인가? (단, 국세청 부율 적용은 "여"를 선택한다.)	2
1-10	제2기 예정신고기간 부가가치세신고서의 세금계산서수취분_고정자산매입(11란) 금액은 얼마인가?	2
	부가가치세 소계	20

문제 3 결산

[결산자료]를 참고로 결산을 수행하시오.(단, 제시된 자료 이외의 자료는 없다고 가정함.)

❶ 가계정 및 유동성대체

자료설명	장부 상 2024년말 현재 가수금은 (주)디스완구의 외상매출금 입금액 2,000,000원과 (주)은호완구의 단기대여금 회수금액 700,000원으로 밝혀졌다.
수행과제	가수금에 대한 결산정리분개를 일반전표에 입력하시오.

❷ 결산자료입력에 의한 자동결산

자료설명	당사는 퇴직급여추계액에 100%를 퇴직급여충당부채로 설정하고 있다. 1. 기말 현재 퇴직급여추계액 <table><tr><th>부서</th><th>퇴직급여추계액</th></tr><tr><td>관리부</td><td>38,000,000원</td></tr><tr><td>생산부</td><td>30,000,000원</td></tr></table>2. 당기 퇴직급여충당부채 설정 전의 퇴직급여충당부채 잔액 <table><tr><th>부서</th><th>퇴직급여충당부채잔액</th></tr><tr><td>관리부</td><td>22,000,000원</td></tr><tr><td>생산부</td><td>18,000,000원</td></tr></table>
수행과제	자동결산 메뉴를 이용하여 결산을 완료하시오. 결산을 완료하고 이익잉여금처분계산서에서 손익대체분개를 하시오. (단, 이익잉여금처분내역은 없는 것으로 하고 미처분이월이익잉여금 전액을 이월이익잉여금으로 이월하기로 한다. 처분확정일(예정일) 2025년 2월 28일)

▌실무수행평가▐ 재무회계

번호	수행과제	배점
2-1	영수증수취명세서(1)에 반영되는 명세서제출 제외대상 건수와 금액은 얼마인가? ① 건수 : ② 금액 :	2
2-2	3월에 보관중인 약속어음을 할인한 금액은 얼마인가?	1
2-3	12월 31일 현재 외상매출금과 단기대여금 잔액은 각각 얼마인가? ① 외상매출금 : ② 단기대여금 :	2
2-4	당기에 발생한 판매관리비 중 812.여비교통비 금액은 얼마인가?	1
2-5	4월말 현재 자기주식과 자기주식처분이익 금액은 각각 얼마인가? ① 자기주식 : ② 자기주식처분이익 :	2
2-6	7월에 매입한 원재료 금액 중 의제매입대상금액과 일반원재료매입액은 각각 얼마인가? ① 의제매입대상 원재료매입액 : ② 일반원재료매입액 :	2
2-7	12월 31일 현재 퇴직급여충당부채잔액과 판매관리비의 퇴직급여 금액은 각각 얼마인가? ① 퇴직급여충당부채 잔액 : ② 판매관리비의 퇴직급여 :	2
2-8	12월 31일 현재 104.정부보조금과 241.정부보조금 잔액은 얼마인가? ① 104.정부보조금 : ② 241.정부보조금 :	2
2-9	12월 31일 현재 소프트웨어 잔액은 얼마인가?	2
2-10	결산작업 후 확인되는 당기완성품제조원가와 제품매출원가의 금액은 각각 얼마인가? ① 당기완성품제조원가 : ② 제품매출원가 :	2
2-11	12월 31일 현재 미처분이익잉여금(이월이익잉여금) 잔액은 얼마인가?	2
	재무회계 소계	20

문제 4 > 근로소득관리

인사급여 관련 실무프로세스를 수행하시오.

❶ 주민등록등본에 의한 사원등록

```
문서확인번호                                                    1/1

             주 민 등 록 표              이 등본은 세대별 주민등록표의 원본내용
                                        과 틀림없음을 증명합니다.
               ( 등   본 )               담당자 :           전화 :
                                        신청인 :        (        )
                                        용도 및 목적 :
                                                        년   월   일
```

세대주 성명(한자)	정진학	(鄭 進 學)	세 대 구 성 사유 및 일자	전입 2018-4-25

현주소 : 서울특별시 구로구 도림로7 105동 805호(구로동, 행복아파트)

번호	세대주 관계	성 명 주민등록번호	전입일 / 변동일	변동사유
1	본인	정진학 760825-1111114	2018-4-25	
2	배우자	김가연 760822-2321235	2018-4-25	전입
3	장모	김옥란 420110-2919386	2018-4-25	전입
4	자	정준모 071001-3132997	2018-4-25	전입
5	자	정주리 981212-2345678	2018-4-25	전입
6	형제	정은아 830827-2222220	2018-4-25	전입

자료설명

2024년 8월 1일에 입사한 사무직 사원 정진학(1010)의 주민등록표이다.
1. 배우자 및 부양가족은 정진학과 생계를 같이 한다.
2. 김가연은 이자소득 7,500,000원과 배당소득 13,500,000원이 있다.(이자소득과 배당소득은 원천징수되었다.)
3. 김옥란은 일용근로소득 4,500,000원이 있다.
4. 자녀는 모두 수입이 없다.
5. 정은아는 장애인 복지법에 의한 장애인으로, 지역 평생학습교육관에서 강연을 하고 받은 기타소득 2,500,000원이 있다.(필요경비 60%)
6. 세부담을 최소화하는 방법으로 선택하여 입력한다.

수행과제 사원등록메뉴에서 정진학의 부양가족명세를 작성하시오.

실무수행평가 ▮ 근로소득관리1

번호	수행과제	배점
3-1	[정진학 근로소득원천징수영수증 조회] ① 기본공제 대상 인원수(본인포함)는 총 몇 명인가? ② 25.배우자 공제대상액은 얼마인가? ③ 26.부양가족 공제대상액은 얼마인가? ④ 27.경로우대 공제대상액은 얼마인가? ⑤ 28.장애인 공제대상액은 얼마인가?	10

❷ 중도퇴사자의 원천징수

자료. 7월 급여자료

(단위 : 원)

기본급	공제항목					
	국민연금	건강보험	고용보험	장기요양보험	건강보험료정산	장기요양보험료정산
3,000,000	135,000	106,350	27,000	13,770	25,320	3,850

자료설명	생산부 국진호사원(코드 1020)의 급여자료이다. 1. 급여지급일은 매월 25일이다. 2. 생산부 국진호 사원은 2024년 7월 25일에 퇴직하였다. 중도퇴사자 정산 시 기 등록되어 있는 자료 이외의 공제는 없는 것으로 한다.
수행과제	1. 국진호 사원의 퇴사일을 입력하시오. 2. 공제등록에 600.건강보험료정산, 601.장기요양보험료정산을 등록하시오. 3. 7월분 급여자료를 입력하고 [중도퇴사자정산]버튼을 이용하여 중도퇴사자 정산내역을 급여자료에 반영하시오.(단, 구분 1.급여로 선택할 것.) 4. 7월 귀속분 [원천징수이행상황신고서]를 작성하시오. (조정대상 환급액은 당월 환급 신청할 것.)

실무수행평가 ▮ 근로소득관리2

번호	수행과제	배점
3-2	[국진호 7월 급여자료 조회] ① 중도퇴사자정산을 통해 반영되는 공제액은 각각 얼마인가? ㉠ 소득세 : ㉡ 지방소득세 : ② 원천징수이행상황신고서에 확인되는 당사의 7월 근로소득 총지급액은 얼마인가? ③ 7월 국진호의 급여 차인지급액은? ④ 원천징수이행상황신고서에서 확인되는 21.환급신청액은 얼마인가?	8

❸ 국세청연말정산간소화및이외의 자료

자료설명	사무직 박성훈(1030)의 연말정산을 위한 국세청 제공자료 및 기타증빙자료이다. 1. 사원등록의 부양가족현황은 사전에 입력되어 있다. 2. 부양가족은 박성훈과 생계를 같이한다. 3. 조하나는 근로소득 30,000,000원이 있다. 　조하나의 의료비 지출액 중 1,000,000원은 국민건강보험공단에서 지급받는 본인부담금 상한액을 초과하여 환급받은 금액으로 실손의료보험금에 해당된다.(의료비는 박성훈이 부담함.) 4. 박은별은 미취학아동이다. 5. 전근무지의 정산내역을 합산하여 연말정산하기로 한다. 6. 소득공제 및 세액공제는 최대한 세부담을 최소화하는 방향으로 선택한다.
수행과제	[연말정산 근로소득원천징수영수증] 메뉴를 이용하여 연말정산을 완료하시오. 1. 전근무지 정산내역은 [소득명세]탭에서 입력한다. 2. 의료비세액공제는 [의료비]탭에서 입력하며, 국세청자료는 공제대상 합계금액을 1건으로 집계하여 입력한다. 3. 보험료세액공제는 [소득공제]탭에서 입력한다. 4. 교육비세액공제는 [소득공제]탭에서 입력한다.

자료 1. 박성훈 부양가족등록 현황

연말정산관계	기본공제	성명	주민등록번호
0.본인	본인(세대주)	박성훈	781010-1774911
3.배우자	부	조하나	800408-2045678
4.직계비속	20세 이하	박아름	040802-3777772
4.직계비속	20세 이하	박은별	190802-4777770

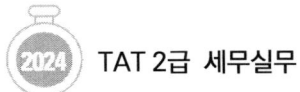

자료 2. 박성훈 사원의 종전근무지 근로소득원천징수영수증

■ 소득세법 시행규칙 [별지 제24호서식(1)] <개정 2024. 3. 13.> (8쪽 중 제1쪽)

관리 번호		[✓] 근로소득 원천징수영수증 [ ] 근로소득 지 급 명 세 서 ([✓]소득자 보관용 [ ]발행자 보관용 [ ]발행자 보고용)				거주구분	거주자1/비거주자2
						거주지국 대한민국	거주지국코드 KR
						내·외국인	내국인1/외국인9
						외국인단일세율적용	여 1 / 부 2
						외국법인소속 파견근로자 여부	여 1 / 부 2
						종교관련종사자 여부	여 1 / 부 2
						국적 대한민국	국적코드 KR
						세대주 여부	세대주1, 세대원2
						연말정산 구분	계속근로1, 중도퇴사2

징 수 의무자	① 법인명(상 호) (주)정통산업		② 대 표 자(성 명) 정해인	
	③ 사업자등록번호 127-81-91751		④ 주 민 등 록 번 호	
	③-1 사업자단위과세자 여부	여 1 / 부 2	③-2 종사업장 일련번호	
	⑤ 소 재 지(주소) 서울시 강남구 양재대로 340			

소득자	⑥ 성 명 박성훈	⑦ 주 민 등 록 번 호(외국인등록번호) 781010-1774911
	⑧ 주 소 서울특별시 강남구 강남대로 280	

	구 분	주(현)	종(전)	종(전)	⑯-1 납세조합	합 계
I 근무 처별 소득 명세	⑨ 근 무 처 명	(주)정통산업				
	⑩ 사업자등록번호	127-81-91751				
	⑪ 근무기간	2024.1.1.~ 2024.10.31.	~	~	~	~
	⑫ 감면기간	~	~	~	~	~
	⑬ 급 여	30,000,000				30,000,000
	⑭ 상 여					
	⑮ 인 정 상 여					
	⑮-1 주식매수선택권 행사이익					
	⑮-2 우리사주조합인출금					
	⑮-3 임원 퇴직소득금액 한도초과액					
	⑮-4 직무발명보상금					
	⑯ 계	30,000,000				30,000,000

	구 분			⑱ 소 득 세	⑲ 지방소득세	⑳ 농어촌특별세
III 세액 명세	⑰ 결 정 세 액			604,000	60,400	
	기납 부세 액	⑱ 종(전)근무지 (결정세액란의 세액을 적습니다)	사업자 등록 번호	762,000	76,200	
		⑲ 주(현)근무지				
	⑳ 납부특례세액					
	㉑ 차 감 징 수 세 액(⑰-⑱-⑲-⑳)			-158,000	-15,800	

국민연금보험료	1,350,000원	고용보험료	240,000원	위의 원천징수액(근로소득)을 정히 영수(지급)합니다.
건강보험료	1,000,500원	장기요양보험료	102,500원	2024년 10월 31일

징수(보고)의무자 (주)정통산업 (서명 또는 인)

강남세무서장   귀하

210mm×297mm[백상지80g/㎡ 또는 중질지80g/㎡]

자료 3. 박성훈의 국세청 간소화서비스 및 기타증빙자료

2024년 귀속 소득·세액공제증명서류 : 기본(지출처별)내역 [의료비]

■ 환자 인적사항

성 명	주 민 등 록 번 호
조하나	800408-2******

■ 의료비 지출내역

사업자번호	상 호	종류	납입금액 계
0-2*-55*	사***	일반	6,200,000
의료비 인별합계금액			6,200,000
안경구입비 인별합계금액			
산후조리원 인별합계금액			
인별합계금액			6,200,000

- 본 증명서류는 「소득세법」 제165조 제1항에 따라 영수증 발급기관으로부터 수집한 서류로 소득·세액공제 충족 여부는 근로자가 직접 확인하여야 합니다.
- 본 증명서류에서 조회되지 않는 내역은 영수증 발급기관에서 직접 발급받으시기 바랍니다.

2024년 귀속 소득·세액공제증명서류 : 기본(지출처별)내역 [보장성 보험, 장애인전용보장성보험]

■ 계약자 인적사항

성 명	주 민 등 록 번 호
박성훈	781010-1******

■ 보장성보험(장애인전용보장성보험) 납입내역

(단위 : 원)

종류	상 호	보험종류		납입금액 계
	사업자번호	증권번호	주피보험자	
	종피보험자1	종피보험자2	종피보험자3	
보장성	삼성생명보험(주)	더펙트스타종합보험		880,000
	104-81-30***	000005523***	781010-1****** 박성훈	
보장성	삼성생명보험(주)	곰돌이실손보험		700,000
	104-81-30***	F2057200***	800408-2****** 조하나	
인별합계금액				1,580,000

- 본 증명서류는 「소득세법」 제165조 제1항에 따라 영수증 발급기관으로부터 수집한 서류로 소득·세액공제 충족 여부는 근로자가 직접 확인하여야 합니다.
- 본 증명서류에서 조회되지 않는 내역은 영수증 발급기관에서 직접 발급받으시기 바랍니다.

교육비 납입증명서

1. 신청인

① 성 명	박성훈	③ 주민등록번호(납세번호)	781010-1774911
② 주 소	서울특별시 강남구 강남대로 280		

대상학원생	④ 성 명	박은별	⑥ 주민등록번호	190802-4777770
	⑤ 주 소	서울특별시 강남구 강남대로 280	소득자와의 관계	자

2. 수강학원

⑦ 학 원 명	킨더랜드 영어유치원	⑨ 사업자등록번호	119-15-50400
⑧ 소 재 지	서울특별시 강남구 강남대로 10	⑩ 건물번호	
⑪ 1일 수업시간	5시간	⑫ 1주간 수업시간	25일

3. 수강료 납입금액

⑬ 월 별	⑭ 납 입 금 액	⑬ 월 별	⑭ 납 입 금 액
1월	600,000원	7월	600,000원
2월	600,000원	8월	600,000원
3월	600,000원	9월	600,000원
4월	600,000원	10월	600,000원
5월	600,000원	11월	600,000원
6월	600,000원	12월	600,000원
연간합계액	7,200,000원	용 도	제출용

소득세법 제52조 및 소득세법시행령 제118조제1글의 규정에 의하여 교육비공제를 받고자 하니 위와 같이 학원교육비(수강료)를 납입하였음을 증명하여 주시기 바랍니다.

2024년 12월 31일

신청인 박성훈 (서명 또는 인)

위와 같이 학원교육비(수강료)를 납부하였음을 증명합니다.

2024년 12월 31일

원장 이미숙 (서명 또는 인)

※ 법 제59조 제4항 제1호라목에서 '대통령령으로 정하는 금액'이란 초등학교 취학전아동이 「학원의 설립·운영 및 과외교습에 관한 법률」에 따른 학원 또는 제5항에 따른 체육시설에서 월단위로 실시하는 교습과정(1주 1회 이상 실시하는 과정만 해당한다)의 교습을 받고 지출한 수강료를 말한다. 〈개정 2010.2.18〉

실무수행평가 | 근로소득관리3

번호	수행과제	배점
3-3	[박성훈 근로소득원천징수영수증 조회] ① 21. 총급여는 얼마인가? ② 55. 자녀세액공제액은 얼마인가? ③ 60. 보장성보험의 세액공제액은 얼마인가? ④ 61. 의료비기부금의 세액공제액은 얼마인가? ⑤ 62. 교육비세액공제액은 얼마인가? ⑥ 76. 차감징수세액(소득세)은 각각 얼마인가?	12
	근로소득 소계	30

제 3 회 실전모의고사

실무이론평가

아래 문제에서 특별한 언급이 없으면 기업의 보고기간(회계기간)은 매년 1월 1일부터 12월 31일까지입니다. 또한 기업은 일반기업회계기준 및 관련 세법을 계속적으로 적용하고 있다고 가정하고 물음에 가장 합당한 답을 고르시기 바랍니다.

01 다음 중 유형자산 재평가에 대한 설명으로 옳지 <u>않은</u> 것은?

① 재평가의 빈도는 재평가되는 유형자산의 공정가치 변동에 따라 달라진다.
② 재평가모형을 적용시 공정가치가 증가된 경우 및 감소된 경우를 모두 장부에 반영하여야 한다.
③ 공정가치는 합리적인 판단력과 거래의사가 있는 독립된 당사자 간에 거래될 수 있는 교환가격을 뜻한다.
④ 유형자산 재평가로 발생하는 재평가이익과 손실은 모두 기타포괄손익으로 처리한다.

02 (주)한공은 영업이익을 5,000,000원으로 계산하였으나, 이후 결산 과정에서 다음의 오류 내용을 발견하였다. 이를 반영한 후의 영업이익은 얼마인가?

- 광고선전비 100,000원을 기부금 계정으로 처리
- 선급보험료 50,000원을 비용으로 회계 처리

① 4,770,000원　　　　② 4,800,000원
③ 4,850,000원　　　　④ 4,950,000원

03 (주)한공의 결산일 현재 실지재고조사에 따른 기말재고액은 1,800,000원이다. 동 금액에는 다음과 같은 일부 재고자산 내역이 미반영되었다. 결산후 재무상태표에 표시될 기말 재고자산금액은 얼마인가?

> • 선적지인도조건의 수입 상품 350,000원(선적일 12월 28일)이 기말 현재 운송 중에 있다.
> • 도착지인도조건의 수입 상품 280,000원(도착예정일 내년 1월 3일)이 기말 현재 운송 중에 있다.
> • 방문판매 고객에게 일정기간 사용 후 매입여부를 결정하는 조건으로 상품 150,000원을 인도했으나, 결산일 현재 아직 매입의사표시가 없다.

① 1,800,000원
② 2,150,000원
③ 2,300,000원
④ 2,430,000원

04 다음은 (주)한공의 5월 상품재고 관련 자료이다. 재고자산의 평가를 이동평균법 및 총평균법에 의할 때 각각 계산되는 5월말 상품재고액으로 옳은 것은?

일자	구분	수량	단가
5월 1일	기초재고	1,000개	100원
5월 8일	외상매입	1,000개	110원
5월 12일	상품매출	1,500개	500원
5월 16일	외상매입	1,000개	120원

	이동평균법	총평균법
①	157,500원	165,000원
②	170,000원	157,500원
③	172,500원	165,000원
④	172,500원	172,500원

05 다음 중 회계변경과 오류수정에 관한 설명으로 옳지 <u>않은</u> 것은?

① 회계정책의 변경은 전진적으로 처리하고 회계추정의 변경은 소급적용한다.
② 단순히 세법의 규정을 따르기 위한 회계변경은 회계변경으로 보지 않는다.
③ 회계변경은 회계정보의 비교가능성을 훼손할 수 있으므로 회계변경을 하는 기업은 회계변경의 정당성을 입증하여야 한다.
④ 회계변경의 속성상 그 효과를 회계정책의 변경효과와 회계추정의 변경효과로 구분하기 불가능한 경우에는 이를 회계추정의 변경으로 본다.

06 다음 중 무형자산에 관한 설명으로 옳지 않은 것은?

① 무형자산으로 인식되기 위해서는 식별가능성, 자원에 대한 통제, 미래 경제적효익이라는 조건을 모두 충족하여야 한다.
② 무형자산의 상각방법을 합리적으로 정할 수 없는 경우에는 정률법을 사용한다.
③ 무형자산은 상각누계액을 직접 차감한 잔액으로 재무상태표에 표시한다.
④ 무형자산의 상각기간은 독점적·배타적인 권리를 부여하고 있는 관계법령이나 계약에 정해진 경우를 제외하고는 20년을 초과할 수 없다.

07 다음은 (주)한공의 재고자산 관련 자료이다. (주)한공의 기말재고금액은 얼마인가?

- 기말재고 실사액 2,500,000원 (위탁 및 시용판매분 제외)
- 매입처에 주문하여 운송중인 상품
  - A상품 300,000원(도착지 인도 기준)
  - B상품 600,000원(선적지 인도 기준)
- 위탁판매 의뢰한 적송품 100,000원 중 수탁자가 판매한 금액 70,000원
- 시용판매중인 시송품 1,000,000원 중 구매 의사표시가 확정된 금액 400,000원

① 3,430,000원
② 3,600,000원
③ 3,700,000원
④ 3,730,000원

08 다음 중 부가가치세법상 간이과세자에 대한 설명으로 옳은 것은?

① 직전연도 공급대가가 4,800만원 미만인 개인사업자와 법인사업자가 적용대상이다.
② 간이과세자는 영수증 또는 세금계산서를 선택하여 발급할 수 있다.
③ 둘 이상의 사업장이 있는 사업자가 경영하는 사업으로서 그 둘 이상의 사업장 공급대가 합계액이 8,000만원 이상인 경우 간이과세 적용을 배제한다.
④ 일반과세자와 달리 음식점업을 운영하는 간이과세자의 경우 의제매입세액공제를 적용받을 수 없다.

09 다음 중 소득세 납세의무에 대한 설명으로 옳은 것은?

① 거주자는 국내원천소득에 대해서만 납세의무가 있다.
② 과세기간 중 폐업하는 경우 소득세 과세기간은 1월 1일부터 폐업일까지이다.
③ 거주자가 사망한 경우 1월 1일부터 사망일까지의 소득에 대하여 납세의무가 있다.
④ 공동사업합산과세가 아닌 경우에도 공동사업자는 연대납세의무가 있다.

10 다음 중 소득세법상 종합소득공제에 대한 설명으로 옳은 것은?

① 기본공제 대상자에 대하여는 부양기간이 1년 미만이어도 월할계산하지 아니하고 연 150만원을 공제한다.
② 거주자의 배우자가 양도소득금액만 200만원이 있는 경우 배우자공제를 받을 수 있다.
③ 종합소득금액에서 공제받지 못한 종합소득공제는 퇴직소득금액과 양도소득금액에서 공제받을 수 있다.
④ 기본공제 대상자 판단시 장애인에 해당하는 경우에는 나이 및 소득금액의 제한을 받지 아니한다.

실무수행평가

(주)누리테크(회사코드 2203)는 영사기 제조 및 부동산임대업을 영위하는 법인기업으로 회계기간은 제6기(2024.1.1.~2024.12.31.)이다. 제시된 자료와 [자료설명]을 참고하여 [수행과제]를 완료하고 [수행평가]의 물음에 답하시오.

실무수행 유의사항

1. 부가가치세 관련거래는 [매입매출전표입력]메뉴에 입력하고, 부가가치세 관련없는 거래는 [일반전표입력]메뉴에 입력한다.
2. 타계정 대체와 관련된 적요는 반드시 코드를 입력하여야 한다.
3. 채권·채무, 예금거래 등 관리대상 거래자료에 대하여는 거래처코드를 반드시 입력한다.
4. 자금관리 등 추가 작업이 필요한 경우 문제의 요구에 따라 추가 작업하여야 한다.
5. 제조경비는 500번대 계정코드를 사용한다.
6. 판매비와 관리비는 800번대 계정코드를 사용한다.
7. 등록된 계정과목 중 가장 적절한 계정과목을 선택한다.

문제 1 › 거래자료입력

주어진 실무프로세스에 대하여 거래자료를 입력하시오.

❶ 3만원초과 거래자료에 대한 경비등의송금명세서 작성

자료 1. 공급자 정보

영 수 증 (공급받는자용)			
(주)누리테크 귀하			
공급자	사업자등록번호	120-21-12348	
	상 호	개별화물(4675)	성명 이국현
	사업장소재지	서울시 서대문구 충정로7길 29-8	
	업 태	운수업	종목 개별화물
작성 년월일	공급대가총액		비고
2024. 3. 3.	₩ 100,000		
위 금액을 영수(청구)함.			
월/일	품명	수량 단가	공급대가(금액)
3/3	운송비		100,000
입 금 계 좌 : 하나은행 527-910004-22456			

자료 2. 보통예금(국민은행) 거래내역

번호	거래일	내용	찾으신금액	맡기신금액	잔액	거래점
		계좌번호 100-33-246807 (주)누리테크				
1	2024-3-3	개별화물(4675)	100,000		***	***

자료설명	거래처 (주)예일전자에 제품을 발송하면서 당사 부담의 운반비를 간이과세자인 개별화물(4675)의 계좌로 이체하여 지급하였다.
수행과제	1. 거래자료를 입력하시오. 2. 경비등의 송금명세서를 작성하시오.

❷ 약속어음 발행거래

전 자 어 음

(주)상도테크 귀하　　　　　　　　00420240310123456789

금 팔백만원정　　　　　　　　　　　　　　8,000,000원

위의 금액을 귀하 또는 귀하의 지시인에게 지급하겠습니다.

지급기일　2024년 9월 10일　　　발행일　2024년 3월 10일
지 급 지　국민은행　　　　　　　발행지　경기도 수원시 팔달구 매산로 10
지급장소　동수원 지점　　　　　주 소
　　　　　　　　　　　　　　　　발행인　(주)누리테크

자료설명	[3월 10일] 매입처 (주)상도테크의 외상매입금을 전자어음을 발행하여 지급하였다.
수행과제	1. 전자어음을 등록하시오. 2. 거래자료를 입력하시오. 3. 자금관련정보를 입력하여 지급어음명세서에 반영하시오.

❸ 유가증권의 매각

■ 보통예금(국민은행) 거래내역

번호	거래일자	내용	찾으신금액	맡기신금액	잔액	거래점
		계좌번호 100-33-246807 (주)누리테크				
1	2024-3-15	주식처분		20,000,000	***	***

자료설명	1. 3월 15일 당사가 보유중인 매도가능증권을 다음과 같은 조건으로 처분하였다. 2. 2023년 기말 평가는 기업회계기준에 따라 적절하게 처리하였다. | 2023년 7월 31일 취득금액	2023년 12월 31일 기말공정가치	2024년 3월 15일 처분금액	비 고
21,000,000원	26,000,000원	20,000,000원		
---	---
수행과제	처분일의 거래자료를 입력하시오.

④ 유/무형자산의 매각

자료. 전자세금계산서 발행내역

전자세금계산서 (공급자 보관용)								승인번호		
공급자	등록번호	124-81-12344			공급받는자	등록번호	138-81-14491			
	상호	(주)누리테크	성명(대표자)	임선규		상호	(주)경인마켓	성명(대표자)	이호정	
	사업장주소	경기도 수원시 팔달구 매산로 10				사업장주소	서울 광진구 광나루로 355(군자동)			
	업태	제조, 부동산업	종사업장번호			업태	도소매업	종사업장번호		
	종목	영사기, 건물임대				종목	전자제품			
	E-Mail	ubtech@bill36524.com				E-Mail	kymarket@bill36524.com			
작성일자	2024.3.20.		공급가액	10,000,000			세 액	1,000,000		
비고										

월	일	품목명	규격	수량	단가	공급가액	세액	비고
3	20	비품(에어컨)				10,000,000	1,000,000	

합계금액	현금	수표	어음	외상미수금	이 금액을	○ 영수 / ● 청구	함
11,000,000	1,000,000			10,000,000			

자료설명
1. 회사에서 사용하던 에어컨을 매각하고 발급한 전자세금계산서이다.
2. 매각대금 중 부가가치세는 현금으로 수령하였고, 잔액은 외상으로 하였다.

수행과제
1. [고정자산등록] 메뉴에 양도일자를 입력하시오.
   (당기 양도일까지의 감가상각비는 계상하지 않기로 한다.)
2. 매각에 대한 거래를 매입매출전표에 입력하시오.(전자세금계산서와 관련된 거래는 '전자입력'으로 처리할 것.)

문제 2 > 부가가치세

부가가치세 관련 거래자료를 입력하여 실무프로세스를 수행하시오.

❶ 과세매출자료의 전자세금계산서 발행

거래명세서 (공급자 보관용)

공급자	등록번호	124-81-12344			공급받는자	등록번호	214-81-22354		
	상호	(주)누리테크	성명	임선규		상호	(주)코나전자	성명	최혜정
	사업장 주소	경기도 수원시 팔달구 매산로 10				사업장 주소	서울 강남구 강남대로 262-12		
	업태	제조, 부동산업	종사업장번호			업태	도소매업	종사업장번호	
	종목	영사기, 건물임대				종목	전자제품		

거래일자	미수금액	공급가액	세액	총 합계금액
2024.4.12		6,600,000	0	6,600,000

NO	월	일	품목명	규격	수량	단가	공급가액	세액	합계
1	4	12	방수카메라		20	130,000	2,600,000	0	2,600,000
2	4	12	블루투스 카메라		50	80,000	4,000,000	0	4,000,000

자료설명	1. 구매승인서에 의해 제품을 공급하고 발행한 거래명세서이다. 2. 전자세금계산서를 발행하고 대금은 전액 비씨카드로 결제받았다.
수행과제	1. 거래자료를 입력하시오.(복수거래 키를 이용하여 입력할 것.) 2. 전자세금계산서 발행 및 내역관리 를 통하여 발급·전송하시오. (전자세금계산서 발급 시 결제내역 및 전송일자는 고려하지 않는다.)

❷ 수정전자세금계산서 발행

전자세금계산서				(공급자 보관용)				승인번호		
공급자	등록번호	124-81-12344				공급받는자	등록번호	417-81-21110		
	상호	(주)누리테크	성명(대표자)	임선규			상호	(주)성음캠	성명(대표자)	김민호
	사업장주소	경기도 수원시 팔달구 매산로 10					사업장주소	서울 송파구 송파대로 170		
	업태	제조, 부동산업		종사업장번호			업태	도소매업		종사업장번호
	종목	영사기, 건물임대					종목	전자제품		
	E-Mail	ubtech@bill36524.com					E-Mail	secam@bill36524.com		
작성일자	2024.4.30		공급가액	3,000,000		세액	300,000			
비고										

월	일	품목명	규격	수량	단가	공급가액	세액	비고
4	30	액션캠		20	150,000	3,000,000	300,000	

합계금액	현금	수표	어음	외상미수금	이 금액을	○ 영수 ● 청구	함
3,300,000				3,300,000			

자료설명	1. 4월 30일 (주)성음캠에 '3/15 dating' 결제조건으로 제품을 공급하고 발급한 전자세금계산서이다. 2. 5월 10일 상호합의에 따라 이미 납품한 품목의 납품단가를 3% 할인하기로 결정하였다.(결제대금 입금에 대한 회계처리는 생략할 것.)
수행과제	수정사유를 선택하여 매출할인에 따른 수정전자세금계산서를 발급 및 전송하시오.(외상대금 및 제품매출에서 (-)음수로 처리하고 전자세금계산서 발급 시 결제내역 입력 및 전송일자는 무시한다.)

❸ **부동산임대사업자의 부가가치세신고서 작성**

자료 1. 부동산임대차계약서

<table>
<tr><td colspan="6" align="center">(사 무 실) 월 세 계 약 서</td><td>■ 임 대 인 용
□ 임 차 인 용
□ 사무소보관용</td></tr>
<tr><td rowspan="2">부동산의
표시</td><td>소재지</td><td colspan="5">경기도 수원시 팔달구 매산로 1-8, 13층 1302호</td></tr>
<tr><td>구 조</td><td>철근콘크리트조</td><td>용도</td><td>사무실</td><td>면적</td><td>95㎡평</td></tr>
<tr><td colspan="2">월 세 보 증 금</td><td>금</td><td>100,000,000원정</td><td>월세</td><td colspan="2">2,000,000원정(VAT 별도)</td></tr>
<tr><td colspan="7">제 1 조 위 부동산의 임대인과 임차인 합의하에 아래와 같이 계약함.
제 2 조 위 부동산의 임대차에 있어 임차인은 보증금을 아래와 같이 지불키로 함.</td></tr>
<tr><td colspan="2">계 약 금</td><td colspan="5">10,000,000원정은 계약 시 지불하고</td></tr>
<tr><td colspan="2">중 도 금</td><td colspan="5">원정은   년   월   일 지불하며</td></tr>
<tr><td colspan="2">잔 금</td><td colspan="5">90,000,000원정은 2024년 11월 30일 중개업자 입회하에 지불함.</td></tr>
<tr><td colspan="7">제 3 조 위 부동산의 명도는 2024년 12월 1일로 함.
제 4 조 임대차 기간은 2024년 12월 1일로부터 (24)개월로 함.
제 5 조 월세금액 및 간주임대료는 매월 말일에 지불키로 하되 만약 기일내에 지불치 못할 시에는 보증금액에서 공제키로 함.
제 6 조 임차인은 임대인의 승인하에 개축 또는 변조할 수 있으나 계약 대상물을 명도시에는 임차인이 일체 비용을 부담하여 원상복구 하여야 함.
제 7 조 임대인과 중개업자는 별첨 중개물건 확인설명서를 작성하여 서명 날인하고 임차인은 이를 확인 수령함. 다만, 임대인은 중개물건 확인설명에 필요한 자료를 중개업자에게 제공하거나 자료수집에 따른 법령에 규정한 실비를 지급하고 대행케 하여야 함.
제 8 조 본 계약을 임대인이 위약시는 계약금의 배액을 변상하며 임차인이 위약시는 계약금은 무효로 하고 반환을 청구 할 수 없음.
제 9 조 부동산 중개업법 제 20 조 규정에 의하여 중개료는 계약당시 쌍방에서 법정수수료를 중개인에게 지불하여야 함.</td></tr>
<tr><td colspan="7">본 계약을 증명하기 위하여 계약 당사자가 이의 없음을 확인하고 각각 서명·날인 후 임대인, 임차인 및 중개업자는 매장마다 간인하여야 하며, 각 1통씩 보관한다.
 2024년   11월   25일 </td></tr>
<tr><td rowspan="2">임대인</td><td>주 소</td><td colspan="5">경기도 수원시 팔달구 매산로 10</td></tr>
<tr><td>사업자등록번호</td><td>124-81-12344</td><td>전화번호</td><td>031-563-2121</td><td>성명</td><td>(주)누리테</td></tr>
<tr><td rowspan="2">임차인</td><td>주 소</td><td colspan="5">경기도 수원시 팔달구 매산로 1-8</td></tr>
<tr><td>사업자등록번호</td><td>125-81-21453</td><td>전화번호</td><td>031-541-1110</td><td>성명</td><td>(주)삼성유</td></tr>
<tr><td rowspan="2">중개업자</td><td>주 소</td><td colspan="3">서울 강남구 강남대로 252 대한빌딩 102호</td><td>허가번호</td><td>92240000-004</td></tr>
<tr><td>상 호</td><td>대한부동산</td><td>전화번호</td><td>02-225-3535</td><td>성명</td><td>백 용</td></tr>
</table>

자료 2. 12월분 임대료

전자세금계산서 (공급자 보관용)   승인번호

공급자	등록번호	124-81-12344			공급받는자	등록번호	125-81-21453		
	상호	(주)누리테크	성명(대표자)	임선규		상호	(주)삼성유통	성명(대표자)	남영석
	사업장주소	경기도 수원시 팔달구 매산로 10				사업장주소	경기도 수원시 팔달구 매산로 1-8		
	업태	제조, 부동산업	종사업장번호			업태	도소매업	종사업장번호	
	종목	영사기, 건물임대				종목	사무용기기		
	E-Mail	ubtech@bill36524.com				E-Mail	samsung@daum.net		

작성일자	2024.12.31.	공급가액	2,000,000	세액	200,000
비고					

월	일	품목명	규격	수량	단가	공급가액	세액	비고
12	31	임대료				2,000,000	200,000	

합계금액	현금	수표	어음	외상미수금	이 금액을	● 영수 / ○ 청구	함
2,200,000	2,200,000						

자료설명
1. 자료 1은 (주)삼성유통과 체결한 부동산임대계약서이다.
2. 자료 2는 12월분 임대료를 국민은행 보통예금계좌로 입금받고 발급한 전자세금계산서이다.
3. 간주임대료에 대한 부가가치세는 임차인이 부담하기로 하였으며, 12월 31일 간주임대료에 대한 부가가치세가 국민은행 보통예금계좌로 입금되었다.

수행과제
1. 12월 임대료를 매입매출전표에 입력하시오.(전자세금계산서와 관련된 거래는 '전자입력'으로 처리할 것.)
2. 제2기 확정신고에 대한 부동산임대공급가액명세서를 작성하시오.
   (적용이자율 1.2%, 동 입력은 생략할 것.)
3. 간주임대료에 대한 부가가치세 입금거래를 12월 31일자로 매입매출전표에 입력하시오.
4. 부동산임대공급가액명세서의 내용을 제2기 부가가치세 확정 신고서에 반영하시오.

④ 매입세액불공제내역 작성자의 부가가치세신고서 작성

자료 1. 유형자산 구입내역

전자세금계산서 (공급받는자 보관용)					승인번호		
공급자	등록번호	122-81-16892		공급받는자	등록번호	124-81-12344	
	상호	(주)한국아이콘	성명(대표자) 윤호영		상호	(주)누리테크	성명(대표자) 임선규
	사업장주소	서울 서대문구 연희로 103			사업장주소	경기도 수원시 팔달구 매산로 10	
	업태	제조업	종사업장번호		업태	제조, 부동산업	종사업장번호
	종목	기계			종목	영사기, 건물임대	
	E-Mail	koreaicon@bill36524.com			E-Mail	ubtech@bill36524.com	
작성일자	2024.10.15.	공급가액	20,000,000	세 액	2,000,000		
비고							

월	일	품목명	규격	수량	단가	공급가액	세액	비고
10	15	기계장치				20,000,000	2,000,000	

합계금액	현금	수표	어음	외상미수금	이 금액을	○ 영수 / ● 청구	함
22,000,000				22,000,000			

자료 2. 공급가액 내역

구분	2기 예정	2기 확정	계
과세분(전자세금계산서)	250,000,000원	450,000,000원	700,000,000원
면세분(전자계산서)	250,000,000원	50,000,000원	300,000,000원
합 계	500,000,000원	500,000,000원	1,000,000,000원

* 제2기 예정신고 시 기계장치에 대한 공통매입세액 5,000,000원 중 안분계산을 통해 2,500,000원을 불공제 처리하였다.
  - 제2기 예정신고 시 불공제세액 : 5,000,000원×(250,000,000원/500,000,000원)=2,500,000원

자료설명	본 문제에 한하여 (주)누리테크는 과세사업과 면세사업을 겸영하고 있다고 가정한다.
	1. 자료 1은 과세사업과 면세사업에서 공통으로 사용하는 기계장치의 취득과 관련된 전자세금계산서이다.
	2. 자료 2는 제2기 예정 및 확정신고기간의 과세 및 면세 공급가액이다.
	3. 제2기 과세기간 중 공통매입세액과 관련하여 주어진 자료 외에 다른 자료는 없다고 가정한다.
	  - 제2기 과세기간의 총 공통매입세액은 7,000,000원이다.(제2기 예정신고분 5,000,000원
	    + 확정신고분 2,000,000원)

수행과제	1. 자료 1의 거래자료를 매입매출전표에 입력하시오. (유형에서 '51.과세매입'으로 선택하고, '전자입력'으로 처리할 것.) 2. [매입세액불공제내역]의 공통매입세액의 정산내역을 작성하시오. 3. 공통매입세액의 정산내역에 의한 회계처리를 12월 31일자로 일반전표에 입력하시오.

실무수행평가 ▮ 부가가치세

번호	수행과제	배점
1-1	제1기 확정 신고기간의 부가가치세신고서의 영세율-세금계산서발급분(5란)의 금액은 얼마인가?	2
1-2	4월 12일자 전자세금계산서 승인번호를 입력하시오.	2
1-3	4월 30일자 재발행된 수정세금계산서의 승인번호를 입력하고 수정사유를 선택하시오. ① 승인번호 : ② 수정사유 :	2
1-4	제2기 확정 신고기간의 보증금이자(간주임대료)와 임대수입금액의 계(과세표준)은 각각 얼마인가? ① 간주임대료 : ② 임대수입금액의 계(과세표준) :	2
1-5	제2기 확정 신고기간의 매입세액불공제내역 4.공통매입세액의 정산내역에서 계산된 (19)가산 또는 공제되는 매입세액은 얼마인가?	2
1-6	제1기 확정 신고기간의 부가가치세신고서의 과세-기타(4란)의 금액과 세액은 각각 얼마인가? ① 금액 : ② 세액 :	2
1-7	제2기 확정 매입전자세금계산서의 총 매수와 공급가액은 얼마인가? ① 매수 : ② 매입공급가액 :	2
1-8	제2기 확정신고기간 부가가치세신고서의 세금계산서수취-고정자산매입 금액은 얼마인가?	2
1-9	제2기 확정신고기간 부가가치세신고서의 매출세액과 차가감납부할세액은 각각 얼마인가? ① 매출세액 : ② 차가감납부할세액 :	2
1-10	제2기 예정 신고기간의 부가가치세 신고시에 작성되는 부가가치세 첨부서류에 해당하지 않는 것은? ① 세금계산서합계표 ② 건물등 감가상각자산취득명세서 ③ 대손세액공제신청서 ④ 공제받지못할매입세액명세서	2
	부가가치세 소계	20

문제 3 ▶ 결산

[결산자료]를 참고로 결산을 수행하시오.(단, 제시된 자료 이외의 자료는 없다고 가정함.)

❶ 손익의 예상과 이연(수동결산)

자료설명	결산일 현재 정기예금에 대한 내용이다. 당기분 경과이자를 인식하고자 한다. (단, 이자계산은 월할계산으로 하되 1월 미만은 1월로 한다.)					
	거래처	발생일자	만기일자	금액	이자율	이자지급일
	기업은행	2024.05.06.	2025.05.06.	50,000,000원	3%	2025.05.06.
수행과제	결산정리분개를 입력하시오.					

❷ 자동결산

자료설명	[재고 실사내역]				
	구 분		실사내역		
		단위당원가	수량	평가액	
	상 품^{주1)}	20,000원	2,000개	40,000,000원	
	원재료	10,000원	3,000개	30,000,000원	
	제 품^{주2)}	30,000원	2,000개	60,000,000원	
	주1) 기말상품재고에는 12월 20일에 수탁자에게 인도하였으나 미판매중인 적송품 10,000,000원이 포함되어 있지 않다. 주2) 기말제품재고에는 12월 28일에 조건부판매 후 구입의사를 표시하지 않은 시송품 5,000,000원이 포함되어 있다.				
수행과제	자동결산 메뉴를 이용하여 결산을 완료하시오. 결산을 완료하고 이익잉여금처분계산서에서 손익대체분개를 하시오. (단, 이익잉여금처분내역은 없는 것으로 하고 미처분이월이익잉여금 전액을 이월이익잉여금으로 이월하기로 한다. 처분확정일(예정일) 2025년 2월 28일)				

▌실무수행평가 ▌ 재무회계

번호	수행과제	배점
2-1	2024년도에 경비등송금명세서명세서를 작성해야하는 거래의 금액은 총 얼마인가?	1
2-2	2024년 상반기에 발행된 어음(발행, 결제포함)의 건수와 총 금액은 얼마인가? ① 건수 : ② 총 금액 :	2
2-3	12월 31일 현재 외상매입금과 지급어음 잔액은 각각 얼마인가? ① 외상매입금 : ② 지급어음 :	2
2-4	12월 31일 현재 매도가능증권 잔액과 매도가능증권처분손실의 금액은 각각 얼마인가? ① 매도가능증권 : ② 매도가능증권처분손실 :	2
2-5	3월말 현재 외상매출금과 미수금잔액은 각각 얼마인가? ① 외상매출금 : ② 미수금 :	2
2-6	[고정자산등록]에 등록된 3월 20일에 매각한 비품(에어컨)의 19.당기상각범위액은 얼마인가?	2
2-7	12월 31일 현재 이자수익과 이자비용 각각 얼마인가? ① 이자수익 : ② 이자비용 :	2
2-8	12월 31일 현재 기계장치와 비품 잔액은 얼마인가? ① 기계장치 : ② 비품 :	2
2-9	12월 31일 현재 미수수익 잔액은 얼마인가?	1
2-10	결산작업 후 확인되는 당기완성품제조원가와 제품매출원가의 금액은 각각 얼마인가? ① 당기완성품제조원가 : ② 제품매출원가 :	2
2-11	12월 31일 현재 미처분이익잉여금(이월이익잉여금) 잔액은 얼마인가?	2
	재무회계 소계	**20**

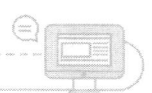

문제 4 > **근로소득관리**

인사급여 관련 실무프로세스를 수행하시오.

❶ 주민등록등본, 가족관계증명서에 의한 사원등록

자료 1. 김철수의 주민등록표

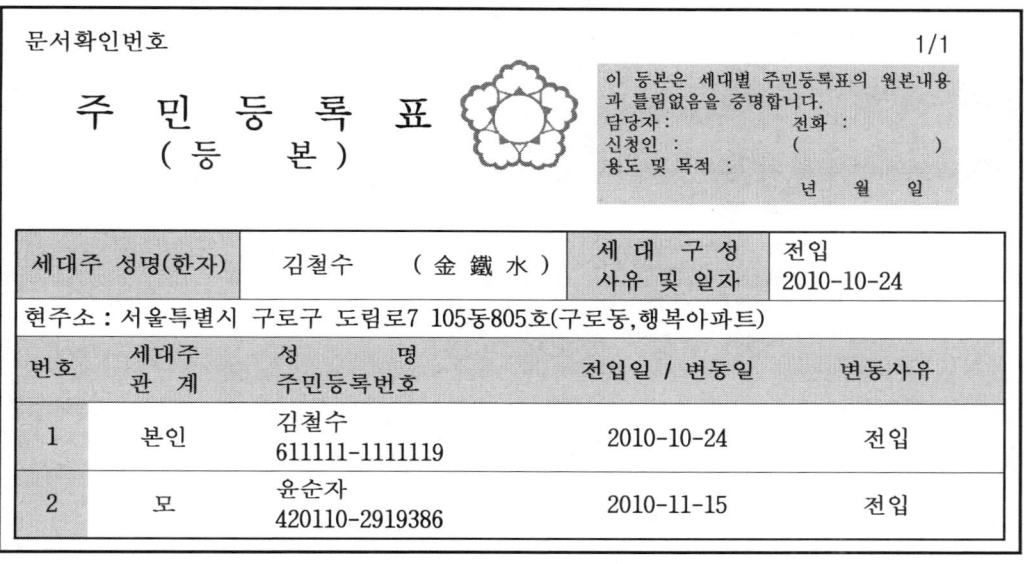

자료 2. 김철수의 가족관계증명서

[별지 제1호서식] 〈개정 2010.6.3〉

가족관계증명서

등록기준지	서울특별시 구로구 도림로 7 105층 805호

구분	성 명	출생연월일	주민등록번호	성별	본
본인	김철수	1961년 11월 11일	611111-1111119	남	全州

가족사항

구분	성명	출생연월일	주민등록번호	성별	본
모	윤순자	1942년 01월 10일	420110-2919386	여	金海
배우자	김지영	1965년 03월 21일	650321-2222229	여	全州
자녀	김장남	2003년 10월 01일	031001-3023111	남	全州

자료설명	1. 자료 1은 영업팀 부장 김철수(1001)의 주민등록표이다.
	  - 모친 윤순자는 양도소득금액 3,000,000원이 있다.
	2. 자료 2는 김철수의 가족관계증명서이다.
	  - 배우자 김지영은 소득이 없으며, 김철수와는 별거 중이다.
	  - 자녀 김장남은 배우자와 함께 거주하고 있으며, 소득이 없다.

수행과제	사원등록메뉴에서 김철수의 사원등록 및 부양가족을 등록하시오.
	  - 인적공제는 김철수의 세부담을 최소화하는 방향으로 선택한다.
	  - 기본공제대상자가 아닌 사람은 부양가족명세에 입력한 후 '부'로 입력한다.

▌실무수행평가▌ 근로소득관리1

번호	수행과제	배점
3-1	[김철수 사원등록 조회] ① 기본공제 대상 인원수(본인포함)는 총 몇 명인가? ② 배우자 공제대상액은 얼마인가? ③ 부양가족 공제대상액은 얼마인가? ④ 자녀세액공제대상 인원은 몇 명인가?	8

❷ 급여명세에 의한 급여자료

자료 1. 김찬중의 5월 급여명세서

(단위 : 원)

수당					공제			
기본급	식대	자가운전 보조금	일직료	연구 보조비	국민연금	건강보험	장기 요양보험	고용보험
2,800,000	100,000	200,000	50,000	200,000	입력에 의하여 자동으로 계산된 금액으로 공제 함.			

자료 2. 수당 및 공제등록

구분	코드	수당 및 공제명	내용
수당등록	101	기본급	설정된 그대로 사용한다.
	102	상여	
	200	식대	매월 고정적으로 지급하고 있으며, 회사에서 별도의 음식물을 제공하고 있지 않다.
	201	자가운전보조금	본인과 배우자 공동명의 차량으로 회사업무에 사용하고 있으며, 회사의 지급규정에 의하여 지급받고 있다.
	202	일직료	일직근무자에게 일괄적으로 지급하고 있다.
	204	연구보조비	당사는 중소기업으로써 기업부설연구소 직원들에게 매월 고정적으로 연구보조비를 지급하고 있다.

자료설명	1. 자료 1과 자료 2는 당사 부설연구소 연구원 김찬중(1002)의 5월분 급여자료 및 수당공제등록 내역이다. 2. 급여의 지급일은 매월 25일이다. 3. 전월미환급세액 110,000원(지방소득세 10,000원 포함)이 있다. 4. 사회보험료와 소득세 및 지방소득세는 자동계산 된 금액으로 공제한다.
수행과제	1. [급여자료입력] 메뉴에 수당 및 공제등록을 하시오. 2. 5월분 급여자료를 입력하시오.(구분 : 1.급여를 선택할 것.) 3. 5월 귀속분 [원천징수이행상황신고서]를 작성하시오.

▌실무수행평가▌ 근로소득관리2

번호	수행과제	배점
3-2	[김찬중 5월 급여자료 조회] ① 수당항목중 식대의 비과세 해당 금액은 얼마인가? ② 수당항목중 자가운전보조금의 비과세 해당 금액은 얼마인가? ③ 수당항목중 일직료의 비과세 해당 금액은 얼마인가? ④ 5월분 급여에 대한 차인지급액은 얼마인가? ⑤ 5월분 원천징수이행상황신고서의 근로소득에 대한 10.소득세 등 금액은 얼마인가?	10

❸ 국세청연말정산간소화 및 이외의 자료를 기준으로 연말정산

자료설명	사무직 김대원(1003)의 연말정산을 위한 국세청 제공자료 및 기타증빙자료이다. 1. 사원등록의 부양가족현황은 사전에 입력되어 있다. 2. 부양가족은 김대원과 생계를 같이한다. 3. 자녀 김효진의 교복구입비는 김대원의 국민카드 사용액에 포함되어 있다. 4. 배우자 박미진은 사업소득금액 12,000,000원이 있다. 5. 박은미는 김대원의 처제이며, 별도의 소득이 없다.
수행과제	연말정산 근로소득원천징수영수증 메뉴를 이용하여 연말정산을 완료하시오. 1. 신용카드등 소득공제는 [신용카드]탭에서 입력한다. 2. 의료비세액공제는 [의료비]탭에서 입력하며, 국세청자료는 공제대상 합계금액을 1건으로 집계하여 입력한다. 3. 교육비세액공제는 [소득공제]탭에서 입력한다.

자료 1. 김대원 사원의 부양가족등록 현황

연말정산관계	기본공제	추가공제	성명	주민등록번호
0.본인	본인		김대원	731010-1774915
3.배우자	부		박미진	780202-2045675
2.(배)직계존속	60세 이상	경로우대	박구경	441210-1774919
2.(배)직계존속	60세 이상	경로우대	신지영	480217-2788553
4.직계비속	20세 이하		김효진	060310-4231454
6.형제자매	장애인	장애인	박은미	901111-2111119

자료 2. 김대원의 국세청 간소화서비스 및 기타증빙자료

2024년 귀속 소득·세액공제증명서류 : 기본(사용처별)내역 [신용카드]

■ 사용자 인적사항

성 명	주 민 등 록 번 호
김대원	731010-1******

■ 신용카드 등 사용금액 집계

일반	전통시장분	대중교통이용분	도서공연비이용분	합계금액
17,000,000	2,000,000	1,000,000		20,000,000

■ 신용카드 사용내역

(단위 : 원)

구분	사업자번호	상호	종류	공제대상금액합계
신용카드	101-86-61***	(주)KB국민카드	일반	15,000,000
신용카드	120-81-54***	롯데카드 주식회사	일반	2,000,000
신용카드	202-81-48***	신한카드 주식회사	전통시장	2,000,000
신용카드	214-81-37***	비씨카드(주)	대중교통	1,000,000
인별합계금액				20,000,000

- 본 증명서류는 『소득세법』 제165조 제1항에 따라 영수증 발급기관으로부터 수집한 서류로 소득·세액공제 충족 여부는 근로자가 직접 확인하여야 합니다.
- 본 증명서류에서 조회되지 않는 내역은 영수증 발급기관에서 직접 발급받으시기 바랍니다.

2024년 귀속 소득·세액공제증명서류 [현금영수증]

■ 사용자 인적사항

성 명	주 민 등 록 번 호
박은미	901111-2******

■ 신용카드 등 사용내역[현금영수증]

일반	전통시장분	대중교통이용분	도서공연비이용분	합계금액
2,700,000				2,700,000

- 본 증명서류는 『소득세법』 제165조 제1항에 따라 영수증 발급기관으로부터 수집한 서류로 소득·세액공제 충족 여부는 근로자가 직접 확인하여야 합니다.
- 본 증명서류에서 조회되지 않는 내역은 영수증 발급기관에서 직접 발급받으시기 바랍니다.

2024년 귀속 소득·세액공제증명서류 : 기본(지출처별)내역 [의료비]

■ 환자 인적사항

성 명	주 민 등 록 번 호
박구경	441210-1******

■ 의료비 지출내역

사업자번호	상 호	종류	지출금액 계
0-2*-55*	한***	일반	3,200,000
의료비 인별합계금액			3,200,000
안경구입비 인별합계금액			0
인별합계금액			**3,200,000**

2024년 귀속 소득·세액공제증명서류 : 기본(지출처별)내역 [의료비]

■ 환자 인적사항

성 명	주 민 등 록 번 호
박은미	901111-2******

■ 의료비 지출내역

사업자번호	상 호	종류	지출금액 계
0-2*-78*	진***	장애인보장구 구입비용	1,800,000
의료비 인별합계금액			1,800,000
안경구입비 인별합계금액			0
인별합계금액			**1,800,000**

2024년 귀속 소득·세액공제증명서류 : 기본(지출처별)내역 [교육비]

■ 학생 인적사항

성 명	주 민 등 록 번 호
김효진	020310-4*****

■ 교육비 지출내역

(단위 : 원)

교육비구분	학교명	사업자번호	구분	지출금액 계
고등학교	***고등학교	**3-83-21***	일반교육비	2,000,000
고등학교	***고등학교	**3-83-21***	현장학습비	500,000
일반교육비 합계금액				**2,000,000**
현장학습비 합계금액				**500,000**

- 본 증명서류는 「소득세법」 제165조 제1항에 따라 영수증 발급기관으로부터 수집한 서류로 소득·세액공제 충족 여부는 근로자가 직접 확인하여야 합니다.
- 본 증명서류에서 조회되지 않는 내역은 영수증 발급기관에서 직접 발급받으시기 바랍니다.

2024년 귀속 소득·세액공제증명서류 : 기본(지출처별)내역 [교복구입비]

■ 학생 인적사항

성 명	주 민 등 록 번 호
김효진	020310-4*****

■ 교복구입비 지출내역

(단위 : 원)

사업자번호	상호	지출금액 계
201-15-40***	엘리트 강남점	700,000
인별 합계금액		700,000

 국세청 National Tax Service

- 본 증명서류는「소득세법」제165조 제1항에 따라 영수증 발급기관으로부터 수집한 서류로 소득·세액공제 충족 여부는 근로자가 직접 확인하여야 합니다.
- 본 증명서류에서 조회되지 않는 내역은 영수증 발급기관에서 직접 발급받으시기 바랍니다.

▌실무수행평가▐ 근로소득관리3

번호	수행과제	배점
3-3	[김대원 근로소득원천징수영수증 조회] ① 21. 총급여는 얼마인가? ② 42. 신용카드등 소득공제액은 얼마인가? ③ 55. 자녀세액공제액은 얼마인가? ④ 61. 의료비의 세액공제액은 얼마인가? ⑤ 62. 교육비세액공제액은 얼마인가? ⑥ 73. 결정세액(소득세)은 각각 얼마인가?	12
	근로소득 소계	30

제 4 회 실전모의고사

실무이론평가

아래 문제에서 특별한 언급이 없으면 기업의 보고기간(회계기간)은 매년 1월 1일부터 12월 31일까지입니다. 또한 기업은 일반기업회계기준 및 관련 세법을 계속적으로 적용하고 있다고 가정하고 물음에 가장 합당한 답을 고르시기 바랍니다.

01 현행 개념체계상 회계정보의 질적특성으로 옳지 않은 것은?

① 회계정보의 질적특성이란 정보이용자의 의사결정에 유용하기 위하여 회계정보가 갖추어야 할 주요 속성을 말한다.
② 회계정보가 갖추어야 할 가장 중요한 질적특성은 목적적합성과 신뢰성이다.
③ 회계정보의 질적특성은 비용 대비 효익, 그리고 중요성의 제약요인 하에서 고려되어야 한다.
④ 회계정보의 신뢰성이 제고되면 목적적합성이 항상 높아진다.

02 유형자산 취득 시 회계처리를 설명한 것이다. 옳지 않은 것은?

① 현물출자, 증여, 기타 무상으로 취득한 자산은 공정가액을 취득원가로 한다.
② 매입할인이 있는 경우에는 이를 차감하여 취득원가를 산출한다
③ 유형자산의 취득 시 발생한 운임은 취득원가에 포함된다.
④ 같은 종류의 자산과의 교환으로 취득한 유형자산의 취득원가는 교환으로 제공한 자산의 공정가액으로 한다.

03 중소기업이 아닌 법인의 수익인식에 대한 설명으로 옳지 않은 것은?

① 장기할부조건으로 판매한 제품은 대금회수시점에 수익을 인식한다.
② 용역의 제공으로 인한 수익은 진행기준에 따라 인식한다.
③ 적송품은 수탁자가 고객에게 판매한 시점에 수익을 인식한다.
④ 상품권은 고객에게 판매한 때 선수금으로 회계처리하고, 고객이 물건과 교환했을 때 수익으로 인식한다.

04 다음 중 부가가치세법상 과세표준에 포함되는 것은?

① 공급에 대한 대가의 지급이 지체되었음을 이유로 받는 연체이자
② 재화 또는 용역의 공급과 직접 관련되지 아니하는 국고보조금과 공공보조금
③ 공급에 대한 대가를 약정기일 전에 받았다는 이유로 사업자가 당초의 공급가액에서 할인해 준 금액
④ 재화를 공급하고 대가의 일부로 받는 운송비와 포장비

05 다음 중 재무제표의 작성과 표시에 대한 설명으로 옳지 <u>않은</u> 것은?

① 중요한 항목은 재무제표의 본문이나 주석에 그 내용을 가장 잘 나타낼 수 있도록 구분하여 표시하며, 중요하지 않은 항목은 성격이나 기능이 유사한 항목과 통합하여 표시할 수 있다.
② 자산과 부채는 유동성이 큰 항목부터 배열하는 것을 원칙으로 한다.
③ 재무제표의 기간별 비교가능성을 제고하기 위하여 재무제표 항목의 표시와 분류는 일부 경우를 제외하고는 매기 동일하여야 한다.
④ 정상적인 영업주기 내에 회수되는 매출채권이라 하더라도 보고기간종료일부터 1년 이내에 실현되지 않으면 비유동자산으로 분류한다.

06 다음은 (주)한공의 대손충당금 계정에 대한 자료이다. 당기말 매출채권 잔액이 3,000,000원일 경우 대손상각비 및 대손충당금에 관한 설명으로 옳지 <u>않은</u> 것은?
(당기말 매출채권 중 2,000,000원은 2%, 1,000,000원은 3%의 대손이 예상된다.)

대손충당금			
8월 5일	50,000원	전기이월	65,000원
차기이월	×××	12월31일	×××

① 손익계산서에 계상되는 당기 대손상각비는 55,000원이다.
② 당기말 재무상태표에 계상되는 대손충당금은 70,000원이다.
③ 당기 중 대손이 발생한 금액은 50,000원이다.
④ 당기 중 대손충당금 환입이 15,000원 발생하였다.

07 (주)한공은 사채를 할증발행 하였으며, 사채할증발행차금의 상각은 유효이자율법을 적용한다. 만기까지의 기간 중에 (주)한공의 재무상태표상 사채의 장부금액은 매년 (가)하며, 이자비용 금액은 매년 (나)한다. 가와 나에 들어갈 옳은 단어는?

	(가)	(나)		(가)	(나)
①	증가	증가	②	증가	감소
③	감소	증가	④	감소	감소

08 다음 중 부가가치세법상 용역의 공급에 해당하지 <u>않는</u> 것은?
① 건설업의 경우 건설업자가 건설자재의 전부 또는 일부를 부담하는 것
② 자기가 주요자재를 전혀 부담하지 아니하고 상대방으로부터 인도받은 재화를 단순히 가공만 해 주는 것
③ 산업상·상업상 또는 과학상의 지식·경험 또는 숙련에 관한 정보를 제공하는 것
④ 자기가 주요자재의 전부 또는 일부를 부담하고 상대방으로부터 인도받은 재화를 가공하여 새로운 재화를 만드는 가공계약에 따라 재화를 인도하는 것

09 다음은 (주)한공의 퇴직급여충당부채 계정과 결산 정리 사항이다. 결산 회계 처리를 하였을 경우, (가)의 금액과 (나)의 계정과목으로 올바른 것은?

퇴직급여충당부채			
6/30 현　　금　　1,000,000		1/ 1 전기이월	**(가)**

[결산 정리 사항]
12월 31일 결산 시 임직원 전체의 퇴직금 추산액은 6,000,000원이다.
결산 분개 : (차)　퇴직급여　2,000,000　　(대)　**(나)**　2,000,000

	(가)	(나)		(가)	(나)
①	1,000,000원	현　　금	②	2,000,000원	현　　금
③	5,000,000원	퇴직급여충당부채	④	6,000,000원	퇴직급여충당부채

10 다음 중 소득세 납세의무에 대한 설명으로 옳은 것은?
① 거주자는 국내원천소득에 대해서만 납세의무가 있다.
② 과세기간 중 폐업하는 경우 소득세 과세기간은 1월 1일부터 폐업일까지이다.
③ 거주자가 사망한 경우 1월 1일부터 사망일까지의 소득에 대하여 납세의무가 있다.
④ 공동사업합산과세가 아닌 경우에도 공동사업자는 연대납세의무가 있다.

TAT 2급 세무실무

실무수행평가

(주)소노슈즈(회사코드 2204)는 기능성신발을 제조하는 법인기업으로 회계기간은 제7기(2024.1.1.~2024.12.31.)이다. 제시된 자료와 [자료설명]을 참고하여 [수행과제]를 완료하고 [평가문제]의 물음에 답하시오.

실무수행 유의사항

1. 부가가치세 관련거래는 [매입매출전표입력]메뉴에 입력하고, 부가가치세 관련없는 거래는 [일반전표입력]메뉴에 입력한다.
2. 타계정 대체와 관련된 적요는 반드시 코드를 입력하여야 한다.
3. 채권·채무, 예금거래 등 관리대상 거래자료에 대하여는 거래처코드를 반드시 입력한다.
4. 자금관리 등 추가 작업이 필요한 경우 문제의 요구에 따라 추가 작업하여야 한다.
5. 제조경비는 500번대 계정코드를 사용한다.
6. 판매비와 관리비는 800번대 계정코드를 사용한다.
7. 등록된 계정과목 중 가장 적절한 계정과목을 선택한다.

문제 1) 거래자료입력

주어진 실무프로세스에 대하여 거래자료를 입력하시오.

❶ 3만원 초과 거래 자료에 대한 영수증 수취명세서 작성

기부금 영수증

일련번호	087		

1. 기부자

성명(법인명)	(주)소노슈즈	주민등록번호 (사업자등록번호)	306-81-20145
주소(소재지)	서울 서대문구 충정로7길 31		

2. 기부금 단체

단체명	(재)아름교육재단	사업자등록번호 (고유번호)	101-82-21513
소재지	서울 강남구 강남대로 252 (도곡동)	기부금공제대상 기부금단체 근거법령	소득세법 제34조제1항

4. 기부내용

유형	코드	구분	연월일	내용	기부금액		공제제외 기부금	
					합계	공제대상 기부금액	기부장려금 신청금액	기타
법정기부금	10	금전	2024.03.02.	장학기금	8,000,000	8,000,000		

자료설명
1. 아름교육재단에 장학기금을 현금으로 기부하고 수취한 기부금영수증이다.
2. 이 거래가 적격증명서류 미수취가산세 대상인지를 검토하려고 한다.

수행과제
1. 거래자료를 입력하시오.
2. 영수증수취명세서(1)과 (2)서식을 작성하시오.

❷ 약속어음 수취거래

전 자 어 음

(주)소노슈즈 귀하　　　　　　　　　00420240330123456789

금　오천이백만원정　　　　　　　52,000,000원

위의 금액을 귀하 또는 귀하의 지시인에게 지급하겠습니다.

지급기일　2024년 6월 30일　　발행일　2024년 3월 30일
지 급 지　국민은행　　　　　　발행지　대전광역시 동구 가양남로
지급장소　동구지점　　　　　　주　소　598-12
　　　　　　　　　　　　　　　발행인　(주)슈젠

자료설명　[3월 30일]
(주)슈젠의 상품 외상대금과 상품매출에 대한 계약금을 약속어음으로 수취하였다.

수행과제　1. 거래자료를 입력하시오.(외상대금을 전액 회수하였고 초과액은 선수금 처리할 것.)
2. 자금관련정보를 입력하여 받을어음현황에 반영하시오.

❸ 계약금 지급

NO. 39

견 적 서

2024 년 4 월 5 일

(주)소노슈즈　　귀하

아래와 같이 견적합니다.

공급자	등록번호	134-81-54375		
	상호(법인명)	(주)태광고무산업	성명	신진호
	사업장주소	서울 구로구 구로동로3		
	업　　태	제조업외	종목	고무
	E-mail	taekwang@bill36524.com		

합계금액　　사백일십삼만육천원 (₩4,136,000)

품 명	규격	수량	단가	공급가액	세액	비고
가죽깔창보드		100	22,000	2,200,000	220,000	
인공깔창보드		20	78,000	1,560,000	156,000	
계				3,760,000	376,000	

자료설명　[4월 5일]
원재료매입을 위해 (주)태광고무산업에서 견적서를 수취하고, 이와 관련하여 우리은행 보통예금계좌에서 계약금(공급가액의 10%)을 이체 지급하였다.

수행과제　거래자료를 입력하시오.

❹ 기타 일반거래

전자세금계산서				(공급받는자 보관용)			승인번호		
공급자	등록번호	211-81-12217			공급받는자	등록번호	306-81-20145		
	상호	고려건설(주)	성명(대표자)	김준섭		상호	(주)소노슈즈	성명(대표자)	이주화
	사업장주소	서울 강남구 강남대로 246-11				사업장주소	서울 서대문구 충정로7길 31		
	업태	건설업	종사업장번호			업태	제조업 외	종사업장번호	
	종목	종합건축				종목	신발제조		
	E-Mail	koreacon@bill36524.com				E-Mail	goldenshoes@bill36524.com		
작성일자	2024.4.15.		공급가액	250,000,000		세액	25,000,000		
비고									

월	일	품목명	규격	수량	단가	공급가액	세액	비고
4	15	제품창고 증축공사				250,000,000	25,000,000	

합계금액	현금	수표	어음	외상미수금	이 금액을	○ 영수 ● 청구	함
275,000,000	137,500,000			137,500,000			

자료설명
1. 제품 보관용 창고건물의 증축공사가 완료되어 발급받은 전자세금계산서이다.
2. 공사계약일(3월 4일)에 계약금을 지급하고, 4월 3일에 중도금을 지급하였으며 공사대금 잔액은 5월 10일까지 지급하기로 하였다.(공사 계약금 및 중도금 지급 시에는 세금계산서를 수취하지 않았다.)

수행과제
계약금 및 중도금 지급 거래자료를 참고하여 매입매출자료를 입력하시오.
(전자세금계산서와 관련된 거래는 '전자입력'으로 처리하고, 고정자산등록은 생략한다.)

문제 2 › 부가가치세

부가가치세 관련 거래자료를 입력하여 실무프로세스를 수행하시오.

❶ 과세매출자료의 전자세금계산서 발행

거래명세서 (공급자 보관용)

공급자
등록번호	306-81-20145		
상호	(주)소노슈즈	성명	이주화
사업장주소	서울 서대문구 충정로7길 31		
업태	제조업 외	종사업장번호	
종목	신발제조		

공급받는자
등록번호	140-81-62259		
상호	(주)슈올즈	성명	이영동
사업장주소	전라남도 목포시 양을로 112		
업태	도소매업	종사업장번호	
종목	기능성신발		

거래일자	미수금액	공급가액	세액	총 합계금액
2024.4.25.		5,000,000	500,000	5,500,000

NO	월	일	품목명	규격	수량	단가	공급가액	세액	합계
1	4	25	파워 워킹화		100	50,000	5,000,000	500,000	5,500,000

자료설명
1. (주)슈올즈에 제품을 공급하고 발급한 거래명세서이다.
2. 회사는 (주)슈올즈에서 4월 20일 계약금 1,000,000원을 수령하였으며 잔액은 우리은행 보통예금계좌로 이체받았다.

수행과제
1. 거래명세서에 의해 매입매출자료를 입력하시오.
2. [전자세금계산서 발행 및 내역관리]를 통하여 전자세금계산서를 발행하시오.
   (전자세금계산서 발급 시 결제내역 및 전송일자는 고려하지 말 것.)

❷ 수정전자세금계산서 발행

전자세금계산서				(공급자 보관용)		승인번호		
공급자	등록번호	306-81-20145			공급받는자	등록번호	113-86-35018	
	상호	(주)소노슈즈	성명(대표자)	이주화		상호	(주)슈닷컴	성명(대표자)	김승수
	사업장주소	서울 서대문구 충정로7길 31				사업장주소	강원도 춘천시 명동길 116	
	업태	제조업 외	종사업장번호			업태	도소매업	종사업장번호
	종목	신발제조				종목	기능성신발	
	E-Mail	goldenshoes@bill36524.com				E-Mail	shoecom@bill36524.com	
작성일자	2024.5.30.		공급가액	30,000,000		세액	3,000,000	
비고								

월	일	품목명	규격	수량	단가	공급가액	세액	비고
5	30	건강신발		300	100,000	30,000,000	3,000,000	

합계금액	현금	수표	어음	외상미수금	이 금액을	○ 영수	함
33,000,000				33,000,000		● 청구	

자료설명
1. 5월 30일 제품을 공급하고 발급한 전자세금계산서이다.
2. 이 거래에 대하여 내국신용장이 사후에 발급되어 영세율을 적용하려고 한다.
  - 당초 공급일자 : 5월 30일
  - 내국신용장 개설일자 : 2024년 6월 15일
  - 개설은행 : 국민은행 춘천지점

수행과제
내국신용장 사후개설에 따른 수정전자세금계산서를 발급 전송하시오.
(전자세금계산서 발급 시 결제내역 및 전송일자는 고려하지 말 것.)

❸ 수출실적명세서 작성자의 부가가치세 신고서 작성

자료 1. 수출신고필증(갑지)

수 출 신 고 필 증 (갑지)

※ 처리기간 : 즉시

제출번호 12345-04-0001230	⑤ 신고번호 092-12-18-0058887-4	⑥ 신고일자 2024/7/25	⑦ 신고구분 H	⑧ C/S구분
① 신 고 자 대한관세법인 관세사 백용명				
② 수 출 대 행 자 (주)소노슈즈 (통관고유부호) (주)소노슈즈-1-74-1-12-4 수출자구분 A	⑨ 거래구분 11	⑩ 종류 A	⑪ 결제방법 L/C	
	⑫ 목적국 JAPAN	⑬ 적재항 INC 인천항	⑭ 선박회사(항공사) HANJIN	
수 출 화 주 (주)소노슈즈 (통관고유부호) (주)소노슈즈-1-74-1-12-4 (주소) 서울 서대문구 충정로7길 31 (대표자) 이주화 (소재지) 서울 서대문구 충정로7길 31 (사업자등록번호) 306-81-20145	⑮ 선박명(항공편명) HANJIN SAVANNAH	⑯ 출항예정일자 2024/7/30	⑰ 적재예정보세구역 03012202	
	⑱ 운송형태 10 BU		⑲ 검사희망일 2024/7/25	
	⑳ 물품소재지 한진보세장치장 인천 중구 연안동 245-1			
③ 제 조 자 (주)소노슈즈 (통관고유부호)(주)소노슈즈-1-74-1-12-4 제조장소 214 산업단지부호	㉑ L/C번호 868EA-10-55554		㉒ 물품상태 N	
	㉓ 사전임시개청통보여부 A		㉔ 반송 사유	
④ 구 매 자 동경기업 (구매자부호) CNTOSHIN12347	㉕ 환급신청인 1 (1: 수출대행자/수출화주, 2: 제조자) 간이환급 NO			

• 품명 • 규격 (란번호/총란수 : 999/999)

㉖ 품 명 건강신발 ㉗ 거래품명 건강신발	㉘ 상표명 NO			
㉙ 모델·규격 텀블러	㉚ 성분	㉛ 수량 1,000(BOX)	㉜ 단가(JPY) 780	㉝ 금액(JPY) 780,000
㉞ 세번부호 1234.12-1234	㉟ 순중량 900KG	㊱ 수량 1,000(BOX)	㊲ 신고가격 (FOB)	¥780,000 ₩7,878,000
㊳ 송품장번호 AC-2013-00620	㊴ 수입신고번호	㊵ 원산지 Y	㊶ 포장갯수(종류)	1,000(BOX)
㊷ 수출요건확인(발급서류명)				
㊸ 총중량 950KG	㊹ 총포장갯수 1000C/T	㊺ 총신고가격 (FOB)		¥780,000 ₩7,878,000
㊻ 운임(₩)	㊼ 보험료(₩)	㊽ 결제금액	FOB-¥780,000	
㊾ 수입화물관리번호		㊿ 컨테이너번호	CKLU7845013	Y
※ 신고인기재란 수출자 : 제조/무역, 판촉물		㊿¹ 세관기재란		
㊿² 운송(신고)인 한진통운(주) 최진우 ㊿³ 기간 2024/07/25 부터 2024/07/31 까지	㊿⁴ 적재의무 기한 2024/07/30	㊿⁵ 담당자 990101 (이현구)	㊿⁶ 신고수리 일자	2024/7/25

자료 2. 재정환율 내역

7월 20일	7월 25일	7월 30일
1,010원/100¥	1,050원/100¥	1,100원/100¥

자료설명
1. 자료 1은 7월 30일 선적한 일본 동경기업에 대한 수출신고필증이다.
2. 자료 2는 환율 내역이다.
3. 수출대금은 전액 2024년 8월 31일 받기로 하였다.

수행과제
1. 수출 거래내역을 매입매출전표에 입력하시오.
2. 수출실적명세서를 작성하시오.
3. 제2기 부가가치세 예정신고서에 반영하시오.

④ 대손세액공제신고서 작성자의 부가가치세신고서 작성

자료.

전자세금계산서 (공급자 보관용)					승인번호		
공급자	등록번호	306-81-20145		공급받는자	등록번호	125-81-12255	
	상호	(주)소노슈즈	성명(대표자) 이주화		상호	(주)바이오슈즈	성명(대표자) 오강진
	사업장주소	서울 서대문구 충정로7길 31			사업장주소	경기도 수원시 팔달구 매산로 8523	
	업태	제조업 외	종사업장번호		업태	도소매업	종사업장번호
	종목	신발제조			종목	기능성신발	
	E-Mail	goldenshoes@bill36524.com			E-Mail	bioshoes@bill36524.com	
작성일자	2021.12.10.	공급가액	30,000,000		세 액	3,000,000	
비고							

월	일	품목명	규격	수량	단가	공급가액	세액	비고
12	10	런닝화		500	60,000	30,000,000	3,000,000	

합계금액	현금	수표	어음	외상미수금	이 금액을 ○ 영수 ● 청구 함
33,000,000				33,000,000	

자료설명
자료는 (주)바이오슈즈에 매출한 거래내역으로, 해당 채권의 소멸시효가 완성(2024년 12월 10일)되어 전액 대손으로 확정되었다. 이와 관련하여 제2기 부가가치세 확정신고시 대손세액공제신청을 하려고 한다.

수행과제
1. 자료에 대한 대손요건을 판단하여 [대손세액공제신고서]를 작성하시오.
2. 대손세액을 2024년 제2기 부가가치세 확정신고서에 반영하시오.
3. 대손확정일의 대손세액공제액 및 대손채권(외상매출금)에 대한 회계처리를 입력하시오.

▌실무수행평가▐ 부가가치세

번호	수행과제	배점
1-1	4월 25일 발행된 전자세금계산서 승인번호를 입력하시오.	2
1-2	5월 30일자 수정후 재발행된 세금계산서의 승인번호를 입력하고 수정사유를 선택하시오. ① 승인번호 :　　　　　　　② 수정사유 :	2
1-3	제2기 예정 신고기간의 수출실적명세서 ⑩수출한재화 원화금액은 얼마인가?	2
1-4	제2기 확정 신고기간의 부가가치세신고서의 대손세액가감(8란)의 세액은 얼마인가?	2
1-5	제1기 확정 신고기간에 전자로 발급한 매출세금계산서 매수와 공급가액은은 각각 얼마인가? ① 매수 :　　　　　　　② 공급가액 :	2

번호	수행과제	배점
1-6	제1기 확정신고기간 부가가치세신고서의 세금계산서수취분_고정자산매입(11란)의 금액과 세액은 각각 얼마인가? ① 금액 :　　　　　　　　　　　② 세액 :	2
1-7	제1기 확정 신고기간의 부가가치세 신고시에 작성되는 건물등감가상각자산취득명세서에서 고려건설(주)와 ㈜오대양건설에서 취득된 자산의 공급가액은 각각 얼마인가? ① 고려건설(주) :　　　　　　　② ㈜오대양건설 :	2
1-8	제1기 확정 신고기간의 부가가치세 신고서에서 영세율-세금계산서발급분과 영세율-기타(수출) 금액은 각각 얼마인가? ① 영세율-세금계산서발급분 금액 : ② 영세율-기타(수출) 금액 :	2
1-9	제2기 확정 신고기간의 부가가치세신고서에 반영되는 부가율은 얼마인가? (단, 국세청 부가율 적용은 "여"를 선택한다.)	2
1-10	제2기 확정 신고기간의 부가가치세신고서 납부할세액은 얼마인가?	2
	부가가치세 소계	20

문제 3 ▶ 결산

[결산자료]를 참고로 결산을 수행하시오.(단, 제시된 자료 이외의 자료는 없다고 가정함.)

❶ 외화평가

자료설명	결산일 현재 보유한 외화자산은 다음과 같다.				
	계정과목	거래처	외화금액	장부상 적용환율	결산일 적용환율
	외화외상매출금	Grace co.	US$95,000	US$1 / 1,200원	US$1 / 1,100원
수행과제	결산정리분개를 입력하시오.				

❷ 결산자료입력에 의한 자동결산

자료. 유형자산 내역

자산코드	계정과목	자산명	취득일	매입가액	잔존가치	감가상각누계액	상각방법	내용연수	사용부서
000201	기계장치	포장기계	2024.7.1.	50,000,000원	0	0	정률법	5년	생산부

자료설명	1. 제시된 자산에 대해서만 감가상각을 하기로 한다. 2. 기계장치에 대한 시운전비는 취득일(7월 1일)에 적절하게 회계처리 되어있다.
수행과제	1. 제시된 자산을 [고정자산등록]에 입력하시오. 2. [고정자산등록] 메뉴를 참고하여 유형자산에 대한 감가상각비를 계산하고, 결산에 자동 반영하시오.

실무수행평가 재무회계

번호	수행과제	배점
2-1	영수증수취명세서(1)에 반영되는 명세서제출 제외대상 건수와 금액은 얼마인가? ① 건수 :　　　　　　　　　　② 금액 :	2
2-2	3월에 발행한 전자어음 중 6월에 만기되는 어음 금액은 얼마인가?	1
2-3	3월 31일 현재 외상매출금과 받을어음 잔액은 각각 얼마인가? ① 외상매출금 :　　　　　　　② 받을어음 :	2
2-4	당기에 발생한 기부금 금액은 얼마인가?　8,000,000원	1
2-5	11월말 현재 선급금의 거래처별 잔액으로 바르지 않은 것은? ① 코엑스(주)　　　　　200,000원 ② ㈜태광고무산업　　　376,000원 ③ ㈜대성신발　　　10,000,000원 ④ 코엑스(주)　　　　　500,000원	2
2-6	12월말 현재 외상매출금의 거래처별 잔액으로 바르지 않은 것은? ① ㈜제임스　　　　273,474,715원 ② ㈜바이오슈즈　　30,000,000원 ③ ㈜금일산업　　　5,500,000원 ④ ㈜슈젠　　　　　　　　　0원	2
2-7	12월 31일 현재 보통예금잔액과 외화외상매출금잔액은 각각 얼마인가? ① 보통예금 잔액 : ② 외화외상매출금 잔액 :	2
2-8	12월 31일 현재 감가상각비(제) 금액은 얼마인가?	2
2-9	12월 31일 현재 기계장치(취득가액-감가상각누계액) 장부가액은 얼마인가?	2
2-10	결산작업 후 확인되는 당기완성품제조원가와 제품매출원가의 금액은 각각 얼마인가? ① 당기완성품제조원가 : ② 제품매출원가 :	2
2-11	12월 31일 현재 미처분이익잉여금(이월이익잉여금) 잔액은 얼마인가?	2
	재무회계 소계	**20**

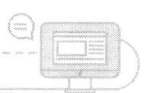

문제 4 > 근로소득관리

인사급여 관련 실무프로세스를 수행하시오.

❶ 사원등록

세대주 성명(한자)	박경원 (朴 慶 元)	세대 구성 사유 및 일자	전입 2013-10-24

현주소: 서울 은평구 가좌로 162 현대1차 102-1206(응암동)

번호	세대주 관계	성 명 주민등록번호	전입일 / 변동일	변동사유
1	본인	박경원 670521-1052516		
2	처	이지민 700202-2167893	2013-10-24	전입
3	자	박수호 950725-1182817	2013-10-24	전입
4	자	박지은 981212-2345678	2013-10-24	전입
5	장인	이민철 430505-1111112	2016-12-15	전입
6	장모	장민영 480606-2111111	2016-12-15	전입

자료설명
사무직 박경원(2001)의 주민등록(등본)표이다.
1. 배우자 및 부양가족은 박경원과 생계를 같이한다.
2. 배우자 이지민은 기타소득(문예창작소득) 2,000,000원(필요경비 60%)이 있다.
3. 장인 이민철은 기타소득금액 2,000,000원이 있다. (분리과세 선택)
4. 장모 장민영은 이자소득 1,000,000원과 배당소득 18,000,000원이 있다.

수행과제
사원등록메뉴에 박경원의 부양가족명세를 작성하시오.
(단, 인적공제는 최대한 세부담을 최소화하는 방향으로 선택한다.)

■실무수행평가■ 근로소득관리1

번호	수행과제	배점
3-1	[박경원 사원등록 조회] ① 기본공제 대상 인원수(본인포함)는 총 몇 명인가? ② 배우자 공제대상액은 얼마인가? ③ 부양가족 공제대상액은 얼마인가? ④ 경로우대 공제대상액은 얼마인가? ⑤ 연말정산관계로 등록되어 있으나 기본공제대상자가 아닌 가족은 몇 명인가?	10

❷ 급여자료입력

자료 1. 6월 급여자료

(단위 : 원)

사원	기본급	문화수당	식대	연장근로수당	국민연금	건강보험	고용보험	장기요양보험	상조회비
김우진 (생산직)	2,300,000	30,000	100,000	150,000	프로그램에서 자동 계산된 금액으로 공제한다.				5,000
이가희 (사무직)	3,200,000	50,000	100,000						5,000

자료 2. 수당 및 공제내역

구분	코드	수당 및 공제명	내 용
수당 등록	101	기본급	설정된 그대로 사용한다.
	200	문화수당	전체 근로자들에게 일괄 지급하고 있다.
	201	식대	회사는 근로자들에게 식사를 제공하고 있지 않다.
	202	연장근로수당	정상적인 근로시간을 초과하여 근무할 경우 연장근로수당을 지급하고 있다.
공제 등록	600	상조회비	당사는 임직원을 대상으로 급여에서 상조회비를 공제하고 있다.

자료설명	1. 급여지급일은 매월 말일이다. 2. 사회보험은 자동계산된 금액으로 공제하고 상조회비는 제시된 금액으로 공제한다. 3. 전월 미환급 소득세 45,000원이 있다.
수행과제	1. 급여자료입력 메뉴에 수당 및 공제등록을 하시오. (상조회비 공제소득유형은 0.무구분을 선택할 것.) 2. 6월 급여자료를 입력하시오.(단, 구분 : 1.급여로 입력할 것.) 3. 6월 귀속분 [원천징수이행상황신고서]를 작성하시오.

▎실무수행평가 ▎ 근로소득관리2

번호	수행과제	배점
3-2	**[급여자료입력 6월]** ① 김우진의 수당항목중 비과세 해당 금액은 얼마인가? ② 이가희의 수당항목중 비과세 해당 금액은 얼마인가? ③ 김우진의 6월분 급여에 대한 차인지급액은 얼마인가? ④ 이가희의 6월분 급여에 대한 차인지급액은 얼마인가? ⑤ 6월분 원천징수이행상황신고서의 근로소득에 대한 10.소득세 등 금액은 얼마인가?	10

❸ 국세청연말정산간소화 및 이외의 자료를 기준으로 연말정산

자료설명	사무직 박정민(2004)의 연말정산을 위한 자료이다. 1. 부양가족은 모두 박정민과 생계를 같이하고 있다. 2. 사원등록의 부양가족명세는 반영되어 있다. 3. 배우자 신수연은 자녀 박상준을 출산하였으며, 그에 대한 의료비 내역이 국세청간소화 자료에 반영되어 있다. 4. 자녀 박성준은 어린이집에 다니고 있으며 현장체험학습비를 지출한 내역을 수취하였다. 5. 박정민이 지출하고 현금영수증 발급받은 국세청 간소화자료는 전액 박물관과 미술관 사용분이 며, 다른 지출금액은 없다. 6. 박정민(무주택자)은 국민주택 초과규모의 아파트에 살고 있으며, 해당 아파트의 기준시가는 2억 2천만원으로 월세액공제대상에 해당한다.
수행과제	[연말정산 근로소득원천징수영수증] 메뉴에서 연말정산을 완료하시오. 1. 의료비세액공제는 [의료비] 탭에서 입력하며, 국세청자료는 공제대상 합계금액을 1건으로 집계 하여 입력한다. 2. 교육비세액공제는 [소득공제] 탭에서 입력한다. 3. 현금영수증소득공제는 [신용카드] 탭에서 입력한다. 4. 월세액공제는 [정산명세] 탭에서 입력한다.(임대차계약서상 주소지는 박정민의 현 주소지와 동 일함.)

자료 1. 박정민 사원의 부양가족등록 현황

연말정산관계	성명	주민번호	기타사항
0.본인	박정민	830918-1111112	세대주
3.배우자	신수연	890504-2222227	소득 없음
4.직계비속	박성준	191218-3094118	소득 없음
4.직계비속	박상준	240625-3148130	소득 없음

자료 2. 국세청간소화서비스 및 기타증빙자료

2024년 귀속 소득·세액공제증명서류 : 기본(지출처별)내역 [의료비]

■ 환자 인적사항

성 명	주 민 등 록 번 호
신수연	890504-2******

■ 의료비 지출내역

(단위 : 원)

사업자번호	상 호	종류	납입금액 계
106-05-81***	***산후조리원	일반	1,300,000
의료비 인별합계금액			1,300,000
안경구입비 인별합계금액			
인별합계금액			1,300,000

- 본 증명서류는 『소득세법』 제165조 제1항에 따라 영수증 발급기관으로부터 수집한 서류로 소득·세액공제 충족 여부는 근로자가 직접 확인하여야 합니다.
- 본 증명서류에서 조회되지 않는 내역은 영수증 발급기관에서 직접 발급받으시기 바랍니다.

교 육 비 납 입 증 명 서

① 상호 : 희망숲어린이집	② 사업자등록번호 : 106-90-20115
③ 대표자 : 김정태	④ 전화번호 : 031) 578-9515
⑤ 주소 : 경기도 부천시 범안로 118	

신청인	⑥ 성명 : 박정민	⑦ 주민등록번호 : 830918-1111112
	⑧ 주소 : 서울특별시 강남구 강남대로 경남아너스빌 102동 1403호	
대상자	⑨ 성명 : 박성준	신청인과의 관계 : 자

■ 교 육 비 부 담 내 역

납부연월	구분	총 교육비	교육비 본인부담금액
10월	현장체험학습비	200,000원	200,000원
11월	현장체험학습비	150,000원	150,000원
12월	현장체험학습비	250,000원	250,000원
계		600,000원	600,000원

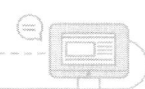

2024년 귀속 소득·세액공제증명서류 [현금영수증]

■ 사용자 인적사항

성 명	주 민 등 록 번 호
박정민	830918-1******

■ 현금영수증 사용금액 집계

일반	전통시장 사용분	대중교통 이용분	도서, 공연 사용분	박물관, 미술관 사용분	합계금액
10,000,000				560,000	10,560,000

- 본 증명서류는 『소득세법』 제165조 제1항에 따라 영수증 발급기관으로부터 수집한 서류로 소득·세액공제 충족 여부는 근로자가 직접 확인하여야 합니다.
- 본 증명서류에서 조회되지 않는 내역은 영수증 발급기관에서 직접 발급받으시기 바랍니다.

월 세 납 입 영 수 증

■ 임대인

성명(법인명)	이상희	주민등록번호(사업자번호)	760905-2222222
주소	인천시 남구 용정공원로 33		

■ 임차인

성명	박정민	주민등록번호	830918-1111112
주소	서울특별시 강남구 강남대로 경남아너스빌 102동 1403호		

■ 세부내용

- 임대차 기간 : 2024년 11월 1일~2025년 10월 31일
- 월세금액 : 1,500,000원 (연간 총액 3,000,000원)
- 주택유형 : 아파트, 계약면적 155㎡

▌실무수행평가▌ 근로소득관리3

번호	수행과제	배점
3-3	[박정민 근로소득원천징수영수증 조회] ① 21. 총급여는 얼마인가? ② 42. 신용카드등 소득공제액은 얼마인가? ③ 55. 자녀세액공제액은 얼마인가? ④ 61. 의료비의 세액공제액은 얼마인가? ⑤ 62. 월세액세액공제액은 얼마인가? ⑥ 73. 결정세액(소득세)은 각각 얼마인가?	10
	근로소득 소계	30

정답 및 풀이

실무이론

실무수행

합격전략

정답 및 풀이

제68회

실무이론평가

01 ③ 타인에게 임대하거나 자체적으로 사용하기 위하여 보유하고 있는 부동산은 유형자산으로 분류하고 시세차익을 얻기 위하여 보유하고 있는 부동산은 투자자산으로 분류한다.

02 ③ 양식에 따라 매출총이익, 매출원가를 계산한다.

과 목	금 액(원)	계산내역
매　　　　출　　　　액	15,500,000	
매　　출　　원　　가	10,000,000	15,500,000 - 5,500,000
매　　출　　총　　이　　익	5,500,000	1,000,000 + 4,500,000
판　매　비　와　관　리　비	4,500,000	
영　　업　　이　　익	1,000,000	

03 ③ 대손처리하였던 외상매출금을 회수하는 경우 대변에 대손충당금으로 회계처리한다.

04 ② 누락된 결산수정분개: (차) 보험료　300,000원　　(대) 선급비용　300,000원
보험료(판매비와관리비) 300,000원이 과소계상되어 영업이익이 300,000원 과대계상되고, 선급비용(유동자산) 300,000원이 과대계상된다.

05 ① 사채할인발행차금은 시장이자율보다 액면이자율이 낮을 경우에 발생한다.

06 ③ 당기순이익에의 영향은 단기매매 목적으로 보유한 A, B주식의 평가손익이다.
A주식의 평가: 1,000주 × (@7,000원 - @6,000원) = 단기매매증권평가이익 1,000,000원
B주식의 평가: 3,000주 × (@5,000원 - @8,000원) = 단기매매증권평가손실 9,000,000원
→ 당기순이익 8,000,000원 감소
C주식은 매도가능증권으로서 관련 평가손익은 자본(기타포괄손익누계액)으로 분류된다.

07 ③ 면세는 부가가치세의 역진성을 완화하기 위한 목적으로 도입되었다.

08 ② 부가가치세 과세표준 = 100,000,000원 + 10,000,000원 = 110,000,000원 국가 무상 기증은 면세 대상에 해당하고, 화재로 인한 손실은 재화의 공급에 해당하지 않는다.

09 ① ② 대표자 본인에 대한 급여는 필요경비로 인정되지 않는다.
③ 분리과세되는 사업소득은 없다.
④ 사업용 고정자산에 해당하는 토지를 양도함으로써 발생하는 차익은 사업소득금액 계산 시 총수입금액에 산입하지 않는다.

10 ③ 56,000,000원 + 6,000,000원 + 2,400,000원 = 64,400,000원
식대보조금은 별도의 식사를 제공 받았으므로 전액 과세임.
자가운전보조금은 전액 비과세임.

TAT 2급 세무실무

실무수행평가

1. 거래자료입력

❶ 1. [일반전표입력] 1월 10일

(차) 811.복리후생비　　　　　300,000원　　(대) 103.보통예금　　　　　300,000원
　　　(98000.하나은행(보통))

2. [경비등송금명세서]

번호	⑥거래일자	⑦법인명(상호)	⑧성명	⑨사업자(주민)등록번호	⑩거래내역	⑪거래금액	⑫송금일자	CD	⑬은행명	⑭계좌번호	계정코드
1	2024-01-10	이복길	이복길	540320-2178111	배추	300,000	2024-01-10	020	우리은행	110154-21-210	

❷ 1. [거래처원장] 조회

　- 01116.(주)중앙산업의 외상매출금 잔액 6,600,000원 확인

2. [일반전표입력] 3월 30일

(차) 110.받을어음　　　　　10,000,000원　　(대) 108.외상매출금　　　　6,600,000원
　　　(01116.(주)중앙산업)　　　　　　　　　　　　(01116.(주)중앙산업)
　　　　　　　　　　　　　　　　　　　　　　　　259.선수금　　　　　　3,400,000원
　　　　　　　　　　　　　　　　　　　　　　　　(01116.(주)중앙산업)

받을어음 관리									삭제(F5)
어음상태	1 보관	어음종류	6 전자	어음번호	00420230330123456789			수취구분	1 자수
발행인	01116	(주)중앙산업		발행일	2024-03-30	만기일	2024-06-30	배서인	
지급은행	100	국민은행	지점 서대문	할인기관		지점		할인율(%)	
지급거래처				* 수령된 어음을 타거래처에 지급하는 경우에 입력합니다.					

❸ [일반전표입력] 3월 31일

(차) 120.미수금　　　　　1,240,000원　　(대) 903.배당금수익　　　　1,240,000원
　　　(00118.(주)삼성전자)

2. 부가가치세관리

❶ 1. [매입매출전표입력] 4월 5일

거래유형	품명	공급가액	부가세	거래처	전자세금
11.과세	자외선 식기세척기	12,000,000	1,200,000	00167.삼일전자(주)	전자발행
분개유형	(차) 108.외상매출금　　　13,200,000원			(대) 404.제품매출　　　12,000,000원	
3.혼합 또는 4.카드	(99601.신한카드)			255.부가세예수금　1,200,000원	

2. [전자세금계산서 발행 및 내역관리]

① 미전송된 내역이 조회되면, 미전송내역을 체크한 후 전자발행▼을 클릭하여 표시되는
　 로그인 화면에서 확인(Tab) 클릭
② '전자세금계산서 발행'화면이 조회되면 발행(F3) 버튼을 클릭한 다음 확인클릭
③ 국세청란에 '발행대상'으로 표시되면 ACADEMY 전자세금계산서 를 클릭
④ [Bill36524 교육용전자세금계산서] 화면에서 [로그인]을 클릭
⑤ 좌측화면: [세금계산서 리스트]에서 [미전송]으로 체크 후 [매출조회]를 클릭
　 우측화면: [전자세금계산서]에서 [발행]을 클릭
⑥ [발행완료되었습니다.] 메시지가 표시되면 확인(Tab) 클릭

❷ 1. [수정전자세금계산서 발급]

① [매입매출전표입력]에서 6월 5일 전표 1건 선택 → 툴바의 수정세금계산서 를 클릭
→ 수정사유(6.착오에 의한 이중발급 등)선택 → 확인(Tab)을 클릭

② 수정세금계산서(매출)화면에서 수정분 [작성일 6월 5일], [공급가액 -25,000,000원], [세액 -2,500,000원]을 입력한 후 확인(Tab) 클릭

③ [매입매출전표입력] 6월 5일

거래유형	품명	공급가액	부가세	거래처	전자세금
11.과세	3인용 식기세척기	-25,000,000	-2,500,000	04004.(주)한성전자	전자발행
분개유형 2.외상	(차) 108.외상매출금 -27,500,000원		(대) 404.제품매출 -25,000,000원 255.부가세예수금 -2,500,000원		

2. [전자세금계산서 발행 및 내역관리]

① 전자세금계산서 발행 및 내역관리 를 클릭하면 수정 전표 1매가 '미전송' 상태로 조회된다.
② 해당내역을 클릭하여 전자세금계산서 발급(발행) 및 국세청 전송을 한다.

❸ 1. [매입매출전표입력] 7월 20일

거래유형	품명	공급가액	부가세	거래처	전자세금
16.수출	식기세척기	17,040,000		00112.쉰들러(주)	
분개유형 2.외상	(차) 108.외상매출금 17,040,000원 (00112.쉰들러(주))		(대) 404.제품매출 17,040,000원		

과세표준 = 수출신고필증의 ㊾결제금액 × 선적일의 기준(재정)환율
12,000EUR × 1,420.0원 = 17,040,000원

2. [수출실적명세서] 7월 ~ 9월

3. [부가가치세신고서] 7월 1일 ~ 9월 30일

영세	세금계산서발급분	5	5,000,000	0/100
	기타	6	17,040,000	0/100

❹ 1. 거래자료 입력

① [일반전표입력] 10월 10일
(차) 822.차량유지비 110,000원   (대) 253.미지급금 110,000원
(99600.롯데카드)

② [매입매출전표 입력] 11월 15일

거래유형	품명	공급가액	부가세	거래처	전자세금
57.카과	수리비	300,000	30,000	00121.블루핸즈 북가좌점	
분개유형 4.카드	(차) 522.차량유지비 300,000원 135.부가세대급금 30,000원			(대) 253.미지급금 (99602.우리카드)	330,000원

③ [매입매출전표 입력] 12월 8일

거래유형	품명	공급가액	부가세	거래처	전자세금
61.현과	복합기	900,000	90,000	00125.쿠팡(주)	
분개유형 3.혼합	(차) 212.비품 900,000원 135.부가세대급금 90,000원			(대) 103.보통예금 (98000.하나은행(보통))	990,000원

2. [신용카드매출전표등 수령금액 합계표] 10월 ~ 12월
   - 상단의 '불러오기' 아이콘을 클릭하여 입력 데이터를 자동반영한다.

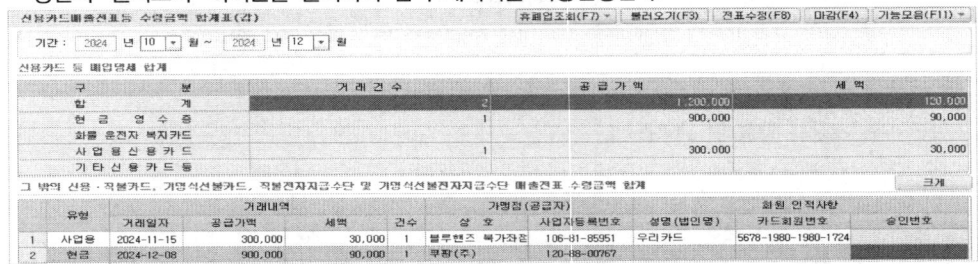

3. [부가가치세신고서] 10월 1일 ~ 12월 31일

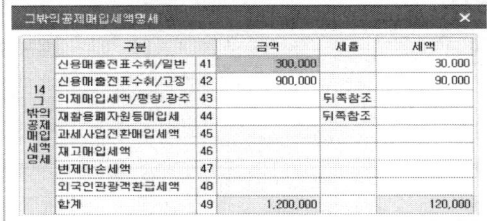 

실무수행평가 부가가치세관리

번호	평가문제답안	배점
11	④	2
12	6	2
13	23,000,000원	2
14	34매	2
15	17,040,000원	2
16	22,040,000원	2
17	④	3
18	1,200,000원	3
19	900,000원	2
20	23,613,200원	2
	부가가치세 소계	22

3. 결산

❶ [일반전표입력]

(차) 257.가수금	10,170,000원	(대) 108.외상매출금 (00156.(주)현동기기)	5,170,000원	
		114.단기대여금 (00109.(주)제도전기)	5,000,000원	

❷ [결산자료입력 1]
- 퇴직급여(전입액)란에 제조: 17,400,000원, 판매관리비: 7,600,000원을 입력한다.
  - ※ 생산부: 퇴직급여추계액 52,400,000원 − 퇴직급여충당부채 잔액 35,000,000원 = 17,400,000원
  - ※ 영업부: 퇴직급여추계액 24,600,000원 − 퇴직급여충당부채 잔액 17,000,000원 = 7,600,000원

[결산자료입력 2]
- 결산자료입력에서 기말 원재료 30,000,000원, 제품 175,000,000원을 입력하고 전표추가(F3) 를 클릭하여 결산분개를 생성한다.

[이익잉여금처분계산서]
- 이익잉여금처분계산서에서 처분일을 입력한 후, 전표추가(F3) 를 클릭하여 손익대체 분개를 생성한다.

▮실무수행평가▮ 재무회계

번호	평 가 문 제 답 안	배점
21	020	1
22	15,500,000원	1
23	19,030,000원	2
24	②	1
25	1,360,000원	2
26	2,100,000원	2
27	359,040,000원	2
28	2,400,000원	1
29	34,840,000원	1
30	8,640,000원	2
31	59,000,000원	2
32	4,900,000원	1
33	77,000,000원	2
34	30,000,000원	2
35	④	1
	재무회계 소계	**23**

4. 근로소득관리

❶ [사원등록] 메뉴의 부양가족명세

● 부양가족명세 (2024.12.31 기준)

	연말정산관계	기본	세대	부녀	장애	경로70세	출산입양	자녀	한부모	성명	주민(외국인)번호	가족관계
1	0.본인	본인								김대영	내 800321-1216511	
2	1.(소)직계존속	장애인			3	○				김중덕	내 440405-1649478	03.부
3	3.배우자	배우자								안영희	내 810905-2027511	02.배우자
4	4.직계비속((손	20세이하						○		김한별	내 041123-3070791	05.자녀
5	4.직계비속((손	20세이하						○		김한솔	내 060305-3111116	05.자녀

① 김종덕: 소득이 없는 중증환자이므로 기본공제, 장애인공제, 경로우대자 대상임.
② 안영희: 복권당첨소득은 무조건 분리과세 대상소득이므로 기본공제 대상임.
③ 김한별: 소득이 없는 20세 이하로 기본공제 대상임.
④ 김한솔: 소득이 없는 20세 이하로 기본공제 대상임.

실무수행평가 근로소득관리1

번호	평 가 문 제 답 안	배점
36	1,500,000원	2
37	3명	1
38	1,000,000원	2
39	2,000,000원	1
40	300,000원	2

❷ 1. [사원등록]
- 생산부 정수진 사원의 생산직 여부 수정

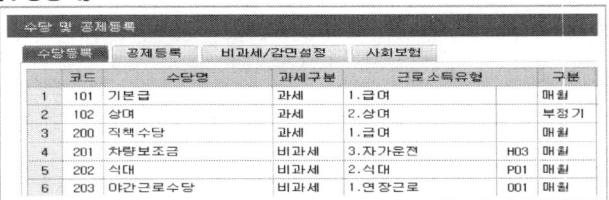

- 직전연도 총급여액이 30,000,000원을 초과하므로 연장근로비과세에 해당 안됨.

2. [수당등록]

코드	수당명	과세구분	근로소득유형	구분
101	기본급	과세	1.급여	매월
102	상여	과세	2.상여	부정기
200	직책수당	과세	1.급여	매월
201	차량보조금	비과세	3.자가운전 H03	매월
202	식대	비과세	2.식대 P01	매월
203	야간근로수당	비과세	1.연장근로 001	매월

3. [급여자료입력]

[김상훈]

급여항목	지급액	공제항목	공제액
기본급	3,000,000	국민연금	135,000
직책수당	150,000	건강보험	106,350
차량보조금	300,000	고용보험	30,150
식대	300,000	장기요양보험료	13,620
야간근로수당		소득세	107,660
		지방소득세	10,760

[정수진]

급여항목	지급액	공제항목	공제액
기본급	2,000,000	국민연금	90,000
직책수당		건강보험	70,900
차량보조금		고용보험	27,900
식대	300,000	장기요양보험료	9,080
야간근로수당	1,000,000	소득세	82,900
		지방소득세	8,290

4. [원천징수이행상황신고서]

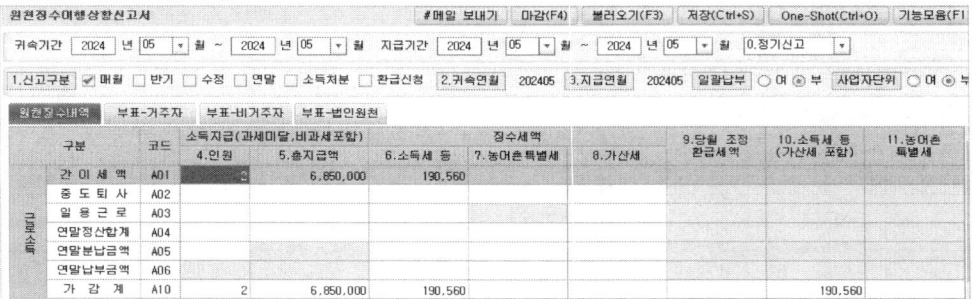

실무수행평가 | 근로소득관리2

번호	평가문제답안	배점
41	100,000원	2
42	200,000원	2
43	1,000,000원	2
44	3,010,930원	1
45	190,560원	1

❸ [연말정산 근로소득원천징수영수증]

1. 종전근무지 입력

구분/항목	계	11월	12월	연말	종전1
근무처명					(주)광성물산
사업자등록번호(숫자10자리입력)					134-81-21118
13.급여	47,500,000	3,500,000	3,500,000		30,000,000
14.상여	5,000,000				5,000,000
15.인정상여					
15-1.주식매수선택권행사이익					
15-2.우리사주조합인출금					
15-3.임원퇴직소득한도초과액					
15-4.직무발명보상금					
16.급여계	52,500,000	3,500,000	3,500,000		35,000,000
미제출비과세					
건강보험료	1,354,100	124,070	124,070		733,750
장기요양보험료	165,490	15,890	15,890		86,040
국민연금보험료	1,747,500	157,500	157,500		960,000
고용보험료	327,500	31,500	31,500		170,000
소득세	891,300	102,220	102,220		380,200
지방소득세	89,120	10,220	10,220		38,020

2. 의료비 세액공제

	공제대상자				지급처			지급명세		
	부양가족관계코드	성명	내외	주민등록번호	본인등해당여부	상호	사업자번호	의료증빙코드	건수	지급액	실손의료보험금
1	소득자의 직계존	최진수	내	421110-1919012	○			국세청	1	2,700,000	

3. 보험료 세액공제

	관계코드	성명	기	보험료	
	내외국인	주민등록번호	분	보장성	장애인
1	0	최정훈	본인/세대주	1,200,000	
	1	770521-1229103			
2	1	최진수	부		
	1	421110-1919012			
3	1	이정희	60세 이상	1,800,000	
	1	500102-2111119			

4. 연금계좌 세액공제

구분		금융회사등	계좌번호	불입금액
3.연금저축	404	흥국생명보험(주)	013458888	6,000,000

실무수행평가 — 근로소득관리3

번호	평가문제답안	배점
46	32,530,410원	2
47	600,000원	2
48	120,000원	2
49	168,750원	2
50	②	1
근로소득 소계		25

제67회

실무이론평가

01 ② 표현의 충실성을 설명한 것으로서 신뢰성의 속성에 해당한다.

02 ① 미교부주식배당금은 자본조정항목으로 자본에 해당한다.

03 ④ 매출원가 = 기초재고자산(100개 × 1,000원) + 12월 5일 매입분(50개 × 1,200원) = 160,000원
기말재고자산 = 12월 5일 매입분(50개 × 1,200원) + 12월 15일 매입분(100개 × 1,400원)
= 200,000원

04 ③ 상환의무가 없는 정부보조금 1,000,000원으로 기계장치를 1,000,000원에 취득할 경우의 회계처리는 다음과 같다.
 (차) 기계장치 1,000,000원 (대) 보통예금 1,000,000원
   정부보조금 1,000,000원   정부보조금 1,000,000원
   (보통예금 차감)   (기계장치 차감)

05 ③ 퇴직금추계액이란 당기말 현재 전 임직원이 퇴사할 때 소요될 것으로 예상되는 퇴직급여액으로서, 재무상태표에 계상되는 퇴직급여충당부채 기말잔액이다.
퇴직금추계액 = 퇴직급여충당부채 기초잔액(6,000,000원) − 당기지급액(2,000,000원)
      + 결산 시 추가전입액 (3,000,000원) = 7,000,000원

06 ② 1월 1일 ~ 6월 30일의 감가상각비 = 20,000,000원 ÷ 5년 × 6개월/12개월 = 2,000,000원
7월 1일 ~ 12월 31일의 감가상각비
 = (20,000,000원 − 2,000,000원 + 5,400,000원) × 6개월/54개월 = 2,600,000원
2026년 감가상각비 = 2,000,000원 + 2,600,000원 = 4,600,000원

07 ① 약사법에 따른 약사가 제공하는 의약품의 조제용역은 면세대상 용역의 공급에 해당한다.

08 ③ 15,000,000원(접대비 지출) + 70,000,000원(공장부지의 조성관련 지출) = 85,000,000원

09 ④ 휴가비는 과세대상 근로소득이다. 그러나 사회통념상 타당한 범위의 경조금, 비출자임원이 사택을 제공받아 얻은 이익, 근로자가 제공받은 식사는 소득세 과세대상이 아니다.

10 ④ 기본공제: 1,500,000원 × 4명 = 6,000,000원(본인, 배우자, 자녀, 모친)
추가공제: 3,000,000원(경로우대공제 모친 1,000,000원. 장애인공제 자녀 2,000,000원)
부친은 소득금액이 1,000,000원을 초과하여 기본공제대상자에 해당하지 않으므로 추가공제 중 경로우대공제도 적용되지 않는다.

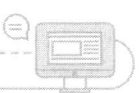

실무수행평가

1. 거래자료입력

❶ [일반전표입력] 1월 10일

(차) 933.기부금　　　　　5,000,000원　　　(대) 101.현금　　　　　5,000,000원
또는 (출) 933.기부금　　5,000,000원

[영수증수취명세서]

[영수증수취명세서(2)]

거래일자	상호	성명	사업장	사업자등록번호	거래금액	구분	계정코드	계정과목	적요
2024-02-21	(주)삼성화재				835,000	16	821	보험료	자동차보험료
2024-01-13	샤인실업	최재수	서울 구로구 구로동로 27	106-08-12514	200,000		520	수선비	기계 수리
2024-01-10	(재)서울대학교			112-82-00240	5,000,000	20	933	기부금	

[영수증수취명세서(1)]

1. 세금계산서, 계산서, 신용카드 등 미사용내역

9. 구분	3만원 초과 거래분		
	10. 총계	11. 명세서제출 제외대상	12. 명세서제출 대상(10-11)
13. 건수	3	2	1
14. 금액	6,035,000	5,835,000	200,000

❷ 1. [일반전표입력] 2월 25일

(차) 936.매출채권처분손실　　660,000원　　(대) 110.받을어음　　22,000,000원
　　103.보통예금　　　　　21,340,000원　　　　(01500.(주)아이나라)
　　(98000.국민은행(보통))
※ 할인료(매출채권처분손실): 22,000,000원 × 12% × 3개월/12개월 = 660,000원

2. [자금관리]

받을어음 관리										삭제(F5)
어음상태	2 할인(전액)	어음번호	00420240125123456780		수취구분	1 자수	발행일	2024-01-25	만기일	2024-05-25
발행인	01500	(주)아이나라			지급은행	100	국민은행		지점	서대문
배서인		할인기관	98000	국민은행(보통)	지점	서대문	할인율(%)		12 어음종류	6 전자
지급거래처					* 수령된 어음을 타거래처에 지급하는 경우에 입력합니다.					

❸ [매입매출전표입력] 3월 20일

거래유형	품명	공급가액	부가세	거래처	전자세금
53.면세	기계장비리스	880,000		00112.(주)우리캐피탈	전자입력
분개유형	(차) 519.임차료	880,000원	(대) 253.미지급금		880,000원
3.혼합					

2. 부가가치세

❶ 1. [매입매출전표입력] 4월 28일

거래유형	품명	공급가액	부가세	거래처	전자세금
11.과세	미니카 장난감	12,000,000	1,200,000	03040.(주)아이토이	전자발행
분개유형	(차) 108.외상매출금	13,200,000원	(대) 404.제품매출		12,000,000원
2.외상			255.부가세예수금		1,200,000원

2. [전자세금계산서 발행 및 내역관리]
① 미전송된 내역이 조회되면, 미전송내역을 체크한 후 전자발행▼을 클릭하여 표시되는 로그인 화면에서 확인(Tab) 클릭
② '전자세금계산서 발행'화면이 조회되면 발행(F3) 버튼을 클릭한 다음 확인(Tab) 클릭
③ 국세청란에 '발행대상'으로 표시되면 ACADEMY 전자세금계산서 를 클릭
④ [Bill36524 교육용전자세금계산서] 화면에서 [로그인]을 클릭
⑤ 좌측화면: [세금계산서 리스트]에서 [미전송]으로 체크 후 [매출조회]를 클릭
  우측화면: [전자세금계산서]에서 [발행]을 클릭
⑥ [발행완료되었습니다.] 메시지가 표시되면 확인(Tab) 클릭

❷ 1. [수정전자세금계산서 발급]
① [매입매출전표입력] 5월 23일 전표선택 ➡ 수정세금계산서 클릭 ➡ 수정사유(2.공급가액변동)를 선택 ➡ 확인(Tab) 을 클릭
② [수정세금계산서(매출)] 화면에서 수정분 [작성일 5월 31일], [공급가액 -400,000원], [세액 -40,000원]을 입력한 후 확인(Tab) 을 클릭

구분	년	월	일	유형	품명	수량	단가	공급가액	부가세	합계	코드	거래처명	사업.주민번호
당초분	2024	05	23	과세	장난감인형	400	50,000	20,000,000	2,000,000	22,000,000	03050	(주)가가랜드	120-81-32159
수정분	2024	05	31	과세	매출할인			-400,000	-40,000	-440,000	03050	(주)가가랜드	120-81-32159
					합 계			19,600,000	1,960,000	21,560,000			

③ [매입매출전표입력] 5월 31일

거래유형	품명	공급가액	부가세	거래처	전자세금
11. 과세	매출할인	-400,000	-40,000	03050.(주)가가랜드	전자발행
분개유형	(차) 108.외상매출금	-440,000원	(대) 404.제품매출		-400,000원
2. 외상			255.부가세예수금		-40,000원

2. [전자세금계산서 발행 및 내역관리]
① 전자세금계산서 발행 및 내역관리 를 클릭하면 수정 전표 1매가 미전송 상태로 조회된다.
② 해당내역을 클릭하여 전자세금계산서 발급(발행) 및 국세청 전송을 한다.

❸ 1. [거래자료입력]
- [매입매출전표입력] 7월 5일

거래유형	품명	공급가액	부가세	거래처	전자세금
51.과세	프레스기계 수선비	8,000,000	800,000	03150.(주)코스모산업	전자입력
분개유형	(차) 206.기계장치	8,000,000원	(대) 253.미지급금		8,800,000원
3.혼합	135.부가세대급금	800,000원			

- [매입매출전표입력] 8월 20일

거래유형	품명	공급가액	부가세	거래처	전자세금
51.과세	공장신축공사계약금	150,000,000	15,000,000	03160.(주)성산산업	전자입력
분개유형	(차) 214.건설중인자산	150,000,000원	(대) 103.보통예금		165,000,000원
3.혼합	135.부가세대급금	15,000,000원	(98000.국민은행(보통))		

- [일반전표입력] 9월 30일
  (차) 134.가지급금   990,000원   (대) 253.미지급금   990,000원
     (03090.박세리)   (99610.삼성카드)
  ※ 대표이사의 개인적인 물품구입은 매입세액 공제대상이 아니며, 세금계산서를 수취하지 않고
    신용카드매출전표를 수취하였으므로 일반전표입력에 매입부가세를 포함한 금액으로 입력하여야 한다.

2. [건물등감가상각자산취득명세서] 7월 ~ 9월

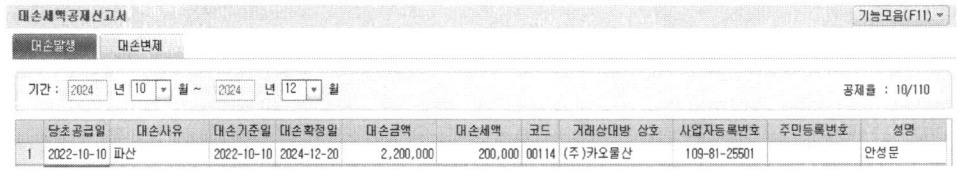

3. [부가가치세신고서] 7월 1일 ~ 9월 30일

			금액	세액
매입세액	세금계산서 수취부분	일반매입	10	78,100,000	7,810,000
		수출기업수입분납부유예	10-1		
		고정자산매입	11	158,000,000	15,800,000
	예정신고누락분		12		
	매입자발행세금계산서		13		
	그밖의공제매입세액		14	1,600,000	160,000
	합계 (10-(10-1)+11+12+13+14)		15	237,700,000	23,770,000
	공제받지못할매입세액		16		
	차감계 (15-16)		17	237,700,000	ⓒ	23,770,000

❹ 1. [대손세액공제신고서] 작성

2. [부가가치세신고서] 10월 1일 ~ 12월 31일

		구 분		금액	세율	세액
과세표준및매출세액	과세	세금계산서발급분	1	40,860,000	10/100	4,086,000
		매입자발행세금계산서	2		10/100	
		신용카드·현금영수증	3		10/100	
		기타	4		10/100	
	영세	세금계산서발급분	5		0/100	
		기타	6		0/100	
	예정신고누락분		7			
	대손세액가감		8			-200,000

	구분		금액	세율	세액
18 그밖의 경감공제 세액명세	전자신고및전자고지	54			10,000
	전자세금발급세액	55			
	택시운송사업자경감세	56			
	대리납부세액공제	57			
	현금영수증사업자세액	58			
	기타	59			
	합계	60			10,000

3. [일반전표입력] 12월 20일

(차) 109.대손충당금　　　　　　900,000원　　(대) 108.외상매출금　　　　2,200,000원
　　　835.대손상각비　　　　　1,100,000원　　　　　(00114.(주)카오물산)
　　　255.부가세예수금　　　　　200,000원

▌실무수행평가 ▌ 부가가치세관리

번호	평가문제답안	배점
11	1,880,000원	1
12	19,600,000원	2
13	29매	2
14	2	2
15	8,000,000원	3
16	158,000,000원	2
17	④	2
18	②	3
19	-200,000원	3
20	759,200원	2
부가가치세 소계		**22**

3. 결산

❶ [일반전표입력] 12월 31일
　　(차) 305.외화장기차입금　　　4,500,000원　　(대) 910.외화환산이익　　4,500,000원
　　　　(98300.원캐피탈)
　　※ (1,350원 − 1,200원) × $30,000 = 이익 4,500,000원

❷ [결산자료입력 1]
　　− 단기대여금 대손상각비 설정액 = 12,000,000원 × 1% = 120,000원
　　　① 방법 1.
　　　　 결산자료입력(기타의 대손상각비)란에 단기대여금 120,000원 입력
　　　② 방법 2. [일반전표입력] 12월 31일
　　　　 (차) 934.기타의대손상각비　　120,000원　　(대) 115.대손충당금　　120,000원

[결산자료입력 2]
　− 결산자료입력에서 기말 원재료 5,250,000원, 재공품 8,300,000원, 제품 26,400,000원을 입력하고 전표추가(F3) 를 클릭하여 결산분개를 생성한다.

[이익잉여금처분계산서] 메뉴
　− 이익잉여금처분계산서에서 처분일을 입력한 후, 전표추가(F3) 를 클릭하여 손익대체 분개를 생성한다.

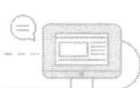

▮실무수행평가▮ 재무회계

번호	평가문제답안	배점
21	5,835,000원	2
22	34,000,000원	2
23	7,200,000원	2
24	791,000원	1
25	1,080,000원	1
26	6,060,000원	1
27	③	2
28	21,560,000원	1
29	1,100,000원	1
30	30,060,900원	2
31	1,990,000원	1
32	602,700,000원	2
33	36,000,000원	2
34	41,550,000원	2
35	②	1
재무회계 소계		23

4. 근로소득관리

❶ [사원등록]

	연말정산관계	기본	세대	부녀	장애	경로70세	출산입양	자녀	한부모	성명	주민(외국인)번호	가족관계
1	0.본인	본인	○							김태현	내 800321-1216511	
2	3.배우자	배우자								현주영	내 810905-2027511	02.배우자
3	4.직계비속(자녀)20세이하									김선우	내 160123-4070784	05.자녀
4	4.직계비속(자녀)20세이하						○(2)			김선아	내 230226-4000001	05.자녀
5	6.형제자매	장애인			1					현주성	내 830303-1850211	22.제

① 현주영: 고용보험으로부터 지급받는 육아휴직급여는 비과세이므로 기본공제 대상임.
② 김선우: 20세 이하 이고, 소득이 없으므로 기본공제 대상임.
③ 김선아: 해당연도에 출생하였으므로 출산입양공제, 기본공제 대상임.
④ 현주성: 장애인으로 소득이 없으므로 기본공제, 장애인공제 대상임.

▮실무수행평가▮ 근로소득관리1

번호	평가문제답안	배점
36	1,500,000원	2
37	3명	2
38	2,000,000원	2
39	21,838,480원	1
40	500,000원	2

❷ 1. [일용직사원등록]

2. [일용직급여입력]

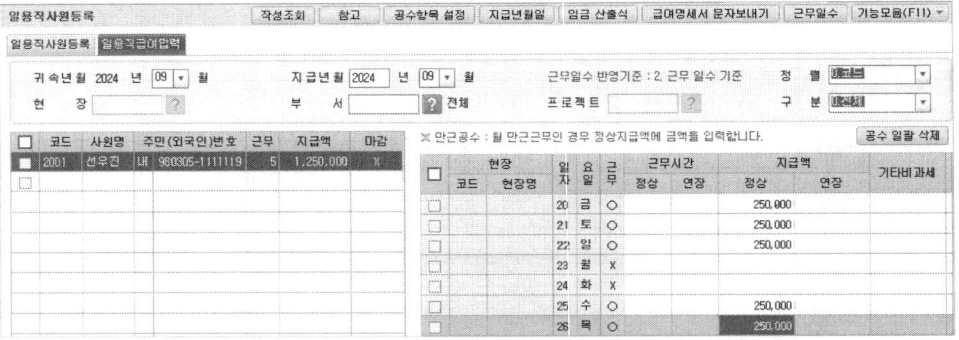

3. [원천징수이행상황신고서]

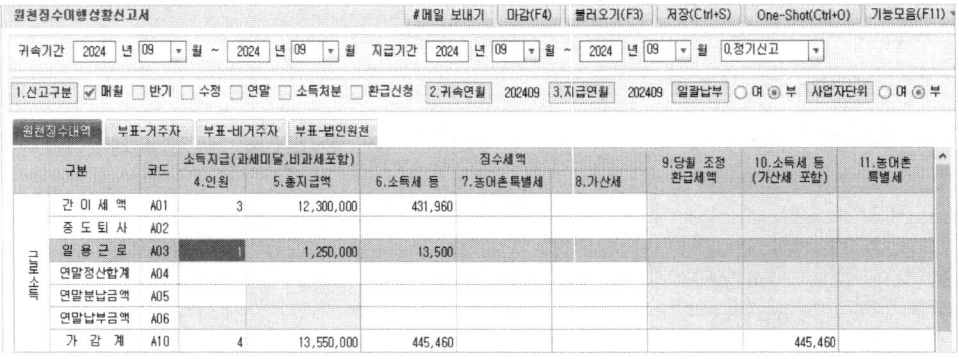

실무수행평가 - 근로소득관리2

번호	평가문제답안	배점
41	11,250원	2
42	26,100원	1
43	1,250,000원	1
44	13,500원	1
45	4명	1

❸ [연말정산 근로소득원천징수영수증]

1. 부양가족 등록수정

	연말정산관계	기본	세대	부녀	장애	경로 70세	출산 입양	자녀	한부모	성명	주민(외국인)번호	가족관계
1	0.본인	본인	○							문지훈	내 741011-1111113	
2	3.배우자	배우자								김은희	내 790502-2222221	02.배우자
3	1.(소)직계존속	60세이상				○				정진향	내 510102-2111116	04.모
4	4.직계비속((손)	20세이하					○			문소리	내 091215-3094119	05.자녀
5												
	합계						1	1				

2. 의료비 세액공제

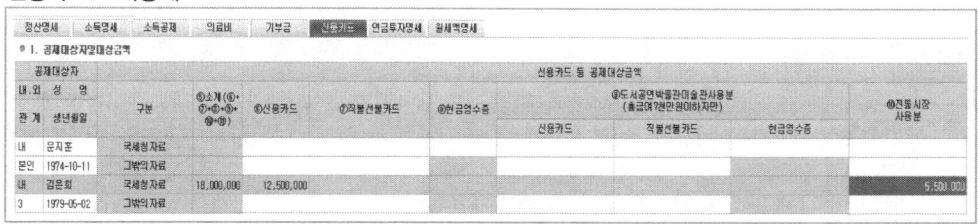

3. 신용카드 소득공제

공제대상자			구분		신용카드 등 공제대상금액						
내외	성명			①소계(②+③+④+⑤+⑥+⑦)	②신용카드	③직불선불카드	④현금영수증	⑤도서공연박물관미술관사용분 (총급여7천만원이하자만)			⑥전통시장 사용분
관계	생년월일							신용카드	직불선불카드	현금영수증	
내	문지훈		국세청자료								
본인	1974-10-11		그밖의자료								
내	김은희		국세청자료	18,000,000	12,500,000						5,500,000
3	1979-05-02		그밖의자료								

4. 보험료 세액공제

	관계코드	성명	기본	보험료	
	내외국인	주민등록번호		보장성	장애인
1	0	문지훈	본인/세대주	480,000	
	1	741011-1111113			
2	3	김은희	배우자		
	1	790502-2222221			
3	1	정진향	60세이상	960,000	
	1	510102-2111116			
4	4	문소리	20세이하		
	1	091215-3094119			

5. 교육비 세액공제
   - 비인가 대안교육기관에 지급한 교육비는 세액공제 대상에 해당하지 않는다.

정산명세	소득명세	소득공제	의료비	기부금	신
관계코드	성 명	기본	교육비		
내외국인	주민등록번호		구분	일반	장애인특수교육
1	0	문지훈	본인/세대주	본인	4,500,000	
	1	741011-1111113				
2	3	김은희	20세이하			
	1	790502-2222221				
3	1	정진향	60세이상			
	1	510102-2111116				
4	4	문소리	20세이하			
	1	091215-3094119				

■ 실무수행평가 ■ 근로소득관리3

번호	평 가 문 제 답 안	배점
46	1,560,000원	2
47	120,000원	3
48	376,200원	2
49	675,000원	2
50	②	1
	근로소득 소계	25

제66회

실무이론평가

01 ④ 회계정보가 정보이용자에게 유용하기 위해서는 그 정보가 의사결정에 반영될 수 있도록 적시에 제공되어야 한다.

02 ④ 선적지 인도조건으로 매입한 경우 선적시점에 재고자산을 인식하므로 기말재고액에 포함되어야 한다.

03 ③

수 량	장부상 단가 (가)	단위당 예상 판매가격 ①	단위당 예상 판매비용 ②	단위당 예상 순실현가능가치 (나) = ① - ②	단위당 평가손실 (가) - (나)
1,000개	100원	120원	30원	90원	10원

재고자산평가손실 = 1,000개 × 10원 = 10,000원

04 ③ 합병으로 취득한 영업권은 무형자산이다. 나머지는 당기비용으로 인식한다.

05 ③ 수정후 당기순이익 = 수정전 당기순이익(5,000,000원) + 보험료 선급분 (300,000원)
       - 이자 미지급분(200,000원) = 5,100,000원

06 ① 매출원가 = 기초상품 재고분(300개 × 1,000원 = 300,000원)
       + 7월 1일 매입분(250개 × 1,500원 = 375,000원) = 675,000원

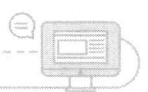

07 ③ 단기할부판매시에는 인도기준을 적용한다.

08 ① 국외매출액은 영세율 과세 대상이므로 매출세액이 없으며, 하치장반출액과 무상으로 제공한 견본품은 과세표준에 해당하지 아니한다.
70,000,000원 × 10% = 7,000,000원

09 ③ 50,000,000원 + 6,000,000원 + 5,000,000원 + 2,400,000원 = 63,400,000원

10 ② 과세기간 종료일 전에 사망한 경우 사망일 전일의 상황에 따라 공제 여부를 판정한다.

실무수행평가

1. 거래자료입력

❶ 1. [일반전표입력] 1월 25일
(차) 812.여비교통비 35,000원 (대) 101.현금 35,000원
또는 (출) 812.여비교통비 35,000원

2. [영수증수취명세서(2)]

3. [영수증수취명세서(1)]

❷ 1. [일반전표입력] 2월 15일
(차) 102.당좌예금 9,800,000원 (대) 110.받을어음 10,000,000원
(98005.우리은행(당좌)) (02020.(주)서원산업)
936.매출채권처분손실 200,000원

2. [받을어음 관리]

❸ [일반전표입력] 3월 10일
(차) 103.보통예금   451,000원   (대) 259.선수금   451,000원
    (98000.국민은행(보통))   (00122.(주)서구전자)

2. 부가가치세관리

❶ 1. [매입매출전표] 4월 5일

거래유형	품명	공급가액	부가세	거래처	전자세금
11.과세	무선 선풍기	20,500,000	2,050,000	02040.(주)세방기업	전자발행
분개유형	(차) 101.현금		2,550,000원	(대) 404.제품매출	20,500,000원
3.혼합	108.외상매출금		20,000,000원	255.부가세예수금	2,050,000원

2. [전자세금계산서 발행 및 내역관리]
  ① 미전송된 내역이 조회되면, 미전송내역을 체크한 후 전자발행▼을 클릭하여 표시되는 로그인 화면에서 확인(Tab) 클릭
  ② '전자세금계산서 발행'화면이 조회되면 발행(F3) 버튼을 클릭한 다음 확인클릭
  ③ 국세청란에 '발행대상'으로 표시되면 ACADEMY 전자세금계산서 를 클릭
  ④ [Bill36524 교육용전자세금계산서] 화면에서 [로그인]을 클릭
  ⑤ 좌측화면: [세금계산서 리스트]에서 [미전송]으로 체크 후 [매출조회]를 클릭
     우측화면: [전자세금계산서]에서 [발행]을 클릭
  ⑥ [발행완료되었습니다.] 메시지가 표시되면 확인(Tab) 클릭

❷ 1. [수정전자세금계산서 발급]
  ① [매입매출전표입력] 4월 10일 전표선택 → 수정세금계산서 클릭 → 수정사유(4.계약의 해제)를 선택 → 확인(Tab)을 클릭\
  ② [수정세금계산서(매출)] 화면에서 수정분 [작성일 5월 10일], [공급가액 -2,000,000원], [세액 -200,000원] 자동반영 후 [확인(Tab)] 클릭

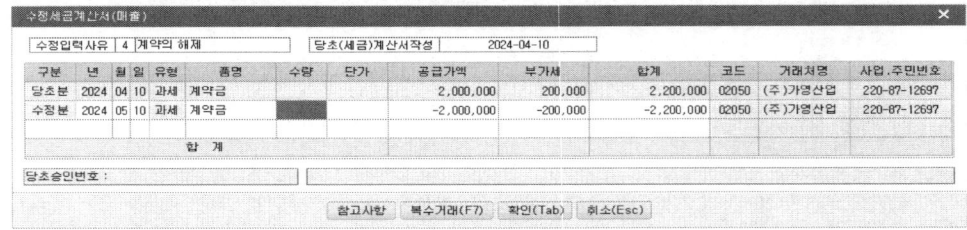

  ③ [매입매출전표입력] 5월 10일
     방법 1.

거래유형	품명	공급가액	부가세	거래처	전자세금
11. 과세	계약금	-2,000,000	-200,000	02050.(주)가영산업	전자발행
분개유형	(차) 101.현금		-2,200,000원	(대) 259.선수금	-2,000,000원
1.현금 또는 3.혼합				255.부가세예수금	-200,000원

방법 2.

거래유형	품명	공급가액	부가세	거래처	전자세금
11. 과세	계약금	-2,000,000	-200,000	02050.(주)가영산업	전자발행
분개유형	(차) 259.선수금		2,000,000원	(대) 255.부가세예수금	-200,000원
3.혼합				101.현금	2,200,000원

방법 3.

거래유형	품명	공급가액	부가세	거래처	전자세금
11. 과세	계약금	-2,000,000	-200,000	02050.(주)가영산업	전자발행
분개유형			(대) 255.부가세예수금		-200,000원
			259.선수금		-2,000,000원
3.혼합			101.현금		2,200,000원

2. **[전자세금계산서 발행 및 내역관리]**
   ① 전자세금계산서 발행 및 내역관리 를 클릭하면 수정 전표 1매가 미전송 상태로 조회된다.
   ② 해당내역을 클릭하여 전자세금계산서 발급(발행) 및 국세청 전송을 한다.

❸ 1. **[매입매출전표입력] 9월 1일**

거래유형	품명	공급가액	부가세	거래처	전자세금
11.과세	9월 임대료	2,000,000	200,000	00126.(주)해신전자	전자입력
분개유형	(차) 103.보통예금	2,200,000원	(대) 411.임대료수입		2,000,000원
3.혼합	(98001.신한은행(보통))		255.부가세예수금		200,000원

2. 부동산임대공급가액명세서

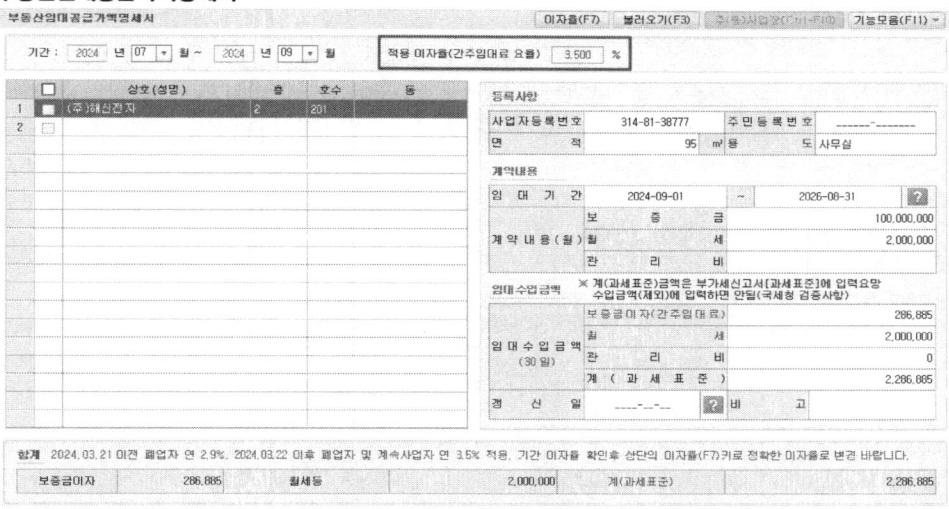

3. **[매입매출전표입력] 9월 30일**

거래유형	품명	공급가액	부가세	거래처	전자세금
14.건별	간주 임대료	286,885	28,688		
분개유형	(차) 817.세금과공과금	28,688원	(대) 255.부가세예수금		28,688원
3.혼합					

4. [부가가치세신고서] 7월 1일 ~ 9월 30일

구 분			금액	세율	세액
과세표준및매출세액	과세	세금계산서발급분	1	25,200,000	10/100	2,520,000
		매입자발행세금계산서	2		10/100	
		신용카드.현금영수증	3		10/100	
		기타	4	286,885	10/100	28,688
	영세	세금계산서발급분	5		0/100	
		기타	6		0/100	
	예정신고누락분		7			
	대손세액가감		8			
	합계		9	25,486,885	㉮	2,548,688

❹ 1. [매입매출전표입력]

- 10월 5일

거래유형	품명	공급가액	부가세	거래처	전자세금
11.과세	인공지능선풍기	3,000,000	300,000	04820.하남전자(주)	전자입력
분개유형	(차) 108.외상매출금 3,300,000원			(대) 404.제품매출	3,000,000원
4.카드	(99601.신한카드)			255.부가세예수금	300,000원

- 11월 20일

거래유형	품명	공급가액	부가세	거래처	전자세금
17.카과	제품	500,000	50,000	00121.박수민	
분개유형 2.외상 또는 4.카드	(차) 108.외상매출금 550,000원 (99601.신한카드)			(대) 404.제품매출 255.부가세예수금	500,000원 50,000원

- 12월 15일

거래유형	품명	공급가액	부가세	거래처	전자세금
22.현과	제품	300,000	30,000	00125.김수철	
분개유형 1.현금	(차) 101.현금 330,000원			(대) 404.제품매출 255.부가세예수금	300,000원 30,000원

2. [신용카드매출전표발행집계표] 10월 ~ 12월

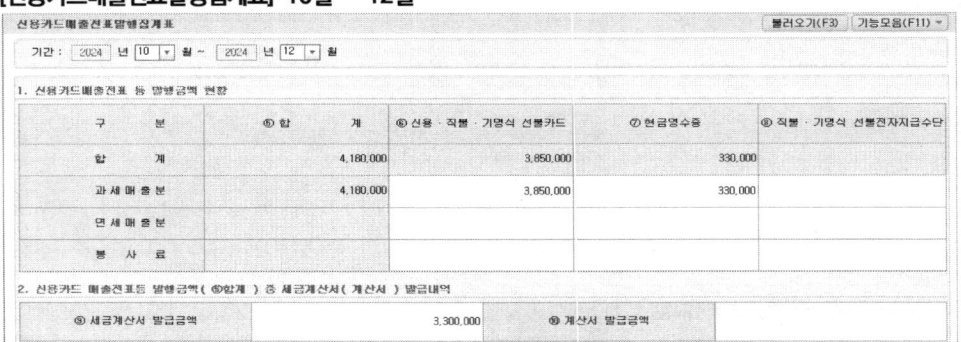

3. [부가가치세신고서] 10월 1일 ~ 12월 31일

구 분			금액	세율	세액
과세표준및매출세액	과세	세금계산서발급분 1	273,000,000	10/100	27,300,000
		매입자발행세금계산서 2		10/100	
		신용카드,현금영수증 3	800,000	10/100	80,000
		기타 4		10/100	
	영세	세금계산서발급분 5		0/100	
		기타 6		0/100	
	예정신고누락분 7				
	대손세액가감 8				
	합계 9		273,800,000	㉮	27,380,000

그 밖의 경감·공제 세액 명세

	구분		금액	세율	세액
18 그 밖의 경감공제 세액명세	전자신고및전자고지	54			10,000
	전자세금발급세액	55			
	택시운송사업자경감세	56			
	대리납부 세액공제	57			
	현금영수증사업자세액	58			
	기타	59			
	합계	60			10,000

■ 실무수행평가 ■ 부가가치세관리

번호	평 가 문 제 답 안	배점
11	4	2
12	20,500,000원	2
13	31	2
14	286,885원	2
15	252,000,000원	2
16	13,000원	2
17	③	2
18	4,180,000원	3
19	273,000,000원	3
20	24,313,200원	2
부가가치세 소계		22

3. 결산

❶ **[일반전표입력] 12월 31일**
 (차) 521.보험료   200,000원   (대) 133.선급비용   200,000원
   ※ 경과된 보험료 1,200,000원 × 2/12 = 200,000원

❷ **[결산자료입력 1]**
 [방법 1] [일반전표입력] 12월 31일
 (차) 998.법인세등   28,000,000원   (대) 136.선납세금   16,200,000원
    261.미지급세금   11,800,000원
 [방법 2] [일반전표입력] 12월 31일
 (차) 998.법인세등   16,200,000원   (대) 136.선납세금   16,200,000원
 입력 후 [결산자료입력]의 '법인세등'란에 11,800,000을 입력

[결산자료입력 2]
- 결산자료입력에서 기말 원재료 25,000,000원, 제품 31,000,000원을 입력하고 전표추가(F3) 를 클릭하여 결산분개를 생성한다.

[이익잉여금처분계산서] 메뉴
- 이익잉여금처분계산서에서 처분일을 입력한 후, 전표추가(F3) 를 클릭하여 손익대체 분개를 생성한다.

▍실무수행평가▍ 재무회계

번호	평가문제답안	배점
21	1,035,000원	2
22	22,000,000원	2
23	33,300,000원	1
24	349,720,000원	2
25	20,000,000원	1
26	①	1
27	181,000원	1
28	1,803,835원	1
29	503,800,000원	2
30	②	1
31	13,651,000원	1
32	1,000,000원	3
33	31,000,000원	2
34	11,800,000원	2
35	②	1
재무회계 소계		**23**

4. 근로소득관리

❶ 1. [사원등록]
사원등록에서 퇴사년월일(2024년 11월 25일) 입력

20. 퇴 사 년 월 일 2024 년 11 월 25 일

2. [수당/공제등록]

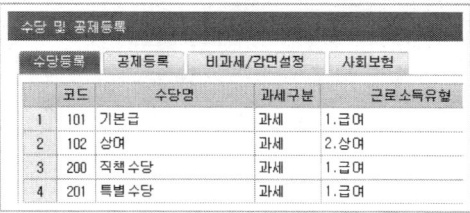

3. [급여자료입력]
급여자료를 입력한 후, [중도퇴사자 정산]을 클릭하여 연말정산 결과를 반영한다.

4. [원천징수이행상황신고서]

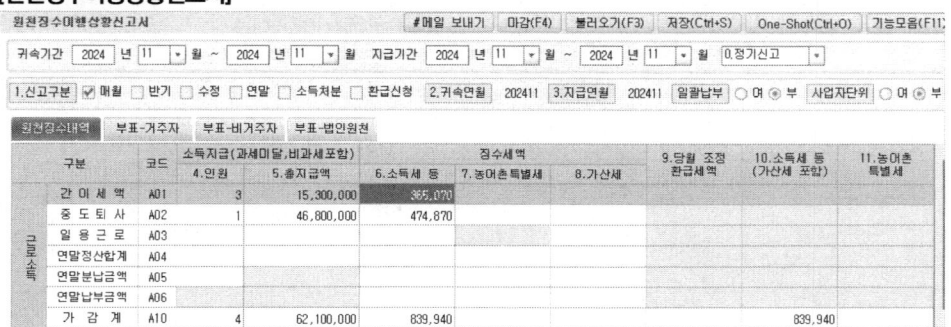

■ 실무수행평가 ■	근로소득관리 1	
번호	평가문제답안	배점
36	6,800,000원	2
37	942,980원	2
38	62,100,000원	1
39	1,778,970원	1
40	1,959,600원	1

❷ [사원등록]

① 김도경: 배우자가 있는 여성근로자(근로소득금액 3천만원 이하)로, 부녀자공제 대상임.
② 정진수: 중증환자로서 소득이 없는 자이므로 기본공제, 장애인공제 대상임.
③ 김성연: 총급여액이 5,000,000원 이하이므로 기본공제 대상임.
④ 정윤재: 만 20세 이하 이고, 기타소득금액 100만원 이하이므로 기본공제 대상임.

실무수행평가 | 근로소득관리 1

번호	평가문제답안	배점
41	1,500,000원	2
42	3,000,000원	1
43	2,000,000원	2
44	500,000원	2
45	150,000원	2

❸ [연말정산 근로소득원천징수영수증]

1. 의료비 세액공제

공제대상자				지급처			지급명세	
부양가족 관계코드	성명	내/외	주민등록번호	본인등 해당여부	상호	사업자번호	의료증빙 코드	건수	지급액	실손의료보험금
1 소득자의 직계존	오영선	내	460901-2122786	○			국세청	1	7,300,000	900,000

2. 보험료 세액공제

관계코드	성명	기본	보험료	
내외국인	주민등록번호		보장성	장애인
0 1	한준경 721010-1774918	본인/세대주		
3 1	서나리 730501-2775018	부		
1 1	오영선 460901-2122786	60세이상	960,000	
4 1	한준회 970927-1241853	장애인		1,440,000

- 저축성 보험료는 공제대상이 아니다.

3. 교육비 세액공제

관계코드	성명	기본	의료	교육비		
내외국인	주민등록번호			구분	일반	장애인 특수교육
0 1	한준경 721010-1774918	본인/세대주		본인	6,500,000	

4. 연금계좌 세액공제
   - 연금계좌 세액공제는 본인 지출분만 공제 가능하므로 공제 대상이 아니다.

5. 월세 세액공제

임대인성명 (상호)	주민(사업자)등록번호	주택유형	주택계약 면적(㎡)	임대차계약서상 주소지	임대차계약기간		월세액
					시작	종료	
주성훈	860512-1875655	단독주택	85.00	서울시 구로구 도림로33길27	2024-03-01	2026-02-28	7,000,000

무주택자해당여부: ○ 여 ● 부

■ 실무수행평가 ■ 근로소득관리 3

번호	평 가 문 제 답 안	배점
46	①	2
47	265,200원	2
48	690,000원	2
49	975,000원	2
50	1,050,000원	1
	근로소득 소계	25

제65회

실무이론평가

01 ③ 유형자산을 역사적원가로 평가하면 일반적으로 검증가능성이 높으므로 측정의 신뢰성은 높아지나 목적적합성은 낮아질 수 있다.

02 ③ 무형자산은 재평가모형이 인정되지 않는다.

03 ③ 매도가능증권처분이익 = 처분금액 − 취득원가 = (1,300원 − 1,000원) × 100주 = 30,000원

04 ④ 매도가능증권 평가손실은 기타포괄손익누계액으로 당기손익에 영향을 주지 않는다.

05 ④ 소모품의 미사용분 계상:
(차) 소모품   30,000원   (대) 소모품비   30,000원
이자수익 미수분 계상:
(차) 미수수익   20,000원   (대) 이자수익   20,000원
결산 정리에 따른 당기순이익 증가액: 소모품 30,000원 + 미수수익 20,000원 = 50,000원

06 ④ 무형자산은 경제적 효익이 소비되는 행태를 반영하여 합리적인 방법으로 상각하며, 합리적인 상각방법을 정할 수 없는 경우에는 정액법으로 상각한다.

07 ④ 주사업장 총괄납부를 하는 경우에도 세금계산서는 각 사업장별로 작성·발급하여야 한다.

08 ① 해당 과세기간에 매입한 경우에는 과세기간 말 현재 사용하지 않아도 원재료의 매입세액을 공제받을 수 있다.(나머지 금액들은 매입세액 불공제 대상이다.)

09 ① 종합소득금액의 계산: 30,000,000원 + 50,000,000원 = 80,000,000원
과세표준의 계산: 80,000,000원 − 24,000,000원 = 56,000,000원
산출세액의 계산: 6,240,000원 + (56,000,000 − 50,000,000원) × 24% = 7,680,000원

10 ④ 자가운전 보조금의 경우 출장 여비 등을 받는 대신에 지급받는 금액 중 월 20만원 까지 비과세 적용됨.

TAT 2급 세무실무

실무수행평가

1. 거래자료입력

❶ 1. **[일반전표입력] 1월 15일**
   (차) 520.수선비   200,000원   (대) 103.보통예금   200,000원
        (98000.국민은행(보통))

2. **[영수증수취명세서(2)]**

거래일자	상호	성명	사업장	사업자등록번호	거래금액	구분	계정코드	계정과목	적요
2024-01-29	(주)해피뷰티	한시준	서울특별시 강남구 강남대	144-81-12955	35,000		172	소모품	소모자재대
2024-03-28	기업은행	한명준	서울특별시 강동구 천호대	104-85-12616	125,000	16	931	이자비용	대출이자
2024-01-15	원명상회	최시현	서울시 서대문구 충정로7길	120-21-12348	200,000		520	수선비	

3. **[영수증수취명세서(1)]**

9. 구분	10. 총계	11. 명세서제출 제외대상	12. 명세서제출 대상(10-11)
13. 건수	3	1	2
14. 금액	360,000	125,000	235,000

구분	건수	금액	구분	건수	금액
15. 읍·면 지역 소재			26. 부동산 구입		
16. 금융, 보험 용역	1	125,000	27. 주택임대용역		
17. 비거주자와의 거래			28. 택시운송용역		
18. 농어민과의 거래			29. 전산발매통합관리시스템가입자와의		
19. 국가 등과의 거래			30. 항공기항행용역		
20. 비영리법인과의 거래			31. 간주임대료		
21. 원천징수 대상사업소			32. 연체이자지급분		
22. 사업의 양도			33. 송금명세서제출분		
23. 전기통신, 방송용역			34. 접대비필요경비부인분		
24. 국외에서의 공급			35. 유료도로 통행료		
25. 공매, 경매, 수용			36. 합계	1	125,000

❷ 1. **[일반전표입력] 2월 11일**
   (차) 103.보통예금   100,000,000원   (대) 293.장기차입금   100,000,000원
        (98000.국민은행(보통))   (03150.중소벤처기업진흥공단)

2. **[일반전표입력] 2월 15일**
   (차) 103.보통예금   200,000,000원   (대) 104.정부보조금   200,000,000원
        (98000.국민은행(보통))

❸ **[일반전표입력] 3월 10일**
   (차) 254.예수금   261,000원   (대) 103.보통예금   522,000원
        517.세금과공과금   90,000원   (98000.국민은행(보통))
        817.세금과공과금   171,000원

2. 부가가치세

❶ 1. **[매입매출전표입력] 5월 10일**

거래유형	품명	공급가액	부가세	거래처	전자세금
11.과세	주름개선 크림	20,000,000원	2,000,000원	03170.(주)수려한	전자발행
분개유형	(차) 108.외상매출금	17,000,000원	(대) 404.제품매출		20,000,000원
3.혼합	259.선수금	5,000,000원	255.부가세예수금		2,000,000원

2. [전자세금계산서 발행 및 내역관리]

① 미전송된 내역이 조회되면, 미전송내역을 체크한 후 전자발행▼을 클릭하여 표시되는 로그인 화면에서 확인(Tab) 클릭
② '전자세금계산서 발행' 화면이 조회되면 발행(F3) 버튼을 클릭한 다음 확인클릭
③ 국세청란에 '발행대상'으로 표시되면 ACADEMY 전자세금계산서 를 클릭
④ [Bill36524 교육용전자세금계산서] 화면에서 [로그인]을 클릭
⑤ 좌측화면: [세금계산서 리스트]에서 [미전송]으로 체크 후 [매출조회]를 클릭
  우측화면: [전자세금계산서]에서 [발행]을 클릭
⑥ [발행완료되었습니다.] 메시지가 표시되면 확인(Tab) 클릭

❷ 1. [수정세금계산서 발급]

① [매입매출전표 입력] 6월 3일 전표 선택 ➜ 수정세금계산서 클릭 ➜ [수정사유] 화면에서 [1.기재사항 착오·정정, 착오항목: 1.공급가액 및 세액] 선택 후 확인(Tab)을 클릭
② [수정세금계산서(매출)] 화면에서 수정분 [단가 320,000원] 입력을 통해 공급가액과 세액을 반영한 후 확인(Tab)을 클릭

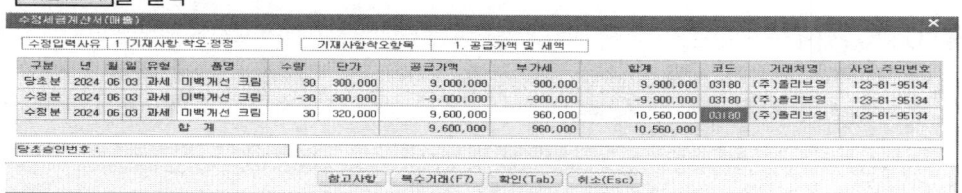

③ [매입매출전표입력] 6월 3일에 수정분이 2건 입력된다.

거래유형	품명	공급가액	부가세	거래처	전자세금
11.과세	미백개선 크림	-9,000,000	-900,000	03180.(주)올리브영	전자발행
분개유형 2.외상 또는 3.혼합	(차) 108.외상매출금 -9,900,000원			(대) 404.제품매출 255.부가세예수금	-9,000,000원 -900,000원

거래유형	품명	공급가액	부가세	거래처	전자세금
11.과세	미백개선 크림	9,600,000	960,000	03180.(주)올리브영	전자발행
분개유형 2.외상 또는 3.혼합	(차) 108.외상매출금 10,560,000원			(대) 404.제품매출 255.부가세예수금	9,600,000원 960,000원

2. [전자세금계산서 발행 및 내역관리]

① 전자세금계산서 발행 및 내역관리 를 클릭하면 수정 전표 2매가 미전송 상태로 조회된다.
② 해당 내역을 클릭하여 전자세금계산서 발행 및 국세청 전송을 한다.

❸ 1. [매입매출전표입력] 8월 7일

거래유형	품명	공급가액	부가세	거래처	전자세금
51.과세	고속분쇄기계	20,000,000	2,000,000	03230.(주)대주기계	전자입력
분개유형 3.혼합	(차) 206.기계장치 20,000,000원 135.부가세대급금 2,000,000원			(대) 253.미지급금	22,000,000원

2. [매입세액불공제내역] 7월 ~ 9월

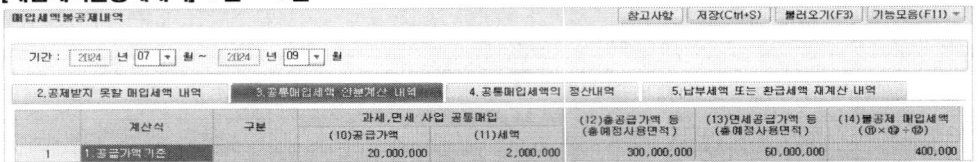

3. [부가가치세신고서] 7월 1일 ~ 9월 30일

구분			금액	세액
16 공제받지 못할매입 세액명세	공제받지 못할매입세액	50		
	공통매입세액면세사업	51	4,000,000	400,000
	대손처분받은세액	52		
	합계	53	4,000,000	400,000

4. [일반전표입력] 9월 30일
(차) 206.기계장치   400,000원   (대) 135.부가세대급금   400,000원

❹ 1. [거래자료입력]
① [매입매출전표입력] 10월 15일

거래유형	품명	공급가액	부가세	거래처	전자세금
54.불공	그랜저IG	25,000,000	2,500,000	04300.(주)수원중고자동차	전자입력
불공사유	3.비영업용 소형승용차 구입 및 유지				
분개유형 3.혼합	(차) 208.차량운반구 27,500,000원		(대) 253.미지급금		27,500,000원

② [매입매출전표입력] 10월 21일

거래유형	품명	공급가액	부가세	거래처	전자세금
54.불공	스팸세트	520,000	52,000	04440.(주)하모니마트	전자입력
불공사유	9.접대비 관련 매입세액				
분개유형 3.혼합	(차) 813.접대비 572,000원		(대) 253.미지급금		572,000원

③ [일반전표입력] 11월 10일
(차) 134.가지급금   1,320,000원   (대) 253.미지급금   1,320,000원
　　(04450.정지현)　　　　　　　　　　　(99600.비씨카드)

2. [매입세액불공제내역] 10월 ~ 12월

불공제 사유	매수	세금계산서 공급가액	매입세액
①필요한 기재사항 누락			
②사업과 직접 관련 없는 지출			
③비영업용 소형 승용 자동차구입 및 유지	1	25,000,000	2,500,000
④접대비 및 이와 유사한 비용 관련	1	520,000	52,000
⑤면세사업 관련			
⑥토지의 자본적 지출 관련			
⑦사업자등록 전 매입세액			
⑧금·구리 스크랩 거래계좌 미사용 관련 매입세액			
⑨ 합 계	2	25,520,000	2,552,000

3. [부가가치세신고서] 10월 1일 ~ 12월 31일

	구분		금액	세율	세액
매입세액	세금계산서 수취부분	일반매입 10	31,688,000		3,168,800
		수출기업수입분납부유예 10-1			
		고정자산매입 11	25,000,000		2,500,000
	예정신고누락분	12			
	매입자발행세금계산서	13			
	그밖의공제매입세액	14			
	합계 (10-(10-1)+11+12+13+14)	15	56,688,000		5,668,800
	공제받지못할매입세액	16	25,520,000		2,552,000
	차감계 (15-16)	17	31,168,000	㉯	3,116,800

그 밖의 경감·공제 세액 명세

	구분		금액	세율	세액
18 그 밖의 경감공제 세액명세	전자신고및전자고지	54			10,000
	전자세금발급세액	55			
	택시운송사업자경감세	56			
	대리납부 세액공제	57			
	현금영수증사업자세액	58			
	기타	59			
	합계	60			10,000

▌실무수행평가▐ 부가가치세관리

번호	평 가 문 제 답 안	배점
11	1	2
12	30,000,000원	2
13	34매	2
14	400,000원	3
15	240,000,000원	2
16	8,620,000원	2
17	②	2
18	①	3
19	25,000,000원	2
20	20,552,700원	2
부가가치세 소계		22

3. 결산

❶ [일반전표입력] 12월 31일

 (차) 293.장기차입금   20,000,000원   (대) 264.유동성장기부채   20,000,000원
   (98003.우리은행(차입금))   (98003.우리은행(차입금))
  * 상환일이 1년 이내에 도래하므로 유동성대체 분개를 입력

❷ [결산자료입력 1]

[방법 1] [일반전표입력] 12월 31일 선납세금과 미지급법인세 분개
 (차) 998.법인세등   15,000,000원 (대) 136.선납세금   9,308,000원
    261.미지급세금   5,692,000원

[방법 2] [일반전표입력] 12월 31일 선납세금 정리분개 입력
 (차) 998.법인세등   9,308,000원 (대) 136.선납세금   9,308,000원 입력 후
[결산자료입력] 의 '법인세등'란에 5,692,000원을 입력

[결산자료입력2]
- 결산자료입력에서 기말 원재료 18,400,000원, 제품 17,500,000원을 입력하고 전표추가(F3) 를 클릭하여 결산분개를 생성한다.
  → 합계잔액시산표 재고자산금액과 일치

[이익잉여금처분계산서] 메뉴
- 이익잉여금처분계산서에서 처분일을 입력한 후, 전표추가(F3) 를 클릭하여 손익대체분개를 생성한다.

▌실무수행평가 ▌ 재무회계

번호	평가문제답안	배점
21	235,000원	1
22	④	1
23	1,000,000원	2
24	4,290,000원	2
25	325,270,000원	1
26	1,272,000원	1
27	772,366,000원	2
28	1,465,000원	2
29	3,320,000원	1
30	221,400,000원	2
31	62,500,000원	2
32	5,692,000원	1
33	210,000,000원	2
34	17,500,000원	2
35	④	1
재무회계 소계		23

4. 근로소득관리

❶ [사원등록] 메뉴의 부양가족명세

	연말정산관계	기본	세대	부녀	장애	경로70세	출산입양	자녀	한부모	성명	주민(외국인)번호	가족관계
1	0.본인	본인	○						○	홍유찬	내 641011-1899772	
2	4.직계비속((손)	장애인			2					홍승혁	내 900803-1785417	05.자녀
3	5.직계비속(4번	부								손지영	내 881212-2075525	40.손
4	5.직계비속(4번	20세이하								홍아름	내 201224-4023187	40.손
5												
	합 계							1				

(2024.12.31기준)

① 홍유찬: 배우자가 없는 사람으로 기본공제대상자인 직계비속이 있으므로 한부모 공제 대상임.
② 홍승혁: 기본공제자로 장애인(국가유공자) 추가공제 대상임.
③ 손지영: 기본공제 대상이 아님.
　　　　　(자녀(홍승혁)가 장애인인 경우 그 배우자(손지영) 또한 장애인에 해당시 공제 가능)
④ 홍아름: 소득이 없는 20세 이하로 기본공제(손녀) 대상임.

▌실무수행평가▐ 근로소득관리 1

번호	평 가 문 제 답 안	배점
36	35,000,000원	2
37	4,500,000원	1
38	2,000,000원	2
39	1,000,000원	2
40	16,775,000원	1

❷ 1. [일용직사원등록]

2. [일용직급여입력]

3. [원천징수이행상황신고서]

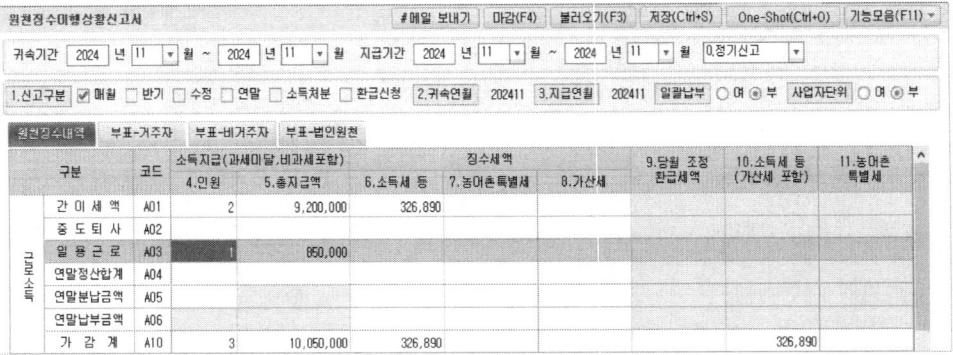

▮실무수행평가 ▮ 근로소득관리 2		
번호	평 가 문 제 답 안	배점
41	7,650원	2
42	842,350원	1
43	3명	2
44	0원	1
45	326,890원	1

❸ [연말정산 근로소득원천징수영수증]
1. 신용카드 소득공제

- 아파트 관리비는 공제대상이 아님.

2. 보험료 세액공제

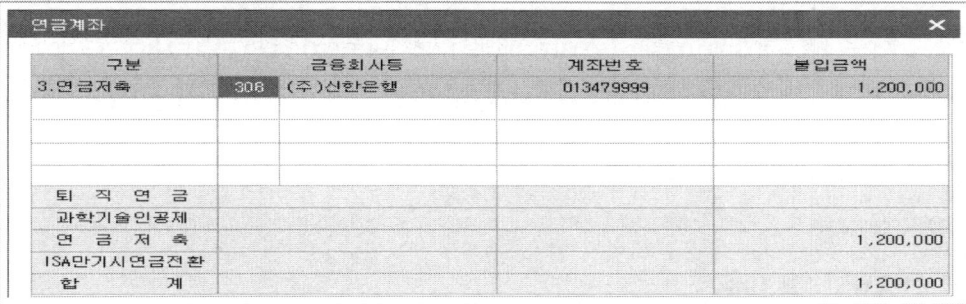

- 태아보험은 보험료 공제대상이 아님.

3. 교육비 세액공제
- 직계존속의 교육비는 공제대상이 아님.

4. 연금계좌세액공제

구분		금융회사등	계좌번호	불입금액
3.연금저축	308	(주)신한은행	013479999	1,200,000
퇴 직 연 금				
과학기술인공제				
연 금 저 축				1,200,000
ISA만기시연금전환				
합 계				1,200,000

실무수행평가 근로소득관리 3

번호	평 가 문 제 답 안	배점
46	200,000원	2
47	54,000원	2
48	0원	2
49	180,000원	2
50	-532,040원	2
근로소득 소계		25

정답 및 풀이 647

TAT 2급 세무실무

제64회

실무이론평가

01 ① 경영진과 독립적으로 내부회계관리제도에 대한 평가기능을 수행하는 역할은 감사위원회가 담당한다.

02 ② 2024년 8월 1일 장부금액 = 2,050,000원(처분금액) - 250,000원(처분이익) = 1,800,000원
   2024년 감가상각비 = 2,000,000원(2022년말 장부금액) - 1,800,000원(2024년 8월 1일 장부금액)
   = 200,000원

03 ② ① 재무상태표상 퇴직급여충당부채는 7,000,000원이다.
   ③ 퇴직급여규정의 개정으로 증가된 전기 이전분 1,300,000원도 당기비용으로 처리한다.
   ④ (주)한공은 확정연금형(DB) 퇴직연금제도를 적용하고 있다.

04 ③ 수정 후 영업이익 = 수정 전 영업이익(6,000,000원) - 미지급임차료(500,000원)
   + 보험료선급분(100,000원) = 5,600,000원
   이자미수분은 영업이익에 영향을 미치지 않는다.

05 ① 미교부주식배당금은 자본조정항목으로 자본에 해당한다.

06 ③ 재고자산평가손실은 매출원가로 당기손익에 영향을 미친다.

07 ① 고용관계에 따라 근로를 제공하는 것은 용역의 공급으로 보지 아니한다.

08 ② 부가가치세 과세표준 = 50,000,000원 + 10,000,000원 = 60,000,000원
   국가 무상 기증은 면세 대상에 해당하며, 화재로 인한 손실은 재화의 공급이 아니다.

09 ④ 퇴직시 받는 금액 중 퇴직소득에 속하지 않는 퇴직위로금은 근로소득이다.

10 ② 사업소득금액 = 100,000,000원 - 2,000,000원(예금이자수익) + 5,000,000원(교통사고 벌과금) = 103,000,000원

실무수행평가

1. 거래자료입력

❶ [일반전표입력] 1월 10일
  (차) 533.외주가공비   400,000원   (대) 103.보통예금   400,000원
      (98000.국민은행(보통))

[경비등송금명세서]

번호	거래일자	⑦ 법인명(상호)	⑧ 성 명	⑨ 사업자(주민)등록번호	⑩ 거래내역	⑪ 거 래 금 액	⑫ 송금일자	CD	⑬ 은 행 명	⑭ 계 좌 번 호	계정코드
1	2024-01-10	동아가공	옥수협	312-04-22512	가공비	400,000	2024-01-10	011	농협은행	44212-2153-700	

❷ [일반전표입력] 2월 15일
  (차) 508.퇴직급여   7,000,000원   (대) 103.보통예금   12,000,000원
      806.퇴직급여   5,000,000원   (98000.국민은행(보통))

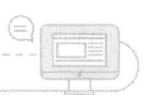

❸ **[일반전표입력] 4월 20일**

(차) 812.여비교통비	290,000원	(대) 103.보통예금		410,000원
813.접대비	120,000원	(98000.국민은행(보통))		

또는

(차) 812.여비교통비	200,000원	(대) 103.보통예금		410,000원
812.여비교통비	90,000원	(98000.국민은행(보통))		
813.접대비	120,000원			

2. 부가가치세관리

❶ 1. **[매입매출전표입력] 5월 25일**

거래유형	품명	공급가액	부가세	거래처	전자세금
12.영세	등산장갑	6,000,000	0	03350.(주)야호산업	전자발행
분개유형 2.외상	(차) 108.외상매출금	6,000,000원	(대) 404.제품매출		6,000,000원

2. **[전자세금계산서 발행 및 내역관리]**
   ① 미전송된 내역이 조회되면, 미전송내역을 체크한 후 전자발행▼을 클릭하여 표시되는 로그인 화면에서 확인(Tab) 클릭
   ② '전자세금계산서 발행'화면이 조회되면 발행(F3) 버튼을 클릭한 다음 확인클릭
   ③ 국세청란에 '발행대상'으로 표시되면 ACADEMY 전자세금계산서 를 클릭
   ④ [Bill36524 교육용전자세금계산서] 화면에서 [로그인]을 클릭
   ⑤ 좌측화면: [세금계산서 리스트]에서 [미전송]으로 체크 후 [매출조회]를 클릭
      우측화면: [전자세금계산서]에서 [발행]을 클릭
   ⑥ [발행완료되었습니다.] 메시지가 표시되면 확인(Tab) 클릭

❷ 1. **[수정전자세금계산서 발급]**
   ① [매입매출전표입력]에서 6월 20일 전표 1건 선택 → 툴바의 수정세금계산서 를 클릭
      → 수정사유(6.착오에 의한 이중발급 등)선택 → 확인(Tab) 을 클릭

   ② 수정세금계산서(매출)화면에서 수정분 [작성일 6월 20일], [공급가액 -20,000,000원], [세액 -2,000,000원] 자동 반영 → 확인(Tab) 을 클릭

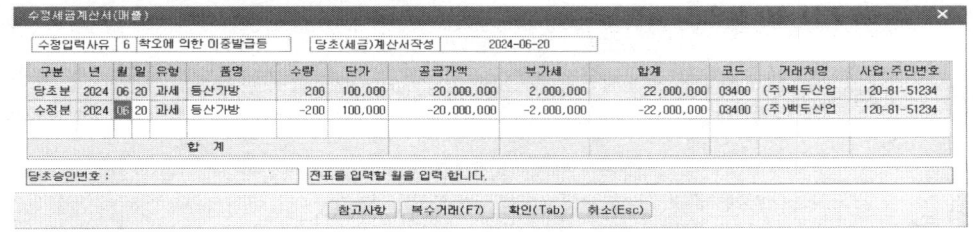

   ③ [매입매출전표입력] 화면에 수정분이 입력된다.

거래유형	품명	공급가액	부가세	거래처	전자세금
11.과세	등산가방	-20,000,000	-2,000,000	03400.(주)백두산업	전자발행
분개유형 2.외상	(차) 108.외상매출금	-22,000,000원	(대) 255.부가세예수금 404.제품매출		-2,000,000원 -20,000,000원

2. [전자세금계산서 발행 및 내역관리]
① 전자세금계산서 발행 및 내역관리 를 클릭하면 수정 전표 1매가 미전송 상태로 나타난다.
② 해당내역을 클릭하여 전자세금계산서 발행 및 국세청 전송을 한다.

❸ 1. 거래자료입력
① [매입매출전표 입력] 7월 15일

거래유형	품명	공급가액	부가세	거래처	전자세금
53.면세	사과	5,000,000		03600.(주)영동농협	전자입력
분개유형 2.외상 또는 혼합	(차) 153.원재료　　　5,000,000원 (적요: 6.의제매입세액 원재료 차감)			(대) 251.외상매입금　　5,000,000원		

② [매입매출전표 입력] 7월 20일

거래유형	품명	공급가액	부가세	거래처	전자세금
60.면건	배	15,000,000		03700.한세윤	
분개유형 2.외상 또는 혼합	(차) 153.원재료　　15,000,000원 (적요: 6.의제매입세액 원재료 차감)			(대) 251.외상매입금　15,000,000원		

③ [매입매출전표 입력] 7월 24일

거래유형	품명	공급가액	부가세	거래처	전자세금
62.현면	오렌지	900,000		03800.하나로마트	
분개유형 1.현금	(차) 153.원재료　　　900,000원 (적요: 6.의제매입세액 원재료 차감)			(대) 101.현금　　　　900,000원		

2. [의제매입세액공제신고서] 7월 ~ 9월

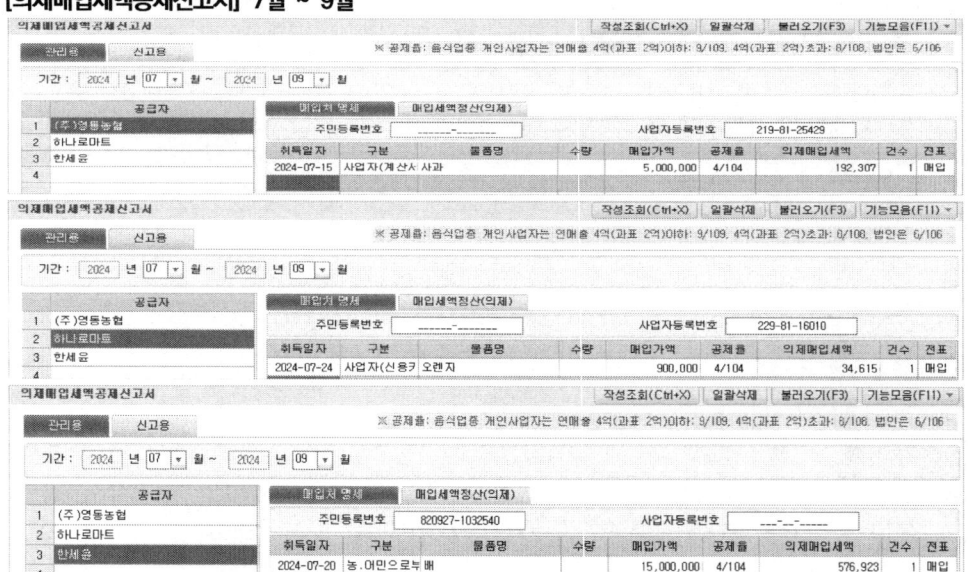

3. [부가가치세신고서] 7월 1일 ~ 9월 30일

	구분		금액	세율	세액
14 그 밖의 공제 매입 세액 명세	신용매출전표수취/일반	41			
	신용매출전표수취/고정	42			
	의제매입세액/평창,광주	43	20,900,000	뒤쪽참조	803,845
	재활용폐자원등매입세	44		뒤쪽참조	
	과세사업전환매입세액	45			
	재고매입세액	46			
	변제대손세액	47			
	외국인관광객환급세액	48			
	합계	49	20,900,000		803,845

4. [일반전표입력] 9월 30일

(차) 135.부가세대급금　　803,845원　　(대) 153.원재료　　803,845원
또는 (차) 153.원재료　　-803,845원
　　　(차) 135.부가세대급금　　803,845원

❹ 1. [매입매출전표입력] 11월 30일

거래유형	품명	공급가액	부가세	거래처	전자세금
16. 수출	등산가방	8,800,000		03900.오사카상사	
분개유형 2.외상 또는 3.혼합	(차) 108.외상매출금	8,800,000원	(대) 404.제품매출		8,800,000원

※ 과세표준 = 수출신고필증의 ㊸결제금액 × 선적일의 환율
　¥800,000 × 1,100원/100¥ = 8,800,000원

2. [수출실적명세서] 10월 ~ 12월

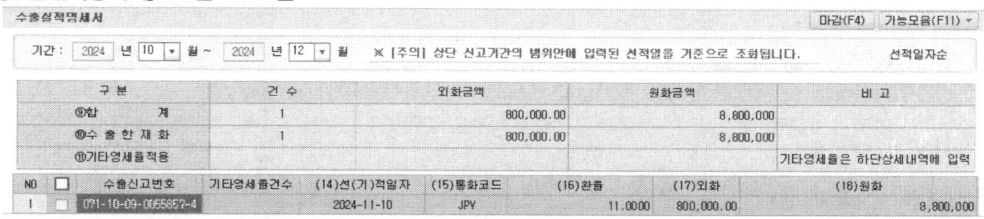

3. [부가가치세신고서] 10월 1일~12월 31일

		구 분		금액	세율	세액
과세표준및매출세액	과세	세금계산서발급분	1	214,590,000	10/100	21,459,000
		매입자발행세금계산서	2		10/100	
		신용카드·현금영수증	3		10/100	
		기타	4		10/100	
	영세	세금계산서발급분	5	30,000,000	0/100	
		기타	6	8,800,000	0/100	
	예정신고누락분		7			
	대손세액가감		8			
	합계		9	253,390,000	㉮	21,459,000

■ 실무수행평가 ■ 부가가치세

번호	평 가 문 제 답 안	배점
11	④	2
12	6	2
13	8,000,000원	2
14	37매	3
15	803,845원	2
16	20,000,000원	2
17	③	2
18	8,800,000원	3
19	38,800,000원	2
20	③	2
부가가치세 소계		22

3. 결산

❶ [일반전표입력] 12월 31일
　　(차) 937.단기매매증권평가손　3,000,000원　(대) 107.단기매매증권　3,000,000원

❷ [결산자료입력 1]
　– 단기대여금 대손상각비 설정액 = 10,000,000원 × 1% = 100,000원
　　① 방법 1.
　　　결산자료입력(기타의 대손상각비)란에 단기대여금 100,000원 입력
　　② 방법 2. [일반전표입력] 12월 31일
　　　(차) 934.기타의대손상각비　100,000원　(대) 115.대손충당금　100,000원

[결산자료입력 2]
　결산자료입력에서 기말 원재료 9,000,000원, 제품 16,800,000원을 입력하고 전표추가(F3) 를 클릭하여 결산분개를 생성한다.
　　※ 제품의 재고자산감모손실중 정상적으로 발생한 감모는 매출원가에 산입되므로 별도의 회계처리를 하지 않는다.

[이익잉여금처분계산서] 메뉴
　– 이익잉여금처분계산서에서 처분일을 입력한 후, 전표추가(F3) 를 클릭하여 손익대체 분개를 생성한다.

▌실무수행평가 ▌ 재무회계

번호	평가문제답안	배점
21	011	2
22	13,240,000원	1
23	8,000,000원	2
24	②	2
25	319,318,840원	1
26	256,390,000원	1
27	11,860,000원	2
28	④	1
29	④	2
30	① 381,954,029원	1
31	363,014,000원	2
32	14,000,000원	2
33	9,900,000원	2
34	16,800,000원	1
35	②	1
	재무회계 소계	23

4. 근로소득관리

❶ [사원등록]

	연말정산관계	기본	세대	부녀	장애	경로70세	출산입양	자녀	한부모	성명	주민(외국인)번호	가족관계
1	0.본인	본인								진호개	내 830808-1042112	
2	3.배우자	배우자								송설	내 830426-2785411	02.배우자
3	4.직계비속((손)	20세이하						○		진기우	내 040501-3200481	05.자녀
4	4.직계비속((손)	20세이하								진미화	내 211215-4399489	05.자녀
5												
	합 계							1				

(2024.12.31기준)

① 진호개: 장애인 추가공제 대상임.
② 송설: 상속받은 재산은 소득요건 대상이 아니므로 기본공제 대상임.
③ 진기우: 만 20세 이하 이고, 소득금액 100만원 이하 이므로 기본공제 대상임.
④ 진미화: 만 20세 이하 이고, 소득이 없으므로 기본공제 대상임.

▌실무수행평가 ▌ 근로소득관리 1

번호	평가문제답안	배점
36	4명	1
37	1,500,000원	2
38	2,000,000원	1
39	15,971,500원	2
40	150,000원	2

❷ 1. [사원등록]
영업부 손호준 사원의 국외근로적용여부 수정

| 16. 국외근로적용여부 | 1 | 100만 | 17. 선원여부 | 0 | 부 |

2. [수당등록]

코드	수당명	과세구분	근로소득유형
1	101	기본급	과세	1.급여
2	102	상여	과세	2.상여
3	200	육아수당	과세	1.급여
4	201	차량보조금	과세	1.급여
5	202	식대	비과세	2.식대 P01
6	203	국외근로수당	비과세	9.국외등근로(건설지원 M01

코드	공제항목명	공제소득유형
1	501	국민연금	0.무구분
2	502	건강보험	0.무구분
3	503	고용보험	0.무구분
4	504	장기요양보험료	0.무구분
5	505	학자금상환액	0.무구분
6	903	농특세	0.사용
7	600	상조회비	0.무구분

3. [급여자료입력]

[김래원]

급여항목	지급액	공제항목	공제액
기본급	3,000,000	국민연금	135,000
육아수당	120,000	건강보험	106,350
차량보조금	300,000	고용보험	30,780
식대	200,000	장기요양보험료	13,620
		상조회비	30,000
		소득세	35,130
		지방소득세	3,510
		농특세	

[손호준]

급여항목	지급액	공제항목	공제액
기본급	4,000,000	국민연금	180,000
육아수당		건강보험	141,800
차량보조금	300,000	고용보험	38,700
국외근로수당	1,000,000	장기요양보험료	18,160
식대	200,000	상조회비	30,000
		소득세	236,010
		지방소득세	23,600
		농특세	

4. [원천징수이행상황신고서]

	구분	코드	소득지급(과세미달,비과세포함)		징수세액			9.당월 조정 환급세액	10.소득세 등 (가산세 포함)	11.농어촌 특별세
			4.인원	5.총지급액	6.소득세 등	7.농어촌특별세	8.가산세			
근로소득	간이세액	A01	4	36,020,000	1,764,670					
	중도퇴사	A02								
	일용근로	A03								
	연말정산합계	A04								
	연말분납금액	A05								
	연말납부금액	A06								
	가 감 계	A10	4	36,020,000	1,764,670			220,000	1,544,670	
퇴직소득	연금계좌	A21								
	그 외	A22								
	가 감 계	A20								
사업소득	매월징수	A25								
	연말정산	A26								
	가 감 계	A30								
기타소득	연금계좌	A41								
	종교매월징수	A43								

전월 미환급 세액의 계산			당월 발생 환급세액					18.조정대상환급 (14+15+16+17)	19.당월조정 환급액계	20.차월이월 환급액(18-19)	21.환급신청액
12.전월미환급	13.기환급신청	14.잔액12-13	15.일반환급	16.신탁재산	17.금융등	17.합병등					
220,000		220,000						220,000	220,000		

실무수행평가 근로소득관리 2

번호	평가문제답안	배점
41	3,420,000원	2
42	3,265,610원	1
43	1,200,000원	2
44	668,270원	1
45	1,544,670원	2

❸ [연말정산 근로소득원천징수영수증]

1. 신용카드 소득공제

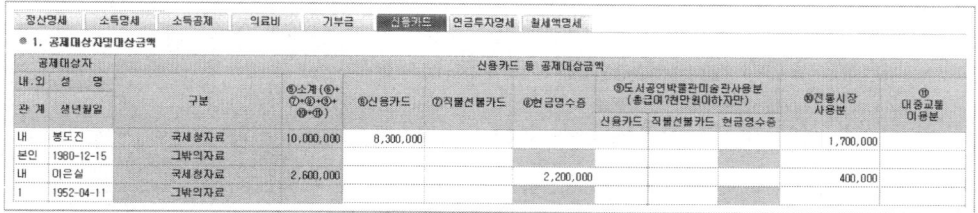

2. 의료비 세액공제

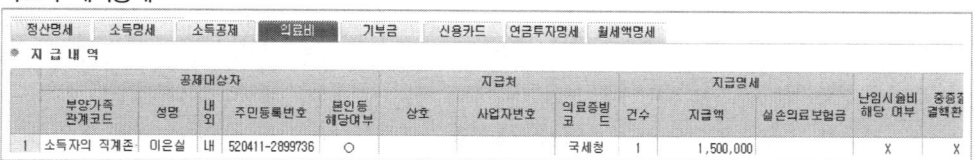

3. 보험료 세액공제

4. 교육비 세액공제

관계코드	성명	기본	교육비		
내외국인	주민등록번호		구분	일반	장애인 특수교육
0	봉도진	본인/세대주	본인	2,500,000	
1	801215-1640707				
3	이희정	부			
1	920426-2875651				
1	이은실	60세이상			
1	520411-2899736				
4	봉은지	20세이하			
1	070711-4321578				
4	봉지혁	20세이하			
1	200927-3321583				

- 자녀(봉은지)의 중학생 학원비는 교육비 공제 불가능

실무수행평가 근로소득관리 3

번호	평가문제답안	배점
46	720,000원	2
47	120,000원	2
48	30,600원	2
49	375,000원	2
50	-1,405,090원	1
	근로소득 소계	25

실전모의고사 정답 및 풀이

제1회 실전모의고사

실무이론평가

01 ③ • 기업실체의 가정, 계속기업의 가정, 기간별 보고의 가정에 대한 설명이다.

02 ④ • 기말재고자산 = 기말재고자산 실사액 + 운송중인상품 + 미판매 위탁상품 + 미판매 시송품
= 500,000원 + 0원* + (100,000원 − 20,000원) + (1,000,000원 − 300,000원)
= 500,000원 + 80,000원 + 700,000원 = 1,280,000원
 * 도착지인도기준으로 운송중이므로 기말재고자산에 포함하지 않는다.

03 ③ • 퇴직급여추계액 = 퇴직급여충당부채 잔액 3,000,000원 + 결산 시 추가액 6,000,000원 = 9,000,000원

04 ② • 기중 대손처리 후 대손충당금 잔액 = (500,000원×5%) − 5,000원 = 20,000원
• 기말 대손충당금 설정 = 600,000원×4% = 24,000원 − 20,000원 = 4,000원
(차) 대손상각비   4,000원   (대) 대손충당금   4,000원

05 ① • 수정전 당기순이익(1,000,000원) − 재고자산 과대계상(500,000원) + 감가상각비 과대계상(300,000원)
− 미지급비용 누락(200,000원) = 600,000원

06 ② • 접대를 목적으로 증여하는 경우 사업상 증여로 보아 부가가치세를 과세한다.

07 ③ • 500,000원(트럭 수리비용) + 1,000,000원 (사무실 임차료) = 1,500,000원
• 비영업용 승용자동차 유지와 관련된 매입세액은 매출세액에서 공제할 수 없다.

08 ① • 근로소득과 공적연금소득은 모두 종합소득이므로 연말정산에도 불구하고 확정신고를 하여야 한다.

09 ③ • 종합소득세 과세표준 = 9,000,000원(근로소득금액) + 6,000,000원(사업소득금액)
− 5,000,000원(종합소득공제) = 10,000,000원
• 산출세액 = 10,000,000원×6% = 600,000원

10 ① ② 부녀자공제와 한부모공제는 중복하여 적용받을 수 없다.
③ 근로소득에 대한 연말정산은 해당 과세기간의 다음 연도 2월분의 근로소득을 지급할 때 수행한다.
④ 대학원 등록금은 본인을 위하여 지출한 것에 한하여 교육비 세액공제를 적용받을 수 있다.

실무수행평가

1. 거래자료입력

❶ [일반전표입력] 3월 1일
(차) 533.외주가공비   350,000원   (대) 103.보통예금   350,000원
                                              (98000.국민은행(보통))

[경비등송금명세서]

번호	⑥거래일자	⑦법인명(상호)	⑧성명	⑨사업자(주민)등록번호	⑩거래내역	⑪거래금액	⑫송금일자	CD	⑬은행명	⑭계좌번호	계정코드
1	2024-03-01	세아가공	강은호	312-04-22512	가공비	350,000	2024-03-01	088	신한은행	442-12-2153-700	

❷ 1. **[거래처원장] 조회**
   03150.(주)비전통상의 외상매출금 잔액 11,000,000원 확인

2. **[일반전표입력] 3월 20일**
   (차) 110.받을어음   25,000,000원   (대) 108.외상매출금   11,000,000원
       (03150.(주)비전통상)   (03150.(주)비전통상)
                                                   259.선수금   14,000,000원
                                                   (03150.(주)비전통상)

❸ 1. **[매입매출전표입력] 4월 5일**

거래유형	품명	공급가액	부가세	거래처	전자세금
54.불공	제네시스	30,000,000	3,000,000	00131.대호자동차(주)	전자입력
불공제사유	3.비영업용 소형승용차 구입 및 유지				
분개유형	(차) 208.차량운반구	33,000,000원	(대) 253.미지급금		33,000,000원
3.혼합					

2. **[고정자산등록]**

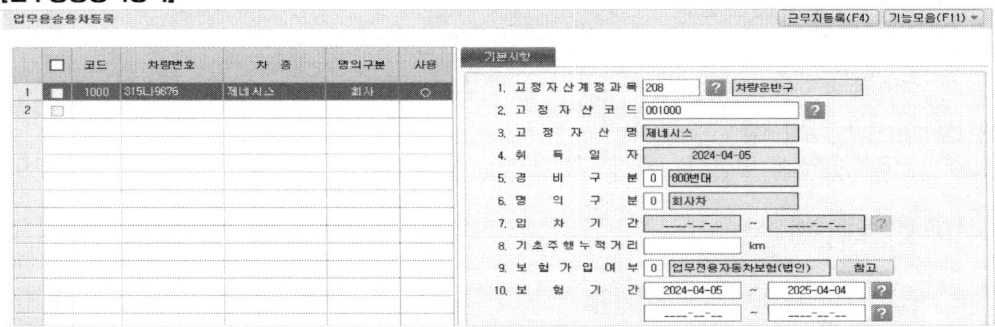

3. **[업무용승용차등록]**

❹ 1. **[계정과목및적요등록]**

□	코드	계정과목	구분	사용	과목	관계	관리항목	표준코드	표준재무제표항목
□	904	일 자 리 안 정 자 금	일 반	○	904		거래처,부서/사원	170	정부보조금

2. **[일반전표입력] 4월 20일**

(차) 103.보통예금　　　　　　　　　600,000원　　　(대) 904.일자리안정자금　　　600,000원
　　　(98000.국민은행(보통))

2. 부가가치세

❶ 1. **[고정자산등록]**
　　- 전체양도일자 : 2024년 5월 12일 입력
　　- 20.회사계상상각비 : 사용자수정을 클릭하여 '0'으로 변경

2. **[매입매출전표입력] 5월 12일**

거래유형	품명	공급가액	부가세	거래처	전자세금
11.과세	카니발(8인승)	12,000,000	1,200,000	03200.(주)기남전자	전자발행
분개유형	(차) 209.감가상각누계액	9,200,000원	(대) 208.차량운반구		23,000,000원
3.혼합	120.미수금	13,200,000원	255.부가세예수금		1,200,000원
	950.유형자산처분손실	1,800,000원			

3. **[전자세금계산서 발행 및 내역관리]**
　① 미전송된 내역이 조회되면, 미전송내역을 체크한 후 [전자발행▼]을 클릭하여 표시되는 로그인 화면에서 [확인(Tab)] 클릭
　② '전자세금계산서 발행'화면이 조회되면 [발행(F3)] 버튼을 클릭한 다음 확인클릭
　③ 국세청란에 '발행대상'으로 표시되면 [ACADEMY 전자세금계산서]를 클릭
　④ [Bill36524 교육용전자세금계산서] 화면에서 [로그인]을 클릭
　⑤ 좌측화면 : [세금계산서 리스트]에서 [미전송]으로 체크 후 [매출조회]를 클릭
　　 우측화면 : [전자세금계산서]에서 [발행]을 클릭
　⑥ [발행완료되었습니다.] 메시지가 표시되면 [확인(Tab)] 클릭

❷ 1. **[수정세금계산서 발급]**
　① [매입매출전표입력] 6월 15일 전표선택 → [수정세금계산서] 클릭 → 수정사유(5.내국신용장사후개설)를 선택 → 내국신용장개설일(7월 12일)을 입력하고 [확인(Tab)] 클릭
　② 수정세금계산서(매출)화면에서 [품명 : 3WAY 휴대용선풍기], [수량 : 200], [단가 : 50,000]입력→공급가액 [10,000,000] 확인 후 → [확인(Tab)] 클릭

구분	년	월	일	유형	품명	수량	단가	공급가액	부가세	합계	코드	거래처명	사업.주민번호
당초분	2024	06	15	과세	3WAY 휴대용선	200	50,000	10,000,000	1,000,000	11,000,000	03300	(주)서원실업	220-81-15085
수정분	2024	06	15	과세	3WAY 휴대용선	-200	50,000	-10,000,000	-1,000,000	-11,000,000	03300	(주)서원실업	220-81-15085
수정분	2024	06	15	영세	3WAY 휴대용선	200	50,000	10,000,000		10,000,000	03300	(주)서원실업	220-81-15085
					합 계			10,000,000		10,000,000			

　③ 수정세금계산서 2건이 입력되는 것을 확인

거래유형	품명	공급가액	부가세	거래처	전자세금
11.과세	3WAY 휴대용선풍기	-10,000,000	-1,000,000	03300.(주)서원실업	전자발행
분개유형	(차) 108.외상매출금	-11,000,000원	(대) 404.제품매출		-10,000,000원
2.외상			255.부가세예수금		-1,000,000원

거래유형	품명	공급가액	부가세	거래처	전자세금
12.영세	3WAY 휴대용선풍기	10,000,000		03300.(주)서원실업	전자발행
분개유형 2.외상	(차) 108.외상매출금 10,000,000원		(대) 404.제품매출		10,000,000원

2. [전자세금계산서 발행 및 내역관리]
① 전자세금계산서 발행 및 내역관리 를 클릭하면 수정 전표 2매가 미전송 상태로 나타난다.
② 해당내역을 클릭하여 전자세금계산서 발행 및 국세청 전송을 한다.

❸ 1. [매입매출전표입력] 7월 4일

거래유형	품명	공급가액	부가세	거래처	전자세금
51.과세	트럭	45,000,000	4,500,000	03400.중고차나라(주)	전자입력
분개유형 3.혼합	(차) 208.차량운반구 45,000,000원 135.부가세대급금 4,500,000원		(대) 253.미지급금		49,500,000원

2. [매입세액불공제내역]

계산식	구분	과세·면세 사업 공통매입		(12)총공급가액 등 (총예정사용율)	(13)면세공급가액 등 (총예정사용면적)	(14)불공제 매입세액 (⑪×⑫÷⑬)
		(10)공급가액	(11)세액			
1	1.공급가액기준	45,000,000	4,500,000	1,000,000,000	300,000,000	1,350,000

기간: 2024년 07월 ~ 2024년 09월

3. [부가가치세신고서] 7월 1일~9월 30일

공제받지못할매입세액명세

	구분		금액	세액
16 공제받지 못할매입 세액명세	공제받지못할매입세액	50		
	공통매입세액면세사업	51	13,500,000	1,350,000
	대손처분받은세액	52		
	합계	53	13,500,000	1,350,000

4. [일반전표입력] 9월 30일
(차) 208.차량운반구   1,350,000원   (대) 135.부가세대급금   1,350,000원

❹ 1. [매입매출전표입력]

1) 10월 30일

거래유형	품명	공급가액	부가세	거래처	전자세금
22.현과	제품	180,000	18,000	03600.양민철	
분개유형 1.현금	(차) 101.현금 198,000원		(대) 404.제품매출 255.부가세예수금		180,000원 18,000원

2) 11월 30일

거래유형	품명	공급가액	부가세	거래처	전자세금
17.카과	제품	100,000	10,000	03500.(주)웰트	
분개유형 3.혼합	(차) 831.수수료비용 1,848원 108.외상매출금 108,152원 (99601.신한카드)		(대) 404.제품매출 255.부가세예수금		100,000원 10,000원

3) 12월 20일

거래유형	품명	공급가액	부가세	거래처	전자세금
18.카면	제품	100,000		03700.장은성	
분개유형 3.혼합	(차) 831.수수료비용 2,010원 108.외상매출금 97,990원 (99601.신한카드)		(대) 404.제품매출		100,000원

2. [신용카드매출전표발행집계표]

1. 신용카드매출전표 등 발행금액 현황

구 분	⑤ 합 계	⑥ 신용·직불·기명식 선불카드	⑦ 현금영수증	⑧ 직불·기명식 선불전자지급수단
합 계	408,000	210,000	198,000	
과세매출분	308,000	110,000	198,000	
면세매출분	100,000	100,000		
봉 사 료				

3. [부가가치세신고서] 10월 1일~12월 31일

	구 분		금액	세율	세액
과세표준및매출세액	과세	세금계산서발급분 1	270,000,000	10/100	27,000,000
		매입자발행세금계산서 2		10/100	
		신용카드·현금영수증 3	280,000	10/100	28,000
		기타 4		10/100	
	영세	세금계산서발급분 5		0/100	
		기타 6		0/100	
	예정신고누락분 7				
	대손세액가감 8				
	합계 9		270,280,000	㉮	27,028,000

▌실무수행평가 ▌ 부가가치세

번호	평 가 문 제 답 안	배점
1-1	②	2
1-2	2024010358	2
1-3	① 승인번호 : 2024010360 ② 수정사유 : 내국신용장사후개설	2
1-4	1,350,000원	2
1-5	33,107,692원	2
1-6	308,000원	2
1-7	28,000원	2
1-8	45,000,000원	2
1-9	10,000,000원	2
1-10	20,000,000원	2
	부가가치세 소계	20

3. 결산

❶ [일반전표입력] 12월 31일

　　(차) 107.단기매매증권　　　　1,500,000원　　(대) 905.단기매매증권평가익　　1,500,000원
　　　※ 7,900,000원 - 6,400,000원 = 1,500,000원 이익

　　(차) 937.단기매매증권평가손　　200,000원　　(대) 107.단기매매증권　　　　　200,000원
　　　※ 6,600,000원 - 6,800,000원 = 200,000원 손실

❷ **[일반전표입력] 12월 31일**

(차) 811.복리후생비	400,000원	(대) 146.상품		400,000원
		(적요8.타계정으로대체)		
(차) 939.재고자산감모손실	400,000원	(대) 150.제품		400,000원
		(적요8.타계정으로대체)		

∎ 실무수행평가 ∎ 재무회계

번호	평 가 문 제 답 안	배점
2-1	① 계정과목코드 : 533 ② 거래금액 : 350,000원	2
2-2	① 약속어음 금액 : 25,000,000원, ② 거래처코드 : 03150	2
2-3	4,950,000원	2
2-4	600,000원	1
2-5	400,000원	1
2-6	14,500,000원	2
2-7	6,036,142원	2
2-8	① 상품매출액 : 15,000,000원 ② 상품매출원가 : 10,000,000원	2
2-9	803,848원	2
2-10	① 당기완성품제조원가 : 764,484,099원 ② 제품매출원가 : 782,484,099원	2
2-11	670,067,264원	2
	재무회계 소계	**20**

4. 근로소득관리

❶ 1. [수당등록]

2. [급여자료입력]

3. [원천이행상황신고서]

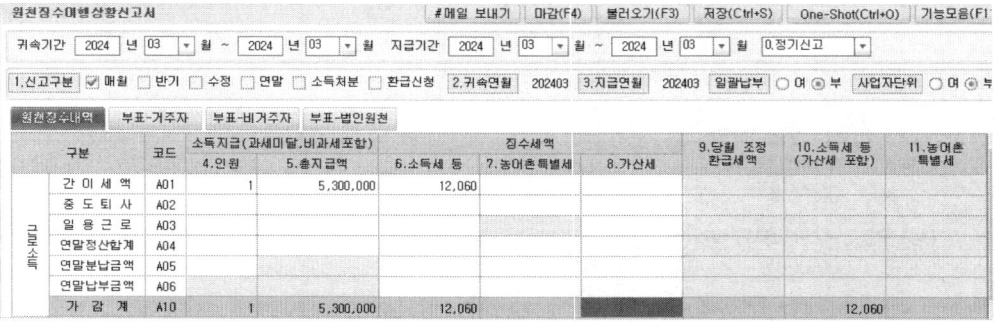

실무수행평가 근로소득관리1

번호	평가문제답안	배점
3-1	[정승철 3월 급여자료 조회] ① 2,650,000원　② 150,000원 ③ 2,000,000원　④ 5,235,960원 ⑤ 12,060원	8

❷. 1. [일용직사원등록]

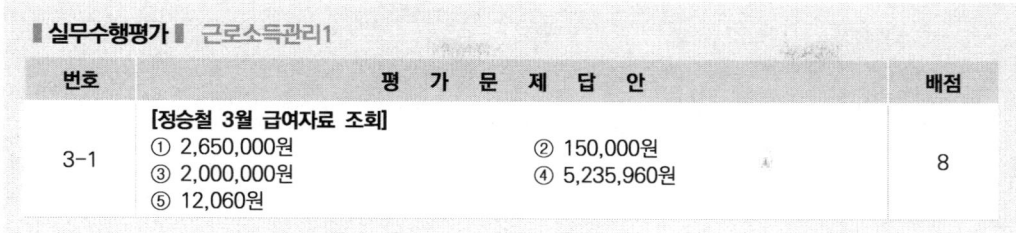

2. [일용직급여입력]

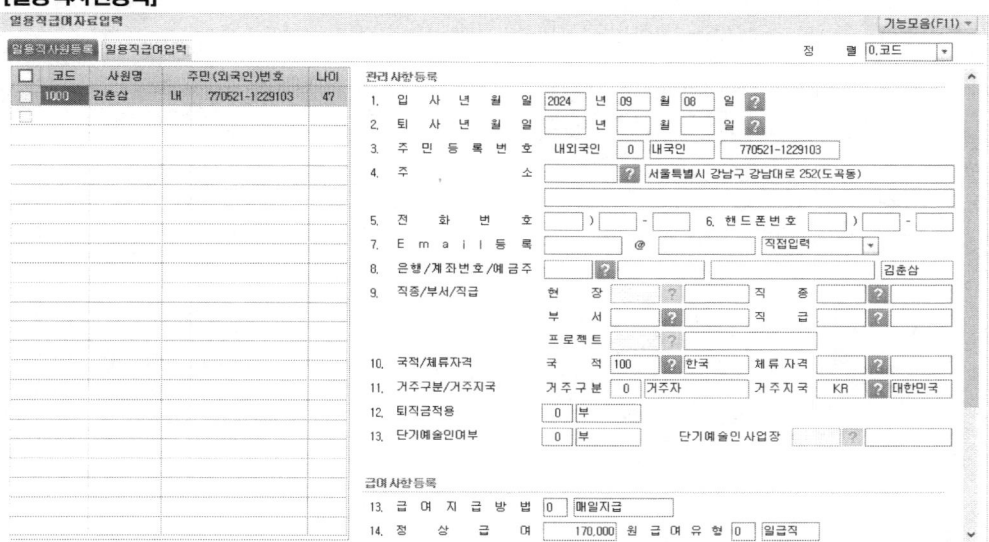

3. [원천징수이행상황신고서]

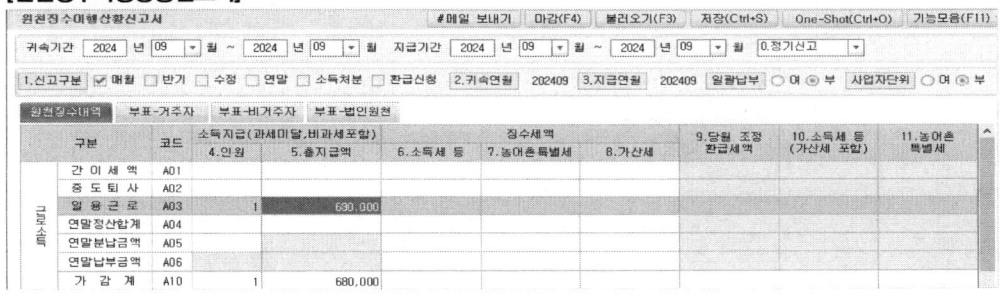

정답 및 풀이 **663**

실무수행평가 — 근로소득관리2

번호	평가문제 답안	배점
3-2	[김춘삼(일용직근로자) 9월 급여자료 조회] ① 680,000원　② 5,440원 ③ 674,560원　④ A03	8

❸ 1. 의료비 세액공제
당해 과세기간의 총급여액이 7천만원 이하인 근로자가 산후조리원에 지출한 산후조리 및 요양과 관련한 비용은 출산 1회당 200만원의 한도로 의료비 세액공제 대상에 해당

2. 신용카드등 소득공제
직원신용카드 경비사용명세서 금액을 차감한 28,745,037원이 공제대상임

3. 교육비 세액공제
취학전아동의 현장체험학습비는 교육비 세액공제 대상에서 제외

4. 월세 세액공제
국민주택규모의 주택 또는 기준시가 3억원 이하의 주택에 대하여 지출한 월세는 월세액 세액공제 대상에 해당

실무수행평가 — 근로소득관리3

번호	평가문제 답안	배점
3-3	[박수형 근로소득원천징수영수증 조회] ① 37,445,930원　② 1,080,000원 ③ 30,000원　④ 0원 ⑤ -581,570원	12
	근로소득 소계	30

제 2 회 실전모의고사

실무이론평가

01 ②
- 정부보조금 수령 시 회계처리
  (차) 보통예금   10,000,000원   (대) 정부보조금   10,000,000원
  (보통예금 차감)

02 ①
- 내부적으로 창출한 영업권은 원가를 신뢰성 있게 측정할 수 없을 뿐만 아니라 기업이 통제하고 있는 식별가능한 자원도 아니기 때문에 자산으로 인식하지 않는다.

03 ②
- 재고자산평가손실 : {취득원가(1,000원) – 시가(950원)} × 기말실제재고수량(980개) = 49,000원
- 재고자산감모손실 : {장부상 재고수량(1,000개) – 기말실제재고수량(980개)} × 취득원가(1,000원)
  = 20,000원

04 ④
- 주식을 발행하는 경우에 주식의 발행금액이 액면금액보다 크다면 그 차액을 주식발행초과금으로 하여 자본잉여금으로 회계처리한다. 다만, 상각되지 않은 주식할인발행차금은 향후 발생하는 주식발행초과금과 우선적으로 상계한다.

05 ③ 먼저 감가상각 후 손상차손을 계산함
(차) 손상차손 = 회수가능액 – 유형자산장부가액
유형자산장부가액 : 3,000,000원 – {(3,000,000원 – 1,000,000원) × 1/5}
3,000,000원 – 400,000원 = 2,600,000원
: 2,300,000원 – 2,600,000원 = (–) 300,000원

06 ④
- 재고자산 원가흐름의 가정을 후입선출법에서 선입선출법으로 변경한 것은 회계정책의 변경에 해당한다.

07 ② ① 영세율 적용대상자는 부가가치세법상 사업자로서 제반 의무를 이행한다.
③ 면세사업자는 면세포기를 하여야만 영세율을 적용받을 수 있다.
④ 부가가치세의 역진성을 완화하기 위한 제도는 면세이다.

08 ①
- 과세표준 : (20,000,000원 – 1,000,000원) + (1,000,000원 × 3) = 22,000,000원
  매출세액 : 22,000,000원 × 10% = 2,200,000원
- 회수지연에 따른 연체이자는 과세표준에 포함하지 아니함.

09 ③
- 20,000,000원 + 8,000,000원 × (1 – 60%) = 23,200,000원
- 가. 금융소득이 2,000만원 이하이므로 분리과세한다.
  나. 근로소득은 종합과세대상이다
  다. 실제 필요경비가 확인되지 않으므로 60%의 법정경비를 공제한다.
  기타소득금액(3,200,000원)이 3,000,000원을 초과하므로 종합과세한다.

10 ① ② 종합소득공제 요건 중 해당 과세기간의 소득금액 합계액이란 종합소득·퇴직소득·양도소득금액의 합계액을 말한다.
③ 종합소득금액에서 공제받지 못한 종합소득공제는 퇴직소득금액과 양도소득금액에서 공제되지 않고 소멸한다.
④ 장애인에 해당하는 경우에는 나이 제한은 없으나 소득금액의 제한은 받는다.

TAT 2급 세무실무

실무수행평가

1. 거래자료입력

❶ 1. [일반전표입력] 3월 1일
  (차) 812.여비교통비   50,000원   (대) 101.현금   50,000원
  또는 (출) 812.여비교통비   50,000원

  2. [영수증수취명세서(2)]

  3. [영수증수취명세서(1)]

❷ 1. [일반전표입력] 3월 31일
  (차) 102.당좌예금   19,750,000원   (대) 110.받을어음   20,000,000원
    (98005.국민은행(당좌))   (04101.(주)동원완구)
    936.매출채권처분손실   250,000원

  2. [받을어음 관리]

❸ 1. [매입매출전표입력] 4월 5일

거래유형	품명	공급가액	부가세	거래처	전자세금
51.과세	생산관리 프로그램	50,000,000	5,000,000	05102.(주)공영정보기술	전자입력
분개유형	(차) 240.소프트웨어	50,000,000원	(대) 103.보통예금		55,000,000원
3.혼합	135.부가세대급금	5,000,000원	(98003.우리은행(보통))		

  2. [일반전표입력] 4월 5일
  (차) 104.정부보조금   30,000,000원   (대) 241.정부보조금   30,000,000원

❹ [일반전표입력] 4월 10일
  (차) 103.보통예금   180,000원   (대) 383.자기주식   160,000원
    (98003.우리은행(보통))   343.자기주식처분이익   20,000원

2. 부가가치세

❶ 1. [매입매출전표입력] 4월 30일(복수거래)

거래유형	품명	공급가액	부가세	거래처	전자세금
11.과세	놀이펜 외	20,200,000	2,020,000	05105.(주)다다월드	전자발행
분개유형	(차) 101.현금	22,220,000원	(대) 404.제품매출		20,200,000원
1.현금 또는 3.혼합			255.부가세예수금		2,020,000원

2. [전자세금계산서 발행 및 내역관리]
① 미전송된 내역이 조회되면, 미전송내역을 체크한 후 전자발행 을 클릭하여 표시되는 로그인 화면에서 확인(Tab) 클릭
② '전자세금계산서 발행'화면이 조회되면 발행(F3) 버튼을 클릭한 다음 확인클릭
③ 국세청란에 '발행대상'으로 표시되면 ACADEMY 전자세금계산서 를 클릭
④ [Bill36524 교육용전자세금계산서] 화면에서 [로그인]을 클릭
⑤ 좌측화면 : [세금계산서 리스트]에서 [미전송]으로 체크 후 [매출조회]를 클릭
   우측화면 : [전자세금계산서]에서 [발행]을 클릭
⑥ [발행완료되었습니다.] 메시지가 표시되면 확인(Tab) 클릭

❷ 1. [수정세금계산서 발급]

① [매입매출전표입력] 5월 20일 전표 선택→ 수정세금계산서 → 수정사유(3.환입)를 선택→당초세금계산서 작성일(5월 20일)에 자동 반영하고 [확인(Tab)]을 클릭
② [수정세금계산서(매출)]화면에서 [작성일 5월 23일, 수량 -13, 단가 145,000원, 공급가액 -1,885,000원, 부가세 -188,500원]을 입력한 후 확인(Tab) 클릭

구분	년	월	일	유형	품명	수량	단가	공급가액	부가세	합계	코드	거래처명	사업.주민번호
당초분	2024	05	20	과세	짱구시계	100	145,000	14,500,000	1,450,000	15,950,000	05107	(주)지팩토리	134-81-21118
수정분	2024	05	23	과세	짱구시계	-13	145,000	-1,885,000	-188,500	-2,073,500	05107	(주)지팩토리	134-81-21118
					합 계			12,615,000	1,261,500	13,876,500			

③ 수정세금계산서 1건에 대한 회계처리가 자동 반영된다.
[매입매출전표 입력] 5월 23일

거래유형	품명	공급가액	부가세	거래처	전자세금
11.과세	짱구시계	-1,885,000	-188,500	05107.(주)지팩토리	전자발행
분개유형	(차) 108.외상매출금	-2,073,500원	(대) 404.제품매출		-1,885,000원
2.외상			255.부가세예수금		-188,500원

2. [전자세금계산서 발행 및 내역관리]
① 전자세금계산서 발행 및 내역관리 를 클릭하면 수정 전표 1매가 미전송 상태로 조회된다.
② 해당내역을 클릭하여 전자세금계산서 발급(발행) 및 국세청 전송을 한다.

❸ 1. [거래자료입력]

-[매입매출전표입력] 7월 10일

거래유형	품명	공급가액	부가세	거래처	전자세금
53.면세	쌀외	20,000,000		06000.영진유통	
분개유형	(차) 153.원재료	20,000,000원	(대) 101.현금		20,000,000원
1.현금 또는 3.혼합	(적요6.의제매입세액원재료차감)				

-[일반전표입력] 7월 15일
(차) 153.원재료 500,000원   (대) 101.현금 500,000원
※ 음식점업은 농어민으로부터 면세 농산물 등을 직접 공급받은 경우 의제매입세액 공제대상이 아니다.

- [매입매출전표입력] 7월 30일

거래유형	품명	공급가액	부가세	거래처	전자세금
62.현면	돼지고기	2,200,000		06200.대길농장	
분개유형	(차) 153.원재료		2,200,000원	(대) 101.현금	2,200,000원
1.현금	(적요6.의제매입세액원재료차감)				

2. [의제매입세액공제신고서] 7월~9월

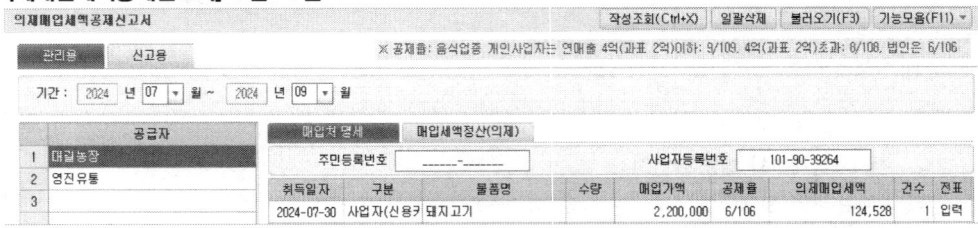

※ 공제율을 6/106으로 변경한다.

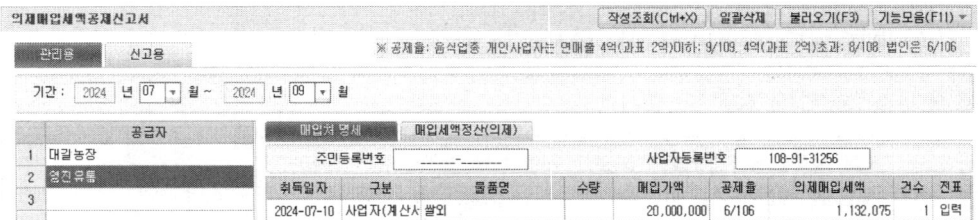

※ 공제율을 6/106으로 변경한다.

3. [부가가치세신고서] 7월 1일~9월 30일

그밖의 공제 매입세액	14	22,200,000		1,256,603

4. **[일반전표입력] 9월 30일**
 (차) 135.부가세대급금 1,256,603원 (대) 153.원재료 1,256,603원
 또는 (차) 153.원재료 -1,256,603원
   (차) 135.부가세대급금 1,256,603원

❹ 1. [거래자료입력]
 ① [매입매출전표입력] 10월 15일

거래유형	품명	공급가액	부가세	거래처	전자세금
54.불공	그랜저IG	28,000,000	2,800,000	07100.(주)수원중고자동차	전자입력
불공사유	3.비영업용 소형승용차 구입 및 유지				
분개유형	(차) 208.차량운반구		30,800,000원	(대) 253.미지급금	30,800,000원
3.혼합					

 ② [매입매출전표입력] 10월 21일

거래유형	품명	공급가액	부가세	거래처	전자세금
54.불공	홍삼엑기스	650,000	65,000	07200.하늘마트	전자입력
불공사유	9.접대비 관련 매입세액				
분개유형	(차) 813.접대비		715,000원	(대) 253.미지급금	715,000원
3.혼합					

 ③ [일반전표 입력] 11월 10일
  (차) 134.가지급금 1,320,000원 (대) 253.미지급금 1,320,000원
    (08100.박길호)   (99603.삼성카드)

2. [매입세액불공제내역]

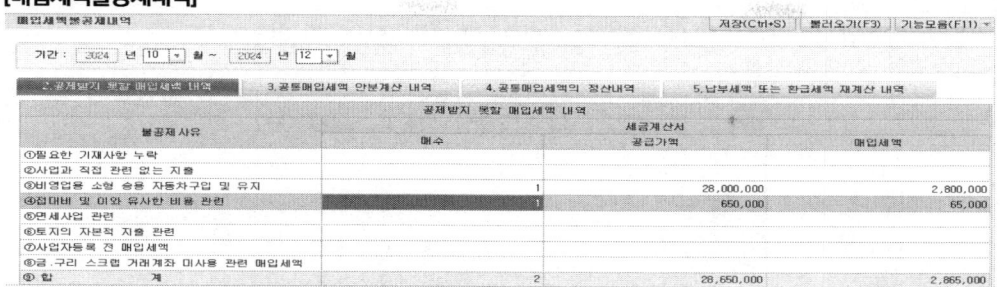

3. [부가가치세신고서] 10월 1일~12월 31일

실무수행평가	부가가치세	
번호	평가문제답안	배점
1-1	③	2
1-2	2024010364	2
1-3	① 승인번호 : 2024010365　② 수정사유 : 환입	2
1-4	① 전자세금계산서 매수 : 2매　② 공급가액 : 12,615,000원	2
1-5	① 비영업용 소형승용자동차구입 및 유지 : 2,800,000원 ② 접대비 및 이와 유사한 비용관련 : 65,000원	2
1-6	1,256,603원	2
1-7	③	2
1-8	7,638,936원	2
1-9	84.73%	2
1-10	100,000,000원	2
	부가가치세 소계	20

3. 결산

❶ [일반전표입력]

(차) 257.가수금　　　　　　　　2,700,000원　　(대) 108.외상매출금　　2,000,000원
　　(00103.(주)디스완구)
　　114.단기대여금　　　　　　　 700,000원
　　(00105.(주)은호완구)
또는
(차) 257.가수금　　　　　　　　2,000,000원　　(대) 108.외상매출금　　2,000,000원
　　(00103.(주)디스완구)
(차) 257.가수금　　　　　　　　 700,000원　　(대) 114.단기대여금　　 700,000원
　　(00105.(주)은호완구)

❷ [결산자료입력]
퇴직급여(전입액)란 제조 : 12,000,000원, 판매관리비 : 16,000,000원 입력후 상단 툴바의 전표추가(F3) 를
클릭하여 결산분개 생성
☞ 생산부 : 퇴직급여추계액 30,000,000원 - 퇴직급여충당부채잔액 18,000,000원 = 12,000,000원
　　관리부 : 퇴직급여추계액 38,000,000원 - 퇴직급여충당부채잔액 22,000,000원 = 16,000,000원

▌실무수행평가▐ 재무회계

번호	평 가 문 제 답 안		배점
2-1	① 건수 : 1건	② 금액 : 50,000원	2
2-2	20,000,000원		1
2-3	① 외상매출금 : 776,205,135원	② 단기대여금 : 14,300,000원	2
2-4	3,800,950원		1
2-5	① 자기주식 :　　　0원	② 자기주식처분이익 : 20,000원	2
2-6	① 의제매입대상 원재료매입액 : 22,200,000원 ② 일반원재료매입액 : 1,200,000원		2
2-7	① 퇴직급여충당부채 잔액 : 68,000,000원 ② 판매관리비의 퇴직급여 : 16,000,000원		2
2-8	① 104.정부보조금 :　　　0원	② 241.정부보조금 : 30,000,000원	2
2-9	150,000,000원		2
2-10	① 당기완성품제조원가 : 419,227,360원 ② 제품매출원가 : 431,227,360원		2
2-11	550,068,199원		2
	재무회계 소계		**20**

4. 근로소득관리

❶ 주민등록등본에 의한 사원등록

● 부양가족명세

	연말정산관계	기본	세대	부녀	장애	경로 70세	출산 입양	자녀	한부모	성명	주민(외국인)번호	가족관계
1	0.본인	본인	○							정진학	내 760825-1111114	
2	3.배우자	배우자								김가연	내 760822-2321235	02.배우자
3	2.(배)직계존속	60세이상				○				김옥란	내 420110-2919386	13.장모
4	4.직계비속 (자녀 20세이하							○		정준모	내 071001-3132997	05.자녀
5	4.직계비속 (자녀 부									정주리	내 981212-2345678	05.자녀
6	6.형제자매	장애인			1					정은아	내 830827-2222220	30.누이

① 김가연(배우자) : 금융소득이 2,000만원을 초과하여 종합과세되므로 기본공제 불가능
② 김옥란(장모) : 일용근로소득은 분리과세되므로 기본공제 가능하고, 경로우대 추가공제 가능
③ 정준모(자녀) : 20세 이하이며, 소득이 없으므로 기본공제 가능
④ 정주리(자녀) : 20세 초과인 자녀이므로 기본공제 불가능
⑤ 정은아(형제) : 기타소득금액 100만원 이하이므로 기본공제 및 장애인공제 가능
　※ 총수입금액 2,500,000원 - 필요경비 1,500,000원(60%) = 기타소득금액 1,000,000원

번호	평가문제답안	배점
3-1	① 5명 ② 1,500,000원 ③ 4,500,000원 ④ 1,000,000원 ⑤ 2,000,000원	10

실무수행평가 근로소득관리1

❷ 1. [사원등록]
사원등록에서 퇴사년월일(2024년 7월 25일) 입력

2. [수당/공제등록]

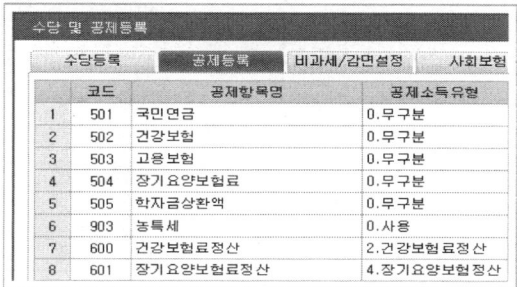

3. [급여자료입력]
급여자료를 입력한 후, [중도퇴사자 정산]을 클릭하여 연말정산 결과를 반영한다.

실무수행평가 근로소득관리2

번호	평가문제답안	배점
3-2	[국진호 7월 급여자료 조회] ① ㉠ 소득세: -364,910원 ㉡ 지방소득세: -36,460원 ② 24,000,000원 ③ 3,090,080원 ④ 364,910원	8

TAT 2급 세무실무

❸ 1. 전근무지 자료입력

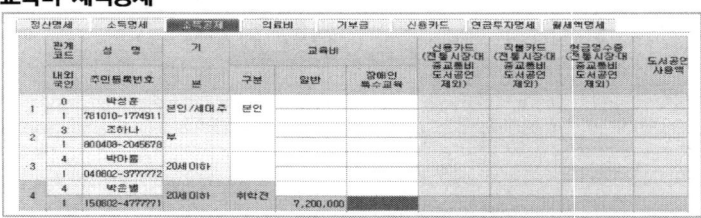

2. 의료비 세액공제
국민건강보험공단으로부터 수령한 1,000,000원 공제 불가능

3. 보험료 세액공제
주피보험자 조하나는 소득이 있으므로 보험료 공제 불가능

4. 교육비 세액공제

■실무수행평가■ 근로소득관리3		
번호	평 가 문 제 답 안	배점
3-3	① 38,000,000원　② 150,000원 ③ 105,600원　④ 609,000원 ⑤ 44,450원　⑥ -782,100원	12
	근로소득 소계	30

제3회 실전모의고사

실무이론평가

01 ④
- 유형자산의 장부금액이 재평가로 인하여 증가된 경우에 그 증가액은 기타포괄손익으로 인식한다. 그러나 동일한 유형자산에 대하여 이전에 당기손익으로 인식한 재평가감소액이 있다면 그 금액을 한도로 재평가증가액만큼 당기손익으로 인식한다.
- 유형자산의 장부금액이 재평가로 인하여 감소된 경우에 그 감소액은 당기손익으로 인식한다. 그러나 그 유형자산의 재평가로 인해 인식한 기타포괄손익의 잔액이 있다면 그 금액을 한도로 재평가감소액을 기타포괄손익에서 차감한다.

02 ④
- 기부금으로 처리한 100,000원을 광고선전비(판매비와관리비)로 반영하면 영업이익 100,000원 감소
- 보험료 선급분 오류 분개를 반영하면 영업이익 50,000원 증가

| (차) 선급보험료 | 50,000원 | (대) 보험료 | 50,000원 |

03 ③
- 최종 기말재고액 = 1,800,000원 + 350,000원 + 150,000원 = 2,300,000원

04 ③
- 이동평균법 적용 시
  - 단위당 매출원가 : (1,000개×100원 + 1,000개×110원) ÷ 2,000개 = @105원
  - 5월말 상품재고액 : (2,000개 - 1,500개) × @105원 + 1,000개 × @120원 = 172,500원
- 총평균법 적용 시
  - 단위당 매출원가 : 330,000원 ÷ 3,000개 = @110원
  - 5월말 상품재고액 : 1,500개 × @110원 = 165,000원

05 ①
- 회계정책의 변경은 소급적용하고 회계추정의 변경은 전진적으로 처리한다.

06 ②
- 무형자산의 상각방법을 합리적으로 정할 수 없는 경우에는 정액법을 사용한다.

07 ④
- 기말재고액 = 기말재고 실사액 + 운송중인 상품 + 미판매 위탁상품 + 미판매 시송품
  = 2,500,000원 + 600,000원 + (100,000원 - 70,000원) + (1,000,000원 - 400,000원)
  = 3,730,000원

08 ③
① 직전연도 공급대가가 8,000만원 미만인 개인사업자가 적용대상이다.
② 간이과세자는 세금계산서를 발급할 수 없으며, 영수증을 발급하여야 한다.
④ 음식점업과 제조업을 운영하는 간이과세자는 의제매입세액공제를 적용받을 수 있다.

09 ③
① 거주자는 국내원천소득 뿐만 아니라 국외원천소득에 대해서도 납세의무가 있다.
② 과세기간 중 폐업하는 경우에도 소득세 과세기간은 1월 1일부터 12월 31일까지이다.
④ 현행 소득세법은 개인별 과세이기 때문에 공동사업의 경우에도 공동사업자가 각각 납세의무를 부담하며 연대납세의무를 지지 않는다.

10 ①
② 종합소득공제 요건 중 해당 과세기간의 소득금액 합계액이란 종합소득·퇴직소득·양도소득금액의 합계액을 말한다.
③ 종합소득금액에서 공제받지 못한 종합소득공제는 퇴직소득금액과 양도소득금액에서 공제되지 않고 소멸한다.
④ 장애인에 해당하는 경우에는 나이 제한은 없으나 소득금액의 제한은 받는다.

실무수행평가

1. 거래자료입력

❶ [일반전표입력] 3월 3일

(차) 824.운반비　　　100,000원　　　(대) 103.보통예금　　　100,000원
　　　　　　　　　　　　　　　　　　　　　(98000.국민은행)

[경비등의 송금명세서]

번호	⑥거래일자	⑦법인명(상호)	⑧성명	⑨사업자(주민)등록번호	⑩거래내역	⑪거래금액	⑫송금일자	CD	⑬은행명	⑭계좌번호	계정코드
1	2024-03-03	개별화물(4675)	이국현	120-21-12348	운송비	100,000	2024-03-03	081	하나은행	527-910004-22456	

❷ 1. [어음등록]

일반전표입력 상단부의 [어음등록]을 이용해 전자어음을 등록한다.

2. [일반전표입력] 3월 10일

(차) 251.외상매입금　　　8,000,000원　　　(대) 252.지급어음　　　8,000,000원
　　　(03001.(주)상도테크)　　　　　　　　　　　(03001.(주)상도테크)

3. [지급어음관리]

[어음번호] 란에서 F2를 누르면 등록된 어음을 조회한 후 만기일을 수정한다.

어음상태	2 발행	어음번호	00420240310123456789	어음종류	4 전자	발행일	2024-03-10
만기일	2024-09-10	지급은행	98000 국민은행	지점	동수원		

❸ [일반전표입력] 3월 15일

(차) 103.보통예금　　　20,000,000원　　　(대) 178.매도가능증권　　　26,000,000원
　　　(98000.국민은행)
　　　981.매도가능증권평가익　　5,000,000원
　　　946.매도가능증권처분손　　1,000,000원

❹ 1. [고정자산등록]

－양도일자 : 2024.3.20. 입력
－20. 회사계상상각비 : 사용자수정을 클릭하여 '0'으로 변경

2. [매입매출전표입력] 3월 20일

거래유형	품명	공급가액	부가세	거래처	전자세금
11.과세	비품(에어컨)	10,000,000	1,000,000	03003.(주)경인마켓	전자입력
분개유형	(차) 213.감가상각누계액	17,500,000	(대) 212.비품		35,000,000원
	101.현금	1,000,000	255.부가세예수금		1,000,000원
3.혼합	120.미수금	10,000,000			
	950.유형자산처분손실	7,500,000			

2. 부가가치세

❶ 1. [매입매출전표] 4월 12일(복수거래)

거래유형	품명	공급가액	부가세	거래처	전자세금
12.영세	방수카메라 외	6,600,000	0	03005.(주)코나전자	전자발행
분개유형 2.외상 또는 4.카드	(차) 108.외상매출금 (99601.비씨카드)	6,600,000원	(대) 404.제품매출		6,600,000원

2. [전자세금계산서 발행 및 내역관리]
① 미전송된 내역이 조회되면, 미전송내역을 체크한 후 전자발행 ▼ 을 클릭하여 표시되는 로그인 화면에서 확인(Tab) 클릭
② '전자세금계산서 발행' 화면이 조회되면 발행(F3) 버튼을 클릭한 다음 확인클릭
③ 국세청란에 '발행대상'으로 표시되면 ACADEMY 전자세금계산서 를 클릭
④ [Bill36524 교육용전자세금계산서] 화면에서 [로그인]을 클릭
⑤ 좌측화면 : [세금계산서 리스트]에서 [미전송]으로 체크 후 [매출조회]를 클릭
　우측화면 : [전자세금계산서]에서 [발행]을 클릭
⑥ [발행완료되었습니다.] 메시지가 표시되면 확인(Tab) 클릭

❷ [수정전자세금계산서 발급]
① [매입매출전표입력]→[4월 30일] 전표 선택→ 수정세금계산서 Tab 클릭
② [수정사유] 화면에서 다음 사항을 입력 → 확인(Tab) 클릭
　▶ 수정사유 : 2.공급가액 변동
　▶ 비고 : 당초세금계산서 작성일-2024.4.30. 자동반영
③ [수정세금계산서(매출)] 화면이 나타난다.
④ 수정분[작성월일 5월 10일], 품명, [공급가액 (-)90,000원], [세액 (-)9,000원] 입력 → 확인(Tab) 클릭

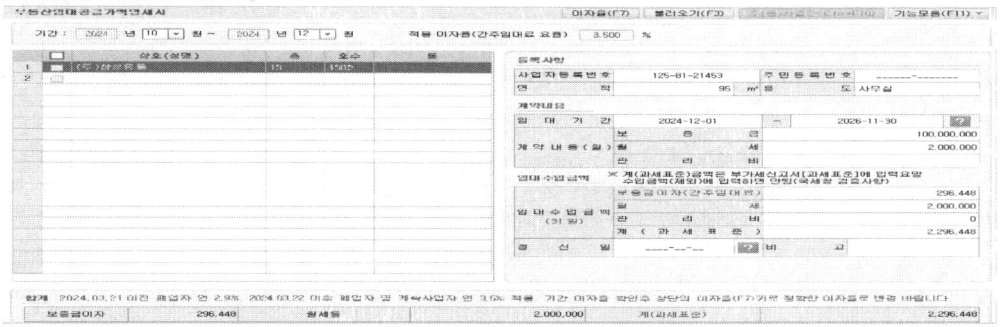

⑤ [매입매출전표입력] 화면에 수정분이 입력된다.

거래유형	품명	공급가액	부가세	거래처	전자세금
11.과세	매출할인	-90,000	-9,000	04003.(주)성음캠	전자발행
분개유형 2.외상	(차) 108.외상매출금	-99,000원	(대) 404.제품매출 255.부가세예수금		-90,000원 -9,000원

⑥ 전자세금계산서 발행 및 내역관리 를 클릭하면 수정 전표 1매가 미전송 상태로 나타난다.
⑦ 해당내역을 클릭하여 전자세금계산서 발행 및 국세청 전송

❸ 1. [매입매출전표입력] 12월 31일

거래유형	품명	공급가액	부가세	거래처	전자세금
11.과세	임대료	2,000,000	200,000	04005.(주)삼성유통	전자입력
분개유형 3.혼합	(차) 103.보통예금 　(98000.국민은행)	2,200,000원	(대) 411.임대료수입 255.부가세예수금		2,000,000원 200,000원

2. [부동산임대공급가액명세서]

3. [매입매출전표입력] 12월 31일

거래유형	품명	공급가액	부가세	거래처	전자세금
14.건별	간주임대료	296,448	29,644		
분개유형 3.혼합	(차) 103.보통예금 (98000.국민은행)	29,644원	(대) 255.부가세예수금		29,644원

4. [부가가치세신고서] 10월 1일 ~ 12월 31일

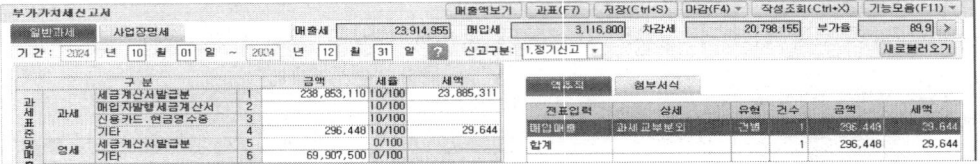

❹ 1. [매입매출전표입력] 10월 15일

거래유형	품명	공급가액	부가세	거래처	전자세금
51.과세	기계장치	20,000,000	2,000,000	04100.(주)한국아이콘	전자입력
분개유형 3.혼합	(차) 206.기계장치 135.부가세대급금	20,000,000원 2,000,000원	(대) 253.미지급금		22,000,000원

2. [공통매입세액의 정산내역] 10월~12월

3. [일반전표입력] 12월 31일
   (차) 135.부가세대급금   400,000원   (대) 206.기계장치   400,000원

■ 실무수행평가 ■ 부가가치세

번호	평 가 문 제 답 안		배점
1-1	6,600,000원		2
1-2	2024010372		2
1-3	① 승인번호 : 2024010374	② 수정사유 : 2.공급가액변동	2
1-4	① 간주임대료 : 296,448원 ② 임대수입금액의 계(과세표준) : 2,296,448원		2
1-5	-400,000원		2
1-6	① 금액 : 101,917원	② 세액 : 10,191원	2
1-7	① 매수 : 6매	② 매입공급가액 : 51,168,000원	2
1-8	20,000,000원		2
1-9	① 매출세액 : 23,895,502원	② 차가감납부할세액 : 18,778,702원	2
1-10	③		2
		부가가치세 소계	20

3. 결산

❶ **[일반전표입력] 12월 31일**

(차) 116.미수수익　　　1,000,000원　　　(대) 901.이자수익　　　1,000,000원
경과이자 = 정기예금액 × 이자율 × 기간경과 = 50,000,000원 × 3% × 8/12 = 1,000,000원
또는, 연이자율이 아닌 기간이자율로 다음과 같이 계산한 경우에도 정답으로 인정
(차) 116.미수수익　　　500,000원　　　(대) 901.이자수익　　　500,000원
경과이자 = 정기예금액 × 이자율 × 기간경과 = 50,000,000원 × 3% × 8/24 = 500,000원

❷ **[결산자료입력]**
- 결산자료입력에서 기말 상품 재고액 50,000,000원, 기말 원재료 재고액 30,000,000원, 제품 60,000,000원을 입력하고 전표추가(F3) 를 클릭하여 결산분개를 생성한다.
- 적송품은 상품재고에 포함시켜야 하고, 시송품은 제품재고에 이미 포함되어 있으므로 포함시키지 않는다.
→ 합계잔액시산표 재고자산금액과 일치

∥실무수행평가∥ 재무회계

번호	평가문제 답안		배점
2-1	100,000원		1
2-2	① 건수 : 2건	② 총 금액 : 43,000,000원	2
2-3	① 외상매입금 : 319,002,822원	② 지급어음 : 74,000,000원	2
2-4	① 매도가능증권 : 0원	② 매도가능증권처분손실 : 1,000,000원	2
2-5	① 외상매출금 : 267,998,215원	② 미수금 : 13,585,000원	2
2-6	1,750,000원		1
2-7	① 이자수익 : 3,560,000원	② 이자비용 : 10,032,000원	2
2-8	① 기계장치 : 240,600,000원	② 비품 : 22,600,000원	2
2-9	1,000,000원		2
2-10	① 당기완성품제조원가 : 363,783,963원 ② 제품매출원가 : 315,783,963원		2
2-11	691,607,157원		2
	재무회계 소계		**20**

4. 근로소득관리

❶ **[사원등록]**

① 김지영 : 배우자는 기본공제 적용시 생계를 같이 하여야 한다는 요건이 없으며, 소득이 없으므로 배우자 공제 가능
② 김장남 : 직계비속은 항상 생계를 같이하는 부양가족으로 보며, 소득이 없으므로 기본공제 가능
③ 윤순자 : 양도소득금액이 있으므로 기본공제 불가능

TAT 2급 세무실무

■ 실무수행평가 ■ 근로소득관리1

번호	평 가 문 제 답 안		배점
3-1	[김철수 사원등록 조회] ① 3명 ③ 1,500,000원	② 1,500,000원 ④ 1명	8

❷ 급여명세에 의한 급여자료(8점)

1. [급여자료입력] – 수당등록

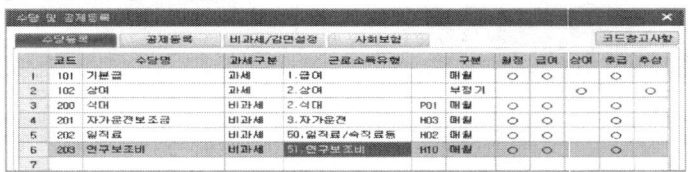

2. [급여자료입력] 지급일 2024년 5월 25일

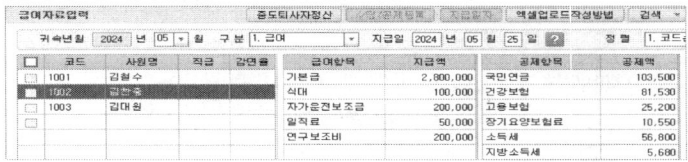

3. [원천징수이행상황신고서]
귀속기간 2024년 5월~2024년 5월, 지급기간 2024년 5월~2024년 5월 입력

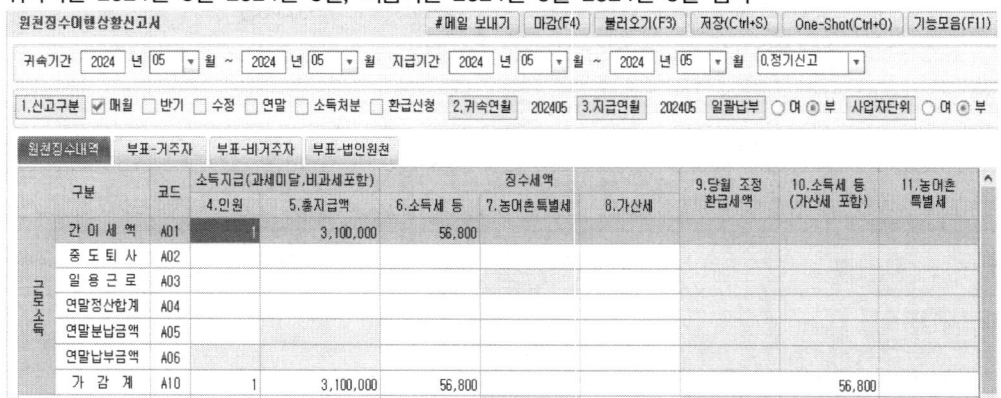

■ 실무수행평가 ■ 근로소득관리2

번호	평 가 문 제 답 안		배점
3-2	[김찬중 5월 급여자료 조회] ① 100,000원 ③ 50,000원 ⑤ 56,800원	② 200,000원 ④ 3,066,740원	10

❸ [연말정산 근로소득 원천징수영수증]

1) 신용카드등 소득공제
   - 신용카드등 17,000,000원(본인), 전통시장사용액 2,000,000원(본인), 대중교통이용액 1,000,000원(본인)을 입력한다. 형제자매의 신용카드등 사용금액은 불가능, 교복구입비 신용카드사용액은 교육비와 신용카드공제를 이중으로 받을 수 있다.

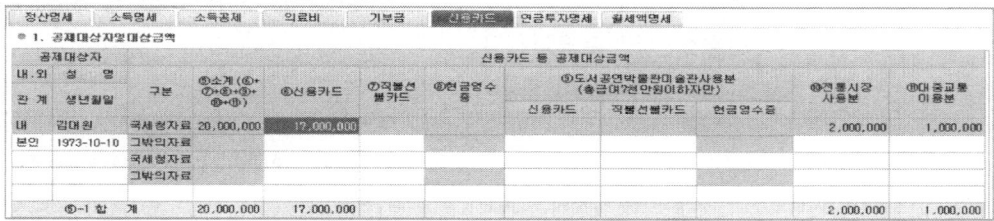

2) 의료비 세액공제
   - 장애인, 65세 이상 등 5,000,000원(장인 3,200,000원, 처제 1,800,000원)

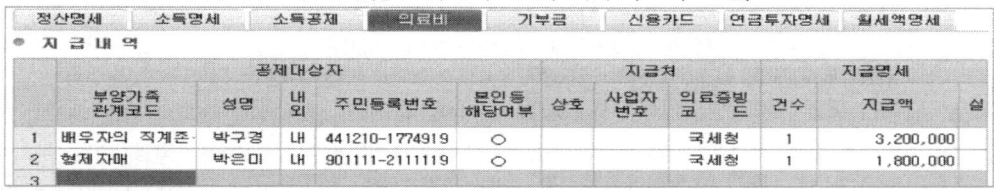

3) 교육비 세액공제
   - 초·중·고등학교 2,800,000원(일반교육비 2,000,000원 + 교복 500,000원 + 현장학습비 300,000원)
     교복구입비는 1인당 500,000원, 현장학습비는 1인당 300,000원이 한도

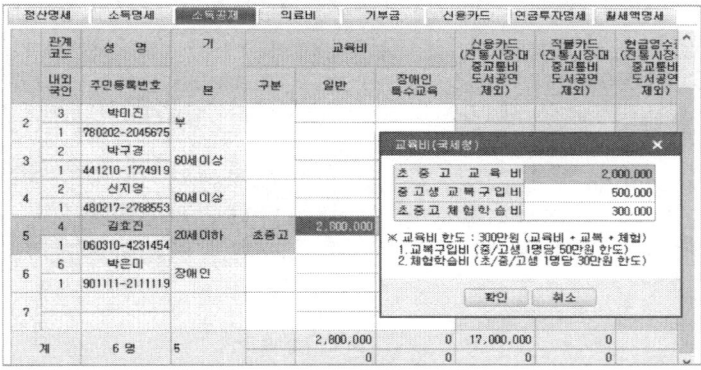

번호	평가문제답안		배점
3-3	[김대원 근로소득원천징수영수증 조회] ① 50,000,000원 ③ 150,000원 ⑤ 420,000원	② 1,875,000원 ④ 525,000원 ⑥ 81,720원	12
	근로소득 소계		30

제 4 회 실전모의고사

실무이론평가

01 ④ • 회계정보의 질적특성은 서로 상충될 수 있다. 예를 들어, 유형자산을 역사적원가로 평가하면 신뢰성은 제고되나 목적적합성은 저하될 수 있다.

02 ④ • 같은 종류의 자산(동종자산)과의 교환으로 취득한 유형자산의 취득원가는 교환으로 제공한 자산의 장부금액으로 한다.

03 ① • 재화의 판매로 인한 수익은 통상적으로 위험과 보상이 이전되는 재화의 인도시점에 인식한다.

04 ④ • 대가의 일부로 받는 운송비와 포장비는 과세표준에 포함된다.

05 ④ • 정상적인 영업주기 내에 회수되는 매출채권은 보고기간종료일부터 1년 이내에 실현되지 않더라도 유동자산으로 분류한다.

06 ④ • 기말 대손충당금 설정 후 잔액 = 기말 대손추정액 = 70,000원
 • 기말 대손충당금 설정 전 잔액 = 65,000원 - 50,000원 = 15,000원
 • 당기 대손상각비 = 70,000원 - 15,000원 = 55,000원

07 ④ • 사채가 할증발행 되었을 때 유효이자율법을 적용하면, 만기까지의 기간 중에 발행기업의 재무상태표상 사채의 장부금액은 매년 감소하며, 이에 따라 장부금액에 유효이자율을 곱하는 이자비용 금액은 매년 감소한다.

08 ④ • 자기가 주요자재의 전부 또는 일부를 부담하고 상대방으로부터 인도받은 재화를 가공하여 새로운 재화를 만드는 가공계약에 따라 재화를 인도하는 것은 재화의 공급에 해당한다.

09 ③ • 결산 분개 : (차) 퇴직급여   2,000,000원   (대) 퇴직급여충당부채   2,000,000원
 • 당기 퇴직금 추산액(6,000,000원)
   = 전기이월 잔액(x) - 당기 퇴직금 지급액(1,000,000원) + 결산 시 추가 설정액(2,000,000원)
   → 전기이월 잔액(x) = 5,000,000원

10 ③ ① 거주자는 국내원천소득 뿐만 아니라 국외원천소득에 대해서도 납세의무가 있다.
 ② 과세기간 중 폐업하는 경우에도 소득세 과세기간은 1월 1일부터 12월 31일까지이다.
 ④ 현행 소득세법은 개인별 과세이기 때문에 공동사업의 경우에도 공동사업자가 각각 납세의무를 부담하며 연대납세의무를 지지 않는다.

실무수행평가

1. 거래자료입력

❶ [일반전표입력] 3월 2일
(차) 933.기부금   8,000,000원   (대) 101.현금   8,000,000원
또는 (출) 933.기부금   8,000,000원

[영수증수취명세서(2)]

[영수증수취명세서(1)]

❷ 1. **[거래처원장] 조회**
   02000.(주)슈젠의 외상매출금 잔액 45,650,000원 확인

2. **[일반전표입력] 3월 30일**

   (차) 110.받을어음   52,000,000원   (대) 108.외상매출금   45,650,000원
        (02000.(주)슈젠)   (02000.(주)슈젠)
                                                  259.선수금   6,350,000원
                                                  (02000.(주)슈젠)

❸ **[일반전표입력] 4월 5일**

   (차) 131.선급금   376,000원   (대) 103.보통예금   376,000원
        (00650.(주)태광고무산업)   (98002.우리은행)

❹ **[매입매출전표입력] 4월 15일**

거래유형	품명	공급가액	부가세	거래처	전자세금
51.과세	제품창고 증축공사	250,000,000	25,000,000	05002.고려건설(주)	전자입력
분개유형	(차) 202.건물	250,000,000원	(대) 214.건설중인자산		137,500,000원
3.혼합	135.부가세대급금	25,000,000원	253.미지급금		137,500,000원

2. 부가가치세

❶ 1. **[매입매출전표입력] 4월 25일**

거래유형	품명	공급가액	부가세	거래처	전자세금
11.과세	파워 워킹화	5,000,000	500,000	00805.(주)슈올즈	전자발행
분개유형	(차) 103.보통예금	4,500,000원	(대) 404.제품매출		5,000,000원
	(98002.우리은행)		255.부가세예수금		500,000원
3.혼합	259.선수금	1,000,000원			

2. **[전자세금계산서 발행 및 내역관리]**
   ① 미전송된 내역이 조회되면, 미전송내역을 체크한 후 전자발행▼을 클릭하여 표시되는 로그인 화면에서

확인(Tab) 클릭
② '전자세금계산서 발행'화면이 조회되면 발행(F3) 버튼을 클릭한 다음 확인클릭
③ 국세청란에 '발행대상'으로 표시되면 ACADEMY 전자세금계산서 를 클릭
④ [Bill36524 교육용전자세금계산서] 화면에서 [로그인]을 클릭
⑤ 좌측화면 : [세금계산서 리스트]에서 [미전송]으로 체크 후 [매출조회]를 클릭
   우측화면 : [전자세금계산서]에서 [발행]을 클릭
⑥ [발행완료되었습니다.] 메시지가 표시되면 확인(Tab) 클릭

❷ 1. [수정세금계산서 발급]

① [매입매출전표입력]에서 5월 30일 전표선택 →툴바의 수정세금계산서 을 클릭→수정사유(5.내국신용장 사후개설)선택하고 비고란에 [내국신용장 개설일 : 2024년 6월 15일]과 [신고년월 : 2024년 5월] 입력 → 확인(Tab) 클릭
② 수정세금계산서(매출)화면에서 [품명 : 건강신발], [수량 : 300], [단가 : 100,000]입력 → 공급가액 [30,000,000] 확인 후 → 확인(Tab) 클릭
③ 수정세금계산서 2건에 대한 회계처리가 자동 반영된다. → 당초에 발급한 과세세금계산서의 (-)세금계산서 발급분에 대한 회계처리

[매입매출전표입력] 5월 30일

거래유형	품명	공급가액	부가세	거래처	전자세금
11.과세	건강신발	-30,000,000	-3,000,000	00900.(주)슈닷컴	전자발행
분개유형	(차) 108.외상매출금	-33,000,000원	(대) 404.제품매출		-30,000,000원
2.외상			255.부가세예수금		-3,000,000원

→ 수정세금계산서 발급분에 대한 회계처리

[매입매출전표입력] 5월 30일

거래유형	품명	공급가액	부가세	거래처	전자세금
12.영세	건강신발	30,000,000		00900.(주)슈닷컴	전자발행
분개유형 2.외상	(차) 108.외상매출금	30,000,000원	(대) 404.제품매출		30,000,000원

2. [전자세금계산서 발행 및 내역관리]

① 전자세금계산서 발행 및 내역관리 를 클릭하면 수정 전표 2매가 미전송 상태로 조회된다.
② 해당내역을 클릭하여 전자세금계산서 발급(발행) 및 국세청 전송을 한다.

❸ 1. [매입매출전표입력] 7월 30일

거래유형	품명	공급가액	부가세	거래처	전자세금
16. 수출	건강신발	8,580,000		03002.동경기업	
분개유형 2.외상 또는 3.혼합	(차) 108.외상매출금	8,580,000원	(대) 404.제품매출		8,580,000원

※ 과세표준=수출신고필증의 ㊽결제금액×선적일의 기준환율
 ¥780,000×1,100원/100¥=8,580,000원

2. [수출실적명세서] 7월~9월

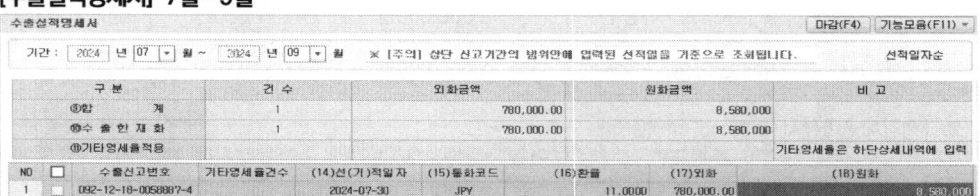

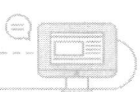

3. [부가가치세신고서] 7월 1일~9월 30일

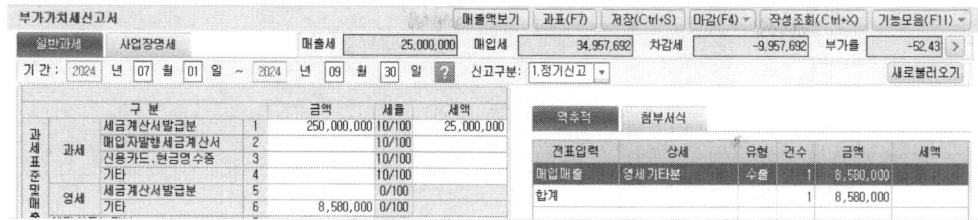

❹ 1. 대손세액공제신고서 작성

2. [부가가치세신고서]
   - 과세표준 및 매출세액/대손세액가감(8란) 세액 −3,000,000원

3. [일반전표입력] 12월 10일
   (차) 109.대손충당금   20,000,000원   (대) 108.외상매출금   33,000,000원
        835.대손상각비   10,000,000원   (01002.(주)바이오슈즈)
        255.부가세예수금   3,000,000원

▌실무수행평가▐ 부가가치세

번호	평 가 문 제 답 안		배점
1-1	2024010359		2
1-2	① 승인번호 : 2024010361	② 수정사유 : 내국신용장사후개설	2
1-3	8,580,000원		2
1-4	−3,000,000원		2
1-5	① 매수 : 30매	② 공급가액 : 260,970,329원	2
1-6	① 금액 : 270,000,000원	② 세액 : 27,000,000원	2
1-7	① 고려건설(주) : 250,000,000원	② ㈜오대양건설 : 20,000,000원	2
1-8	① 영세율-세금계산서발급분 금액 : 30,000,000원 ② 영세율-기타(수출) 금액 : 114,000,000원		2
1-9	88.67%		2
1-10	20,943,200원		2
	부가가치세 소계		20

3. 결산

❶ [일반전표입력] 12월 31일
   (차) 935.외화환산손실   9,500,000원   (대) 122.외화외상매출금   9,500,000원
        (03330.Grace co.)
        ※ 손실 : US$95,000×(1,200원−1,100원) = 9,500,000원

❷ 1. [고정자산등록]

- 당기에 취득분은 [4.신규 취득 및 증가]란에 입력하며 시운전비등의 부대비용도 취득원가에 포함해서 입력한다.(경비구분 : 1.500번대)
- 50,000,000원 + 2,000,000원(*) = 52,000,000원
  * 취득일(7월 1일)의 일반전표를 확인하면 시운전비는 2,000,000원임을 알 수 있다.

2. [결산자료입력]
방법 1. 자동결산 (결산자료입력)
 - 감가상각비(제)에 기계장치 감가상각비   11,726,000원 입력
 - 상단 툴바의 전표추가(F3) 를 클릭하여 결산분개를 생성한다.
방법 2. 수동결산(일반전표입력) 12월 31일
 (결차) 518.감가상각비   11,726,000원 (결대) 207.감가상각누계액   11,726,000원
 ※ (차), (대) 입력도 정답

■ 실무수행평가 ■ 재무회계

번호	평 가 문 제 답 안		배점
2-1	① 건수 : 1건	② 금액 : 8,000,000원	2
2-2	52,000,000원		1
2-3	① 외상매출금 : 13,000,000원	② 받을어음 : 71,864,510원	2
2-4	8,000,000원		1
2-5	④		2
2-6	②		2
2-7	① 보통예금 잔액 : 705,352,821원 ② 외화외상매출금 잔액 : 104,500,000원		2
2-8	16,726,000원		2
2-9	35,274,000원		2
2-10	① 당기완성품제조원가 : 655,860,099원 ② 제품매출원가 : 685,860,099원		2
2-11	885,069,710원		2
	재무회계 소계		**20**

4. 근로소득관리

❶ [사원등록]

※ 부양가족명세 (2024.12.31 기준)

	연말정산관계	기본	세대	부녀	장애	경로70세	출산입양	자녀	한부모	성명	주민(외국인)번호	가족관계
1	0.본인	본인	○								박경원	내 670521-1052516	
2	3.배우자	배우자									이지민	내 700202-2167893	02.배우자
3	4.직계비속((손)	부									박수호	내 950725-1182817	05.자녀
4	4.직계비속((손)	부									박지은	내 981212-2345678	05.자녀
5	2.(배)직계존속	60세이상					○				이민철	내 430505-1111112	12.장인
6	2.(배)직계존속	60세이상					○				장민영	내 480606-2111111	13.장모
7													
	합 계						2						

① 이지민 : 기타소득금액 100만원 이하이므로 기본공제 가능
　　　　　(기타소득 2,000,000원 - 필요경비 1,200,000원 = 소득금액 800,000원)
② 박수호 : 나이제한으로 기본공제 불가능
③ 박지은 : 나이제한으로 기본공제 불가능
④ 이민철 : 소득금액이 100만원을 초과하지만 분리과세를 선택하였으므로 기본공제,
　　　　　경로우대공제 가능(기타소득금액 300만원까지 분리과세 선택가능)
⑤ 장민영 : 금융소득 20,000,000원까지는 분리과세이므로 기본공제, 경로우대공제 가능

■ 실무수행평가 ■ 근로소득관리1

번호	평가문제답안	배점
3-1	[박경원 사원등록 조회] ① 3명　　　　　　　　② 1,500,000원 ③ 6,000,000원　　　　④ 2,000,000원 ⑤ 2명	10

❷ 급여자료입력

1. [수당/공제등록]

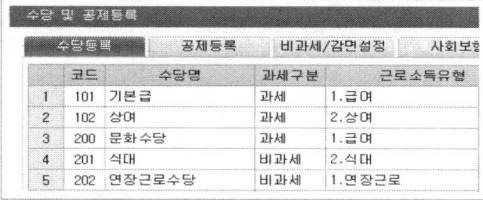

2. 급여자료입력
－김우진의 6월 급여

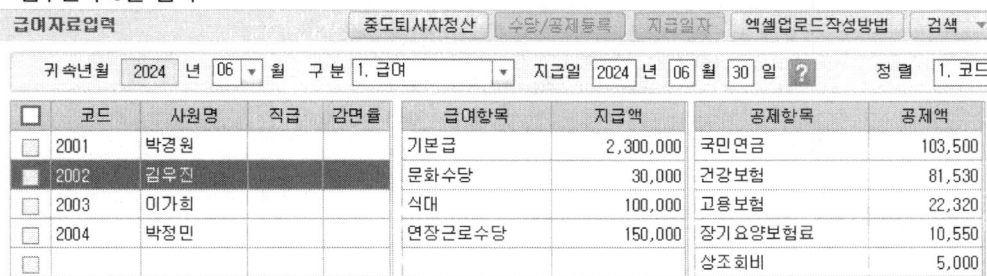

- 이가희의 6월 급여

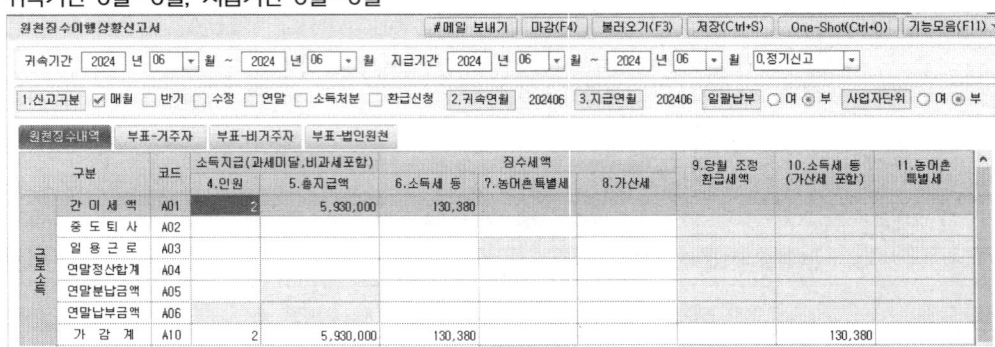

3. 원천징수이행상황신고서
귀속기간 6월~6월, 지급기간 6월~6월

■실무수행평가■ 근로소득관리2

번호	평가문제답안	배점
3-2	[급여자료입력 6월] ① 100,000원　　② 100,000원 ③ 2,318,660원　④ 2,938,650원 ⑤ 85,380원	10

❸ 1. 의료비 세액공제

※ 당해 과세기간의 총급여액이 7천만원 이하인 근로자가 산후조리원에 지출된 산후조리 및 요양과 관련한 비용은 출산 1회당 200만원의 한도로 의료비 세액공제 대상에 해당

2. 교육비 세액공제
※ 취학전아동의 현장체험학습비는 교육비 세액공제 대상에서 제외

3. 신용카드등 소득공제

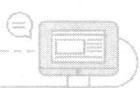

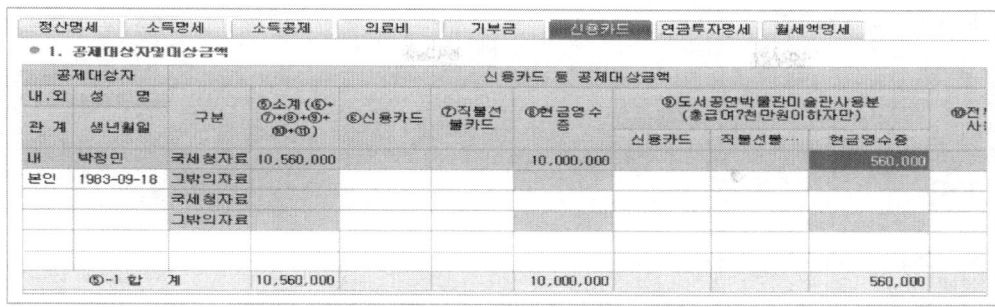

4. 월세 세액공제

임대인성명 (상호)	주민(사업자)등록번호	주택유형	주택계약면적(㎡)	임대차계약서상 주소지	임대차계약기간 시작	임대차계약기간 종료	월세액
이상희	760905-2222222	아파트	155.00	서울 강남구 강남대로 경남아너스…	2024-11-01	2025-10-31	3,000,000

※ 국민주택규모의 주택 또는 기준시가 3억원 이하의 주택에 대하여 지출한 월세는 월세액 세액공제 대상에 해당

실무수행평가 ▮ 근로소득관리3

번호	평가문제 답안	배점
3-3	[박정민 근로소득원천징수영수증 조회] ① 42,000,000원 ② 18,000원 ③ 500,000원 ④ 6,000원 ⑤ 510,000원 ⑥ 259,595원	10
	근로소득 소계	30

저자약력

서승희

약력
건국대학교 행정대학원 석사
전)가톨릭대학교(성심)경영학부 겸임교수
㈜더존비즈온 지식서비스센타 전임강사
한국평생학습교육원 NCS경영아카데미 총괄이사
유튜브 서실장의 더존실무톡톡 운영중
서승희의 진짜세무실무(SSHEDU.KR) 운영중

저서
스마트에이 재무회계실무BASIC, MASTER, 인사급여실무 「도서출판희소」
스마트에이 원천세신고실무 Point40 「나눔에이엔티」
스마트에이 연말정산실무 Point42 「나눔에이엔티」
스마트에이 부가가치세신고실무 Point50 「나눔에이엔티」
스마트에이 법인세신고실무 Point50 「나눔에이엔티」
FAT(회계실무) 1·2급 「나눔에이엔티」

이하진

약력
(현) 국립한밭대학교 회계세무부동산학과 교수
국립한밭대학교 대학원 경영학 박사(회계학 전공)
한국세무회계학회 상임이사
한국전산회계학회 이사
한국회계정책학회 이사

저서
핵심 회계원리(대경출판사)
핵심 FAT 2급 회계실무(대경출판사)
핵심 FAT 1급 회계실무(대경출판사)
FAT 회계실무 1급 「나눔에이엔티」
FAT 세무실무 2급 「나눔에이엔티」

김익동

약력
숭실대학교 대학원 경영학과 졸업(회계학 전공)
(전)서울여자상업고등학교 교사
(전)명지대학교, 숭실대학교, 숭의여자대학교 강사
(전)경기대학교(서울캠퍼스), 한양여자대학교 강사
(전)더존데크윌, 동서울아카데미 강사
(전)대영직업전문학교, 국제인재능력개발원 강사

저서
교육부 2종 검정도서 회계원리(천재교육), 실용수학(교학사)
서울특별시교육청 2종 인정도서 원가회계, 세무회계(천재교육)
서울특별시교육청 2종 인정도서 전산세무회계실무, 기업회계실무(경영과회계)
서울특별시교육청 2종 인정도서 기업자원관리(ERP)실무(경영과회계)
경기도교육청 2종 인정도서 금융비즈니스일반(서울교과서)
경기도교육청 2종 인정도서 기업자원 통합관리(도서출판 다음)
서울특별시교육청 2종 인정도서 S-plus 전산회계(나눔A&T) 외 다수

TAT 세무실무 2급

11판 발행	2024년 4월 11일
저자	서승희·이하진·김익동
발행처	나눔에이엔티
발행인	이윤근
주소	서울시 성북구 보문로35길 39
전화	02-924-6545
팩스	02-924-6548
등록	제307-2009-58호
홈페이지	www.nanumant.com / www.sshedu.kr(동영상제공)
ISBN	978-89-6891-429-4 (13320)
정가	**25,000원**

나눔에이엔티는 정확하고 신속한 지식과 정보를 독자분들께 제공하고자 최선의 노력을 다하고 있습니다. 그럼에도 불구하고 모든 경우에 완벽성을 갖출 수 없기에 본 서의 수록내용은 특정사안에 대한 구체적인 의견제시가 될 수 없으며, 적용결과에 대하여 당사가 책임지지 않으니 필요한 경우 전문가와 상담하시기 바랍니다.

이 책은 저작권법에 의해 보호를 받는 저작물이므로 당사의 서면허락 없이는 어떠한 형태로도 무단 전재와 복제를 금합니다.

※ 파본은 구입하신 서점이나 출판사에서 교환해 드립니다.